Petra Raspels, Nicole Elert (Hrsg.)
Praxishandbuch Auslandseinsatz von Mitarbeitern
De Gruyter Praxishandbuch

Praxishandbuch Auslandseinsatz von Mitarbeitern

Die optimale Gestaltung aus Unternehmersicht

Herausgegeben von
Steuerberaterin Dipl.-Volkswirtin **Petra Raspels,** Partnerin, PricewaterhouseCoopers Aktiengesellschaft Wirtschaftsprüfungsgesellschaft
Rechtsanwältin und Fachanwältin für Arbeitsrecht Dr. iur. **Nicole Elert,** Partnerin, PricewaterhouseCoopers Aktiengesellschaft Wirtschaftsprüfungsgesellschaft

Bearbeitet von*
Dipl.-Juristin und Dipl.-Kauffrau (FH) **Anne-Inger Bergerhoff**; Steuerberaterin **Katharina Bregulla**; Rentenberater **Ulrich Buschermöhle**; Dipl.-Finanzwirtin (FH) **Brigitte Dusolt**; Dipl.-Kauffrau **Nicole Fischer**; Dipl.-Betriebswirtin (BA) **Sabrina Hottenbach**; Dipl.-Wirtschaftsjuristin (FH) **Caroline Klotzek**; Steuerberater Dipl.-Betriebswirt (FH) **Andreas Knatz**; Steuerberaterin Dipl.-Kauffrau **Aleksandra Lechowicz**, M.Sc.; Steuerberater und Rentenberater Dipl.-Kaufmann (FH) **Marco Libudda**; Rechtsanwältin und Fachanwältin für Arbeitsrecht **Ulla Mauer**, LL.M.EUR; Rechtsanwalt und Steuerberater **Thomas Meyen**; Rechtsanwältin **Stefanie Moisa**; **Erik Muscheites**, B.A.; Rechtsanwältin und Fachanwältin für Arbeitsrecht **Nanette Ott**; Steuerberaterin Dipl.-Kauffrau **Petra Peitz-Ziemann**; Steuerberater **Valentin Peters**, M.Sc.; Rechtsanwalt **Martin Preiss**; Steuerberaterin Dipl.-Volkswirtin **Petra Raspels**; Steuerberater Dipl.-Finanzwirt (FH) **Daniel Riehle**, M.A.; Steuerberater Dipl.-Kaufmann **Sven Rindelaub**; **Janina Seibert**, B.A.; Dipl.-Kauffrau **Agnieszka Stajkowska**

* Sämtliche Autoren sind Mitarbeiter der PricewaterhouseCoopers Aktiengesellschaft Wirtschaftsprüfungsgesellschaft.

DE GRUYTER

Zitiervorschlag: Raspels/Elert/*Bearbeiter*, Kap. 1 Rn 8.

Hinweis:
Alle Angaben in diesem Werk sind nach bestem Wissen unter Anwendung aller gebotenen Sorgfalt erstellt worden. Trotzdem kann von dem Verlag und den Autoren keine Haftung für etwaige Fehler übernommen werden.

ISBN 978-3-11-026608-5
e-ISBN 978-3-11-026740-2

Bibliografische Information der Deutschen Nationalbibliothek
Die Deutsche Nationalbibliothek verzeichnet diese Publikation in der Deutschen Nationalbibliografie; detaillierte bibliografische Daten sind im Internet über http://dnb.d-nb.de abrufbar.

Datenkonvertierung/Satz: Werksatz Schmidt & Schulz GmbH, Gräfenhainichen
Druck: Hubert & Co. GmbH & Co. KG, Göttingen
♾ Gedruckt auf säurefreiem Papier
Printed in Germany

www.degruyter.com

Vorwort

In einer stetig globaler werdenden Welt ist es heutzutage zu einer Selbstverständlichkeit geworden, auch jenseits der Grenzen des eigenen Heimatlandes zu arbeiten. Die Gründe hierfür sind vielfältig: die eigene Karriereentwicklung, der Bedarf des Arbeitgebers an erfahrenen Mitarbeitern im Ausland zur Verwirklichung von Geschäftschancen oder auch regionale oder internationale Verantwortungen mit entsprechender Reisetätigkeit. Unabhängig von dem Grund für eine grenzüberschreitende Tätigkeit haben alle Einsätze jedoch eines gemein: die vielfältigen zu beachtenden rechtlichen Bestimmungen im Heimat- und Gastland ebenso wie die personalpolitischen Aspekte.

Die Unternehmen sind in ihrer Rolle als Arbeitgeber bei einem grenzüberschreitenden Mitarbeitereinsatz besonders gefordert, ihrer Fürsorgepflicht Rechnung zu tragen. Dabei geht es nicht nur um die (lohn)steuerlich korrekte Behandlung von Gehaltsbestandteilen, sondern auch um eine ordnungsgemäße Gestaltung von grenzüberschreitenden Arbeitnehmereinsätzen aus arbeits- und aufenthaltsrechtlicher sowie aus sozialversicherungsrechtlicher und aus verrechnungspreispolitischer Sicht. Längst ist die Einhaltung der viel zitierten „183-Tage-Regelung" nicht mehr ausreichend, um ungewollte steuerliche Konsequenzen zu vermeiden.

Neben den zuvor genannten Herausforderungen rechtlicher Art sind grenzüberschreitende Mitarbeitereinsätze mittlerweile fester Bestandteil der Personalpolitik vieler Unternehmen. Fragen nach einer einheitlichen Entsenderichtlinie, einer angemessenen und konkurrenzfähigen Vergütung, der Kontrolle der Entsendekosten oder der Einbettung von Entsendungen in die Personalentwicklung sind an der Tagesordnung. Zudem ergeben sich ebenso komplexe Fragestellungen aus Sicht der Arbeitnehmer als Akteure im Auslandseinsatz, die es zu beantworten gilt.

Soll diesen Aspekten rechtssicher Rechnung getragen und sollen diese zudem praxisgerecht ungesetzt werden, sind die damit zusammenhängenden Herausforderungen vielfältig. Das Praxishandbuch informiert über die zu beachtenden Bestimmungen des deutschen Arbeits-, Sozialversicherungs- und Lohnsteuerrechts, hat sich aber darüber hinaus das Ziel gesetzt, die mit grenzüberschreitendem Mitarbeitereinsatz verbundeneren Themen der HR-Abteilungen zu beleuchten, so etwa Entsenderichtlinien, Talent Management und Kostenkontrolle bei Entsendungen. Dabei wurde besonderer Wert auf Tipps für den täglichen Umgang mit den Fragestellungen in der Praxis gelegt.

Das Praxishandbuch gliedert sich in neun Teile. Nach einer allgemeinen Einführung werden alle relevanten Bereiche rund um den grenzüberschreitenden Mitarbeitereinsatz dargestellt. Dies umfasst eine ausführliche Betrachtung steuerlicher und sozialversicherungsrechtlicher ebenso wie arbeits- und aufenthaltsrechtlicher Aspekte. Zudem wird das Thema der inhaltlichen Ausgestaltung von Entsenderichtlinien und Vergütungsstrukturen ebenso beleuchtet wie die Fragen zu Talent Management oder Kostenkontrolle. Zudem umfasst das Werk in Kapitel 9 mehrere Musterfälle inklusive Lösungsskizze, um die theoretischen Darstellungen praxisnah zu verdeutlichen.

Das Praxishandbuch richtet sich an all diejenigen, die sich mit den Herausforderungen eines grenzüberschreitenden Mitarbeitereinsatzes konfrontiert sehen, sei es aus rechtlicher Sicht (Arbeits-, Steuer- und Sozialversicherungsrecht) oder aus der Sicht der Personalabteilung (Entsendungsrichtlinien, Vergütung, Talent Management, Controlling). Es ist sowohl an Juristen als auch an Steuerberater, Kaufleute, Rentenberater und Mitarbeiter der Personalabteilungen adressiert.

Die Autorinnen und Autoren sind Steuerberater, Rentenberater oder Fachanwälte für Arbeitsrecht und haben ihre langjährigen Erfahrungen aus ihrer täglichen Beraterpraxis im Bereich Human Resources in dieses Praxishandbuch eingebracht. Die aufgenommenen Praxistipps und Checklisten spiegeln ihre Erfahrungen wieder und sind als Hinweis auf weitere mögliche Fallstricke zu verstehen.

Es wurde bewusst auf Vertragsmuster und Formulierungsvorschläge verzichtet.

Rechtsprechung, Literatur, Gesetzgebung und Richtlinien sowie Handlungsanweisungen sind bis zum 31. März 2013 berücksichtigt.

Die Herausgeberinnen danken den Autorinnen und Autoren für ihr großes Engagement bei der Erstellung dieses Werkes. Besonderer Dank gilt den Assistentinnen Britta Ludwig und Nicole Helfmann, die mit großem Einsatz die zahlreichen Werkstücke für die Autorinnen und Autoren und Herausgeberinnen gefertigt und Änderungen eingearbeitet haben. Zusätzlicher Dank gilt insbesondere auch Thomas Meyen, der die Herausgeberinnen bei der inhaltlichen Koordination des Werkes maßgeblich unterstützt hat.

Für Bemerkungen, Anregungen und Kritik sind wir stets aufgeschlossen und dankbar.

Sei erreichen uns unter:

PricewaterhouseCoopers AG WPG
Steuerberaterin Dipl.-Volkswirtin Petra Raspels
Moskauer Straße 19, 40227 Düsseldorf
petra.raspels@de.pwc.com
Tel.: 0211/ 981-7680, Fax: 069/ 9585-926140
www.pwc.de

PricewaterhouseCoopers AG WPG
Rechtsanwältin Dr. iur. Nicole Elert
Moskauer Straße 19, 40227 Düsseldorf
Tel.: 0211/ 981-4196, Fax: 0211/ 981-1074
nicole.elert@de.pwc.com
www.pwclegal.de

Düsseldorf, 31.3.2013 — Petra Raspels und Nicole Elert

Inhaltsübersicht

Inhalt

Literaturverzeichnis

Bächle, Ekkehard/Rupp, Thomas/Ott, Johann-Paul/Knies, Jörg-Thomas, Internationales Steuerrecht, Finanz und Steuern – Blaue Reihe Bd. 14, 2. Aufl., Stuttgart 2008 (zit.: *Bächle/Rupp/Ott/Knies*)

Haase, Florian, Außensteuergesetz/Doppelbesteuerungsabkommen, 2. Aufl., Heidelberg 2012 (zit.: Haase/*Bearbeiter*)

Hailbronner, Kay, Ausländerrecht, Kommentar, Loseblatt, 79. Erg.-Lfg., Heidelberg, Stand: August 2012 (zit.: *Hailbronner*)

Herrmann, Carl/Heuer, Gerhard/Raupach, Arndt, Einkommensteuer- und Körperschaftsteuergesetz: EStG KStG, Kommentar, Loseblatt, Köln, Stand: Juni 2012 (zit.: Herrmann/Heuer/Raupach/*Bearbeiter*)

Hofmann, Rainer/Hoffmann, Holger, Ausländerrecht, Handkommentar, Baden-Baden 2008 (zit.: Hofmann/Hoffmann/*Bearbeiter*)

Huber, Bertold, Aufenthaltsgesetz, Kommentar, München 2010 (zit.: Huber/*Bearbeiter*)

Klein, Franz, Abgabenordnung, Kommentar, 11. Aufl., München 2012 (zit.: Klein/*Bearbeiter*)

Kluth, Winfried/Hund, Michael/Maaßen, Hans-Georg, Zuwanderungsrecht, Baden-Baden 2008 (zit.: Kluth/Hund/Maaßen/*Bearbeiter*)

Marx, Reinhard, Ausländer- und Asylrecht, Formularbuch, 2. Aufl., Baden-Baden 2012 (zit.: Marx/*Bearbeiter*)

Müller-Glöge, Rudi/Preis, Ulrich/Schmidt, Ingrid, Erfurter Kommentar zum Arbeitsrecht, 12. Aufl., München 2012 (zit.: ErfK/*Bearbeiter*)

Rek, Robert/Brück, Michael/Labermeier, Alexander/Pache, Sven, Internationales Steuerrecht in der Praxis, Wiesbaden 2008 (zit.: *Rek/Brück/Labermeier/Pache*)

Renner, Günter, Ausländerrecht, Kommentar, 9. Aufl., München 2011 (zit.: Renner/*Bearbeiter*)

Schmidt, Ludwig, Einkommensteuergesetz: EStG, Kommentar, 31. Aufl., München 2012 (zit.: Schmidt/*Bearbeiter*)

Storr, Christian/Wenger, Frank/Eberle, Simone/Albrecht, Rainer/Harms, Karsten/Kreuzer, Christine, Kommentar zum Zuwanderungsrecht, 2. Aufl., Stuttgart 2008 (zit.: Storr u.a./*Bearbeiter*)

Vogel, Klaus/Lehner, Moris, Doppelbesteuerungsabkommen, 5. Aufl., München 2008 (zit.: Vogel/Lehner/*Bearbeiter*)

Wassermeyer, Franz, Doppelbesteuerungsabkommen, Kommentar, Loseblatt, 122. Aufl., München, Stand: März 2013 (zit.: Wassermeyer/*Bearbeiter*)

Abkürzungsverzeichnis

a.A.	anderer Ansicht
AAG	Aufwendungsausgleichsgesetz
Abl.	Amtsblatt
Abs.	Absatz
Abschn.	Abschnitt
abzgl.	abzüglich
AEAO	Anwendungserlass zur Abgabenordnung
AEntG	Arbeitnehmer-Entsendegesetz
AEUV	Vertrag über die Arbeitsweise der Europäischen Union
AG	Aktiengesellschaft
AGB	Allgemeine Geschäftsbedingungen
AGG	Allgemeines Gleichbehandlungsgesetz
AktG	Aktiengesetz
AO	Abgabenordnung
AOK	Allgemeine Ortskrankenkasse
ArbGG	Arbeitsgerichtsgesetz
ArbPlSchG	Arbeitsplatzschutzgesetz
ArbSchG	Arbeitsschutzgesetz
ArbZRG	Arbeitszeitrechtsgesetz
ArGV	Verordnung über die Arbeitsgenehmigung für ausländische Arbeitnehmer
Art.	Artikel
AStG	Außensteuergesetz
ATE	Auslandstätigkeitserlass
ATG	Altersteilzeitgesetz
AufenthG	Aufenthaltsgesetz
AufenthV	Aufenthaltsverordnung
Aufl.	Auflage
AÜG	Arbeitnehmerüberlassungsgesetz
AuslG	Ausländergesetz
AV	Arbeitslosenversicherung
AVG	Allgemeines Verwaltungsverfahrensgesetz
BaföG	Bundesausbildungsförderungsgesetz
BAG	Bundesarbeitsgericht
BAMF	Bundesamt für Migration und Flüchtlinge
BB	Betriebs-Berater (Zeitschrift)
BBG	Bundesbeamtengesetz
BBiG	Berufsbildungsgesetz
Bd.	Band
BEEG	Bundeselterngeld- und Elternzeitgesetz
Beschl.	Beschluss
BeschV	Beschäftigungsverordnung
BeschVerfV	Beschäftigungsverfahrensverordnung
BetrAVG	Betriebsrentengesetz
BetrVG	Betriebsverfassungsgesetz

BewG	Bewertungsgesetz
BFH	Bundesfinanzhof
BFH/NV	Sammlung amtlich nicht veröffentlichter Entscheidungen des Bundesfinanzhofs
BGB	Bürgerliches Gesetzbuch
BGBl	Bundesgesetzblatt
BGH	Bundesgerichtshof
BKGG	Bundeskindergeldgesetz
BKK	Betriebskrankenkasse
BMAS	Bundesministerium für Arbeit und Soziales
BMF	Bundesministerium der Finanzen
BMG	Bundesministerium für Gesundheit; Bundesmeldegesetz
BMI-VwV AufenthG	Allgemeine Verwaltungsvorschrift zum Aufenthaltsgesetz
BQFG	Berufsqualifikationsfeststellungsgesetz
BR-Drucks.	Bundesrats-Drucksache
BSG	Bundessozialgericht
BStBl	Bundessteuerblatt
BT-Drucks.	Bundestags-Drucksache
Buchst.	Buchstabe
BUrlG	Bundesurlaubsgesetz
BVA	Bundesverwaltungsamt
BVerfG	Bundesverfassungsgericht
BVerwG	Bundesverwaltungsgericht
BVV	Beitragsverfahrensordnung
bzw.	beziehungsweise
ca.	circa
COL	Cost of Living
COLA	Cost-of-living Adjustment
d.h.	das heißt
DA-AufenthG	Durchführungsanweisungen zum Aufenthaltsgesetz
DA-BeschV	Durchführungsanweisungen zur Beschäftigungsverordnung
DA-BeschVerfV	Durchführungsanweisungen zur Beschäftigungsverfahrensverordnung
DBA	Doppelbesteuerungsabkommen
DEÜV	Datenerfassungs- und -übermittlungsverordnung
DRV	Deutsche Rentenversicherung
DVKA	Deutsche Verbindungsstelle Krankenversicherung – Ausland
e.V.	eingetragener Verein
eAT	elektronischer Aufenthaltstitel
EBRG	Gesetz über Europäische Betriebsräte
EDV	Elektronische Datenverarbeitung
EFTA	European Free Trade Association (Europäische Freihandelsassoziation)
EG	Europäische Gemeinschaft
EGBGB	Einführungsgesetz zum Bürgerlichen Gesetzbuch
EGKS	Europäische Gemeinschaft für Kohle und Stahl
EGV	Vertrag zur Gründung der Europäischen Gemeinschaft

EG-VisaVO	Visaverordnung Europäische Gemeinschaft
EHIC	European Health Insurance Card
ELStAM	Elektronische Lohnsteuerabzugsmerkmale
ErbStR	Erbschaftssteuer-Richtlinie
Erg.-Lfg.	Ergänzungslieferung
ERMK	Europäische Menschenrechtskonvention
EStDV	Einkommensteuer-Durchführungsverordnung
EStG	Einkommensteuergesetz
EStR	Einkommensteuer-Richtlinien
etc.	et cetera
EU	Europäische Union
EuGH	Gerichtshof der Europäischen Gemeinschaften
EuGHE	Sammlung der Entscheidungen des EuGH
EUGrCh	Grundrechtecharta der Europäischen Union
EuGVVO	Verordnung über die gerichtliche Zuständigkeit und die Anerkennung und Vollstreckung von Entscheidungen in Zivil- und Handelssachen
EU-VisaVO	Visaverordnung Europäische Union
EuZW	Europäische Zeitschrift für Wirtschaftsrecht
EWG	Europäische Wirtschaftsgemeinschaft
EWR	Europäischer Wirtschaftsraum
f., ff.	folgend(e)
FamRZ	Zeitschrift für das gesamte Familienrecht
FAQ	Frequently Asked Questions
FG	Finanzgericht
FinMin	Finanzministerium
FKS-Zoll	Finanzkontrolle Schwarzarbeit der Bundeszollverwaltung
Fn	Fußnote
FreizügG/EU	Gesetz über die allgemeine Freizügigkeit von Unionsbürgern
gem.	gemäß
GER	Gemeinsamer Europäischer Referenzrahmen
Ges.m.b.H.	Gesellschaft mit beschränkter Haftung (Österreich)
GewO	Gewerbeordnung
GG	Grundgesetz
ggf.	gegebenenfalls
GKV	Gesetzliche Krankenversicherung
GmbH	Gesellschaft mit beschränkter Haftung
GmbHG	Gesetz betreffend die Gesellschaften mit beschränkter Haftung
GMBl.	Gemeinsames Ministerialblatt
h	Stunde
HEGA	Handlungsempfehlung/Geschäftsanweisung der Bundesagentur für Arbeit
HGB	Handelsgesetzbuch
HQS	Highly Qualified Specialists
HR	Human Resources
Hrsg.	Herausgeber
Hs.	Halbsatz

i.S.d.	im Sinne des
i.S.v.	im Sinne von
i.V.m.	in Verbindung mit
IHK	Industrie- und Handelskammer
IKK	Innungskrankenkasse
InfAuslR	Informationsbrief Ausländerrecht
INR	Indische Rupie
IntV	Intergrationskursverordnung
IPR	Internationales Privatrecht
iStR	Internationales Steuerrecht (Zeitschrift)
IT	Informationstechnik
JStG	Jahressteuergesetz
Kap.	Kapitel
Kfz	Kraftfahrzeug
KiG	Kindergeld
KiSt	Kirchensteuer
km	Kilometer
KonsVerCHEV	Deutsch-Schweizerische Konsultationsvereinbarungsverordnung
KSchG	Kündigungsschutzgesetz
KStG	Körperschaftsteuergesetz
KV	Krankenversicherung
KVdR	Krankenversicherung der Rentner
LAG	Landesarbeitsgericht
LLC	Limited Liability Company
LPartG	Lebenspartnerschaftsgesetz
LSt	Lohnsteuer
LStDV	Lohnsteuer-Durchführungsverordnung
LStH	Hinweise zu den Lohnsteuerrichtlinien
LStR	Lohnsteuer-Richtlinien
m.w.N.	mit weiteren Nachweisen
m^2	Quadratmeter
max.	maximal
MeldeFortG	Meldefortentwicklungsgesetz
min.	minimal
MRRG	Melderechtsrahmengesetz
MuSchG	Mutterschutzgesetz
n.F.	neue Fassung
n.v.	nicht veröffentlicht
NATO	North Atlantic Treaty Organization
Nr.	Nummer
NVwZ	Neue Zeitschrift für Verwaltungsrecht
NVwZ-Beil.	Neue Zeitschrift für Verwaltungsrecht-Beilage
NWB	Fachzeitschrift für Steuer und Wirtschaftsrecht
NZA	Neue Zeitschrift für Arbeitsrecht

Erik Muscheites, B.A.; Jg. 1986; Studium der Betriebswirtschaftslehre mit den Schwerpunkten Steuer- und Prüfungswesen an der Dualen Hochschule Baden-Württemberg in Mannheim; seit 2010 im Competence Center Individual Crossborder Taxation bei der Pricewaterhouse-Coopers Aktiengesellschaft Wirtschaftsprüfungsgesellschaft in Frankfurt/Main tätig; seit 2011 Studium an der Mannheim Business School, Studiengang: Mannheim Master of Accounting and Taxation.

Nanette Ott, Jg. 1968; Studium der Rechtswissenschaften an der Johannes Gutenberg Universität Mainz; seit 1996 als Rechtsanwältin zugelassen; seit 2000 Fachanwältin für Arbeitsrecht; seit 2006 für die PricewaterhouseCoopers Legal Aktiengesellschaft Rechtsanwaltsgesellschaft tätig. Beratungsschwerpunkte: Internationale Mobilität von Mitarbeitern, Ausländer- und Arbeitsrecht.

Petra Peitz-Ziemann, Dipl.-Kauffrau; Jg. 1958; Studium der Betriebswirtschaftslehre an der Johann Wolfgang Goethe-Universität Frankfurt/Main; Steuerberaterin seit 1991; Tätigkeit zunächst in der Allgemeinen Steuerabteilung der Ernst & Whinney GmbH; seit 1999 Mitglied im Bereich Human Resource Services der PricewaterhouseCoopers Aktiengesellschaft Wirtschaftsprüfungsgesellschaft. Sie führt heute ein Experten-Team, das sich auf grenzüberschreitende Fragestellungen von natürlichen Personen spezialisiert hat. Dies umfasst insbesondere den integrierten Beratungsansatz bei der Strukturierung von Beschäftigungsverhältnissen.

Valentin Peters, M.Sc.; Jg. 1982; 2000–2002 Ausbildung zum Finanzwirt Finanzamt Hannover Land I und Landesfinanzschule Niedersachsen; 2002–2006 Bearbeiter in der Lohnsteuer- und Arbeitnehmerveranlagungssteuerstelle Finanzamt Burgdorf; 2006–2009 Studium B.A. an der Dualen Hochschule Baden-Württemberg Mannheim in Betriebswirtschaftslehre, Steuern und Prüfungswesen; 2010–2012 Studium M.Sc. an der Mannheim Business School Executive Master of Accounting and Taxation, Taxation Track; seit 2013 Steuerberater; seit 2009 Angestellter bei der PricewaterhouseCoopers Aktiengesellschaft Wirtschaftsprüfungsgesellschaft Human Resource Services, Compliance.

Martin Preiss, Jg. 1972; Studium der Rechtswissenschaften an der Julius-Maximilians-Universität zu Würzburg, Université de Lausanne und der Université de Génève; Rechtsanwalt; seit 2005 für die PricewaterhouseCoopers Legal Aktiengesellschaft Rechtsanwaltsgesellschaft tätig. Aktuelle Beratungsschwerpunkte: Umstrukturierungen (Ausgliederungen, Kooperationen, Verschmelzungen, Privatisierungen), Öffentliches Tarifrecht, Betriebsverfassungsrecht, Recht der Zusatzversorgungskassen.

Petra Raspels, Dipl.-Volkswirtin; Jg. 1972; Studium der Volkswirtschaftslehre an der Universität Trier; im Jahr 2001 Ablegen des Steuerberaterexamens; seit 1997 bei der PricewaterhouseCoopers Aktiengesellschaft Wirtschaftsprüfungsgesellschaft; seit 2008 Partnerin bei der Pricewater-houseCoopers Aktiengesellschaft Wirtschaftsprüfungsgesellschaft; Leiterin des Bereiches Human Resource Services mit mehr als 300 Mitarbeitern und Mitglied des Führungsgremiums des Bereiches Steuern der PricewaterhouseCoopers Aktiengesellschaft Wirtschaftsprüfungsgesellschaft. Ihr Beratungsschwerpunkt umfasst Fragestellungen rund um den internationalen Mitarbeitereinsatz in allen Facetten.

Daniel Riehle, Dipl.-Finanzwirt (FH), M.A.; Jg. 1977; Studium des Steuerrechts an der Fachhochschule Ludwigsburg sowie an der Fachhochschule Calw, Abschluss als Dipl.-Finanzwirt (FH) sowie als M.A. in Taxation and Auditing; Steuerberater; seit 2007 als Prokurist bei der Pricewater-houseCoopers Aktiengesellschaft Wirtschaftsprüfungsgesellschaft tätig. Schwerpunkt seiner Tätigkeit ist die steuerliche Beratung und Optimierung internationaler Mitarbeitereinsätze. Zudem berät er Unternehmen bei der Implementierung und Besteuerung von Mitarbeiterkapitalbeteiligungen. Daneben tritt er in diesen Bereichen auch im Rahmen von Veröffentlichungen sowie als Referent in Erscheinung.

Sven Rindelaub, Dipl.-Kaufmann; Jg. 1971; Ausbildung zum Bankkaufmann; Studium der Betriebswirtschaftslehre an der Ernst-Moritz-Arndt Universität in Greifswald; Steuerberater; seit 2001 Berater zu Fragen der Arbeitnehmerbesteuerung bei der PricewaterhouseCoopers Aktiengesellschaft Wirtschaftsprüfungsgesellschaft in Hamburg. Arbeitsschwerpunkt: Lohnsteuerrecht.

Janina Seibert, B.A.; Jg. 1981; Ausbildung zur Industriekauffrau bei der E.ON Kernkraft GmbH; anschließend Studium der internationalen Betriebswirtschaftslehre an der Universität Paderborn; seit 2007 bei der PricewaterhouseCoopers Aktiengesellschaft Wirtschaftsprüfungsgesellschaft in München im Bereich Human Resource Services tätig. Beratungsschwerpunkte: internationale Mitarbeiterentsendung, insbesondere die Entwicklung und Optimierung von Entsenderichtlinien, begleitendes Projektmanagement und Prozessberatung.

Agnieszka Stajkowska, Dipl.-Kauffrau; Jg. 1974; Studium der Betriebswirtschaftslehre an der Philipps-Universität Marburg; zunächst im Bereich der internationalen Steuerberatung für Expatriateprogramme tätig; anschließend Leiterin der Expatriate-Betreuung in der Region D-A-CH bei der Unternehmensberatung Accenture; seit 2012 bei der Pricewaterhouse-Coopers Aktiengesellschaft Wirtschaftsprüfungsgesellschaft in Stuttgart im Bereich Mobility Consulting unter anderem für diverse Fragen der Richtliniengestaltung, Kostenoptimierung und Etablierung der entsendungsrelevanten Prozesse zuständig.

Kapitel 1
Einleitung

Innerhalb der letzten zehn Jahre ist die Anzahl der entsandten Mitarbeiter um ca. 25 % gestiegen, bis zum Jahr 2020 wird ein weiterer **Anstieg** um nochmals 50 % erwartet. Darüber hinaus wird davon ausgegangen, dass sich die durchschnittliche Anzahl der Länder, in die ein global tätiges Unternehmen Mitarbeiter entsendet, von 1998 bis 2020 nahezu verdreifacht haben wird. Diese Zahlen machen deutlich, dass dem Thema **grenzüberschreitender Mitarbeitereinsatz** eine immer **größere Bedeutung** zuzumessen ist. 1

Unternehmen setzen ihre Mitarbeiter aus unterschiedlichsten Gründen außerhalb des Heimatlandes ein. Neben **Personalentwicklungsmaßnahmen** gelten die **Erschließung neuer Märkte** und die **Übernahme von überregionalen Führungsaufgaben** als klassische Einsatzbereiche des grenzüberschreitenden Mitarbeitereinsatzes. Zusätzlich zu der in der Vergangenheit üblichen mehrjährigen Entsendung haben sich **diverse weitere Formen des Auslandseinsatzes** etabliert: 2

- Kurzzeitentsendungen,
- Geschäftsreisende,
- Projektmitarbeiter,
- Pendler oder auch
- internationale Trainees.

Die Varianten sind vielfältig und unterschiedlich in der Ausgestaltung.

Eines haben jedoch alle Auslandseinsätze gemein: die **komplexen und vielfältigen Regelungen**, die es aus **rechtlicher und personalpolitischer Sicht** zu beachten gilt. 3

Ein wesentlicher Treiber für die erhöhte Anzahl von grenzüberschreitendem Mitarbeitereinsatz ist das **Zusammenspiel** aus dem immer größer werdenden **Fachkräftemangel** und der **Suche** nach den **erforderlichen Talenten** zur Weiterentwicklung des eigenen Unternehmens. Unternehmen begegnen diesem Trend einerseits mit der aktiven Suche nach und Einstellung von **Bewerbern aus anderen Ländern**. Zudem steigt der Bedarf an Mitarbeitern mit Auslandserfahrung, welche durch lang- oder kurzfristige Auslandseinsätze gezielt gefördert wird. Diesem Bedarf der Unternehmen steht eine **neue Generation von Bewerbern** gegenüber, für die eine internationale Tätigkeit nicht mehr die Ausnahme, sondern ein Regelbaustein der persönlichen Entwicklung ist. 4

Um diesen Anforderungen gerecht zu werden, müssen sich Unternehmen intern entsprechend aufstellen, um den rechtlichen und personalpolitischen Herausforderungen Rechnung tragen zu können. Da üblicherweise **mehrere Abteilungen** eines Unternehmens in einen Entsendungsprozess involviert sind, ist eine **Definition von Verantwortlichkeiten und Schnittstellen** unerlässlich. 5

6 Es gibt vielfältige Fragen, die sich ein Unternehmen stellen kann um zu überprüfen, ob es für die **Herausforderungen des grenzüberschreitenden Mitarbeitereinsatzes** heute und in der Zukunft gerüstet ist. Hier nur einige Beispiele:

- Gibt es eine HR-Strategie für den internationalen Einsatz von Mitarbeitern?
- Gibt es eine Entsenderichtlinie bzw. unterschiedliche Entsenderichtlinien je nach Einsatzart (Langfrist- vs Kurzfristentsendung, Projekteinsatz, Entwicklungsentsendung, etc.)?
- Enthält die Richtlinie Ausführungen zu der Vergütung während des Auslandseinsatzes?
- Enthält die Richtlinie Regelungen zur Re-Integration oder auch Lokalisierung der im Ausland tätigen Mitarbeiter?
- Wie werden die Entsendungen arbeits- und aufenthaltsrechtlich ausgestaltet?
- Wie wird die sozialversicherungsrechtliche Position des Mitarbeiters während des Auslandseinsatzes sichergestellt?
- Wie werden steuerliche Fragestellungen geregelt (Lohnsteuereinbehalt, Kostentragung, Unterstützung des Entsandten bei der Einkommensteuer)?
- Wie sind die Schnittstellen zwischen der Personalabteilung (Personalgewinnung, Personalentwicklung, Vergütung), der Rechtsabteilung (Arbeitsrecht, Aufenthaltsrecht), der Steuerabteilung (Lohnsteuer, Einkommensteuer, Verrechnungspreise) und der Gehaltsabrechnung definiert?
- Wie sind die operativen Einheiten des Unternehmens in den Entsendungsprozess eingebunden, die Entsendungen oft aus dem Bedarf des operativen Geschäfts heraus anstoßen?
- Wie hoch sind die Kosten für individuelle Entsendungen und werden sie ordnungsgemäß erfasst (Stichwort Controlling)?
- Wie wird die Einhaltung bestehender Regelwerke für den grenzüberschreitenden Mitarbeitereinsatz sichergestellt?
- ...

7 Die Liste ließe sich noch beliebig verlängern und vermittelt einen ersten Eindruck bezüglich der **Komplexität** des Themas und den damit verbundenen **Herausforderungen** sowohl für das entsendende Unternehmen als auch für den entsandten Mitarbeiter.

8 Die wesentlichen Themenbereiche für einen erfolgreichen und zeitgemäßen grenzüberschreitenden Mitarbeitereinsatz, der die rechtlichen und personalpolitischen Voraussetzungen erfüllt, werden im Weiteren detailliert dargestellt.

Kapitel 2
Ziele und Grundsätze des internationalen Einsatzes von Fach- und Führungskräften

A. Der heutige Kontext (Talent Mobility 2020)

I. Entsendezweck – Warum werden Mitarbeiter ins Ausland entsendet?

Internationale Mitarbeitereinsätze gehören bei global agierenden Unternehmen aus verschiedenen Gründen zur betrieblichen Praxis. Eine der wohl wichtigsten Zielsetzungen, die Arbeitgeber mit **Auslandseinsätzen** verbinden, liegt darin, bestimmte Funktionen international zu besetzen, um einen Transfer von Wissen und/oder von **Unternehmenskultur** sicherzustellen. Bestimmte Positionen z.B. auf Leitungsebene im kaufmännischen oder technischen Bereich werden vielfach (regelmäßig) mit Kandidaten aus ausländischen Gesellschaften und hier insbesondere aus der Muttergesellschaft besetzt. Hierdurch soll Konsistenz hinsichtlich fachlicher oder technischer Expertise sowie von Managementpraktiken sichergestellt werden. Gleiches gilt für interne Prozesse oder Standards, die zur Flankierung entsprechender Vorgaben auf diese Weise in ihrer weltweiten Umsetzung unterstützt werden. 1

Neben dieser eher **rollenbasierten Entsendung** ist auch die Übernahme konkreter Aufgaben im Ausland ein häufiger **Entsendezweck. Expertise**, die im betreffenden Gastland nicht vorhanden ist, wird für einen befristeten Zeitraum eingeholt, um z.B. eine Gesellschaft zu gründen, neue Geschäftsbereiche aufzubauen oder bestimmte Projekte durchzuführen. Selbstverständlich spielt auch hier **Wissenstransfer** eine entsprechende Rolle, denn nach Ablauf des befristeten Einsatzes sollte die entsprechende Expertise auch lokal ausgebildet sein. Projekte müssen dabei nicht zwangsläufig intern ausgerichtet sein. Viele Unternehmen entsenden Mitarbeiter ins Ausland, um dort im Auftrag von Kunden entsprechende Aufgaben abzuarbeiten. 2

Nach wie vor spielt auch die Entsendung für Zwecke der **Personalentwicklung** eine entscheidende Rolle. Viele Unternehmen verknüpfen bestimmte **Karrierestufen** mit der Voraussetzung, dass der potenzielle Stelleninhaber über internationale Erfahrung verfügen soll. Dabei spielen verschiedene Perspektiven eine Rolle: Zum einen ermöglicht der Einsatz in verschiedenen Kulturkreisen und die Zusammenarbeit mit unterschiedlichen Nationalitäten die Entwicklung von internationalen Managementfähigkeiten. Zum anderen kann ein auf Führungsebene essenzielles Netzwerk um tragfähige internationale Kontakte für die zukünftige Karriere ergänzt werden. Auf der Zeitachse einer individuellen Karriere kann eine solche Entsendung zur **persönlichen Entwicklung** durchaus unterschiedlich terminiert sein: So sehen die Mobilitätsprogramme großer globaler Unternehmen meist beide Möglichkeiten vor: einen Einsatz von jungen Akademikern bereits zu Beginn der Tätigkeit im Unternehmen 3 oder von identifizierten Potenzialträgern vor Übernahme bzw. als Bewährung für weiterführende Aufgaben.

4 Dauer und Konditionen für Auslandseinsätze können je nach Zweck der Entsendung variieren. Hierbei spielen neben der Interessenslage vor allem auch die persönlichen Umstände des Entsandten eine wichtige Rolle.

II. Internationaler Mitarbeitereinsatz – Quo Vadis?

5 Ungeachtet der schwankenden wirtschaftlichen Rahmenbedingungen zeigen regelmäßige Untersuchungen von PwC, dass global agierende Unternehmen den internationalen Mitarbeitereinsatz als Baustein zur Sicherstellung ihrer internationalen Präsenz verstehen. Seit der Jahrtausendwende ist die Anzahl der Mitarbeiterentsendungen um ein Viertel gestiegen. Bis zum Jahr 2020 erwarten die Unternehmen einen vergleichbaren weiteren Anstieg. Selbst in wirtschaftlich kritischen Jahren bestand an der Notwendigkeit, Mitarbeiter ins Ausland zu entsenden, kein grundsätzlicher Zweifel. Auch die Tatsache, dass aufgrund wegfallender Kundenprojekte oder der zeitlichen Verschiebung von Investitionsvorhaben neue Auslandseinsätze für einen gewissen Zeitraum zurückgestellt wurden, hat nichts daran geändert. Einhergehend mit dem Anstieg von Entsendefällen steigt auch die Vielfalt der **Einsatztypen** und damit der Bedarf, konsistente **Entsendekonditionen** für gleichartige Einsätze festzulegen. Viele Unternehmen haben heute nicht nur „die" **Entsenderichtlinie,** sondern unterscheiden bei der Gestaltung zwischen kurz- und längerfristigen Einsätzen und machen die gewährten **Konditionen** abhängig vom **Einsatzzweck**, z.B. im Rahmen von **Projekteinsätzen** oder bei Auslandsstationen zur Entwicklung von Hochschulabsolventen.

6 Doch nicht nur die absolute Zahl der Entsendefälle steigt kontinuierlich an: Während globale Unternehmen im Jahr 1998 ihre Mitarbeiter in durchschnittlich 13 Länder entsandten, wird diese Zahl bis zum Jahr 2020 voraussichtlich auf 33 Länder gestiegen sein. Mit einer wachsenden Anzahl von **Entsendedestinationen** steigt auch die Herausforderung, eine größere Anzahl von Schnittstellen bewältigen zu müssen und die unterschiedlichen rechtlichen Anforderungen der betreffenden Länder im Griff zu behalten. Konsistente **Richtlinien** und klare **Prozesse** werden in solchen Szenarien unverzichtbar – ebenso wie der Einsatz von IT-Lösungen zur **Administration** internationaler Entsendungen. Doch nicht nur auf der Unternehmensseite spielt der IT-Einsatz eine zunehmend größere Rolle: Auch die relevanten Behörden machen hiervon verstärkt Gebrauch, um die Einhaltung nationaler Vorgaben im Aufenthalts-, Steuer- und Sozialversicherungsrecht zu überprüfen. Hierdurch entsteht ein zusätzlicher Druck, Kenntnis über aktuelle Gesetze und deren Umsetzungserfordernisse zu haben.

III. Generationen mit unterschiedlichen Erwartungen

Längere Lebensarbeitszeiten in Verbindung mit kürzeren Ausbildungsphasen, aber auch der glückliche Umstand unserer Zeit, dass momentan keine berufstätige **Generation** durch Auswirkungen von Kriegen reduziert ist, führt dazu, dass Angehörige verschiedener Generationen jeweils große Anteile an der arbeitenden Bevölkerung haben und somit Kandidaten für **Auslandseinsätze** sind. 7

Hat dieser Umstand Auswirkungen auf die Praxis internationaler Entsendungen? Dazu zunächst ein kurzer Abriss der Merkmale dieser Generationen: **„Baby Boomer“** kennzeichnet die Generation der geburtenstarken Jahrgänge von 1940 bis 1965. Nehmen wir das im vorangehenden Abschnitt bereits als Bezug gewählte **Jahr 2020**, so sollte diese Generation bis dahin ihre beruflichen Ziele weitestgehend erreicht haben. Sie verfügt über umfassende Erfahrungen, die für einen Arbeitgeber im Ausland durchaus von großer Relevanz sein können. Für den Betreffenden kann ein Auslandseinsatz kurz vor Einstieg in den **Ruhestand** den krönenden Abschluss des Berufslebens darstellen und wird sicher nicht mehr als wesentlicher Baustein für die weitere **Karriereplanung** gesehen werden. Es ist daher davon auszugehen, dass Kandidaten dieser Generation ihre Entscheidung für einen Auslandseinsatz von einem eher traditionellen **Entsendepaket** abhängig machen würden, das neben einer angemessenen Vergütung und einem attraktiven Standort auch die Sicherstellung der erworbenen Ansprüche vor allem in der Rentenversicherung vorsieht. 8

Die sog. **Generation X** hingegen – geboren in den 1960er und 1970er Jahren – wird im Jahr 2020 noch mitten im Berufsleben stecken und zu diesem Zeitpunkt den **Karrierehöhepunkt** erreicht haben. Ein möglicher Auslandseinsatz wird aus persönlichen und beruflichen Gründen kritisch hinterfragt werden. Geeignete Kandidaten dieser Generation haben mit großer Wahrscheinlichkeit die Spitze ihrer Einkunftsmöglichkeiten weitestgehend erreicht, wollen angesammelte **Rentenbausteine** nicht verlieren, die Finanzierung von Wohneigentum abschließen und müssen für die Ausbildung ihrer Kinder aufkommen. Diese Generation würde typischerweise entweder eine **Führungsaufgabe** in Verbindung mit einer traditionellen **Langzeitentsendung** inklusive diverser Zulagen annehmen oder einer flexiblen **Commuter**-Tätigkeit zur besseren Vereinbarung von Familie und Beruf nachgehen. 9

Kommen wir nun zur jüngsten Generation in der heutigen Arbeitswelt, den sog. **Millenials** oder auch **Generation Y**. Diese Mitarbeiter sind nach 1980 geboren und um den Jahrtausendwechsel in das Arbeitsleben eingestiegen. Bis zum Bezugsjahr 2020 werden sie die Mehrheit der entsandten Mitarbeiter ausmachen. **Umfragen von PwC** belegen, dass neun von zehn Vertretern dieser Generation davon ausgehen, in mehr Ländern tätig zu werden als ihre Eltern. Die Hälfte nimmt darüber hinaus an, im Berufsleben in einer anderen Sprache kommunizieren zu müssen als ihrer Muttersprache. Diese Aussagen zeigen, dass **internationale Mobilität** für weite Teile dieser Generation nicht mehr nur als ein exotischer Meilenstein im Laufe eines Berufslebens, sondern als Normalität verstanden wird. Der Fokus liegt dabei – zumindest zu 10

Beginn der Karriere – weniger darin, über Stationen im Ausland das Einkommen zu maximieren, sondern vielmehr in der Möglichkeit, interessante Aufgaben wahrnehmen zu können und neue Länder und **Kulturen** kennenzulernen. Entsprechend wird diese Generation Möglichkeiten zur **persönlichen Entwicklung** suchen und sich dabei unabhängiger von Ländergrenzen als die Generationen vor ihr bewegen. Dies wird in gewisser Weise Auswirkungen auf die Gestaltung der Entsendekonditionen haben: Materielle Aspekte verlieren an Bedeutung zugunsten der inhaltlichen Ausgestaltung der Funktion im Ausland. Die Sicherstellung des Verbleibes im Sozialversicherungssystem des Heimatlandes mag ebenfalls weniger im Fokus stehen, als dies bei Entsandten der Fall ist, die den überwiegenden Teil ihres Berufslebens in einem Land mit guter Absicherung insbesondere für den Ruhestand verbracht haben.

11 Man mag sich trefflich darüber streiten, ob die beschriebenen Unterschiede auf Generationsspezifika zurückzuführen sind oder letztlich auf der Tatsache beruhen, dass sich individuelle Präferenzen in Abhängigkeit der jeweiligen Lebensphase verändern. Es bleibt die Feststellung, dass Unternehmen ihre Entsendekonditionen so gestalten müssen, dass sie damit Mitarbeiter ansprechen, die für Auslandseinsätze vorgesehen sind – in ihrer jeweiligen **Lebensphase.** Mit Blick auf aktuelle **Trends** bei der Gestaltung von Entsendekonditionen findet dies bereits heute seinen Niederschlag in der zunehmenden Berücksichtigung von berufstätigen **Partnern** oder in Form separater Richtlinien für Hochschulabsolventen.

B. Welche Typen von Mitarbeitereinsatz gibt es?

I. Geschäftsreise

12 Die wohl gängigste Form eines befristeten Einsatzes im Ausland ist die **Geschäftsreise.** Mitarbeiter reisen für ein geschäftliches Treffen für einen oder mehrere Tage ins Ausland und kehren dann wieder ins Heimatland zurück. Üblicherweise werden Auslandsreisen bis zu einer Dauer von 90 Tagen als Geschäftsreise bezeichnet – in Anlehnung an den Zeitraum, in dem ein **Verpflegungsmehraufwand** als Werbungskosten geltend gemacht werden bzw. seitens des Arbeitgebers steuerfrei ausgezahlt werden kann. Vielfach werden Geschäftsreisen ins Ausland ohne die Einbindung des Personalbereichs von der jeweiligen Fachabteilung des Unternehmens veranlasst, genehmigt und organisiert. Hierin steckt ein zunehmend größer werdendes Risiko, denn in Abhängigkeit der im Ausland ausgeübten Tätigkeit und der ggf. kumulierten Dauer des Aufenthaltes durch wiederholte Reisen wird aus dem Geschäftsreisenden schnell ein Mitarbeiter auf Kurzzeitentsendung. Wird z.B. eine **kommerzielle Tätigkeit** im Ausland ausgeübt, muss möglicherweise bereits für den ersten Tag im Ausland ein **Arbeitsvisum** vorliegen. Hierauf und auch auf die mögliche Steuer- und Sozialversicherungspflicht bereits im Rahmen einer Geschäftsreise wird im weiteren Verlauf noch detailliert eingegangen werden.

In der Praxis ist ein Anstieg von Geschäftsreisen ins Ausland zu beobachten. Die zunehmende **Internationalisierung** von Geschäftstätigkeiten bildet dafür einen Treiber; einen weiteren stellt der Versuch dar, über punktuelle Reisen den Bedarf an teuren längerfristigen Einsätzen im Ausland zu reduzieren. Gleichzeitig gelangt diese Form von Auslandseinsätzen in den zunehmenden Fokus der jeweiligen **lokalen Behörden**, die durch stärkere **Vernetzung** auch besser an relevante Informationen zur Identifizierung dieser Fälle gelangen. 13

Vor diesem Hintergrund ist es keine Überraschung, dass die **Risiken**, die aus Geschäftsreisen resultieren können, für verstärkte Aufmerksamkeit in den Personalabteilungen sorgen. Dazu gilt es zunächst einmal einen Überblick über die **Dienstreisen** ins Ausland zu gewinnen und Prozesse zu etablieren, die dem Personalbereich helfen, Handlungsbedarf zur Sicherstellung der rechtlichen Erfordernisse identifizieren zu können. Dies kann in Form von pragmatischen Lösungen wie dem manuellen Melden von **Auslandsreisen** über das Pflegen von **Reisekalendern** bis hin zu einer komplexen Schnittstelle zwischen Personalwirtschaftssystem und dem Travel Management reichen. 14

II. Commuter

Eine Tätigkeit im Ausland kann auch über regelmäßiges oder befristetes Pendeln in ein anderes Land ausgeübt werden – im Jargon internationaler Entsendungen wird dieser Typ als „**Commuter**" bezeichnet. Nicht selten erfolgt diese Art der Tätigkeit aufgrund persönlicher Präferenzen und völlig unabhängig von betrieblichen Erfordernissen – wenn ein Mitarbeiter z.B. in Freiburg wohnt und als sog. Grenzpendler täglich zu seinem Arbeitsplatz bei einem in Basel ansässigen Unternehmen fährt. Commuter können aber auch gezielt eingesetzt werden, etwa wenn ein Mitarbeiter im Rahmen einer grenzüberschreitenden Verantwortung für einige Tage in der Woche von einem Standort im Ausland seine Tätigkeit ausübt. Je nach Distanz zwischen Heimat- und Einsatzland eignet sich diese Einsatzform darüber hinaus, um flexibel auf familiäre Gegebenheiten des Mitarbeiters einzugehen. Dies kann etwa dann der Fall sein, wenn die Familie aus bestimmten Gründen nicht mit in das Einsatzland umziehen möchte. Den Kosten für regelmäßige **Heimfahrten** oder **-flüge** stehen geringere Kosten für den vor Ort benötigten Wohnraum, Umzug, Schulkosten etc. gegenüber. Die Beispiele zeigen, dass diese Population ähnlich wie die Geschäftsreisenden nicht immer unter Einbezug des Personalbereichs eingesetzt wird. Gleichzeitig gelten die für Geschäftsreisende adressierten rechtlichen Anforderungen auch für diesen **Entsendetyp** – sowohl auf Arbeitnehmer- wie auch auf Arbeitgeberseite. Für einen hinreichend großen Einsatz von Commutern empfiehlt es sich, Standards zu definieren, die sowohl die im Rahmen eines solchen Einsatzes gewährten Leistungen als auch die der Abwicklung zugrundeliegenden Prozesse klar festlegen. Hierdurch wird die ordnungsgemäße Administration von Commutern sichergestellt und die 15

Risiken, die hauptsächlich im steuer-, sozialversicherungs- und aufenthaltsrechtlichen Bereich angesiedelt sind, minimiert.

III. Langzeitentsendungen

16 Die **Langzeitentsendung**, auch „**long term assignment**" genannt, ist die wohl traditionellste Form des Einsatzes internationaler Mitarbeiter und bezeichnet Auslandseinsätze für mehrere Jahre. Der hierfür übliche Zeitraum richtet sich nach dem Bedarf im Einsatzland, wird aber zugleich auch durch **personalpolitische Zielsetzungen** und rechtliche Restriktionen geprägt. So ist üblicherweise davon auszugehen, dass der betreffende Mitarbeiter nach Abschluss seines Einsatzes wieder in der Heimatgesellschaft eingesetzt werden soll. In diesem Fall ist die angemessene **Befristung** ein wichtiger Aspekt für eine erfolgreiche Wiedereingliederung. Nicht selten führen sehr lange Einsätze im Ausland dazu, dass eine Rückkehr in die Heimatorganisation weder aus Arbeitgeber- noch aus Arbeitnehmersicht attraktiv ist. Der Arbeitnehmer hat sich im Laufe der Entsendung in die Organisation des Gastlandunternehmens integriert. Die Lebensqualität im Ausland sowie **standortbedingte Entsendeleistungen,** wie z.B. Haushaltshilfen oder ein Dienstwagen mit Fahrer, können ebenfalls zu großen Umstellungsproblemen bei einer Rückkehr ins Heimatland führen. Nicht zuletzt mögen auch aus Sicht des Arbeitgebers die Einsatzmöglichkeiten für den Mitarbeiter beschränkt sein, wenn sein Profil nicht (mehr) zu den benötigten Kompetenzen in der Heimatorganisation passt.

17 Aus den vorgenannten Gründen liegt die typische Dauer für Langzeitentsendungen zwischen ein und drei Jahren. Meist ist eine **Verlängerungsmöglichkeit** auf längstens fünf Jahre vorgesehen. Es empfiehlt sich darauf hinzuweisen, dass eine darüberhinausgehende Beschäftigung im Gastland nur noch zu **lokalen Bedingungen** möglich ist.

18 Die Dauer des Einsatzes bedingt, dass der Entsandte anders als im Falle eines Einsatzes von nur wenigen Monaten oder als Commuter hier typischerweise von seiner Familie begleitet wird. Daraus ergeben sich entsprechende Konsequenzen für die Gestaltung des Entsendepaketes. Neben dem Bedarf nach einer angemessenen **Unterkunft**, verbunden mit den Implikationen aus der Aufgabe des **Wohnsitzes im Heimatland**, sind für schulpflichtige Kinder geeignete Schulen vor Ort zu finden und zu finanzieren. Eine zunehmende Herausforderung im Rahmen von Langzeiteinsätzen stellt die Vereinbarkeit des Auslandseinsatzes mit der beruflichen Karriere eines mitreisenden **Partners** dar. Auf Lösungsmöglichkeiten in der Praxis wird im weiteren Verlauf dieses Werkes noch gesondert eingegangen werden. Insgesamt sind die Leistungen, die üblicherweise im Rahmen eines längerfristigen Einsatzes vom Arbeitgeber erbracht werden, umfangreicher als bei allen anderen Entsendeformen.

19 Langzeitentsendungen entsprechen am ehesten dem „klassischsten" Entsendetyp und haben zumindest im Regelfall eine längere Vorlaufzeit als andere Einsatzty-

pen. Damit fällt es der Personalabteilung hier auch leichter, den Einsatz zu planen und relevante Immigrations-, Sozialversicherungs- und Steuerthemen zu berücksichtigen.

IV. Kurzzeitentsendung/Projekteinsatz

In Abgrenzung zur Langfristentsendung sind sog. **short term assignments** oder **Kurzeitentsendungen** üblicherweise auf einen Zeitraum von drei Monaten und bis zu einem Jahr ausgelegt. 20

Die Dauer des Einsatzes liegt häufig in der Übernahme einer zeitlich befristeten Aufgabe oder eines entsprechend befristeten Projektes begründet. Hat der Entsandte Partner oder Familie, verbleiben diese üblicherweise im Heimatland. Daraus leitet sich ein anderer Bedarf an die Gestaltung der entsendebezogenen Leistungen ab: Als Unterkunft wird meist eine kleine möblierte Wohnung gewährt, dafür ist die Anzahl der gewährten **Heimreisen** in der Regel höher als bei Langzeitentsendungen. Insgesamt sind die gewährten Konditionen weniger umfangreich als bei der Langzeitentsendung. 21

Ist die **Kurzzeitentsendung** als **Entsendetyp** im Unternehmen verankert, sind auch die Prozesse zur Sicherstellung der rechtlichen Anforderungen hinsichtlich Steuer, Sozialversicherung und Immigration hinreichend zu definieren. Eher als bei der Langzeitentsendung besteht allerdings hier die Gefahr, dass der Einsatz sehr kurzfristig organisiert wird und die Zeit für die Einleitung entsprechender Schritte für die Personalabteilung begrenzt ist. Ein Risiko in der Praxis stellen Geschäftsreisen dar, die sich der Kontrolle der Personalabteilung entziehen und aufgrund betrieblicher Notwendigkeiten zu Kurzzeitentsendungen entwickeln. 22

Mit Blick auf den Kostendruck, der ungeachtet des Bedarfes an international mobilen Mitarbeitern auf den Unternehmen lastet, haben Kurzzeitentsendungen in der jüngeren Vergangenheit an Attraktivität gewonnen. Dies gilt nicht nur für Arbeitgeber, sondern auch für – insbesondere junge – Mitarbeiter, die auf diese Weise internationale Erfahrungen sammeln können. Daher entwickeln Unternehmen verstärkt spezifische Entsendeprogramme für **Hochschulabsolventen** (sog. **developmental assignments**), die zu einem frühen Zeitpunkt in ihrer beruflichen Laufbahn die Möglichkeit erhalten, Erfahrungen im Ausland zu sammeln. Davon ausgehend, dass diese Mitarbeiter privat tendenziell ungebundener sind und häufig mit großer Bereitschaft, wenn nicht sogar aus eigener Initiative eine solche Herausforderung annehmen, sind die gewährten Leistungen in der Regel weniger umfassend als bei Entsendungen von anderen Mitarbeitergruppen. 23

V. Lokale Einstellung

24 Die **lokale Einstellung** beinhaltet im Gegensatz zu den vorgenannten Einsatzformen keinen **Transfer** von einer Organisation in eine andere. In diesem Fall wird ein Mitarbeiter für den Einsatz in einer Auslandsgesellschaft rekrutiert und erhält von vornherein einen **lokalen Vertrag**. Dabei kann es sein, dass der betreffende Kandidat nicht bereits im jeweiligen Land tätig ist, sondern für den Antritt der Tätigkeit umziehen muss. In diesem Fall mag es sinnvoll sein, in gewissem Umfang Umzugsunterstützung zu gewähren und den Arbeitnehmer auch in Immigrations- und Steuerfragen anfänglich zu unterstützen. Die Gründe für eine solche Vorgehensweise können verschieden sein. Wenn ein Unternehmen beispielsweise in den Auslandsgesellschaften keine ausreichenden Kapazitäten für das Recruiting hat, kommt es gelegentlich vor, dass die Muttergesellschaft diese Aufgaben übernimmt. Wenn dann darüber hinaus der lokale Arbeitsmarkt das benötigte Profil nicht hergibt oder bewusst ein bestimmter Kandidat oder eine bestimmte Nationalität für eine Aufgabe im Ausland gesucht wird, kann es zu solchen Einstellungen mit anschließendem Umzug ins Ausland kommen.

25 Alternativ kann eine **lokale Einstellung** auch den Fall beschreiben, dass ein Mitarbeiter von sich aus und aus rein persönlichen Gründen den Wunsch äußert, dauerhaft für seinen Arbeitgeber im Ausland tätig zu werden. Nicht zwingend muss der Arbeitgeber in diesem Fall die mit dem Transfer verbundenen Kosten übernehmen. Gelegentlich werden dennoch einige der oben genannten Leistungen gewährt, wenn damit ein wertvoller Mitarbeiter im Unternehmen gehalten werden kann. Nur sehr selten ist diese Population ausreichend groß, um eine formelle Richtlinie erforderlich zu machen.

VI. Lokalisierung

26 Zwar ähnlich in der Bezeichnung, jedoch einen völlig anderen Hintergrund als die lokale Einstellung hat die **Lokalisierung**. Diesem Fall geht immer ein zunächst befristeter Auslandeinsatz voraus. Verbleibt der betreffende Mitarbeiter danach aus bereits genannten möglichen Gründen im Gastland, entfallen die mit der Entsendungen verbundenen Arbeitgeberleistungen wie z.B. Heimflüge, Wohnungskosten- oder Lebenshaltungskostenzuschüsse. Das **Vergütungspaket** richtet sich nun nach den vor Ort für die entsprechende Funktion üblichen Konditionen. Da dies erhebliche materielle Konsequenzen für den bisher Entsandten haben kann, ist es wichtig, die Bedingungen für eine dauerhafte Beschäftigung im Gastland von Anfang an deutlich zu kommunizieren. Liegt es im Interesse des Arbeitgebers, regelmäßig auch Mitarbeiter für einen Verbleib in der Organisation im Gastland zu gewinnen, bietet es sich an, den Übergang auf ein **lokales Arbeitsverhältnis** über eine sog. **Lokalisierungsrichtlinie** zu regeln.

Die **Lokalisierung** kann dann etwa **stufenweise** geregelt sein. In diesem Fall werden die entsendebezogenen Leistungen sukzessive von Jahr zu Jahr reduziert. Alternativ kann der Verzicht auf entsendebezogene Zusatzleistungen auch über einen pauschalen Betrag abgegolten werden. Je nachdem, inwieweit die weitere Beschäftigung des Mitarbeiters im Gastland im Arbeitgeberinteresse erfolgt, ist auch denkbar, dass bestimmte Leistungen im Rahmen eines sog. **local plus-Ansatzes** dauerhaft subventioniert werden. Dies kann sich aus den lokalen Rahmenbedingungen ergeben, z.B. wenn die Unterbringung vor Ort immer nur in geschützten – und damit entsprechend teuren – Anlagen erfolgen sollte, da sich lokaler Wohnraum für Ausländer aus Sicherheitsgründen nicht anbietet. 27

Die Praxis zeigt, dass Lokalisierungen nicht einfach zu handhaben sind. Insbesondere dann, wenn sich ein Auslandseinsatz durch regelmäßige Verlängerungen auf einen langen Zeitraum erstreckt, stößt die Umstellung auf **lokale Konditionen** auf wenig Akzeptanz. Dem kann durch eine gute Planung des Einsatzes und vor allem der lokalen Integration sowie einer sehr transparenten und konsistenten Handhabung von Lokalisierungen entgegengewirkt werden. 28

Kapitel 3
Rechtliche Grundlagen/Arbeitsrecht

A. Einleitung

In den letzten zehn Jahren konnte eine Zunahme von Entsendungen in internationalen Unternehmen um bis zu 25 % verzeichnet werden. Bis 2020 wird eine Steigerung der **Entsendepopulation** um weitere 50 % erwartet.[1] Nicht nur für die sog. **Global Player**, sondern auch für kleinere und mittelständische Unternehmen steigt aufgrund der immer enger werdenden internationalen Verflechtungen der Märkte und des zum Teil stärkeren **Wettbewerbsdrucks** die Notwendigkeit von **Auslandseinsätzen** ihrer Arbeitnehmer. 1

I. Begrifflichkeiten

Im Zusammenhang mit dem Auslandseinsatz von Arbeitnehmern werden unterschiedliche Begrifflichkeiten verwendet, meist in Abhängigkeit von der Dauer des Auslandseinsatzes und der Bindung an die beteiligten Gesellschaften/Arbeitgeber. Nicht immer werden die Begrifflichkeiten im **rechtstechnischen Sinne** verstanden, es herrscht eine **uneinheitliche Terminologie**. Für Auslandseinsätze finden sich folgende Begrifflichkeiten, zwischen welchen je nach Länge des Einsatzes zu differenzieren ist: 2

– **Entsendung/Secondment**

Beide Begriffe stehen für den gleichen Vorgang, werden oftmals im gleichen Kontext verwendet und bezeichnen den Auslandseinsatz eines Arbeitnehmers im Rahmen seines deutschen Arbeitsvertrages. Der Begriff der Entsendung stellt einen Oberbegriff für diesen Einsatz dar. 3

– **Expatriate**

Dieser Begriff steht für einen Arbeitnehmer, der von dem international tätigen Unternehmen, bei dem er beschäftigt ist, vorübergehend in das Ausland entsandt wird. 4

– **Dienst-/Geschäftsreise/Abordnung**

Der Arbeitnehmer erbringt für einen kurzen Zeitraum (in der Regel maximal drei Monate) an einem Ort außerhalb seiner regulären Arbeitsstätte seine Arbeitsleistung. 5

– **Short term assignment**

Dieser Begriff umschreibt den Einsatz des Arbeitnehmers im Ausland, welcher in der Regel zwischen sechs und zwölf Monaten dauert. 6

1 PwC International Mobility Database – sample 900 companies.

– **Long term assignment/Delegation**

7 Der Arbeitnehmer wird für einen Zeitraum zwischen einem und fünf Jahren in das Ausland entsandt.

– **Lokalisierung/Versetzung/Übertritt**

8 Alle drei Begriffe werden im selben Kontext verwendet. Der Arbeitnehmer erhält in dieser Konstellation ausschließlich bei der ausländischen Gesellschaft einen aktiven Arbeitsvertrag. Das Schicksal des deutschen Arbeitsvertrages hängt von den Vereinbarungen mit dem deutschen Unternehmen ab, die unterschiedlich ausgestaltet sein können.

9 Die beteiligten Unternehmen werden begrifflich unterschieden nach:
- Stammhaus oder Inlandsgesellschaft (home company) und
- Auslandsgesellschaft (host company).

1. Abgrenzung Dienstreise/Abordnung/Delegation/Übertritt

10 Eine **Dienst-/Geschäftsreise** dauert in der Regel einige Tage bis maximal drei Monate, abhängig vom Inhalt der Tätigkeit. Es kommt zu keiner inhaltlichen bzw. rechtlichen Änderung der arbeitsvertraglichen Grundlagen zwischen Arbeitgeber und Arbeitnehmer. Der **Lebensmittelpunkt** des Arbeitnehmers bleibt im Inland. Die Wahrnehmung einer Dienst-/Geschäftsreise erfolgt im Rahmen des arbeitgeberseitigen **Direktionsrechtes** gem. § 106 GewO und richtet sich nach den im Arbeitsvertrag geregelten Bedingungen wie z.B. der konkreten Tätigkeitsbeschreibung. Der Begriff der Dienstreise entstammt dem deutschen Steuerrecht.

11 Der Begriff der **Abordnung** entstammt hingegen ursprünglich dem Beamtenrecht und wurde in das Tarifrecht des öffentlichen Dienstes übernommen. Die Merkmale einer Abordnung sind ihre **vorübergehende Dauer**, die Ausübung der Tätigkeit in einer anderen Dienststelle oder einem anderen Betrieb und die **Aufrechterhaltung des Arbeitsverhältnisses** zum abordnenden Arbeitgeber. Eine Abordnung in das Ausland umfasst in der Regel einen **Zeitraum** von **drei** bis zu **zwölf Monaten**. Der Lebensmittelpunkt des Arbeitnehmers bleibt während dieses Zeitraumes im Inland bestehen, der abordnende Arbeitgeber ist weiterhin **weisungsbefugt**.

12 Im Rahmen einer **Delegation** wird der Arbeitnehmer für einen Zeitraum von einem Jahr bis zu fünf Jahren im Ausland tätig. Sein Lebensmittelpunkt wird währenddessen ins Ausland verlagert. In der Regel ist es beabsichtigt, dass der Arbeitnehmer in das Inland zurückkehrt.

13 Ein **Übertritt** liegt vor, wenn das Arbeitsverhältnis im Inland beendet wird und ein neues Arbeitsverhältnis mit der lokalen **Auslandsgesellschaft** geschlossen wird. Für den Arbeitsvertrag gelten dann im Grundsatz die Rechtsvorschriften des aufnehmenden Staates.

2. Status des zu entsendenden Mitarbeiters (Arbeitnehmer/leitender Angestellter/ Organmitglied)

Neben der Differenzierung des Auslandseinsatzes nach der Dauer des jeweiligen Aufenthaltes im Ausland kann darüber hinaus eine Differenzierung nach dem jeweiligen Status des entsendeten Mitarbeiters erfolgen. Im Vordergrund steht dabei, in welcher Eigenschaft der entsprechende Mitarbeiter entsendet worden ist. Grund dafür ist, dass es für die auf den Inhalt des Beschäftigungsverhältnisses anzuwendenden Normen gerade darauf ankommt, ob der entsprechende Mitarbeiter **Arbeitnehmer, leitender Angestellter** oder aber **Organmitglied** ist. Demgemäß variieren auch die anzuwendenden Normen und/oder ihr Anwendungsbereich. 14

Die unterschiedlichen gesetzlichen Zielsetzungen bedingen es, dass der Arbeitnehmerbegriff im Arbeits-, Steuer- und Sozialversicherungsrecht **keine einheitliche Legaldefinition** kennt. **Arbeitnehmer im arbeitsrechtlichen Sinne** ist, wer aufgrund eines privatrechtlichen Vertrages im Dienste eines anderen zur Leistung weisungsgebundener, fremdbestimmter Arbeit in persönlicher Abhängigkeit verpflichtet ist. 15

Die **Hauptverpflichtung** des Arbeitnehmers ist die **Erbringung der arbeitsvertraglich festgelegten Leistung**. Sich hieraus ergebende und ebenfalls zu beachtende **Nebenpflichten** können Treue- und Verschwiegenheitspflichten, der pflegliche Umgang mit Materialien und Werkzeugen sowie gegenseitige Rücksichtnahme- und Schutzpflichten oder die Einhaltung eines Wettbewerbsverbotes sein. Der Arbeitnehmer schuldet **keinen bestimmten Arbeitserfolg**, aber er muss seine Leistung regelmäßig erbringen. Die Leistungspflicht orientiert sich dabei einerseits nach dem persönlichen subjektiven Leistungsvermögen des Arbeitnehmers und andererseits nach dem vom Arbeitgeber durch Direktionsrecht festgelegten Inhalt. 16

Der Arbeitnehmer hat die **Arbeitsleistung persönlich zu erbringen** (§ 613 BGB). Der Grad der persönlichen Abhängigkeit unterscheidet das Arbeitsverhältnis insbesondere vom Dienstverhältnis. Anknüpfungspunkt ist § 84 Abs. 1 S. 2 HGB. Die Stellung eines Ersatzes bzw. das Weiterdelegieren der Arbeitsaufgaben, auch nur zeitweise, ist nicht zulässig. Aus diesem Grund können nur natürliche und nicht auch juristische Personen Arbeitnehmer sein. Eine Geschäftsfähigkeit des Arbeitnehmers ist nicht erforderlich. 17

Der Arbeitnehmer muss **kein unternehmerisches Risiko** tragen, da er in seiner Position nicht für den wirtschaftlichen Erfolg der eigenen Tätigkeit sowie der des gesamten Betriebs verantwortlich ist. Er wird unter Leitung des Arbeitgebers tätig, ist an dessen Weisungen gebunden und in dessen Betrieb eingegliedert. Unerheblich ist dagegen, ob der Arbeitnehmer auch wirtschaftlich abhängig vom Arbeitgeber ist. Die Höhe des Arbeitsentgelts oder das Verhältnis zwischen Leistungserbringung und Entlohnung sind keine maßgeblichen Kriterien zur Bestimmung der Arbeitnehmereigenschaft. 18

Als Gegenleistung zu den sich aus dem Arbeitsvertrag ergebenden Verpflichtungen hat der Arbeitnehmer das **Recht auf Auszahlung des vereinbarten Lohnes.** 19

Hierbei ist zu beachten, dass der Arbeitnehmer auch dann Anspruch auf Bezahlung hat, wenn der Arbeitgeber nicht in der Lage ist, ihn in vollem Umfang der arbeitsvertraglich bestimmten Arbeitszeit auszulasten, der Arbeitnehmer mithin seinen vereinbarten Leistungsverpflichtungen durch arbeitgeberseitiges Verschulden nicht in Gänze nachkommen kann.

20 Dem Arbeitnehmer stehen **Rechte auch außerhalb des reinen Arbeitsvertrages** zu. Hierzu gehört z.B. das in Art. 9 Abs. 3 GG normierte Recht auf **Koalitionsfreiheit**, also das Recht, einer Gewerkschaft beizutreten und sich im Betrieb gewerkschaftlich zu betätigen. Weitere Rechte des Arbeitnehmers sind den gesetzlichen Vorschriften zum **Urlaubsrecht**, dem **Entgeltfortzahlungs**- oder dem **Arbeitszeitgesetz** zu entnehmen.

21 Aus § 5 Abs. 1 S. 1 ArbGG lässt sich entnehmen, dass sowohl **Arbeiter** als auch **Angestellte** unter den Begriff des Arbeitnehmers fallen sollen. Zwischen diesen beiden Gruppen wird nach der Art der jeweils ausgeübten Tätigkeit und dem Berufsbild differenziert. Der Arbeiter wird überwiegend körperlich tätig und erhält dafür seinen **Lohn**. Man findet ihn vor allem im handwerklichen Bereich. Der Angestellte übt im Gegensatz dazu überwiegend Bürotätigkeiten aus, sein Entgelt erhält er in Form seines **Gehaltes**. Eine klare Abgrenzung zwischen diesen beiden Gruppen ist jedoch nicht immer möglich, da die **Grenzen** zwischen den Aufgabenbereichen von Arbeitern und Angestellten oft **fließend** sind. Dies hängt vor allem mit dem ständigen Wandel der einzelnen Berufsbilder zusammen. Ist eine Abgrenzung nicht möglich, so erfolgt eine Differenzierung im Rahmen der **Verkehrsanschauung**. Dabei liegt ein wesentliches Indiz in der Qualifizierung der jeweiligen Tätigkeit im Rahmen des entsprechenden Tarifvertrages.

22 Arbeitnehmer sind auch die zu ihrer **Berufsausbildung Beschäftigten**. Daneben existiert die Gruppe der **Beschäftigten**, welche den **Arbeitnehmern gleichgestellt** werden. Zu ihnen zählen Heimarbeiter, arbeitnehmerähnliche Personen sowie Handelsvertreter. Sie alle haben gemeinsam, dass ihnen in der Ausübung ihrer Tätigkeit zwar ein gewisses Maß an Freiraum zusteht, sie im Endeffekt jedoch von ihrem Auftraggeber abhängig sind. Sie sind aufgrund dessen ähnlich wie die Arbeitnehmer schutzbedürftig und werden diesen somit in manchen Bereichen gleichgestellt (§ 5 Abs. 1 ArbGG, § 2 BUrlG, § 12a TVG).

23 Im Gegensatz dazu nehmen **leitende Angestellte** für das Unternehmen oder einen Betrieb des Unternehmens als dessen Teilorganisation unter eigener Verantwortung **typische Unternehmerfunktionen** mit einem eigenen erheblichen **Entscheidungsspielraum** wahr. Dazu zählen beispielsweise eine Einstellungs- und Entlassungsbefugnis, eine Handlungsvollmacht oder die Übertragung sonstiger Aufgaben in unternehmerischer Funktion. Sie zeichnen sich durch eine besondere Nähe zu ihrem Arbeitgeber aus und haben deswegen diesem gegenüber auch erhöhte **Treuepflichten**. Leitende Angestellte sind grundsätzlich auch Arbeitnehmer. Für sie gilt jedoch das Betriebsverfassungsgesetz nicht. Hat der leitende Angestellte die Befugnis zur Einstellung oder Entlassung von Arbeitnehmern, so ist der

Anwendungsbereich des Kündigungsschutzgesetzes für diesen Mitarbeiter nur eingeschränkt eröffnet.

Die dritte Gruppe bilden die der **Organmitglieder** juristischer Personen, somit Vorstände oder Geschäftsführer. Aus § 76 Abs. 1 AktG lässt sich entnehmen, dass der Vorstand einer Aktiengesellschaft diese in eigener Verantwortung leitet. Daraus ergibt sich, dass der Vorstand weisungsfrei und aus diesem Grund vor dem Hintergrund der Definition des Arbeitnehmerbegriffes kein Arbeitnehmer ist. Bei Geschäftsführern kann die Frage nach deren Arbeitnehmereigenschaft nicht einheitlich beantwortet werden. So ist innerhalb der Gruppe der Geschäftsführer zwischen dem Gesellschafter-Geschäftsführer und dem Fremdgeschäftsführer zu differenzieren. Fremdgeschäftsführer sind – im Gegensatz zu den Gesellschafter-Geschäftsführern – nicht an dem Gesellschaftskapital beteiligt. Im Gegensatz zu den Vorständen von Aktiengesellschaften unterliegen die Geschäftsführer einer GmbH gem. § 37 GmbHG den Weisungen der Gesellschaft. Es ist eine differenzierte Betrachtung erforderlich, da Geschäftsführer in ihrer Organstellung gesellschaftsrechtlich weisungsgebunden sind. Aus dieser **Weisungsgebundenheit** kann sich wiederum eine persönliche Abhängigkeit ergeben, sodass letztendlich auf den Einzelfall abzustellen ist. Bei dem Fremdgeschäftsführer ist die persönliche Abhängigkeit dann zu bejahen, wenn er in den Betrieb eingegliedert wird und somit regelmäßig einem nach Zeit, Dauer, Ort und Art der Ausführung umfassenden Direktionsrecht der Gesellschafter unterliegt. Im Falle eines Gesellschafter-Geschäftsführers kommt es für die Frage nach dessen persönlicher Abhängigkeit darauf an, wie groß seine Möglichkeiten zur Einflussnahme auf die Entscheidungen der anderen Gesellschafter aufgrund Kapitalbeteiligung sind. Verfügt ein Gesellschafter-Geschäftsführer beispielsweise über mehr als 50 % der Geschäftsanteile, so fehlt es an der maßgeblichen Abhängigkeit. Er ist dann kein Arbeitnehmer. 24

3. Begründung einer Organstellung im Ausland

Wird durch die Entsendung des Arbeitnehmers in ein ausländisches Unternehmen 25
dessen Organstellung begründet, so kann dies u.U. dazu führen, dass er seine Arbeitnehmereigenschaft in Deutschland verliert. Dies ist beispielsweise dann der Fall, wenn ein deutscher Arbeitnehmer in das Ausland entsandt wird, um bei der ausländischen Tochtergesellschaft als Geschäftsführer tätig zu werden. Es werden u.a. beispielsweise im Rahmen des **Betriebsverfassungsgesetzes** oder des **Kündigungsschutzgesetzes** Organmitglieder von juristischen Personen aus dem persönlichen Geltungsbereich ausgeschlossen. Fraglich ist, ob dies auch zwingend für die Begründung einer Organstellung im Ausland gilt.

Es muss im Einzelfall geprüft werden, ob trotz der Organstellung im Ausland 26
nicht doch die Arbeitnehmereigenschaft in Deutschland bejaht werden kann. Relevant ist hier, ob die Voraussetzungen der Arbeitnehmereigenschaft im Inland trotz der Entsendung in das Ausland vorliegen. Es kommt letztendlich darauf an, ob der

Arbeitnehmer die ihm übertragene **Leitungsmacht** auch tatsächlich ausübt oder nicht. Entscheidend ist auch, ob der Arbeitnehmer die Leitungsmacht alleine im Ausland oder nach seiner Rückkehr auch im Inland ausüben soll. Es ist darauf abzustellen, welche vertraglichen Vereinbarungen zum Zwecke der Entsendung zwischen dem Arbeitnehmer und dem entsendenden Arbeitgeber getroffen worden sind und wie die Entsendung ausgestaltet wird.

4. Abgrenzung Unternehmensrichtlinien vs. Betriebsvereinbarungen als Rechtsgrundlage für Entsendungen

27 In der Praxis kommt es immer häufiger vor, dass die Bedingungen für Auslandseinsätze sowie deren Durchführung in **Richtlinien** oder in **Betriebsvereinbarungen** geregelt werden. In den abgeschlossenen Entsendungsverträgen wird dann darauf Bezug genommen. Nachfolgend werden die unterschiedlichen rechtlichen Wirkungen von Richtlinien bzw. Betriebsvereinbarungen näher beleuchtet. Grundsätzlich ist der Abschluss einer Richtlinie oder einer Betriebsvereinbarung empfehlenswert, wenn das deutsche Unternehmen viele vergleichbare Entsendungen (z.B. mit einer vergleichbaren Gruppe von Arbeitnehmern oder in das gleiche Entsendungsland) vornimmt. Hierdurch können Ungleichbehandlungen vermieden werden. Auch können dadurch die Kosten der Entsendung besser kalkuliert werden.

a) Struktur/Geltungsbereich von Unternehmensrichtlinien

28 Eine **Richtlinie** ist eine **Handlungsvorschrift mit bindendem Charakter**, sie ist aber **kein förmliches Gesetz**. Sie hat einen definierten **Geltungsbereich**, der je nach Anwendungsfall arbeitsrechtlich sanktionierbar ist. Eine Richtlinie wird einseitig vom Arbeitgeber erlassen und legt beispielsweise die Rahmenbedingungen fest, unter welchen eine Entsendung ins Ausland erfolgen soll. Im Rahmen sog. **Entsendungsrichtlinien** werden innerhalb des Unternehmens beispielsweise neben Regelungen bezüglich der Beschaffung von Aufenthalts- und Arbeitsgenehmigungen auch Regelungen hinsichtlich der Vergütung, Versorgung oder der Kostentragungspflicht bei vorzeitiger Rückkehr aus dem Gaststaat getroffen. Im Einzelfall ist stets zu berücksichtigen, wie konkret die entsprechende Richtlinie **formuliert** wurde und welche **Rechtsfolgen** sich daraus ergeben bzw. ergeben können. Je allgemeiner eine Richtlinie gehalten wurde, desto schwerer kann ein Arbeitnehmer daraus konkrete Ansprüche herleiten. Im Gegensatz dazu entfaltet eine Richtlinie, die konkrete Voraussetzungen für einen Auslandseinsatz enthält, viel eher eine **bindende Wirkung**. Es hängt somit von dem Inhalt der Richtlinie ab, ob daraus ein Anspruch abgeleitet werden kann oder nicht. Darüber hinaus ist wichtig, dass im Rahmen der Anwendung einer Richtlinie der **arbeitsrechtliche Gleichbehandlungsgrundsatz** stets im Blick behalten wird. In dem Verhältnis zwischen Richtlinie und Arbeitsvertrag geht der Arbeitsvertrag als speziellere Regelung der Richtlinie vor und kann Ausnahmen zu dieser beinhalten.

b) Geltungsbereich von Betriebsvereinbarungen

Eine **Betriebsvereinbarung** stellt nach der herrschenden Meinung einen **privatrechtlichen Vertrag** zwischen Arbeitgeber und Betriebsrat dar, welcher nicht allein die gegenseitigen Rechte und Pflichten der Parteien, sondern darüber hinaus auch verbindliche Regelungen begründen kann, welche für alle Arbeitnehmer eines Betriebes gelten. Die im Rahmen einer Betriebsvereinbarung geregelten **Arbeitsbedingungen** gelten innerhalb des Betriebes zwingend, sodass der Betriebsvereinbarung insofern ein **normativer Charakter** zukommt. Eine Betriebsvereinbarung ist nichtig, wenn sie Arbeitsbedingungen regelt, die üblicherweise in einem **Tarifvertrag** geregelt werden und im Tarifvertrag nicht ausdrücklich eine Regelung durch Betriebsvereinbarung zugelassen ist, § 77 Abs. 3 BetrVG. Eine **Betriebsvereinbarung** stellt somit im Gegensatz zu einer Richtlinie eine **zweiseitige Vereinbarung** dar, die seitens der Betriebsparteien gekündigt werden kann. Sie kann eine sog. **Nachwirkung** im Rahmen von § 77 Abs. 6 BetrVG entfalten. Sie gilt für und gegen alle aktiven Arbeitnehmer eines Betriebes, welche in diesen eingegliedert sind. Es ist möglich, eine Betriebsvereinbarung zur alleinigen Regelung von Angelegenheiten von Auslandsarbeitnehmern zu schließen. Werden die im Ausland tätigen Arbeitnehmer nicht in den dortigen Betrieb integriert, so können auch Fragen der einzuhaltenden **betrieblichen Ordnung**, zu beachtender **Verhaltensregeln**, Beginn und Ende der **Arbeitszeit** sowie deren **Verteilung** auf die einzelnen Wochentage und dergleichen Gegenstand einer Betriebsvereinbarung sein. Soll eine Entsendung auf der Grundlage einer Betriebsvereinbarung erfolgen, so ist zunächst zu überprüfen, welche Arten von Einsätzen von der jeweiligen Betriebsvereinbarung konkret umfasst werden. Auch der Umfang der Betriebsvereinbarung hinsichtlich der Dauer des Einsatzes ist im Vorfeld zu berücksichtigen. Wenn der Arbeitnehmer von der Betriebsvereinbarung umfasst wird, kann in der vertraglichen Vereinbarung nicht zum Nachteil des Arbeitnehmers von der Betriebsvereinbarung abgewichen werden. 29

5. Direktionsrecht des Arbeitsgebers als Rechtsgrundlage für Entsendungen

Eine weitere Rechtsgrundlage für einen Einsatz des Arbeitnehmers im Ausland kann in dem **Direktionsrecht** des Arbeitgebers gem. § 106 GewO liegen. Die Verpflichtung eines Arbeitnehmers, für seinen Arbeitgeber auch im Ausland tätig zu werden, richtet sich in erster Linie nach den **Vereinbarungen** in seinem **Arbeitsvertrag**. Enthält dieser jedoch keine entsprechenden Regelungen, so orientiert sich die Verpflichtung des Arbeitnehmers bezüglich der Aufnahme einer Tätigkeit im Ausland an dem Umfang des Direktionsrechtes des Arbeitgebers gem. § 106 GewO. 30

Im Rahmen seines **Direktions- bzw. Weisungsrechtes** ist es dem Arbeitgeber grundsätzlich möglich, die **Leistungspflicht** seines Arbeitnehmers nach Inhalt, Ort und Zeit einseitig nach billigem Ermessen näher zu **bestimmen**. Der **Umfang des Direktionsrechtes** ist in erster Linie anhand der entsprechenden **vertraglichen Vereinbarungen** auszulegen. Je allgemeiner die zu leistende Arbeit dort umschrieben ist, 31 desto weiter ist auch das Direktionsrecht des Arbeitgebers. Weitere Einschränkungen kann das Direktionsrecht beispielsweise durch die Bestimmungen einer **Betriebsvereinbarung**, einen anwendbaren **Tarifvertrag** oder aber **gesetzliche Vorschriften** erfahren.

32 Der Arbeitgeber muss bei der Ausübung des Direktionsrechtes den **Verhältnismäßigkeitsgrundsatz** in Form des **billigen Ermessens**, welcher in § 315 BGB verankert ist, berücksichtigen. Ob der Arbeitgeber innerhalb seiner Anweisung dieses Ermessen richtigerweise ausgeübt hat, muss in jedem Einzelfall im Rahmen einer umfassenden **Interessenabwägung** überprüft werden. Dabei stehen sich die betrieblichen Erfordernisse des Arbeitgebers sowie die persönlichen Verhältnisse des Arbeitnehmers gegenüber.

33 Zwar kann der Arbeitgeber durch das Direktionsrecht auch den **Arbeitsort** bestimmen, sodass beispielsweise eine **Dienstreise** noch von dem Direktionsrecht umfasst wird. Die Frage, ob die Entsendung eines Arbeitnehmers in das Ausland ebenfalls von dem Direktionsrecht des Arbeitgebers umfasst wird, ist jedoch zu verneinen, da die damit einhergehenden Veränderungen für den Arbeitnehmer einen erheblichen Einschnitt darstellen. Eine Entsendung kann somit ohne entsprechende vertragliche Vereinbarung nicht einseitig vom Arbeitgeber angeordnet werden, sodass ein für längere Zeit andauernder Einsatz im Ausland folglich einer einvernehmlichen Vereinbarung beider Parteien hinsichtlich des zugrunde zu legenden Vertragsverhältnisses bedarf.

6. Übliche/häufige Vertragskonstellationen

34 Der Begriff des Entsendevertrages wird in der Praxis in vielfältiger Hinsicht gebraucht, ohne zu unterscheiden, welche Vertragskonstellation zugrunde gelegt werden soll. Unter dem Begriff der **Entsendung** werden als **Sammelbegriff** alle Fälle gefasst, in denen das ursprünglich inländische Arbeitsverhältnis während der Zeit des Auslandseinsatzes in Deutschland fortbestehen soll. Daneben tritt der Fall, dass ein Arbeitnehmer nur zu dem Zweck eingestellt wird, um im Ausland tätig zu werden. Die häufigsten Fallkonstellationen betreffen jedoch Arbeitnehmer, die im Rahmen eines bestehenden inländischen Arbeitsverhältnisses für eine bestimmte oder bestimmbare Zeit im Ausland tätig werden sollen. Die Wahl der richtigen Vertragsart hängt dabei von der **Dauer des Einsatzes**, den **Entsendungsrichtlinien** im Unternehmen sowie den gewollten **sozialversicherungsrechtlichen und steuerrechtlichen Auswirkungen** ab.

a) Abschluss einer Zusatzvereinbarung für den Auslandseinsatz – Entsendevereinbarung

35 Da das inländische Arbeitsverhältnis und damit auch der Inlandsarbeitsvertrag in der Regel Auslandstätigkeiten nicht umfasst, besteht die Notwendigkeit von zusätzlichen vertraglichen Regelungen. In der Praxis haben sich **zwei Varianten** herauskristalli-

siert. Der deutsche **Arbeitsvertrag** wird in einem ersten Schritt um einen **Zusatzvertrag** ergänzt. In diesem Zusatzvertrag werden die **befristeten Arbeitsbedingungen** für die Zeit des Auslandseinsatzes geregelt. Der Abschluss eines Zusatzvertrages kann in einem zweiten Schritt in zwei möglichen Ausgestaltungen erfolgen: Die Arbeitsbedingungen in der Zusatzvereinbarung können zum einen neben die Bedingungen im deutschen Arbeitsvertrag treten oder zum anderen diese für die Zeit des Auslandseinsatzes ersetzen. Treten die in dem Zusatzvertrag vereinbarten Arbeitsbedingungen neben die in dem deutschen Arbeitsvertrag vereinbarten Bedingungen, so gelten für den Zeitraum des Auslandseinsatzes zwei vertragliche Vereinbarungen: der deutsche Arbeitsvertrag sowie die Zusatzvereinbarung. Der deutsche Arbeitsvertrag gilt grundsätzlich, sofern in der Zusatzvereinbarung nicht eine von dem deutschen Arbeitsvertrag abweichende Vereinbarung getroffen worden ist. Im Rahmen der Vertragsgestaltung ist insbesondere auf eindeutige Formulierungen zu achten, um Unklarheiten von Beginn an zu vermeiden. Soll die Zusatzvereinbarung den deutschen Arbeitsvertrag ersetzen, dann ist während des Auslandseinsatzes des Arbeitnehmers nur eine vertragliche Vereinbarung, nämlich die Zusatzvereinbarung, anwendbar. Es kann während des Zeitraums der Entsendung nicht mehr auf den deutschen Arbeitsvertrag zurückgegriffen werden. Die Zusatzvereinbarung wird häufig als **Entsendevereinbarung** bezeichnet. Da die Entsendung im arbeitsrechtlichen Sinne von der Entsendung im sozialversicherungsrechtlichen Sinn streng zu unterscheiden ist, in der Praxis jedoch oft verwechselt wird, empfiehlt es sich, die Zusatzvereinbarung als Vereinbarung für die Dauer des Auslandseinsatzes zu bezeichnen.

Praxistipp !

Bei der Formulierung der Zusatzvereinbarung ist darauf zu achten und genau zu beschreiben, ob die Arbeitsbedingungen, die während des Auslandseinsatzes gelten, neben dem inländischen Arbeitsvertrag weitergelten oder während des Auslandseinsatzes abgeändert werden sollen. Die Zusatzvereinbarung sollte als Vereinbarung für die Dauer des Auslandseinsatzes bezeichnet werden.

---

b) Ruhendstellen des Inlandsarbeitsvertrages/Versetzung während des Auslandseinsatzes

Die andere Möglichkeit für die arbeitsrechtliche Gestaltung des Auslandseinsatzes, 36
die in der Praxis Verbreitung gefunden hat, ist das **Ruhendstellen des inländischen Arbeitsvertrages** verbunden mit dem befristeten Abschluss eines **Arbeitsvertrages mit der Auslandsgesellschaft**. Arbeitsrechtlich kann es sich bei dieser Vertragskonstellation, je nach Einzelfall, um eine **Versetzung** des Arbeitsnehmers in das Ausland i.S.d. § 99 Abs. 1 BetrVG handeln, da die Entsendung der aufnehmenden Gesellschaft in der Regel über einen Monat andauern wird und dem Arbeitnehmer für diesen Zeit-

raum im Ausland ein neuer Arbeitsort zugewiesen wird.[2] Besteht ein Betriebsrat, so kann eine entsprechende Entsendung mitbestimmungspflichtig sein. Es kommt ein weiteres lokales Arbeitsverhältnis mit der ausländischen Gesellschaft zustande. Das Schicksal des inländischen, deutschen Arbeitsvertrages hängt von der Formulierung der **Ruhendvereinbarung** mit der deutschen Gesellschaft ab. In der Ruhendvereinbarung wird das deutsche Arbeitsverhältnis häufig weitgehend inaktiv gestellt und es werden Regelungen für die Rückkehr und **Wiedereingliederung** nach Beendigung des Auslandseinsatzes festgelegt. Die Grenzen bei dieser Vereinbarung sind fließend und das Gewollte muss häufig im Rahmen einer Vertragsauslegung in Verbindung mit dem lokalen Anstellungsvertrag ermittelt werden.

! **Praxistipp**
Bei der Formulierung einer Ruhendvereinbarung sollte genau beschrieben werden, inwieweit die Pflichten des Arbeitgebers und des Arbeitnehmers hinsichtlich des deutschen Arbeitsvertrages ruhen.

---

c) Einstellung zum Zwecke der Entsendung

37 Arbeitsrechtlich ist es auch möglich, dass der Arbeitnehmer **nur zum Zwecke der Entsendung eingestellt** wird und nach Abschluss des inländischen Arbeitsvertrages direkt seine Tätigkeit im Ausland aufnimmt. Dieser Fall kommt in der Praxis seltener vor. Der Arbeitnehmer erhält vom inländischen Arbeitgeber einen Arbeitsvertrag, der ausschließlich die Arbeitsbedingungen für den Auslandseinsatz regelt und nur auf den Auslandseinsatz ausgerichtet ist. Dieser Vertrag kann befristet oder unbefristet abgeschlossen werden.

II. Überlegungen vor Einsatzbeginn

1. Eignung des Arbeitnehmers/Look + See-Trip

38 Die häufigsten Gründe für einen Auslandseinsatz für Arbeitnehmer sind der **Transfer von Fachkenntnissen** in die ausländische Gesellschaft und/oder die **berufliche Weiterentwicklung** des Arbeitnehmers. Über die beruflichen Fähigkeiten hat sich der Arbeitgeber im Inland in der Regel ein ausreichendes Bild gemacht. Der Auslandseinsatz stellt jedoch für den Arbeitnehmer eine neue Dimension dar, denn Leben und Arbeiten im Ausland sind Herausforderungen, die auch nicht durch vorhergehende Dienstreisen simuliert werden können. Dies gilt insbesondere dann, wenn der Arbeitnehmer mit Partner und Kindern ins Ausland geht.

---

2 BAG, Beschl. v. 18.2.1986 – 1 ABR 27/84 –.

Praxistipp: Look + See-Trip

!

Wenn der Arbeitnehmer das Land und den Betrieb vor Ort nicht schon durch Dienstreisen kennt, empfiehlt sich die Durchführung eines sog. Look + See-Trips mit Partner und Kindern. Dies ist trotz hoher Reisekosten eine nützliche Investition, da ansonsten Auslandseinsätze häufig daran scheitern, dass der Partner sich im häuslichen Umfeld nicht zurechtfindet, weil er oder sie keine oder eine falsche Vorstellung von der Umgebung hatte. Gleiches gilt für die Integration von Kindern, was die Verhältnisse im Kindergarten und in der Schule vor Ort angeht. Die Kosten für einen gescheiterten Auslandseinsatz sind wesentlicher höher als die Reisekosten für einen Look + See-Trip. Auch führt das Scheitern eines Auslandseinsatzes häufig zur Trennung des Arbeitnehmers von seinem Arbeitgeber.

Arbeitnehmer und Familie müssen für den Auslandsaufenthalt **gesundheitlich** 39
geeignet sein. Bei Aufenthalten in bestimmten Ländern ist die vorherige Durchführung einer **Tropentauglichkeitsuntersuchung** sinnvoll. Dies ist eine ärztliche Untersuchung, die vor der Abreise durchgeführt werden muss. Hierdurch werden u.a. bei Eintritt einer Krankheit Ansprüche für den Fall einer Berufserkrankung gewahrt. Auch regelmäßige Zwischenuntersuchungen sowie eine Abschlussuntersuchung nach der Rückkehr können erforderlich und sinnvoll sein.

Praxistipp

!

Länder, für die eine Tropentauglichkeitsuntersuchung sinnvoll ist und die Institute, die eine solche Untersuchung vornehmen, finden Sie auf der Internetseite des Robert-Koch-Instituts unter www.rki.de.

2. Interkulturelle Vorbereitung/Sprachkurse

Zur besseren Vorstellung von den Voraussetzungen im Einsatzland empfiehlt sich der 40
Besuch von **interkulturellen Vorbereitungskursen** durch den Arbeitnehmer und den Partner. Diese Kurse bieten neben der Darstellung von wirtschaftlichen und politischen Gegebenheiten im Einsatzland einen Überblick, welche Gepflogenheiten im beruflichen und privaten Umfeld zu beachten sind.

In vielen Unternehmen gilt als **Geschäftssprache Englisch**. Im Geschäftsalltag 41
kann der Arbeitnehmer grundsätzlich in der englischen Sprache mit Kollegen kommunizieren. Trotzdem ist es unerlässlich, dass der Arbeitnehmer die dazugehörige Landessprache lernt. Die Erfahrung zeigt, dass ohne Kenntnis der Landessprache eine Integration des Arbeitnehmers vor Ort im privaten, aber auch im beruflichen Umfeld nicht funktioniert. **Sprachkurse** sollten frühzeitig vor Beginn des Auslandseinsatzes begonnen und besucht werden.

3. Familie (Kinder, Schule, Partner-Tätigkeit)

Im Rahmen der Auslandstätigkeit eines Arbeitnehmers taucht heute oftmals die 42
Problematik der **Career-Couple** auf. Dahinter verbirgt sich die Tatsache, dass beide Partner gut ausgebildet und in entsprechender Anstellung tätig sind, aber nur einer die Möglichkeit erhält, für seinen Arbeitgeber im Ausland tätig zu sein. Es gibt unter-

schiedliche Wege, diese Situation zu lösen. Neben strikter Ausblendung des Partners (Arbeitgeber unterstützt nur die Einreise, für eine eventuelle Tätigkeit ist der Partner selbst verantwortlich), bieten einige Arbeitgeber mittlerweile Tätigkeiten auch für den Partner in der Auslandsorganisation an oder sie helfen dem Partner aktiv bei der Suche nach einer Tätigkeit im Ausland. Der betroffene Partner sollte prüfen, ob der eigene Arbeitgeber vor Ort im Ausland vertreten ist oder ob seine inländische Tätigkeit vom Ausland aus weiter ausgeübt werden kann.

! **Praxistipp**
Prüfen Sie frühzeitig den Visumstatus des mitreisenden Partners bzw., wenn gewünscht, die Möglichkeiten für die Erteilung eines Arbeitsvisums für den Partner! In vielen Ländern erhalten mitreisende Partner aufgrund der „Mitreise“ keine nachträgliche Arbeitserlaubnis bzw. der Einreisetitel kann nicht umgestellt werden. Diese Problematik führt oft zum Scheitern von Auslandseinsätzen!

43 Bei der Mitreise von Kindern wird neben der Suche nach einer geeigneten Schulmöglichkeit vor Ort die Planung des **Familiennachzuges** oft an Beginn und Ende der Schuljahre im In- bzw. Ausland ausgerichtet. Mit den Schulbehörden in Deutschland ist eventuell zu vereinbaren, ob das Schuljahr in Deutschland früher beendet werden kann, wenn dies für den rechtzeitigen Beginn im Ausland notwendig ist.

44 **Schulkosten** sind im Rahmen des Auslandseinsatzes ein enormer Kostenblock. Zur Erreichung eines anerkannten Schulabschlusses kommt für Kinder von Auslandsarbeitnehmern häufig nur der Besuch einer internationalen Schule oder, wenn vorhanden, der Deutschen Schule im Ausland in Betracht. Diese Schulen sind als Privatschule mit voller Kostenpflicht für die Eltern organisiert. Aufgrund der Höhe der Kosten ist es üblich, dass der Arbeitgeber die Schulkosten komplett übernimmt.

4. Planung des Auslandseinsatzes/Checkliste

45 Der Erfolg eines Auslandseinsatzes hängt wesentlich von frühzeitiger und umfassender Planung ab. Mit der Einsatzplanung sollte **mindestens drei Monate** vor der tatsächlichen Ausreise begonnen werden. Der Arbeitgeber ist aufgrund seiner **Fürsorgepflicht** gehalten, den Arbeitnehmer umfassend über den Einsatz zu informieren.

! **Praxistipp**
Da bei einer Entsendung immer die Umstände des jeweiligen Einzelfalles berücksichtigt werden müssen, kann nicht abschließend dargestellt werden, welche Punkte im Rahmen der Planung des Auslandeinsatzes berücksichtigt werden müssen. Um zumindest die wesentlichen Aspekte nicht zu vergessen, empfiehlt es sich, eine Checkliste für Entsendungsfälle zu erstellen.

46 Daneben muss der Arbeitnehmer sein komplettes Privatleben auf den Einsatz einstellen. Der Arbeitnehmer muss **Kündigungsfristen** einhalten (z.B. für Wohnung, Versicherungen, Mitgliedschaften), Pässe, Visum und einen internationalen Führerschein

beantragen, den Umzug planen, Versicherungen für den Auslandseinsatz abschließen, sich im Ausland eine neue Wohnung suchen und im Ausland ein Konto eröffnen.

Praxistipp **!**
Der Arbeitgeber kann für den Arbeitnehmer eine Bestätigung ausstellen, durch die der Arbeitnehmer nachweist, dass er aus beruflichen Gründen Deutschland kurzfristig verlassen muss. Bei Vorlage einer solchen Bestätigung ist z.B. in Mobilfunk- oder Fitnessstudioverträgen vorgesehen, dass der Arbeitnehmer eine kurze oder verkürzte Kündigungsfrist geltend machen kann.

B. Auslandseinsatz auf Basis eines Zusatzvertrages (Entsendevertrages) zum inländischen Arbeitsvertrag

I. Zusatzvertrag für den Auslandseinsatz (Entsendevertrag)

Wie in der Einleitung unter Rn 35 dargestellt, kann der deutsche Arbeitsvertrag um einen **Zusatzvertrag** für die Zeit des Auslandseinsatzes ergänzt werden. In dem Zusatzvertrag werden die **Arbeitsbedingungen** für die Zeit des **Auslandseinsatzes** geregelt. Die Arbeitsbedingungen in der Zusatzvereinbarung können zum einen neben die Bedingungen im deutschen Arbeitsvertrag treten. Ist das der Fall, so ist dies bei der Formulierung der Zusatzvereinbarung von Beginn an klar zu formulieren. Unklarheiten bei der Vertragsgestaltung gehen in der Regel zulasten des Arbeitgebers. Eine unklare Formulierung kann u.U. zu einer Kollision zwischen dem deutschen Arbeitsvertrag und der Zusatzvereinbarung führen, wenn ein Punkt in beiden Verträgen unterschiedlich geregelt worden ist. Es besteht zum anderen die Möglichkeit, dass der Zusatzvertrag für die Zeit des Auslandseinsatzes den deutschen Arbeitsvertrag ersetzt. In diesem Fall muss der Zusatzvertrag alle Regelungen enthalten. Wurde ein Sachverhalt nicht in dem Zusatzvertrag geregelt, so kann nicht auf den deutschen Arbeitsvertrag zurückgegriffen werden und es entsteht eine Lücke innerhalb der vertraglichen Regelungen. Diese Lücke kann u.U. durch eine Auslegung geschlossen werden, bringt jedoch Rechtsunsicherheit mit sich. Insoweit sind die **Formulierungen der Vertragsklauseln** im Zusatzvertrag entscheidend und mit Sorgfalt zu wählen. 47

Praxistipp **!**
In der Praxis fehlt oft in der Zusatzvereinbarung die Nennung des disziplinarischen Vorgesetzten während des Auslandseinsatzes. Dies kann neben einer generellen Unsicherheit des Arbeitnehmers zu der Situation führen, dass der Vorgesetzte in Deutschland aufgrund der Art des Auslandseinsatzes nicht mehr für den Arbeitnehmer verantwortlich ist und der Arbeitnehmer somit weisungslos im Ausland agiert. Die Durchführung von Personalmaßnahmen (z.B. Abmahnungen) ist in diesen Fällen schwer bis vorübergehend unmöglich.

48 Neben der Art und dem Ort der Tätigkeit werden im Zusatzvertrag regelmäßig die **Höhe der Vergütung** und die **gewährten Zulagen** vereinbart. Da der Auslandseinsatz in der Regel für eine bestimmte Zeit befristet ist oder für ein bestimmtes Projekt erfolgt, sind auch die im Vertrag vereinbarten Arbeitsbedingungen befristet. Die **Befristung** von einzelnen Arbeitsbedingungen ist gemäß der Rechtsprechung des BAG grundsätzlich möglich.[3] Hierbei ist zu beachten, dass die Befristung von einzelnen Arbeitsbedingungen wirksam ist, solange und soweit ein objektiv sachlicher Grund vorliegt.[4]

! **Praxistipp**
Anbei folgt ein Überblick mit den wesentlichen vertraglichen Regelungen, die Zusatzvereinbarungen üblicherweise enthalten sollten:
- Aufgabengebiet und Pflichten im Ausland,
- Vergütung,
- Steuern,
- soziale Absicherung,
- Arbeitszeit, Feiertage und Erholungsurlaub,
- Zulagen,
- Dienstzeit,
- Abwesenheit, Gehaltsfortzahlung im Krankheitsfall und krankheitsbedingte Rückreise,
- Länge der Auslandstätigkeit, Vertragslaufzeit und Beendigung,
- Wiederbeschäftigung nach Rückkehr.

II. Rechtswahl/Internationales Privatrecht

49 Sobald ein Arbeitnehmer im Rahmen einer Entsendung im Ausland eingesetzt wird, kommt er – neben dem deutschen Recht – auch mit der ausländischen Rechtsordnung in Berührung. Auf den ersten Blick ist u.U. unklar, welche der Rechtsordnungen auf einen bestimmten Sachverhalt angewendet werden muss. Das kann, da die Rechtsordnung eines jeden Landes unterschiedlich ausgestaltet ist, zu Unklarheiten führen. Welches Recht auf den konkreten Entsendevertrag angewendet wird, orientiert sich an den Regeln des **internationalen Kollisionsrechtes**, in dessen Rahmen die sog. Kollisionsnormen auf die entsprechende Rechtsordnung verweisen. Dabei muss zunächst zwischen den Verträgen, welche bis zum 17.12.2009 geschlossen worden sind, und den Verträgen, deren Abschluss erst nach diesem Stichtag erfolgt ist, differenziert werden. Für Erstere gilt das Einführungsgesetz zum Bürgerlichen Gesetzbuch (EGBGB), für Letztere die VO (EG) 593/2008 des Europäischen Parlaments und des Rates vom 17.6.2008 über das auf vertragliche Schuldverhältnisse anzuwen-

3 BAG, Urt. v. 8.8.2007 – 7 AZR 855/06 –.
4 BAG, Urt. v. 2.9.2009 – 7 AZR 233/08 –.

dende Recht.[5] Innerhalb dieser Vorschriften ist es möglich, die **Anwendung einer bestimmten Rechtsordnung** zu vereinbaren. Ist eine solche Vereinbarung ordnungsgemäß getroffen worden, so folgt das zuständige Gericht dieser Vereinbarung und wendet im Streitfall die vereinbarte Rechtsordnung an.

In der Praxis unterliegt der Arbeitsvertrag im **Inland** grundsätzlich dem **deutschen Recht**. Der Arbeitnehmer wird jedoch im Rahmen seines Auslandseinsatzes mit einer **ausländischen Rechtsordnung** in Berührung kommen. Es sollte daher innerhalb des Entsendevertrages eine **Rechtswahl** getroffen werden, um Unklarheiten hinsichtlich der Handhabung des Entsendevertrages zu vermeiden, da bei einem Auslandseinsatz automatisch zwei Rechtsordnungen zu berücksichtigen sind. Dies kann durchaus zu Problemen führen, wenn ein Gericht den streitigen Sachverhalt entscheiden soll und ihm zwei verschiedene Rechtsordnungen gegenüberstehen. 50

Praxistipp !
In der Praxis ist im Rahmen einer geplanten Rechtswahl stets eine Kollision verschiedener Rechtsordnungen zu vermeiden, sodass insbesondere im Rahmen der Vertragsgestaltung das ebenfalls zur Anwendung geratende ausländische Recht im Blick behalten werden muss. Es muss u.U., um Unklarheiten zu vermeiden, innerhalb des Vertrages ein konkreter Bezug zum deutschen Recht hergestellt werden.

Wurde im Rahmen eines Entsendevertrages **keine Rechtswahl** getroffen, so wird anhand objektiver Kriterien überprüft, welche Rechtsordnung angewendet werden muss. Dieser Umstand führt vor allem dann zu **Unklarheiten**, wenn sich aus einer Gesamtschau des Einzelfalles ergibt, dass die Rechtsordnungen mehrerer Länder angewendet werden können. Zudem muss die anzuwendende Rechtsnorm erst anhand der folgenden Kriterien bestimmt werden. 51

1. Durchführung der Rechtswahl

Für die Rechtswahl im Rahmen eines Entsendevertrages gilt gem. Art. 27 EGBGB zunächst der Grundsatz, dass die Vertragsparteien **in der Rechtswahl frei** sind. Die Rechtswahl kann ausdrücklich im Vertrag erfolgen. 52

Anknüpfungspunkte für das zu wählende Recht können sich aus den Bestimmungen des Entsendevertrages bzw. aus den Umständen des Einzelfalles ergeben. **Indizien** für eine bestimmte Rechtswahl können beispielsweise die Vertragssprache, eine Bezugnahme auf bestimmte Vorschriften, die vereinbarte Währung, in welcher die Vergütung gezahlt wird, sowie ein Verweis auf Tarifverträge sein. 53

Die freie Rechtswahl ist allerdings nur eingeschränkt möglich. Eine Rechtswahl darf gem. Art. 30 EGBGB nicht dazu führen, dass dem Arbeitnehmer der Schutz ent- 54

5 Rom-I-VO.

zogen wird, der ihm ohne die Rechtswahl zwingend zugestanden hätte. Zwingende Bestimmungen i.S.v. Art. 30 EGBGB sind all diejenigen Vorschriften, von denen durch Vertrag nicht abgewichen werden kann. Für die Überprüfung, ob der Arbeitnehmer auch trotz der Rechtswahl hinreichend geschützt wird, ist in einem ersten Schritt zu klären, welche Rechtsordnung anwendbar wäre, wenn in dem Entsendevertrag keine Rechtswahl erfolgt wäre. In einem zweiten Schritt muss diese Rechtsordnung mit der gewählten verglichen werden.

55 Der Arbeitnehmer wird weiterhin vor allem durch das **Günstigkeitsprinzip** aus Art. 34 EGBGB geschützt. Zwingende Vorschriften des deutschen Rechtes bleiben anwendbar, wenn das Arbeitsverhältnis einen Bezug zum deutschen Recht aufweist. An dieser Stelle ist jedoch fraglich, wie stark ein solcher Bezug sein muss, da nicht jede Verbindung ausreichend ist. Zwingende Vorschriften i.S.d. Art. 34 EGBGB sind alle Regelungen, die entweder ausdrücklich oder nach ihrem Sinn und Zweck zwingend gelten sollen. Dies ist beispielsweise im Rahmen des Mutterschutzgesetzes bei dem Mutterschaftsgeld oder bei bestimmten Mindestarbeitsbedingungen, wie dem gesetzlichen Mindesturlaub, der Fall. Eine **zwingende Vorschrift** liegt im Gegensatz dazu dann nicht vor, wenn der Gesetzgeber dem Arbeitnehmer die Durchsetzung seines Schutzes überlässt, wie beispielsweise im Rahmen des allgemeinen Kündigungsschutzes gem. §§ 1 bis 14 KSchG.[6]

56 Eine weitere Einschränkung der freien Rechtswahl enthält zudem der sog. **ordre public** aus Art. 6 EGBGB. Die Rechtsnorm eines anderen Staates kann nicht angewendet werden, wenn sie mit wesentlichen Grundsätzen des deutschen Rechtes offensichtlich unvereinbar ist. Von dem Grundsatz des ordre public ist allerdings nur sehr zurückhaltend Gebrauch zu machen.

57 Nach Art. 30 Abs. 2 Nr. 1 EGBGB gilt ohne eine Rechtswahl zunächst das Arbeitsrecht des Staates, in welchem der **gewöhnliche Einsatz- und Tätigkeitsort des Arbeitnehmers** liegt. Kann der Arbeitnehmer einer bestimmten Niederlassung zugeordnet werden, so begründet dies nicht bereits den gewöhnlichen Arbeitsort. Wurde der Arbeitnehmer tatsächlich in den Betrieb eingegliedert, so ist der Betriebssitz gleichzeitig auch der gewöhnliche Arbeitsort. Wechselnde Einsatzorte innerhalb eines Staates ändern daran nichts. Laut Art. 30 Abs. 2 Nr. 2 EGBGB kann auch die Rechtsordnung des Staates angewendet werden, in dem die **Niederlassung** liegt, welche mit dem Arbeitnehmer den Arbeitsvertrag abgeschlossen hat.

2. Rechtswahl im Rahmen der Rom-I-VO

58 Für Verträge, die nach dem 17.12.2009 geschlossen worden sind, gilt die sog. Rom-I-VO.

6 BAG, Urt. v. 24.8.1989 – 2 AZR 3/89 –.

Die Struktur bezüglich der Rechtswahl innerhalb der Rom-I-VO ähnelt der des EGBGB. Die Rom-I-VO wird jedoch auch dann noch angewendet, wenn es zu einer Entsendung in Länder außerhalb der EU kommt, sodass gem. Art. 2 Rom-I-VO auch das Recht eines Drittstaates maßgeblich sein kann. 59

Die grundsätzlich **freie Rechtswahl** aus Art. 3 Rom-I-VO unterliegt jedoch ebenfalls **Einschränkungen**, da zwingende **Arbeitnehmerschutzbestimmungen**, welche mangels Rechtswahl nach Art. 8 Abs. 2, 3 und 4 Rom-I-VO anwendbar wären, durch die Rechtswahl nicht umgangen werden dürfen. Die Rechtswahl muss dabei ausdrücklich oder eindeutig aus dem Vertrag hervorgehen. In Art. 8 Rom-I-VO wird zunächst an den **Arbeitsort** angeknüpft. Ist dies nicht möglich, ist gem. Art. 8 Abs. 3 Rom-I-VO der Ort der **einstellenden Niederlassung** maßgeblich. Ergibt sich aus der Gesamtheit der Umstände, dass der Vertrag eine engere Verbindung zu einem **anderen Staat** aufweist, ist gem. Art. 8 Abs. 4 Rom-I-VO dessen Recht anzuwenden. Im Gegensatz zu einer Rechtswahl nach dem EGBGB wird die Rechtswahl im Rahmen der Rom-I-VO eingeschränkt, sobald das anwendbare Recht i.S.d. Art. 8 Abs. 2 bis 4 Rom-I-VO günstiger als die tatsächlich gewählte Rechtsordnung ist. 60

Wurde keine Rechtswahl getroffen, so unterliegt der Arbeitsvertrag dem Recht des Staates, in welchem der Arbeitnehmer gewöhnlich seiner Tätigkeit nachkommt. Dies entspricht dem sog. **Recht des gewöhnlichen Aufenthaltsortes**. Nach Art. 9 Rom-I-VO sind zwingende Vorschriften eines Staates stets anzuwenden, welche entscheidend für die Wahrung seiner öffentlichen Interessen sind, insbesondere seiner politischen, sozialen oder wirtschaftlichen Organisation. 61

Im Falle einer Entsendung verändert sich gem. Art. 8 Abs. 2 S. 2 Rom-I-VO der gewöhnliche Arbeitsort nicht durch den vorübergehenden Einsatz in einen anderen Staat, wenn es individualvertraglich zu keiner Rechtswahl gekommen ist. Ist der Auslandseinsatz lediglich vorübergehender Natur, ist von der Anwendung des Rechtes des entsendenden Staates auszugehen. Das Merkmal „vorübergehend" gilt so lange, wie der Auslandseinsatz nicht endgültig und kein Übertritt vorgesehen ist sowie der Rückkehrwille der Parteien besteht. 62

III. Gerichtsstand/Gerichtsbarkeit/Gerichtsstandsvereinbarungen

Es ist empfehlenswert, neben einer Rechtwahl im Rahmen des Entsendevertrages auch eine **Gerichtsstandsvereinbarung** zu treffen. Als Gerichtsstand wird der Ort des zuständigen Gerichts bezeichnet. Durch eine entsprechende Vereinbarung können die Parteien regeln, welches Gericht im Streitfall örtlich zuständig sein soll. Eine Gerichtsstandsvereinbarung ist allerdings nicht uneingeschränkt möglich und wird an bestimmte Voraussetzungen geknüpft. Hierdurch kann u.U. vermieden werden, dass z.B. ein Gericht, wenn es im Streitfall entscheiden soll, erst ein Rechtsgutachten einholt bzw. einholen muss, welches feststellt, welches Recht überhaupt 63 anwendbar ist. Die Anwendung einer ausländischen und in der Regel unbekannten Rechtsordnung kann so ebenfalls vermieden werden.

1. Bestimmung des Gerichtsstands und Gerichtsstandsvereinbarung nach deutschem Recht

64 Nach deutschem Recht sind gem. § 2 Abs. 1 Nr. 3 ArbGG ausschließlich die **Arbeitsgerichte** für bürgerliche Rechtsstreitigkeiten zwischen Arbeitnehmern und Arbeitgebern zuständig, sodass diesbezüglich keine abweichende Vereinbarung getroffen werden kann. Es ist jedoch möglich, eine Vereinbarung bezüglich deren **örtlicher Zuständigkeit** zu treffen, sodass u.U. auch im Rahmen eines Auslandseinsatzes weiterhin ein deutsches Gericht für den Streitfall zuständig ist.

65 Nach § 46 Abs. 2 ArbGG richtet sich die örtliche Zuständigkeit des Arbeitsgerichts nach den in der **Zivilprozessordnung (ZPO)** enthaltenen Regelungen. Dabei regelt § 12 ZPO, dass eine natürliche oder juristische Person grundsätzlich an dem Ort zu verklagen ist, an welchem sie ihren **allgemeinen Gerichtsstand** hat. Die Regelung des § 13 ZPO bestimmt, dass dieser bei einer **natürlichen Person** an ihrem **Wohnsitz** liegt. Der allgemeine Gerichtsstand einer **juristischen Person** wird gem. § 17 Abs. 1 ZPO an ihrem **Sitz** begründet. Im Rahmen von Streitigkeiten vor den Arbeitsgerichten bestimmt sich der besondere Gerichtsstand grundsätzlich nach dem **vertraglichen Erfüllungsort** gem. § 29 ZPO. Zuständig ist somit das Gericht an dem Ort, an welchem die Arbeitsleistung zu erfüllen ist.

66 Innerhalb von § 38 ZPO wird grundsätzlich die Möglichkeit eröffnet, dass die Vertragsparteien eine **Gerichtsstandsvereinbarung** treffen. In der Praxis wird regelmäßig auf § 38 Abs. 2 ZPO zurückgegriffen. Dafür ist notwendig, dass mindestens eine der Vertragsparteien keinen allgemeinen Gerichtsstand im Inland hat. Die Vereinbarung muss **schriftlich** abgeschlossen oder, falls mündlich getroffen, **schriftlich bestätigt** werden. Hat eine Partei einen inländischen allgemeinen Gerichtsstand, so kann für das Inland nur ein Gericht gewählt werden, bei dem diese Partei ihren allgemeinen Gerichtsstand hat oder ein besonderer Gerichtsstand begründet ist.

2. Internationaler Gerichtsstand und Gerichtsstandsvereinbarung nach der EuGVVO

67 Während des Auslandseinsatzes eines Arbeitnehmers kann ein **deutsches Gericht international** für **zuständig** erklärt werden. Der Gerichtsstand ist bei einem Einsatz des Arbeitnehmers im Ausland nach europäischem Recht zu bestimmen, wenn das Arbeitsverhältnis einen **Bezug zu einem EU-Land** aufweist. Ab dem 1.3.2002 gilt dies-

bezüglich die EuGVVO.[7] Für die Anwendung reicht es gem. Art. 18 EuGVVO aus, wenn eine der Parteien des Arbeitsvertrages ihren Sitz oder Wohnsitz oder der Arbeitgeber eine Niederlassung in einem Mitgliedstaat der EU hat. Auch eine Zweigniederlassung, Agentur oder sonstige Niederlassung des Arbeitgebers in einem Mitgliedstaat der EU kann einen Gerichtsstand begründen.

Hat der Arbeitgeber seinen **Sitz** im Hoheitsgebiet eines **Mitgliedstaates,** so kann 68 er gem. Art. 19 Abs. 1 EuGVVO dort **verklagt werden.** Der Arbeitnehmer kann auch in dem Mitgliedstaat, in welchem er **gewöhnlich** seine **Arbeit verrichtet** oder zuletzt gewöhnlich verrichtet hat, **Klage erheben.** Laut Art. 19 Abs. 2 Nr. 2 EuGVVO kann der Arbeitnehmer, wenn er seine Arbeit gewöhnlich nicht in ein und demselben Staat verrichtet oder verrichtet hat, vor dem Gericht des Ortes, an dem sich die **Niederlassung,** die ihn eingestellt hat, befindet bzw. befand, Klage gegen den Arbeitgeber erheben. Hat der Arbeitgeber weder seinen (Wohn-) Sitz noch eine Niederlassung in einem Mitgliedstaat, so erfolgt gem. Art. 4 Abs. 1 EuGVVO ein **Rückgriff auf nationale Vorschriften.**

Im Rahmen der EuGVVO ist es nur sehr **eingeschränkt** möglich, Gerichtsstands- 69 vereinbarungen zu treffen. Die in Art. 21 EuGVVO enthaltene Regelung schließt **Gerichtsstandsvereinbarungen** für **arbeitsrechtliche Streitigkeiten** weitestgehend aus. Eine von den in den Art. 18 bis 20 EuGVVO enthaltenen Regelungen abweichende Vereinbarung ist nur möglich, wenn sie nach Entstehung der Streitigkeit getroffen wird oder wenn sie den Arbeitnehmer einseitig begünstigt.

Praxistipp !

Besonders im internationalen Zusammenhang kann im Rahmen einer Gerichtsstandsvereinbarung nicht verhindert werden, dass der Arbeitnehmer auf die in der EuGVVO verankerten Gerichtsstände zurückgreift. Durch eine Gerichtsstandsvereinbarung kann lediglich ein zusätzlicher Gerichtsstand geschaffen werden. Der Arbeitnehmer ist weiterhin dazu berechtigt, den Arbeitgeber an einem der durch die EuGVVO bestimmten Gerichtsstände zu verklagen. Vor diesem Hintergrund ist es wichtig, Gerichtsstandsvereinbarung und Rechtswahl aufeinander abzustimmen, sodass möglichst vermieden wird, dass ein deutscher Richter eine für ihn fremde Rechtsordnung anwenden muss.

Die **Klage eines Arbeitgebers** gegen seinen Arbeitnehmer ist gem. Art. 20 Abs. 1 70 EuGVVO nur in dem Wohnsitzstaat des Arbeitnehmers möglich.

IV. Regelungen zur betrieblichen Altersversorgung

Das Gesetz zur Verbesserung der **betrieblichen Altersversorgung** (BetrAVG) ist 71 anwendbar, wenn der **Arbeitgeber** als **Verpflichteter** seinen **Sitz in Deutschland**

7 VO (EG) 44/2001 des Rates über die gerichtliche Zuständigkeit und die Anerkennung und Vollstreckung von Entscheidungen in Zivil- und Handelssachen.

hat. Der Tätigkeitsort des Arbeitnehmers ist dabei unerheblich, da eine vorläufige Tätigkeit im Ausland nicht zu einem Wechsel innerhalb der anzuwendenden Rechtsordnung führt.[8]

72 Arbeitnehmer und Arbeitgeber steht es frei, wie die betriebliche Altersvorsorge gestaltet werden soll, wobei ihnen **mehrere Modelle** zur Verfügung stehen. Welches dieser Modelle umgesetzt wird, hängt von der Dauer der Entsendung, der vertraglichen Gestaltung, den steuerlichen Voraussetzungen im Inland sowie von den Voraussetzungen zur betrieblichen Altersversorgung in dem Entsendungsstaat ab.

1. Aufrechterhaltung der inländischen Versorgungszusage

73 Die Parteien können zunächst die **Fortführung der inländischen Altersversorgung** in der **Zusatzvereinbarung** vereinbaren. Wurde der deutsche Arbeitsvertrag für den Zeitraum der Entsendung ruhend gestellt, so kann die Aufrechterhaltung der betrieblichen Altersversorgung durch die Zahlung eines **Schattengehaltes** erfolgen. Bereits bestehende **Versorgungszusagen** bleiben bestehen und die im Ausland verbrachte Zeit wird bei der Berechnung der **Unverfallbarkeit** der Versorgungszusage berücksichtigt. Der Arbeitnehmer trägt kein Währungsrisiko, die Insolvenzsicherung durch den Pensionssicherungsverein bleibt weiterhin bestehen.

74 Haben sich die Parteien für die Durchführung dieses Modells entschieden, so ist eine Regelung dahingehend zu treffen, welche **Vergütung** die **Bemessungsgrundlage** für die Altersversorgung darstellen soll.

! **Praxistipp**

Diese Form der Regelung zur betrieblichen Altersvorsorge bietet sich vor allem dann an, wenn es im Ausland keine Möglichkeit gibt, eine betriebliche Altersvorsorge zu erlangen.

---

2. Versorgungszusage für die Dauer des Einsatzes bei der ausländischen Gesellschaft

75 Eine weitere Möglichkeit bietet die Vereinbarung einer **Mischform** durch die Parteien der Zusatzvereinbarung. Die Anwartschaft im Heimatland wird aufrechterhalten, jedoch nicht weitergeführt, während dazu parallel für die Zeit der Entsendung eine Zusage von dem ausländischen Arbeitgeber erteilt wird. In der **Leistungsphase** erhält der bezugsberechtigte Arbeitnehmer dann Leistungen aus beiden Versorgungssystemen. Dieses Modell bietet sich vor allem dann an, wenn die Regelungen zur betrieblichen Altersvorsorge im Inland die Arbeitnehmer im Ausland nicht mit einbeziehen, da lediglich auf die Beschäftigung des Arbeitnehmers in Deutschland abgestellt wird.

---

8 Siehe Rn 62.

V. Beendigung des Zusatzvertrages (Entsendevertrages)

Nicht nur für den Zeitraum, in dem sich der Arbeitnehmer im Ausland aufhält, sind konkrete Regelungen zu treffen. Jede Entsendung bringt für den Arbeitnehmer eine große Umstellung mit sich – nicht anders gestaltet sich die Rückkehr des Arbeitnehmers in sein Heimatland. Auch diesbezüglich sind entsprechende Vorkehrungen zu treffen bzw. fallen erhebliche Kosten an. Im Zusammenhang mit der Beendigung der Entsendung sollte vor diesem Hintergrund ebenfalls auf klare Regelungen in dem Zusatzvertrag zurückgegriffen werden können. In der Praxis anzutreffen sind die Beendigung des Zusatzvertrages wegen Auslaufens der Befristung, Ausüben eines Rückrufes des Arbeitgebers, Kündigung oder der Abschluss einer Aufhebungsvereinbarung. Auch hier gilt, wie für die Gestaltung des Inhaltes der Zusatzvereinbarung, dass die gewünschten **Beendigungsoptionen** im Zusatzvertrag zu regeln sind. Bei allen Beendigungsoptionen ist darauf zu achten, ob allein die Zusatzvereinbarung beendet werden soll oder zugleich auch der zugrundeliegende inländische Arbeitsvertrag. Für die **Beendigung der Zusatzvereinbarung** existieren unterschiedlichste Möglichkeiten. 76

1. Befristete Zusatzvereinbarung

In der Praxis sind **Auslandseinsätze** üblicherweise **zeitlich** oder aufgrund der **Art der Tätigkeit** (z.B. Durchführung eines bestimmten Projektes) **befristet**. Die zeitliche Befristung hat auch sozialversicherungsrechtliche Gründe. Denn die deutsche Sozialversicherung kann vollständig oder in Teilen nur aufrechterhalten werden, wenn der Auslandseinsatz im Vorhinein zeitlich befristet und eine Rückkehr des Arbeitnehmers nach Deutschland fest beabsichtigt ist.[9] 77

Bei der **Befristungsabrede** im Zusatzvertrag ist zu beachten, dass auch hier, wenn der Vertrag deutschem Recht unterliegt, das Teilzeit- und Befristungsgesetz grundsätzlich Anwendung findet. D.h., die Befristung der Zusatzvereinbarung ist **zulässig**, wenn sie durch das Vorliegen eines **sachlichen Grundes** gerechtfertigt ist, § 14 Abs. 1 S. 1 TzBfG. Der sachliche Grund muss nicht ausdrücklich im Vertrag genannt werden. Er muss tatsächlich vorliegen und im Streitfall bewiesen werden können. Ist die Zusatzvereinbarung **kalendermäßig befristet**, so endet der Auslandseinsatz mit Ablauf der vereinbarten Zeit. Bei einer Befristung durch Vorliegen eines Sachgrundes, z.B. aufgrund einer Projekttätigkeit oder wegen des Aufbaus einer Abteilung im Ausland, handelt es sich um einen **zweckbefristeten** Zusatzvertrag. Dieser Vertrag endet mit Erreichen des vereinbarten Zweckes. In der Praxis ist es häufig schwer festzustellen, wann ein Projekt tatsächlich beendet ist. 78

9 Siehe Näheres unter Kap. 7 Rn 25 ff. sowie Kap. 7 Rn 57 ff.

79 Als Lösungsmöglichkeit kommt in Betracht, dass der Arbeitgeber dem Arbeitnehmer die **Zweckerreichung schriftlich anzeigt** und dem Arbeitnehmer eine **Frist mitteilt**, wann die Zusatzvereinbarung aufgrund der Zweckerreichung endet. Das Teilzeit- und Befristungsgesetz nennt für diesen Fall in § 15 Abs. 2 TzBfG eine Frist von frühestens **zwei Wochen**. Im Rahmen von Auslandseinsätzen ist diese Frist grundsätzlich als zu kurz zu bewerten und nicht für die Beendigung von Auslandseinsätzen geeignet. Die Schutzwürdigkeit des Arbeitnehmers für die Abwicklung seines Haushaltes im Ausland und die Organisation der Rückkehr nach Deutschland, insbesondere wenn er komplett umgezogen ist und von seiner Familie begleitet wird, ist extrem hoch, sodass eine Zweckerreichungsmitteilung mindestens mit einer **2-Monats-Frist** zu versehen ist. Kehrt der Arbeitnehmer aufgrund einer Zweckerreichungsmitteilung des Arbeitgebers nach Deutschland zurück, so hat der Arbeitgeber dem Arbeitnehmer aufgrund seiner **Fürsorge- und Nebenpflichten** mögliche, nicht abwendbare Kosten (z.B. Mietzahlungen aufgrund von längeren Kündigungsfristen vor Ort, Kosten für Pkw-Leasing), zu erstatten.

80 Daneben können Arbeitgeber und Arbeitnehmer **einvernehmlich** die Projekterreichung feststellen und einen entsprechenden Rückumzugstermin vereinbaren. Dieser Fall entspricht in der Praxis der Regel.

81 Eine **vorzeitige Beendigung** des befristeten Auslandseinsatzes ist nur möglich, wenn eine **Kündigungsmöglichkeit** im Zusatzvertrag ausdrücklich vereinbart worden ist.

2. Rückruf durch den Arbeitgeber

82 Für Arbeitgeber sind die Entwicklungen im Aus- und Inland nicht immer planbar. Der vorzeitige Rückruf des Arbeitnehmers ist nur möglich, wenn eine **vertragliche Vereinbarung** vorliegt. Denn genauso wie die Anordnung eines Auslandseinsatzes nicht vom Direktionsrecht des Arbeitgebers gedeckt ist, ist auch ein vorzeitiger Rückruf **nicht einseitig** ohne vertragliche Regelung durch den Arbeitgeber möglich. Um eine kurzfristige Einsatzmöglichkeit des Arbeitnehmers im Inland zu gewährleisten, finden sich in vielen Zusatzvereinbarungen sog. **Rückrufklauseln.**

83 Die **Wirksamkeit** von Rückrufklauseln ist generell **fraglich** und in der Rechtsprechung ist deren Verwendung umstritten.

84 Rückrufklauseln werden häufig **allgemein und weit gefasst**, sodass der Arbeitgeber fast alle Sachverhalte im Rahmen eines Rückrufes geltend machen kann. Unter AGB-rechtlichen Gesichtspunkten müssen die Rückrufgründe **klar und verständlich im Vertrag geregelt** sein, ansonsten führen sie zu einer unangemessenen Benachteiligung des Arbeitnehmers und zu einer Unwirksamkeit der Klausel gem. § 307 Abs. 1 BGB.[10]

---

10 *Reiter*, NZA 2004, 1246, 1254.

Die Rechtsprechung des BAG steht Rückrufklauseln äußerst kritisch gegenüber. Der **einseitige Rückruf** kann als **Teilkündigung** verstanden werden, welche nach ständiger Rechtsprechung des BAG grundsätzlich **unzulässig** ist.[11] Die Rechtsprechung befürchtet dadurch insbesondere eine **Umgehung des Kündigungsschutzes.** 85

Praxistipp

Auf Rückrufklauseln sollte soweit möglich verzichtet werden. Stattdessen sollte im **Zusatzvertrag** eine **eigenständige Kündigungsmöglichkeit** des Zusatzvertrages für beide Vertragsparteien vereinbart werden, wie im zugrundeliegenden Arbeitsvertrag selbst auch. Die Kündigung des Zusatzvertrages nach generellen Regeln ist möglich, wenn bei einem Gesamtvertragsverhältnis mehrere Teilverträge selbstständig voneinander lösbar sind und als selbstständig lösbar aufgefasst werden müssen. !

Wenn für einen Auslandseinsatz Rückrufklauseln als absolut notwendig erachtet werden, so sollte die Klausel die jeweiligen **Rückrufgründe konkret benennen** und der Rückruf selbst sollte mit einer angemessenen **Ankündigungsfrist** versehen werden. Auch muss im Rahmen der Rückrufklauseln berücksichtigt werden, ob nicht auch dem Arbeitnehmer aufgrund der Rückrufgründe ein **vorzeitiges Rückkehrrecht** eingeräumt werden muss, das er ausüben kann.[12] 86

3. Kündigung der Zusatzvereinbarung

Voraussetzung für die Anwendung des deutschen Kündigungsschutzgesetzes ist, dass auf das betreffende Arbeitsverhältnis bzw. die betreffende Zusatzvereinbarung deutsches Arbeitsrecht Anwendung findet. Die Parteien können die Anwendbarkeit des deutschen Rechtes freiwillig vertraglich vereinbaren. Dies ist in der Praxis häufig der Fall. 87

a) Anwendung des Kündigungsschutzgesetzes

Wurde **keine vertragliche Vereinbarung** getroffen, so bestimmt sich das geltende Recht nach den Regeln des **Internationalen Privatrechtes.**[13] Bei Arbeitsverhältnissen mit Auslandsbezug, bei denen keine Rechtswahl vorgenommen wurde, gilt gem. Art. 30 Abs. 2 EGBGB/Art. 8 II Rom-I das Recht desjenigen Staates, in dem sich der gewöhnliche Arbeitsort des Arbeitnehmers befindet. Nach Maßgabe der Rechtsprechung hat eine nur vorübergehende Entsendung keine Auswirkungen auf den gewöhnlichen Arbeitsort.[14] Der ursprüngliche Arbeitsort bleibt bestehen, wenn der 88

11 BAG, Urt. v. 14.11.1990 – 5 AZR 510/89 –.

12 Siehe Rn 110 ff.

13 Vgl. Rn 57 und 61 f.

14 BAG, Beschl. v. 25.4.1978 – 6 ABR 2/77 –.

Auslandseinsatz zeitlich begrenzt ist und eine spätere Rückkehr und Wiedereingliederung am ursprünglichen Ort beabsichtigt ist.

89 Nach § 23 Abs. 1 S. 2 KSchG ist die sachliche Anwendung des Kündigungsschutzgesetzes abhängig von der **Betriebsgröße**. Nach der geltenden Rechtsprechung müssen die Voraussetzungen des § 23 Abs. 1 S. 2 KSchG im Inland erfüllt werden.[15] Ist der im Ausland tätige Arbeitnehmer noch einem inländischen Betrieb zuzurechnen, ist er mitzuzählen. Der **räumliche Geltungsbereich** des Kündigungsschutzgesetzes ist auf die Bundesrepublik Deutschland beschränkt (sog. **Territorialprinzip**).[16]

90 Für die Anwendung des **besonderen Kündigungsschutzes**, insbesondere für das Mitwirken von Behörden im Rahmen von öffentlich-rechtlichen Vorschriften, gilt, dass die Anwendung der Rechtsvorschriften davon abhängig ist, ob die Arbeit dauerhaft im Inland erfolgt.[17] Das vereinbarte **Arbeitsvertragsstatut** ist nicht ausschlaggebend. Entscheidend ist in diesen Fällen, ob der Arbeitnehmer dem inländischen Betrieb zuzuordnen ist.

! **Praxistipp**
Wird beispielsweise ein schwerbehinderter Arbeitnehmer ins Ausland entsandt, so muss im Falle einer betriebsbedingten Kündigung während des Entsendungszeitraumes das zuständige Integrationsamt mit einbezogen werden, sofern der schwerbehinderte Arbeitnehmer trotz des Auslandseinsatzes weiterhin dem deutschen Betrieb zugeordnet werden kann und er beispielweise nicht ausschließlich für den Einsatz im Ausland eingestellt worden ist.

---

b) Formerfordernisse/Zugang der Kündigungserklärung

91 Laut § 623 BGB hat die **Kündigung schriftlich** zu erfolgen. Schriftlich bedeutet, dass die Kündigung vom Aussteller **eigenhändig unterzeichnet** werden muss, § 126 BGB. Der Ausspruch in **elektronischer Form** oder **per Telefax** ist nicht ausreichend. Eine solche Kündigung ist gem. § 125 BGB **nichtig**, mit der Folge, dass der Zusatzvertrag weiterhin fortbesteht.

! **Praxistipp**
Bei einer Auslandstätigkeit aufgrund eines Zusatzvertrages zum Arbeitsvertrag ist vor dem Hintergrund, dass zwei unabhängige Vertragsverhältnisse vorliegen, in der Kündigung genau zu bezeichnen, für welches Vertragsverhältnis die Kündigung ausgesprochen wird.

---

92 In Zusatzverträgen findet sich auch häufig eine **Koppelungsklausel**, die besagt, dass bei der Kündigung des Zusatzvertrages gleichzeitig der zugrundeliegende Arbeitsver-

---

15 BAG, Urt. v. 9.10.1997 – 2 AZR 64/97 –.
16 BAG, Urt. v. 9.10.1997 – 2 AZR 64/97 –.
17 BAG, Urt. v. 30.4.1987 – 2 AZR 192/86 –.

trag beendet wird. Diese Koppelungsklausel ist als **kritisch** zu bewerten, da auflösende Bedingungen im Arbeitsverhältnis (§§ 21, 14 Abs. 1 TzBfG) nur eingeschränkt zulässig sind.

Praxistipp
Deutlicher und klarer ist es, jeweils eine **Kündigung pro Vertrag** auszusprechen und dem Arbeitnehmer **beide Kündigungen zeitgleich zuzustellen.** **!**

Die **Kündigung** muss dem Arbeitnehmer im Ausland **zugehen**, d.h., sie muss so in den Machtbereich des Empfängers gelangen, dass bei Annahme gewöhnlicher Verhältnisse damit zu rechnen ist, dass der Empfänger von ihr Kenntnis erhält. Üblicherweise bewirkt der Einwurf des Kündigungsschreibens in den Briefkasten des Arbeitnehmers den Zugang, wenn und sobald mit Leerung zu rechnen ist. Wurde der Wohnort ins Ausland verlegt, ist entscheidend, wo der Arbeitnehmer seine Post üblicherweise entgegennimmt. 93

Praxistipp
Die Parteien sollten vor Beginn des Auslandseinsatzes schriftlich eine Postanschrift vereinbaren, welche vom Arbeitnehmer regelmäßig verwendet wird. **!**

---

c) Kündigungsgründe

Für den Ausspruch einer ordentlichen Kündigung muss ein **personen-, verhaltens-** oder **betriebsbedingter Kündigungsgrund** vorliegen. Da die Kündigung im deutschen Arbeitsrecht als **Ultima Ratio** angesehen wird, ist bei der verhaltensbedingten Kündigung auch zu prüfen, ob vor der Kündigung eine **Abmahnung** hätte ausgesprochen werden müssen. 94

Im Falle von Auslandsentsendungen kommt häufig die **längerfristige Krankheit** als personenbedingter Kündigungsgrund in Betracht, wenn im Zusatzvertrag eine ausdrückliche Regelung für die Beendigung des Auslandseinsatzes bei länger dauernder Krankheit fehlt. 95

Die Rechtsprechung des BAG stellt an den Ausspruch einer Kündigung wegen Krankheit hohe Anforderungen. So muss der Arbeitnehmer über einen längeren Zeitraum mehr als **18 Monate** gefehlt haben[18] und die **Gesundheitsprognose negativ** sein. Im Rahmen von Auslandseinsätzen führt diese Rechtsprechung nicht zu sachgerechten Ergebnissen. Es ist vielmehr zur prüfen, ob der Arbeitgeber nicht schon aufgrund seiner **Fürsorgepflicht** verpflichtet ist, den Arbeitnehmer nach Deutschland zurückzuholen und auf diesem Wege den Auslandseinsatz tatsächlich zu beenden. 96

---

18 BAG, Urt. v. 21.5.1992 – 2 AZR 399/91 –.

97 Grundsätzlich ist die Kündigung des Zusatzvertrages gerechtfertigt, wenn die **Aufenthaltsgenehmigung** und **Arbeitsgenehmigung** fehlen bzw. nicht mehr erteilt wurden. Voraussetzung ist, dass der Arbeitnehmer sich selbst verpflichtet hat, für die Aufenthalts- und Arbeitsgenehmigung Sorge zu tragen.

98 Im Rahmen einer **verhaltensbedingten Kündigung** wegen **Schlechtleistungen** ist zu beachten, dass vor Ausspruch der Kündigung in der Regel der Arbeitnehmer abgemahnt werden muss. Aus Beweisgründen sollte die **Abmahnung schriftlich** erfolgen und dem Arbeitnehmer an seine übliche Adresse zugestellt werden. Auch muss dem Arbeitnehmer die **Möglichkeit zur Stellungnahme** gewährt werden.

99 Eine Kündigung kann auch durch **dringende betriebliche Erfordernisse** bedingt werden. Bei der betriebsbedingten Kündigung geht es darum, dass der Arbeitgeber einen Arbeitsplatz nicht mehr zu Verfügung stellen kann, weil er seinen Betrieb im Inland nicht mehr so fortführen kann oder will wie bisher. Die betriebsbedingte Kündigung kann auch erfolgen, wenn der im Ausland liegende Betrieb endgültig stillgelegt wird.

100 Die **außerordentliche Kündigung** setzt einen **wichtigen Grund** für die sofortige Beendigung des Arbeitsverhältnisses voraus. Sie kann nur wirksam ausgesprochen werden, wenn Tatsachen vorliegen, aufgrund derer dem Kündigenden unter Berücksichtigung aller Umstände des Einzelfalles und unter Abwägung der Interessen beider Vertragsteile die Fortsetzung des Arbeitsverhältnisses bis zum Ablauf der Kündigungsfrist oder bis zum Zeitpunkt seiner vereinbarten Beendigung nicht zugemutet werden kann. Im Auslandseinsatz können dies z.B. nachgewiesene Falschabrechnung von Reisekosten, Veruntreuung, aber auch Verstöße gegen Landessitten sein, die zu einer nachhaltigen Störung des Geschäftsbetriebes im Ausland führen, z.B. weil der Arbeitnehmer wegen verbalen Fehlverhaltens zu einer Gefängnisstrafe verurteilt worden ist, was in arabischen und streng muslimischen Ländern möglich ist. In die **Güterabwägung** vor Ausspruch einer außerordentlichen Kündigung ist einzubeziehen, ob der Arbeitnehmer vor Beginn des Auslandseinsatzes über die kulturellen Besonderheiten informiert wurde oder nicht. Bei längerer Befristung wird eine mangelnde Information des Arbeitgebers durch Aufenthalt im Land wohl ausgeglichen und die notwendige Landeskenntnis muss unterstellt werden.

d) Mitbestimmung des Betriebsrats

101 Schwierig zu beurteilen und noch nicht abschließend durch die Rechtsprechung geklärt ist die Frage, ob und wann das deutsche **Betriebsverfassungsgesetz** bei Arbeitsverhältnissen mit **Auslandsberührung** Anwendung findet. Nur wenn das deutsche Betriebsverfassungsgesetz Anwendung findet, ist im Falle einer Kündigung der **Betriebsrat** des inländischen Betriebes gem. § 102 BetrVG **anzuhören**, sofern es sich bei dem Auslandsarbeitnehmer nicht um einen leitenden Angestellten handelt.

102 Nach ganz überwiegender Meinung der Rechtsprechung ist für die Anwendung des BetrVG nicht die Vereinbarung deutschen Rechtes im Arbeitsvertrag maßgeblich,

sondern aufgrund des geltenden **Territorialitätsprinzips** nur der Sitz des Betriebs. Dementsprechend setzt die Anwendung deutschen Betriebsverfassungsrechtes eine Beziehung zum Inlandsbetrieb voraus, die es rechtfertigt, die Auslandstätigkeit als eine ausgestrahlte Inlandstätigkeit zu betrachten.[19] Eine solche **Ausstrahlung** liegt insbesondere vor, wenn der Arbeitnehmer nur vorübergehend ins Ausland entsandt wurde und der Arbeitnehmer nicht in die ausländische Betriebsstruktur eingegliedert worden ist. Letztendlich ist jedoch die **Gesamtwürdigung** aller Umstände anhand von Indizien im Einzelfall entscheidend.[20]

Praxistipp **!**
Sollte bei einer Kündigung des Arbeitnehmers nach deutschem Recht die Anhörung des Betriebsrats notwendig sein, so kann im Zweifelsfall immer eine hilfsweise bzw. vorsorgliche Anhörung durchgeführt werden.

Kehrt der Arbeitnehmer aufgrund einer Kündigung oder anderweitigen Beendigung 103
des Zusatzvertrages nach Deutschland in seine ursprüngliche Funktion zurück, so ist keine zusätzliche Anhörung oder Information des deutschen Betriebsrats notwendig. Nur wenn die alte Funktion nicht mehr vakant ist oder der Arbeitnehmer eine andere Position einnehmen möchte oder angeboten bekommen hat, liegt eine **Versetzung** gem. § 99 BetrVG vor und der örtlich zuständige Betriebsrat hat mitzubestimmen.

4. Aufhebungsvertrag

Aufgrund der Komplexität und der nicht immer eindeutig zu bestimmenden Rechts- 104
lage[21] bietet sich für die vorzeitige Beendigung von Auslandseinsätzen der **Abschluss eines Aufhebungsvertrages** an. Der Aufhebungsvertrag hat den Vorteil, dass **keine Kündigungsfristen** eingehalten werden müssen und der **Betriebsrat nicht beteiligt** werden muss. Wird das Arbeitsverhältnis durch einen Aufhebungsvertrag beendet, so richtet sich die Beendigung nach dem auf den Arbeitsvertrag anwendbaren Recht.[22] Die weiteren Erläuterungen in diesem Unterkapitel gehen davon aus, dass deutsches Recht Anwendung findet.

Der Aufhebungsvertrag ist eine **freiwillige Vereinbarung**, deren Bedingungen 105
frei zwischen dem Arbeitgeber und dem Arbeitnehmer verhandelt werden können und die durch **beidseitige, eigenhändige Unterschrift** der Vertragsparteien gem. § 623 BGB wirksam wird.

---

19 BAG, Urt. v. 7.12.1989 – 2 AZR 228/89 –.
20 BAG, Urt. v. 7.12.1989 – 2 AZR 228/89 –.
21 Vgl. auch Rn 49 ff.
22 Vgl. auch Rn 49 ff.

106 Wichtig und zu beachten sowie vertraglich zu regeln ist, ob durch den **Aufhebungsvertrag** nur der **Zusatzvertrag** und damit die Auslandstätigkeit oder auch das zugrundeliegende **Arbeitsverhältnis** in Deutschland beendet werden soll. Grundsätzlich können beide Vertragsverhältnisse in einer Aufhebungsvereinbarung beendet werden. Diese Rechtsfolge muss in der Aufhebungsvereinbarung ausdrücklich geregelt und beschrieben werden.

107 Ein Aufhebungsvertrag sollte alle **Rechte und Pflichten regeln**, welche die Parteien aus dem Arbeitsverhältnis ableiten. Das sind der konkrete Beendigungszeitpunkt des Vertragsverhältnisses, wie z.B. Urlaubsansprüche, nachvertragliches Wettbewerbsverbot, Rückgabe von Arbeitsmitteln und Dienstwagen. Zudem sollten eindeutige Regelungen hinsichtlich der Abwicklung der Rückkehr des Arbeitnehmers, der Übernahme von Kosten für Mieten und der Rückumzugskosten getroffen werden.

108 Geht ein **Sonderkündigungsschutz** bei Abschluss verloren, so muss der Arbeitgeber den Arbeitnehmer auf diesen Umstand aufmerksam machen. Unterlässt der Arbeitgeber diese Aufklärung, kann er verpflichtet sein, dem Arbeitnehmer das entgangene **Arbeitslosengeld** zu ersetzen.

109 Mögliche **Fragen** des Arbeitnehmers bei Abschluss des Aufhebungsvertrages nach den rechtlichen Auswirkungen muss der Arbeitgeber **richtig beantworten**. Ist er dazu nicht in der Lage, muss er den Arbeitnehmer an die zuständige Stelle weiterleiten. Für unzutreffende eigene Beantwortung haftet der Arbeitgeber auf **Schadensersatz**. Schlägt der Arbeitgeber den Abschluss einer Aufhebungsvereinbarung vor und ist der Arbeitnehmer offensichtlich mit den Besonderheiten der ihm zugesagten Versorgung nicht vertraut und erleidet er durch die vorzeitige Beendigung des Arbeitsverhältnisses außergewöhnlich hohe **Versorgungseinbußen**, reicht ein allgemeiner Hinweis auf mögliche Versorgungsnachteile nicht aus.[23]

VI. Sonstige Störungen der Entsendung

1. Einsatz in Krisengebieten/Kriegsausbruch

110 Ist bereits vor der Entsendung bekannt, dass das **Entsendeland** ein **Krisengebiet** ist, muss der Arbeitnehmer durch den Arbeitgeber ausreichend informiert und vorbereitet werden. Diese Pflicht ergibt sich aus der im Arbeitsverhältnis geltenden **Fürsorgepflicht** des Arbeitgebers gem. §§ 611, 241 Abs. 3 BGB. Zur Fürsorgepflicht des Arbeitgebers gehört insbesondere der **Schutz** der Person des **Arbeitnehmers.** Für die Weite der Fürsorgepflicht im Auslandseinsatz lassen sich keine klaren Grenzen ziehen. Die Grenzen, wo die Fürsorgepflicht des Arbeitgebers endet und die **Eigenverantwortlichkeit** beginnt, sind fließend und stark abhängig von der aktuellen Situation

23 BAG, Urt. v. 17.10.2000 – 3 AZR 605/99 –.

im Einsatzland. Grundsätzlich gilt: Verletzt der Arbeitgeber seine Fürsorgepflichten schuldhaft, so macht er sich gem. § 280 BGB **schadensersatzpflichtig**.

Der Arbeitnehmer ist trotz der Fürsorgepflichten und Haftung des Arbeitgebers nicht von eigenen Sorgfaltspflichten befreit. Bei Auslandseinsätzen ist auch von ihm **erhöhte Aufmerksamkeit** zu verlangen. Der Arbeitnehmer kann nicht alle Schäden auf den Arbeitgeber mit dem Argument abwälzen, dass dieser die Reise veranlasst hat. Den Arbeitnehmer trifft eine **Schadensminderungspflicht**. Er muss sich selbst fragen, ob der Schaden bei für ihn zumutbarem Tun oder Unterlassen hätte verhindert werden können. 111

Praxistipp !
Für den Einsatz in Kriegs- und Krisengebieten können für den Arbeitnehmer besondere **Anti-Terror- und Sicherheitstrainings** notwendig sein, für deren Organisation und Kostentragung der Arbeitgeber in der Regel die Verantwortung trägt.

Wenn ein Land erst nach der Entsendung zum Krisengebiet wird, muss der Arbeitgeber den Arbeitnehmer bei der Ausreise unterstützen und alle ihm möglichen Mittel ergreifen, um den Arbeitnehmer in Sicherheit zu bringen, sobald eine Gefahr für Leib und Leben besteht. Eine solche **Gefährdungslage** ist insbesondere dann gegeben, wenn das Auswärtige Amt eine Reisewarnung ausspricht und alle deutschen Staatsangehörigen auffordert, das Land zu verlassen. Die Verantwortlichkeit des Arbeitgebers besteht bei einem Einsatz außerhalb Deutschlands fort, sofern deutsches Recht Anwendung findet. Der Arbeitnehmer kann im Krisenfall seine **Arbeitsleistung verweigern**, solange er nicht geschützt ist, § 273 BGB. Der weitere **Aufenthalt im Einsatzland** ist dem Arbeitnehmer bei einer Gefährdung von Leib und Leben **nicht zumutbar**, § 275 Abs. 3 BGB. Gleiches gilt, wenn der Arbeitnehmer während des Auslandseinsatzes Urlaub macht und dann vor Ort im Urlaubsgebiet ein Krieg ausbricht. 112

Entwickelt sich das beabsichtigte Entsendungsland kurzfristig vor der Abreise zum Krisengebiet, so ist der Arbeitgeber im Rahmen seiner Fürsorgepflicht verpflichtet zu prüfen, ob die Entsendung noch durchgeführt werden kann oder verschoben werden muss. In einem solchen Fall kann auch der Arbeitnehmer die **Entsendung ablehnen**. Hieraus dürfen ihm **keine arbeitsrechtlichen Konsequenzen** entstehen. Insbesondere ist in der Weigerung, den Auslandseinsatz wegen der Krisenlage nicht anzutreten, **keine kündigungsrelevante Arbeitsverweigerung** zu sehen. 113

2. Naturkatastrophen

Bei Eintritt von Naturkatastrophen treffen den Arbeitgeber die gleichen Pflichten wie beim Eintritt einer Krise im Einsatzland. 114

Praxistipp
Der Arbeitgeber muss den Arbeitnehmer aktiv mit allen zur Verfügung stehenden Mitteln bei der Ausreise und Rückreise nach Deutschland unterstützen.

3. Rückrufkosten

115 Kehrt der Arbeitnehmer allein oder mit seiner Familie vorzeitig nach Deutschland zurück, so ist zu klären, wer die **Kosten der Reise** und eines eventuellen **Rückumzuges** trägt. Sofern im Entsendevertrag oder in vorhandenen **Entsendungsrichtlinien** die Kostentragung im Falle eines Rückrufes wegen Kriseneintritts oder Naturkatastrophe durch den Arbeitgeber geregelt wurde, so finden diese Regelungen Anwendung.

116 Fehlen Bestimmungen, hat der Arbeitgeber die Kosten der Rückreise des Arbeitnehmers und eines eventuellen Rückumzuges analog zu § 670 BGB zu tragen, wenn die Rückreise bzw. der Rückumzug auf seine **Veranlassung** erfolgt. Ob der **Erstattungsanspruch** auch für **Familienmitglieder** entsteht, ist aktuell durch die Rechtsprechung noch nicht abschließend entschieden. Wenn der Arbeitgeber die Reisekosten für die Hinreise der Familienmitglieder übernommen hat, ist dies ein Indiz dafür, dass er auch die Rückreisekosten zu erstatten hat. Letztendlich entscheiden die **Umstände des Einzelfalles.**

Praxistipp
Wurde im Entsendevertrag ein **vorzeitiges Rückkehrrecht** bei Eintritt eines Krisenfalles im Einsatzland vereinbart und macht der Arbeitnehmer von diesem Rückkehrrecht Gebrauch, so besteht ein Anspruch auf Erstattung von Rückreise- und bei endgültiger Beendigung der Entsendung von Umzugskosten sowie ggf. auch von weiteren Kosten, die durch die vorzeitige Rückkehr ins Inland entstehen. Fehlt eine Vereinbarung, können vertragliche Regelungen über Heimreisen während der Auslandstätigkeit entsprechend herangezogen werden.

4. Vergütungsanspruch

117 Kehrt der Arbeitnehmer nach der Beendigung der Entsendung aufgrund einer Störung endgültig nach Deutschland zurück, so stellt sich oft die Frage, zu welchen Konditionen – insbesondere im Rahmen welcher Vergütung – er für seinen Arbeitgeber im Inland weiterhin tätig wird. Auch hier kommt es auf die **Formulierungen im Zusatzvertrag** an. Entweder setzt der Arbeitnehmer seine frühere Tätigkeit bei entsprechender Vergütung fort oder er erhält einen gleichwertigen Arbeitsplatz.

118 Wenn der Arbeitnehmer nur **vorübergehend** nach Deutschland zurückkehrt, so ist für die **Bewertung des Vergütungsanspruches** ausschlaggebend, ob die Rückkehr durch den Arbeitgeber oder den Arbeitnehmer veranlasst war.

119 Wird der Arbeitnehmer durch den Arbeitgeber vorübergehend ins Inland zurückgerufen, so hat der Arbeitgeber aufgrund der allgemeinen Fürsorgepflicht **anderweitige Einsatzmöglichkeiten** im Inland zu prüfen. Der Arbeitgeber hat den Arbeitnehmer seiner Qualifikation entsprechend einzusetzen und zu vergüten. Gibt es keine

Einsatzmöglichkeit und ist die Erbringung der Arbeitsleistung weder im In- noch im Ausland möglich, so muss der Arbeitgeber die Vergütung weiter gewähren, wenn der Arbeitnehmer seine Arbeit anbietet. In der Praxis wird in diesen Fällen oftmals nach einer **einvernehmlichen Lösung** gesucht. So besteht die Möglichkeit, dass der Arbeitnehmer in der Zeit der Rückkehr **Urlaub** nimmt und ggf. vorhandene **Arbeitszeitkonten** aufbraucht.

Trifft der Arbeitnehmer eigenständig aus Gründen der **Unzumutbarkeit** die Ent- 120
scheidung, vorübergehend ins Inland zurückzukehren, so kommt es für den Vergütungsanspruch auf den Einzelfall an. Ist der Betrieb im Ausland zerstört, so trifft den Arbeitgeber das **Betriebsrisiko** und er schuldet die Vergütung gem. § 615 S. 3 BGB auch in Deutschland. Könnte der Arbeitnehmer seine Tätigkeit im Ausland noch ausführen und entscheidet er sich wegen einer eventuell politisch instabilen Lage zur vorübergehenden Rückkehr, so verliert er seinen Vergütungsanspruch, wenn er nicht anderweitig beschäftigt werden kann.

5. Krankheit

Erkrankt der Arbeitnehmer im Ausland über einen längeren Zeitraum, ist der Arbeit- 121
geber im Rahmen seiner Fürsorgepflicht verpflichtet, sicherzustellen, dass der Arbeitnehmer eine dem deutschen Standard entsprechende **Versorgung** erhält.

Auch hier kommt es auf die Regelungen im Entsendevertrag an. In der Regel wird 122
im Falle einer Entsendung die **Weitergeltung des deutschen Entgeltfortzahlungsgesetzes** sowie von möglichen **Sonderzusagen** im deutschen Arbeitsvertrag vereinbart.

Weitere Folgen hängen davon ab, ob das Arbeitsverhältnis auch während des 123
Auslandseinsatzes den deutschen Rechtsvorschriften über die soziale Sicherheit unterliegt oder nicht.[24]

VII. Rückkehr und Wiedereingliederung

Nach der endgültigen Rückkehr des Arbeitnehmers nach Deutschland hängt seine 124
weitere Beschäftigung und Wiedereingliederung von den **individuellen Regelungen im Entsendevertrag** ab. Hierbei kann vereinbart werden, dass der Arbeitnehmer nach der Rückkehr seine ursprüngliche Tätigkeit wieder aufnimmt oder der Arbeitgeber eine Zusage dahingehend macht, dass dem Arbeitnehmer eine Tätigkeit angeboten wird, die mit seiner ursprünglichen Aufgabe gleichwertig ist. Die Formulierung der **Wiedereingliederungsklausel** sollte sorgfältig vorgenommen werden.

24 Nähere Details siehe Kap. 7 Rn 48 ff. sowie Kap. 7 Rn 109 ff.

Praxistipp
In der Praxis scheitern Wiedereingliederungszusagen häufig an ungenauen Formulierungen und können so zum Streit zwischen dem Arbeitnehmer und dem Arbeitgeber führen. Problematisch ist hierbei auch die Frage, ob der Arbeitgeber dem Arbeitnehmer im Rahmen seines **Direktionsrechtes** eine neue Tätigkeit gegen den Willen des Arbeitnehmers zuweisen kann. Die Weite des Direktionsrechtes hängt auch hier wieder grundsätzlich von den Gegebenheiten des Einzelfalles ab. Helfen kann in einem solchen Fall eine möglicherweise im ursprünglichen Arbeitsvertrag vereinbarte **Versetzungsklausel.**

125 Bei Übernahme der ursprünglichen Funktion ist der **Betriebsrat nicht** zu **beteiligen**, wenn der Arbeitnehmer auch während des Auslandseinsatzes als Arbeitnehmer der Heimatgesellschaft geführt wurde. Kehrt der Arbeitnehmer in seine Heimatgesellschaft zurück und übernimmt eine andere Funktion, so ist der Betriebsrat im Rahmen einer **Versetzung** und eventuellen **Umgruppierung** gem. § 99 Abs. 1 BetrVG vorab zu **informieren** und **anzuhören.**

C. Auslandseinsatz aufgrund Versetzung

126 Der Auslandsaufenthalt kann auch in der Weise erfolgen, dass der Arbeitnehmer während des Einsatzes einen **befristeten Arbeitsvertrag** direkt **mit der ausländischen Gesellschaft** abschließt und vor Ort lokal in die Auslandsgesellschaft integriert wird. In diesem Fall wird der Arbeitnehmer für die Zeit des Auslandseinsatzes Arbeitnehmer der ausländischen Gesellschaft. Fraglich ist, was in einem solchen Fall mit dem deutschen Arbeitsvertrag geschieht.

I. Schicksal des deutschen Arbeitsvertrages

1. Ruhendstellen des deutschen Arbeitsvertrages

127 In der Praxis am weitesten verbreitet ist das **Ruhendstellen des inländischen Arbeitsvertrages** verbunden mit dem **befristeten Abschluss** eines **Arbeitsvertrages** mit der **Auslandsgesellschaft.** Arbeitsrechtlich handelt es sich bei dieser Vertragskonstellation um eine **Versetzung** des Arbeitnehmers ins Ausland, da dem Arbeitnehmer im Rahmen der Entsendung in der Regel für einen längeren Zeitraum als einen Monat ein anderer Arbeitsort zugewiesen wird, ohne dass sich seine Arbeitsaufgabe ändert oder er in eine andere organisatorische Einheit eingegliedert wird.

128 Das Schicksal des inländischen, deutschen Arbeitsvertrages hängt von der **Formulierung der Ruhendvereinbarung** mit der deutschen Gesellschaft ab. In der Ruhendvereinbarung wird das deutsche Arbeitsverhältnis häufig weitgehend inaktiv gestellt und es werden Regelungen für die Rückkehr und Wiedereingliederung nach Beendigung des Auslandseinsatzes festgelegt. Die Grenzen bei dieser Vereinbarung sind fließend und das Gewollte muss häufig im Rahmen einer Vertragsauslegung in

Verbindung mit dem lokalen Anstellungsvertrag ermittelt werden. Durch die Ruhendstellung des deutschen Arbeitsvertrages werden die in ihm vereinbarten Hauptleistungspflichten suspendiert. Weder der Arbeitgeber noch der Arbeitnehmer sind für den Zeitraum der Ruhendvereinbarung dazu verpflichtet, ihre Hauptleistungspflichten aus dem deutschen Arbeitsvertrag zu erbringen. Zu den Hauptleistungspflichten zählen insbesondere die Erbringung der arbeitsvertraglichen Leistung durch den Arbeitnehmer und die Zahlung des vereinbarten Gehaltes durch den Arbeitgeber. Im Gegensatz zu den Hauptleistungspflichten werden die Nebenleistungspflichten aus dem deutschen Arbeitsvertrag von der Ruhendstellung nicht umfasst. Beide Parteien des deutschen Arbeitsvertrages müssen trotz Ruhendstellung ihren Treue- und Fürsorgepflichten nachkommen. So ist der Arbeitnehmer beispielsweise weiterhin zur Verschwiegenheit über Betriebsgeheimnisse des Arbeitgebers verpflichtet. Eine Nebenpflicht des Arbeitgebers kann darin bestehen, dass er bestimmte administrative Tätigkeiten, beispielsweise im Rahmen der Sozialversicherung, erledigt. Diese müssen in der Ruhendvereinbarung genau bezeichnet werden.

2. Beendigung des deutschen Vertrages/Back Letter

Seltener, aber auch möglich ist, dass der deutsche Arbeitsvertrag beendet wird. Eine 129
solche Beendigung kann im Wege eines Aufhebungsvertrages geschehen. In einem sog. **Back Letter** (Wiedereingliederungszusage auf freiwilliger Basis des Arbeitgebers) kann nach Beendigung des deutschen Vertrages sodann ein Angebot für eine Wiederbeschäftigung unter bestimmten Voraussetzungen unterbreitet werden. Ein Back Letter bietet sich an, wenn unklar ist, ob der Arbeitnehmer nach Beendigung des Auslandseinsatzes überhaupt wieder in sein Heimatland zurückkehren will, aber auch in Fällen, in denen der Auslandseinsatz von vornherein unbefristet erfolgt und eine enge Anbindung an die Heimatgesellschaft nicht mehr sinnvoll bzw. notwendig ist.

3. Schattengehalt

Durch die Versetzung wird der Arbeitnehmer in die Auslandsgesellschaft eingeglie- 130
dert. Aufgrund der **Eingliederung** des Arbeitnehmers in die lokale Gesellschaft vor Ort hat der deutsche Arbeitgeber u.U. keinen Einblick in die Entwicklung des Gehaltes und der Zulagen. Auch kommt es immer wieder vor, dass Arbeitnehmer sich an ihre Auslandszulagen „gewöhnt“ haben, diese als Gehaltsbestandteile ansehen und bei einer Rückkehr nach Deutschland in ihr deutsches Gehalt integriert sehen wollen.

In diesen Fällen empfiehlt sich die Festlegung eines **Schattengehaltes.** Das 131
Schattengehalt kann im ruhenden deutschen Arbeitsvertrag vereinbart werden. Es dient regelmäßig dem Zweck, dass es als Basis für die Gehaltsverhandlungen und Eingruppierungen bei Rückkehr nach Deutschland angewendet wird, unabhängig

davon, welches Gehalt und welche Zulagen der Arbeitnehmer während seines Auslandseinsatzes bei der Auslandsgesellschaft erhalten hat.

II. Anstellungsvertrag mit der Auslandsgesellschaft

132 Während der Inhalt des Anstellungsverhältnisses mit der Auslandsgesellschaft zwischen dem ausländischen Arbeitgeber und dem entsendeten Arbeitnehmer **neue Leistungspflichten** begründet, bleiben bei einem ruhenden inländischen Arbeitsvertrag trotz **suspendierter Hauptpflichten** die mit dem Anstellungsverhältnis als solche verbundenen **Nebenpflichten** erhalten.[25] Von inländischen Arbeitgebern sind daher häufig Fragen zu Aspekten der **Betriebszugehörigkeit** und der **betrieblichen Altersversorgung** zu klären.

1. Anrechnung von Betriebszugehörigkeit

133 Grundsätzlich gilt, dass die **Betriebszugehörigkeit** im Ausgangsarbeitsverhältnis durch den ausländischen Anstellungsvertrag **nicht unterbrochen** oder **beendet** wird. Um eine unangemessene Benachteiligung von Arbeitnehmern bei Urlaubsansprüchen oder sonstigen Zulagen bei der ausländischen Gesellschaft zu vermeiden, sind zumeist schon in der **Entsenderichtlinie Regelungen** zur Anrechnung der Betriebszugehörigkeit enthalten.

134 Da der entsendete Arbeitnehmer durch den Auslandseinsatz **keine Schlechterstellung** im Hinblick auf geleistete **Wartezeiten** nach dem Kündigungsschutzgesetz und dem Bundesurlaubsgesetz akzeptieren wird, ist die Vereinbarung einer Probezeit bei Abschluss eines Anstellungsvertrages mit einer Auslandsgesellschaft unüblich.

! Praxistipp

Enthält die Entsenderichtlinie keine Regelung zu Anrechnungsmodalitäten, sollte eine solche ausdrücklich vertraglich vereinbart werden.

---

2. Umgang mit betrieblicher Altersversorgung/Vermeidung der Doppelversicherung

135 Das ausländische Arbeitsverhältnis hindert nicht die werterhaltende **Fortführung der betrieblichen Altersversorgung**, sofern eigens vereinbarte Rechte nicht die Regelungen des ursprünglichen Arbeitsvertrages überlagern oder verdrängen.[26] Es ist aber möglich, dass mit der Auslandsgesellschaft eine **neue Zusage** vereinbart wird.

25 BAG, Urt. v. 9.8.1995 – 10 AZR 539/94 –.

26 BAG, Urt. v. 23.10.1990 – 3 AZR 553/89 –; siehe auch Rn 73 ff.

Wird der Arbeitnehmer nur für einen **vorübergehenden Zeitraum** im Ausland tätig und besteht das Arbeitsverhältnis in Deutschland unter Anwendung des deutschen Rechtes wenn auch ruhend fort, bestehen keine Besonderheiten in Bezug auf die betriebliche Altersversorgung. Erhält der Arbeitnehmer im Ausland zudem die Möglichkeit, eine neue betriebliche Altersversorgung aufzubauen, ruht der Anspruch in Deutschland, sofern dieser **unverfallbar** ist oder die deutsche Altersversorgungsregelung dies ausdrücklich vorsieht. 136

Neben der Möglichkeit, im Ausland eine **neue Altersversorgungszusage aufzubauen**, ist grundsätzlich auch eine Vereinbarung möglich, dass die ausländische Gesellschaft die betriebliche **Altersversorgung vollständig übernimmt**. Eine solche Vereinbarung ist jedenfalls dann sinnvoll, wenn ein **vollständiger Übertritt** des Arbeitnehmers ohne weitere vertragliche Anbindungen an das Inland in diese Gesellschaft erfolgen soll. Scheidet der Arbeitnehmer aus dem inländischen Arbeitsverhältnis aus und bindet sich arbeitsvertraglich ausschließlich an die ausländische Gesellschaft, wird die Versorgung nach fremdem Recht gewährt. 137

Unverfallbare Anwartschaften aus betrieblicher Altersversorgung, die während einer Beschäftigung im Inland erworben wurden, verbleiben in der Regel auch im Inland. 138

Praxistipp !

Wichtig ist, vertraglich genau festzulegen, was mit der deutschen betrieblichen Altersvorsorge geschehen soll. Oftmals wird nicht daran gedacht, dass auch im Ausland (automatisch) ein Anspruch auf betriebliche Altersvorsorge entsteht bzw. entstehen kann.

III. Umgang mit Störungen während des Auslandseinsatzes

Im Gegensatz zu den Rechten und Pflichten des Arbeitnehmers und Arbeitgebers bei Störungen während einer Entsendung sind der Einsatz und die Folgen einer Tätigkeit in Krisengebieten, während eines Kriegsausbruches oder bei Naturkatastrophen nicht von den **Nebenpflichten** des ruhenden deutschen Arbeitsverhältnisses erfasst. Da der Arbeitnehmer seine arbeitsvertraglichen **Hauptpflichten** für die ausländische Gesellschaft erbringt, ist diese für die Abwicklung des Auslandseinsatzes verantwortlich. **Anderslautende Regelungen**, insbesondere Abreden zur Kostentragung eines eventuellen Rückumzuges, können nur unter Einbindung des deutschen Arbeitgebers getroffen werden. 139

Gleiches gilt für Ansprüche auf Vergütung aus dem Vertragsverhältnis mit der ausländischen Gesellschaft oder bei Krankheit des Arbeitnehmers während des Auslandseinsatzes. In beiden Fällen ist der **ausländische Vertragspartner** und nicht die Heimatgesellschaft **in der Pflicht**, sofern nicht vertragliche oder gesetzliche Bestimmungen des Fremdstaates entgegenstehen. Ob darüber hinaus weitere sozialversi- 140 cherungsrechtliche Aspekte eine Rolle spielen, hängt maßgeblich davon ab, ob deutsche Rechtsvorschriften über die soziale Sicherheit Anwendung finden oder nicht.[27]

IV. Beendigung des Arbeitsvertrages mit der Auslandsgesellschaft

1. Beendigungsgründe

141 Die Beendigung des Arbeitsvertrages mit der Auslandsgesellschaft kann auf unterschiedliche Art und Weise erfolgen. Grundsätzlich findet das **Recht** auf den **Arbeitsvertrag** Anwendung, das **für diesen bestimmt** worden ist. Dies ist im Zweifel das Recht des ausländischen Staates, in dem die fremde Gesellschaft ihren Sitz hat und den Arbeitnehmer beschäftigt. Neben den dortigen gesetzlichen oder der ausdrücklich im Arbeitsvertrag vereinbarten Möglichkeiten der Vertragslösung ist der in der Praxis häufigste Fall der Beendigung das **Auslaufen der Befristung**. Unterliegt der Vertrag ausnahmsweise deutschem Recht, finden grundsätzlich alle Regelungen des TzBfG sowie die einschlägigen Vorschriften anderer Bereiche des deutschen Arbeitsrechtes Anwendung.[28]

142 Wurde der deutsche **Arbeitsvertrag** vor der Versetzung ins Ausland **gekündigt oder aufgehoben**, besteht keine vertragliche Bindung mehr an den inländischen Arbeitgeber. Die Beendigung des Arbeitsvertrages mit der ausländischen Gesellschaft kann keinen Einfluss auf die arbeitsvertragliche Position des Arbeitnehmers in Deutschland entfalten.

2. Auswirkungen auf den ruhenden deutschen Vertrag

143 Wurde der ursprüngliche Arbeitsvertrag nicht beendet, sondern ruhend gestellt, hängt sein Schicksal von der **Ruhendvereinbarung** mit der deutschen Gesellschaft ab. Je nach Formulierung der Ruhendvereinbarung lebt der deutsche Arbeitsvertrag mit Beendigung des ausländischen Arbeitsverhältnisses auf. Anknüpfungspunkt für das **Wiederaufleben** kann der Ablauf des Befristungszeitraumes des Vertrages mit der Auslandsgesellschaft, aber auch die wirksame Kündigung durch den Arbeitnehmer oder den ausländischen Arbeitgeber oder andere vertraglich vereinbarte Auslösungsaspekte sein.

144 Da zu Beginn des Auslandsaufenthaltes zumeist nicht absehbar ist, wie sich die Heimatgesellschaft wirtschaftlich und organisatorisch weiter entwickeln wird, kann eine **konkrete Aussage** über die Verwendung bzw. den genauen Einsatzort des Arbeitnehmers nach seiner Rückkehr nicht getroffen werden. Da der Arbeitnehmer aber meist nur dann bereitwillig eine Aufgabe im Interesse der Gesellschaft im

---

27 Siehe hierzu nähere Details in Kap. 7 Rn 48 ff. sowie Kap. 7 Rn 109 ff.

28 Siehe Rn 52 ff.

Ausland wahrnimmt, wenn ihm bei Rückkehr eine zumindest seiner bisherigen Position entsprechende Arbeit zugewiesen wird, ist die Vereinbarung einer **Wiedereingliederungsklausel** üblich.

Praxistipp !
Nach Beendigung des Auslandseinsatzes sollte dem Arbeitnehmer eine mindestens gleichwertige Stellung hinsichtlich Funktion und Vergütung im Inland zugewiesen werden.

Voraussetzung für das Angebot einer Tätigkeit bei der Heimatgesellschaft sollte 145
immer die im Ausland **ordnungsgemäß erfüllte Tätigkeit** sein. In Fällen der Kündigung durch die ausländische Gesellschaft aus Gründen, die in der Person des Arbeitnehmers liegen oder in einer Vertragsaufhebung ohne Zustimmung oder Information der deutschen Gesellschaft, ist die Vereinbarung einer **Wiedereingliederungszusage** eine zusätzliche Hürde für die Heimatgesellschaft im Hinblick auf eine mögliche Beendigung des Arbeitsverhältnisses mit dem zurückkehrenden Arbeitnehmer.

Praxistipp !
Häufig findet sich eine **Koppelung** in dem deutschen ruhenden Arbeitsvertrag, die besagt, dass der Arbeitnehmer kein Angebot von der inländischen Gesellschaft erhält, wenn er den Vertrag mit der ausländischen Gesellschaft gekündigt oder aufgehoben hat, oder die Kündigung durch die Auslandsgesellschaft durch ihn veranlasst worden ist.

---

3. Auswirkungen auf Back Letter

Für den Fall, dass vor dem Wechsel ins Ausland der deutsche **Arbeitsvertrag gekün-** 146
digt, aber als Rückversicherung für den Arbeitnehmer ein **Back Letter** vereinbart worden ist, muss überprüft werden, ob die im Back Letter festgeschriebenen Voraussetzungen für eine **Wiedereingliederung** des zurückkehrenden Arbeitnehmers vorliegen, sofern dieser Anspruch auf Einhaltung der Zusage erhebt.

In Fällen, in denen das Anstellungsverhältnis mit der ausländischen Gesellschaft 147
durch Auslauf der Befristung oder auf andere Weise beendet worden ist, der Arbeitnehmer aber nicht zur Heimatgesellschaft zurückkehren möchte oder sich Bedenkzeit für seine weitere berufliche Entwicklung erbittet, ist zur Vermeidung eines für die inländische Gesellschaft rechtsunsicheren Zeitraumes eine entsprechende **Formulierung in den Back Letter** aufzunehmen, die dem Arbeitnehmer eine **zeitliche Höchstgrenze** für die Geltendmachung der Wiedereingliederung setzt. Nach Ablauf dieser Frist ist die Heimatgesellschaft nicht mehr verpflichtet, den entsendeten Arbeitnehmer wieder bei sich aufzunehmen bzw. ihm ein Beschäftigungsangebot zu unterbreiten.

Praxistipp !
Der Inhalt eines Back Letter muss bei der Formulierung die gleiche Sorgfalt erfahren wie ein Entsendevertrag selbst.

V. Rückkehr und Wiedereingliederung

148 Nicht immer ist die Wiedereingliederung von Arbeitnehmern, die nach Beendigung eines ausländischen Arbeitsvertrages an ihren ursprünglichen Arbeitsort zurückkehren möchten, unproblematisch möglich. Während Arbeitnehmer, die beim Wechsel ins Ausland ihren deutschen **Arbeitsvertrag ruhend gestellt** haben, nach ihrer Rückkehr auf diesen zurückgreifen und ihn **wieder aufleben lassen** können, haben Arbeitnehmer, die ihr altes Arbeitsverhältnis gekündigt haben, zunächst **keinen Anspruch auf Beschäftigung** bei ihrem ehemaligen Arbeitgeber. Sofern kein Back Letter vereinbart wurde, müssen diese Arbeitnehmer darauf hoffen, dass mit ihnen ein **neuer Arbeitsvertrag** geschlossen wird.

1. Abschluss neuer Arbeitsvertrag

149 Abschluss und Inhalt eines neuen Arbeitsvertrages können grundsätzlich von den Parteien frei vereinbart werden. Unterscheidet sich die neu aufgenommene Tätigkeit im Hinblick auf Arbeitsort, Art und Vergütung von der alten Tätigkeit, sind der **Abschluss eines neuen Vertrages** unter **Aufhebung des alten Vertrages** und eine **Zusatzvereinbarung** sinnvoll.

2. Umgang mit Unterbrechungen

150 Wie mit Unterbrechungen des Arbeitsverhältnisses zu verfahren ist, hängt maßgeblich davon ab, **wie lange** diese Unterbrechungen andauern, **wer sie verursacht** oder **auf wessen Wunsch** die Unterbrechungen erfolgen. Eine Aussetzung der Tätigkeit während der Anstellung bei der ausländischen Gesellschaft ist zunächst nach dem für den Arbeitsvertrag maßgeblichen Recht zu beurteilen – im Zweifel dem ausländischen Recht. Je nach Gesetzeslage oder sich bereits aus den vereinbarten Regelungen im Arbeitsvertrag selbst ergebend bewirkt die Unterbrechung **keine automatische Verlängerung des Anstellungsverhältnisses** entsprechend der Dauer der Aussetzung. Am vertraglich geregelten Ende des Arbeitsvertrages ändert sich ohne gesondert getroffene Abrede nichts.

151 Unterbrechungen des Anstellungsverhältnisses bei der Auslandsgesellschaft können sich allerdings bei der Heimatgesellschaft mittelbar auf die **Betriebszugehörigkeitszeiten** und alle Leistungen, auf die die Betriebszugehörigkeit Einfluss hat (Sonderzahlungen, betriebliche Altersversorgung, Höhe des Urlaubs etc.), auswirken. Dies ist insbesondere der Fall, wenn die vertragliche Anbindung an das Heimatland (Deutschland) in Gänze verloren geht.

3. Anrechnung Betriebszugehörigkeit vs. Probezeit

Kehrt der Arbeitnehmer von seinem Auslandseinsatz nach Deutschland zurück und lebt das ruhende Arbeitsverhältnis wieder auf, ist der Arbeitnehmer nicht von den Bestimmungen der **Probezeit** erfasst. Die **Wartezeiten** des Kündigungsschutzgesetzes sind während des Auslandsaufenthaltes aufgrund andauernder Betriebszugehörigkeit in der Regel erfüllt. Ist dagegen der deutsche Arbeitsvertrag wegen der Anstellung bei der ausländischen Gesellschaft beendet worden und besteht eine Lücke zwischen Beendigung des Auslandseinsatzes und einem möglichen Wiedereintritt in das deutsche Unternehmen, ist die Vereinbarung einer Probezeit vertretbar. Eine Anrechnung der Betriebszugehörigkeit kann aufgrund der arbeitsvertraglichen Unterbrechung des Arbeitsverhältnisses nicht erfolgen. 152

Praxistipp !

Die Wiedereingliederung eines Arbeitnehmers nach einem Auslandseinsatz und vorher gekündigtem Arbeitsverhältnis bei der Heimatgesellschaft schließen sich bei Abschluss eines neuen Arbeitsvertrages eine Anrechnung der vorangegangenen Betriebszugehörigkeit und der Verweis auf eine noch nicht abgeschlossene Probezeit gegenseitig aus.

4. Betriebliche Altersversorgung

Wurde der Arbeitsvertrag mit der ausländischen Gesellschaft beendet und lebt der ruhend gestellte Arbeitsvertrag mit der Heimatgesellschaft wieder auf, erfolgt der Wiedereintritt des Arbeitnehmers in die ruhend gestellte **betriebliche Altersversorgung im Inland**. Wird ein neuer Arbeitsvertrag abgeschlossen, besteht grundsätzlich die Möglichkeit, dass sich der Arbeitnehmer, abhängig vom tatsächlichen Angebot, eine **neue betriebliche Altersversorgung** aufbaut oder der **Arbeitgeber** das bisher geführte **Modell übernimmt**. 153

D. Beschäftigung von ausländischen Arbeitnehmern in Deutschland

I. Entsendevertrag von ausländischer Gesellschaft

1. Wirkung Entsendevertrag in Deutschland

Eine ausländische Gesellschaft kann einen Arbeitnehmer auf der Grundlage eines Entsendevertrages für einen befristeten Zeitraum nach Deutschland entsenden. Dabei sind die Regelungen des **Aufenthaltsrechtes** des ausländischen Arbeitnehmers in Deutschland zu berücksichtigen.[29] Das Arbeitsverhältnis des ausländischen Arbeit- 154

29 Ausführlich hierzu Kap. 4.

nehmers kommt aufgrund seiner Tätigkeit in Deutschland nunmehr auch mit dem deutschen Recht in Berührung, sodass die folgenden Punkte zu berücksichtigen sind.

2. Rechtswahl/Gerichtsstand

155 Die Parteien des ausländischen Entsendevertrages sind im Rahmen der **Rechtswahl** sowie im Hinblick auf die Vereinbarung eines **Gerichtsstandes** frei, unterliegen dabei jedoch ebenfalls den bereits dargestellten Einschränkungen.[30]

3. Eingliederung in den Betrieb

156 Ob ein ausländischer Arbeitnehmer in den inländischen Betrieb eingegliedert wird oder nicht, hängt maßgeblich von dem **Inhalt und der Länge der Entsendung ab.** Eine Eingliederung liegt regelmäßig dann vor, wenn der ausländische Arbeitnehmer gemeinsam mit den bereits im Betrieb beschäftigten Arbeitnehmern den arbeitstechnischen Zweck des Betriebes durch weisungsgebundene Tätigkeit verwirklicht. Indizien für die **Eingliederung** können beispielsweise die Zuweisung eines Büros bzw. Arbeitszimmers in den Betriebsräumen des Arbeitgebers und die Überlassung von betrieblichen Einrichtungen bzw. Arbeitsgeräten zur Nutzung sein. Durch den bloßen Abschluss des Arbeitsvertrages erfolgt vor diesem Hintergrund noch keine Eingliederung in den Betrieb.

4. Mitbestimmung des Betriebsrats

157 Der **Anwendungsbereich des Betriebsverfassungsgesetzes** ist auf das Gebiet der Bundesrepublik Deutschland begrenzt und kann auch bei dem inländischen Betrieb eines ausländischen Arbeitgebers eröffnet sein. Die Betriebe innerhalb der Bundesrepublik Deutschland sind somit dem Geltungsbereich des Betriebsverfassungsgesetzes unterworfen, unabhängig von dem Sitz und der Staatsangehörigkeit des Arbeitgebers oder dem auf die Arbeitsverhältnisse anwendbaren Recht. Wurde nicht für alle in dem Betrieb beschäftigten Arbeitnehmer die Geltung von ausländischem Recht vereinbart, so unterfallen die Arbeitnehmer mit ausländischem Vertragsstatut dem deutschen Betriebsverfassungsrecht.

158 Wird der ausländische Arbeitnehmer in den inländischen Betrieb **eingegliedert** und übt er dort eine mit den Tätigkeiten der anderen Arbeitnehmer vergleichbare Tätigkeit aus, so ist sein Einsatz wie die **Einstellung** eines Arbeitnehmers zu bewerten. Dem Betriebsrat des inländischen Betriebes stehen folglich bei personellen und sozialen Angelegenheiten gem. §§ 87, 95, 99, 102 BetrVG **Mitwirkungs- und Mitbestimmungsrechte** zu.

---

30 Siehe Rn 49 ff. und Rn 63 ff.

Praxistipp !
Hat der ausländische Arbeitnehmer beispielsweise keine wirksame Aufenthaltserlaubnis, so kann der Betriebsrat seine Zustimmung bezüglich dessen Einstellung gem. § 99 Abs. 2 Nr. 1 BetrVG verweigern.

5. Zwingend anwendbares Recht in Deutschland

Sobald ein ausländischer Arbeitnehmer seine Tätigkeit in Deutschland aufnimmt, 159
unterliegt er unabhängig von der für seinen Vertrag getroffenen Rechtswahl dem zwingend anwendbaren deutschen Recht. Diese Normen sind auch dann umzusetzen, wenn an sich ein **ausländisches Arbeitsvertragsstatut** Anwendung findet. Hinsichtlich der Begriffsbestimmung wird an dieser Stelle auf die Erläuterungen zu dem Begriff der Eingriffsnorm verwiesen.[31] Als **zwingend anwendbares Recht** in Deutschland sind letztendlich alle Gesetze einzustufen, deren Durchsetzung nicht vom Willen des Arbeitnehmers abhängig ist. Dazu gehören nach deutschem Recht beispielsweise das Nachweisgesetz, das Arbeitszeitgesetz, Schutzgesetze wie das Mutterschutzgesetz, der Schwerbehinderten- und Jugendarbeitsschutz sowie Arbeitsschutzgesetze.

II. Arbeitnehmer-Entsendegesetz

1. Hintergrund/Dienstleistungsrichtlinie EU

Bei der Beschäftigung von Arbeitnehmern in Deutschland, die von ausländischen 160
Arbeitgebern nach Deutschland entsendet werden, ist für bestimmte Dienstleistungen das Arbeitnehmer-Entsendegesetz in Deutschland zwingend zu beachten. Das Gesetz wurde in den vergangenen Jahren neu gefasst, setzt die EU-RL 96/71/EG[32] um und ist am 24.4.2009 in Kraft getreten.

Ziele des Gesetzes sind die Schaffung und Durchsetzung **angemessener Min-** 161
destarbeitsbedingungen für grenzüberschreitend entsandte und für regelmäßig im Inland beschäftigte Arbeitnehmer sowie die Gewährleistung **fairer und funktionierender Wettbewerbsbedingungen**.

2. Branchen/Mindestarbeitsbedingungen

Das Arbeitnehmer-Entsendegesetz legt bestimmte **Mindestlöhne** und **Mindest-** 162
arbeitsbedingungen fest, die in Deutschland **zwingend zu beachten** sind. Diese Mindestbedingungen gelten nicht nur für ausländische entsendete Arbeitnehmer,

31 Siehe Rn 54 ff. bzw. Rn 60.

32 RL 96/71/EG des Europäischen Parlamentes und Rates v. 16.12.1996 über die Entsendung von Arbeitnehmern im Rahmen der Erbringung von Dienstleistungen.

sondern grundsätzlich für alle in Deutschland beschäftigten Arbeitnehmer, die in der betroffenen Branche beschäftigt sind.

163 Mindestarbeitsbedingungen, die ein im Ausland ansässiger Arbeitgeber seinem in Deutschland beschäftigten Arbeitnehmer zwingend gewähren muss, sind in § 2 AEntG aufgezählt. Es handelt sich um **Arbeitsbedingungen**, die durch **Rechts- und Verwaltungsvorschriften** festgelegt werden für z.B. das Mindestentgelt einschließlich Überstundensätze, den bezahlten Mindestjahresurlaub, die festgelegten Höchstarbeitszeiten und die Mindestruhezeiten.

164 Darüber hinaus erstreckt § 3 AEntG die in **Tarifverträgen** geregelten Mindestarbeitsbedingungen auf ausländische Arbeitnehmer, die in Deutschland für einen ausländischen Arbeitgeber tätig werden, wenn diese Tarifverträge für allgemeinverbindlich erklärt worden sind oder deren Geltung durch Rechtsverordnung nach § 7 Abs. 1 AEntG durch das Bundesministerium für Arbeit und Soziales für alle Arbeitsverhältnisse einer bestimmten Branche angeordnet wurde.

165 Die Geltungsanordnung von § 3 AEntG gilt aktuell für folgende **Branchen**:
- Bauhaupt- und Nebengewerbe,
- Gebäudereiniger,
- Briefdienstleister,
- Pflegebranche (Altenpflege und ambulante Krankenpflege),
- Sicherheitsleistungen,
- Abfallwirtschaft (mit Straßenreinigung und Winterdienst),
- Aus- und Weiterbildungsdienstleistungen gemäß SGB II oder SGB III,
- Wäschereidienstleistungen im Objektkundengeschäft,
- Bergbauspezialarbeiten mit Steinkohlebergwerken.

166 Ausländische Arbeitgeber, die ihre ausländischen Arbeitnehmer in Deutschland beschäftigen, sind verpflichtet, die im Tarifvertrag vorgesehenen Arbeitsbedingungen zwingend zu gewähren, wenn der **Tarifvertrag** der oben genannten Branchen entweder für **allgemeinverbindlich** erklärt wurde oder wenn für diesen Tarifvertrag eine **Rechtsordnung** erlassen wurde, siehe § 8 AEntG. Der Arbeitnehmer kann auf die Mindestarbeitsbedingungen **nicht verzichten** und den Anspruch grundsätzlich auch **nicht verwirken**, siehe § 9 AEntG.

167 Die Nichtgewährung von Mindestarbeitsbedingungen in Deutschland stellt eine **Ordnungswidrigkeit** dar und kann mit einer **Geldbuße** von bis zu 500.000 € geahndet werden, § 23 Abs. 1 Nr. 1, Abs. 3 AEntG.

3. Meldung der Arbeitnehmer in Deutschland

168 Ausländische Arbeitnehmer, für deren Beschäftigung in Deutschland das Arbeitnehmer-Entsendegesetz Anwendung findet, müssen vor Beginn der Beschäftigung in Deutschland von ihrem ausländischen Arbeitgeber bei den zuständigen Behörden und der deutschen **Zollverwaltung** angemeldet werden. Der **Antrag** ist in **deut-**

scher Sprache zu verfassen. Die notwendigen Angaben sind in § 18 Abs. 1 S. 2 AEntG genannt.

Praxistipp
Die aktuellen Antragsformulare finden Sie im Internet unter www.zollverwaltung.de. !

III. Versetzung nach Deutschland

1. Abschluss eines deutschen Arbeitsvertrages

Kommt es zum Abschluss eines deutschen Arbeitsvertrages, so muss dieser allen 169
Standardnormen, wie beispielsweise dem Nachweisgesetz, entsprechen. Darüber hinaus ist es oftmals notwendig, dass **Zulagen** für eine Wohnung in Deutschland oder für Heimflüge in den Vertrag mit aufgenommen werden. Letztendlich kommt es dabei auf die Umstände des Einzelfalles und die Verhandlungen zwischen den Parteien an. Der deutsche Arbeitsvertrag wird häufig befristet abgeschlossen. Die Rechtsprechung des BAG verhält sich zu der **Befristung auf die Dauer der Aufenthaltsgenehmigung** restriktiv. Die Befristung der Aufenthaltserlaubnis und die Besorgnis, der Arbeitnehmer werde danach die arbeitsvertraglich geschuldeten Dienste nicht mehr erbringen können, kann einen sachlichen Grund für die Befristung des Arbeitsverhältnisses nur dann darstellen, wenn im Zeitpunkt des Vertragsschlusses eine hinreichend **zuverlässige Prognose** erstellt werden kann, dass eine Verlängerung der Aufenthaltserlaubnis nicht erfolgt. Diese Prognose muss dabei auf konkreten Anhaltspunkten beruhen.[33] Es empfiehlt sich darüber hinaus, den Arbeitsvertrag unter der **Bedingung** abzuschließen, dass der ausländische Arbeitnehmer sowohl vor Beginn als auch während des gesamten Zeitraumes seiner Tätigkeit eine **Arbeitserlaubnis** besitzt. Wurde eine entsprechende vertragliche Vereinbarung getroffen, so kann der Arbeitsvertrag bei Nichterteilung oder Wegfall der Arbeitserlaubnis enden, ohne dass es einer gesonderten Kündigung bedarf. Tritt ein solcher Fall ein, so ist dem Arbeitnehmer die **Erfüllung** seiner **Arbeitspflicht** jedoch gem. § 275 Abs. 1 BGB **unmöglich** geworden.[34] Haben beide Parteien diese Unmöglichkeit nicht zu vertreten, so bestehen gem. §§ 280 ff. BGB bzw. § 326 BGB keine **Ansprüche auf Arbeitsleistung** oder **Zahlung der Vergütung**. Trifft den Arbeitgeber allerdings ein **Verschulden**, weil er beispielsweise die übernommene Verpflichtung, für die Erteilung der Arbeitsgenehmigung bzw. des Aufenthaltstitels zu sorgen, schuldhaft verletzt hat, so ist er zur **Fortzahlung des Lohnes** auch ohne Arbeitsleistung verpflichtet.

---

33 BAG, Urt. v. 12.1.2000 – 7 AZR 863/98 –.

34 LAG Rheinland-Pfalz, Urt. v. 22.6.2006 – 11 Sa 933/05 –.

2. Gleichbehandlung/Allgemeines Gleichbehandlungsgesetz

170 Der allgemeine Gleichbehandlungsgrundsatz aus Art. 3 GG gilt auch für ausländische Arbeitnehmer. Danach dürfen ausländische Arbeitnehmer gegenüber inländischen Arbeitnehmern nicht schlechtergestellt werden.

171 Für **EU-Bürger** ergibt sich dieser Grundsatz zusätzlich aus Art. 45 Abs. 2 AEUV und Art. 7 ff. VO (EWG) 1612/68. Die Gleichbehandlung erstreckt sich auf Arbeitsverträge, Tarifverträge und sonstige Kollektivvereinbarungen.

172 Sowohl für Arbeitnehmer aus EU-Staaten wie auch Arbeitnehmer aus Drittstaaten gilt das AGG. Ziel des Gesetzes ist es, u.a. Benachteiligungen aus Gründen der Rasse oder ethnischen Herkunft zu verhindern oder zu beseitigen, § 1 AGG. Ausländische Arbeitnehmer haben einen **Anspruch auf Nichtdiskriminierung**. Über dessen Einhaltung haben Arbeitgeber und Betriebsrat gleichermaßen zu wachen und im Falle eines Verstoßes entsprechende Maßnahmen einzuleiten, die einen Verstoß nachhaltig unterbinden. Jede Ungleichbehandlung in Bezug auf Geschlecht oder sexuelle Identität, Rasse oder ethnischer Herkunft, Nationalität, Religion oder Weltanschauung, Behinderung oder aufgrund Alters ist unzulässig. Einige Differenzierungen mit Hinblick auf die genannten Kriterien bleiben aber möglich, sofern ein **sachlicher Grund** diese rechtfertigt. So kann eine Differenzierung aufgrund von Sprachkenntnissen möglich sein, sofern beispielsweise die Beherrschung der deutschen Sprache für die Ausübung der konkreten Tätigkeit unabdingbar ist.

173 Dieses Gleichbehandlungsgebot ist zudem in § 75 BetrVG normiert, sodass auch Arbeitnehmer aus Drittstaaten einen ausreichenden Schutz vor Diskriminierung genießen.

174 Auch die weiteren deutschen arbeitsrechtlichen Schutzgesetze unterscheiden nicht danach, ob der Arbeitnehmer ein deutscher Staatsangehöriger oder ein Ausländer ist.

3. Tarifgebundenheit

175 Bezüglich der Tarifgebundenheit wird grundsätzlich nicht zwischen in- und ausländischen Arbeitnehmern unterschieden. Da ausländische Arbeitnehmer aus den EU-Staaten gem. Art. 8 Abs. 1 VO (EWG) 1612/68[35] das Recht auf Zugehörigkeit zu Gewerkschaften besitzen, kann es zur beiderseitigen Tarifbindung kommen. Insbesondere sind aber allgemeinverbindliche Tarifverträge auch auf Arbeitsverhältnisse mit ausländischen Arbeitnehmern anzuwenden. Tarifverträge können jedoch auch durch Bezugnahmeklauseln in den Arbeitsvertrag mit dem ausländischen Arbeitnehmer zur Anwendung kommen.

35 VO (EWG) 1612/68 des Rates v. 15.10.1968 über die Freizügigkeit der Arbeitnehmer innerhalb der Gemeinschaft.

4. Mitbestimmung Betriebsrat/Geltung Betriebsvereinbarungen

Das in deutschen, in privater Rechtsform organisierten Gesellschaften anzutreffende Gremium der betrieblichen Arbeitnehmervertretung ist der **Betriebsrat.** Seine Rechte und Pflichten, aber auch seine Zuständigkeiten und seine Organisation regelt das BetrVG. 176

Im Hinblick auf ausländische Arbeitnehmer hat der Betriebsrat die gleichen Rechte und Schutzpflichten wie bei deutschen Arbeitnehmern. Ihm stehen insbesondere dieselben **Mitwirkungs- und Mitbestimmungsrechte** in personellen und sozialen Angelegenheiten nach §§ 87, 95, 99, 102 BetrVG zu. 177

Neben der **Überwachung**, dass alle einschlägigen Arbeitnehmerschutzrechte (Gesetze, Verordnungen, Tarifverträge) eingehalten und angewendet werden, hat der Betriebsrat darauf zu achten, dass alle für den jeweiligen Betrieb geltenden Betriebsvereinbarungen auch in Bezug auf ausländische Arbeitnehmer eingehalten werden. Vorübergehend in dem deutschen Betrieb beschäftigte Arbeitnehmer sind nicht von dem Geltungsbereich einer Betriebsvereinbarung ausgeschlossen, solange sie mit dem deutschen Arbeitgeber durch einen Arbeitsvertrag verbunden und in den Betrieb eingegliedert sind. 178

Ausländischen Arbeitnehmern steht unter den Voraussetzungen von § 7 BetrVG das **aktive Wahlrecht** zu, selbst wenn sie der deutschen Sprache nicht oder nicht hinreichend mächtig sind. Für das **passive Wahlrecht**, also die Wählbarkeit zum Betriebsrat, gilt das oben Gesagte unter den Voraussetzungen von § 8 BetrVG entsprechend. 179

Das Gesetz über Europäische Betriebsräte ist am 28.10.1996 in Kraft getreten und regelt die **grenzübergreifende Unterrichtung und Anhörung** von Arbeitnehmern in gemeinschaftsweit tätigen Unternehmen. Dem Europäischen Betriebsrat sind einmal im Jahr die Entwicklung der Geschäftslage und die Perspektiven des Unternehmens darzulegen, vgl. § 29 Abs. 1 EBRG. Damit kommt dem Europäischen Betriebsrat eher die Funktion eines Wirtschaftsausschusses i.S.v. § 106 BetrVG zu. Er ist beispielsweise nicht zu hören bei einer Einstellung oder Kündigung eines (entsendeten) Arbeitnehmers. 180

5. Sprachprobleme

Im Alltag nicht zu unterschätzen, ist das Risiko, die Sprache des Gaststaates nicht oder nicht hinreichend gut zu beherrschen. Oftmals stellen sich in der täglichen Arbeitspraxis **mangelnde Sprachkenntnisse** als großes Hindernis dar. Aber auch beim Vertragsschluss selbst, bei einer Abmahnung oder einer Kündigung kann es zu Schwierigkeiten bei der Verständigung kommen. 181

Bei Arbeitsverträgen, die ausschließlich in deutscher Sprache abgeschlossen werden, gleich ob unbefristet oder befristet, trägt der **Arbeitnehmer** das **Sprachrisiko.** Selbst für den Fall, dass der Arbeitnehmer den Inhalt des Vertrages oder die Tatsache der Befristung nicht verstanden hat, ändert dies nichts an der Wirksamkeit der 182

Vereinbarung, sofern er den Vertrag unterschrieben hat. Allerdings wird sich derjenige, der der deutschen Sprache nicht oder nicht in hinreichendem Maße mächtig ist, nicht zur Unterschrift eines ausschließlich auf Deutsch verfassten Arbeitsvertrages bewegen lassen. Hier entsteht dann die Gefahr, keine schriftliche Rechtsgrundlage für das Entsendeverhältnis abschließen zu können.

! **Praxistipp**
Durch die zweisprachige Abfassung des Arbeitsvertrages in Form einer Synopse wird die Akzeptanz zur Unterzeichnung eines Arbeitsvertrages deutlich erhöht. Hier ist darauf zu achten, dass eine Regelung aufgenommen wird, wonach im Zweifel oder bei Auslegungsfragen die deutsche Fassung den Vorrang hat.

---

183 Wirksamkeitsvoraussetzung für eine **Abmahnung** ist, dass sie dem Arbeitnehmer zugeht und er vom Inhalt der Abmahnung Kenntnis erlangt. Aus Gründen der Rechtssicherheit ist zu empfehlen, dass der Arbeitgeber dafür Sorge trägt, die Abmahnung sowohl **in deutscher Sprache** als auch **in der Muttersprache** des abzumahnenden ausländischen Arbeitnehmers abzufassen.

184 Bezüglich der Kündigung eines ausländischen Arbeitnehmers durch den Arbeitgeber ist es problematisch, ob für den **Zugang der Kündigung** entscheidend ist, wann der Arbeitnehmer den Inhalt des Kündigungsschreibens verstehen und zur Kenntnis nehmen konnte. Da die Rechtsprechung diesbezüglich keine einheitliche Linie verfolgt, empfiehlt es sich, das Kündigungsschreiben ebenfalls in die Muttersprache des Arbeitnehmers übersetzen zu lassen.

185 In Bezug auf **Arbeitsanweisungen** ist abschließend anzumerken, dass es dem Arbeitgeber nicht zuzumuten ist, diese in alle im Betrieb gesprochenen Sprachen zu übersetzen.[36]

IV. Beendigung des Arbeitsverhältnisses

186 Die in der Praxis wichtigsten **Beendigungstatbestände von Arbeitsverhältnissen** mit ausländischen Arbeitnehmern entsprechen im Wesentlichen den Beendigungstatbeständen mit deutschen Arbeitnehmern:
- Beendigung durch Fristablauf,
- durch Aufhebungsvertrag oder
- durch Kündigung.

---

36 BAG, Urt. v. 28.1.2010 – 2 AZR 764/08 –.

1. Befristung

Ein befristet abgeschlossenes Arbeitsverhältnis endet mit **Erreichen der Frist** durch 187 Zeitablauf, ohne dass weitere Maßnahmen wie z.B. eine Kündigung erforderlich sind. Je nach Ausgangslage ist zu unterscheiden, ob die **Befristung** des Arbeitsverhältnisses **mit oder ohne Sachgrund** erfolgen kann. Regelmäßig wird ein sachlicher Grund erforderlich sein, insbesondere in den Fällen, in denen zuvor bereits ein Arbeitsverhältnis mit demselben Arbeitgeber bestanden hat oder wenn der Einsatz des Arbeitnehmers in Deutschland länger als zwei Jahre dauern soll, vgl. § 14 Abs. 2 S. 1 und 2 TzBfG. Ob die **Befristung einer Arbeitserlaubnis** einen sachlichen Grund für die Befristung eines Arbeitsverhältnisses i.S.v. § 14 Abs. 1 TzBfG darstellen kann, hängt davon ab, ob zum Zeitpunkt des Vertragsschlusses eine hinreichend zuverlässige Prognose abgegeben werden kann, dass die Arbeitserlaubnis nicht verlängert wird.[37]

2. Kündigung

Auch der **ausländische Arbeitnehmer** kann sich auf den **allgemeinen Kündi- 188 gungsschutz** der deutschen Arbeitsgesetze berufen, sofern die maßgeblichen Voraussetzungen erfüllt sind. Das bedeutet, dass auch gegenüber einem ausländischen Arbeitnehmer, dessen **Arbeitsverhältnis** in demselben Betrieb oder Unternehmen mindestens **sechs Monate ohne Unterbrechung** bestanden hat, eine Kündigung nur unter den Voraussetzungen des Kündigungsschutzgesetzes rechtswirksam ist. Allerdings gilt der Schutz nicht in Kleinbetrieben, vgl. § 23 Abs. 1 KSchG.

Dasselbe gilt im Wesentlichen für die Bestimmungen des **besonderen Kündi- 189 gungsschutzes**. Ausländische Arbeitnehmer aus EU-Mitgliedstaaten genießen im Ergebnis denselben Kündigungsschutz wie deutsche Arbeitnehmer. Zu den Personen, die besonderen Kündigungsschutz genießen, gehören Personen im Mutterschutz oder in der Elternzeit, schwerbehinderte Personen, Betriebsratsmitglieder, Mitglieder der Jugend- und Auszubildendenvertretung und Auszubildende.

Auszubildende können gem. § 22 Abs. 2 BBiG nach Ablauf der Probezeit nicht 190 mehr ordentlich gekündigt werden. Die Kündigung ist dann nur noch aus wichtigem Grund möglich oder wenn die Auszubildenden ihre Berufsausbildung aufgeben.

Für **Personen in der Elternzeit** oder **im Mutterschutz** gilt in der Regel ein abso- 191 lutes Kündigungsverbot. Nur in Ausnahmefällen ist eine Kündigung mit Zustimmung der zuständigen Landesbehörde möglich (§ 18 Abs. 1 BEEG, § 9 MuSchG).

Eine Kündigung von **schwerbehinderten Personen** bedarf gem. § 85 SGB IX 192 der Zustimmung des Integrationsamtes, wenn das Arbeitsverhältnis länger als sechs Monate bestanden hat.

Wehrdienstleistende genießen nach § 2 Abs. 1 ArbPlSchG besonderen Kündi- 193 gungsschutz. Dieser Kündigungsschutz ist für **Zivildienstleistende** nach § 78 Abs. 1

37 BAG, Urt. v. 12.1.2000 – 7 AZR 863/98 –.

ZDG entsprechend anzuwenden. Für deutsche Arbeitnehmer hat dieser Kündigungsschutz an Bedeutung verloren, da die Wehrpflicht mit Gesetz vom 28.4.2011 aufgehoben wurde. Das Wehrpflichtgesetz wurde jedoch nur suspendiert. Diese Suspendierung ist nicht mit einer Abschaffung gleichzusetzen.

194 An die Stelle des Wehr- und Zivildienstes ist der **Bundesfreiwilligendienst** getreten. Personen im Bundesfreiwilligendienst genießen keinen besonderen Kündigungsschutz.

195 Allerdings gilt das ArbPlSchG nur für deutsche Arbeitnehmer, sodass ausländische Arbeitnehmer sich nicht auf einen Kündigungsschutz nach dem ArbPlSchG berufen können. Wegen des Diskriminierungsverbots aus Art. 45 AEUV wurden jedoch ausländische Arbeitnehmer aus EU-Staaten den deutschen Wehrpflichtigen und Zivildienstleistenden gleichgestellt. Auch nach der Aufhebung der Wehrpflicht in Deutschland wird diese Gleichbehandlung bestehen bleiben, da die Wehrpflicht nicht abgeschafft, sondern nur suspendiert wurde.

196 Das Arbeitsverhältnis eines ausländischen Arbeitnehmers eines EU-Staates kann somit nicht gekündigt werden, wenn dieser in seinem Heimatstaat den Wehrdienst ableisten muss.

197 Etwas anderes gilt für **Arbeitnehmer aus Drittstaaten**. Hier ist eine personenbedingte Kündigung möglich, wenn der Wehrdienst länger als zwei Monate dauert.[38] Das BAG räumt dem ausländischen Arbeitnehmer eines Drittstaates grundsätzlich ein Leistungsverweigerungsrecht ein. Dies gilt nicht, wenn die Arbeitsleistung für den geordneten Betriebsablauf von erheblicher Bedeutung ist. In diesem Fall kann eine ordentliche Kündigung aus einem in der Person des Arbeitnehmers liegenden Grund nach § 1 Abs. 2 KSchG sozial gerechtfertigt sein, wenn der wehrdienstbedingte Ausfall zu einer erheblichen Beeinträchtigung der betrieblichen Interessen führt und nicht durch zumutbare personelle oder organisatorische Maßnahmen zu überbrücken ist.[39]

198 Bei **fehlender oder abgelaufener Arbeitserlaubnis** wird das abgeschlossene Arbeitsverhältnis nicht automatisch dadurch nichtig. Die Aufhebung des Arbeitsverhältnisses bedarf daher einer Kündigung. Eine fehlende oder abgelaufene Arbeitserlaubnis kann einen personenbedingten Grund darstellen, da ohne Arbeitserlaubnis die Ausübung der Beschäftigung unmöglich wird. Eine solche Kündigung ist aber nicht gerechtfertigt, wenn mit dem Vorliegen der Arbeitserlaubnis in kurzer Zeit zu rechnen ist.

3. Aufhebungsvertrag

199 Für den Abschluss eines **Aufhebungsvertrages** mit einem ausländischen Arbeitnehmer gelten im Wesentlichen die gleichen Grundsätze wie für einen deutschen Arbeit-

---

38 BAG, Urt. v. 22.12.1982 – 2 AZR 282/82 –.

39 BAG, Urt. v. 20.5.1988 – 2 AZR 682/87 –.

nehmer. Auch hier ist das Schriftformerfordernis des § 623 BGB zu beachten. Eine elektronische Form ist auch hier ausgeschlossen.

4. Abwicklung des Arbeitsverhältnisses/Ausgleichsquittung

Hinsichtlich der Abwicklung des Arbeitsverhältnisses mit einem ausländischen 200
Arbeitnehmer ergeben sich keine Besonderheiten im Vergleich zu der Abwicklung eines Arbeitsverhältnisses mit einem deutschen Arbeitnehmer. Es ist zu überprüfen, ob gegenüber dem ausländischen Arbeitnehmer die **Auszahlung** seiner **Altersversorgung** vorzunehmen ist. Der ausländische Arbeitnehmer hat darüber hinaus auch einen Anspruch auf Erteilung eines **Arbeitszeugnisses** für den Zeitraum seiner Beschäftigung.

Mithilfe einer **Ausgleichsquittung** soll ein möglicher Streit um bestehende oder 201
zukünftige Ansprüche verhindert oder beseitigt werden. Der Unterzeichner quittiert den Empfang der aufgezählten Leistungen und verzichtet gleichzeitig auf weitere Ansprüche. Der **Verzicht auf die Erhebung oder Fortführung einer Kündigungsschutzklage** im Rahmen einer Ausgleichsquittung muss in der Ausgleichsquittung selbst unmissverständlich zum Ausdruck kommen.[40] Grundsätzlich gilt, dass die unterzeichnete Ausgleichsquittung wirksam ist, wenn der Arbeitnehmer den Inhalt dieser von ihm unterzeichneten Erklärung verstanden hat. Dies hat zur Folge, dass ein ausländischer Arbeitnehmer, welcher die deutsche Sprache so gut beherrscht, dass er den Inhalt einer ihm vorgelegten Ausgleichquittung hinreichend verstehen konnte, an den Inhalt der von ihm unterschriebenen Ausgleichsquittung gebunden ist. Waren dem Arbeitgeber die fehlenden Sprachkenntnisse bekannt und hat er dem ausländischen Arbeitnehmer nicht über den Inhalt der Ausgleichsquittung aufgeklärt oder ihm keine zweisprachige Fassung vorgelegt, so kann der ausländische Arbeitnehmer, wenn er den Inhalt der Erklärung nicht verstanden hat, diese gem. § 119 BGB anfechten.[41]

40 BAG, Urt. v. 29.6.1978 – 2 AZR 681/76 –.
41 LAG Berlin, Urt. v. 7.12.1972 – 7 Sa 100/72 –.

Kapitel 4 Beschäftigung von ausländischen Arbeitnehmern in Deutschland

Deutsche Unternehmen sind zunehmend auf ausländische Spezialisten und Fachkräfte angewiesen. Dies liegt beispielsweise an der Internationalisierung vieler Wirtschaftsvorgänge aufgrund der zunehmenden Globalisierung nationaler Märkte. Daneben spielen die besondere Situation Deutschlands als führende Exportnation sowie der derzeitige Fachkräftemangel eine wichtige Rolle. 1

Internationale Konzerne sind aufgrund ihrer weltweiten Organisation nicht mehr in der Lage, Spezialisten für alle Fachbereiche in allen Landesgesellschaften vorzuhalten. Der schnelle und möglichst unbürokratische Austausch von Konzernmitarbeitern und der damit verbundene Transfer von Know-how über Ländergrenzen hinweg ist heute für viele Globalplayer ein wichtiger Bestandteil des Unternehmenskonzepts. Selbst mittelständische Unternehmen kommen infolge des Gesellschaftswandels in Deutschland kaum noch ohne ausländische Mitarbeiter aus, wenn sie offene Stellen mit Fachkräften besetzen wollen.[1] 2

Sowohl der bundesdeutsche als auch der europäische Gesetzgeber haben auf die neue Situation reagiert. Beide versuchen seit Längerem, den Ansprüchen der Wirtschaft Rechnung zu tragen. Resultat dieser Bemühungen war die Neuregelung vieler europäischer und nationaler Vorschriften für die Einreise und den Aufenthalt von Ausländern seit 2005, zuletzt durch die Umsetzung der **Blaue Karte EU**-Richtlinie in das deutsche Recht.[2] 3

Diese Neuregelungen haben die Bedingungen für die Beschäftigung von hochqualifizierten Ausländern zwar verbessert. Das ausländerrechtliche Verfahren ist aber dennoch durch die Änderungen nicht wesentlich effizienter oder kürzer geworden. Verfahrenserleichterungen werden durch die Gesetzesänderung vom 1.8.2012 sowie vom 5.3.2013 erwartet.[3] Der vereinfachte Transfer von ausländischen Arbeitnehmern nach Deutschland wird allerdings nach wie vor nur unzureichend gewährleistet. Für die Wirtschaft dringend erforderliche Regelungen zum kurzfristigen Einsatz von Ausländern sowie Verfahren, die es ermöglichen, für Projekte in Deutschland schnell die erforderlichen Genehmigungen zu erhalten, fehlen bis auf wenige Ausnahmen wie z.B. die unternehmensinterne Mitarbeiterweiterbildung. 4

1 Vgl. insoweit die Begründung des Gesetzesentwurfes der Bundesregierung zum neuen AufenthG 2004, BR-Drucks. 22/03 v. 16.1.2003, S. 125 f.

2 Vgl. RL 2009/50/EG des Rates v. 25.5.2009, Abl. L 155, über die Bedingungen für die Einreise und den Aufenthalt von Drittstaatsangehörigen zur Ausübung einer hochqualifizierten Beschäftigung.

3 Vgl. Gesetz zur Umsetzung der Hochqualifizierten-Richtlinie der EU v. 1.6.2012, BGBl I 2012, S. 1224 ff.; Achte Verordnung zur Änderung der Aufenthaltsverordnung, in Kraft getreten am 5.3.2013.

5 Der teilweise erforderliche deutsche Sprachnachweis für nachziehende Ehepartner macht Deutschland als Zuwanderungsland für hochqualifizierte Fachkräfte zusätzlich unattraktiv.[4] Eine längst überfällige Reform des **Melderechtes** wurde am 28.6.2012 vom Bundestag zwar zunächst beschlossen, wird aber für den internationalen Mitarbeitereinsatz ebenfalls nur bedingt Verbesserungen schaffen.[5] Zudem wurden seit Dezember 2011 die **Compliance-Anforderungen** für Arbeitgeber durch die Umsetzung der **Sanktionsrichtlinie** verschärft.[6]

6 Das folgende Kapitel gibt einen Überblick über die Möglichkeiten der Beschäftigung ausländischer Arbeitnehmer in Deutschland und weist auch auf die Neuregelungen durch die **Blaue Karte EU** hin.

7 Für internationale Konzerne und Unternehmen sollen besonders praxisrelevante Fallgestaltungen bei Entsendungen von ausländischen Arbeitnehmern nach Deutschland aufgezeigt werden.

A. Aufenthaltsgenehmigung zur Beschäftigung

I. Einleitung

8 Ausländer benötigen für die Einreise und den Aufenthalt in Deutschland grundsätzlich einen **Aufenthaltstitel.** Die wichtigsten Aufenthaltstitel nennt § 4 Abs. 1 S. 2 AufenthG. Diese sind das **Visum**, die **Aufenthaltserlaubnis**, die N**iederlassungserlaubnis** und die Erlaubnis zum **Daueraufenthalt-EG.** Seit dem 1.8.2012 zählt hierzu auch die sog. **Blaue Karte EU** gem. § 19a AufenthG.

II. Die Erteilung

1. Die Aufenthaltstitel im Überblick

9 Zur Einreise nach Deutschland ist grundsätzlich ein Visum erforderlich. Anders als die sonstigen **Aufenthaltstitel** wird das Visum gem. § 71 Abs. 2 AufenthG von den deutschen Auslandsvertretungen, Botschaften und Konsulaten vor der Einreise in das Bundesgebiet erteilt. Sofern ein Ausländer nach Deutschland einreist, ohne dass ihm ein zuvor erforderliches Visum erteilt wurde, kann ihm von den Ausländerbehörden

---

4 Vgl. insoweit den Gesetzesentwurf der SPD-Bundestagsfraktion zur Abschaffung des Sprachnachweises beim Ehegattennachzug, BT-Drucks. 17/8921 v. 7.3.2012.

5 Vgl. Gesetzesentwurf der Bundesregierung, Entwurf eines Gesetzes zur Fortentwicklung des Meldewesens (MeldeFortG), BT-Drucks. 17/7746 v. 16.11.2011 sowie für Einzelheiten Rn 245 ff.

6 Vgl. RL 2009/52/EG des Europäischen Parlamentes und des Rates v. 18.6.2009 über Mindeststandards für Sanktionen und Maßnahmen gegen Arbeitgeber, die Drittstaatsangehörige ohne rechtmäßigen Aufenthalt beschäftigen.

im Inland regelmäßig gem. § 5 Abs. 2 AufenthG kein Aufenthaltstitel erteilt werden. Ausnahmen vom sog. Visumserfordernis gelten u.a. für Unionsbürger und Staatsbürger privilegierter Drittstaaten nach der EU-VisaVO.[7]

Nach § 6 AufenthG werden grundsätzlich zwei Typen von Visa unterschieden: 10
das nationale Visum gem. § 6 Abs. 3 AufenthG und das sog. Schengen-Visum gem. § 6 Abs. 1 und Abs. 2 AufenthG.

Das nationale Visum (sog. long term-Visum) berechtigt grundsätzlich (abhän- 11
gig von der Art der Ausstellung) zu Aufenthalten im Bundesgebiet von mehr als drei Monaten (siehe Rn 33). Wenn eine Beschäftigung im Bundesgebiet aufgenommen werden soll, ist die Erteilung eines nationalen Visums vom Vorliegen der Voraussetzungen für einen Aufenthaltstitel (§ 5 AufenthG) abhängig. Die Vorschriften über die Erteilung von Aufenthalts- bzw. Niederlassungserlaubnis und die Erlaubnis zum Daueraufenthalt-EG finden auf die Erteilung des **nationalen Visums** gem. § 6 Abs. 3 S. 2 AufenthG bereits entsprechende Anwendung.

Das Schengen-Visum (sog. short term-Visum) berechtigt gem. § 6 Abs. 1 Nr. 1 12
Hs. 1 AufenthG zur Durchreise oder gem. § 6 Abs. 1 Nr. 1 Hs. 2 AufenthG zu einem Aufenthalt im Bundesgebiet von 90 Tagen innerhalb eines Zeitraums von 180 Tagen (Erwerbstätigkeit nicht gestattet). Das Schengen-Visum wird wie zuvor in Form eines Sichtvermerks im Reisepass erteilt.

Die **Aufenthaltserlaubnis** ersetzt als befristeter Aufenthaltstitel gem. § 7 Auf- 13
enthG die frühere Aufenthaltsbewilligung, die Aufenthaltsbefugnis und die **befristete Aufenthaltserlaubnis** des AuslG aus dem Jahr 1990. Die Aufenthaltserlaubnis ist zweckbezogen. Ihre Erteilung richtet sich neben den allgemeinen Erteilungsvoraussetzungen des § 5 AufenthG maßgeblich nach den Bestimmungen des AufenthG zum jeweiligen vom Ausländer verfolgten **Aufenthaltszweck** (§§ 16 ff. AufenthG). Wie das Visum kann die Aufenthaltserlaubnis **Nebenbestimmungen** enthalten. Dies sind in der Regel zeitliche Befristungen sowie Regelungen zur Ausübung einer Erwerbstätigkeit.[8] Regelmäßig enthält der Aufenthaltstitel die Angabe der erlaubten Tätigkeit, eine örtliche Einsatzbeschränkung und den Namen des einsetzenden Unternehmens. Vom Visum unterscheidet sie, dass die Aufenthaltserlaubnis erst nach der Einreise im Inland durch die zuständige Ausländerbehörde final erteilt wird.

Die **Niederlassungserlaubnis** und die Erlaubnis zum Daueraufenthalt-EG sind 14
im Gegensatz zum Visum und zur Aufenthaltserlaubnis per se zeitlich unbeschränkt. Sie berechtigen zur Ausübung jeglicher Erwerbstätigkeit. Nur in ausdrücklich zugelassenen Fällen (vgl. §§ 9 Abs. 1, 9a Abs. 1 AufenthG) dürfen sie mit einer **Nebenbestimmung** versehen werden.

7 Vgl. Rn 38 ff.
8 Siehe Rn 120 ff. zu den Voraussetzungen, für welche Erwerbstätigkeit eine Beschäftigungserlaubnis erteilt wird.

15 Die **Erlaubnis zum Daueraufenthalt-EG** berechtigt den Ausländer, sich auch in anderen EU-Staaten unter vereinfachten Bedingungen niederzulassen.[9] Vereinfachte Bedingungen gelten somit auch umgekehrt für Drittstaatsangehörige, die nach Deutschland ziehen, wenn sie in einem anderen Mitgliedstaat der EU die Rechtsstellung eines langfristig Aufenthaltsberechtigten erworben haben. Ihnen kann gem. § 38a AufenthG ebenfalls eine Aufenthaltserlaubnis erteilt werden.

16 Die neue **Blaue Karte EU** ist ein Aufenthaltstitel für Hochqualifizierte aus Nicht-EU-Staaten, der in Deutschland im August 2012 eingeführt wurde. Deutschland hat als einer der letzten EU Staaten die Blaue Karte EU-Richtlinie umgesetzt.[10] Ziel der Richtlinie ist es, den absehbaren Mangel an hochqualifizierten Arbeitnehmern in den EU-Mitgliedstaaten auszugleichen, der aufgrund der Alterung der Gesellschaften der europäischen Mitgliedstaaten droht. Ferner sollen unterschiedliche Einreise- und Aufenthaltsbestimmungen für hochqualifizierte Drittstaatsangehörige (insbesondere Hochschulabsolventen) in den Mitgliedstaaten harmonisiert werden.[11]

17 Für den Erwerb der **Blaue Karte EU**[12] gem. § 19a AufenthG sind ein Hochschulabschluss und ein Arbeitsverhältnis in Deutschland mit einem Bruttojahresgehalt von mindestens 46.400 € (seit 1.1.2013) erforderlich.[13] In einigen Mangelberufen (Naturwissenschaftler, Mathematiker, Ingenieure, Ärzte, IT-Fachkräfte) wird die Blaue Karte EU bereits ab einem Bruttojahresgehalt von 36.192 €, geltend seit dem 1.1.2013, vergeben. Die Gehaltsgrenze richtet sich nach der Beitragsbemessungsgrenze zur gesetzlichen Rentenversicherung und kann jährlich durch Verordnung neu angepasst werden. Hinsichtlich der Arbeitsmarktzulassung wird bei Inhabern der **Blaue Karte EU** regelmäßig auf die sonst übliche Vorrangprüfung verzichtet, sofern die allgemeine Mindestgehaltsgrenze überschritten oder ein deutscher Hochschulabschluss erworben wurde, ein Mangelberuf ausgeübt wird und die entsprechende Gehaltsgrenze für Mangelberufe überschritten wurde. Eine Prüfung der Arbeitskonditionen findet allerdings weiterhin statt. Inhaber der Blaue Karte EU können auch bereits nach ca. 33 Monaten einen permanenten Aufenthaltstitel für Deutschland beantragen, und sofern Sie über ausreichende Deutschkenntnisse auf B1-Niveau verfügen,

---

9 Die Erlaubnis zum Daueraufenthalt-EG berechtigt allerdings nicht dazu, in anderen Mitgliedstaaten eine Beschäftigung auszuüben.

10 Nach aktuellem Stand haben alle EU-Staaten bis auf Dänemark, Irland und dem Vereinigten Königreich die Blaue Karte EU-Richtlinie umgesetzt. Eine Übersicht über den Zeitpunkt des In-Kraft-Tretens in den jeweiligen Ländern gibt der folgende Link: http://eur-lex.europa.eu/LexUriServ.do?uri=CELEX:72009L0050:DE:NOT.

11 Abs. 7 Präambel RL 2009/50/EG, Abl. L 155.

12 Klarzustellen ist, dass die Blaue Karte EU nicht zu einer Beschäftigungsaufnahme in einem anderen EU-Staat berechtigt. Für die Erteilung eines entsprechenden Aufenthaltstitels ist alleine das in diesem Mitgliedstaat anwendbare Recht maßgeblich.

13 Hinweise des BMI zu wesentlichen Änderungen durch das Gesetz zur Umsetzung der Hochqualifizierten-Richtlinie (vgl. BGBl 2012 I, S. 1224 ff.), S. 2 ff.

kann nach § 19a Abs. 6 AufenthG bereits nach 21 Monaten eine Niederlassungserlaubnis in Deutschland beantragt werden. Zusätzlich erhalten Familienangehörige von Blaue Karte EU-Inhabern sofortigen Zugang zum deutschen Arbeitsmarkt und das Erfordernis des Nachweises einfacher Sprachkenntnisse (A1-Niveau GER) vor der Einreise nach Deutschland entfällt.

Durch die sog. **Aufenthaltskarte** weisen freizügigkeitsberechtigte Familienan- 18
gehörige von Unionsbürgern und Angehörigen der Staaten des Europäischen Wirtschaftsraums (EWR) ihr Aufenthaltsrecht in Deutschland nach, sofern sie selbst nicht die Staatsangehörigkeit eines Mitgliedstaates der EU bzw. des EWR besitzen (sog. Drittstaatsangehörige). Gleiches gilt für Schweizer Staatsangehörige und deren Familienmitglieder. Bei der Aufenthaltskarte handelt es sich jedoch nicht um einen Aufenthaltstitel im Sinne des AufenthG. Vielmehr wird, wie auch bei der Ausstellung einer Freizügigkeitsbescheinigung,[14] durch die Ausstellung der Aufenthaltskarte nur deklaratorisch das Freizügigkeitsrecht des jeweiligen Inhabers festgestellt, das sich unmittelbar aus den Europäischen Verträgen bzw. dem Freizügigkeitsabkommen EG – Schweiz ergibt.[15]

2. Der elektronische Aufenthaltstitel (eAT)

Am 1.9.2011 wurde in Deutschland **der elektronische Aufenthaltstitel (eAT)** einge- 19
führt. Seine Einführung basiert auf den EU-Verordnungen 1030/2002 und 380/2008. Die Erteilung von Aufenthaltstiteln in Form des eAT ersetzt die Erteilung von Aufenthaltstiteln in Form von Klebeetiketten, Aufenthalts- und Daueraufenthaltskarten. Vor dem 1.9.2011 ausgestellte Ausweise behalten gem. § 105b AufenthG (abhängig vom Ablaufdatum) bis längstens 31.8.2021 ihre Gültigkeit.

Der elektronische Aufenthaltstitel wird im Kreditkartenformat ausgestellt. Er 20
besitzt einen kontaktlosen Chip im Karteninneren. Auf diesem werden die biometrischen Merkmale und die persönlichen Daten des Ausweisinhabers sowie Nebenbestimmungen zum Aufenthaltstitel gespeichert. Der Ausweisinhaber hat derzeit selbst keine Möglichkeit, den Chip auszulesen. Er kann seine Daten (derzeit) auch nicht über das Internet einsehen. Auf dem Kartenäußeren wird hinsichtlich eventueller Nebenbestimmungen nur noch die Anmerkung „siehe Zusatzblatt" aufgedruckt. Um dem eAT-Inhaber die Kontrolle seiner Daten zu ermöglichen, wird ihm mit der Ausstellung des Aufenthaltstitels ein **Zusatzblatt** zur Verfügung gestellt. Dieses gibt die auf dem Chip gespeicherten Nebenbestimmungen wieder. Das **Zusatzblatt** wird in der Form des Trägervordrucks Anlage D11a zur Aufenthaltsverordnung ausgestellt. Besonders für das Unternehmen, das den ausländischen Mitarbeiter einsetzt, ist es

---

14 Nach dem aktuellen Gesetzesentwurf zur Änderung des FreizügG/EU wird die Freizügigkeitsbescheinigung abgeschafft; vgl. BT-Drucks. 17/10746 v. 24.9.2012, S. 11.
15 Vgl. Rn 39.

wichtig, dass ein **Zusatzblatt** ausgestellt wird. Erst das Zusatzblatt ermöglicht es, nachzuvollziehen, ob die Beschäftigung des Ausländers den zum Aufenthaltstitel ergangenen Nebenbestimmungen entspricht.

! **Praxistipp**
Das **Zusatzblatt** sollte unbedingt zu der Personalakte des ausländischen Arbeitnehmers genommen werden, um jederzeit die Rechtmäßigkeit der Beschäftigung vor den Kontrollbehörden nachweisen zu können. Seit 1.8.2012 ist jedes Unternehmen verpflichtet, entsprechende Unterlagen zu führen.

---

21 Dem eAT-Inhaber steht gem. Art. 4 Abs. 1 der EU-Verordnung 1030/2002 ein Anspruch gegen die Ausländerbehörden zu, die Daten auf seinem eAT einzusehen und ggf. korrigieren zu lassen, sofern sich Änderungen ergeben haben oder der eAT falsch ausgestellt wurde.

! **Praxistipp**
Der eAT sollte stets überprüft werden, da durchaus Fehler bei der Ausstellung erfolgen können.

---

22 Der eAT muss grundsätzlich persönlich bei der zuständigen Ausländerbehörde beantragt werden. Von den Behörden werden die Fingerabdrücke der Antragsteller mittels eines Lesegerätes erfasst. Auch Kinder ab sechs Jahren müssen bereits ihre Fingerabdrücke abgeben. Ferner wird für die Erteilung ein biometrisches Foto des Antragstellers benötigt. Die Ausstellung des eAT dauert regelmäßig zwischen vier bis sechs Wochen. Rechnet man die üblichen Bearbeitungsfristen für Anträge auf die Erteilung bzw. Verlängerung von Aufenthaltstiteln hinzu, kann sich somit von der Antragstellung bei der Ausländerbehörde bis zur Aushändigung des eAT eine **Verfahrensdauer** von bis zu zwölf Wochen ergeben. Die Gültigkeit richtet sich nach der Dauer des erteilten Aufenthaltstitels und der Gültigkeitsdauer des Passes oder Passersatzes des Antragstellers. Spätestens nach zehn Jahren muss allerdings ein neuer eAT ausgestellt werden.

23 Probleme ergeben sich in der Praxis regelmäßig, wenn der Ausländer nach Antragstellung, aber vor Ausstellung des eAT beabsichtigt, aus Deutschland aus- und anschließend erneut einzureisen (z.B. für Urlaubs- oder Geschäftsreisen). Lässt sich der Zeitraum zwischen Beantragung und Ausstellung des eAT nicht anderweitig überbrücken (z.B. durch die Fortgeltung eines zuvor erteilten Visums für Deutschland), kann der Ausländer regelmäßig nur dann aus- und wieder einreisen, wenn ihm durch die zuständige Ausländerbehörde eine **sog. Fiktionsbescheinigung** erteilt wird.

! **Praxistipp**
Es sollte stets ausreichend zeitlicher Vorlauf für die erstmalige Beantragung einer erforderlichen Verlängerung eingeplant werden. Andere Bescheinigungen, die Ausländerbehörden teilweise anstatt einer Fiktionsbescheinigung ausstellen wollen, um den Antragsteller für den Zeitraum bis zur Ausstellung des eAT eine Auslandsreise zu ermöglichen, werden von den Zollbeamten der anderen EU-Mitgliedstaaten bei der Einreise in den Schengen-Raum oftmals nicht anerkannt. Um dem dritt-

staatsangehörigen Antragsteller eine ggf. beabsichtigte Auslandsreise vor Erteilung des **eAT** zu ermöglichen, sollte daher beispielsweise bereits bei Beantragung der Verlängerung des Aufenthaltstitels die Erteilung einer **Fiktionsbescheinigung** mit beantragt werden. Diese sollte so befristet sein, dass sie auch den Zeitraum zwischen Bescheidung des Verlängerungsantrags und Ausstellung des neuen **eAT** mit abdeckt.

III. Die allgemeinen Erteilungsvoraussetzungen (§ 5 AufenthG)

§ 5 AufenthG enthält die grundlegenden **Erteilungsvoraussetzungen,** die zunächst 24
für alle Aufenthaltstitel des AufenthG gelten. Konkret setzt § 5 Abs. 1 AufenthG für die Erteilung eines Aufenthaltstitels in der Regel voraus, dass der **Lebensunterhalt** des Ausländers in Deutschland gesichert ist (Nr. 1), dessen Identität und **Staatsangehörigkeit** geklärt sind (Nr. 1a), **kein Ausweisungsgrund** gegen den Ausländer vorliegt (Nr. 2), dessen Aufenthalt nicht die Interessen der Bundesrepublik Deutschland beeinträchtigt oder gefährdet (Nr. 3) und dieser die **Passpflicht** nach § 3 AufenthG erfüllt (Nr. 4). Ferner muss ein Ausländer, sofern er in Deutschland eine Aufenthaltserlaubnis, eine Niederlassungserlaubnis oder eine Erlaubnis zum Daueraufenthalt-EG beantragen will, regelmäßig zunächst ein entsprechendes **Visum** für die Einreise im Ausland beantragen (§ 5 Abs. 2 AufenthG). Auf die genauen Voraussetzungen des gesicherten Lebensunterhaltes einschließlich des erforderlichen Krankenversicherungsschutzes soll daher im Folgenden ausführlich eingegangen werden.

1. Der gesicherte Lebensunterhalt (§ 5 Abs. 1 Nr. 1 AufenthG)

Erste Voraussetzung für die Erteilung eines Aufenthaltstitels ist gem. § 5 Abs. 1 Nr. 1 25
AufenthG, dass der Lebensunterhalt des Ausländers während seines Aufenthaltes in Deutschland gesichert ist. Der § 2 Abs. 3 AufenthG bestimmt näher, wann hiervon ausgegangen werden kann. Ein Ausländer muss demnach seinen Lebensunterhalt bestreiten können, ohne **staatliche Sozialleistungen** in Anspruch zu nehmen. Zudem muss der Ausländer einen ausreichenden **Krankenversicherungsschutz** nachweisen können. Nach der Allgemeinen Verwaltungsvorschrift zum Aufenthaltsgesetz *„setzt die Sicherung des Lebensunterhaltes voraus, dass der Ausländer seine Unterhaltspflichten gegenüber in Deutschland lebenden Familienangehörigen erfüllen kann.“*[16]

Ziel der Regelungen der §§ 5 Abs. 1 Nr. 1, 2 Abs. 3 AufenthG ist es, die öffentlichen 26
Haushalte davor zu bewahren, den Lebensunterhalt von Ausländern mit öffentlichen Mitteln sichern zu müssen. In seltenen Ausnahmefällen kann die Inanspruchnahme von **Sozialleistungen** dennoch unschädlich für die Erteilung eines Aufenthaltstitels

16 BMI-VwV AufenthG v. 26.9.2009, GMBl. 2009, S. 877 ff., Rn 2.3.2.

sein, beispielsweise im Falle einer Schwangerschaft während des Studiums.[17] Nicht als öffentliche Mittel i.S.v. § 2 Abs. 3 S. 1 AufenthG gelten regelmäßig Kindergeld, Kinderzuschlag und Elterngeld.

27 Was an Einkünften und Rücklagen regelmäßig erforderlich ist, damit der Lebensunterhalt als gesichert gelten kann, ist im AufenthG nicht abschließend geregelt.

! **Praxistipp**
Praktiker nutzen in vergleichbaren Fällen als Anhaltspunkt für die Ermittlung des notwendigen Lebensunterhaltes die Regelsätze der §§ 19 ff. SGB II und des § 28 SGB XII.[18]

---

28 Der Ausländer kann seinen **Lebensunterhalt** beispielsweise durch eigene Erwerbstätigkeit oder durch eigenes Vermögen bestreiten.[19] Entscheidend ist hierbei nur, dass er zur Sicherung seines Lebensunterhaltes dauerhaft in der Lage ist. Als Faustregel gilt: Umso länger der angestrebte Aufenthalt ist, desto höher sind die Anforderungen an die Sicherheit und Dauerhaftigkeit des Einkommens. Will sich der Ausländer dauerhaft in Deutschland niederlassen, muss zu erwarten sein, dass er seinen Lebensunterhalt auch dauerhaft ohne Inanspruchnahme von Sozialleistungen bestreiten kann.[20]

29 Bei internationalen **Mitarbeitereinsätzen** ist die Lebensgrundlage des Ausländers in der Regel das jeweilige **Beschäftigungsverhältnis**. Die Ausländerbehörde wird auch auf das bisherige Gehalt des Ausländers abstellen, um eine Prognose zu erstellen, ob dessen Lebensunterhalt gesichert ist.[21] Es ist daher notwendig, den Behörden bei der Beantragung eines Aufenthaltstitels Auskunft über das in Deutschland geplante Beschäftigungsverhältnis des ausländischen Arbeitnehmers zu erteilen. Insbesondere ist daher bei der Erstbeantragung die Vorlage des inländischen Arbeitsvertrages bzw. des Entsendungsvertrages erforderlich. Bei der Beantragung der **Verlängerung des Aufenthaltstitels** müssen in der Regel folgende Nachweise vorgelegt werden:

- Gehaltsbescheinigungen und Abrechnungen des Arbeitgebers der letzten drei Monate,
- ggf. Kontoauszüge über einen Zeitraum von mindestens einem Quartal oder sonstige Reisekostenabrechnungen und Belege,
- in seltenen Ausnahmefällen können bestandskräftige Einkommensteuerbescheide verlangt werden,
- Nachweis für ausreichenden Krankenversicherungsschutz,

---

17 BMI-VwV AufenthG v. 26.9.2009, Rn 2.3.1.1.

18 VGH Kassel, Beschl. v. 14.3.2006 – 9 TG 512/06 – ZAR 2006, S. 145; OVG Lüneburg, Beschl. v. 29.11.2006 – 11 LB 127/06 – juris.

19 OVG Lüneburg, Beschl. v. 29.11.2006 – 11 LB 127/06 – juris.

20 OVG Lüneburg, Beschl. v. 29.11.2006 – 11 LB 127/06 – juris.

21 OVG Berlin-Brandenburg, Beschl. v. 28.2.2006 – 11 S 13.06 – InfAuslR 2006, S. 277.

- Nachweis zur Verlängerung des Einsatzes in Deutschland (z.B. Bestätigung des Arbeitgebers, Verlängerung des Entsendevertrages etc.).

Problematisch ist die Erteilung eines Aufenthaltstitels, wenn die Vergütung des Ausländers während der Entsendung nach Deutschland niedriger ist als eine Vergütung vergleichbarer deutscher Arbeitnehmer im einsetzenden Unternehmen in Deutschland.[22] Im Fall einer sog. **Ausländerdiskriminierung** ist die Erteilung eines Aufenthaltstitels von den Ausländerbehörden regelmäßig zu versagen. 30

Der Ausländer muss gem. § 2 Abs. 3 S. 1 AufenthG für die Erteilung eines Aufenthaltstitels auch über ausreichenden **Krankenversicherungsschutz** (vgl. § 193 VVG) verfügen. Sofern der ausländische Arbeitnehmer Mitglied einer gesetzlichen Krankenversicherung in Deutschland ist, ist hiervon gem. § 2 Abs. 3 S. 3 AufenthG regelmäßig auszugehen. Greift § 2 Abs. 3 S. 3 AufenthG allerdings nicht, so ist zu fordern, dass die Krankenversicherung des Ausländers bezüglich ihrer Leistungen der gesetzlichen Sozialversicherung entspricht. Sie muss daher grundsätzlich die gleichen Risiken abdecken und wenigstens der Art nach vergleichbare Leistungen gewähren.[23] Zu den üblichen Leistungen der gesetzlichen Krankenkassen zählt beispielsweise insbesondere die Übernahme der Kosten für ärztliche Kontrolluntersuchungen, Standardimpfungen, verschreibungspflichtige Medikamente, Zahnbehandlungen und Zahnersatz. Ferner zählt zu den Standardleistungen auch die Übernahme der Kosten einer stationären Unterbringung in Krankenhäusern, der Therapie schwerer und langwieriger Krankheiten und der Behandlung von Unfällen, inklusive der anschließenden erforderlichen Nachsorge. Unschädlich ist es jedoch regelmäßig, wenn die Krankenversicherung nicht die Risiken außergewöhnlicher Krankheiten abdeckt oder wenn der Versicherte für bestimmte Grund- oder Sonderleistungen anteilig einen angemessenen Eigenbeitrag leisten muss.[24] 31

In der Praxis verlangen die Behörden für die Anerkennung ausreichenden **Krankenversicherungsschutzes** für langfristige Aufenthalte bei privaten inländischen und ausländischen Krankenversicherungen häufig den Nachweis, dass die Bundesanstalt für Finanzdienstleistungsaufsicht dem Versicherungsunternehmen bestätigt hat, dass es auf Grundlage des jeweiligen Versicherungsvertrages die Voraussetzungen des § 257 Abs. 2a SGB V erfüllt und auch ausreichend Schutz für Pflege besteht. Für die Beantragung von **Schengen-Visa** für kurzfristige Aufenthalte hingegen ist der Nachweis einer **Reiseversicherung**, welche eine Mindestkostendeckung von 30.000 € garantiert und über den gesamten Zeitraum der Reise gültig ist, regelmäßig ausreichend.[25] 32

---

22 DA-BeschV, Rn 2.26.218; siehe hierzu im Detail Rn 144 ff.

23 Renner/*Dienelt/Röseler*, Erster Teil – § 2 Rn 17.

24 Renner/*Dienelt/Röseler*, Erster Teil – § 2 Rn 17.

25 Entscheidung des Rats der EU v. 22.12.2003, RL 2004/17/EG.

2. Das Visumserfordernis (§§ 5 Abs. 2, 4 Abs. 1 AufenthG)

a) Grundsätze der Visaerteilung

33 Besondere Bedeutung kommt der Erteilung des Visums an den Ausländer vor dessen Einreise in die Bundesrepublik Deutschland zu. Sofern der Ausländer eine Aufenthaltserlaubnis, eine Niederlassungserlaubnis, eine Blaue Karte EU oder eine Erlaubnis zum Daueraufenthalt-EG beantragen will, muss er gem. §§ 4 Abs. 1, 6 AufenthG mit dem hierfür erforderlichen Visum in das Bundesgebiet eingereist sein. Andernfalls kann ihm gem. § 5 Abs. 2 S. 1 Nr. 1 AufenthG durch die zuständige Ausländerbehörde im Inland kein Aufenthaltstitel erteilt werden. Außerdem muss der Ausländer gem. § 5 Abs. 2 S. 1 Nr. 2 AufenthG schon bei der Beantragung des Visums für die Einreise nach Deutschland alle Angaben machen, die später maßgeblich für die Beantragung weiterer Aufenthaltstitel im Inland sind. Ziel dieser Regelung ist es, zu verhindern, dass ein Ausländer mit einem Touristenvisum einreist und anschließend einen längerfristigen Aufenthaltstitel begehrt, an den strengere Voraussetzungen geknüpft sind. Dies soll der effektiven Steuerung der Zuwanderung dienen.[26] Ein sog. ausländerrechtlicher Zweckwechsel soll hiermit vermieden werden.

34 Für die Bundesrepublik Deutschland werden **nationale Visa** gem. § 71 Abs. 2 AufenthG durch die **Auslandsvertretungen** erteilt (**Botschaften** und **Generalkonsulate**). Eine ausdrückliche Regelung der örtlichen Zuständigkeit existiert nicht. Jedoch ist nach den einschlägigen Verwaltungsrichtlinien für die Erteilung des Visums grundsätzlich die Auslandsvertretung zuständig, in deren Amtsbezirk der Antragsteller seinen gewöhnlichen Aufenthalt hat, sich also dauerhaft aufhält.[27]

35 Problematisch ist es mitunter, wenn sich der Ausländer außerhalb seines Heimatstaates aufhält und bei den **Auslandsvertretungen** im Aufenthaltsstaat ein Visum beantragen will oder der Ausländer in mehrere Schengen-Staaten reisen will. Grundsätzlich kann ein Visum für die Einreise in den Schengen-Raum bei derjenigen Auslandsvertretung des Mitgliedstaates beantragt werden, die für das **Hauptreiseziel** des Antragstellers zuständig ist. Kann kein Mitgliedstaat eindeutig als **Hauptreiseziel** bestimmt werden, wird das Visum regelmäßig durch den Mitgliedstaat erteilt, über dessen Außengrenzen der Antragsteller in das Schengen-Gebiet einreist. Örtlich zuständig für die Erteilung des Visums ist das Konsulat des zuständigen Mitgliedstaates, in dessen **Konsularbezirk** der Antragsteller seinen rechtmäßigen Wohnsitz hat.

36 Ausnahmsweise prüft und bescheidet das Konsulat des zuständigen Mitgliedstaates den Antrag eines Drittstaatsangehörigen auch dann, wenn dieser sich zwar rechtmäßig im **Konsularbezirk** aufhält, jedoch nicht dort wohnhaft ist. Voraussetzung ist jedoch, dass der Antragsteller begründet, wieso er seinen Antrag bei jenem

---

26 Vgl. *Hailbronner*, Rn 101.

27 BMI-VwV AufenthG v. 26.9.2009, Rn 71.2.1.

Konsulat einreichen muss.[28] Es liegt im Ermessen der Auslandsvertretung, ob sie einen Visaantrag auch dann annimmt, wenn sie eigentlich örtlich unzuständig ist.

Praxistipp **!**
Sofern der Ausländer außerhalb seines gewöhnlichen Wohnsitzstaates nur ein Geschäftsreisevisum oder einen befristeten Aufenthaltstitel besitzt, sollte stets vorab bei der deutschen Auslandsvertretung angefragt werden, ob ein Visum beantragt werden kann.

Grundsätzlich muss der Antragsteller für die Beantragung eines Visums beim zuständigen **Konsulat** persönlich erscheinen. Die Konsulate können von diesem Erfordernis jedoch absehen, wenn der Antragsteller ihnen für seine Integrität und Zuverlässigkeit bekannt ist.[29] Da vor Erteilung eines Visums die biometrischen Daten des Antragstellers regelmäßig erfasst werden, muss dieser bei der erstmaligen Erteilung eines Visums für den **Schengen-Raum** jedoch immer persönlich erscheinen.[30] 37

b) Ausnahmen vom Visaerfordernis

aa) Privilegierte Nationalitäten

Grundsätzlich muss jeder Ausländer ein Visum beantragen, bevor er nach Deutschland einreist. Praxisrelevante Ausnahmen zu diesem Visaerfordernis gem. § 4 Abs. 1 S. 1 AufenthG ergeben sich insbesondere aus dem Recht der EU und der Aufenthaltsverordnung (AufenthV). Zu unterscheiden sind insofern drei privilegierte Gruppen von Ausländern: 38

Staatsangehörige von EU bzw. EWR-Staaten und der Schweiz benötigen weder ein Visum für die Einreise noch für die Arbeitsaufnahme in Deutschland. Für die **Staatsangehörigen der europäischen Mitgliedstaaten** ergibt sich dies unmittelbar aus den Europäischen Grundfreiheiten gem. § 21 Abs. 1 AEUV (früher Art. 18 EGV) und ist in § 2 Abs. 4 S. 1 FreizügG/EU geregelt. Nach § 5 Abs. 1 FreizügG/EU alte Fassung wurde früher von Amts wegen eine Bescheinigung über die Freizügigkeit ausgestellt. 39

Nach einer Änderung des Freizügigkeitsgesetzes im Januar 2013 ist die Ausstellung einer Freizügigkeitsbescheinigung nicht mehr vorgesehen. Die deklaratorische Bescheinigung über das Aufenthaltsrecht (sog. Freizügigkeitsbescheinigung) ist demnach **abgeschafft**, d.h. § 5 Abs. 1 FreizügG/EU wird ersatzlos gestrichen.[31] Die Nachweisobliegenheiten für Unionsbürger und Familienangehörige nach § 5a Frei- 40

28 Art. 5 Abs. 1, Art. 6 EU-Visakodex.
29 Art. 10 Abs. 1, 2 EU-Visakodex.
30 Art. 10 Abs. 2, Art. 13 Abs. 1, 2 EU-Visakodex.
31 BT-Drucks. 17/10746 v. 24.9.2012, S. 11.

zügG/EU verändern sich nicht.[32] Es bestehen aber weiterhin Meldepflichen. Nach § 5a Abs. 2 Nr. 2 FreizügG/EU darf die zuständige Behörde nunmehr allerdings von Familienmitgliedern die Meldebestätigung des Unionsbürgers fordern, den sie begleiten oder dem sie nachziehen.[33]

41 Die Pflicht der Unionsbürger und der Familienangehörigen, ihren Pass oder einen anerkannten Passersatz den Behörden auszuhändigen (§ 8 Abs. 1 Nr. 1 b) FreizügG/EU), wird in eine bloße Vorlagepflicht umgewandelt, um eine Gleichstellung zwischen Unionsbürgern und Deutschen zu gewährleisten.[34]

42 Derzeit gehören 27 **Mitgliedstaaten** der EU an: Belgien, Bulgarien, Dänemark, Deutschland, Estland, Finnland, Frankreich, Griechenland, Irland, Italien, Lettland, Litauen, Luxemburg, Malta, Niederlande, Österreich, Polen, Portugal, Rumänien, Schweden, Slowakei, Slowenien, Spanien, Tschechien, Ungarn, das Vereinigte Königreich und Zypern. Für Rumänien und Bulgarien gelten derzeit (geplant ist bis 31.12.2013) noch teilweise Ausnahmen für die Arbeitsaufnahme.[35]

! **Praxistipp**

Aus der völkerrechtlichen Sonderstellung der Schweiz ergibt sich eine Besonderheit bei der **Beantragung von Bescheinigungen nach § 5 FreizügG/EU.** Dies führt in der Praxis häufiger zu Irritationen. Aus §§ 2 Abs. 6, 5, 1, 12 FreizügG/EU ergibt sich, dass Freizügigkeitsbescheinigungen bzw. Aufenthaltskarten von Amts wegen gebührenfrei Unionsbürgern, Bürgern der EWR-Staaten sowie deren Familienangehörigen auszustellen sind. Diese Freizügigkeitsbescheinigungen bestätigen das Aufenthaltsrecht der begünstigten Person in Deutschland. **Schweizer Staatsbürger** und ihre Angehörigen unterfallen nicht dem FreizügG/EU. Ihnen kann und konnte daher keine Bescheinigung nach § 5 FreizügG/EU alter Fassung ausgestellt werden. Jedoch kommt ihnen ein Anspruch auf Ausstellung einer sog. **Grenzgängerkarte** nach § 12 Abs. 2 AufenthV[36] oder die Erteilung einer **Aufenthaltskarte** gem. § 28 S. 2 AufenthV[37] zu. Dies erfolgt jeweils nach den Bestimmungen des **Freizügigkeitsabkommens EG – Schweiz.** Auch Schweizern wird die Aufenthaltskarte nunmehr regelmäßig in Form des elektronischen Aufenthaltstitels ausgestellt.

---

43 Staatsangehörige der durch § 41 Abs. 1 AufenthV **privilegierten Staaten** (Staatsangehörige Australiens, Israels, Japans, Kanadas, der Republik Korea, Neuseelands und der USA) können ohne Visum einreisen und die für die Aufnahme einer Erwerbstätigkeit erforderliche Genehmigung innerhalb von drei Monaten nach **visumfreier Einreise** im Bundesgebiet beantragen gem. § 41 Abs. 3 AufenthV.

44 Angehörige der in **§ 41 Abs. 2 AufenthV** genannten Staaten sind zwar ebenfalls vom Visaerfordernis befreit. Dies gilt jedoch nur, wenn sie in Deutschland keiner

32 BT-Drucks. 17/10746 v. 24.9.2012, S. 11.
33 BT-Drucks. 17/10746 v. 24.9.2012, S. 11.
34 BT-Drucks. 17/10746 v. 24.9.2012, S. 12.
35 Siehe Rn 122.
36 BMI-VwV AufenthG v. 26.9.2009, Rn 3.3.2.
37 BMI-VwV AufenthG v. 26.9.2009, Rn 4.1.3.10.

Erwerbstätigkeit nachgehen wollen. Anderenfalls muss gem. § 4 AufenthG wie bei nicht privilegierten Ausländern vor der Einreise nach Deutschland ein nationales Visum beantragt werden. Privilegiert i.S.d. § 41 Abs. 2 AufenthV sind die Staatsangehörigen Andorras, Honduras, Monacos und San Marinos.

Praxistipp !
Privilegierte ausländische Arbeitnehmer nach § 41 Abs. 1 AufenthV dürfen ihre Beschäftigung im Bundesgebiet erst dann aufnehmen, wenn der Aufenthaltstitel tatsächlich ausgestellt bzw. der eAT beantragt ist/vorliegt. Daher empfiehlt es sich, dass diese privilegierten Ausländer erst einreisen, wenn das Verfahren zur Ausstellung des Aufenthaltstitels beendet bzw. die Erteilung des Aufenthaltstitels bewilligt ist.

Darüber hinaus dürfen Angehörige der in **Anhang II der EG-VisaVO**[38] **genannten** 45
Staaten gem. § 15 AufenthV für Kurzaufenthalte visumsfrei nach Deutschland einreisen, sofern sie nicht beabsichtigen, in der Bundesrepublik einer Erwerbstätigkeit nachzugehen (§§ 15, 17 Abs. 1 AufenthV).[39] Ein Kurzaufenthalt im Sinne der genannten Vorschriften ist ein Aufenthalt im gemeinsamen Gebiet der Schengen-Staaten von höchstens drei Monaten innerhalb einer Frist von sechs Monaten. Diese Frist wird gem. § 1 Abs. 2 AufenthV vom Tag der ersten Einreise an gerechnet. Privilegiert von dieser Regelung werden beispielsweise die Staatsangehörigen Argentiniens, Australiens, Brasiliens, Kanadas, Mexikos, Nicaraguas, Rumäniens, Singapurs und Venezuelas. Da sich die Liste häufiger ändert, empfiehlt es sich, eine aktuelle Liste der visumsfreien Staaten jeweils auf der Homepage des Auswärtigen Amtes abzurufen.[40]

bb) Befreiung vom Visaerfordernis für die Aufnahme einer Erwerbstätigkeit; der Erwerbstätigkeitsbegriff und seine wichtigsten Ausnahmen

Von zentraler Bedeutung für das deutsche Ausländerrecht ist die Frage, ob der Aus- 46
länder beabsichtigt, in Deutschland eine **Erwerbstätigkeit** aufzunehmen. So steht beispielsweise die visafreie Einreise der durch § 41 Abs. 2 AufenthV und § 15 AufenthV privilegierten Drittstaatsangehörigen unter dem Vorbehalt, dass diese nicht beabsichtigen, in Deutschland eine Erwerbstätigkeit aufzunehmen.

Was eine **Erwerbstätigkeit** ist, wird in § 2 Abs. 2 AufenthG definiert. Danach ist 47
Erwerbstätigkeit jede selbstständige Tätigkeit oder Beschäftigung i.S.v. § 7 SGB IV. Umfasst werden mithin Tätigkeiten in einem Arbeitsverhältnis, aber auch selbstständige Arbeitsleistungen gegen Entgelt. Als Beschäftigung gelten ferner der Erwerb beruflicher Kenntnisse, Fertigkeiten oder Erfahrungen im Rahmen betrieblicher

38 VO (EG) Nr. 539/2001 des Rates v. 15.3.2001.
39 Näheres dazu unter Rn 48 ff.
40 Derzeit: http://www.auswaertiges-amt.de/DE/EinreiseUndAufenthalt/StaatenlisteVisumpflicht.

Berufsbildung gem. § 7 Abs. 2 SBG IV. Wie im Sozialversicherungsrecht gilt mithin, dass der Begriff der **Beschäftigung**, und damit auch der Begriff der **Erwerbstätigkeit**, weiter gefasst ist als der Begriff des Arbeitsverhältnisses. Auch die Aufnahme einer Tätigkeit, die sich nicht im Rahmen eines **Arbeitsverhältnisses** abspielt, kann daher die Ausübung einer Erwerbstätigkeit i.S.d. § 2 Abs. 2 AufenthG begründen und auch für privilegierte Staatsangehörige nach §§ 15 und 41 Abs. 2 AufenthV die Beantragung eines Visums vor der Einreise in die Bundesrepublik erforderlich machen.

! **Praxistipp**
In der Praxis wird durch die zuständigen Behörden streng kontrolliert, ob die Voraussetzungen der **Ausnahmeregelungen** tatsächlich vorliegen. Personalabteilungen sollten sich daher frühestmöglich (in jedem Fall vor Beschäftigungsaufnahme in Deutschland) mit den zuständigen Sachbearbeitern der Behörden bezüglich des Visumserfordernisses oder des Erfordernisses eines Aufenthaltstitels, der zur Arbeitsaufnahme berechtigt, abstimmen.

---

cc) Befristete Tätigkeiten, die nicht als Erwerbstätigkeit gelten

48 Nach § 17 Abs. 2 AufenthV i.V.m § 16 S. 1 BeschV werden die im Folgenden näher erläuterten, besonders praxisrelevanten Tätigkeiten nicht als Erwerbstätigkeit angesehen, sofern sie in Deutschland für maximal drei Monate innerhalb von zwölf Monaten ausgeübt werden. Dies bedeutet, dass privilegierte Drittstaatsangehörige aus den in § 41 Abs. 2 AufenthV und Anhang II EG-VisaVO aufgeführten Staaten visumfrei einreisen können.

! **Praxistipp**
Für die nach § 41 Abs. 1 AufenthV **Privilegierten** (z.B. USA) ist weder ein Visum noch eine Aufenthaltsgenehmigung erforderlich. Es müssen dann aber die Voraussetzungen des § 17 II i.V.m. § 16 BeschV genau geprüft werden,[41] um bei Ermittlungen durch deutsche Behörden (z.B. Hauptzollamt) alle Voraussetzungen nachweisen zu können. Vorsicht ist aber geboten, wenn der Aufenthalt über 90 Tage hinaus geplant ist. In diesen Fällen ist ab dem 1. Tag in Deutschland ein Aufenthaltstitel zur Beschäftigung auch für die genannten Tätigkeiten notwendig.

---

dd) Einreise ausländischer Fachkräfte zum Zweck der Aus- und Weiterbildungen (§ 2 Abs. 3 BeschV)

49 Eine Sonderregelung besteht für die bis zu dreimonatige **betriebliche Weiterbildung** im Ausland beschäftigter Fachkräfte eines international tätigen Konzerns oder Unternehmens im inländischen Konzern- oder Unternehmensteil. Eine **Fachkraft** ist regelmäßig *„ein ausländischer Arbeitnehmer, der über eine abgeschlossene*

41 Siehe Rn 43 ff.

Berufsausbildung oder über eine mindestens sechsjährige einschlägige Berufserfahrung verfügt.“[42] Hinsichtlich der Frage, ob zwei Unternehmen Teile eines Konzerns sind, ist auf die Kriterien des § 18 AktG abzustellen. Gegebenenfalls erforderliche Nachweise (z.B. Organigramme des Konzerns, Nachweise über Gesellschaftsstrukturen und Trainingspläne) sind durch den Antragsteller beizubringen.

ee) Einreise von Führungskräften (§ 4 BeschV)

Sonderregelungen gelten auch für die bis zu dreimonatige Beschäftigung von **Führungskräften** in Deutschland. Der § 4 BeschV enthält insgesamt vier Tatbestände, die den Begriff der **Führungskraft** näher bestimmen. Demnach gelten gem. § 4 Nr. 1 BeschV als Führungskraft leitende Angestellte mit Generalvollmacht oder Prokura. 50

Der Nachweis der Prokura bzw. Generalvollmacht ergibt sich durch Vorlage eines Handelsregisterauszuges oder einer Kopie einer Vollmachtsurkunde. 51

Praxistipp !
Sofern die Eintragung in das **Handelsregister** noch nicht erfolgt ist, reicht auch die Vorlage des entsprechenden **Gesellschafterbeschlusses** über die Bestellung bzw. Anmeldung zum Handelsregister.

Schwieriger ist dagegen der Nachweis der leitenden Angestellteneigenschaft. Der Begriff des **leitenden Angestellten** in der BeschV ist dem Betriebsverfassungsgesetz (gem. § 5 Abs. 3 BetrVG) angelehnt.[43] Demnach ist der **leitende Angestellte** in seiner Funktion stark in die Nähe des Arbeitgebers gerückt. Er führt eigenverantwortlich wesentliche unternehmerische Tätigkeiten durch. Typisches Beispiel ist die Überwachung und Kontrolle von untergeordneten Mitarbeitern und Betriebsbereichen wie z.B. Produktion, Controlling etc. Gleiches gilt für die persönliche Befugnis zu Personal- und unternehmerischen Entscheidungen (z.B. Einstellungen und Entlassungen).[44] 52

Der ausländische leitende Angestellte muss weiterhin nachweisen, dass ihm **Generalvollmacht** oder **Prokura** erteilt ist. Nachzuweisen ist daher auch der Inhalt der ihm erteilten Vollmacht. Dies kann z.B. durch die Eintragung der Prokura im Handelsregister erfolgen. Der Arbeitsvertrag kann ebenfalls wichtige Indizien für die Funktion als leitender Angestellter beinhalten.[45] Existiert keine Eintragung im 53

42 BMI-VwV AufenthG v. 26.9.2009, Rn 17.1.2.1.4.1, DA-BeschV, Rn 2.2.215.
43 Siehe § 5 Abs. 3 BetrVG. Der Begriff des leitenden Angestellten ist Gegenstand zahlreicher Streitigkeiten, auf die an dieser Stelle nicht näher eingegangen werden kann. Vgl. insoweit für alle ErfK/*Koch*, § 5 BetrVG, Rn 17 ff.
44 DA-BeschV, Rn 2.4.110.
45 DA-BeschV, Rn 2.4.110.

Handelsregister, kann der Nachweis auch durch ausländische Vollmachten erbracht werden, die einer deutschen Generalvollmacht oder Prokura vergleichbar sind.[46]

ff) Vertretungsbefugte Organmitglieder (§ 4 Nr. 2 BeschV) / vertretungsbefugte Gesellschafter (§ 4 Nr. 3 BeschV)

54 Führungskräfte sind ferner Mitglieder des **Organs** einer juristischen Person, die zur gesetzlichen Vertretung berechtigt sind. Gesetz, Satzung oder Gesellschaftsvertrag müssen diese zur Vertretung oder Geschäftsführung berufen. Dies sind beispielsweise **Geschäftsführer** oder **Vorstände**. Ergeben die Gesamtumstände, dass beispielsweise eine Gesellschaftereigenschaft lediglich zur Verschleierung von abhängiger Beschäftigung dienen soll, findet die Regelung keine Anwendung.[47]

gg) Leitende Angestellte auch außerhalb Deutschlands tätiger Unternehmen, Tätigkeit in sonstiger leitender Position (§ 4 Nr. 4 BeschV)

55 **Führungskräfte** sind schließlich auch **leitende Angestellte** eines auch außerhalb Deutschlands tätigen Unternehmens, soweit sie in Deutschland einer Tätigkeit auf Vorstands-, Direktions- und Geschäftsleitungsebene nachgehen.[48] Gleiches gilt für **leitende Angestellte**, die eine Tätigkeit in sonstiger leitender Position wahrnehmen, die für die Entwicklung ihres Unternehmens von entscheidender Bedeutung ist. Insbesondere erfasst die Regelung des § 4 Nr. 4 BeschV auch leitende Angestellte international tätiger Unternehmen, die nicht unter § 4 Nr. 1 BeschV fallen, da sie für einen vorübergehenden Aufenthalt nicht mit entsprechenden Vollmachten ausgestattet sind.[49] Es muss hierbei allerdings die Bedeutung der Position für die Entwicklung des Unternehmens dargelegt werden.

56 Unerheblich für die Vergünstigung des § 4 Nr. 4 BeschV ist die Größe des Unternehmens, das den **leitenden Angestellten** beschäftigt. Allein die Tätigkeit in einem weiteren Land außerhalb Deutschlands genügt regelmäßig, um die Regelung zu nutzen. Eine Unterscheidung zwischen Konzernen und Unternehmen wird grundsätzlich nicht vorgenommen.[50]

46 DA-BeschV, Rn 2.4.111.
47 DA-BeschV, Rn 2.4.113.
48 Vgl. § 5 Abs. 2 Nr. 2 BetrVG.
49 DA-BeschV, Rn 2.4.114.
50 DA-BeschV, Rn 2.4.114.

Praxistipp
Jeder Behördensachbearbeiter verlangt im individuellen Fall mehr oder weniger Nachweise zur Begründung der **leitenden Funktion** eines Mitarbeiters. Daher sollten im konkreten Fall ausreichend Details für die Beschreibung der **leitenden Funktion** zusammengestellt und auch mit der zuständigen Ausländerbehörde im Vorfeld abgestimmt werden.

hh) Einreise zum Zweck kaufmännischer Tätigkeit (§ 6 BeschV)

Regelmäßig nicht als Erwerbstätigkeit gelten ferner **Geschäftsreisen** von ausländi- 57
schen Mitarbeitern im Rahmen ihrer Tätigkeit, soweit deren inländischer Arbeitgeber sie für eine kaufmännische Tätigkeit im Ausland beschäftigt. Voraussetzung ist jedoch, dass diese sich nicht länger als drei Monate innerhalb eines Zeitraumes von zwölf Monaten im Inland aufhalten und ihren gewöhnlichen Aufenthalt im Ausland beibehalten. Gleiches gilt für Personen, die Besprechungen oder Verhandlungen im Inland führen, für einen Arbeitgeber mit Sitz im Ausland, § 6 Nr. 2 BeschV. Auslandsarbeitnehmer gem. § 6 Nr. 1 BeschV müssen allerdings direkte Arbeitsverträge mit dem deutschen Betrieb haben und von diesem auch im Ausland bezahlt werden.[51] Dies gilt auch für Ausländer, die im Inland Verträge schließen oder Waren ankaufen sollen, die für die Ausfuhr bestimmt sind.

Eine genaue Definition der **Geschäftsreise** und der hierbei erlaubten Tätigkeiten 58
existiert im deutschen Ausländerrecht nicht. Der Kreis der erlaubten Tätigkeiten wird aber von den Ausländerbehörden streng ausgelegt. Im Zweifelsfall empfiehlt sich eine vorherige Rücksprache mit den zuständigen Behörden, ob eine Tätigkeit noch als **Geschäftsreise** gilt oder ob bereits ein Aufenthaltstitel für eine Beschäftigungsaufnahme in Deutschland beantragt werden muss.

ii) Kurzfristig entsandte Arbeitnehmer (§ 11 BeschV)

Ausnahmen gem. § 17 Abs. 2 AufenthV i.V.m. §§ 16 S. 1, 11 BeschV gelten auch für Aus- 59
länder, die durch ihre Arbeitgeber zur Ausübung verschiedener limitierter Tätigkeiten **kurzfristig** nach Deutschland entsandt werden. Wie bei den anderen Ausnahmen nach § 16 S. 1 BeschV darf die Dauer des Einsatzes des entsandten Mitarbeiters in Deutschland drei Monate innerhalb von zwöf Monaten nicht überschreiten. Zu beachten ist, dass von Anfang an eine **Visumspflicht** besteht, sofern vor dem Einsatz feststeht, dass die Dauer höchstwahrscheinlich drei Monate überschreiten wird.[52]

---

51 DA-BeschV, Rn 2.6.110.

52 Vgl. § 41 Abs. 2 AufenthV, DA-BeschV, Rn 2.11.120; eventuell besteht die Möglichkeit zur Beschäftigung nach § 36 BeschV.

Praxistipp
Das Verfahren in den Fällen des § 11 S. 1 Nr. 1 bis 3 BeschV setzt zwingend voraus, dass der Arbeitgeber der Bundesagentur für Arbeit die Entsendung vor der Einreise des Mitarbeiters nach Deutschland gem. § 11 S. 2 BeschV angezeigt hat. Zuständige Stelle ist insoweit die Zentrale Auslands- und Fachverwaltung **(ZAV)** der Bundesagentur für Arbeit in Stuttgart.[53] Der Vordruck *„Anzeige über die Montage/Demontage maschineller Anlagen ...“* wird im Internet durch die Bundesagentur für Arbeit zur Verfügung gestellt.[54] Er ist zwingend zu verwenden.

60 Konkret können nach § 11 BeschV ausländische Mitarbeiter nach Deutschland entsandt werden, um **Maschinen**, **Anlagen** und **Programme** der elektronischen Datenverarbeitung aufzustellen und zu montieren, die gewerblichen Zwecken dienen (Nr. 1). Gleiches gilt für die Einreise nach Deutschland, um inländische Abnehmer in die Bedienung der genannten Geräte oder **Anlagen** einzuweisen, diese zu warten oder zu reparieren. Unerheblich ist dabei, ob die Maschinen und sonstigen Sachen gekauft oder geleast werden.[55] Wichtig ist aber, dass die Ausnahmeregelung nur für **Monteure** der Firma gilt, welche die Anlagen und Maschinen hergestellt und geliefert hat.[56]

61 Eine entsprechende Ausnahme gilt auch für Arbeitnehmer, die nach Deutschland entsandt werden, um durch ihren Arbeitgeber erworbene Maschinen, Anlagen und sonstigen Sachen abzunehmen oder in ihre **Bedienung** eingewiesen zu werden (Nr. 2).[57]

62 Eine Ausnahme nach § 11 BeschV gilt auch, wenn ausländische Mitarbeiter nach Deutschland entsandt werden, um durch ihren Arbeitgeber erworbene, gebrauchte Anlagen zum Zwecke des **Wiederaufbaus** in dessen Sitzstaat zu demontieren (Nr. 3). Es muss insoweit zweifelsfrei feststehen, dass die Anlage im Ausland wieder aufgebaut wird. Die Ausnahme nach § 11 Nr. 3 BeschV greift daher nicht, wenn die Anlage in Deutschland eingelagert wird, um sie irgendwann später im Ausland wieder aufzubauen.[58]

63 In den Fällen des § 11 S. 1 Nr. 1–3 BeschV kann der Arbeitgeber mit Sitz im Ausland auch die Niederlassung eines deutschen Unternehmens sein. Auf die Rechtsform der Niederlassung im Ausland kommt es nicht an. Maßgebend ist allerdings, dass der entsandte Arbeitnehmer eindeutig bei der Niederlassung im Ausland beschäftigt ist.

---

53 DA-BeschV, Rn 2.11.120.
54 http://www.arbeitsagentur.de/nn_26722/zentraler-Content/Vordrucke/A04-Vermittlung/Allgemein/Formulare-Internationaler-Arbeitsmarkt.html.
55 DA-BeschV, Rn 2.11.110.
56 DA-BeschV, Rn 2.11.111.
57 DA-BeschV, Rn 2.11.118.
58 DA-BeschV, Rn 2.11.119.

Er muss den arbeits- und sozialrechtlichen Regelungen des anderen Staates unterliegen.[59]

Maschine i.S.d. § 11 BeschV ist *„jede eigenständig komplett funktionierende Einheit“*. Als **Anlagen** gelten nur selbstständige, verwendungsfertige technische Einheiten.[60] Diese Definitionen der Durchführungsanweisung zur BeschV sind leider sehr unscharf. Auch in den Bundesratsdrucksachen zur BeschV[61] werden die Begriffe nicht näher konkretisiert. Nach dem allgemeinen Sprachgebrauch versteht man unter einer Maschine regelmäßig wohl ein Gerät, das eine bestimmte Arbeit verrichtet. Als Anlage gilt eine planvolle Zusammenstellung von Maschinen, die einem bestimmten Zweck dient. Entscheidend ist daher für den Begriff der Anlage, dass diese einem Zweck dient, der über die Funktion ihrer Teile hinausgeht. **Maschinenbauteile**, die lediglich zur Komplettierung einer Maschine dienen, werden von § 11 BeschV daher in den meisten Fällen wohl nicht erfasst. Auch **bauliche Anlagen** fallen nicht unter § 11 BeschV. Dies gilt insbesondere für Schalungen und Fassaden für Bauten, Baufertigteile, Dachstühle, Fenster und Türen sowie Anbauküchen oder Anbaumöbel (z.B. in Restaurants).[62] 64

Teilanlagen, die im Ausland für die Errichtung von Großanlagen im Inland hergestellt werden, können ebenso als verwendungsfertige Anlagen i.S.d. § 11 BeschV anerkannt werden. Voraussetzung ist, dass der Wert der Teilanlage den Aufwand der Montage in Deutschland in erheblichem Umfang übersteigt. Die im Zusammenhang mit der Lieferung und Aufstellung zu erbringenden Montagearbeiten dürfen daher lediglich von untergeordneter Bedeutung sein. Die Wertschöpfung der Teilanlage muss somit im Wesentlichen im Ausland erbracht werden. Ferner dürfen die kalkulierten Personalkosten für die Montage in Deutschland 15 % des vereinbarten Lieferwertes der Teilanlage nicht übersteigen. Zusätzlich muss es sich bei den Teilanlagen grundsätzlich um sog. Einzelanfertigungen handeln. Serienprodukte sind daher in aller Regel keine Teilanlagen. Beispielsweise[63] sind serienmäßig hergestellte Klimageräte keine Teilanlagen, *„wenn das ausländische Unternehmen nur Arbeiten im Rahmen des Baus einer Klimaanlage übernimmt.“* 65

Als **Programme** im Sinne der genannten Vorschrift gelten grundsätzlich alle EDV-Komplettlösungen, die in der Lage sind, komplexe Aufgaben zu bewältigen. Beispielhaft gilt dies für EDV-Betriebssysteme, die Speicher, Ein- und Ausgabegeräte eines Computers steuern und die Ausführung anderer Programme erst ermöglichen. Gegenbeispiel sind Programme, die nur eine oder wenige Rechenoperationen ermöglichen. Dies ergibt sich zum einen aus dem Vergleich zur Regelung der Montage von 66

59 DA-BeschV, Rn 2.11.112.
60 DA-BeschV, Rn 2.11.113.
61 BR-Drucks. 727/04 v. 23.9.04.
62 DA-BeschV, Rn 2.11.113.
63 DA-BeschV, Rn 2.11.114.

Anlagen. Zum anderen darf durch eine zu weitreichende Auslegung der Ausnahmen der BeschV das Zustimmungserfordernis durch die Bundesagentur für Arbeit nicht ausgehöhlt werden. Die Ausnahmen des § 11 Nr. 1–3 BeschV sind daher auch vom Rechtsanwender in der Praxis sehr eng auszulegen.

67 Ausnahmen nach § 11 BeschV gelten auch für Mitarbeiter, die nach Deutschland entsandt werden, um **Messestände** im Inland aufzubauen, abzubauen oder zu betreuen (Nr. 4). Von der Regelung werden auch Beschäftigte erfasst, die für den Aussteller die kaufmännische Betreuung des Messestands übernehmen. Beispielhaft ist insoweit der Fall, dass an bestimmten Tagen und während bestimmter Öffnungszeiten der Verkauf ausgestellter Produkte auch an Endverbraucher erfolgt.[64] Weiterhin gilt die Regelung des § 11 S. 1 Nr. 4 BeschV für Mitarbeiter ausländischer Unternehmen, die nach Deutschland entsandt werden, um im Rahmen **internationaler Werbewochen** in Kaufhäusern oder Restaurants für ihr eigenes Unternehmen Dienstleistungen zu erbringen.[65]

68 Letztlich erfasst § 11 S. 1 Nr. 5 BeschV solche ausländischen Mitarbeiter, die nach Deutschland entsandt werden, um im Rahmen von **Exportlieferungs- und Lizenzverträgen** einen **Betriebslehrgang** im Inland zu absolvieren. Ein Lizenzvertrag im Sinne der Vorschrift liegt jedoch nur vor, wenn ein ausländisches Unternehmen für ein deutsches Unternehmen in Lizenz produziert. Ein Exportlieferungsvertrag liegt regelmäßig dann vor, wenn ein deutsches Unternehmen Produkte in das Ausland liefert. Durch den Betriebslehrgang muss in diesem Fall der Absatz deutscher Produkte im Ausland unterstützt werden.[66]

c) Exkurs: Drittstaatsangehörige Dienstleistungserbringer (EuGH-Vander-Elst)

69 Eine Sonderstellung im Hinblick auf Einreise und Beschäftigung in Deutschland kommt Ausländern zu, die Nicht-EU-Bürger sind, die von einem Unternehmen mit Sitz in einem EU-Mitgliedstaat ordnungsgemäß beschäftigt und zur Erbringung einer **Dienstleistung** vorübergehend nach Deutschland entsandt werden. Nach der sog. **Vander-Elst** Rechtsprechung des EuGH ist diese vorübergehende Entsendung von der Dienstleistungsfreiheit nach Art. 56 AEUV (vormals § 49 EGV) gedeckt.[67]

70 Vor der Einreise ist jedoch auch in den sog. **Vander-Elst-Fällen** ein Visumsverfahren durchzuführen. Die deutschen Auslandsvertretungen stellen hierfür spezielle Vander-Elst-Visa aus. Voraussetzung für deren Erteilung ist, dass der ausländische Arbeitnehmer für ein Unternehmen mit Sitz in einem anderen EU-Mitgliedstaat im

64 DA-BeschV, Rn 2.11.122.

65 DA-BeschV, Rn 2.11.123.

66 DA-BeschV, Rn 2.11.124.

67 EuGH, Urt. v. 9.8.1994 – Rs. C-43/93 – Vander-Elst – EuZW 1994, 600 ff.; Urt. v. 21.10.2004 – Rs. C 445/03 – EuZW 2005, 90 ff.

Inland eine Dienstleistung erbringen soll. Begünstigt durch die Vander-Elst-Rechtsprechung sind nur drittstaatsangehörige Arbeitnehmer, die in das soziale Sicherungssystem des anderen EU-Mitgliedstaates eingebunden und dort ordnungsgemäß beschäftigt sind (teilweise wird eine zwölfmonatige Weiterbeschäftigung seitens der deutschen Auslandsvertretung entgegen der **EuGH-Rechtsprechung** verlangt).

Für die Erteilung eines **Vander-Elst-Visums** sind bei den Auslandvertretungen 71
nach § 15 BeschV in der Regel die folgenden Unterlagen vorzulegen:

- 2 biometrische Fotos,
- Reisepass mit ausreichender Gültigkeit, um nach Beendigung der Dienstleistungserbringung von Deutschland in das Gastland zurückzukehren,
- schriftliche Bestätigung des entsendenden Unternehmens, die Angaben zu folgenden Punkten enthält:
  - ordnungsgemäße Beschäftigung des drittstaatsangehörigen Antragstellers,
  - voraussichtlicher Beginn und voraussichtliches Ende des Einsatzes in Deutschland,
  - Ort des Einsatzes in Deutschland,
  - kurze Beschreibung der zu erbringenden Dienstleistung (u.a. Vorlage des Dienstleistungsvertrages),
- geeigneter Nachweis über Aufenthalts-/Beschäftigungserlaubnis im anderen EU-Staat mit ausreichender Gültigkeit, um nach der Dienstleistungserbringung von Deutschland aus in den anderen EU-Staat zurückzukehren,
- Nachweis über Krankenversicherungsschutz im Bundesgebiet für die Dauer der Entsendung (gewährleistet in der Regel durch das Sozialversicherungssystem des anderen EU-Mitgliedstaates).

Dauert die Tätigkeit länger als drei Monate, ist bei der Ausländerbehörde die Verlän- 72
gerung des Aufenthaltstitels bzw. die Erteilung eines Aufenthaltstitels bis zur Beendigung der **Dienstleistung** zu beantragen.[68]

Der § 15 BeschV gilt aber nicht für Entsendungen innerhalb eines Konzerns, also 73
der vorübergehenden Entsendung/Überlassung eines Arbeitnehmers an eine Konzerngesellschaft.

d) Exkurs: Geschäftsreise und Beantragung von Aufenthaltstiteln nach visumsfreier Einreise

Probleme bereiten immer wieder kurzfristige **Geschäftsreisen** nach Deutschland. 74
Üblicherweise dienen sie dem Treffen mit Kunden und Lieferanten zu einer Besprechung, der Teilnahme an Tagungen, Kongressen und Seminaren, der Verhandlung von Verträgen und Projekten oder dem Besuch von Messen und Ausstellungen.

68 DA-BeschV, Rn 2.15.113.

75 Regelmäßig wird für **Geschäftsreisen** ein 90 Tage Schengen-Visum Typ C erteilt. Dieses gestattet die einmalige oder mehrfache Einreise („single entry" oder „multiple entry") in das **Schengen-Gebiet** innerhalb der ausgewiesenen Gültigkeitsdauer.[69] Das deutsche Ausländerrecht enthält keine Definition der **Geschäftsreise** und der hierbei erlaubten Tätigkeiten. Wird ein Visum für eine Geschäftsreise erteilt, fehlt daher ein Katalog der Tätigkeiten, die während der Geschäftsreise erlaubt sind und daher keine gesonderte Genehmigung erfordern. Um Probleme mit den Ausländerbehörden und dem Hauptzollamt zu vermeiden, sollte der Begriff der Geschäftsreise auch von den Rechtsanwendern in der Praxis eng ausgelegt werden. Projekttätigkeiten (vgl. § 11 Nr. 1–3 BeschV) gehören demnach regelmäßig nicht zu den erlaubten Tätigkeiten. Gleiches gilt für die betriebliche Aus- und Weiterbildung. Hierzu ist beispielsweise die Spezialvorschrift gem. § 2 Abs. 3 BeschV zu beachten.

76 Für Unionsbürger, Staatsangehörige eines EWR-Staates und Schweizer Staatsbürger ergeben sich keine Besonderheiten, da sie weder ein Visum noch einen sonstigen Aufenthaltstitel zur Einreise nach Deutschland benötigen. Privilegierte Drittstaatsangehörige nach § 41 AufenthV i.V.m. der EU-VisaVO dürfen sich auch visums- und aufenthaltsgenehmigungsfrei in Deutschland aufhalten für **Geschäftsreisen** bis zu 90 Tagen innerhalb von 180 Tagen. Sofern sie jedoch eine Erwerbstätigkeit planen, muss ab dem ersten Tag der Erwerbstätigkeit eine entsprechende Aufenthaltsgenehmigung zur Beschäftigung erteilt sein. Nichtprivilegierte Ausländer bedürfen für die Einreise nach Deutschland immer eines Visums.

! **Praxistipp**
Vor Beginn der Einreise nach Deutschland muss genau geprüft werden, welche Tätigkeit in Deutschland geplant ist, um rechtzeitig den richtigen Titel zu beantragen bzw. sicherzustellen, dass ein genehmigungsfreier Aufenthalt im Einzelfall zulässig ist.

IV. Besondere Voraussetzungen der Daueraufenthaltstitel

1. Die Niederlassungserlaubnis

77 Die Aufenthaltsberechtigung des AuslG 1990 wurde 2005 im AufenthG durch die Niederlassungserlaubnis als sog. Daueraufenthaltstitel ersetzt. Die Niederlassungserlaubnis ist im Gegensatz zur befristeten Aufenthaltserlaubnis prinzipiell zeitlich unbegrenzt und inhaltlich unbeschränkt. Sie berechtigt zur Erwerbstätigkeit und kann nur in ausdrücklich zugelassenen Fällen mit einer Nebenbestimmung versehen werden. Es gibt verschiedene Rechtsgrundlagen für die Erteilung einer Niederlassungserlaubnis:

---

69 Vgl. Art. 1 Abs. 1, Art. 24 EU-Visakodex.

- nach fünfjähriger Erwerbstätigkeit in Deutschland § 9 AufenthG,
- für **Selbstständige** § 21 Abs. 4 S. 2 AufenthG,
- für hochqualifizierte **Wissenschaftler** mit besonderen fachlichen Kenntnissen und Lehrpersonen oder wissenschaftlichen Mitarbeitern in herausgehobener Funktion gem. § 19 AufenthG,
- für **Hochqualifizierte**, die eine Blaue Karte EU besitzen, § 19a AufenthG,
- für **Absolventen** deutscher Hochschulen § 18b AufenthG,
- für **Ehefrauen** von Deutschen nach drei Jahren § 28 Abs. 2 AufenthG.

Im Folgenden werden die wichtigsten allgemeinen Regelungen für die Erteilung einer Niederlassungserlaubnis dargestellt.

a) Allgemeine Voraussetzungen

Die allgemeinen Erteilungsvoraussetzungen bestimmen sich gem. § 9 AufenthG. 78 Demnach kann einem Ausländer eine **Niederlassungserlaubnis** erteilt werden, wenn u.a.:

- Gründe der öffentlichen Sicherheit oder Ordnung nicht entgegenstehen (§ 9 Abs. 2 S. 1 Nr. 4),
- ihm die Beschäftigung erlaubt ist, sofern er Arbeitnehmer ist (§ 9 Abs. 2 S. 1 Nr. 5),
- er im Besitz der sonstigen für eine dauernde Ausübung seiner Erwerbstätigkeit erforderlichen Erlaubnisse ist (§ 9 Abs. 2 S. 1 Nr. 6),
- er über Grundkenntnisse der Rechts- und Gesellschaftsordnung und der Lebensverhältnisse im Bundesgebiet verfügt (§ 9 Abs. 2 S. 1 Nr. 8),
- er über ausreichenden Wohnraum für sich und seine mit ihm in häuslicher Gemeinschaft lebenden Familienangehörigen verfügt (ca. 12 m^2 pro Person).

b) Ausreichende Kenntnisse der deutschen Sprache (§ 9 Abs. 2 S. 1 Nr. 7 AufenthG)

Die Erteilung einer Niederlassungserlaubnis nach § 9 AufenthG ist gem. § 9 Abs. 2 79 S. 1 Nr. 7 AufenthG insbesondere an die Voraussetzung geknüpft, dass der Ausländer über ausreichende Kenntnisse der deutschen Sprache verfügt. Der **Kenntnis der deutschen Sprache** soll hierdurch größere Bedeutung verschafft werden. Nach Auffassung des Gesetzgebers ist sie wesentliche Voraussetzung jeder **Integration** und der Teilnahme am gesellschaftlichen Leben.[70]

Über ausreichende Sprachkenntnisse verfügt, wer sich im täglichen Leben in 80 seiner deutschen Umgebung sprachlich zurechtfindet und ein alltägliches Gespräch führen kann.[71] Maßgebend ist die Definition des **Sprachniveaus B1 GER**. Demnach muss der Ausländer alltägliche deutschsprachige Texte lesen, verstehen und die

70 BR-Drucks. 22/03 v. 16.1.2003, S. 161.
71 BR-Drucks. 22/03 v. 16.1.2003, S. 161.

wesentlichen Inhalte mündlich wiedergeben können.[72] Ebenso muss er in der Lage sein, *„über Erfahrungen und Ereignisse [zu] berichten, sowie Träume, Hoffnungen und Ziele [zu] beschreiben und zu Plänen und Ansichten kurze Begründungen oder Erklärungen [zu] geben."*[73]

81 Als nachgewiesen gelten die erforderlichen Sprachkenntnisse in der Regel, *„wenn der Ausländer:*

- *das ‚Zertifikat Deutsch' oder den ‚Deutsch-Test für Zuwanderer' (**Kompetenzstufe B1** GER) nach § 17 Abs. 1 Nr. 1 IntV erworben (vgl. § 9 Abs. 2 S. 2 AufenthG),*
- *vier Jahre eine deutschsprachige Schule mit Erfolg besucht (Versetzung in die nächste Klasse),*
- *einen Hauptschulabschluss oder gleichwertigen deutschen Schulabschluss erworben,*
- *die Versetzung in die zehnte Klasse einer weiterführenden deutschsprachigen Schule (Realschule, Gymnasium oder Gesamtschule) erreicht oder*
- *ein **Studium** an einer deutschsprachigen Hochschule oder Fachhochschule oder eine deutsche Berufsausbildung erfolgreich abgeschlossen*
- *hat."*[74]

Praxistipp

Die Sachbearbeiter der Ausländerbehörde können sich auch in einem persönlichen Gespräch davon überzeugen, dass die geforderten **Sprachkenntnisse** vorhanden sind. In diesen Fällen kann regelmäßig auf einen zusätzlichen Sprachtest verzichtet werden.[75]

---

82 Ausnahmen vom Nachweis der erforderlichen **Sprachkenntnisse** gelten u.a. für Ausländer, deren Integrationsbedarf erkennbar gering ist. Ein **geringer Integrationsbedarf** liegt vor, wenn die Annahme gerechtfertigt ist, dass die Integration in die Lebensverhältnisse der Bundesrepublik Deutschland gewährleistet ist und der Ausländer seinen Lebensunterhalt ohne staatliche Hilfe bestreiten kann. Dies soll insbesondere dann der Fall sein, wenn der Ausländer einen Hochschul- oder Fachhochschulabschluss oder eine andere entsprechende Qualifikation besitzt.[76] Eine positive Integrationsprognose entbindet jedoch nicht vom Erfordernis, dass sich der Ausländer zumindest auf einfache Art in deutscher Sprache verständigen können muss, § 9 Abs. 2 S. 5 Hs. 1 AufenthG. Den Maßstab bildet insoweit das **Sprachniveau A1 GER.**[77] Das Sprachniveau setzt die Fähigkeit voraus,

72 BR-Drucks. 22/03 v. 16.1.2003, S. 161.

73 Referenzniveau B1 GER, derzeit unter: http://www.goethe.de/z/50/commeuro/303.htm; BMI-VwV AufenthG v. 26.9.2009, Rn 9.2.1.7.

74 BMI-VwV AufenthG v. 26.9.2009, Rn 9.2.1.7.

75 BMI-VwV AufenthG v. 26.9.2009, Rn 9.2.1.7.

76 Vgl. § 4 Abs. 2 IntV, BMI-VwV AufenthG v. 26.9.2009, Rn 44.3.1.2.

77 BMI-VwV AufenthG v. 26.9.2009, Rn 9.2.2.3.2; Rn 30.1.2.1.

- *„vertraute, alltägliche Ausdrücke und ganz einfache Sätze verstehen und verwenden zu können, die auf die Befriedigung konkreter Alltagsbedürfnisse zielen,*
- *sich und andere vorstellen zu können,*
- *anderen Fragen zu ihrer Person stellen“*[78] und
- auf Formularen seinen Namen, seine Adresse, seine Nationalität usw. eintragen zu können.[79]

Für die Feststellung des **Sprachniveaus** ist es grundsätzlich erforderlich, dass der Ausländer bei der Ausländerbehörde persönlich erscheint.[80]

c) Besondere Anmerkung: Integrationskurs

aa) Allgemeines zu den Integrationskursen

Integrationskurse dienen nach dem Willen des Gesetzgebers dem Erwerb deutscher 83
Sprachkenntnisse. Ferner sollen sie die Kursteilnehmer mit den Lebensverhältnissen im Bundesgebiet vertraut machen und diese hierdurch in die Lage versetzen, ohne die Hilfe Dritter in allen alltäglichen Angelegenheiten selbstständig handeln zu können.[81] Grundlage für die Durchführung von **Integrationskursen** ist die **Integrationskursverordnung (IntV).**

Ein typischer **Integrationskurs** umfasst einen Lehrplan von 645 Stunden. In den 84
ersten 600 Stunden werden den Teilnehmern u.a. die Deutschkenntnisse vermittelt, welche sie benötigen, um in Deutschland einzukaufen und eine Wohnung anzumieten, einem Beruf nachzugehen und an Aus- und Weiterbildungsangeboten teilzunehmen sowie soziale Kontakte aufzubauen. Ferner lernen die Kursteilnehmer auf Deutsch Briefe und E-Mails zu schreiben, Formulare auszufüllen, zu telefonieren und sich auf eine Arbeitsstelle zu bewerben. Abgestimmt auf die Teilnehmer variieren die Inhalte der Integrationskurse. Beispielsweise werden in Jugendintegrationskursen vorrangig Themen behandelt, die besonders Jugendliche interessieren, wie beispielsweise die Bewerbung um einen Ausbildungsplatz. Vor Beginn des **Integrationskurses** werden mit den Teilnehmern Einstufungstests durchgeführt, um zu entscheiden, mit welchem Kursabschnitt der Teilnehmer beginnen sollte bzw. ob die Teilnahme an einem speziellen Integrationskurs sinnvoll erscheint. So werden Förderkurse zur Alphabetisierung oder Intensivkurse für besonders sprachbegabte Zuwanderer angeboten. Der erste Kursteil schließt mit der Prüfung „Deutsch-Test für Zuwanderer“ ab. Zusätzliche 45 Stunden des Integrationskurses dienen dazu, den Kursteilnehmer Deutschlands Rechtsordnung, Kultur und Geschichte näherzubringen. Neben

78 Referenzniveau A1 GER, http://www.goethe.de/z/50/commeuro/303.htm.
79 BMI-VwV AufenthG v. 26.9.2009, Rn 9.2.2.3.2; Rn 30.1.2.1.
80 BMI-VwV AufenthG v. 26.9.2009, Rn 9.2.2.3.2; Rn 28.2.4.
81 BMI-VwV AufenthG v. 26.9.2009, Rn 43.0.

Vollzeitkursen werden auch Teilzeit-, Nachmittags- und Abendkurse angeboten, um berufstätigen Zuwanderern die Teilnahme zu ermöglichen.

85 Zuständig für die Durchführung der Integrationskurse ist das Bundesamt für Migration und Flüchtlinge (BAMF). Dieses kann private oder öffentliche Träger mit der Durchführung der **Integrationskurse** betrauen.[82] Der Ausländer darf gem. § 7 IntV regelmäßig frei entscheiden, bei welchem Träger er an einem Integrationskurs teilnimmt. Das BAMF bescheinigt die erfolgreiche Teilnahme mit dem „Zertifikat Integrationskurs". Dies setzt gem. § 17 IntV voraus, dass der Teilnehmer einen Deutschsprachtest für das Sprachniveau B1 GER besteht sowie den Test zum Orientierungskurs.

86 Für die Teilnahme am Integrationskurs müssen Teilnehmer einen Kostenbeitrag von 1,20 € pro Unterrichtsstunde an das BAMF entrichten. Besteht der Teilnehmer den Abschlusstests am Ende des **Integrationskurses**, können ihm 50 % seiner Teilnahmegebühren erstattet werden, siehe § 9 IntV.

! **Praxistipp**

- Möglichkeiten zum Test des eigenen Sprachniveaus im Internet stellt beispielsweise das Goethe-Institut bereit unter http://www.goethe.de/lrn/pro/ZD-online/ZD.htm.
- Informationen zu akkreditierten Trägern von Integrationskursen stellt das BAMF zur Verfügung unter http://www.bamf.de/DE/Willkommen/DeutschLernen/Integrationskurse/KurstraegerNaehe/kurstraegernaehe-node.html.
- Ausführliche **Anbieterlisten** stellen auch die zuständigen Ausländerbehörden zur Verfügung.

---

bb) Teilnahmepflicht an Integrationsmaßnahmen

87 Ausländer können zur Teilnahme an einem **Integrationskurs** verpflichtet werden, sofern sie sich dauerhaft im Bundesgebiet aufhalten, §§ 44a Abs. 1, 44 Abs. 1 AufenthG. Ein **dauerhafter Aufenthalt** liegt grundsätzlich vor,

- wenn dem Ausländer eine Aufenthaltserlaubnis für einen Zeitraum von mehr als einem Jahr erteilt wird oder
- der Ausländer seit über 18 Monaten eine Aufenthaltserlaubnis besitzt.

88 Anderes gilt, wenn der **Aufenthalt** per se **vorübergehender Natur** ist, § 44 Abs. 1 S. 2 AufenthG. Vorübergehend ist beispielsweise der Aufenthalt zur konzerninternen Weiterbildung oder zur Durchführung eines befristeten Projektes bzw. bei befristeten Entsendungen.

89 Ferner können gem. § 44 Abs. 1 AufenthG nur solche Ausländer zur Teilnahme an einem **Integrationskurs** verpflichtet werden, denen eine Aufenthaltserlaubnis erteilt wurde, z.B. zum Zweck der Erwerbstätigkeit oder des Familiennachzugs.[83] Weiterhin werden nur solche Ausländer verpflichtet, die nicht in der Lage sind, sich zumindest

82 BMI-VwV AufenthG v. 26.9.2009, Rn 43.3.3.

83 Oder ein Aufenthaltstitel nach § 23 Abs. 2 AufenthG.

auf einfache Art auf Deutsch zu verständigen (Sprachniveau **A1 GER**).[84] Gleiches gilt, sofern der Ausländer nicht über ausreichende Kenntnisse der deutschen Sprache (Sprachniveau **B1 GER**)[85] zu dem Zeitpunkt verfügt, zu dem ihm ein Aufenthaltstitel nach § 23 Abs. 2, § 28 Abs. 1 S. 1 Nr. 1 oder § 30 AufenthG erteilt wird. Letztlich kann die Ausländerbehörde einen Ausländer zur Teilnahme an einem Integrationskurs verpflichten, wenn dieser nach dem Ermessen der zuständigen Ausländerbehörde in besonderer Weise integrationsbedürftig ist.

cc) Befreiung von der Teilnahmepflicht

Nicht zur Teilnahme an einem **Integrationskurs** verpflichtet sind regelmäßig jene Ausländer, denen kein Anspruch auf die Teilnahme an einem Integrationskurs zukommt (vgl. § 44 Abs. 3 AufenthG). Dies sind Kinder und Jugendliche in der schulischen Ausbildung, Ausländer mit erkennbar geringem Integrationsbedarf,[86] Ausländer mit ausreichenden Kenntnissen der deutschen Sprache und Ausländer, deren Aufenthalt in aller Regel deutsche Sprachkenntnisse voraussetzt[87] (z.B. Studenten). 90

Der § 44a Abs. 2 AufenthG regelt weitere Befreiungstatbestände von der Verpflichtung zur Kursteilnahme. Danach sind insbesondere von der Teilnahme an Integrationskursen befreit: 91

- Ausländer, die Angebote anderer Bildungseinrichtungen wahrnehmen, sofern diese Qualifikationen vermitteln, die mit denen des Integrationskurses vergleichbar sind (etwa Angebote öffentlicher oder privater Schulen, Berufsschulen und Kursangebote der Arbeitgeber).
- Ausländer, denen die Teilnahme unzumutbar ist, weil sie beispielsweise neben ihrer Erwerbstätigkeit zeitlich nicht in der Lage sind, die Teilnahme an einem Integrationskurs zu ermöglichen. Die Teilnahme am Integrationskurs ist regelmäßig unzumutbar, sofern Arbeitszeit und Kursdauer zusammengerechnet täglich mehr als zehn Stunden betragen.[88]

Bei Einführung der IntV 2005 erhielten viele Ausländer, die im Rahmen von Entsendungen durch internationale Konzerne nach Deutschland entsandt wurden, die Verpflichtung zur Teilnahme an Integrationsmaßnahmen. Diese Praxis der Ausländerbehörden hat sich jedoch weitestgehend geändert. Nach Deutschland entsandte Mitarbeiter werden nur noch in Ausnahmefällen zur Teilnahme an Integrationsmaßnahmen verpflichtet. Ohnehin haben die meisten der von internationalen Konzernen entsandten Mitarbeiter nur einen sehr geringen Integrationsbedarf aufgrund ihrer 92

84 Zu den Voraussetzungen des Sprachniveaus A1 GER vgl. Rn 82.
85 Zu den Voraussetzungen des Sprachniveaus B1 GER vgl. Rn 80, 81.
86 Vgl. Rn 82.
87 BMI-VwV AufenthG v. 26.9.2009, Rn 44.3.1.2.
88 Hofmann/Hoffmann/*Clodius*, 1. AufenthG – § 44a Rn 8.

umfangreichen Ausbildung und Berufserfahrung. Viele Konzerne vermitteln ihren Arbeitnehmern die für Entsendungen erforderlichen Sprachkenntnisse bereits durch Kurse am Markt oder sonstige Weiterbildungsveranstaltungen, teilweise bereits vor der Einreise nach Deutschland. Zudem sind in aller Regel Entsendungen ohnehin zeitlich beschränkt.

93 Ausländer, die noch nicht über ausreichende Deutschkenntnisse verfügen, denen aber kein Anspruch auf die Teilnahme an einem Integrationskurs zukommt (etwa Unionsbürgern), können, sofern noch Kursplätze verfügbar sind, freiwillig an einem Integrationskurs teilnehmen. Hierfür ist die Beantragung der Zulassung zum Integrationskurs bei der örtlich zuständigen Regionalstelle des BAMF erforderlich (§ 44 Abs. 4 AufenthG, § 4 Abs. 1 Nr. 3 IntV).

dd) Vorteile der erfolgreichen Teilnahme an Integrationskursen

94 Die erfolgreiche Teilnahme an einem **Integrationskurs** bietet für den Ausländer folgende Vorteile:

- Die Voraussetzungen für die Erteilung einer Niederlassungserlaubnis „ausreichende Deutschkenntnisse“ und „Grundkenntnisse der Rechts- und Gesellschaftsordnung“ gelten als nachgewiesen (§ 9 Abs. 2 S. 2 AufenthG).
- Die Frist für einen Anspruch auf Einbürgerung verkürzt sich regelmäßig um ein Jahr auf sieben Jahre (§ 10 Abs. 3 StAG).

ee) Sanktionen bei Nichtteilnahme an Integrationskursen trotz Teilnahmepflicht

95 Anders als bei der freiwilligen Teilnahme müssen sich zur Teilnahme verpflichtete Ausländer gem. § 7 Abs. 2 IntV unverzüglich zu einem Integrationskurs anmelden. Kommt ein Ausländer seiner Verpflichtung zur Teilnahme nicht nach, können prinzipiell folgende **Sanktionen** verhängt werden:

- Kürzung des Arbeitslosengeld II („Hartz IV“) um 30 % (§§ 15, 31a SGB II), bei wiederholten Verstößen auch weitergehende Kürzungen,
- Auferlegung der Kosten für den Integrationskurs (§ 44a Abs. 3 S. 3 AufenthG),
- **Bußgelder** (§ 98 Abs. 2 Nr. 4 AufenthG),
- Sicherstellung der Teilnahme am **Integrationskurs** durch Verwaltungszwang (§ 44a Abs. 3 S. 2 AufenthG),
- Nichtverlängerung einer Aufenthaltserlaubnis (§ 8 Abs. 3 AufenthG),
- Ermessensausweisung (§ 55 Abs. 2 Nr. 2 AufenthG).

d) Neuerungen durch Einführung der Blaue Karte EU-Regelungen

96 Zur dauerhaften Bindung hochqualifizierter ausländischer Fachkräfte an den deutschen Arbeitsmarkt wurde durch die Gesetzesänderung zur Umsetzung der Hochqualifizierten-Richtlinie der EU Hochqualifizierten, die im Besitz einer Blaue Karte EU

sind, ein erleichterter Zugang zum dauerhaften Aufenthalt ermöglicht.[89] Demnach können diese gem. § 19a Abs. 6 S. 1 AufenthG bereits nach 33 Monaten eine Niederlassungserlaubnis erhalten, sollten sie für diese genannte Zeit eine Beschäftigung im Sinne der Blaue Karte EU-Vorschrift ausgeübt haben.[90] Diese Beschäftigungszeit kann auf 21 Monate verkürzt werden, wenn der Ausländer den Sprachnachweis der Stufe B1 GER vorweisen kann[91] (§ 19a Abs. 6 S. 3 AufenthG).

e) Niederlassungserlaubnis für Selbstständige

Seit 1.8.2012 wurden auch neue Möglichkeiten für **Selbstständige** geschaffen, siehe 97
auch Rn 192 ff. und Rn 202 ff.

2. Die Niederlassungserlaubnis für Hochqualifizierte (§ 19 AufenthG)

Besonders **hochqualifizierten Ausländern** kann gem. § 19 AufenthG bereits bei 98
der erstmaligen Beantragung eines Aufenthaltstitels in Deutschland eine Niederlassungserlaubnis erteilt werden. Spitzenkräfte aus Wissenschaft und Wirtschaft sollen so die notwendige Planungssicherheit für die Entscheidung erhalten, sich dauerhaft in Deutschland niederzulassen.[92] Diese Regelung soll dem aktuellen und zukünftigen Bedürfnis nach hochqualifizierten Arbeitskräften auf dem deutschen Arbeitsmarkt Rechnung tragen.[93]

Die **Niederlassungserlaubnis** kann gem. § 19 Abs. 1 AufenthG einem hochquali- 99
fizierten Ausländer erteilt werden, soweit die Bundesagentur für Arbeit der Erteilung zugestimmt hat. Ferner muss die Annahme gerechtfertigt sein, dass die Integration des Ausländers in die Lebensverhältnisse der Bundesrepublik Deutschland langfristig gewährleistet ist, ebenso wie die Sicherung seines Lebensunterhaltes ohne Inanspruchnahme staatlicher Sozialleistungen.

§ 19 Abs. 2 AufenthG beinhaltet einen nicht abschließenden Katalog[94] von Regel- 100
beispielen für **hochqualifizierte Fachkräfte**, darunter:
- **Wissenschaftler** mit besonderen fachlichen Kenntnissen und
- **Lehrpersonen** oder **wissenschaftliche Mitarbeiter** in herausgehobener Funktion.

89 Vgl. hierzu und zu anderen Reformansätzen den Überblick bei *Ette* u.a., ZAR 2012, 14 ff.
90 *Bünte/Knödler*, NZA 2012, 1255, 1257 f.
91 *Bünte/Knödler*, NZA 2012, 1255, 1258.
92 BMI-VwV AufenthG v. 26.9.2009, Rn 19.1.1.
93 Vgl. DA-BeschV, Rn 2.3.110.
94 BMI-VwV AufenthG v. 26.9.2009, Rn 19.2.

101 Für die Erteilung einer Niederlassungserlaubnis an Hochqualifizierte nach § 19 Abs. 2 AufenthG bedarf es in aller Regel keiner Zustimmung der Bundesagentur für Arbeit (§ 3 BeschV).

102 **Besondere fachliche Kenntnisse** sollen nach den Durchführungsanweisungen immer dann vorliegen, wenn ein ausländischer Wissenschaftler über besondere Kenntnisse in einem speziellen Fachgebiet von überdurchschnittlich hoher Bedeutung verfügt oder eine anderweitige, besonders hohe Qualifikation nachweisen kann.[95] Nachweisen lassen sich diese Voraussetzungen z.B. mittels Auszeichnungen und Preisen des Wissenschaftlers, Veröffentlichungen in Fachzeitschriften oder seiner herausragenden Funktion in einer namhaften wissenschaftlichen Institution.[96] Empfehlungsschreiben fachkundiger wissenschaftlicher Einrichtungen und Organisationen können ebenso für die Einstufung als hochqualifizierter Ausländer dienlich sein. Die Ausländerbehörden sind ohnehin angehalten, in Zweifelsfällen eine Beratung durch sachkundige Stellen einzuholen.[97]

103 **Lehrpersonen und wissenschaftliche Mitarbeiter** in herausgehobener Position zeichnen sich zumeist dadurch aus, dass sie eine leitende Funktion innehaben, z.B. als Lehrstuhlinhaber oder Institutsdirektor. Alternativ lässt sich eine herausgehobene Position damit nachweisen, dass ein wissenschaftlicher Mitarbeiter eigenständig und verantwortlich wissenschaftliche Projekte oder Arbeitsgruppen leitet.[98]

104 Als Nachweise der besonderen Qualifikation sind beispielsweise folgende Beweise vorzulegen:[99]

- fachliche Veröffentlichungen und Qualifikationsnachweise, z.B. Diplome, Zeugnisse,
- der aktualisierte Lebenslauf,
- Arbeitsverträge mit inländischen Hochschulen oder Forschungseinrichtungen.

105 Durch den Katalog an **Regelbeispielen** in § 19 Abs. 2 AufenthG wird eingegrenzt, was der Gesetzgeber als maßgebend für eine überdurchschnittliche **Qualifikation** ansieht. Abschließend ist § 19 Abs. 2 AufenthG allerdings ausdrücklich nicht zu verstehen. Als hochqualifiziert können demnach auch Tätigkeiten eingestuft werden, die vergleichbar sind mit den in § 19 Abs. 2 AufenthG aufgeführten Berufsgruppen, nach der erforderlichen Qualifikation, der Höhe der Bezahlung sowie ihrem sozialem Renommee.[100]

106 Ausgehend vom Wortlaut des § 19 Abs. 1 S. 1 AufenthG wird teilweise gefordert, dass neben dem Vorliegen der sonstigen tatbestandlichen Voraussetzungen für die

95 BMI-VwV AufenthG v. 26.9.2009, Rn 19.2.1.
96 *Hailbronner*, Rn 172.
97 BMI-VwV AufenthG v. 26.9.2009, Rn 19.2.1.
98 BMI-VwV AufenthG v. 26.9.2009, Rn 19.2.2.
99 Vgl. DA-BeschV, Rn 2.3.112.
100 VGH Mannheim, Urt. v. 27.6.2007 – 13 S 1663/06 – ZAR 2007, 329, 331.

Erteilung einer Niederlassungserlaubnis auch noch ein besonderer Fall gegeben sein muss, der die Niederlassung des Hochqualifizierten rechtfertigt.[101] Dieser restriktiven Handhabung läuft zunächst der Wille des Gesetzgebers entgegen, der durch § 19 AufenthG die Niederlassung von ausländischen Leistungsträgern im Bundesgebiet gerade fördern will.[102] Angesichts der ohnehin begrenzten Nachfrage hochqualifizierter Ausländer[103] liefe § 19 AufenthG praktisch leer, sofern man zusätzlich zum Gesetzeswortlaut einen wie auch immer gelagerten, besonderen Fall fordert. Der Regelungszweck der Norm würde durch die genannte Forderung in sein Gegenteil verkehrt.[104]

Voraussetzung für die Gewährung einer **Niederlassungserlaubnis** nach § 19 107
Abs. 1 AufenthG ist letztlich, dass die Integration des hochqualifizierten Ausländers in die Lebensverhältnisse der Bundesrepublik gewährleistet ist, ebenso wie die Sicherung seines Lebensunterhalts[105] ohne Inanspruchnahme staatlicher **Sozialleistungen**.

Die **Integration** eines Ausländers in die bundesdeutschen Lebensverhältnisse 108
setzt voraus, dass sich auch der hochqualifizierte Antragsteller in den rechtlichen und gesellschaftlichen Verhältnissen der Bundesrepublik Deutschland zurechtfindet. Sinnvoll erscheint für die durch die Ausländerbehörde anzustellende Prognose der Rückgriff auf die Maßstäbe des Kap. 5 des AufenthG.[106] Zu beachten ist jedoch, dass insbesondere die Anforderungen an Sprachkenntnisse nach dem Sinn der Regelungen des Kap. 5 auf Hochqualifizierte nicht schematisch übertragen werden können. Die **Integration** hochqualifizierter **Wissenschaftler** und anderer ausländischer Leistungsträger ist regelmäßig unproblematisch. Aufgrund ihrer herausgehobenen Position und wirtschaftlichen Bedeutung erhalten sie deutlich mehr Integrationsanreize und Förderung seitens ihres sozialen und beruflichen Umfelds als weniger privilegierte Immigranten. Auf das Vorhandensein ausreichender Deutschkenntnisse und die Kenntnis der Rechts- und Gesellschaftsordnung kommt es daher für die Erteilung einer **Niederlassungserlaubnis** nach § 19 Abs. 1 S. 1 AufenthG wohl nicht zwingend an.[107]

---

101 VGH Mannheim, Urt. v. 27.6.2007 – 13 S 1663/06 – ZAR 2007, 331; Renner/*Röseler*, Erster Teil – § 19 Rn 12.

102 BR-Drucks. 22/03 v. 16.1.2003, S. 168.

103 Renner/*Röseler*, Erster Teil – § 19 Rn 2.

104 So auch richtigerweise *Hailbronner*, Rn 174.

105 Vgl. Rn 25 ff.

106 Vgl. hierzu oben unter Rn 83 ff.

107 Renner/*Röseler*, Erster Teil – § 19 Rn 5.

3. Die Niederlassungserlaubnis für Absolventen deutscher Hochschulen (§ 18b AufenthG)

109 Der § 18b AufenthG bietet ausländischen Studenten nach einem erfolgreichen Abschluss an einer deutschen Hochschule die Möglichkeit, bereits nach zwei Jahren Aufenthalt nach §§ 18, 18a, 19a oder § 21 AufenthG eine **Niederlassungserlaubnis** zu erhalten. Ferner ist hierfür Voraussetzung, dass der Antragsteller einen seinem Abschluss angemessenen Arbeitsplatz innehat und mindestens 24 Monate **Pflichtbeiträge** oder **freiwillige Beiträge** zur gesetzlichen Rentenversicherung geleistet oder Ansprüche auf vergleichbare Leistungen hat. Zudem müssen die allgemeinen Voraussetzungen für die Erteilung einer Niederlassungserlaubnis vorliegen.[108] Ziel dieser Regelung ist es, jedenfalls auch die Attraktivität des Studienstandorts Deutschland für Ausländer zu steigern und darüber hinaus einen Anreiz zu schaffen, um eigens ausgebildete Fachkräfte im Inland nach dem Abschluss ihrer jeweiligen Hochschulausbildung langfristig in Deutschland halten zu können.[109]

4. Die Erlaubnis zum Daueraufenthalt-EG

a) Einführung des Daueraufenthalt-EG

110 Mit der Einführung der Erlaubnis zum **Daueraufenthalt-EG** gem. § 9a AufenthG, wurde die sog. EU-Daueraufenthaltsrichtlinie[110] umgesetzt. Dieser gemeinschaftsrechtliche Aufenthaltstitel gewährt Drittstaatsangehörigen eine privilegierte Rechtsstellung, die derjenigen der Unionsbürger sehr nahe kommt.[111] Drittstaatsangehörige, denen eine Erlaubnis zum **Daueraufenthalt-EG** erteilt wurde, sind gem. Art. 11 der EU-Daueraufenthaltsrichtlinie grundsätzlich eigenen Staatsangehörigen gleichzustellen. Dies gilt insbesondere hinsichtlich des Zugangs zum Hoheitsgebiet der Mitgliedstaaten, des Zugangs zu abhängiger oder selbstständiger Erwerbstätigkeit, der Beschäftigungs- und Arbeitsbedingungen, der Anerkennung von Prüfungszeugnissen, der Gewährung von Sozialleistungen und Sozialhilfe, sozialen und steuerlichen Vergünstigungen und dem Zugang zu Waren und Dienstleistungen. Ferner genießen Drittstaatsangehörige, denen eine Erlaubnis zum **Daueraufenthalt-EG** erteilt wurde, besonderen Ausweisungsschutz (vgl. Art. 12 EU-Daueraufenthaltsrichtlinie).

108 Vgl. hierzu oben unter Rn 77 ff.

109 Vgl. Gesetzesbegründung zum Entwurf eines Gesetzes zur Umsetzung der Hochqualifizierten-Richtlinie der EU, BT-Drucks. 17/8682 v. 15.2.2012, S. 1.

110 RL 2003/109/EG betreffend die Rechtsstellung der langfristig aufenthaltsberechtigten Drittstaatsangehörigen, ABl L 16 v. 25.11.2003, S. 44.

111 Renner/*Dienelt*, Erster Teil – § 9a Rn 2 ff.

b) Voraussetzungen für den Daueraufenthalt-EG

Voraussetzungen für die Erteilung einer Erlaubnis zum **Daueraufenthalt-EG** sind insbesondere, dass sich der begünstigte Drittstaatsangehörige seit fünf Jahren mit rechtmäßigem Aufenthaltstitel im Bundesgebiet aufhält, sein Lebensunterhalt und derjenige seiner Angehörigen, denen er Unterhalt zu leisten hat, gesichert ist und er über ausreichende Kenntnisse der deutschen Sprache und Grundkenntnisse der Rechts- und Gesellschaftsordnung Deutschlands verfügt. Damit entsprechen die Voraussetzungen der Erteilung einer Erlaubnis zum **Daueraufenthalt-EG** im Wesentlichen denen der Erteilung einer Niederlassungserlaubnis. Beachtlich sind jedoch die Regelungen des § 9b AufenthG, die genauer bestimmen, welche Zeiten auf den erforderlichen fünfjährigen Aufenthalt im Bundesgebiet anzurechnen sind. 111

Nach § 9b AufenthG werden auf den erforderlichen Aufenthalt im Bundesgebiet auch Zeiten angerechnet, in denen sich der drittstaatsangehörige Ausländer außerhalb des Bundesgebiets aufhielt, jedoch einen Aufenthaltstitel für die Bundesrepublik besaß und sich wegen einer Entsendung aus beruflichen Gründen im Ausland aufhielt, § 9b Abs. 1 S. 1 Nr. 1 Buchst. a) AufenthG. Hiervon profitieren vor allem hochqualifizierte Dienstleister und Führungskräfte. Anrechenbar sind gem. § 9b Abs. 1 S. 1 Nr. 1 Buchst. a) AufenthG auch mehrere Auslandsaufenthalte bis zu sechs Monaten. Ferner kann die zuständige Ausländerbehörde gem. § 51 Abs. 1 Nr. 7 AufenthG eine verlängerte Wiedereinreisefrist genehmigen, mit der Folge, dass auch über sechs Monate hinausgehende **Auslandsaufenthalte** anrechenbar sind.[112] Hält sich der Ausländer innerhalb der Fünf-Jahres-Frist jedoch mehrmals im Ausland auf, sind weitere Auslandsaufenthalte gem. § 9b Nr. 1 Buchst. b) AufenthG nur dann anrechnungsfähig, wenn der Gesamtaufenthalt im Ausland grundsätzlich zehn Monate nicht überschreitet. 112

Ferner wird gem. § 9b Abs. 1 S. 1 Nr. 2 AufenthG ehemaligen Inhabern einer Niederlassungserlaubnis oder einer **Erlaubnis zum Daueraufenthalt-EG** der erneute Erwerb einer Erlaubnis zum **Daueraufenthalt-EG** erleichtert, indem Zeiten eines früheren Aufenthaltes im Bundesgebiet mit Aufenthaltserlaubnis, Niederlassungserlaubnis oder Erlaubnis zum **Daueraufenthalt-EG** bis zu vier Jahren angerechnet werden können. Erforderlich ist jedoch, dass die Niederlassungserlaubnis oder Erlaubnis zum Daueraufenthalt-EG allein durch einen Auslandsaufenthalt oder dadurch erloschen ist, dass der Ausländer in einem anderen EU-Mitgliedstaat eine langfristige Aufenthaltsberechtigung erlangt hat. Aus der RL 2003/109/EG, welche mit § 9b AufenthG umgesetzt wurde, ergeben sich jedoch weitere Einschränkungen. So sind Zeiten eines früheren Aufenthaltes im Bundesgebiet zu Studien- oder Ausbildungszwecken beispielsweise nur zur Hälfte anrechenbar. Ausgenommen von dieser Einschränkung sind Promotionsstudenten, die den vollen Zeitraum eines Aufenthaltes zum Zweck der Promotion anrechnen können.[113] 113

112 Renner/*Dienelt*, Erster Teil – § 9b Rn 8.
113 Renner/*Dienelt*, Erster Teil – § 9b Rn 18, 21.

114 Auch Zeiten, in denen der Ausländer **freizügigkeitsberechtigt** war, können gem. § 9b Abs. 1 S. 1 Nr. 3 AufenthG angerechnet werden.

c) Die Sicherung des Lebensunterhaltes (§ 9c AufenthG)

115 Zur Sicherung des **Lebensunterhaltes** sind feste und regelmäßige Einkünfte i.S.d. § 9a Abs. 2 Nr. 2 AufenthG erforderlich. Diese liegen in der Regel vor, wenn der Ausländer seine steuerlichen Verpflichtungen erfüllt hat und er oder sein Ehegatte im In- oder Ausland Beiträge oder Aufwendungen für eine angemessene **Altersvorsorge** geleistet hat. Darüber hinaus muss nach § 9c Abs. 1 Nr. 3 AufenthG eine gesetzliche Kranken- und Pflegeversicherung oder ein gleichwertiger unbefristeter, verlängerbarer Versicherungsschutz vorliegen. Regelmäßige Einkünfte aus einer Erwerbstätigkeit, sowie die dafür erforderlichen Erlaubnisse (§ 9c S. 1 AufenthG) sind ebenfalls notwendig. Bei Ehegatten, die in einer ehelichen Lebensgemeinschaft leben, ist es insoweit ausreichend, wenn nur ein Ehegatte regelmäßige Einkünfte bezieht (§ 9c S. 2 AufenthG).

d) Neuerungen durch das Gesetz zur Umsetzung der Hochqualifizierten-Richtlinie der EU vom 1.6.2011

116 Auf den erforderlichen Aufenthalt werden gem. § 9b Abs. 2 AufenthG auch Zeiten angerechnet, in denen der Ausländer eine **Blaue Karte EU** besitzt, die von einem anderen Mitgliedstaat der EU erteilt wurde. Voraussetzung ist, dass der Aufenthalt in dem anderen EU-Mitgliedstaat mindestens 18 Monate betragen hat und er bei Antragsstellung seit mindestens zwei Jahren eine **Blaue Karte EU** im Bundesgebiet innehat.[114] Nicht angerechnet werden jedoch die Zeiten, in denen sich der Ausländer nicht in der EU aufgehalten hat, außer der Aufenthalt außerhalb der EU findet für weniger als zwölf aufeinanderfolgende Monate statt. Zu beachten ist, dass der Gesamtaufenthalt im Ausland während der Fünf-Jahres-Frist 18 Monate nicht übersteigen darf. Ferner treffen diese Regelungen zur Anrechnung auch auf die Familienangehörigen des **Blaue Karte EU**-Inhabers zu, soweit ihnen ebenfalls eine Aufenthaltserlaubnis nach den §§ 30 oder 32 AufenthG erteilt wurde.

V. Aufenthaltszwecke

117 Unter welchen Voraussetzungen ein Aufenthaltstitel erteilt wird, hängt maßgeblich von dem Zweck des Aufenthaltes ab. Die Abschnitte 3 bis 7 des AufenthG enthalten für die verschiedenen **Aufenthaltszwecke** (Erwerbstätigkeit, Studium, Familiennach-

114 *Kolodziej*, Infobrief des Wissenschaftlichen Dienstes des Bundestages, WD 6 – 3010-189/11, S. 11.

zug) jeweils unterschiedliche Voraussetzungen für die Erteilung eines Aufenthaltstitels zum jeweiligen Zweck. Weiterhin regeln sie die Beteiligung der Bundesarbeitsagentur im Erteilungs- und Genehmigungsverfahren.

1. Aufenthalt zum Zweck der Erwerbstätigkeit

a) Die Grundsätze des Aufenthaltes zum Zweck der Erwerbstätigkeit

Eines der Ziele des deutschen Ausländerrechtes ist es, eine vorausschauende, auf 118 die Bedürfnisse Deutschlands abgestimmte Bildungs- und Arbeitsmarktpolitik zu verfolgen. Schon mit der Reform des Ausländerrechtes 2004 und mit der Umsetzung der Hochqualifizierten-Richtlinie zum 1.8.2012 soll dem gestiegenen Bedürfnis nach Zuzug und Austausch hochqualifizierter Arbeitskräfte auf dem deutschen Arbeitsmarkt Rechnung getragen werden. Attraktive Bedingungen sollen insbesondere auch für den nachhaltigen und zukunftsorientierten Ausbau des Wissenschafts- und Hochschulstandortes Deutschland geschaffen werden.[115]

Ausländern kann demnach gem. § 18 AufenthG eine befristete Aufenthaltserlaub- 119 nis zum Zweck der Beschäftigung erteilt werden, wenn hierdurch ein konkreter Bedarf an Arbeitskräften auf dem deutschen Arbeitsmarkt gedeckt wird. Mit § 21 AufenthG wurde erstmals eine Rechtsgrundlage eigens für die Neuzuwanderung von Ausländern geschaffen, die in Deutschland einer selbstständigen Tätigkeit nachgehen wollen.[116] Dies wurde nochmals ergänzt durch die Gesetzesänderung zum 1.8.2012. **Hochqualifizierten Ausländern** kann nun gem. § 19a AufenthG unter erleichterten Bedingungen eine Aufenthaltserlaubnis (**Blaue Karte EU**) erteilt werden. Durch die Umsetzung der Blaue Karte EU-Richtlinie gem. § 19a AufenthG sind die Voraussetzungen der Zuwanderung somit nochmals gelockert worden.

b) Das Erfordernis einer Beschäftigungserlaubnis

Ausländer unterliegen im Bundesgebiet grundsätzlich einem Arbeitsverbot mit 120 **Erlaubnisvorbehalt.** Einer Erwerbstätigkeit darf demnach nur der Ausländer nachgehen, dessen Aufenthaltstitel hierzu berechtigt. Die Beschäftigungserlaubnis wird seit 2005 regelmäßig nicht mehr in einem gesonderten Verfahren durch die Bundesagentur für Arbeit erteilt. Die Erteilung der Beschäftigungserlaubnis ist nunmehr einbezogen in ein einheitliches Verfahren zwischen Auslandsvertretung, Bundesverwaltungsamt und ZAV.

---

115 BR-Drucks. 22/03 v. 16.1.2003, S. 135.

116 Renner/*Röseler*, Erster Teil – § 21 Rn 2.

Praxistipp
Informationen über die zuständigen **ZAV**-Dienststellen werden von der Bundesagentur für Arbeit unter http://www.arbeitsagentur.de/nn_29928/Navigation/Dienststellen/besondere-Dst/ZAV/ZAV-Nav.html zur Verfügung gestellt.

121 **Unionsbürger** (Ausnahmen gelten noch für rumänische und bulgarische Staatsangehörige) sowie die Staatsangehörigen der EWR-Staaten genießen unbeschränkten Zugang zum deutschen Arbeitsmarkt. Sie benötigen keine Arbeitsgenehmigung. Gleiches gilt für ihre Familienangehörigen.[117] **EU-Staatsangehörige** erhielten früher eine Freizügigkeitsbescheinigung über das gemeinschaftliche Aufenthaltsrecht. Drittstaatsangehörige Familienangehörige haben Anspruch auf die Erteilung einer sog. Aufenthaltskarte.[118] **Schweizer Staatsbürger** und ihre Familien genießen ebenfalls grundsätzlich Arbeitnehmerfreizügigkeit. Sie erhalten aber deklaratorisch (formal) eine Aufenthaltskarte.[119]

122 Staatsangehörige **Bulgariens** und **Rumäniens** sowie deren Familienangehörige erhielten nach dem Freizügigkeitsgesetz in der alten Fassung als EU-Bürger ebenfalls eine Freizügigkeitsbescheinigung. Wollen sie in Deutschland einer Beschäftigung nachgehen, müssen sie jedoch bis 31.12.2013 weiterhin zusätzlich eine Arbeitsgenehmigung-EU beantragen. Ausnahmen gelten hierbei für **Fachkräfte** und ihre freizügigkeitsberechtigten Familienangehörigen, sofern die betreffende Fachkraft eine Hochschulausbildung oder eine vergleichbare Qualifikation besitzt und zur Ausübung einer der beruflichen Qualifikation entsprechenden Beschäftigung (§ 12b Abs. 1 der Verordnung über die Arbeitsgenehmigung für ausländische Arbeitnehmer (ArgV) im Bundesgebiet eingesetzt wird. Ausgenommen sind auch **Auszubildende** für eine qualifizierte betriebliche Ausbildung in einem staatlich anerkannten oder vergleichbar geregelten Ausbildungsberuf (§ 12c ArgV). Eine weitere Ausnahme gilt für Staatsangehörige der Republik Bulgarien und der Republik Rumänien für eine **Saisonbeschäftigung** nach § 18 BeschV (§ 12e ArgV). Für die genannten Ausnahmen wird regelmäßig keine Arbeitsgenehmigung-EU mehr benötigt. In allen anderen Fällen ist ausschließlich die **ZAV** für die Erteilung der Arbeitsgenehmigung-EU zuständig. Für einige Wirtschaftszweige gibt es im Werkvertragsbereich Kontingente für die Entsendung von Arbeitnehmern nach Deutschland (z.B. im Baubereich).[120] Im Rahmen von Dienstleistungen dürfen Rumänen und Bulgaren in aller Regel jedoch ohne ausländerrechtliche Genehmigung nach Deutschland entsandt werden.

---

117 Hofmann/Hoffmann/*Stiegeler*, 1. AufenthG – § 18 Rn 1 und 2.

118 Hofmann/Hoffmann/*Stiegeler*, 1. AufenthG – § 18 Rn 3.

119 Vgl. zur rechtlichen Sonderstellung Schweizer Staatsbürger das „Abkommen zwischen der Schweizerischen Eidgenossenschaft einerseits und der Europäischen Gemeinschaft und ihren Mitgliedstaaten andererseits über die Freizügigkeit" v. 21.6.1999 (sog. Personenfreizügigkeitsabkommen).

120 Vgl. Merkblatt 16a der Bundesagentur für Arbeit, Stand Mai 2011.

Bei der Erteilung eines Aufenthaltstitels an Drittstaatsangehörige ist regelmäßig des Einvernehmens der ZAV erforderlich, sofern der Aufenthaltstitel den Ausländer zur Aufnahme einer Erwerbstätigkeit berechtigt, §§ 4 Abs. 2 S. 3, 39 AufenthG. Unter welchen Umständen eine Zustimmung durch die ZAV erteilt wird, regelt § 39 AufenthG i.V.m. der Beschäftigungsverordnung (BeschV) für neu einreisende Ausländer. Für bereits im Inland lebende Ausländer gilt die Beschäftigungsverfahrensverordnung (BeschVerfV). Ausnahmen gelten hinsichtlich des **Zustimmungserfordernisses** der ZAV insbesondere für die Verfahren nach §§ 2 bis 16 BeschV. In diesen Fällen kann die Ausländerbehörde bzw. die Auslandsvertretung allein über die Erteilung des Aufenthaltstitels entscheiden. 123

Eine Besonderheit besteht bei dem Zustimmungserfordernis der **ZAV** im Fall der Erteilung einer **Blaue Karte EU**. In den Fällen, in denen die Mindestgehaltsgrenze von derzeit 46.400 € (seit 1.1.2013) erreicht wird, ist eine Zustimmung regelmäßig gem. § 3a BeschV nicht erforderlich. Die Zustimmung ist auch regelmäßig entbehrlich, wenn der Ausländer über einen deutschen Hochschulabschluss verfügt und einen der durch Rechtsverordnung festgelegten Mangelberufe (derzeit: Naturwissenschaftler, Mathematiker, Ingenieure, Ärzte, IT-Fachkräfte) ausübt, wenn er die niedrigere Mindestgehaltsgrenze für diese Berufsgruppen in Höhe von derzeit 36.192 € (in 2013) aufweist. Das BMI kann gem. § 19a Abs. 2 AufenthG durch Rechtsverordnung die Höhe des Gehaltes und die Mangelberufe festlegen. 124

In allen Fällen der §§ 18, 18b, 19 und 19a AufenthG ist generell zu beachten, dass der Ausländerbehörde bzw. der Auslandsvertretungen im Rahmen der pflichtgemäßen Ermessensausübung das Recht vorbehalten wurde, die **ZAV** auch in Fällen zu beteiligen, in denen sie deren Zustimmung nicht bedarf (§ 72 Abs. 7 AufenthG). 125

2. Die Erteilung eines Aufenthaltstitels zum Zweck der Beschäftigung (§ 18 AufenthG)

Die Erteilung von Aufenthaltstiteln nach § 18 AufenthG ist abhängig von den Erfordernissen des Wirtschaftsstandortes Deutschland unter Berücksichtigung der Verhältnisse auf dem deutschen Arbeitsmarkt, § 18 Abs. 1 S. 1 AufenthG. Sie dient damit ausschließlich den wirtschaftlichen und sozialpolitischen Interessen Deutschlands.[121] Der sog. **Anwerbestopp** für Ausländer, Leitlinie des deutschen Ausländerrechtes seit 1973, gilt in Bezug auf § 18 AufenthG damit grundsätzlich weiter, insbesondere für nicht und schlecht qualifizierte Ausländer.[122] Dies ist bei **Ermessensentscheidungen** der Ausländerbehörden bzw. der Auslandsvertretungen nach § 18 Abs. 2 AufenthG zu berücksichtigen.[123] 126

121 *Hailbronner*, Rn 153.

122 Renner/*Röseler*, § 18 Rn 2 f.; Hofmann/Hoffmann/*Stiegeler*, 1. AufenthG – § 18 Rn 7.

123 Storr u.a./*Storr*/*Kreuzer*, § 18 Rn 18.

127 Begehrt der Ausländer eine Aufenthaltserlaubnis zum Zweck der unselbstständigen **Erwerbstätigkeit**, sind grundsätzlich zwei Fälle zu unterscheiden: Die Beschäftigung setzt eine qualifizierte Berufsausbildung voraus oder die Beschäftigung kann ohne eine qualifizierte Ausbildung ausgeübt werden. In beiden Fällen liegt es gem. § 18 Abs. 2 AufenthG im **Ermessen** der Ausländerbehörde bzw. der Auslandsvertretung, einen Aufenthaltstitel zum Zweck der Ausübung einer **Beschäftigung** zu erteilen. Voraussetzung einer Erteilung ist immer, dass dem Ausländer ein konkretes Arbeitsplatzangebot vorliegt. Ferner ist regelmäßig erforderlich, dass die ZAV der Bundesagentur für Arbeit der Erteilung des Aufenthaltstitels zugestimmt hat. Alternativ ist die Erteilung des Aufenthaltstitels insbesondere dann möglich, wenn durch Rechtsverordnung nach § 42 AufenthG die Ausübung der angestrebten Beschäftigung in Deutschland ohne entsprechende Zustimmung zulässig ist.

a) Beschäftigung mit qualifizierter Berufsausbildung (§ 18 Abs. 2, Abs. 4 AufenthG)

128 Ein Aufenthaltstitel zur Ausübung einer Beschäftigung in Deutschland kann nach § 18 Abs. 2, Abs. 4 AufenthG erteilt werden, wenn die angestrebte Tätigkeit eine **qualifizierte Berufsausbildung** voraussetzt. Dem Ausländer muss gem. § 18 Abs. 5 AufenthG ein konkretes Arbeitsplatzangebot vorliegen. Ferner muss die angestrebte Beschäftigung gem. § 18 Abs. 4 S. 1 AufenthG ihren Umständen nach grundsätzlich einer Berufsgruppe zuzuordnen sein, die durch eine Rechtsverordnung hierfür zugelassen ist.

129 Welche Tätigkeit eine **qualifizierte Berufsausbildung** voraussetzt, wird vom AufenthG nicht geregelt. In § 25 S. 2 BeschV wird jedoch klargestellt, dass eine qualifizierte Berufsausbildung eine Ausbildungsdauer von mindestens zwei Jahren voraussetzt.[124]

130 Der Ausländer muss ein **konkretes Arbeitsplatzangebot** vorlegen. Die Erteilung eines Aufenthaltstitels gem. § 18 AufenthG ist regelmäßig ausgeschlossen für die Arbeitssuche in Deutschland.[125] Konkret ist ein Angebot, wenn es sich auf eine bestimmte Person und einen bestimmten Arbeitsplatz bezieht. Es muss so präzisiert sein, dass der Inhalt des Arbeitsvertrages feststeht. Nur so kann eine **Arbeitsmarktprüfung** nach § 39 Abs. 2 AufenthG durchgeführt werden. Das Angebot muss daher mindestens nachprüfbare Angaben hinsichtlich der Arbeitsbedingungen, des Arbeitsentgelts und der Arbeitszeiten enthalten, vgl. § 39 Abs. 2 S. 3 AufenthG.[126]

---

124 Renner/*Röseler*, § 18 Rn 11.

125 Anderes gilt etwa nach Abschluss eines Hochschulstudiums gem. § 16 Abs. 4 AufenthG oder hinsichtlich der Arbeitsplatzsuche für qualifizierte Fachkräfte nach § 18c AufenthG; vgl. hierzu auch Rn 191.

126 Storr u.a./*Storr/Kreuzer*, § 18 Rn 25.

Der Nachweis des konkreten Arbeitsplatzangebotes kann regelmäßig geführt werden durch: 131
- Vorlage eines Arbeitsvertrages (beispielsweise unter der aufschiebenden Bedingung der Erteilung der Arbeitserlaubnis),
- Vorlage einer verbindlichen Zusicherung des Arbeitgebers, den Ausländer einzustellen.

Letztlich darf eine Aufenthaltserlaubnis nach § 18 Abs. 4 S. 1 AufenthG nur erteilt werden, wenn die angestrebte Beschäftigung zu einer Berufsgruppe zählt, die durch Rechtsverordnung nach § 42 AufenthG zugelassen ist. Zugelassen sind zum einen die in Abschnitt 1 der BeschV genannten zustimmungsfreien Beschäftigungen. Zum anderen gelten solche Beschäftigungen als zugelassen, denen nach Abschnitt 4 der BeschV die Zustimmung der ZAV erteilt wurde. 132

b) Beschäftigung ohne qualifizierte Berufsausbildung (§ 18 Abs. 2, Abs. 3 AufenthG)

Laut § 18 Abs. 3 AufenthG kann die Ausländerbehörde bzw. die Auslandsvertretung grundsätzlich auch eine Aufenthaltserlaubnis für Beschäftigungen erteilen, die keine **qualifizierte Berufsausbildung** voraussetzen. Die §§ 17 bis 24 BeschV (Saisonbeschäftigung, Au-pair, Hausangestellte von Entsandten, etc.) enthalten allerdings einen abschließenden Katalog der Beschäftigungen, die keine qualifizierte Berufsausbildung voraussetzen und zu deren Ausübung eine Aufenthaltserlaubnis erteilt werden kann. Auch hier muss hinsichtlich der angestrebten Beschäftigung ein konkretes Arbeitsplatzangebot vorliegen und die Bundesagentur für Arbeit der Erteilung des Aufenthaltstitels grundsätzlich zugestimmt haben. 133

c) Beteiligung der Bundesagentur für Arbeit – ZAV (§§ 18 Abs. 2, 39 AufenthG)

Die Ausländerbehörde bzw. die Auslandsvertretung kann einen Aufenthaltstitel nach § 18 AufenthG grundsätzlich nur mit Zustimmung der Bundesagentur für Arbeit **(ZAV)** erteilen. Ausnahmen von diesem Grundsatz können sich beispielsweise aus der BeschV ergeben, vgl. §§ 18 Abs. 2, 39 Abs. 1 AufenthG. Unter welchen Voraussetzungen die ZAV der Erteilung eines Aufenthaltstitels nach § 18 AufenthG durch die Ausländerbehörden bzw. die Auslandsvertretungen zustimmen kann, ist in § 39 Abs. 2 bis Abs. 5 AufenthG geregelt. Weitere Regelungen zu besonderen Zustimmungsverfahren enthält auch die BeschV selbst. Konkret prüft die ZAV der Bundesagentur regelmäßig, ob hinsichtlich einer bestimmten Arbeitsstelle die Möglichkeit und die Notwendigkeit bestehen, einen Ausländer zu beschäftigen. Insbesondere wird geprüft, ob beispiels- 134 weise bevorrechtigte Arbeitnehmer (deutsche oder europäische Arbeitnehmer) für diese Stelle zu berücksichtigen sind.[127]

135 Regelmäßig prüft die **ZAV** der Bundesagentur vor der Erteilung ihrer Zustimmung, ob dem eingesetzten ausländischen Arbeitnehmer Arbeitskonditionen in Deutschland gewährt werden, die mit den **Arbeitskonditionen** deutscher Arbeitnehmer im Wesentlichen vergleichbar sind, § 39 Abs. 2 S. 1 Hs. 2 AufenthG. Andere Arbeitnehmer sollen nicht dadurch benachteiligt werden, dass mit ausländischen Bewerbern ungünstigere Arbeitsbedingungen vereinbart werden. Ausländische Beschäftigte sollen gleichzeitig vor Ausbeutung und jeder Form der **Diskriminierung** geschützt werden. Den Vergleichsmaßstab für Arbeitszeit, Lohn, Urlaub etc. bilden die in Deutschland geltenden (beispielsweise tarifvertraglichen) Regelungen. Der Vergleich ist zu beziehen auf die Arbeitsbedingungen von Beschäftigten, welche die für die offene Stelle notwendigen Anforderungen erfüllen.[128] Teilweise wird in der Literatur nunmehr vertreten, eine Orientierung an Tarifgehältern sei angesichts des Bedeutungsverlustes der Flächentarifverträge verfehlt (negative Koalitionsfreiheit). Entscheidend sei nunmehr nur noch, dass der Arbeitgeber betriebs- oder unternehmensintern Ausländer und Deutsche nicht unterschiedlich behandele.[129] In jedem Fall muss das **Stellenangebot** aber den Mindestanforderungen des § 36 SGB III genügen.[130]

136 Die Ausländerbehörde bzw. Auslandsvertretung ist hierbei regelmäßig an die Feststellungen der Bundesagentur für Arbeit gebunden. Die unbestimmten Rechtbegriffe des § 18 Abs. 1 und 4 AufenthG erfordern, dass die arbeitspolitischen Zielsetzungen sowie die konkrete Situation auf dem **Arbeitsmarkt** bewertet werden. Hat die **ZAV** der Bundesagentur für Arbeit ihre Zustimmung erteilt, so ist grundsätzlich davon auszugehen, dass spezifische arbeitspolitische Gesichtspunkte der positiven Bescheidung eines Antrags auf Erteilung eines Aufenthaltstitels nach § 18 AufenthG nicht entgegenstehen.[131]

d) Die Erteilung der Zustimmung (§ 39 Abs. 2 S. 1 Nr. 1 AufenthG)

137 Nach § 39 Abs. 2 S. 1 Nr. 1 AufenthG kann die Bundesagentur für Arbeit der Erteilung eines Aufenthaltstitels im Wege einer Prognoseentscheidung nach § 18 AufenthG zustimmen. Es erfolgt jeweils eine Betrachtung des Einzelfalles. Einerseits dürfen sich keine nachteiligen Auswirkungen aus der Beschäftigung des Ausländers für den deutschen Arbeits-

---

127 BMI-VwV AufenthG v. 26.9.2009, Rn 18.2.1.

128 Vgl. Renner/*Röseler*, Erster Teil – § 39 Rn 17; für weitergehende Informationen BMI-VwV AufenthG v. 26.9.2009, Rn 18.2.1.

129 Renner/*Röseler*, Erster Teil – § 18 Rn 15.

130 DA-AufenthG, Rn 1.39.220.

131 BMI-VwV AufenthG v. 26.9.2009, Rn 18.2.1.

markt ergeben, § 39 Abs. 2 S. 1 Nr. 1 Buchst. a) AufenthG (sog. **Arbeitsmarktprüfung**). Andererseits ist regelmäßig zu prüfen, ob nicht deutsche Arbeitnehmer sowie Ausländer zur Verfügung stehen, denen ein vorrangiger Zugang zum deutschen Arbeitsmarkt zukommt, § 39 Abs. 2 S. 1 Nr. 1 Buchst. b) AufenthG (sog. **Vorrangprüfung**). Ferner dürfen Ausländer nicht zu ungünstigeren Arbeitsbedingungen als vergleichbare deutsche Arbeitnehmer beschäftigt werden. Durchgeführt werden Arbeitsmarkt- und Vorrangprüfungen regelmäßig durch die regionalen Agenturen für Arbeit, da nur sie in der Lage sind, die Arbeitsmarktsituation am Beschäftigungsort realistisch zu bewerten.[132] Ihre Ergebnisse leiten diese nach Abschluss der Prüfung an die zuständige ZAV weiter.

e) Die Arbeitsmarktprüfung

Bei der Prüfung der **Arbeitsmarktsituation** ziehen die zuständigen regionalen Agen- 138
turen für Arbeit u.a. folgende Kriterien heran:[133]
- die Zahl der Arbeitslosen,
- das Vorliegen besonderer Umstände, die etwa verhindern, dass bevorrechtigte Arbeitnehmer vorgeschlagen werden können,
- der offensichtliche Rückgang der Beschäftigung in einer Branche,
- die voraussichtliche Entwicklung in einer Branche, z.B. Strukturwandel vom produzierenden Gewerbe zum Dienstleistungsbereich.

Ferner sollen sich die regionalen Agenturen für Arbeit bei ihrer Prüfung an den 139
Grundsätzen der §§ 1 und 2 SGB III orientieren.[134] Zu berücksichtigende Faktoren sind demnach insbesondere:
- Angebot und Nachfrage auf dem **Arbeitsmarkt**,
- das Ziel der zügigen Besetzung offener Arbeitsstellen,
- das Ziel der Reduzierung unqualifizierter Beschäftigung.

f) Die Vorrangprüfung

Die Zustimmung der Bundesagentur für Arbeit **(ZAV)** darf nur erteilt werden, wenn 140
im Einzelfall für die zu besetzende Stelle keine deutschen Arbeitnehmer sowie solche Ausländer für eine Vermittlung zur Verfügung stehen, die Deutschen hinsichtlich der Arbeitsaufnahme rechtlich gleichgestellt sind **(bevorrechtigte Arbeitnehmer)**.

Bevorrechtigt im Sinne des Gesetzes sind demnach regelmäßig:[135] 141
- deutsche Staatsbürger,
- **Unionsbürger**, Staatsangehörige der **EWR-Staaten**,

---

132 DA-AufenthG, Rn 1.39.211.
133 DA-AufenthG, Rn 1.39.211.
134 DA-AufenthG, Rn 1.39.211.
135 DA-AufenthG, Rn 1.39.212.

- bulgarische und rumänische Staatsangehörige im Rahmen der Gemeinschaftspräferenz,
- **Schweizer Bürger** nach dem **„Freizügigkeitsabkommen EU – Schweiz"**,
- ausländische Arbeitnehmer mit einer bereits erteilten Arbeitsberechtigung,
- Ausländer mit bereits erteilter Niederlassungserlaubnis nach § 9 oder § 19 AufenthG,
- Ausländer mit bereits erteilter Erlaubnis zum Daueraufenthalt-EG (§ 9a AufenthG),
- Ausländer mit einer Aufenthaltserlaubnis (neu), die eine Arbeitsaufnahme bereits zulässt.

g) Mitwirkungspflichten des Arbeitgebers

142 Den Arbeitgeber treffen Mitwirkungspflichten bei der Prüfung durch die Bundesagentur für Arbeit nach § 39 Abs. 2 S. 1 Nr. 1 Buchst. b) AufenthG. Er muss grundsätzlich nachweisen, dass er über einen angemessenen Zeitraum erfolglos versucht hat, **bevorrechtigte Arbeitnehmer** zu gewinnen. Der Nachweis kann insbesondere dadurch geführt werden, dass der Arbeitgeber einen Vermittlungsauftrag (Stellenangebot) für die zu besetzende Stelle bei der Arbeitsagentur einreicht.[136] Gibt der Arbeitgeber bei der Arbeitsagentur kein Stellenangebot auf, ist er dennoch verpflichtet, Auskunft über das regelmäßige Arbeitsentgelt, die beabsichtigten Arbeitszeiten und die sonstigen Arbeitsbedingungen des Ausländers, den er zu beschäftigen wünscht, gem. § 39 Abs. 2 S. 3 AufenthG zu geben.

! **Praxistipp**

Zusätzlich sollte der Arbeitgeber Nachweise über sonstige **Stellenausschreibungen** (Internet, Zeitschriften etc.) oder die Einschaltung eines Personalberaters sowie über eingegangene, aber unpassende Bewerbungen vorlegen.

---

143 Die Zustimmung der **ZAV** der Bundesagentur kann nicht erteilt werden, wenn die Besetzung des freien Arbeitsplatzes durch geeignete bevorrechtigte Arbeitnehmer zwar möglich wäre, der Arbeitgeber dies aber ablehnt. Die Zustimmung kann auch nicht erteilt werden, wenn der Arbeitsgeber sachlich nicht gerechtfertigte Anforderungen an potenzielle Bewerber stellt, um die mögliche Einstellung eines bevorrechtigten Arbeitnehmers zu verhindern. Beispielhaft ist der Fall, dass der Arbeitgeber von Bewerbern für die Stelle objektiv nicht erforderliche Sprachkenntnisse fordert.[137] Das ausschließliche Interesse eines Arbeitgebers, einen bestimmten Ausländer zu beschäftigen, reicht für die Erteilung der Zustimmung regelmäßig nicht aus. Gleich-

---

136 DA-AufenthG, Rn 1.39.215.
137 DA-AufenthG, Rn 1.39.215.

wohl kommt ausnahmsweise eine Zustimmung in Betracht, sofern der Arbeitgeber die Beschäftigung eines bestimmten Ausländers aus besonderen objektiv und sachlich gerechtfertigten Gründen beantragt, die in seinem individuellen Geschäftsinteresse liegen.[138]

h) Das Prüfungsverfahren

Praktisch werden seitens der Agenturen für Arbeit nur selten **Einzelfallprüfungen** 144
und Prognosen nach § 39 Abs. 2 S. 1 AufenthG vorgenommen. Stattdessen werden Listen von Tätigkeiten, Berufen oder Wirtschaftszweigen erstellt, in denen aufgrund der aktuellen **Arbeitsmarktlage** eine Beschäftigung von Ausländern grundsätzlich nicht zulässig sein soll.[139]

Aktuell werden z.B. bundesweit keine Zustimmungen erteilt für[140] neu einrei- 145
sende Spezialitätenköche aus der Türkei und den Nachfolgestaaten des ehemaligen Jugoslawien.

Eine Zustimmung der ZAV kann gem. § 39 Abs. 2 S. 1 letzter Hs. AufenthG nur 146
erteilt werden, wenn der Ausländer nicht zu ungünstigeren **Arbeitsbedingungen** als vergleichbare deutsche Arbeitnehmer beschäftigt wird.[141] Vergleichsmaßstab sind die Arbeitsbedingungen anderer Arbeitnehmer im selben Betrieb sowie gesetzliche und tarifliche Regelungen. Zu den relevanten Arbeitskonditionen zählen u.a. neben dem vereinbarten Beginn und Ende des Arbeitsverhältnisses die Arbeitszeit, Probezeitregelungen, Kündigungsfristen, der vereinbarte Arbeitsort, die Bezeichnung und der Inhalt der zu leistenden Tätigkeit, Höhe und Fälligkeit des Arbeitsentgelts sowie die jährliche Urlaubsdauer und vereinbarte Überstundenregelung.

Beispiel

Für einen ausländischen Ingenieur, der in Deutschland bei einem Anlagenbauer tätig werden soll, wird als Referenzgehalt die **Vergütung** für Ingenieure nach den Tarifverträgen der Metall- und Elektroindustrie des jeweiligen Bundeslandes herangezogen. Regelmäßig werden mindestens die **Vergütungsgruppen** für Berufseinsteiger genommen. Wenn der Ausländer jedoch eine berufserfahrene Führungskraft ist, wird ein Vergleichsgehalt für entsprechend erfahrene inländische Ingenieure herangezogen. Arbeitgeber, die keine **Tarifverträge** anwenden, können auch ihre betriebsinterne **Vergütungsstruktur** angeben.

Weiterhin ist durch die Mitarbeiter der **ZAV** zu prüfen, ob das Stellenangebot den 147
Erfordernissen des § 36 SGB III entspricht. Demnach darf eine Zustimmung nicht

138 DA-AufenthG, Rn 1.39.217.
139 Renner/*Röseler*, Erster Teil – § 39 Rn 13.
140 DA-AufenthG, Rn 1.39.211.
141 Vgl. DA-AufenthG, Rn 1.39.220.

erteilt werden, sofern das angestrebte Arbeitsverhältnis gegen ein Gesetz oder die guten Sitten verstößt.

148 Relevant werden insofern insbesondere:

- Gesetze, die den Arbeitnehmerschutz regeln (ArbSchG, ArbZRG, MuSchG etc.),
- das Berufsbildungsgesetz (BBiG),
- allgemeine Strafvorschriften, sozialversicherungs- und steuerrechtliche Bestimmungen,
- normative Teile von Tarifverträgen.

149 Arbeitsverhältnisse können grundsätzlich nach ihrem Zweck oder aufgrund ihrer Arbeitsbedingungen sittenwidrig sein. Typischerweise ist ein Arbeitsverhältnis sittenwidrig, wenn:

- es auf die Erbringung sittlich anstößiger Leistungen gerichtet ist,
- der Arbeitnehmer zur Übernahme der Haftung bei gefahrgeneigter Arbeit verpflichtet wird,
- der vereinbarte Lohn mindestens 30 % unter dem Tariflohn oder der ortsüblichen Entlohnung liegt (vgl. Rechtsprechung des BAG zu Sittenwidrigkeit und Lohnwucher).

i) Ausnahme von der Prüfung (§ 39 Abs. 2 AufenthG)

150 Die Zustimmung der Bundesagentur für Arbeit **(ZAV)** kann ohne Prüfung nach § 39 Abs. 2 S. 1 Nr. 1 AufenthG erfolgen, wenn die Beschäftigung bei demselben Arbeitgeber fortgesetzt wird, nachdem bereits zuvor für mindestens ein Jahr eine Zustimmung erteilt worden war, vgl. § 6 BeschVerfV.

151 Bei Ausländern, die bereits eine Aufenthaltserlaubnis besitzen und zwei Jahre rechtmäßig eine **versicherungspflichtige Beschäftigung** im Bundesgebiet ausgeübt haben, kann die Zustimmung zur Ausübung einer Beschäftigung ebenfalls ohne Prüfung nach § 39 Abs. 2 AufenthG erteilt werden.

152 Weiterhin bedarf es keiner Zustimmung zur Beschäftigung bei Ausländern, die bereits eine Aufenthaltserlaubnis besitzen und zwei Jahre rechtmäßig eine **versicherungspflichtige Beschäftigung** in Deutschland ausgeübt haben oder wenn diese sich seit drei Jahren ununterbrochen erlaubt, geduldet oder mit einer Aufenthaltsgestattung in Deutschland aufhalten (§ 3b Abs. 1 BeschVerfV). Zur Bestimmung der Zeiten sind etwaige Unterbrechungen entsprechend § 51 Abs. 1 Nr. 7 AufenthG zu berücksichtigen. Zudem werden Zeiten nicht angerechnet,

- die vor dem Zeitpunkt liegen, an dem der Ausländer unter Aufgabe seines gewöhnlichen Wohnsitzes aus Deutschland ausgereist war oder
- wenn er eine nach dem AufenthG oder BeschV zeitlich begrenzte Beschäftigung ausgeübt hat oder
- für eine Beschäftigung, für die er aufgrund der BeschVerfV, BeschV oder einer zwischenstaatlichen Vereinbarung von der Zustimmungspflicht befreit war (§ 3b Abs. 2 BeschVerfV).

Weiterhin ist zu beachten, dass Zeiten eines Titels nach § 16 AufenthG (Studienzwecke) nur zur Hälfte und auch nur bis zu zwei Jahren angerechnet werden (§ 3b Abs. 3 S. 1 BeschVerfV). 153

j) Zustimmungsverfahren (neben § 39 Abs. 2 AufenthG)

Neben § 39 Abs. 2 AufenthG enthält die BeschV zahlreiche Vorschriften, nach denen die ZAV der Bundesagentur für Arbeit der Erteilung eines Aufenthaltstitel zustimmen kann. Nach § 12 Abs. 1 BeschVerfV ist diejenige ZAV zuständig, in deren Zuständigkeitsbereich der Betrieb liegt, in dem der Ausländer tatsächlich beschäftigt werden soll. Wenn der Ausländer in mehreren Betriebsstätten des Arbeitgebers eingesetzt werden soll, bestimmt sich die Zuständigkeit der ZAV nach der Betriebstätte, von der die Lohnabrechnung des Arbeitgebers ausgestellt ist. Die Zuständigkeiten wurden den Teams der ZAV in Bonn, Duisburg, Frankfurt/Main und München übertragen.[142] Welches Team für das jeweilige Verfahren zuständig ist, ergibt sich grundsätzlich aus dem Sitz der für den Arbeitgeber zuständigen Agentur für Arbeit. Für einzelne Zustimmungsverfahren bestehen besondere Zuständigkeiten innerhalb der ZAV.[143] 154

Für die Prüfung durch die Teams der ZAV sind regelmäßig die folgenden Unterlagen vorzulegen: 155

- **Qualifikationsnachweise** des Ausländers (Hochschulzeugnisse),
- Nachweise über besondere **Qualifikationen** des Ausländers (z.B. unternehmensspezifische Spezialkenntnisse),
- ausführliche Beschreibung der zu besetzenden Stelle,
- **Entsendevertrag** oder lokaler **Arbeitsvertrag** des Ausländers,
- **Formblatt** zur Ausländerbeschäftigung.

Da die Amtssprache Deutsch ist, sind alle Unterlagen grundsätzlich in Deutsch oder deutscher Übersetzung vorzulegen. Einige Behörden akzeptieren auch englischsprachige Dokumente. 156

Praxistipp !

Informationen und Kontaktadressen der zuständigen **ZAV**-Teams hält die Bundesagentur für Arbeit auf ihrer Internetseite bereit: http://www.arbeitsagentur.de/Dienststellen/besondere-Dst/ZAV/Downloads/AMZ/amz-neuausrichtung-standorte.pdf.

Im Rahmen der Umsetzung der **Hochqualifizieren-Richtlinie** der EU[144] wurde zeitgleich eine Neuerung im Verfahren eingeführt. Nach § 14a BeschVerfV (Beschäftigungsverfahrensverordnung) wurde sowohl eine Zustimmungsfiktion eingerichtet, 157

142 DA-BeschVerfV, Rn 3.12.111.

143 DA-BeschVerfV, Rn 3.12.211 ff.

144 Vgl. Gesetz zur Umsetzung der Hochqualifizierten-Richtlinie der EU v. 1.6.2012.

als auch eine Vorabprüfung ermöglicht. Demnach tritt gem. § 14a Abs. 1 BeschVerfV eine **Fiktionswirkung** der Zustimmung zur Ausübung einer Beschäftigung ein, sollte die ZAV nicht innerhalb von zwei Wochen nach Übermittlung einer Zustimmungsanfrage der zuständigen Stelle mitteilen, dass die übermittelten Informationen unzureichend sind oder der Arbeitgeber die Informationen nicht oder nicht rechtzeitig mitgeteilt hat. Es wird dadurch eine erhebliche **Verfahrensbeschleunigung** in der Behördenpraxis erwartet.

158 Im Zuge der Vorabprüfung soll die **ZAV** bereits vor der Übermittlung der Zustimmungsanfrage prüfen, ob die arbeitsmarktbezogenen Voraussetzungen für eine spätere Zustimmung vorliegen, wenn der Arbeitgeber die hierzu erforderlichen Auskünfte erteilt hat.

k) Verfahren für Fachkräfte mit anerkanntem ausländischem Hochschulabschluss (§ 27 Abs. 1 Nr. 1 BeschV)

159 Die Zustimmung zur Erteilung eines Aufenthaltstitels an ausländische Fachkräfte kann für die Ausübung einer Beschäftigung, die der beruflichen Qualifikation der ausländischen Fachkraft entspricht, gem. § 27 Abs. 1 Nr. 1 BeschV erteilt werden. Voraussetzung ist, dass die Fachkraft über einen **anerkannten ausländischen Hochschulabschluss** verfügt oder einen solchen Hochschulabschluss besitzt, der vergleichbar mit einem deutschen Hochschulabschluss ist.

160 **Fachkraft** im Sinne der Norm ist nach der Allgemeinen Verwaltungsvorschrift zum Aufenthaltsgesetz regelmäßig ein *„ausländischer Arbeitnehmer, sofern er über eine abgeschlossene Berufsausbildung oder eine mindestens sechsjährige einschlägige Berufserfahrung verfügt."*[145]

161 Der Begriff des **Hochschulabschlusses** erfasst universitäre Abschlüsse, aber auch Fachhochschulabschlüsse. Als abgeschlossenes Hochschulstudium gelten ferner Ausbildungen, deren Abschlüsse durch das Landesrecht einem Hochschulabschluss gleichgestellt sind.[146] Hinsichtlich der Bewertung ausländischer Hochschulabschlüsse kann auf die Verwaltungspraxis zu § 18a Abs. 1 Nr. 1a AufenthG zurückgegriffen werden. Die bis zum 1.4.2012 bestehenden Regelungen zur formalen Anerkennung ausländischer Abschlüsse bezogen sich in erster Linie auf EU-Bürger und Spätaussiedler. Die RL 2005/36/EG über die Anerkennung von Berufsqualifikationen begründet für **EU-Bürger** in staatlich reglementierten Berufen einen Anspruch auf Anerkennung ihrer Qualifikationen durch die jeweils zuständigen Behörden. Dies betrifft insbesondere Ärzte, Anwälte und andere verkammerte Berufsgruppen.

162 Für alle anderen Abschlüsse war in der Frage, ob sie mit einem deutschen Studienabschluss vergleichbar sind, auf die Bewertungsvorschläge der Zentralstelle für aus-

145 BMI-VwV AufenthG v. 26.9.2009, Rn 17.1.2.1.4.1.

146 DA-BeschV, Rn 2.27.110.

ländisches Bildungswesen **(ZAB)** abzustellen. Als faktisch anerkannt galt demnach ein Studienabschluss, wenn er als einem deutschen Hochschulabschluss gleichwertig oder entsprechend eingestuft wurde.[147]

Praxistipp
Diese Bewertungsvorschläge der **ZAB** sind im Internet öffentlich zugänglich unter http://www.anabin.de. **!**

Zu Recht wird darauf hingewiesen, dass die **ZAB** bei der Bewertung von Studiengängen nicht vorrangig auf die Verwertbarkeit von Abschlüssen in der Berufspraxis abzielt, sondern auf deren akademische Qualität.[148] Es stellt sich bei dieser Kritik jedoch die Frage, an welchem anderen objektiven Kriterium die Vergleichbarkeit eines Studienabschlusses festgemacht werden kann, wenn nicht an den Inhalten des Studiums selbst. Ziel der Regelung des § 27 BeschV ist es, Unternehmen mit Sitz in Deutschland zu ermöglichen, ihren Arbeitskräftebedarf mit Akademikern aus dem Ausland zu decken, insbesondere wenn es an inländischen Hochschulabsolventen für diesen Bereich fehlt, die sich auf freie Stellen bewerben.[149] Naheliegender wäre es daher, im Hinblick auf die **Vergleichbarkeit** eines Studiengangs auf die Arbeitsmarktchancen und praktische Einsatzfähigkeit der jeweiligen Absolventen abzustellen. 163

Gewisse Mindeststandards für die Vergleichbarkeit ergeben sich ferner aus dem Begriff des Studiums. Von einem vergleichbaren Studiengang ist ein Mindestmaß an akademischem Niveau zu fordern. Zumindest in Fällen, in denen Inhalt oder Umfang des ausländischen Studiums auffällig hinter Inhalt oder Umfang des deutschen Vergleichsstudiengangs zurückbleibt, ist davon auszugehen, dass der ausländische Abschluss eben nicht vergleichbar ist. Das gilt selbst dann, wenn er ebenso gut für eine bestimmte offene Arbeitsstelle befähigt. Richtig ist jedoch, dass sich Behörden der fachlichen Auseinandersetzung stellen müssen, wenn der Arbeitgeber die (begründete) Auffassung vertritt, ein ausländischer Abschluss wird zu Unrecht nicht als vergleichbar anerkannt. Die Darlegungslast für die **Vergleichbarkeit** liegt in den genannten Fällen allerdings beim Arbeitgeber. Gleiches gilt in Fällen, in denen ein ausländischer Abschluss durch die ZAB überhaupt nicht evaluiert wird.[150] 164

Mit Inkrafttreten des sog. **Anerkennungsgesetzes (BQFG)**[151] am 1.4.2012 ergeben sich für Drittstaatsangehörige in bundesrechtlich geregelten Berufen wichtige Neuerungen. Konkret betroffen sind beispielsweise alle Berufe im Bereich der Rechtspflege, Wirtschaftsprüfung und Steuerberatung, Berufe im Bereich des Gesundheits- 165

---

147 BMI-VwV AufenthG v. 26.9.2009, Rn 18a.1.1.2.
148 Renner/*Röseler*, Erster Teil – § 18 Rn 17.
149 DA-BeschV, Rn 2.27.110.
150 Renner/*Röseler*, Erster Teil – § 18 Rn 17.
151 Gesetz zur Verbesserung der Feststellung und Anerkennung im Ausland erworbener Berufsqualifikationen v. 6.12.2011, BGBl I 2011/63, S. 2515 ff.

wesens sowie des öffentlichen Dienstes. Berufsträgern innerhalb der genannten Bereiche räumen die §§ 4 Abs. 1, 9 Abs. 1 BQFG einen Anspruch auf Anerkennung der Gleichwertigkeit ihrer im Ausland erworbenen Berufsqualifikationen ein, soweit zwischen der nachgewiesenen ausländischen Berufsqualifikation und der entsprechenden inländischen Berufsbildung keine wesentlichen Unterschiede bestehen. Von Letzterem ist regelmäßig auszugehen, sofern sich der im Ausland erworbene Ausbildungsnachweis auf Kenntnisse und Fähigkeiten bezieht, die hinsichtlich Inhalt oder Ausbildungsdauer deutlich hinter jenen Kenntnissen und Fähigkeiten zurückbleiben, auf die sich entsprechende inländische Ausbildungsnachweise beziehen, §§ 4 Abs. 2, 9 Abs. 2 BQFG. Die Bewertungsvorschläge der ZAB bleiben insoweit maßgebend.[152] Zuständig für die Anerkennung **ausländischer Berufsqualifikationen** sind gem. § 8 BQFG die berufsständischen Kammern sowie für Berufe des öffentlichen Dienstes des Bundes die oberste Bundesbehörde. Ansonsten ist die IHK zuständig. Das Verfahren beträgt bis zu drei Monate. Dies ist ein Zeitraum, der für den internationalen Mitarbeiteraustausch aus praktischer Sicht jedoch inakzeptabel lang ist.

! **Praxistipp**
Unter http://anabin.kmk.org/ sind anerkannte Hochschulabschlüsse zu finden. Ansonsten bleibt es dem Arbeitgeber überlassen, auch sonstige Unterlagen über die Wertigkeit des Abschlusses vorzulegen.

---

166 Für das Verfahren nach § 27 BeschV wird grundsätzlich der Nachweis verlangt, dass ein **sozialversicherungspflichtiges Arbeitsverhältnis** mit einem Arbeitgeber in Deutschland begründet wird und dass die angestrebte Beschäftigung der beruflichen Qualifikation des Ausländers entspricht. Als der **beruflichen Qualifikation** entsprechende Beschäftigungen sind auch solche Tätigkeiten anzuerkennen, die üblicherweise einen akademischen Abschluss voraussetzen, unabhängig von der konkreten Fachrichtung der Hochschulausbildung. Die mit der Hochschulausbildung erworbenen Kenntnisse müssen aber zumindest teilweise oder mittelbar für die zu besetzende Stelle benötigt werden.[153]

167 Für Entsendungen ausländischer Mitarbeiter durch ausländische Arbeitgeber kann das Verfahren nach § 27 BeschV eben so wenig genutzt werden wie für geringfügige Beschäftigungen (§ 8 SGB IV). Regelmäßig verlangen die Behörden für Verfahren nach § 27 BeschV, dass ein lokaler deutscher **Arbeitsvertrag** vorgelegt wird. Für das Verfahren nach § 27 BeschV besteht keine Höchstgenehmigungsdauer. Zuständig ist die lokale Ausländerbehörde, in deren Zuständigkeitsbereich der Ausländer seinen privaten Wohnsitz hat. Für die erforderliche Zustimmung der Bundesagentur betei-

---

152 Vgl. Entwurf der Bundesregierung zum BQFG, BT-Drucks. 17/6260 v. 22.6.2011, S. 61, 81, 85.
153 DA-BeschV, Rn 2.27.100.

ligt die Ausländerbehörde bzw. Auslandsvertretung das jeweils regional zuständige **ZAV**-Team.

Praxistipp

Das **ZAV-Info Center** Bonn berät ausländische Bewerber auch bei der Vorbereitung der Anerkennung ihres ausländischen Hochschulabschlusses, etwa hinsichtlich der Frage nach der für die Anerkennung des Hochschulabschlusses zuständigen Stelle. Ein Servicetelefon ist hierfür eingerichtet unter der Telefonnummer 0228 713 2000.

---

l) Verfahren für ausländische IT-Fachkräfte (§ 27 S. 1 Nr. 2 BeschV)

Die Ausführungen zu § 27 S. 1 Nr. 1 BeschV gelten in entsprechend analoger Anwendung auch für die Zulassung ausländischer Fachkräfte auf dem Gebiet der **Informations- und Kommunikationstechnologie**. Beachtlich ist jedoch, dass gem. § 27 S. 1 Nr. 2 BeschV die Erteilung einer Zustimmung zur Beschäftigung ausländischer **IT-Experten** auch dann möglich ist, wenn diese im Ausland zwar keinen Hochschulabschluss erworben haben, sie aber aufgrund ausreichender praktischer Erfahrung eine mit dem Hochschulabschluss vergleichbare Qualifikation nachweisen können. Häufig wird es für das zuständige ZAV-Team der Arbeitsagentur schwierig sein, nachzuvollziehen, ob die im Ausland erworbene Berufsqualifikation eines **IT-Experten** (Abschlüsse von Privatschulen, Praxiserfahrung) diesen ähnlich qualifiziert wie den Inhaber eines anerkannten Hochschulabschlusses. Entsprechend gründlich sollten daher Anträge vom Antragsteller und Arbeitgeber begründet werden, welche sich auf die Regelung des § 27 S. 1 Nr. 2 BeschV stützen. Da in Deutschland seit Jahren bekanntermaßen ein Mangel an IT-Experten besteht, werden hinreichend begründete Anträge nach § 27 S. 1 Nr. 2 BeschV erfahrungsgemäß großzügig von den Behörden genehmigt. 168

m) Verfahren für leitende Angestellte und Spezialisten (§ 28 Nr. 1 BeschV)

Die Zustimmung der Bundesagentur kann auch für **leitende Angestellte** und **Spezialisten** eines im Inland ansässigen Unternehmens für eine qualifizierte Beschäftigung in diesem Unternehmen erteilt werden. Obwohl der Wortlaut dies nicht erkennen lässt, kann das Verfahren nach § 28 Nr. 1 BeschV für Mitarbeiter ausländischer Unternehmen im Rahmen von Entsendungen nach Deutschland genutzt werden. 169

Spezialisten im Sinne dieser Norm sind Personen, die über besondere, vor allem unternehmensspezifische Spezialkenntnisse verfügen, die sie zur Ausübung einer bestimmten Beschäftigung qualifizieren. Entscheidendes Kriterium ist ferner, dass 170 die Entlohnung eines Spezialisten regelmäßig wesentlich höher sein muss, als die eines Facharbeiters im entsprechenden Tätigkeitsbereich.[154]

171 Der **Begriff des leitenden Angestellten** ist § 5 Abs. 3 BetrVG entlehnt. Danach ist leitender Angestellter, wer zur selbstständigen Einstellung und Entlassung von im Betrieb beschäftigten Arbeitnehmern berechtigt ist. Alternativ gilt regelmäßig als leitender Angestellter, wer Generalvollmacht oder Prokura hat. Letztlich gilt als leitender Angestellter, wer weisungsfrei Aufgaben wahrnimmt, die für den Bestand und die Entwicklung des Unternehmens oder Betriebes von grundlegender Bedeutung sind, sofern diese besondere Erfahrungen und Kenntnisse voraussetzen.[155] In der Praxis muss das Vorliegen der genannten Voraussetzungen vom Antragsteller und dem einsetzenden Arbeitgeber dargelegt werden.

172 Bei **Entsendungen** durch ausländische Unternehmen muss der entsandte Arbeitnehmer regelmäßig vor der Zustimmungserteilung mindestens ein Jahr im ausländischen Unternehmensteil in entsprechender Position beschäftigt gewesen sein. Die Zustimmung zur Beschäftigung ist grundsätzlich unabhängig davon zu erteilen, ob die Fachkraft dem deutschen oder dem Sozialversicherungsrecht des Herkunftslandes während der vorübergehenden Beschäftigung in der deutschen Niederlassung des ausländischen Unternehmens unterliegt.[156]

173 Für das Verfahren nach § 28 Nr. 1 BeschV entfällt die **Vorrangprüfung** nach § 39 Abs. 2 S. 1 Nr. 1 AufenthG, was regelmäßig zu einer erheblichen Verkürzung des Genehmigungsverfahrens führt.

n) Internationaler Personalaustausch (§ 31 S. 1 Nr. 1 BeschV)

174 Die Zustimmung der Bundesagentur kann erteilt werden für den sog. **Personalaustausch** innerhalb eines international tätigen Unternehmens oder Konzerns zur Ausübung einer Beschäftigung in Deutschland von bis zu drei Jahren. Als begünstigte Arbeitnehmer kommen regelmäßig nur qualifizierte Fachkräfte in Betracht, die eine Hochschul- oder Fachhochschulausbildung oder eine vergleichbare Qualifikation besitzen.

175 Der **Personalaustausch** innerhalb der Konzern- oder Unternehmensstruktur setzt voraus, dass nicht nur ausländische Mitarbeiter in Deutschland eingesetzt werden, sondern auch Arbeitnehmer des deutschen Unternehmensteils in Konzerngesellschaften im Ausland.[157] Erforderlich ist hierfür somit grundsätzlich eine zahlenmäßig ausgeglichene **Austauschbewegung**. Demnach können nur so viele ausländi-

154 DA-BeschV, Rn 2.28.112b.

155 DA-BeschV, Rn 2.28.112a.

156 DA-BeschV, Rn 2.28.110; HEGA 10/10 – Gz. SP-III-32 – 5758 –.

157 DA-BeschV, Rn 2.31.113.

sche Fachkräfte im Rahmen dieser Vorschrift in Deutschland eingesetzt werden, wie deutsche Fachkräfte im Ausland.

Für das Antragsverfahren kann entweder ein **Entsendevertrag** oder ein lokaler 176 deutscher **Arbeitsvertrag** genutzt werden. In beiden Fällen muss die Vereinbarung festlegen, dass der Arbeitnehmer nach Beendigung seiner Tätigkeit in Deutschland wieder in den jeweiligen Entsendebetrieb im Ausland zurückkehrt.[158]

Laut den Durchführungsanweisungen zur BeschV kann die Zustimmung für 177 die befristete Tätigkeit in Deutschland für maximal drei Jahre erteilt werden. *„Eine erneute Beschäftigung im Rahmen des* ***Personalaustausches*** *soll erst nach einem zeitlich angemessenen Auslandsaufenthalt erneut zugelassen werden."*[159] Es ist sowohl eine Zustimmung zur lokalen, als auch zur bundesweiten Beschäftigung möglich.[160] Für eine bundesweite Beschäftigung muss jedoch eine entsprechende Argumentation vorgelegt werden, weshalb die bundesweite Genehmigung notwendig ist. Eine Vorrangprüfung nach § 39 Abs. 2 S. 1 AufenthG findet für das Verfahren nach § 31 S. 1 Nr. 1 BeschV nicht statt, da aufgrund des Austauschcharakters und der befristeten Beschäftigung in Deutschland der nationale Arbeitsmarkt regelmäßig nicht belastet wird.

Zuständig für das Verfahren ist die **ZAV,** Team 322, Villemombler Str. 76, 53107 178 Bonn, E-Mail: ZAV-Bonn.Personalaustausch@arbeitsagentur.de.

Praxistipp !

Das Verfahren zum **internationalen Personalaustausch** ist das Verfahren, das am meisten von Konzernen und internationalen Unternehmen für (meist kurzfristige) Einsätze in Deutschland genutzt wird. Es empfiehlt sich daher für die betroffenen Personalabteilungen, regelmäßig Listen mit allen Austauschaktivitäten deutscher Arbeitnehmer zu führen. Ein Auslandsaufenthalt eines deutschen Arbeitnehmers bei einer ausländischen Konzerngesellschaft ab drei Monaten kann bereits als relevante Austauschaktivität genutzt werden. Sofern das Verfahren zum internationalen Personalaustausch einmal mit der ZAV aufgesetzt ist und der ZAV die Unterlagen zum Unternehmen vorliegen, laufen die Genehmigungsverfahren regelmäßig sehr zügig.

---

o) Auslandsprojekte (§ 31 S.1 Nr. 2 BeschV)

Die Zustimmung der Bundesagentur kann auch für die Beschäftigung von Fach- 179 kräften eines international tätigen Konzerns oder internationalen Unternehmens in Deutschland erteilt werden, soweit deren Tätigkeit zur Vorbereitung eines **Auslandsprojektes** unabdingbar erforderlich ist und die Fachkräfte bei der Durchführung des Projektes im Ausland tätig werden. Die Intention der Vorschrift ist, den deutschen Export zu fördern. Die maximale Genehmigungsdauer beträgt ebenfalls drei Jahre.

---

158 DA-BeschV, Rn 2.31.113.
159 DA-BeschV, Rn 2.31.113.
160 DA-BeschV, Rn 2.31.116.

180 Die Regelung setzt voraus, dass die **Vorbereitungsphase** des Projektes in Deutschland für die finale Projektumsetzung im Ausland erforderlich ist. Diese Formulierung ist leider verunglückt. Sie lässt viel Beurteilungsspielraum und die praktische Auslegung der Vorschrift ist umstritten. Im Zweifel empfiehlt sich daher die Rücksprache mit den jeweils zuständigen Sachbearbeitern der ZAV in Bonn. Entscheidend ist die Überlegung, dass durch die Regelung des § 31 S. 1 Nr. 2 BeschV solche Arbeiten ins Inland gezogen werden sollen, die sonst regelmäßig im Ausland durchgeführt werden würden.[161]

181 Für die Zustimmung ist ferner erforderlich, dass die **projektbezogene Qualifikation** der eingesetzten Fachkräfte nachgewiesen wird. Ein Hochschulabschluss ist für dieses Verfahren aber nicht zwingend erforderlich.[162] Die Ausführungen zu § 31 S. 1 Nr. 1 BeschV gelten ansonsten entsprechend.

p) Montage (§ 36 BeschV)

182 Die Bundesagentur für Arbeit kann letztlich auch der Erteilung von Aufenthaltstiteln an Personen zustimmen, die von ihrem ausländischen Arbeitgeber in das Inland entsandt werden, um **Maschinen**, **Anlagen** und **Programme** der elektronischen Datenverarbeitung zu **montieren**. Gleiches gilt, sofern die Arbeitnehmer eingesetzt werden, um inländisches Personal in die Bedienung der **Maschinen**, **Anlagen** und **Programme** einzuweisen, diese zu warten oder zu reparieren. Unter dem Begriff Bedienung ist hierbei zu verstehen, dass die **Anlagen/Maschinen** gewerblichen Zwecken dienen und beim Arbeitgeber der einreisenden Person bestellt worden sind. Die Zustimmung der Bundesagentur kann ferner für Personen erteilt werden, die entsandt werden, um gebrauchte Anlagen zu demontieren, die erworben wurden, um sie im Sitzstaat des Arbeitgebers wieder aufzubauen.[163]

183 Nach dem Verfahren des § 36 BeschV kann einer Beschäftigung von maximal drei Jahren zugestimmt werden. Die Zustimmung ist auf die vorgesehene Beschäftigungsdauer zu befristen. Einer Vorrangprüfung nach § 39 Abs. 2 S. 1 Nr. 1 AufenthG bedarf es für das Verfahren nach § 36 BeschV grundsätzlich nicht. Die Regelung des § 36 BeschV stellt das Gegenstück für **kurzfristige Entsendungen** nach § 11 BeschV dar. Die Ausführungen zu § 11 BeschV gelten daher für § 36 BeschV weitestgehend entsprechend.[164] Zuständig für das Verfahren ist das Team Werkvertragsverfahren 313 der **ZAV** Stuttgart, Nordbahnhofstr. 30–34, 70191 Stuttgart.

---

161 DA-BeschV, Rn 2.31.115.

162 DA-BeschV, Rn 2.31.115.

163 DA-BeschV, Rn 2.36.110 und 2.11.119.

164 Vgl. DA-BeschV, Rn 2.36.110.

3. Die Besonderheiten der Blaue Karte EU

Als weiterer Aufenthaltstitel, der die Beschäftigung gestattet, wurde die sog. **Blaue** 184
Karte EU mit Wirkung zum 1.8.2012 im Zuge der Umsetzung der Hochqualifizierten-Richtlinie[165] der EU in das deutsche Recht eingeführt. Nach § 19a AufenthG können Drittstaatsangehörige zur Ausübung einer hochqualifizierten Beschäftigung eine **Blaue Karte EU** erhalten, sollte ihnen ein lokaler Arbeitsvertrag oder ein verbindliches Arbeitsplatzangebot vorliegen. Es ist zu beachten, dass das Verfahren zur Blauen Karte EU grundsätzlich nicht für Entsendungen mit Entsendevertrag genutzt werden kann. Erforderlich ist, dass die Beschäftigung der Qualifikation des Ausländers entspricht. Zur Erfüllung der Voraussetzungen ist es zwingend, einen deutschen, einen anerkannten oder einen mit einem deutschen **Hochschulabschluss** vergleichbaren Hochschulabschluss vorweisen zu können.

Praxistipp **!**

Den Behörden muss für den Antrag eine Übersicht der belegten Kurse und der erzielten Noten (sog. Transcript) vorgelegt werden, weil eine bloße Kopie des ausländischen Hochschulabschlusses regelmäßig nicht ausreicht. Weitere hilfreiche Informationen zum Verfahren sind unter http://anabin.kmk.org/ zu finden.

Ferner bestimmt § 19a Abs. 1 Nr. 3 AufenthG ein **Mindestgehalt**, welches durch 185
Rechtsverordnung näher bestimmt wird, eingehalten werden muss. Um eine regelmäßige Anpassung an die Gehaltstruktur gewährleisten zu können, wurde die Beitragsbemessungsgrenze (BBG) zur allgemeinen Rentenversicherung dem Wert zugrunde gelegt. Festgelegt wurde gem. § 41a BeschV ein Mindestgehalt von grundsätzlich 2/3 der BBG. Für 2013 entspricht dies bei einer BBG von derzeit 69.600 € einem Gehaltserfordernis von 46.400 €. Ferner wurde von Art. 5 Abs. 5 der Hochqualifizierten-Richtlinie Gebrauch gemacht und zur Deckung eines besonderen Bedarfes an Drittstaatsangehörigen in bestimmten Berufsfeldern (sog. **Mangelberufe**) die Gehaltsgrenze herabgesetzt. Für Naturwissenschaftler, Mathematiker, Ingenieure, Ärzte sowie Fachkräfte aus der Informations- und Kommunikationstechnologie liegt die Grenze bei derzeit 52 % der BBG und somit 2012 bei 34.944 € und 2013 bei 36.192 €.

§ 19a Abs. 1 Nr. 2 AufenthG verlangt zudem eine Zustimmung der Bundesagentur 186
für Arbeit nach § 39 AufenthG. Dies ist jedoch entbehrlich, sollte gem. § 3b BeschV i.V.m. § 41a BeschV ein Gehalt über der allgemeinen Mindestgehaltsgrenze gezahlt werden. Die Ausnahme besteht auch für Ausländer mit einem deutschen Hochschulabschluss, soweit diese einen der sog. Mangelberufe ausüben und die hierfür erforderliche Gehaltsgrenze aufweisen.

---

165 Vgl. RL 2009/50/EG des Rates v. 25.5.2009, Abl. L 155, über die Bedingungen für die Einreise und den Aufenthalt von Drittstaatsangehörigen zur Ausübung einer hochqualifizierten Beschäftigung.

187 Die **Blaue Karte EU** wird bei erstmaliger Erteilung für maximal vier Jahre ausgestellt. Wird der **Arbeitsvertrag** für eine kürzere Zeit vereinbart, so erfolgt die Ausstellung für die Dauer des Arbeitsvertrages zuzüglich drei Monate (§ 19a Abs. 3 AufenthG).

188 Sollte der Ausländer innerhalb der ersten zwei Jahre seiner Beschäftigung den Arbeitsplatz wechseln wollen, so ist zwingend die Erlaubnis der Ausländerbehörde einzuholen (§ 19a Abs. 4 AufenthG).

189 Besondere Vorteile ergeben sich durch die **Blaue Karte EU** in Bezug auf die Mobilität. Nach Art. 18 Abs. 1 und 2 sowie Art. 19 Abs. 1 und 2 der Hochqualifizierten-Richtlinie haben Inhaber einer Blaue Karte EU die Möglichkeit, nach 18 Monaten Aufenthalt mit diesem Aufenthaltstitel in ein weiteres Land der EU ohne zusätzliches Visum einreisen zu dürfen und für den dortigen Aufenthalt eine Blaue Karte EU in diesem Mitgliedstaat vor Ort zu beantragen. In Deutschland wird dies durch § 39 Nr. 7 AufenthV gewährleistet. Weitere Vorteile ergeben sich auch im Rahmen des **Familiennachzuges**, vgl. Kap. 5.

190 Hervorzuheben ist, dass die Blaue Karte EU trotz der europäisch klingenden Bezeichnung nur ein deutscher Aufenthaltstitel ist und nicht zur Beschäftigungsaufnahme in einem anderen europäischen Mitgliedstaat berechtigt. Diesbezüglich ist das gültige Recht des jeweiligen Mitgliedstaates zu beachten.

4. Erteilung eines Aufenthaltstitels zur Arbeitsplatzsuche gem. § 18c AufenthG

191 Durch die Gesetzesänderung zum 1.8.2012 wurde nun erstmals auch ein Aufenthaltstitel zur **Arbeitsplatzsuche** geschaffen. Laut § 18c Abs. 1 S. 1 AufenthG kann einem Ausländer, der über einen deutschen, anerkannten oder einem deutschen Hochschulabschluss vergleichbaren ausländischen Hochschulabschluss verfügt, ein Aufenthaltstitel zur Suche eines seiner Qualifikation angemessenen Arbeitsplatzes in Deutschland gewährt werden. Voraussetzung ist, dass der Lebensunterhalt des Ausländers gesichert ist. Der Aufenthaltstitel wird für maximal sechs Monate ausgestellt. Eine Verlängerung über diesen Zeitraum hinaus ist nicht möglich (§ 18c Abs. 2 AufenthG). Zudem ist eine erneute Erteilung eines Aufenthaltstitels zum Zwecke der **Arbeitsplatzsuche** nur nach Ausreise und einem Aufenthalt im Ausland möglich, der mindestens der Zeitdauer entspricht, die der Ausländer sich mit dem Aufenthaltstitel zur Arbeitsplatzsuche vorher in Deutschland aufgehalten hat. Es ist in jedem Fall zu beachten, dass dieser Aufenthaltstitel nicht die Erwerbstätigkeit gestattet (§ 18c Abs. 1 S. 2 AufenthG).

5. Aufenthaltserlaubnis zur Ausübung einer selbstständigen Tätigkeit (§ 21 AufenthG)

a) Aufenthaltserlaubnis für Unternehmer (§ 21 Abs. 1 AufenthG)

Die Ausländerbehörde kann gem. § 21 Abs. 1 AufenthG einen Aufenthaltstitel erteilen, wenn hierfür ein **wirtschaftliches Interesse** oder ein regionales Bedürfnis spricht. Hinsichtlich der angestrebten Tätigkeit müssen positive Auswirkungen auf die Wirtschaft zu erwarten sein. Die Finanzierung des Vorhabens muss gesichert sein durch Eigenkapital oder eine entsprechende Kreditzusage. Um die Prognose-Entscheidung fundiert treffen zu können, ob die genannten Voraussetzungen verwirklicht sind, kann die Ausländerbehörde Stellungnahmen anderer lokaler, fachkundiger Körperschaften und Behörden einholen, z.B. der **Gewerbebehörden**, **IHK** und anderer **Berufsvertretungen**. 192

Der Begriff der **Selbstständigkeit** wird im AufenthG nicht definiert. Der durch § 21 AufenthG berechtigte Personenkreis ergibt sich vielmehr aus der Abgrenzung zur abhängigen Beschäftigung (§ 7 Abs. 4 SGB IV).[166] 193

Für das Vorliegen eines **übergeordneten wirtschaftlichen Interesses** spricht, dass im Zusammenhang mit der Ansiedlung des Unternehmens in Deutschland erhebliche Investitionen getätigt werden *„oder eine nennenswerte Zahl von Arbeitsplätzen geschaffen oder gesichert wird. Gleiches gilt, wenn mit der Unternehmensgründung eine nachhaltige Verbesserung der Absatz- oder Marktchancen inländischer Unternehmen verbunden ist oder es sich um die Errichtung eines Fertigungsbetriebes für technisch hochwertige (zukunftssichere) und/oder besonders umweltverträgliche Produkte handelt.“*[167] Bei einem ausschließlich am privaten Verbrauch orientierten **Einzelhandelsunternehmen** wird regelmäßig die Annahme eines übergeordneten wirtschaftlichen Interesses zu verneinen sein, wegen dessen insgesamt geringerer wirtschaftlicher Bedeutung. Für Einzelhandelsunternehmen kann aber ein besonderes regionales Bedürfnis sprechen.[168] 194

Ein **besonderes regionales Bedürfnis** liegt beispielweise vor, wenn die Analyse der Gewerbestruktur des geplanten Unternehmensstandortes eine Unterversorgung mit bestimmten Gütern oder Dienstleistungen ergibt, die das neue Unternehmen ausgleicht. Das private Unternehmerinteresse an einer Geschäftstätigkeit begründet allein kein besonderes regionales Interesse.[169] 195

Ausschlaggebend für eine Erteilung nach § 21 AufenthG sind beispielsweise: 196

- die Tragfähigkeit der zugrunde liegenden Geschäftsidee,
- die unternehmerischen Erfahrungen des Ausländers,

---

166 VG Köln zu Art. 44 Abs. IV Buchst. a) Assoziierungsabkommen EU – Polen, Urt. v. 14.8.2003 – 12 K 3760/99 – NVwZ-Beil. 2003, 108; Renner/*Röseler*, Erster Teil – § 21 Rn 9.

167 BMI-VwV AufenthG v. 26.9.2009, Rn 21.1.2.

168 BMI-VwV AufenthG v. 26.9.2009, Rn 21.1.2.

169 BMI-VwV AufenthG v. 26.9.2009, Rn 21.1.3.

- die Höhe des Kapitaleinsatzes,
- die Auswirkungen auf die Beschäftigungs- und Ausbildungssituation in der Region und
- die Frage, ob durch die Ansiedlung des Unternehmens ein Beitrag für Innovation und Forschung geleistet wird.

197 Durch die Gesetzesänderung zum 1.8.2012 sind das Erfordernis des **übergeordneten** wirtschaftlichen Interesses und das besondere regionale Bedürfnis grundsätzlich nach dem Gesetz weggefallen. Es bleibt daher in der Praxis abzuwarten, welche Voraussetzungen nunmehr für die Erteilung erfüllt sein müssen. Eine grundsätzliche Anlehnung an die bisherigen Erteilungsrichtlinien erscheint wahrscheinlich.

b) Aufenthaltserlaubnis für Freiberufler (§ 21 Abs. 5 AufenthG)

198 Zur Ausübung freiberuflicher Tätigkeiten kann gem. § 21 Abs. 5 AufenthG eine Aufenthaltserlaubnis erteilt werden. Setzt die Ausübung des **freien Berufes** in Deutschland eine besondere Genehmigung voraus, ist weiterhin Voraussetzung, dass eine entsprechende Erlaubnis erteilt oder ihre Erteilung zumindest zugesagt worden ist.

199 Wer **Freiberufler** ist, orientiert sich hierbei regelmäßig am Katalog des § 18 Abs. 1 Nr. 1 EStG. Danach zählen zu den freien Berufen beispielsweise Künstler, Schriftsteller, Wirtschaftsprüfer, Dolmetscher und Architekten. Eine besondere Erlaubnis zur Ausübung des freien Berufes ist häufig bei sog. verkammerten Berufen erforderlich, d.h. Ärzten, Apothekern, Rechtsanwälten oder Steuerberatern.

200 Die Voraussetzungen des § 21 Abs. 1 AufenthG gelten nicht für die Erteilung einer Aufenthaltserlaubnis zur Ausübung eines **freien Berufes** nach § 21 Abs. 5 AufenthG. Aber auch in den Fällen des § 21 Abs. 5 AufenthG können vor der Erteilung des Aufenthaltstitels fachkundige Stellen wie beispielsweise berufsständische Kammern gehört werden.

c) Altersvorsorge

201 Ausländern, die älter als 45 Jahre sind, kann eine Aufenthaltserlaubnis nach § 21 AufenthG nur erteilt werden, wenn sie über eine angemessene **Altersversorgung** verfügen, siehe § 21 Abs. 3 AufenthG. Bei der Beurteilung, ob eine angemessene Altersversorgung gewährleistet ist, sind seitens der Ausländerbehörde eigenes Vermögen des Ausländers in jeglicher Form ebenso zu berücksichtigen wie im Aus- und Inland erworbene Rentenanwartschaften sowie vorhandenes Betriebsvermögen. Grundsätzlich kann als Maßstab für eine angemessene Altersversorgung die durchschnittliche Regelaltersrente für Männer herangezogen werden. Als Ausgangspunkt für die Ermittlung der untersten Grenze einer angemessenen Alterssicherung kann die **Regelaltersrente** bzw. eine **Rentenanwartschaft,** die den Lebensunterhalt im Rentenalter sichert, herangezogen werden. So geht Nr. 21.3. der Vorläufigen Anwendungshinweise der Ausländerbehörde Berlin vom 25.9.2007 davon aus, dass eine angemessene Alters-

versorgung dann nachgewiesen sei, *„wenn zu dem genannten Zeitpunkt ein seriöses Versicherungsangebot über eine private Renten- oder Lebensversicherung vorgelegt wird, die den Antragsteller in den Stand setzt, mit Vollendung des 65. Lebensjahres entweder über einen monatlichen Betrag von 1.175 € über 13 Jahre oder über ein Vermögen von 180.000 € zu verfügen. Auch bei einem Nachweis aktuell vorhandenen Vermögens in der genannten Höhe ist davon auszugehen, dass eine angemessene Altersversorgung vorliegt.“* Die Vorschrift findet grundsätzlich keine Anwendung auf **Selbstständige** nach § 21 Abs. 2 AufenthG.[170]

d) Erteilungszeitraum und Niederlassungserlaubnis für Selbstständige

Die Aufenthaltserlaubnis nach § 21 AufenthG wird zunächst für längstens drei Jahre gem. § 21 Abs. 4 S. 1 AufenthG erteilt. Anschließend kann gem. § 21 Abs. 4 S. 2 AufenthG eine Niederlassungserlaubnis erteilt werden. Hierfür muss der Ausländer die geplante Tätigkeit erfolgreich verwirklicht haben und sein Lebensunterhalt muss langfristig gesichert sein. Dies gilt nicht für **Freiberufler** nach § 21 Abs. 5 AufenthG. 202

Bei dem Kriterium des **Erfolgs der geplanten Tätigkeit** handelt es sich um einen gerichtlich voll überprüfbaren unbestimmten Rechtsbegriff. Maßgebliches Kriterium der Beurteilung ist der wirtschaftliche Erfolg des Unternehmens. Durch die Ausländerbehörde sind bei der Beurteilung insbesondere die Stellen zu beteiligen, die schon bei der Erteilung des Aufenthaltstitels gehört wurden. Der Allgemeinen Verwaltungsvorschrift zum Aufenthaltsgesetz zufolge kann *„von einer erfolgreichen Verwirklichung der unternehmerischen Tätigkeit [...] auch ohne erneute Beteiligung dieser Stellen ausgegangen werden, wenn das Unternehmen zusätzliche Arbeitsplätze geschaffen hat und Gewinne erwirtschaftet.“*[171] 203

Abweichend von §§ 5, 9 AufenthG ist für die Erteilung einer Niederlassungserlaubnis gem. § 21 Abs. 4 S. 2 AufenthG nicht nur die **Sicherung des** eigenen **Lebensunterhaltes** des Ausländers nachzuweisen, auch der Lebensunterhalt der jeweiligen unterhaltsberechtigten Angehörigen, die mit dem Ausländer in familiärer Gemeinschaft leben, muss gesichert sein.[172] 204

e) Selbstständigkeit von Absolventen deutscher Hochschulen

Abweichend von den regelmäßigen Voraussetzungen zur Erteilung einer Aufenthaltserlaubnis zum Zwecke der **Selbstständigkeit**[173] soll Ausländern, die ihr Studium an einer deutschen Hochschule erfolgreich abgeschlossen haben, die Erlaubnis erteilt 205

---

170 Huber/*Göbel-Zimmermann*, § 21 Rn 6.
171 BMI-VwV AufenthG v. 26.9.2009, Rn 21.4.
172 BMI-VwV AufenthG v. 26.9.2009, Rn 21.4.
173 Vgl. Rn 192 ff.

werden (§ 21 Abs. 2a AufenthG). Hierbei wird der Zusammenhang zwischen der **selbstständigen Tätigkeit** mit den in der Hochschulausbildung erworbenen Kenntnissen verlangt (§ 21 Abs. 2a S. 2 AufenthG).

B. Der Aufenthalt zum Zweck des Studiums (§ 16 Abs. 1 AufenthG)

I. Wesentliche Änderungen im Vergleich zum AuslG 1990

206 Schon nach dem AuslG 1990 konnte eine Aufenthaltsgenehmigung zum Zweck des **Studiums** in Deutschland erteilt werden. Der Bestand des Aufenthaltstitels war jedoch eng an den Aufenthaltszweck geknüpft. Der Aufenthaltstitel entfiel regelmäßig, wenn der Abschluss des Studiums nicht in angemessener Zeit erreicht werden konnte. Er erlosch ferner, wenn der angestrebte Studienabschluss erlangt wurde bzw. das **Studium** endgültig abgebrochen wurde.

207 Mit der Änderung der Regelungen im Jahr 2005 zum Aufenthalt zu **Studienzwecken** in § 16 AufenthG sollten zwei Ziele erreicht werden: Ausländischen Studenten sollte es erleichtert werden, ein **Studium** in Deutschland aufzunehmen und nach Abschluss des Studiums sollten sie eine bessere Perspektive für eine anschließende Beschäftigung in Deutschland erhalten.[174] Letzterem diente insbesondere, dass ausländische Studenten ohne auszureisen einen Aufenthaltstitel zum Zweck der Erwerbstätigkeit beantragen konnten, sofern sie ihr Studium erfolgreich abgeschlossen hatten.

208 Auch im Zuge der Umsetzung der **Hochqualifizierten-Richtlinie** der EU wurden mit Wirkung zum August 2012 die Möglichkeiten für ausländische Studenten und Absolventen deutscher Hochschulen nochmals erweitert. Dies beinhaltet Verbesserungen im Rahmen der Erwerbstätigkeit, der anschließenden Arbeitsplatzsuche sowie Erleichterungen bei der Erteilung einer **Niederlassungserlaubnis.**

II. Erteilungsvoraussetzungen des § 16 Abs. 1 AufenthG

209 Einem Ausländer kann eine Aufenthaltserlaubnis zum Zweck des **Studiums** an einer staatlichen oder staatlich anerkannten Hochschule oder vergleichbaren Ausbildungseinrichtung erteilt werden. Dies gilt für Ausländer, die einen gewöhnlichen **Studiengang** absolvieren, ebenso wie für **Graduiertenstudiengänge** und **Promotionsstudien.**[175] Eine Aufenthaltserlaubnis kann ferner erteilt werden für:[176]

---

174 BR-Drucks. 22/03 v. 16.1.2003, S. 165.
175 BMI-VwV AufenthG v. 26.9.2009, Rn 16.0.3.
176 BMI-VwV AufenthG v. 26.9.2009, Rn 16.0.5.

- **Sprachkurse**, insbesondere zur Studienvorbereitung,
- das Studium erforderliche oder empfohlene vorbereitende **Praktika**,
- sonstige staatlich geförderte **studienvorbereitende Maßnahmen**,
- Praktika, sofern sie zum vorgeschriebenen Ausbildungsgang gehören oder zur umfassenden Erreichung des Ausbildungszieles nachweislich erforderlich sind.

Der § 16 Abs. 1 S. 3 AufenthG setzt hierbei voraus, dass der Ausländer von der Aus- 210
bildungseinrichtung zum **Studium** zugelassen worden ist, bevor eine Aufenthaltserlaubnis erteilt werden kann. Eine bedingte Zulassung reicht jedoch aus. Der **Nachweis der Zulassung** wird durch die Vorlage des Zulassungsbescheides im Original geführt. Alternativ kann dieser Nachweis geführt werden mit:[177]

- einer Studienplatzvormerkung,
- einer Bescheinigung der Bildungseinrichtung, *„dass für die Entscheidung über den Zulassungsantrag die persönliche Anwesenheit des Ausländers am Hochschulort erforderlich ist,*
- *der Bestätigung über das Vorliegen einer ordnungsgemäßen Bewerbung zur Zulassung zum Studium (Bewerber-Bestätigung)"*.

Voraussetzung für die Erteilung einer Aufenthaltserlaubnis nach § 16 Abs. 1 AufenthG 211
ist weiterhin der Nachweis der Kenntnis der Ausbildungssprache. Der ausländische **Student** muss demnach nicht zwingend Kenntnisse der deutschen Sprache nachweisen. Nachzuweisen sind allerdings mindestens Kenntnisse jener Sprache, die der Student für den erfolgreichen Abschluss seines Studiums beherrschen muss.[178] Auf den Nachweis dieser **Sprachkenntnisse** kann nur verzichtet werden, sofern die **erforderlichen Sprachkenntnisse** bei der Zulassungsentscheidung bereits abgeprüft wurden oder diese erst durch studienvorbereitende Maßnahmen erworben werden. Wird ein entsprechender Sprachnachweis seitens der Universität nicht gefordert oder liegt noch kein förmlicher Zulassungsbescheid vor, behelfen sich die Ausländerbehörden mit Sprachnachweisen der nach dem Gemeinsamen Europäischen Referenzrahmen des Europarats (GER) zertifizierten Sprachkursveranstalter. Zurzeit sind dies neben dem **Goethe-Institut** beispielsweise Anbieter des **„The European Language Certificate" (TELC)**.[179]

Praxistipp !

Eine Auflistung der aktuellen **TELC-Anbieter** im Ausland kann im Internet unter http://www.telc.net/fuer-teilnehmende/pruefungszentrum-finden/ abgerufen werden.

---

177 Vgl. nachfolgende Aufzählung bei: BMI-VwV AufenthG v. 26.9.2009, Rn 16.1.1.1–3.
178 Renner/*Röseler*, Erster Teil – § 16 Rn 10.
179 BMI-VwV AufenthG v. 26.9.2009, Rn 16.1.1.4.1.

III. Die Verlängerung des Aufenthaltstitels im Rahmen des § 16 AufenthG

212 Nach § 16 Abs. 1 S. 5 AufenthG wird eine Aufenthaltserlaubnis zum Zweck des Studiums bei der Ersterteilung für mindestens ein Jahr gewährt. Ferner soll sie nicht für einen längeren Zeitraum als zwei Jahre erteilt werden. Wurde der Studienabschluss nach zwei Jahren noch nicht erreicht, kann die Aufenthaltserlaubnis regelmäßig erneut verlängert werden. Voraussetzung ist, dass der Abschluss in einem angemessenen Zeitraum noch erreicht werden kann.[180] Grundsätzlich ausgeschlossen ist die **Verlängerung** einer Aufenthaltserlaubnis für andere Aufenthaltszwecke, § 16 Abs. 2 AufenthG.

213 Was unter einem **angemessenen Zeitraum** zu verstehen ist, gibt das AufenthG nicht vor. Alle Umstände des Einzelfalls sind demnach wohl zu berücksichtigen, insbesondere die durchschnittliche Studiendauer eines Studiengangs. Wird die durchschnittliche **Studiendauer** an der betreffenden Hochschule in dem jeweiligen Studiengang um mehr als drei Semester überschritten, kann ein ordnungsgemäßer Abschluss regelmäßig nicht mehr erwartet werden.[181] Davon abweichend kann die Hochschule jedoch einen ordnungsgemäßen Verlauf des Studiums bescheinigen und zudem positiv zu den Erfolgsaussichten des fortzusetzenden Studiums Stellung nehmen, um eine erneute **Verlängerung** zu unterstützen.[182]

214 Einem **anderen Zweck** dient die Verlängerung des Aufenthaltstitels in der Regel dann, wenn der Ausländer von dem Aufenthaltszweck abweicht, für den die Aufenthaltserlaubnis ursprünglich erteilt wurde (sog. **Zweckwechsel**). Sinn der Regelung ist es, unnötig lange Studienaufenthalte zu verhindern.[183] Kein Wechsel des Aufenthaltszweckes ist jedoch anzunehmen, sofern der ausländische Student seinen Studiengang oder ein Fach seines Studiengangs in den ersten 18 Monaten nach Studienbeginn ändert.[184] Auch ein späterer Wechsel der Studieninhalte steht einer Verlängerung der Aufenthaltserlaubnis gem. § 16 Abs. 1 S. 5 AufenthG nicht zwangsläufig entgegen.[185] Zu unterscheiden sind insoweit der Wechsel des Studienfachs (**Fachrichtungswechsel**) und die **Schwerpunktverlagerung**. Nur der Fachrichtungswechsel nach Ende eines höheren Semesters wird regelmäßig als Wechsel des Aufenthaltszweckes behandelt und steht daher gem. § 16 Abs. 2 AufenthG einer Verlängerung der Aufenthaltserlaubnis entgegen.[186] Eine grundsätzlich unschädliche Schwerpunktverlagerung ist hingegen anzunehmen, entspricht der Inhalt des alten Studiengangs bis

---

180 BMI-VwV AufenthG v. 26.9.2009, Rn 16.1.1.6; Renner/*Röseler*, Erster Teil – § 16 Rn 14.
181 BMI-VwV AufenthG v. 26.9.2009, Rn 16.1.1.6.2.
182 BMI-VwV AufenthG v. 26.9.2009, Rn 16.1.1.7.
183 *Hailbronner*, Rn 204.
184 BMI-VwV AufenthG v. 26.9.2009, Rn 16.2.5.
185 BMI-VwV AufenthG v. 26.9.2009, Rn 16.2.5.
186 OVG Hamburg, 30.5.2007 – 3 Bs 390/05 – juris.

zum Wechsel dem Inhalt des neuen Studiengangs oder können im alten Studiengang erbrachte Leistungen voll angerechnet werden.

IV. Erwerbsmöglichkeiten neben und nach dem Studium

Ausländischen Studenten, denen nach § 16 Abs. 1 AufenthG ein Aufenthaltstitel erteilt 215
wurde, steht es nach § 16 Abs. 3 AufenthG zu, in beschränktem Maße während des Studiums einer Erwerbstätigkeit nachzugehen. Eine separate Genehmigung der Bundesagentur für Arbeit **(ZAV)** ist hierfür im Rahmen der genannten Voraussetzungen nicht erforderlich.[187] Voraussetzung ist jedoch, dass die Beschäftigung 120 ganze oder 240 halbe Tage im Kalenderjahr nicht überschreitet. **Studentische Nebentätigkeiten** an der Hochschule oder einer anderen wissenschaftlichen Einrichtung können in der Regel ohne zeitliche Beschränkung ausgeübt werden und zählen nicht zu den erlaubten **120 Tagen**. Jedoch gilt auch für diese, dass die Nebentätigkeit den Zweck des Studiums nicht gefährden darf.[188] Zu den **studentischen Nebentätigkeiten** zählen insbesondere solche Beschäftigungen, die im fachlichen Zusammenhang zum Studium stehen (Tätigkeit als wissenschaftliche Hilfskraft oder Tutor). Ebenfalls erfasst werden Tätigkeiten in hochschulnahen Organisationen.[189] Hierzu zählen die Tätigkeit in der Wohnheimverwaltung oder für die Studentenwerke, beratende Tätigkeiten in den Hochschulgemeinden, Tätigkeiten für die Allgemeinen Studentenausschüsse und Studentenräte sowie den World University Service.[190]

Im ersten Jahr des Aufenthaltes ist Studenten während studienvorbereitender 216
Maßnahmen die Erwerbstätigkeit regelmäßig nur in den Ferien erlaubt. Während eines Aufenthaltes zur Studienbewerbung ist es ausländischen Studierenden grundsätzlich untersagt, einer Beschäftigung nachzugehen, vgl. § 16 Abs. 3 S. 2 AufenthG. Eine über die in § 16 Abs. 3 AufenthG vorgesehenen Beschäftigungsmöglichkeiten hinausgehende Erwerbstätigkeit kann nur zugelassen werden, wenn dadurch der auf das Studium beschränkte Aufenthaltszweck nicht verändert und gefährdet wird. Auch darf die Erwerbstätigkeit es dem ausländischen Studenten nicht erschweren, das Studienziel zu erreichen bzw. seinen Studienfortschritt verzögern.[191] Unzulässig ist daher regelmäßig eine Erwerbstätigkeit neben dem Studium, sofern die Erwerbseinkünfte nach Abzug der Werbungskosten die in § 23 Abs. 1 BAföG genannten Beträge übersteigen.[192] Im Übrigen ist für über § 16 Abs. 3 AufenthG hinausgehende Erwerbs-

187 BMI-VwV AufenthG v. 26.9.2009, Rn 16.3.1; Renner/*Röseler*, Erster Teil – § 16 Rn 20.
188 BMI-VwV AufenthG v. 26.9.2009, Rn 16.3.1.
189 BMI-VwV AufenthG v. 26.9.2009, Rn 16.3.3.
190 BMI-VwV AufenthG v. 26.9.2009, Rn 16.3.3.
191 BMI-VwV AufenthG v. 26.9.2009, Rn 16.3.7.
192 BMI-VwV AufenthG v. 26.9.2009, Rn 16.3.7.

tätigkeiten die Zustimmung der Bundesagentur für Arbeit **(ZAV)** und ein entsprechender Aufenthaltstitel bei der Ausländerbehörde einzuholen. Hierbei empfiehlt es sich für den Arbeitgeber darzulegen, dass die beabsichtigte Tätigkeit förderlich für das Erreichen des Studienziels ist.

217 Neu geregelt im AufenthG ist die Möglichkeit, dass ausländische Absolventen nach erfolgreichem Abschluss ihres Studiums in Deutschland ihre Aufenthaltserlaubnis nun für bis zu 18 Monate gem. § 16 Abs. 4 AufenthG für die Suche eines angemessenen Arbeitsplatzes verlängern lassen können. Diese Regelung durchbricht die in § 16 Abs. 2 AufenthG grundsätzlich vorgeschriebene Akzessorietät zwischen Aufenthaltstitel und Aufenthaltszweck. Angemessen im Sinne der genannten Vorschrift ist eine **Beschäftigung** dann, wenn sie eine dem Studienabschluss zumindest vergleichbare Qualifikation erfordert. Bei der Bewertung kann auf den konkreten Tätigkeitsbereich und den vereinbarten Arbeitslohn abgestellt werden.

218 Dieser Aufenthaltstitel zur **Arbeitsplatzsuche** berechtigt gem. § 16 Abs. 4 S. 2 AufenthG während der Zeit der Suche nach einer angemessenen Beschäftigung zur uneingeschränkten Erwerbstätigkeit.

219 Hat der Absolvent eine angemessene Arbeitsstelle gefunden, kann er eine Aufenthaltserlaubnis nach § 18 oder §§ 19, 19a AufenthG beantragen. Auch die Erteilung einer Aufenthaltserlaubnis zur Ausübung einer **selbstständigen Tätigkeit** nach § 21 AufenthG ist möglich.

220 Eine Zustimmung der Bundesagentur für Arbeit ist gem. § 3b BeschV regelmäßig entbehrlich, sollte der Ausländer eine seiner Qualifikation entsprechende Beschäftigung ausüben.

V. Aufenthalt zum Zweck eines Praktikums

221 Aufenthaltstitel für die Absolvierung eines **Praktikums** im Bundesgebiet können nach § 2 Abs. 2 BeschV regelmäßig ohne eine Zustimmung der ZAV in folgenden Fällen erteilt werden:

- für ein Pflichtpraktikum während eines Studiums oder einer schulischen Ausbildung in Deutschland,
- im Rahmen eines von der EG finanziell geförderten **Praktikumsprogramms,**
- bei ausländischen Studenten und Absolventen, die eine ausländische Hochschule besuchen bzw. besucht haben, wenn sie im Rahmen eines nachgewiesenen internationalen Austauschprogrammes von Verbänden, öffentlich-rechtlichen Einrichtungen oder studentischen Organisationen im Einvernehmen mit der Bundesagentur für Arbeit für bis zu einem Jahr ein Praktikum in Deutschland absolvieren werden,
- für Fach- und Führungskräfte, die ein **Stipendium** aus öffentlichen deutschen oder europäischen Mitteln oder von internationalen zwischenstaatlichen Organisationen haben,

- während eines Studiums an einer ausländischen Hochschule nach Ende des vierten Semesters für maximal ein Jahr.

C. Der Aufenthalt aus familiären Gründen – Familienzusammenführung

I. Der Familiennachzug

Ausländer, die in Deutschland eine Beschäftigung aufnehmen oder nach Deutschland entsandt werden, haben häufig den Wunsch, mit ihren Angehörigen in Deutschland zusammenzuleben. Für den Familiennachzug sind grundsätzlich die Vorgaben des deutschen Verfassungsrechtes (z.B. Art. 6 GG), des Völkerrechtes (z.B. Europäische Menschenrechtskonvention) und des sonstigen Europäischen Rechtes (z.B. die RL 2003/86/EG als Familiennachzugsrichtlinie) zu beachten. 222

Die Umsetzung des Art. 35 der RL 2004/38/EG erfolgt durch den neuen § 2 Abs. 7 FreizügG/EU, der insbesondere die typischen Konstellationen wie das formale Eingehen von Ehen, die Vaterschaftsanerkennungen ohne das Ziel der familiären Lebensgemeinschaft, den Gebrauch gefälschter Dokumente und die Täuschung über den Wohnsitz oder das Arbeitsverhältnis erfassen soll.[193] Nach S. 1 kann die Feststellung des Nichtbestehens des Einreise- und Aufenthaltsrechtes i.S.d. § 2 Abs. 1 FreizügG/EU festgestellt werden, wenn es durch die Verwendung ge- oder verfälschter Dokumente oder durch die Vorspiegelung falscher Tatsachen erlangt wurde. S. 2 erfasst die Konstellationen, in denen der Nachzug oder die Begleitung nicht dem Zweck der Herstellung oder Wahrung der familiären Lebensgemeinschaft dient. Für den Zweck des Begleitens oder Nachziehens kommt es entscheidend auf den Zeitpunkt der Entstehung des Freizügigkeitsrechtes an. Eine Unterscheidung zwischen einem Erstzuzug in das Unionsgebiet und der Freizügigkeit innerhalb der EU ist nicht vorzunehmen.[194] Eine Prüfung durch die Behörde ist nur zulässig, sofern begründete Zweifel bestehen.[195] Auch die Beweislast für die Voraussetzungen der Feststellung liegt bei der Behörde, da das Freizügigkeitsrecht bereits originär aufgrund des Unionsrechtes entsteht.[196] Als Folge der Feststellung des Nichtbestehens kann die zuständige Behörde die Aufenthaltskarte versagen oder einziehen oder das erforderliche Visum nicht erteilen (§ 2 Abs. 7 S. 3 FreizügG/EU). 223

Die Gleichstellung von Lebenspartnern mit Ehegatten in Bezug auf die Einreise und den Aufenthalt erfolgt durch die entsprechende Anpassung der Definition der 224

193 BT-Drucks. 17/10746 v. 24.9.2012, S. 9.
194 EuGH, Urt. v. 25.7.2008 – Rs. C-127/08 – *Metock* u.a. – EuZW 2008, 577 ff.
195 BT-Drucks. 17/10746 v. 24.9.2012, S. 9.
196 BT-Drucks. 17/10746 v. 24.9.2012, S. 9.

Familienangehörigen nach § 3 Abs. 2 FreizügG/EU und weiteren dementsprechenden Folgeänderungen.

225 Die Voraussetzungen für den Erwerb des Daueraufenthaltsrechtes durch Familienangehörige von Unionsbürgern i.S.v. § 4a Abs. 2 FreizügG/EU werden durch die Anpassung des § 4a Abs. 4 FreizügG/EU herabgesetzt und dem Art. 17 Abs. 3 der RL 2004/38/EG angeglichen. Es ist nicht mehr erforderlich, dass der Familienangehörige seinen Aufenthalt bei dem Unionsbürger bereits bei Entstehen des Daueraufenthaltsrechtes haben musste.[197] Ausreichend ist, wenn er im Bewertungszeitpunkt seinen ständigen Aufenthalt bei dem Unionsbürger hat.

II. Die Erteilung von Aufenthaltstiteln aus familiären Gründen

226 Ausländern kann gem. §§ 27–36 AufenthG ein Aufenthaltstitel zur Herstellung und Wahrung der familiären Lebensgemeinschaft mit ihren in Deutschland aufenthaltsberechtigten **Angehörigen** erteilt werden.

227 Ausgenommen sind drittstaatsangehörige **Familienmitglieder** von Unionsbürgern, soweit für diese die Vorschriften des FreizügG/EU und des Unionsrechtes gelten. Nicht den Regelungen des FreizügG/EU, sondern dem AufenthG unterfallen hingegen drittstaatsangehörige **nichteheliche Lebenspartner**, § 3 Abs. 6 FreizügG/EU.

228 Die allgemeinen Voraussetzungen für die Erteilung eines Aufenthaltstitels aus familiären Gründen sind in § 27 AufenthG geregelt. Sie treten neben die Voraussetzungen des § 5 AufenthG und ergänzen die Regelungen der speziellen Anspruchsgrundlagen in den §§ 28 ff. AufenthG. Grundsätzlich gilt, dass das Aufenthaltsrecht nachziehender Familienangehöriger in seinem Bestand immer akzessorisch ist zum Aufenthaltsrecht des im Bundesgebiet lebenden, zusammenführenden Familienangehörigen.[198] Diese Akzessorietät erstreckt sich auch auf Art und Inhalt des Aufenthaltsrechtes, §§ 27 Abs. 4, 29 Abs. 5 AufenthG.

229 Hat der Ausländer, zu dem der **Familiennachzug** erfolgt (sog. Stammberechtigter), unbeschränkten Zugang zum deutschen Arbeitsmarkt, so ist es grundsätzlich auch dem nachziehenden Familienangehörigen mittels entsprechenden Vermerkes zu erlauben, sich ohne Bindung an einen Beruf oder eine Branche frei zu betätigen oder anstellen zu lassen, ohne dass es hierzu der Zustimmung der Bundesagentur für Arbeit bedarf.[199]

230 Eine uneingeschränkte Erwerbstätigkeit für Familienangehörige ist ebenfalls erlaubt, wenn der Familiennachzug zu einem Inhaber einer **Blaue Karte EU** erfolgte (§ 29 Abs. 5 Nr. 2 AufenthG). Das Gesetz zur Umsetzung der Hochqualifizierten-Richt-

197 BT-Drucks. 17/10746 v. 24.9.2012, S. 10.
198 BMI-VwV AufenthG v. 26.9.2009, Rn 27.1.3.
199 Renner/*Dienelt*, Erster Teil – § 29 Rn 28.

linie dient u.a. dem Ziel, den Standort Deutschland für gut ausgebildete ausländische Zuwanderer attraktiver zu gestalten.[200] Hierzu zählt insbesondere auch, dass die familiäre Gemeinschaft gewährleistet und der nachziehende Ehepartner selbst zur Ausübung einer Erwerbstätigkeit berechtigt wird.[201] Die Gesetzesbegründung zu § 29 Abs. 5 Nr. 2 AufenthG n.F. spricht hierbei ausdrücklich von einem Recht auf eine unbeschränkte Ausübung einer Erwerbstätigkeit.[202]

1. Bestehen einer familiären Lebensgemeinschaft

Erforderlich für die Erteilung eines Aufenthaltstitels nach §§ 27 ff. AufenthG ist das 231
Bestehen einer tatsächlichen **familiären Lebensgemeinschaft** zwischen dem in Deutschland lebenden Familienmitglied und dem ihm nachziehenden ausländischen Familienangehörigen.[203] Welche Voraussetzungen an diese Lebensgemeinschaft zu stellen sind, ergibt sich zunächst aus dem Inhalt des in Art. 6 Abs. 1 GG geregelten Schutzes von **Ehe** und Familie, § 27 Abs. 1 AufenthG. Besonders geschützt durch Art. 6 Abs. 1 GG sind die eheliche Lebensgemeinschaft und die familiäre Beziehung zwischen Eltern und ihren minderjährigen Kindern.[204] Hiervon abzugrenzen sind Beziehungen zwischen Angehörigen innerhalb einer Generationengroßfamilie oder zwischen gleichgeschlechtlichen bzw. nichtehelichen Partnern.

a) Die eheliche Lebensgemeinschaft

Unter der **Ehe** ist die rechtlich geordnete Verbindung eines Mannes und einer Frau 232
zu einer Lebensgemeinschaft zu verstehen, die vom Prinzip der gegenseitigen und umfassenden Verantwortung und Achtung gekennzeichnet ist.[205]

Ob wirklich eine Ehe vorliegt, ist jedoch nicht pauschal an formal-rechtlichen 233
Kriterien zu beurteilen. Entscheidend ist die tatsächliche familiäre Verbundenheit zwischen den Eheleuten im Einzelfall.[206] Abzugrenzen ist die Ehe als gelebte enge Beistandsgemeinschaft insoweit von der sog. Scheinehe und der losen Begegnungsgemeinschaft, die dem Schutzbereich des Art. 6 Abs. 1 GG nicht unterfallen.[207]

---

200 BT-Drucks. 17/8682 v. 15.2.2012, S. 1.
201 Vgl. BT-Drucks. 17/8682 v. 15.2.2012, S. 27.
202 BT-Drucks. 17/8682 v. 15.2.2012, S. 21; anzumerken ist, dass die hierzu bisher geltende Verwaltungsvorschrift BMI-VwV AufenthG v. 26.9.2009, Rn 29.5.2.3 diesem gesetzgeberischen Willen derzeit widerspricht.
203 BVerfG, Beschl. v. 31.8.1999 – 2 BvR 1523/99 – NVwZ 2000, 59.
204 BMI-VwV AufenthG v. 26.9.2009, Rn 27.1.5.
205 BVerfG in st. Rspr., 29.7.1959 – 1 BvR 205/58 – NJW 1959, 1483; 12.5.1987 – 2 BvR 1226/83 –, – 2 BvR 101/84 –, – 2 BvR 313/84 – NJW 1988, 626 f.; 17.11.1992 – 1 BvL 8/87 – NJW 1993, 643.
206 BVerfG, Beschl. v. 30.1.2002 – 2 BvR 231/00 – NVwZ 2002, 849.
207 VGH Mannheim, Urt. v. 18.4.2007 – 11 S 1035/06 – juris.

234 Auch der formal gültige Abschluss einer Ehe ist mithin nur ein äußerst wichtiges Indiz für das Vorliegen einer schützenswerten ehelichen Lebensgemeinschaft. Ein weiteres wichtiges Kriterium ist, ob die Ehepartner einen gemeinsamen Lebensmittelpunkt teilen, etwa in Form einer gemeinsamen Wohnung.[208]

235 Weiterhin sprechen die folgenden Faktoren dafür, dass eine schützenswerte eheliche Lebensgemeinschaft vorliegt:[209]

- häufige und intensive Kontakte zwischen den Ehepartnern,
- gemeinsame Bewältigung des Alltags,
- gemeinsame Betreuung, Pflege und Erziehung von Kindern,
- Schaffung erheblicher Werte, die der familiären Beziehung dienen, z.B. der Bau eines Hauses,
- Vorliegen einer gemeinsamen Wirtschaftsführung, etwa die gegenseitige Übernahme von Haushaltskosten.

236 Weicht die individuelle Gestaltung einer Ehe nach ihren äußeren Umständen vom traditionellen Bild ab, so ist anhand weiterer Umstände nachzuweisen, dass eine gelebte eheliche Lebensgemeinschaft besteht.[210] Dies gilt insbesondere für den Fall, dass kein gemeinsamer Lebensmittelpunkt besteht.

Praxistipp
Leben Ehepartner räumlich getrennt, sollte das Vorliegen einer familiären Lebensgemeinschaft schon bei der Beantragung des Aufenthaltstitels gesondert nachgewiesen werden.

237 Kommt es zwischen den Ehepartnern zur Trennung, so ist grundsätzlich zu unterscheiden. Eine Lebensgemeinschaft i.S.d. § 27 Abs. 1 AufenthG liegt dann nicht mehr vor, wenn sich die Trennung zu einem Dauerzustand verfestigt hat. Indizien sind die Einleitung eines Scheidungsverfahrens oder das dauerhafte Verlassen der Ehewohnung durch einen Ehepartner.[211] Entsprechend § 1566 Abs. 2 BGB ist davon auszugehen, dass keine eheliche Gemeinschaft mehr besteht, wenn die Eheleute seit drei Jahren getrennt leben. Gleiches gilt für den Fall, dass sie seit einem Jahr getrennt leben und beide Ehegatten die Scheidung beantragt haben bzw. der Antragsgegner der Scheidung zugestimmt hat.[212]

208 BMI-VwV AufenthG v. 26.9.2009, Rn 27.1.4.
209 Vgl. auch BMI-VwV AufenthG v. 26.9.2009, Rn 27.1a.1.1.6.
210 VGH Kassel, Beschl. v. 9.8.2004 – 9 TG 1179/04 – FamRZ 2005, 982.
211 BVerwG, Beschl. v. 3.3.1989 – 1 B 21/89 – NVwZ 1989, 759.
212 OVG Münster, Beschl. v. 24.5.2006 – 18 B 2187/05 –.

Kurzfristige Trennungszeiten sind im Gegensatz zur Trennung als Dauerzustand in aller Regel unbeachtlich für das Bestehen der familiären Beziehung zwischen den Eheleuten.[213] Im Fall der Trennung der Eheleute empfiehlt sich allerdings in der Praxis die rechtzeitige Rücksprache der Eheleute mit der zuständigen Ausländerbehörde, damit geprüft werden kann, ob das Aufenthaltsrecht noch besteht oder nicht, um einen illegalen Aufenthalt des Ehepartners zu vermeiden. 238

b) Die nichteheliche Lebensgemeinschaft

Nach den §§ 27 ff. AufenthG werden grundsätzlich keine Aufenthaltstitel erteilt, um einem Ausländer den Nachzug zu seinem in Deutschland lebenden nichtehelichen Partner zu ermöglichen.[214] Das BVerwG hat für nichteheliche Lebenspartnerschaften einen Rechtsanspruch des ausländischen Lebenspartners auf Einreise abgelehnt. Der verfassungsrechtliche Schutz des Art. 6 Abs. 1 GG unter Berücksichtigung von Art. 8 Abs. 1 EMRK (Europäische Menschenrechtskonvention) gelte nicht für nichteheliche Lebensgemeinschaften.[215] Der Art. 2 Abs. 1 GG gebiete daher nicht, den aufenthaltsrechtlichen Schutz nichtehelicher Lebenspartner dem Schutz der Ehegatten und Familienangehörigen anzugleichen.[216] 239

Eine Ausnahme hinsichtlich des Nachzugs nichtehelicher Lebenspartner gilt aber nunmehr für eingetragene gleichgeschlechtliche **Lebenspartnerschaften.** Diese wurden durch das Lebenspartnerschaftsgesetz (LPartG)[217] aufenthaltsrechtlich der Ehe weitgehend gleichgestellt. Die Vorschriften über den Familiennachzug finden gem. § 27 Abs. 2 AufenthG auf Lebenspartnerschaften im Sinne des LPartG entsprechende Anwendung. Nach ausländischem Recht geschlossene gleichgeschlechtliche Partnerschaften fallen ebenfalls unter § 27 Abs. 2 AufenthG. Voraussetzung ist allerdings, dass diese Lebenspartnerschaften durch den Staat anerkannt werden, in dem sie geschlossen wurden und in ihrer Ausgestaltung im Wesentlichen der **Lebenspartnerschaft** nach dem LPartG gleichen.[218] Hiervon ist regelmäßig auszugehen, wenn das ausländische Recht eine tatsächliche Lebensgemeinschaft der Partner voraussieht und es an die Lebenspartnerschaft wechselseitige Unterhaltspflichten der Lebenspartner knüpft.[219] 240

---

213 BVerwG, Beschl. v. 12.6.1992 – 1 B 48/92 – InfAuslR 1992, 305.

214 BMI-VwV AufenthG v. 26.9.2009, Rn 27.1.5 f.

215 BVerwG, Urt. v. 27.2.1996 – 1 C 41/93 – NVwZ 1997, 189 f. zu §§ 17, 18, 22, 23 AuslG 1990.

216 BVerwG, Urt. v. 27.2.1996 – 1 C 41/93 – NVwZ 1997, 189, 191.

217 Gesetz über die Eingetragene Lebenspartnerschaft v. 16.2.2001, BGBl I 2001/9 S. 266, in Kraft getreten am 1.8.2001.

218 BMI-VwV AufenthG v. 26.9.2009, Rn 27.2.2.

219 BMI-VwV AufenthG v. 26.9.2009, Rn 27.2.2.

Praxistipp
In der Praxis gestaltet sich die Anerkennung ausländischer Urkunden über eine gleichgeschlechtliche **Lebenspartnerschaft** durch die Ausländerbehörden erfahrungsgemäß schwierig. Für das Antragsverfahren sollte im Fall des Familiennachzugs gleichgeschlechtlicher Lebenspartner daher mehr Zeit eingeplant werden als normalerweise erforderlich ist. Eine sorgfältige Vorbereitung der Dokumentation (z.B. Beglaubigung und Übersetzung der Urkunden) der Lebenspartnerschaft nach Rücksprache mit der zuständigen Ausländerbehörde ist ratsam.

241 Anders als für homosexuelle Lebenspartnerschaften gilt für nichteheliche heterosexuelle Lebensgemeinschaften weiterhin uneingeschränkt der Grundsatz, dass die §§ 27 ff. AufenthG auf sie keine Anwendung finden.[220] Ob für die Einreise und den Aufenthalt **nichtehelicher Lebenspartner** zumindest die Erteilung eines Aufenthaltstitels nach § 7 Abs. 1 S. 3 AufenthG oder § 36 AufenthG in Betracht kommt, ist zwar in der Literatur umstritten.[221] In der Praxis wird von den Ausländerbehörden die Erteilung eines Aufenthaltstitels nach den genannten Vorschriften an nichteheliche Lebenspartner aber grundsätzlich abgelehnt.

Praxistipp
Derzeit bleibt nichtehelichen drittstaatsangehörigen Lebenspartnern für den Nachzug zu ihrem Lebensgefährten nach Deutschland nur die Möglichkeit, einen alternativen Aufenthaltszweck zu verwirklichen. Hierbei kommt beispielsweise die Aufnahme eines Sprachkurses oder eines Studiums nach § 16 AufenthG in Betracht.

2. Der Nachweis familiärer Beziehungen

242 Soweit möglich sind familiäre Beziehungen zwischen den **Familienmitgliedern** anhand öffentlicher Urkunden nachzuweisen, beispielsweise der Nachweis einer wirksamen Eheschließung im Ausland bzw. der Nachweis der Abstammung oder Adoption (z.B. **Eheurkunde** und **Geburtsurkunde**). Bei fremdsprachigen Urkunden kann die Ausländerbehörde die Vorlage einer (auch beglaubigten) Übersetzung verlangen. Ferner kann der Nachweis der Echtheit einer ausländischen öffentlichen Urkunde durch Legalisation verlangt werden.

243 Zuständig für **Legalisationsverfahren** sind regelmäßig die deutschen Auslandsvertretungen im Ausstellerstaat. Für bestimmte Staaten mit unsicherem Urkundenwesen[222] ist eine **Legalisation** durch die deutschen Auslandsvertretungen zumeist

220 BMI-VwV AufenthG v. 26.9.2009, Rn 27.1.6.

221 So jedenfalls BVerwG, Urt. v. 27.2.1996 – 1 C 41/93 – NVwZ 1997, 189, 192 zu § 15 i.V.m. § 7 Abs. 1 AuslG 1990; *Hailbronner*, Rn 338.

222 Afghanistan, Äquatorialguinea, Aserbaidschan, Bangladesh, Benin, Elfenbeinküste, Dominikanische Republik, Dschibuti, Eritrea, Gabun, Gambia, Ghana, Guinea, Guinea-Bissau, Haiti, Indien, Irak, Kambodscha, Kamerun, Kenia, Kongo (Demokratische Republik), Kongo (Republik), Kosovo, Laos, Liberia, Mali, Marokko, Mongolei, Myanmar, Nepal, Niger, Nigeria, Pakistan, Philippinen,

nicht möglich. Bei Bedarf werden in diesen Fällen Vertrauensanwälte der deutschen Auslandsvertretungen eingeschaltet, die nicht nur die Echtheit der Urkunde überprüfen, sondern auch ihren Inhalt. Diese sog. vertrauensanwaltliche Überprüfung ist nicht nur mit erheblichem Zeitaufwand verbunden, sondern auch mit hohen Kosten. Regelmäßig nimmt das Überprüfungsverfahren mehr als einen Monat in Anspruch. Für seine Durchführungen werden von den Behörden im Schnitt Gebühren in Höhe von ca. 400 € erhoben.

Praxistipp

!

Besonders zeitintensiv gestaltet sich beispielsweise das Verfahren beim Familiennachzug im Falle indischer Staatsangehöriger. Die Verifikation indischer Urkunden dauert regelmäßig bis zu drei Monate.

Die zusätzliche **Legalisation** von Urkunden aus Vertragsstaaten des **Haager Übereinkommens** zur Befreiung ausländischer öffentlicher Urkunden von der Legalisation kann regelmäßig nicht verlangt werden.[223] An die Stelle der **Legalisation** durch die deutschen Auslandsvertretungen tritt ein als **„Haager Apostille"** bezeichneter Vermerk der Behörden des jeweiligen Ausstellerstaates. Mit einigen weiteren Staaten hat Deutschland ferner (bilaterale) Verträge geschlossen, nach denen einfach- bzw. mehrsprachige Urkunden ohne weitere Förmlichkeiten anzuerkennen sind. Dies gilt z.B. für mehrsprachige Personenstandsurkunden nach dem Übereinkommen über die Ausstellung mehrsprachiger Auszüge aus Personenstandsbüchern/Zivilstandsregistern.[224] Urkunden aus der Schweiz und Österreich werden ebenfalls zumeist ohne weitere Prüfung in Deutschland anerkannt. 244

Praxistipp

!

Aktuelle Informationen zum internationalen **Urkundenverkehr** finden sich auf den Internetseiten des Auswärtigen Amtes und der deutschen Sektion der internationalen Kommission für Zivilstandwesen: http://www.auswaertiges-amt.de, www.ciec-deutschland.de.

Ruanda, Sierra Leone, Somalia, Sri Lanka, Tadschikistan, Togo, Tschad, Turkmenistan, Uganda, Usbekistan, Vietnam und die Zentralafrikanische Republik, siehe http://www.konsularinfo.diplo.de/contentblob/1615026/Daten/844729/Urkunden_Auslaen dische_oeffentliche_inDeutschland.pdf.

223 Gesetz zu dem Haager Übereinkommen v. 5.10.1961 zur Befreiung ausländischer öffentlicher Urkunden von der Legalisation, BGBl II 1965/22 S. 875.

224 Gesetz zu dem Übereinkommen v. 8.9.1976 über die Ausstellung mehrsprachiger Auszüge aus Personenstandsbüchern, BGBl II 1997/14 S. 774; Vertragsstaaten sind u.a. Italien, Frankreich, Niederlande, Luxemburg, Türkei, Belgien, Italien, Portugal, Slowenien, Kroatien, Polen und Litauen.

3. Sprachnachweis des Ehegatten vor Zuzug nach Deutschland

245 Der deutsche Gesetzgeber verlangt gem. § 30 Abs. 1 S. 1 Nr. 2 AufenthG für die Erteilung einer Aufenthaltserlaubnis zum Zwecke des **Familiennachzugs**, dass sich nachziehende Ehegatten zumindest auf einfache Weise in deutscher Sprache verständigen können. Er macht mit dieser Regelung von der in Art. 7 Abs. 2 der RL 2003/86/EG vorgesehenen Möglichkeit Gebrauch, den **Familiennachzug** von Drittstaatsangehörigen an die Voraussetzung zu knüpfen, dass diese an **Integrationsmaßnahmen** teilnehmen. Ziel ist es, nachziehenden Ehegatten die Integration in die deutsche Gesellschaft zu erleichtern und hierdurch Zwangsehen zu verhindern.[225]

246 Nach § 30 Abs. 1 S. 1 Nr. 2 AufenthG werden für den Ehegattennachzug Sprachkenntnisse des Niveaus **A1 GER** vorausgesetzt, was auch den Nachweis von Lese- und Schreibkenntnissen umfasst.[226] Eine bestimmte Form des Sprachnachweises wird durch die Regelung nicht vorausgesetzt. Der **Sprachnachweis** kann daher grundsätzlich auch durch die unmittelbare Vorsprache des Ehegatten bei der zuständigen Behörde erbracht werden.[227]

247 Unions- und verfassungsrechtlich bedenklich[228] ist die Regelung des § 30 Abs. 1 S. 1 Nr. 2 AufenthG, da nachziehende Ehegatten regelmäßig bereits im Visumverfahren vor dem Zuzug nach Deutschland Kenntnisse der deutschen Sprache nachweisen müssen.[229] Art. 7 Abs. 2 der RL 2003/86/EG sieht insoweit eigentlich lediglich vor, dass die Mitgliedstaaten verlangen können, dass Familienangehörige, die zuziehen wollen, **Integrationsmaßnahmen** nachkommen müssen. Hieraus lässt sich unmittelbar weder schließen, dass der Zuzug vom Bestehen eines **Sprachtests** abhängig gemacht werden darf, noch dass die Teilnahme an Integrationsmaßnahmen bereits vor dem Zuzug verlangt werden kann.

248 Die Interpretation dieser Ausnahme durch den deutschen Gesetzgeber wirft zunächst Fragen hinsichtlich der Gleichbehandlung ausländischer Ehegatten auf. Angehörige der gem. § 41 AufenthV begünstigten Staaten (Australien, Israel, Japan, Kanada, Republik Korea, Neuseeland, USA, Andorra, Honduras, Monaco und San Marino) sowie Ehegatten dieser Staatsangehörigen können nach aktueller Rechtslage nach Deutschland zuziehen, ohne vorher einen **Sprachtest** zu bestehen. Ein sachlicher Grund für diese Ungleichbehandlung ist nicht ersichtlich.[230] Besonders bedenklich ist auch, dass das Erfordernis eines Sprachnachweises vor Zuzug nach Deutschland gem. § 28 Abs. 1 S. 5 AufenthG auch auf die drittstaatsangehörigen Ehegatten deutscher Staatsangehöriger angewendet wird und der Zuzug zu deutschen Staatsan-

225 BT-Drucks. 16/5065 v. 23.4.2007, S. 173.

226 Siehe Rn 82.

227 BMI-VwV AufenthG v. 26.9.2009, Rn 30.1.2.3.1.

228 Vgl. hierzu: Renner/*Dienelt*, § 30 Rn 37 ff.

229 BMI-VwV AufenthG v. 26.9.2009, Rn 30.1.2.3.1.

230 *Gutmann*, ZAR 2010, 90, 94.

gehörigen somit schwieriger ist, als zu gem. § 41 AufenthV privilegierten Staatsangehörigen. In der Literatur wird diese Voraussetzung als sog unzulässige **Inländerdiskriminierung** angesehen. In der Praxis der Ausländerbehörden wird die Vorschrift weiterhin uneingeschränkt angewendet.

Das BVerwG geht auch bisher davon aus, dass die Regelung des § 30 Abs. 1 S. 1 Nr. 2 AufenthG mit deutschem Verfassungsrecht wie auch mit den Vorgaben des EU-Richtliniengebers vereinbar ist. 249

Eine erfreuliche Erleichterung der **Familienzusammenführung** hat sich aktuell durch die Umsetzung der Hochqualifizierten-Richtlinie der EU mit Wirkung zum 1.8.2012 ergeben. Laut § 30 Abs. 1 S. 3 Nr. 5 AufenthG ist der Nachweis über Kenntnisse der deutschen Sprache für Ehegatten entbehrlich, soweit der Nachzug zu einem Ausländer erfolgen wird, welcher im Besitz einer **Blaue Karte EU** ist. 250

Daneben entfällt das Sprachnachweiserfordernis für Ehegatten beispielsweise nach § 30 Abs. 1 S. 3 AufenthG regelmäßig, sofern sich der Stammberechtigte nur vorübergehend auf **Entsendung** in Deutschland befindet, der nachziehende Ehegatte einen erkennbar geringen Integrationsbedarf (z.B. eigener Masterabschluss) nachweisen kann, der Stammberechtigte eine Niederlassungserlaubnis besitzt und die Ehe bereits vor Einreise bestanden hat oder der Ehegatte aufgrund einer körperlichen oder seelischen Behinderung nicht in der Lage ist, einfache Kenntnisse der deutschen Sprache zu erlernen. 251

4. Zusätzliche Erteilungsvoraussetzungen

Im Rahmen des Familiennachzugs müssen auch die Erteilungsvoraussetzungen des § 5 AufenthG und des § 27 AufenthG erfüllt sein. Der Ausländerbehörde sind im Rahmen des Antragsverfahrens insbesondere die folgenden Voraussetzungen durch Vorlage geeigneter Dokumente nachzuweisen: 252

- **ausreichender Wohnraum** von ca. 12 m² pro Person; (z.B. Vorlage Mietvertrag),
- Sicherung des Lebensunterhaltes für alle nachziehenden Familienmitglieder (z.B. Vorlage der Gehaltsabrechnungen, Kontoauszüge etc.),
- ausreichender Krankenversicherungsschutz für alle nachziehenden Familienmitglieder (z.B. Vorlage einer Bestätigung der Krankenversicherung).

Daneben ist zu beachten, dass der Familien- bzw. **Kindernachzug** grundsätzlich nur für Kinder bis zum 18. Lebensjahr gem. § 32 AufenthG genutzt werden kann. Sobald die Kinder volljährig sind, kann für diese nur ein Aufenthaltstitel erteilt werden, sofern diese einen eigenen Aufenthaltszweck (z.B. Studium, Sprachkurs etc.) verwirklichen. 253

D. Das ausländerrechtliche Verfahren

I. Allgemeines zum ausländerrechtlichen Verfahren

254 Im Folgenden sollen einige wichtige Verfahrensaspekte vorgestellt werden, die im Rahmen des internationalen Mitarbeitereinsatzes von Bedeutung sind. Am 5. März 2013 ist die Achte Verordnung zur Änderung der Aufenthaltsverordnung in Kraft getreten, die unter anderem den fast vollständigen Verzicht auf die Zustimmungserfordernis der Ausländerbehörden im Visumsverfahren zur Arbeitsmigration vorsieht. Nach der Änderung wird auf die Zustimmung der Ausländerbehörde im Visumsverfahren zur Beschäftigung oder Arbeitsplatzsuche grundsätzlich verzichtet, § 31 Abs. 1 AufenthV. Lediglich in den in § 31 Abs. 1 Nr. 2 AufenthV aufgelisteten Einzelfällen ist eine Zustimmung der Ausländerbehörde bei Beschäftigungsaufnahme noch erforderlich. Die Zustimmungserfordernis gilt ausdrücklich weiterhin für Ausländer, die eine selbstständige Tätigkeit ausüben wollen, bereits einen längerfristigen Voraufenthalt in Deutschland ausgeübt haben oder gegen die aufenthaltsbeendende Maßnahmen, die im Ausländerzentralregister gespeichert wurden, erfolgt sind. Auch von der Zustimmungserfordernis betroffen sind solche Ausländer, die nach § 18 Abs. 4 Satz 2 AufenthG einer qualifizierten Beschäftigung im öffentlichen Interesse nachgehen wollen. Wie bisher muss ein Visumsantrag (sofern erforderlich) zunächst bei der zuständigen Auslandsvertretung eingereicht werden. Zukünftig wird es dann Aufgabe der Auslandsvertretung sein, zu prüfen, ob dem Visumantrag sofort entsprochen werden kann oder ob es vorher einer Zustimmung der ZAV bedarf. Es wird auch weiterhin möglich sein, die Zustimmung der ZAV vor Beantragung des Visums gem. § 14 a Abs. 2 BeschVerfV einzuholen und die erteilte schriftliche Zustimmung dem Visumantrag direkt beizufügen. Während einer Übergangsfrist bis längstens 30.6.2013 kann die Ausländerbehörde auch in den Fällen am Visumverfahren beteiligt werden, in denen auf Grund von § 31 Abs. 1 S. 1 Nr. 1 und 2 AufenthV neue Fassung ein Visum eigentlich nicht der Zustimmung der Ausländerbehörde bedarf. Nach Ablauf der Übergangsregelung besteht auch in Zukunft die Möglichkeit, dass die Auslandsvertretung die Ausländerbehörde weiterhin zur Klärung von Sachverhalten mit Inlandsbezug einbezieht. Mit der Gesetzesänderung vom 1.8.2012 wurde in § 31 Abs. 3 AufenthV die ausdrückliche Möglichkeit betont, dass Ausländerbehörden auch in den Fällen der §§ 18, 19 und 19a AufenthG[231] eine **Vorabzustimmung** an die Auslandsvertretung zur Erteilung eines Visums schicken können.

231 Gilt für Blaue Karte EU, aber auch für alle anderen Aufenthaltstitel zur Beschäftigung und Niederlassungserlaubnis für Hochqualifizierte sofern Nachweis der Dringlichkeit erbracht ist.

Praxistipp !

Wenn man die Erteilung einer Vorabzustimmung nach § 31 Abs. 3 AufenthV beantragt, sollte dem Antrag eine Argumentation beigefügt werden, weshalb die Erteilung des erforderlichen Aufenthaltstitels und die Einreise des jeweiligen Ausländers nach Deutschland in diesem Fall besonders dringend ist.

In der Praxis ist es auch häufig schwierig, die zuständige Ausländerbehörde zu 255
bestimmen. Bereits bei der Visumsbeantragung bei der deutschen Auslandsvertretung ist eine beabsichtigte Wohnadresse anzugeben. Danach bestimmt sich die zuständige **Ausländerbehörde** nach dem Bezirk, in dem der Ausländer wohnen wird. Viele ausländische Mitarbeiter wohnen während des gesamten Aufenthaltes in Deutschland im Hotel, und zwar häufig in wechselnden, oder zu Beginn des Aufenthaltes für einige Wochen im Hotel und ziehen dann in eine Wohnung um. Aufgrund der Schnelligkeit und kurzen Planung vieler Mitarbeitereinsätze ist bei Beginn des Verfahrens häufig noch nicht festgelegt, wo der Ausländer wohnen wird. Dies macht es in der Praxis schwierig, die zuständige Ausländerbehörde zu bestimmen. Wenn der Mitarbeiter während des laufenden Verfahrens umzieht (Wechsel des Hotels oder Umzug in eine Wohnung), ändert sich ggf. die Zuständigkeit der Ausländerbehörde und die Akte des Ausländers muss behördenintern an die nunmehr zuständige **Ausländerbehörde** versandt werden. Der behördeninterne Versand der Akten kann zwei bis vier Wochen in Anspruch nehmen. Währenddessen kommt das Verfahren quasi zum Stillstand und es können erhebliche Verzögerungen eintreten.

Praxistipp !

Daher ist es wichtig, zu Beginn des Verfahrens zunächst den Ort der privaten Wohnung festzulegen und dafür Sorge zu tragen, dass der Mitarbeiter während des laufenden Verfahrens nicht umzieht bzw. ein Umzug (z.B. Wechsel des Hotels) nur im räumlich zuständigen Bezirk der Ausländerbehörde erfolgt.

II. Zeitrahmen

Das Aufenthaltsgesetz sieht keinen Zeitrahmen für das ausländerrechtliche Geneh- 256
migungsverfahren und die Bearbeitung durch die Behörden vor. Bei Untätigkeit kann nach zwölf Wochen eine sog. **Untätigkeitsklage** vor dem **Verwaltungsgericht** erhoben werden. Ein Klageverfahren ist jedoch in der Praxis der internationalen Mitarbeitereinsätze wenig hilfreich, das es mit hohem Zeit- und Verwaltungsaufwand verbunden ist. Lediglich in § 14 BeschVerfV ist nun seit 1.8.2012 eine Zeitkomponente eingefügt worden. Die Arbeitsagentur muss der Ausländerbehörde demnach innerhalb von zwei Wochen Rückmeldung zu Ihrer Entscheidung geben.[232]

232 Siehe hierzu Rn 134 ff.

Praxistipp
Aufgrund des schwierig einzuschätzenden Zeitrahmens ist es daher wichtig, ausreichend Zeit für das Verfahren einzuplanen. Während des laufenden Verfahrens empfiehlt es sich, mit den Behörden in Kontakt zu bleiben und in regelmäßigen Zeitabständen Verfahrens- und Sachstandsabfragen zu tätigen.

III. Gebühren

257 Die Gebühren für die Erteilung der ausländerrechtlichen Titel sind in §§ 44 ff. AufenthV geregelt. Sie betragen beispielsweise für die üblichen Titel/Verfahren derzeit:
- nationales **Visum** oder Schengen-Visum: 50–60 €,
- **Niederlassungserlaubnis** für Hochqualifizierte: 250 €,
- **Niederlassungserlaubnis** zur selbstständigen Tätigkeit: 200 €,
- **Niederlassungserlaubnis** in übrigen Fällen: 135 €,
- **Daueraufenthalt-EG**: 135 €,
- Aufenthaltserlaubnis oder **Blaue Karte EU**: 100 € bzw. 110 € bei Geltungsdauer von mehr als einem Jahr,
- **Verlängerung** von mehr als drei Monaten: 80 €,
- Ausstellung einer **Fiktionsbescheinigung**: 20 €,

Gebühren für die Erteilung von Aufenthaltstiteln an minderjährige Kinder betragen in der Regel die Hälfte der zuvor genannten Beträge.

258 Bei Niederlassungserlaubnissen und Daueraufenthalt-EG wird zusätzlich regelmäßig noch eine **Bearbeitungsgebühr** in Höhe der Hälfte der eigentlichen Titelgebühr erhoben.

IV. Melderecht (geplante Neuerungen)

259 Das neue Bundesmeldegesetz (BMG), für das dem Bund seit der Föderalismusreform 2006 die ausschließliche Gesetzgebungskompetenz übertragen wurde, soll der Verwirklichung der Rechtseinheit auf dem Gebiet des Meldewesens dienen. Es soll das bisher geltende **Melderechtsrahmengesetz (MRRG)** mit den Landesmeldegesetzen zusammenführen.[233] Dies soll letztendlich einen effektiveren und effizienteren Vollzug des Melderechtes sicherstellen.[234] Außerdem soll das Recht auf informationelle Selbstbestimmung des Meldepflichtigen gestärkt werden.[235] Der Bundestag hat das Gesetz am 28.6.2012 verabschiedet. Die Zustimmung des Bundesrates steht aller-

233 BT-Drucks. 17/7746 v. 16.11.2011, S. 1.
234 BT-Drucks. 17/7746 v. 16.11.2011, S. 2.
235 BT-Drucks. 17/7746 v. 16.11.2011, S. 28.

dings derzeit noch aus. Dieser hat am 21.9.2012 vielmehr beschlossen, den Vermittlungsausschuss anzurufen.[236] Uneinigkeit herrscht insbesondere über das erforderliche Schutzniveau der betroffenen Personen im Rahmen der Melderegisterauskunft für Zwecke der Werbung oder des Adresshandels.

Abgesehen von dem erforderlichen Klärungsbedarf und dem Ausgang des Vermittlungsausschussverfahrens wird nachfolgend auf die ausländerrechtlich relevanten Änderungen eingegangen, die das BMG nach derzeitigem Stand (November 2012) wohl mit sich bringen wird. Der Wortlaut des finalen Gesetzes bleibt allerdings abzuwarten. 260

Der § 17 Abs. 1 und 2 des aktuellen BMG-Entwurfes begründet eine zweiwöchige An- und Abmeldefrist nach dem Einzug in eine bzw. Auszug aus einer Wohnung. In § 17 Abs. 2 S. 2 des aktuellen BMG-Entwurfes wird die Möglichkeit geschaffen, dass sich der Meldepflichtige bereits bis zu einer Woche vor dem Auszug abmelden kann. Neu ist auch, dass die **Meldebehörde** auf Antrag des Bürgers diesem eine schriftliche Meldebescheinigung erteilt, die als Nachweis einer aktuellen Wohnanschrift im behördlichen und privaten Bereich fungiert und damit von erheblicher praktischer Bedeutung ist.[237] 261

Um künftig Scheinanmeldungen besser vorbeugen zu können, führt § 19 des aktuellen BMG-Entwurfes die Mitwirkungspflicht des Wohnungsgebers durch eine schriftliche oder elektronische Bestätigung des Ein- oder Auszuges ein.[238] Ein Verstoß gegen § 19 Abs. 1 des aktuellen BMG-Entwurfes stellt gem. § 54 Abs. 2 Nr. 3 und 4 des aktuellen BMG-Entwurfes eine bußgeldbewehrte Ordnungswidrigkeit dar, die mit einem **Bußgeld** von bis zu 1.000 € geahndet werden kann (§ 54 Abs. 3 des aktuellen BMG-Entwurfes). § 19 Abs. 6 des aktuellen BMG-Entwurfes statuiert auch das ausdrückliche Verbot, eine Wohnungsanschrift zur Anmeldung anzubieten, wenn ein tatsächlicher Bezug nicht stattfindet. Ein Verstoß hiergegen kann ein **Bußgeld** von bis zu 50.000 € nach sich ziehen (§ 54 Abs. 1 und 3 des aktuellen BMG-Entwurfes). 262

Die allgemeine Meldepflicht nach § 23 des aktuellen BMG-Entwurfes ist grundsätzlich durch die Vorlage des ausgefüllten Meldescheines zusammen mit dem Personalausweis, dem anerkannten und gültigen Pass oder Passersatzpapier sowie der Bestätigung des Wohnungsgebers oder dem entsprechenden Zuordnungsmerkmal bei einer elektronischen Bestätigung zu erfüllen (§ 23 Abs. 1 S. 1des aktuellen BMG-Entwurfes).[239] Die Vorlage eines Personaldokumentes muss verbindlich geregelt werden, um auch auf diesem Wege Scheinanmeldungen vorbeugen zu können.[240] Nach § 23 Abs. 1 S. 2 des aktuellen BMG-Entwurfes bedarf es des ausgefüllten Mel- 263

236 BR-Drucks. 489/12 (Beschl.) v. 21.9.2012.
237 BT-Drucks. 17/7746 v. 16.11.2011, S. 39.
238 BT-Drucks. 17/7746 v. 16.11.2011, S. 39.
239 BT-Drucks. 17/10158 v. 27.6.2012, S. 5.
240 BT-Drucks. 17/7746 v. 16.11.2011, S. 53.

descheines nicht bei persönlichem Erscheinen bei der Meldebehörde. § 23 Abs. 2 des aktuellen BMG-Entwurfes sieht die Möglichkeit der elektronischen Anmeldung vor, wobei die Identität mittels des elektronischen Identitätsnachweises des neuen Personalausweises oder anhand einer qualifizierten elektronischen Signatur überprüft wird. Bei Ehegatten, Lebenspartnern und Familienangehörigen mit denselben Zuzugsdaten genügen nach § 23 Abs. 5 des aktuellen BMG-Entwurfes **ein** Meldeschein und die Anmeldung durch **eine** meldepflichtige Person.

264 Auf Verlangen der Meldebehörde muss die meldepflichtige Person nach § 25 des aktuellen BMG-Entwurfes persönlich erscheinen, die erforderlichen Auskünfte erteilen und die nötigen Unterlagen vorlegen.

265 Im Inland gemeldete Personen, die für einen Zeitraum von bis zu sechs Monaten eine Wohnung beziehen, müssen sich nach § 27 Abs. 2 S. 1 des aktuellen BMG-Entwurfes weder an- noch abmelden. Für Personen, die sonst im Ausland wohnen, beträgt dieser Zeitraum gem. § 27 Abs. 2 S. 2 des aktuellen BMG-Entwurfes maximal drei Monate. Bei Überschreitung der jeweiligen Dauer besteht eine zweiwöchige Anmeldefrist.

266 Der § 29 des aktuellen BMG-Entwurfes schreibt eine besondere Meldepflicht in Beherbergungsstätten (insbesondere Hotels) vor. Laut § 29 Abs. 1 S. 1 des aktuellen BMG-Entwurfes besteht eine **Meldepflicht** nach § 17 des aktuellen BMG-Entwurfes, wenn der Aufenthalt sechs Monate überschreitet. Für nicht im Inland gemeldete Personen beginnt eine zweiwöchige Anmeldefrist bei Überschreitung der Aufenthaltsdauer von drei Monaten. Neu ist hierbei, dass die Verpflichtung, den Hotelmeldeschein handschriftlich auszufüllen, aufgehoben und auf die handschriftliche Unterzeichnung reduziert werden soll.[241]

267 Die **bußgeldrechtliche Ahndung** von Verstößen gegen Melde- und Mitteilungsverpflichtungen sowie von Missbrauchsfällen findet ihre Rechtsgrundlage in § 54 des aktuellen BMG-Entwurfes.

V. Beschäftigung ohne Aufenthaltstitel

268 Den Arbeitgeber oder Unternehmer, der den Ausländer einsetzt, trifft die Pflicht, zu überprüfen, ob und in welchem Umfang dieser zur Ausübung einer selbstständigen oder unselbstständigen **Erwerbstätigkeit** im Bundesgebiet berechtigt ist. Auch während eines laufenden Beantragungsverfahrens ist Ausländern die Ausübung einer Erwerbstätigkeit in der Regel untersagt. Die Beschäftigung eines Ausländers ohne oder entgegen den Vorgaben einer Arbeitserlaubnis stellt regelmäßig eine **Ordnungswidrigkeit** dar. Sie kann mit einem **Ordnungsgeld** von bis zu 500.000 € pro Fall belegt werden, §§ 98 Abs. 2a, Abs. 5 AufenthG i.V.m. § 404 Abs. 2 Nr. 3 SGB III. In

241 BT-Drucks. 17/7746 v. 16.11.2011, S. 41.

besonders schweren Fällen droht auch eine Haftstrafe. Ferner ziehen entsprechende **Verstöße** gegen das AufenthG regelmäßig einen Eintrag im **Gewerbezentralregister** nach § 405 Abs. 5 SGB III nach sich, sofern die Geldbuße mehr als 200 € beträgt.

Auch Unternehmer, die einen anderen Unternehmer beauftragen, können mit einer **Geldbuße** von bis zu 500.000 € belegt werden, sollte der Auftragnehmer zur Erfüllung des Auftrages Ausländer unerlaubt beschäftigen oder einen Nachunternehmer einsetzen oder zulassen, dass ein Nachunternehmer tätig wird, der Ausländer unerlaubt beschäftigt (§ 404 Abs. 1 i.V.m § 404 Abs. 3 SGB III). 269

Weitere Auswirkungen ergeben sich auch durch die §§ 98a, 98b und 98c AufenthG, welche im Rahmen der Umsetzung der **Sanktionsrichtlinie** der EU[242] in das deutsche Recht im November 2011 eingeführt wurden. Demnach müssen Arbeitgeber, die Ausländer ohne die erforderliche Genehmigung (§ 284 Abs. 1 SGB III) oder erforderliche Berechtigung zur Erwerbstätigkeit (§ 4 Abs. 3 AufenthG) beschäftigen, der Verpflichtung nachkommen, diesen Arbeitnehmern eine angemessene Vergütung zu zahlen (§ 98a Abs. 1 AufenthG). Auch hat ein Unternehmer für die Vergütungsverpflichtung des Unternehmers, welchen er zur Erbringung von Werk- und Dienstleistungen beauftragt hat, wie ein **Bürge** einzustehen. Die Haftung kann sich u.U. auch auf **Generalunternehmer** und alle zwischengeschalteten Unternehmer erstrecken. 270

Nicht außer Acht zu lassen ist die Gefahr des Ausschlusses von **Subventionen** für bis zu fünf Jahre gem. § 98b AufenthG. Die zuständige Behörde kann Anträge auf Subventionen ablehnen, sollte der Antragsteller aufgrund illegaler Beschäftigung nach § 284 Abs. 1 SGB III oder § 4 Abs. 3 Nr. 2 AufenthG mit einer Geldbuße von wenigstens 2.500 € gem. § 404 Abs. 2 Nr. 3 SGB III belegt worden sein **oder** ein **Verstoß** gegen §§ 10, 10a, 11 des SchwarzArbG vorliegen und deshalb eine Verurteilung zu einer Freiheitsstrafe von mehr als drei Monaten oder einer **Geldstrafe** von mehr als 90 Tagessätzen erfolgt sein. 271

Ein Risiko besteht zudem darin, von öffentlichen Auftraggebern von der Vergabe öffentlicher Aufträge gem. § 98c AufenthG ausgeschlossen zu werden. Bezüglich der Voraussetzungen kann auf die Ausführungen zum § 98b AufenthG verwiesen werden. 272

Seit August 2012 hat die illegale Beschäftigung von ausländischen Arbeitnehmern weitere Folgen für den Arbeitgeber. Nach der neu eingeführten Nr. 3 des § 40 Abs. 2 AufenthG kann die Zustimmung der ZAV i.S.d. § 39 AufenthG versagt werden, wenn der Ausländer bei einem Arbeitgeber beschäftigt werden soll, der oder dessen Vertreter innerhalb der letzten fünf Jahre wegen eines Verstoßes gegen § 404 Abs. 1 oder § 404 Abs. 2 Nr. 3 SGB III rechtskräftig mit einer Geldbuße belegt wurde. Gleiches gilt bei einer Verurteilung zu einer Geld- oder Freiheitsstrafe bei Verstoß gegen die §§ 10, 10a oder 11 SchwarzArbG oder gegen die §§ 15, 15a oder 16 Abs. 1 Nr. 2 AÜG. 273

242 Vgl. die RL 2009/52/EG des Europäischen Parlaments und des Rates über die Mindeststandards für Sanktionen und Maßnahmen gegen Arbeitgeber, die Drittstaatsangehörige ohne rechtmäßigen Aufenthalt beschäftigen, L 168 v. 30.6.2009, S. 24.

274 Rechtliche Folgen hat auch der ausländische Arbeitnehmer zu befürchten. Der Ausländer macht sich gem. §§ 95 Abs. 1a, 98 Abs. 3 Nr. 1 AufenthG i.V.m. § 404 Abs. 2 Nr. 4 SGB III strafbar, wenn er in Deutschland eine Erwerbstätigkeit ohne Erlaubnis aufnimmt. Weiterhin stellt die Aufnahme der Tätigkeit ohne Arbeitserlaubnis eine Ordnungswidrigkeit dar, § 98 Abs. 3 Nr. 1 AufenthG. Diese kann mit einer Geldbuße bis zu 5.000 € für den Ausländer geahndet werden. Außerdem können dem Arbeitnehmer die Abschiebung und das Wiedereinreiseverbot drohen.

E. Outbound-Fälle (Überblick)

275 Wenn Mitarbeiter eines deutschen Unternehmens ins **Ausland** entsandt werden sollen, empfiehlt sich frühzeitig Kontakt mit ausländischen Visaexperten oder Anwälten aufzunehmen. Mit diesen Experten ist im Einzelfall zu klären, ob für die geplante Tätigkeit im Ausland ein Visum oder eine Arbeitsgenehmigung erforderlich ist. Eine Vorabinformation kann auch über die jeweiligen Botschaftsseiten erfolgen. Auf der Internetseite des **Auswärtigen Amtes** sind entsprechende Links zu relevanten Seiten enthalten. Die Vorabinformation im Internet ersetzt allerdings nicht die Beratung durch einen Experten im Einzelfall.

276 Der ausländische Visaexperte kann im Einzelfall erklären:
- welches Visum bzw. welche Genehmigung erforderlich ist,
- wie lange ein Genehmigungsverfahren voraussichtlich dauert,
- welche Voraussetzungen durch den Antragsteller und die zu besetzende Stelle erfüllt sein müssen,
- welche Dokumente für eine Genehmigung einzureichen sind.

277 Die folgende Checkliste soll einen ersten Überblick über die wichtigsten Punkte geben, die aus ausländerrechtlicher Sicht bei sog. **Outbound-Fällen** regelmäßig zu beachten sind:

1. Überprüfen Sie die Nationalität des Mitarbeiters und seiner Familienangehörigen, falls diese den Mitarbeiter begleiten. Fordern Sie eine Passkopie an und prüfen Sie, ob alle Ausweispapiere noch gültig sind und ob im Reisepass noch ausreichend Platz (Seiten) für den Visa- und Genehmigungsstempel ist. In einigen Ländern muss der Pass am Tag der Einreise noch mindestens sechs Monate gültig sein. Eine Verlängerung eines auslaufenden Passes ist vor Entsendebeginn daher regelmäßig zu empfehlen.
2. Es sollte geprüft werden, ob der Mitarbeiter alleine ins Ausland geht oder ob auch für die begleitende Familie eine Aufenthaltsgenehmigung beantragt werden muss. In Fällen, in denen der Mitarbeiter von der Ehefrau oder seinen Kindern begleitet wird, muss häufig beispielsweise die Heiratsurkunde und die Geburtsurkunde der Kinder vorgelegt werden. In einigen Ländern muss die Ehefrau auch nachweisen, dass sie sich in der jeweiligen Landessprache auf einfache Art verständigen kann.

3. Es sollte festgestellt werden, welche Visa und sonstigen Genehmigungen der Mitarbeiter bereits aktuell besitzt. Es ist zu prüfen, ob beispielsweise eine Weitergeltung einer bereits bestehenden Genehmigung bei Auslandsaufenthalten beantragt werden muss (vgl. § 51 AufenthG). In manchen Fällen muss auch zunächst ein Kurzzeit-Visum annulliert werden, damit ein sog. long term-Visum (häufig D Visum) beantragt werden kann.
4. Die folgenden Dokumente sind regelmäßig für ausländische Visaverfahren erforderlich. Hierbei ist zu beachten, dass teilweise Kopien der Dokumente ausreichend sind. Teilweise sind (beglaubigte) Übersetzungen der Dokumente erforderlich und manchmal müssen auch Originale oder beglaubigte Abschriften von Urkunden eingereicht werden.
   Welche Dokumente genau und in welcher Form eingereicht werden müssen, muss im Einzelfall mit lokalen Visaexperten vorab besprochen werden.
   Beispielhaft seien hier genannt:
   - Aktueller Lebenslauf,
   - Universitätszeugnis und sonstige Ausbildungsnachweise,
   - Arbeits- oder Entsendeverträge,
   - Passkopie,
   - Tätigkeitsbeschreibung für die geplante Tätigkeit im Ausland, teilweise auch Stellenbeschreibung für bisherige Tätigkeit in Deutschland,
   - Unternehmensorganigramme,
   - Krankenversicherungsnachweis,
   - Wohnadresse im Einsatzland etc.
5. Vor der Visabeantragung ist stets zu klären, ob für das Visumsverfahren ein Entsendevertrag mit dem deutschen Unternehmen ausreichend ist oder ob ein lokaler Arbeitsvertrag mit dem ausländischen Unternehmen abgeschlossen werden muss. Dies kann auch Auswirkungen etwa auf die steuerliche und sozialversicherungsrechtliche Behandlung der Entsendung haben.
6. Es ist zu klären, welche Formulare ausgefüllt werden müssen und ob beispielsweise zur Einreise ein Visumsantrag bei der ausländischen Botschaft gestellt werden muss.
7. Es ist weiterhin zu erfragen, ob eventuell neben den ausländerrechtlichen Verfahren weitere Schritte wie etwa eine polizeiliche Meldung oder Gesundheitschecks (z.B. Aidstest) erfolgen müssen.
8. In einigen Ländern (z.B. China) muss der Arbeitgeber auch erst Lizenzen beantragen, um ausländische Mitarbeiter im jeweiligen Land einsetzen zu dürfen.
9. Mit dem Visaexperten ist zu klären, ob spezielle Visumsarten möglicherweise in der Anzahl staatlich limitiert sind (z.B. in den USA die H1B Visa). Häufig können spezielle Visumsarten auch nur mit Hochschulabschluss oder mit mehrjähriger Berufserfahrung bzw. relevanten Vorbeschäftigungszeiten im deutschen Unternehmen beantragt werden.

10. Die regelmäßige zeitliche Dauer des Genehmigungsverfahrens ist ebenfalls mit einem Experten zu klären. In den USA ist beispielsweise ein sog. Premium Processing mit einer garantierten Bearbeitung innerhalb von ca. vier Wochen für einen Gebührenaufschlag möglich.

F. Ausblick zur geplanten Änderung des deutschen Ausländerrechtes

278 Aufgrund der Neuausrichtung der Zuwanderungspolitik und insbesondere auch durch das Gesetz zur Umsetzung der Hochqualifizierten-Richtlinie der EU und der Einführung der Blaue Karte EU ist eine redaktionelle Anpassung des Ausländerbeschäftigungsrechtes, speziell der Beschäftigungsverordnung (BeschV) und der Beschäftigungsverfahrensverordnung (BeschVerfV) aktuell im Gespräch.[243] Die genannten Verordnungen sind durch die vielen eingefügten Regelungen für den einzelnen Rechtsanwender sehr unübersichtlich geworden und sollen mit höchster Wahrscheinlichkeit neu nummeriert werden.

279 Der Aufbau der BeschV soll zukünftig daran ausgerichtet sein, ob die Zuwanderung auf eine dauerhafte Beschäftigung in Deutschland oder nur vorübergehend angelegt ist.[244] Es soll auch ein neuer Zulassungstatbestand für Ausbildungsberufe eingeführt werden. Überflüssige Sonderregelungen sollen bei der Neuordnung gestrichen werden.[245] Die Blaue Karte EU soll künftig den zentralen deutschen Aufenthaltstitel für ausländische Fachkräfte bilden.[246]

---

243 Vgl. Verordnungsentwurf des BMAS v. 5.11.2012 „Verordnung zur Änderung des Ausländerbeschäftigungsrechts" S. 1.

244 Vgl. Verordnungsentwurf des BMAS v. 5.11.2012 „Verordnung zur Änderung des Ausländerbeschäftigungsrechts" S. 2 und 19 ff.

245 Vgl. Verordnungsentwurf des BMAS v. 5.11.2012 „Verordnung zur Änderung des Ausländerbeschäftigungsrechts" S. 20.

246 Vgl. Verordnungsentwurf des BMAS v. 5.11.2012 „Verordnung zur Änderung des Ausländerbeschäftigungsrechts" S. 2 und 20.

Kapitel 5
Richtlinien für den Auslandseinsatz

A. Gründe für die Entwicklung von Entsenderichtlinien

Sobald ein Unternehmen seine **Auslandsaktivität** erhöht und im Zuge dessen kontinuierlich mehr Mitarbeiter ins Ausland entsendet, sollte die Überlegung getroffen werden, eine **Entsenderichtlinie** zu entwickeln, welche einheitliche Strukturen für die Umsetzung betrieblicher Auslandsvorhaben gewährleistet. 1

Eine Entsenderichtlinie enthält **Rahmenbedingungen** für die Gestaltung und Durchführung der **Auslandseinsätze** in einem Unternehmen. Neben den Informationen über die **entsendungsrelevanten Vergütungskomponenten** soll sie vor allem strukturelle Bedingungen zur Abwicklung einzelner Fälle sowie zur Einhaltung der **gesetzlichen Bestimmungen** hinsichtlich Steuern, Sozialversicherung, Immigration und Arbeitsrecht schaffen. Sie ist ein wichtiges Informationsdokument für die Entsandten, mit dem die Vergleichbarkeit und folglich auch die Gleichbehandlung mehrerer **Entsendefälle** sichergestellt werden sollen. Dies kann sich positiv auf die Akzeptanz der Auslandseinsätze und somit auch auf deren Effizienz auswirken. Die speziellen Umstände des einzelnen Entsendefalls können dann – je nach Bedarf – ausgehend von den allgemeinen Bedingungen einer Entsenderichtlinie im Rahmen eines **Entsendevertrages** individuell geregelt werden. 2

Wenn ein Unternehmen mit mehreren **Entsendearten** arbeitet, kann dies mit einer Vielzahl von Entsenderichtlinien zum Ausdruck gebracht werden, die unabhängig voneinander die unterschiedlichen Entsendungsbedingungen systematisieren. Bereits eine einzige Richtlinie ermöglicht es, individuelle Vereinbarungen zu vermeiden und erleichtert folglich erheblich die Administration der entsandten Mitarbeiter. Neben der Standardisierung der Entsendegrundsätze bietet die Entsenderichtlinie ein hohes Maß an Transparenz über die **entsendungsrelevanten Kosten** und bildet somit eine Grundlage für weitere Maßnahmen im Rahmen der **Kostenplanung** und **-kontrolle**. Nicht zuletzt stellt sie auch allgemeine Bedingungen für die Zusammenarbeit zwischen den einzelnen Unternehmensbereichen und gilt als Wegweiser für die Gestaltung der Betreuungsaufgaben der externen Anbieter. 3

B. Grundsätze einer „best practice"-Entsenderichtlinie

Es gibt keine allgemeingültige Entsenderichtlinie, die als Musterlösung in jedem Unternehmen ohne Weiteres zur Anwendung kommen könnte. Auch gibt es keine gesetzlichen Bestimmungen, welche die Inhalte und Struktur einer Richtlinie eindeutig festlegen würden. Vielmehr geht es bei einer Entsenderichtlinie um eine allgemeine Vereinbarung, die in Anlehnung an verschiedene Gesetzesbereiche entwickelt 4 wird und immer die individuellen Gegebenheiten in einem Unternehmen abbilden soll. Es ist dabei sehr wichtig, die Richtlinie sowohl an der Unternehmensstruktur und -strategie als auch an der Unternehmenskultur und dem **Entsendeprofil** (Anzahl von Entsendungen, Entsendearten, Entsendungsländer etc.) auszurichten. Des Weiteren muss bei der Gestaltung der Entsenderichtlinie ihr Geltungsbereich festgelegt werden. Neben Richtlinien, die global zur Anwendung kommen, kann es auch Regelungen geben, die nur in bestimmten Ländern oder Regionen umgesetzt werden und woanders keine Gültigkeit haben. Weitere Anwendungseinschränkungen können sich auf die Dauer einer Entsendeart und auf die Zielgruppe, die mit einer Richtlinie angesprochen wird, beziehen.

5 Bereits während der Entwicklungsphase sollten wichtige **Stakeholder** und Arbeitnehmervertreter in die **Richtliniengestaltung** involviert werden, um die Akzeptanz der Entsenderegelungen im Unternehmen zu gewährleisten und somit die Relevanz der Richtlinie zu erhöhen.[1] Hierzu zählen neben dem Personalbereich vor allem die ins Ausland entsendenden Geschäftsbereiche sowie ggf. der Finanzbereich und Vertreter der Mitbestimmungsgremien. Nachdem eine Entsenderichtlinie erfolgreich im Unternehmen implementiert wurde, ist eine regelmäßige Überprüfung, Aktualisierung und Anpassung ihrer Inhalte an die sich kontinuierlich ändernden **Entsendeumstände** sinnvoll (z.B. Überprüfung und Anpassung der Lebenshaltungskostenzulage oder der Erschwerniszulage, Anpassung an geänderte Unternehmensprozesse oder Marktgepflogenheiten). Insbesondere die Regelungen zu Steuern, Sozialversicherung, Immigration und Arbeitsrecht sollten den gültigen **Compliance-Anforderungen** des Heimat- und Entsendungslandes entsprechen. Eine Entsenderichtlinie soll den potenziellen **Expatriates** ein rundum attraktives, dennoch aus der Unternehmensperspektive finanziell angemessenes Paket anbieten, das den Anforderungen an marktgerechte Gestaltung Rechnung trägt. Daher ist es wichtig, die Inhalte einer Entsenderichtlinie regelmäßig mit den Regelungen der Wettbewerber zu vergleichen. Diese **Benchmarks** können sowohl branchen- als auch regionalbezogen durchgeführt werden. Hinsichtlich des Vergleiches mit Wettbewerbern ist es jedoch wichtig zu beachten, dass eine Entsenderichtlinie zum Unternehmen passen muss und nicht zwanghaft an den Benchmark angepasst werden sollte.

C. Inhalte einer „best practice"-Entsenderichtlinie

6 Die Inhalte einer Entsenderichtlinie sind sowohl für den Mitarbeiter als auch für das Unternehmen von großer Bedeutung, denn sie bilden die **Rahmenbedingungen** des Auslandseinsatzes. Neben der ausführlichen Definition der **Entsendekonditionen**[2]

1 Siehe ausführlich hierzu Kap. 6 Rn 141 ff.

2 Siehe ausführlich hierzu Kap. 6 Rn 1 ff.

sind auch die nachfolgend dargestellten Regelungsaspekte wichtiger Bestandteil einer Entsenderichtlinie:

I. Vorwort und Entsendebegriff

Viele Unternehmen stellen im Vorwort der Entsenderichtlinie die Relevanz von Auslandsentsendungen für die Erreichung der Unternehmensziele dar und legen somit den Rahmen für alle folgenden Informationen und Regelungen fest. Auch der **Geltungsbereich** einer Richtlinie sollte an dieser Stelle ausführlich definiert werden, um bereits im Vorfeld zu erklären, für welche Entsendeform, Länder und Zielgruppen die Regelungen der Richtlinie Anwendung finden. In der Praxis werden bei Unternehmen mit größer werdenden Entsendepopulationen immer häufiger separate Richtlinien aufgesetzt, die in Anlehnung an eine allgemeingültige Entsenderichtlinie als Ergänzung aufgebaut werden und sich lediglich auf die spezifischen Besonderheiten beziehen. 7

II. Kostenträgerschaft

Da der finanzielle Aufwand bei Auslandseinsätzen in der Regel höher als im Rahmen der lokalen Personalakquise ist, sollte im Vorfeld der Entsendung eine **Kostenanalyse** durchgeführt werden, um nachzuprüfen, ob alle Kosten durch den Entsendungszweck tatsächlich gerechtfertigt sind. Hiermit wird auch eine Grundlage für die weitere Planung und Kontrolle der finanziellen Auswirkungen einer Entsendung festgelegt. Welches an einer Entsendung beteiligte Unternehmen die **Kosten** trägt, ist vom Entsendungsgrund und somit von den tatsächlichen wirtschaftlichen Interessen zwischen der entsendenden und der aufnehmenden Einheit abhängig. Üblicherweise trägt das aufnehmende Unternehmen die Kosten der Entsendung, sofern der entsandte Mitarbeiter im wirtschaftlichen Interesse des aufnehmenden Unternehmens eingesetzt wird.[3] Da die Kostenträgerschaft direkte Auswirkungen auf die steuerliche Behandlung der Entsendung hat, ist es sinnvoll, sie in der Entsenderichtlinie festzulegen oder zumindest mit einem Verweis auf weitere unternehmensinterne Vereinbarungen klärend zu erwähnen. Für den Mitarbeiter ist hinsichtlich der Kostenträgerschaft von besonderem Interesse, welche Kosten durch den Arbeitgeber getragen werden und welche Kosten selbst übernommen werden müssen (z.B. Kosten für die Schuluniform der Kinder oder die Zahlung von Stromkosten etc.). Um Missverständnissen vorzubeugen, empfiehlt sich eine Regelung zur Übernahme von den genannten Nebenkosten. 8

3 Siehe ausführlich hierzu Kap. 8 Rn 401.

III. Vertragliche Eingliederung

9 Für den zu entsendenden Mitarbeiter ist es wichtig zu wissen, wer während seiner Zeit im Ausland sein Arbeitgeber sein wird. Aus diesem Grund ist es zur Information des Mitarbeiters über sein Arbeitsverhältnis im Ausland sinnvoll, bereits in der Entsenderichtlinie allgemeine Hinweise zu der **vertraglichen Eingliederung** (entweder in das Heimatunternehmen oder in das Gastlandunternehmen) und der Einbindung in das **Gehaltsgefüge**[4] aufzunehmen:

- Was geschieht mit dem Arbeitsvertrag im Heimatland?
- Wird dieser ruhend gestellt?
- Bekommt der Mitarbeiter im Ausland einen lokalen Vertrag?

Weitere Details hierzu sollten dann in der individuellen **Entsendevereinbarung**[5] zu finden sein.

IV. Entsendedauer

10 Neben den vertraglichen Abgrenzungen ist auch die eigentliche Dauer der Entsendung von Relevanz. Gerade bei längeren Auslandseinsätzen sollte sowohl der **Entsendezeitraum** festgelegt werden, als auch ob und unter welchen Voraussetzungen die Entsendung verlängert werden kann. In diesem Zusammenhang ist die Aufnahme von Bedingungen empfehlenswert, unter denen eine Verlängerung des Einsatzes zu einer Umstellung auf **lokale Konditionen** erfolgt und in welchem Umfang sich das Entsendepaket daraufhin verändert. Hierdurch können die Erwartungen des Mitarbeiters hinsichtlich einer möglichen **Lokalisierung** und den damit verbundenen Anpassungen gesteuert werden.

V. Definition der Risiken

11 Ein Einsatz im Ausland ist für den entsandten Mitarbeiter mit verschiedenen **Risiken** verbunden. Der Arbeitgeber sollte daher in der Entsenderichtlinie die aus verschiedenen Risikosituationen folgende unternehmerische Unterstützung z.B. bezüglich **medizinischer Versorgung**, diverser **Versicherungen** oder gesetzlicher Antragsverfahren ausreichend erklären. Im Zusammenhang mit den Aspekten des **Risikomanagements** werden immer häufiger in der Entsenderichtlinie auch die einzelnen Prozessschritte für eine mögliche Notfallsituation im Ausland definiert, die je nach

---

4 Siehe ferner Kap. 6 Rn 2 ff.

5 Siehe hierzu Kap. 3 Rn 35 ff.

Länderkombination zusätzlich durch entsprechende Vorbereitungsmaßnahmen im Inland ergänzt werden können.

VI. Familie

Ein wesentlicher Aspekt in der Entscheidungsfindung und auch ein wichtiger Faktor 12 für den Erfolg des Auslandseinsatzes ist die Möglichkeit der Begleitung durch die **Familie** des Mitarbeiters. Hier empfehlen sich Regelungen, unter denen die Familie mit in das Ausland reisen darf und auch zu Entsendungen, die ohne **Familienbegleitung** zu erfolgen haben. Üblicherweise ist eine Familienbegleitung bei kurzfristigen Entsendungen nicht vorgesehen. In diesem Zusammenhang muss in der Entsenderichtlinie festgelegt werden, welche Kosten für welchen Zeitraum durch das Unternehmen zusätzlich übernommen werden. Um Diskussionen mit dem Expatriate hinsichtlich der Familienbegleitung zu vermeiden, ist es zudem empfehlenswert, den Begriff der Familie und des Partners in der Entsenderichtlinie zu definieren (d.h. Alter der Kinder, Zugehörigkeit zum Haushalt o.ä.).

VII. Rückkehr und Wiedereingliederung

Nicht nur die Konditionen vor und während einer Entsendung sind wichtige Bestand- 13 teile der Richtlinie, sondern auch, wie die **Rückkehr** des Mitarbeiters in das Heimatland und die anschließende berufliche **Wiedereingliederung** in das Heimatunternehmen zu erfolgen hat.[6] Die Richtlinie sollte in diesem Zusammenhang den zeitlichen und organisatorischen Rahmen für die **Reintegration** festlegen und neben den einzelnen Prozessschritten auch die Verantwortlichkeiten für die Abwicklung klar definieren. Der Mitarbeiter sollte im besten Fall bereits vor Entsendungsbeginn, spätestens allerdings drei bis sechs Monate vor Entsendungsende, über den möglichen Rückkehrverlauf informiert werden. Dazu gehören klärende Aussagen u.a.

- über die Aufgabe der Wohnung im Gastland,
- den Umfang und die Organisation des Rückumzuges,
- die eventuell notwendige Neuanschaffung von Haushaltsgegenständen,
- die Betreuung bei behördlichen Anträgen oder
- über die Reintegrationstrainings.

Konkrete Zusagen über die künftige Funktion des Mitarbeiters im Heimatunter- 14 nehmen werden in der Regel selten im Voraus getroffen. Ungeachtet dessen stellt die erfolgreiche berufliche Reintegration eine der größten Herausforderungen des Entsendemanagements dar und mündet nicht selten in hohen Fluktuationsraten.

6 Siehe ferner Kap. 6 Rn 118 f.

Planung, ein entsprechendes Erwartungsmanagement und ausreichende Kommunikation sind unumgänglich.

! **Praxistipp**

Im Zuge der Entwicklung von Entsenderichtlinien ist es sinnvoll, sich in die Lage des Mitarbeiters zu versetzen. Hilfreich ist hier auch die Erstellung von sog. FAQ-Listen, welche häufige Anfragen und die dazugehörigen Antworten aufzeigen. Die Liste kann etwa im Intranet hinterlegt werden und die Mitarbeiter können sich somit bereits im Vorfeld einer Entsendung über die Modalitäten eines Auslandseinsatzes informieren.

Eine regelmäßige Befragung ist eine gute Möglichkeit, das „Stimmungsbild" von ehemals oder aktuell entsandten Mitarbeitern hinsichtlich der Entsendezulagen sowie auch zu Prozessen oder der Zusammenarbeit mit externen Dienstleistern zu erfassen. Dies kann anhand von Interviews mit ausgewählten Personen oder durch den Versand von Feedbackfragebögen durchgeführt werden. Mittlerweile gibt es gute Möglichkeiten, diese online auszufüllen und auswerten zu lassen.

Kapitel 6
Schlüsselfaktoren der Gestaltung und Implementierung einer Entsenderichtlinie

A. Einkommensgestaltung und typische Regelungsinhalte

I. Verschiedene Vergütungsmodelle

1. Expatriates und lokale Vergütung

Die Frage der „angemessenen" Vergütung bekommt im internationalen Kontext eine deutlich größere Komplexität für den betroffenen Mitarbeiter als im Zuge der Übernahme einer neuen Aufgabe im gleichen Land, denn es fehlt in der Regel an Ankerpunkten für die Einschätzung, wie viel die für die Tätigkeit im Ausland gewährte Vergütung tatsächlich wert ist. Ein vermeintlich attraktives lokales Entgelt ist mit Blick auf die absolute Höhe aus verschiedenen Perspektiven zu beleuchten: Was bleibt nach Abzug von lokalen Steuern und Sozialversicherungsbeiträgen übrig? Wie hoch sind die **Lebenshaltungskosten** im Gastland? Welche Mehrkosten entstehen durch den Einsatz, beispielsweise durch eine höhere Wohnungsmiete oder weil die öffentlichen örtlichen Schulen für die mitreisenden Kinder aus sprachlichen oder anderen Gründen nicht geeignet sind? Welche **Ausgaben** werden auch im Inland weiterhin anfallen? Und wie viel würde denn einem lokalen Kollegen für eine vergleichbare Aufgabe an Vergütung überhaupt gewährt werden? Diese Fragen kann ein ins Ausland zu entsendender Mitarbeiter in der Regel nicht ohne Unterstützung beantworten. Hierdurch kann Unsicherheit verursacht werden, die bei der Entscheidung, die Herausforderungen des Auslandseinsatzes anzunehmen, eine wichtige Rolle spielen können und vom Unternehmen ausgeräumt werden sollten. Die in der Praxis gewählten **Vergütungsmodelle** versuchen daher auch meist, über eine komponentenreiche Struktur möglichst viel Transparenz zu diesen Fragestellungen zu schaffen. Dies verkompliziert zwangsläufig die **Vergütungsstruktur** bei Auslandseinsätzen, zeigt dem Entsandten aber auch deutlich, auf Basis welcher grundsätzlichen Regelungen der Arbeitgeber bestimmte Ausgaben und ggf. darauf entfallende Steuern übernimmt oder ob diese vom Mitarbeiter selbst zu tragen sind. Dies hilft, die materielle Komponente des Auslandsatzes einzuschätzen und das Gesamtbild mit Chancen und Risiken einer Entsendung abzuwägen. 1

2. Heimatland-/Gastland-Ansatz

Für die Festsetzung der Vergütung im Rahmen eines Auslandseinsatzes gibt es mit Blick auf die vorgenannten Fragestellungen zunächst zwei grundsätzliche Möglichkeiten: Sie kann entweder auf die bisherige Vergütung im Heimatland aufsetzen (sog. 2

Heimatland-Ansatz) oder sich am üblichen Vergütungsniveau im Gastland orientieren (sog. **Gastland-Ansatz**).

3 Im Rahmen des Heimatland-Ansatzes wird die bisherige Vergütung des betreffenden Mitarbeiters als Ausgangspunkt verstanden und entsprechend angepasst, um die Herausforderungen der Aufgabe im Ausland sowie anfallende Mehrkosten zu berücksichtigen. Der Heimatland-Ansatz hat zwei wesentliche Vorteile: Zum einen basiert er auf für den betroffenen Mitarbeiter bekannten Größen und gibt ihm je nach Aufschlüsselung der Zusatzkomponenten eine größere Sicherheit, die Angemessenheit der **Auslandsvergütung** beurteilen zu können. Zum anderen wird über diesen Ansatz die **Bindung an das Heimatland** verdeutlicht und eine Basis für die Vergütungsfindung nach Rückkehr vom Auslandseinsatz geschaffen. Je nachdem, ob und in welcher Form ein **Vergütungsgefälle** zwischen Heimat- und Gastland existiert, birgt dieser Ansatz natürlich auch Risiken: So macht die Anwendung des Heimatland-Ansatzes die Entsendung in ein Land mit vergleichsweise **niedrigerem Vergütungsniveau** für den Betroffenen attraktiv, sorgt allerdings u.U. auch für massive Vergütungsunterschiede zwischen dem Entsandten und lokalen Mitarbeitern in vergleichbaren Funktionen.

4 Umgekehrt richtet sich die Vergütung im Rahmen des **Gastland-Ansatzes** an den lokalen Gepflogenheiten aus. Die für den Heimatland-Ansatz erläuterten Vor- bzw. Nachteile gelten nun umgekehrt: Dieser Ansatz stärkt die **Integration in die Gastlandorganisation** und kann die Bindung zum Heimatland schwächen. Im Falle der Entsendung in ein Land mit höherem Vergütungsniveau ist dieser Ansatz für den Entsandten attraktiv – die Anwendung dieses Ansatzes in umgekehrte Richtung mag allerdings dazu führen, dass die lokalen Konditionen auf wenig Akzeptanz stoßen.

5 Die Auswahl des jeweils für ein Unternehmen bzw. einen Entsendefall geeigneten Vergütungsansatzes hängt von verschiedenen Aspekten ab: Zunächst gilt es, eine Balance aus Wirtschaftlichkeit und Anreiz sicherzustellen. Die Komplexität des gewählten Ansatzes und der damit verbundene Administrations- und auch Kommunikationsaufwand sind vor dem Hintergrund der Anzahl von Entsendefällen abzuwägen – ebenso wie die Notwendigkeit einer Integration in die Gastlandorganisation im Konflikt mit der **Reintegration** des Mitarbeiters nach Abschluss des Einsatzes. Auch bestimmt die Kultur eines Unternehmens, in welchem Rahmen dem Mitarbeiter ein „Rund-um-Sorglos"-Paket gewährt werden soll oder ob Eigenverantwortung und Investition des Mitarbeiters in seine Karriere im Unternehmen auch im Zuge von Auslandseinsätzen erwartet werden. Selbstverständlich können diese Fragestellungen auch im gleichen Unternehmen für unterschiedliche Entsendefälle zu unterschiedlichen Antworten führen. Aus diesem Grund ist es bei hinreichend großen Entsendepopulationen durchaus üblich, für unterschiedliche Entsendetypen oder -destinationen unterschiedliche Ansätze zu nutzen. So wenden viele Unternehmen z.B. für interkontinentale Einsätze den Heimatlandeinsatz an und nutzen für Einsätze innerhalb Europas den Gastland-Ansatz. Auch in der Finanzdienstleistungsbranche, wo Einsätze vornehmlich zwischen den großen Finanzmetropolen stattfinden, wird zunehmend häufiger dem Gastlandeinsatz Vorzug gewährt.

In der Praxis finden sich verschiedenste Varianten dieser beiden Grundtypen der Vergütung während einer Entsendung. Eine davon ist der sog. **better-off-Ansatz** oder auch **net-to-net-Vergleich**. In diesem Fall wird die Vergütung sowohl nach dem Heimat- als auch nach dem Gastland-Ansatz ermittelt und die für den Mitarbeiter günstigere Variante gewählt. Es liegt auf der Hand, dass diese Variante für den Mitarbeiter attraktiv und für das Unternehmen vergleichsweise kostenintensiv ist. 6

Der reine Gastland-Ansatz, bei dem ausschließlich eine den lokalen Gepflogenheiten entsprechende Vergütung gewährt wird, findet sich in der Praxis eher selten. Dies liegt daran, dass sich bestimmte entsendebezogene Kosten in der Regel nicht vermeiden lassen und deren Übernahme durch den Arbeitgeber vom Mitarbeiter erwartet wird. Hierzu zählen z.B. die Umzugskosten, Kosten für eine internationale Schule, Heimflüge oder auch Kosten für die Unterkunft insbesondere, wenn diese aufgrund der lokalen Gegebenheiten nur in besonderen, für Ausländer vorgesehenen Arealen angebracht ist. Dieser **local plus-Ansatz** findet in der Praxis für bestimmte Entsendeformen zunehmend Verbreitung. 7

3. Das Balance-Sheet-Modell

Eine besondere Form des Heimatland-Ansatzes ist der sog. **Balance-Sheet-Ansatz**, auch **Nettovergleichsrechnung** genannt. Dieser Vergütungsansatz folgt der Philosophie, dass der Mitarbeiter im Rahmen des Auslandseinsatzes nicht schlechter, in der Regel aber auch nicht besser gestellt sein soll, als wäre er im Heimatland verblieben. Um diesen Grundsatz sicherzustellen, wird die **Heimatlandvergütung** aufgeschlüsselt und mit der Vergütung verglichen, die er zur Sicherstellung eines vergleichbaren Lebensstandards benötigt. Dazu wird im ersten Schritt zunächst die **Bruttovergütung** um Sozialversicherungsbeiträge und Lohnsteuer reduziert, die bei einem Verbleib im Heimatland (hypothetisch oder tatsächlich) anfallen würden. 8

Von diesem **Nettogehalt** werden dann die Ausgaben abgezogen, die zur Bestreitung des Lebensunterhaltes üblicherweise langfristig angelegt sind – hierzu zählen die Ausgaben für Wohnen sowie **Sparleistungen**. Der verbleibende Betrag kennzeichnet das **Konsumeinkommen (spendable income)**, das dem Entsandten im Heimatland für die Ausgaben des täglichen Bedarfes zur Verfügung stehen würde. Hiervon werden z.B. Nahrungsmittel und Bekleidung gekauft sowie Kino- oder Theaterbesuche finanziert. 9

Im nächsten Schritt gilt es nun festzustellen, wie viel Geld im Ausland erforderlich wäre, um den gleichen Warenkorb auch im Ausland finanzieren zu können, der im Heimatland aus dem Konsumeinkommen bedient werden kann. Hierzu stellen entsprechende Anbieter sog. **Cost of Living (COL) Indizes**[1] zur Verfügung, die Kostenunterschiede zwischen vergleichbaren Warenkörben in unterschiedlichen Ländern auf- 10

1 Siehe ferner hierzu Rn 72 ff.

zeigen. Sind die Lebenshaltungskosten im Gastland höher als im Heimatland, wird das Konsumeinkommen unter Anwendung des **COL Index** nach oben angepasst und ergibt so das adjustierte Konsumeinkommen. Der Differenzbetrag wird als **Cost of Living Allowance** bezeichnet. Soll im Rahmen dieses Vergütungsansatzes auch konsequent eine Besserstellung des Entsandten vermieden werden, ist das **adjustierte Konsumeinkommen** im Falle niedrigerer **Lebenshaltungskosten** im Gastland tatsächlich auch geringer als das bisherige Konsumeinkommen. Die Anwendung eines solchen **„negativen" COL Index** bedarf eines gewissen Kommunikationsaufwandes zur Sicherstellung seiner Akzeptanz, bietet aber auch Möglichkeiten zur Reduzierung von Entsendekosten.[2] In jedem Fall empfiehlt es sich für Unternehmen, die zugunsten des Entsandten keine Reduzierung des Konsumeinkommens vornehmen wollen, diese Rahmenbedingungen zu kommunizieren. Wenn sich nämlich die Lebenshaltungskosten im Gastland nach oben entwickeln, wird dies vom Entsandten wahrgenommen und eine entsprechende Anpassung der Auslandsvergütung erwartet.

11 Das wie beschrieben **adjustierte Konsumeinkommen** wird nun um weitere **entsendebezogene Zulagen** ergänzt wie etwa eine Wohnkostenzulage, Schulkosten etc. und ergibt dann das Nettoeinkommen im Gastland.

12 Auf das Nettoeinkommen entfallen nun entsprechende Steuern und Sozialversicherungsbeiträge in Abhängigkeit der anzuwendenden Regelungen. Die Summe daraus ergibt das **Bruttoeinkommen**, das im Gastland zu zahlen ist, um dem Mitarbeiter unter Berücksichtigung **entsendebezogener Mehrkosten** den gleichen Lebensstandard wie im Heimatland zu ermöglichen.

13 Mit dieser Vorgehensweise stellt ein Arbeitgeber sicher, dass sich der **Lebensstandard** von ins Ausland Entsandten gegenüber dem Heimatland nicht verschlechtert oder verbessert. Soll dieses Prinzip logisch auch auf die steuerlichen Pflichten Anwendung finden, spricht man von der sog. **Tax Equalization,**[3] bei dessen Anwendung der Mitarbeiter so gestellt wird, als wäre er im Heimatland verblieben. Er zieht damit keinen Vorteil aus steuerlich attraktiven Entsendedestinationen und wird umgekehrt durch den Arbeitgeber von Zusatzkosten entlastet, die aus einer höheren Steuerlast im Ausland resultieren.

14 Die Vorgehensweise bei der Ermittlung der **Gastlandvergütung** im Rahmen des Balance-Sheet-Ansatzes gibt bereits einen Eindruck von der Komplexität dieses Ansatzes. Bei der praktischen Anwendung ist zu berücksichtigen, dass die dargestellte Berechnungslogik in der Regel nicht nur zu Beginn des Auslandseinsatzes Anwendung findet, sondern auch im Rahmen der meist jährlichen Überprüfung der Vergütung. Diese findet insbesondere vor dem Hintergrund schwankender Lebenshaltungskosten in den betreffenden Heimat- und Gastländern statt. COL Indizes werden dazu über entsprechend **spezialisierte Anbieter** bezogen, was zusätzliche externe

2 Siehe ferner hierzu Rn 124 ff.

3 Siehe ausführlich hierzu Kap. 8 Rn 49 ff.

Kosten verursacht. Gleichwohl wird der Balance-Sheet-Ansatz als der „gerechteste" Ansatz zu Ermittlung der Gastlandvergütung verstanden und findet deshalb in zahlreichen Unternehmen mit hinreichend großen Entsendepopulationen Anwendung. Wie bereits erwähnt wird er in vielen Unternehmen bei spezifischen Entsendetypen und/oder Heimat-/Gastlandkombinationen beispielsweise durch den **local plus-Ansatz** ergänzt.

Ebenfalls üblich sind Varianten des Balance-Sheet-Ansatzes: Wie vorgenannt führt dieser zur **Gleichbehandlung** aller Entsandten aus einem gemeinsamen Heimatland. Werden z.B. zwei Mitarbeiter aus Deutschland jeweils in die USA und nach Mumbai entsandt, so ist der Auslandseinsatz zumindest aus materieller Sichtweise gleichwertig gestaltet. Eine Gleichbehandlung aller Mitarbeiter, die ins gleiche Gastland entsandt wurden, stellt der Balance-Sheet-Ansatz allerdings nicht dar: Wird z.B. jeweils ein Mitarbeiter aus Deutschland bzw. aus Mumbai in die USA entsandt, sind bei Anwendung des Balance-Sheet-Ansatzes die Vergütungspakete aufgrund der jeweils unterschiedlichen Ausgangsbasis für die Lebenshaltungsstandards mit großer Wahrscheinlichkeit verschieden. Unternehmen, die eine solche Situation vermeiden möchten, wenden den sog. **Headquarter-Based Balance-Sheet-Approach** an und verwenden als Ausgangsbasis für die oben beschriebenen Berechnungen losgelöst vom tatsächlichen Heimatland immer die Vergütung, die der Mitarbeiter für eine vergleichbare Funktion am Unternehmenssitz erhalten würde. Eine solche Vorgehensweise bietet sich für Unternehmen an, die sehr zentralistisch organisiert sind oder bei denen die überwiegende Mehrheit der Entsandten aus dem Land des Unternehmenssitzes kommt und eine Benachteiligung von Entsandten aus anderen Ländern vermieden werden soll. Dem mit dieser Vorgehensweise verbundenen Vorteil steht als Nachteil gegenüber, dass die **Lebenshaltungskostenunterschiede** zwischen Heimatland und Unternehmenssitz maßgeblich beeinflussen, ob die Gastlandvergütung aus Sicht des Mitarbeiters attraktiv ist oder nicht. Hieraus wird zwangsläufig ein erhöhter Kommunikationsbedarf resultieren. 15

Der Balance-Sheet-Ansatz unter Bezugnahme auf das Heimatland ist der Ansatz, der für hinreichend große Entsendepopulationen insbesondere bei einer längerfristigen Entsendung am häufigsten angewandt wird. 16

4. Brutto-/Nettolohnvereinbarung

Neben den unterschiedlichen Möglichkeiten zur Berechnung der Auslandsvergütung ist zu differenzieren, in welcher Form sie vereinbart wird. Der Arbeitgeber schuldet dabei grundsätzlich stets den Bruttolohn, wenn arbeitsvertraglich nichts anderes vereinbart ist. Vor dem Hintergrund der Komplexität, die sich aus den verschiedenen Komponenten der Auslandsvergütung und den jeweiligen steuerrechtlichen Regelungen ergibt, wird im Rahmen von internationalen Mitarbeitereinsätzen häufig eine **Nettolohnvereinbarung** getroffen. Dabei übernimmt der Arbeitgeber im Innen- 17 verhältnis alle Steuer- und Sozialversicherungsbeiträge. Eine solche Regelung sollte immer ausdrücklich vereinbart werden.

18 Für eine Nettolohnvereinbarung gibt es in der Praxis grundsätzlich zwei Varianten: Zum einen kann die Zusage eines definierten Nettobetrages auf arbeitsvertraglicher Basis erfolgen. Alternativ kann eine sog. abgeleitete Nettolohnvereinbarung getroffen werden. In diesem Fall wird festgehalten, auf welche Weise aus dem vertraglich definierten **Bruttolohn** ein **Nettolohn** ermittelt wird. Anstelle des auszuzahlenden Betrages wird die Vorgehensweise zur Ermittlung des Nettolohnes definiert. Bei der Anwendung des Balance-Sheet-Ansatzes kommt eine solche abgeleitete Nettolohnvereinbarung sehr häufig zum Einsatz. Dies schließt dann neben der Berechnungslogik auch die Definition der jeweils netto bzw. brutto zu gewährenden Gehaltsbestandteile mit ein.

19 In diesem Zusammenhang ist zu berücksichtigen, dass die normalerweise vom Arbeitnehmer zu tragenden Steuer- und Sozialversicherungsbeiträge im Rahmen einer Nettolohnvereinbarung vom Arbeitgeber übernommen werden und deshalb als steuer- und sozialversicherungspflichtiger Arbeitslohn zu behandeln sind.

5. Steuerausgleichsklauseln

20 Wie bereits im Rahmen der Beschreibung des Balance-Sheet-Ansatzes erwähnt, kann das Prinzip der Vermeidung einer Schlechter- und ggf. auch Besserstellung im Rahmen des Auslandseinsatzes auch auf die Steuerpflichten des Mitarbeiters angewandt werden. In diesem Fall werden entsprechende **Steuerausgleichsklauseln** vereinbart, bei denen sich der Arbeitgeber verpflichtet, bestimmte durch den Auslandseinsatz bedingte Mehrsteuern für den Mitarbeiter zu übernehmen.

21 In der Praxis sind zwei Varianten für die Vereinbarung eines Steuerausgleichs durch den Arbeitgeber üblich: die sog. Tax Equalization und die Tax Protection. Im Rahmen der **Tax Protection** wird der Entsandte vom Arbeitgeber vor einer Steuermehrbelastung geschützt, d.h., der Arbeitgeber trägt den Teil der im Ausland anfallenden Steuern, der über den bislang durch den Mitarbeiter im Heimatland anfallenden Betrag hinausgeht. Ist die Steuerlast im Gastland geringer als im Heimatland, bleibt der daraus resultierende Vorteil beim Mitarbeiter. Die Umsetzung einer Tax Protection erfolgt üblicherweise in der Form, dass der Mitarbeiter zunächst die Steuern im Gastland selbst trägt. Am Jahresende wird ermittelt, ob die geleistete Steuer höher gewesen ist als die, die im Heimatland angefallen wäre. In diesem Fall wird ein entsprechender Ausgleich seitens des Arbeitgebers an den Mitarbeiter geleistet.

22 Während die Tax Protection also lediglich die Schlechterstellung des Entsandten verhindert, zielt die **Tax Equalization** darauf ab, zusätzlich auch die Besserstellung des Entsandten im Zusammenhang mit seinen steuerlichen Pflichten zu vermeiden. Wird der Mitarbeiter beispielsweise aus einem Land mit einem vergleichsweise hohen Steuerniveau in ein **Niedrigsteuerland** entsandt, erhält diese Konstellation für den Entsandten keinen zusätzlichen materiellen Anreiz, denn der finanzielle Vorteil

würde unter Anwendung einer Tax Equalization vom Arbeitgeber vereinnahmt. Die Umsetzung einer Tax Equalization erfolgt in der Form, dass dem Mitarbeiter von seinen Entsendebezügen eine sog. **hypothetische Steuer** („**Hypo Tax**") abgezogen wird, die die Lohnsteuer wiederspiegelt, die der Mitarbeiter bei einem Verbleib im Heimatland hätte entrichten müssen. Der Arbeitgeber übernimmt im Gegenzug die im Ausland anfallenden Steuern. Da die Berechnung der hypothetischen Steuern auf bestimmten Annahmen fußt, wie z.B. dem **Familienstand** des Mitarbeiters, überprüfen viele Unternehmen nach Ende des Jahres noch einmal auf der Basis aller dann vorliegenden Informationen, inwieweit die hypothetische Steuer im Nachhinein anzupassen ist. Daraus können Rückerstattungen oder auch Nachzahlungen für den Mitarbeiter resultieren.

In der Praxis finden beide Methoden Anwendung. Die Erfahrung zeigt, dass eine 23 eindeutige Definition relevanter Details erforderlich ist. So gilt es z.B. eindeutig zu definieren, welche Einkünfte neben den Einkünften aus nicht-selbstständiger Tätigkeit beim **Steuerausgleich** berücksichtigt werden sollen. Vielfach werden andere Einkünfte, z.B. aus Kapitalvermögen oder Vermietung und Verpachtung, nicht im Rahmen des Steuerausgleichs einbezogen oder zumindest mit einem Maximalbetrag definiert. Trägt der Mitarbeiter die steuerlichen Konsequenzen für diese anderen Einkünfte selbst, ist es wichtig, dass diese bereits im Vorfeld etwa im Rahmen eines **Steuer-Briefings**[4] für ihn transparent sind und in die Entscheidung einbezogen werden können. Darüber hinaus sind die Berechnungsdetails klar zu regeln. Mit Blick auf die in Deutschland üblichen Regelungen gehört hierzu u.a., ob eine ggf. relevante Kirchensteuer einbezogen werden soll, von welchen Lohnsteuerklassen auszugehen ist, wenn ein mitreisender Partner im Gastland nicht berufstätig ist und vieles mehr.

Aufgrund der Komplexität, die Steuerausgleichsregelungen vor dem Hintergrund 24 dieser Beispiele erhalten, werden sie nicht selten in einer separaten Richtlinie, der sog. **Tax Policy** definiert. Sie enthält neben generellen Regelungen häufig auch landesspezifische Anhänge, die Informationen zu den Besonderheiten enthalten, die aus den unterschiedlichen nationalen Steuersystemen resultieren.

Zu weiteren Details zur Regelung und Umsetzung von Steuerausgleichsregelun- 25 gen wird auf Kap. 7 dieses Buches verwiesen.

II. Leistungen zu Beginn der Entsendung

1. Look + See-Trip

Der **Look + See-Trip** ist eine **Orientierungsreise** für den zu entsendenden Mitarbei- 26 ter in Begleitung des Partners und ggf. auch der Kinder in das potenzielle Gastland, um sich vor Ort über die Lebens- und Arbeitsbedingungen zu informieren. Während

4 Siehe ferner Rn 37 f.

des Aufenthaltes ist es sinnvoll, auch ein Treffen mit den neuen Kollegen und dem neuen Vorgesetzten zu vereinbaren. Die Reise sollte außerdem dazu genutzt werden, um sich nach möglichen Wohnungen und Schulen umzusehen oder sich über Einkaufs- und Freizeitmöglichkeiten zu informieren. Der Look + See-Trip hilft dem Mitarbeiter und seiner Familie zum einen bei der Entscheidungsfindung für oder gegen einen Auslandseinsatz und zum anderen kann die Zeit vor Ort für organisatorische Dinge genutzt werden. Unterstützung bekommt der Mitarbeiter durch die örtliche Personalabteilung oder durch einen **Relocation Service**. Die Reisekosten und die Unterkunft werden vom Arbeitgeber getragen und richten sich im Regelfall nach der betrieblichen **Reisekostenrichtlinie**. Eine Orientierungsreise wird üblicherweise nur für interkontinentale Einsätze gewährt und nicht für Auslandseinsätze innerhalb Europas.

27 Die Modalitäten der Orientierungsreise, wie z.B. Dauer, Unterkunft und ggf. die Möglichkeit zur Anmietung eines Fahrzeuges, sollten vor allem dann, wenn sie von der Reisekostenrichtlinie abweichen, in der Entsenderichtlinie festgelegt werden. Häufig wird in dem Zusammenhang noch die Empfehlung ausgesprochen, wenn möglich eine Orientierungsreise mit einem für geschäftliche Zwecke vorgesehenen Besuch im jeweiligen Land zu verbinden.

2. Sprachkurs und interkulturelles Training

28 Ein Umzug ins Ausland stellt für den Entsandten und die mitreisende Familie nicht nur eine logistische Herausforderung dar. In vielen Fällen können sowohl sprachliche als auch **kulturelle Anpassungsschwierigkeiten** dazu kommen. Es ist wichtig, dass sich der Entsandte mit seiner Familie neben der Aneignung der lokalen Sprache auch mit Landeskunde, Geschichte, Religion und Kultur des Gastlandes auseinandersetzt.

29 Die Vermittlung von Sprachkenntnissen soll einerseits dem entsandten Mitarbeiter helfen, seine beruflichen Fähigkeiten zu verbessern und andererseits beispielsweise mitreisenden Familienmitgliedern die Integration vor Ort oder den Schulunterricht der Kinder zu erleichtern. Idealerweise werden die **Sprachkurse** bereits eine gewisse Zeit vor der Abreise ins Ausland besucht.

30 Der Umfang der Sprachstunden und die Unterrichtsform sind von den Vorkenntnissen, aber auch von den im Ausland zu übernehmenden Aufgaben sowie von der Position des Mitarbeiters abhängig. Die Kosten werden nach Absprache mit der Personalabteilung erstattet. Es ist sinnvoll, Regelungen hierzu in der Entsenderichtlinie aufzunehmen.

31 Ein **interkulturelles Training** soll den Entsandten und auch den mitreisenden Partner auf die zwischenmenschlichen Herausforderungen des Einsatzes im Ausland vorbereiten. Die Trainings werden in der Regel anhand von Vorträgen, Übungen, Filmen und diversen Informationsmaterialien durchgeführt und sind zur Vermittlung von Informationen und Hilfestellungen zu kulturellen Besonderheiten essenziell. Die Trainings zeigen Verhaltensregeln für eine erfolgreiche Zusammenarbeit mit den Kol-

legen und Kunden vor Ort auf und sind eine wichtige Grundlage zur **Integration** in das tägliche Leben im Gastland.

Die Gewährung von interkulturellen Trainings ist oftmals von der Einsatzdauer 32 und dem Einsatzland abhängig. Auch das Herkunftsland des zu entsendenden Mitarbeiters sollte beim Unterbreiten des entsprechenden Angebots mitberücksichtigt werden. In der Entsenderichtlinie ist daher zu definieren, für welche Länder ein **Training** sinnvoll ist und in welchem Umfang dieses angeboten wird. Bei kurzfristigen Einsätzen in Ländern, die starke kulturelle Unterschiede im Vergleich zum Heimatland des Entsandten aufweisen, empfiehlt sich der Einsatz von webbasierten Trainings, die flexibel und ggf. bereits parallel zum Aufenthalt im Ausland absolviert werden können.

3. Medizinische Untersuchungen

Im Rahmen der Vorbereitung erfolgt in vielen Unternehmen eine medizinische Unter- 33 suchung des zu entsendenden Mitarbeiters, um sicherzustellen, dass keine gesundheitlichen Bedenken gegen einen Auslandseinsatz bestehen. Darüber hinaus wird der Mitarbeiter in einem Beratungsgespräch ausführlich über die klimatische und hygienische Situation vor Ort aufgeklärt. Die medizinischen Untersuchungen können ggf. von einem Betriebsarzt durchgeführt werden.

Gerade für eine Entsendung in tropische Länder ist eine besondere Art der Unter- 34 suchung, die **Tropentauglichkeitsuntersuchung**, zu empfehlen. Diese spezielle Untersuchung gemäß dem berufsgenossenschaftlichen Grundsatz 35 (Arbeitsaufenthalt im Ausland unter besonderen klimatischen und gesundheitlichen Belastungen) wird von einem dazu autorisierten Arbeitsmediziner vor und nach dem beruflichen Aufenthalt in tropischen und subtropischen Regionen durchgeführt.

Der Arbeitgeber übernimmt in der Regel die Kosten für Impfungen etc., sofern 35 diese nicht von der **Krankenversicherung** getragen werden. Üblicherweise werden die Kosten für die mitreisende Familie ebenfalls übernommen.

Praxistipp !

Im Internet finden sich sowohl zu den gesundheitlichen Risiken einer Auslandsreise als auch zu den benötigten Impfungen oder gesundheitlichen Bescheinigungen weitreichende Informationen:

- http://www.auswaertiges-amt.de/DE/Laenderinformationen/01-Laender/Gesundheitsdienst/Prophylaxe_node.html,
- http://www.die-reisemedizin.de/reisetipps/reisevorbereitung/berufliche_auslandsaufenthalte.html,
- http://www.gesundes-reisen.de/.

---

4. Arbeits- und Aufenthaltserlaubnis

Zur Aufnahme einer beruflichen Tätigkeit in einem anderen Land muss in der Regel 36 eine **Aufenthalts- und Arbeitsgenehmigung** vorliegen. Der Mitarbeiter muss sich um die rechtzeitige Beschaffung kümmern, wobei die Personalabteilung für gewöhnlich behilflich ist, um eine rechtzeitige Abwicklung zu ermöglichen. Die Beantragungszeit der benötigten Dokumente kann bis zu drei Monate dauern. Die Kosten für die Beschaffung der Arbeits- und Aufenthaltserlaubnis werden üblicherweise von dem Unternehmen übernommen. Der Mitarbeiter und seine Familie müssen allerdings sicherstellen, dass die benötigten Ausweispapiere noch ausreichend lang gültig sind und für erforderliche Behördengänge zur Verfügung stehen. Auch dieser Vorgang kann mit entsprechender Datenerfassung von der Personalabteilung überwacht werden.

5. Steuer- und sozialversicherungsrechtliche Briefings

37 Ein Auslandseinsatz hat meist Auswirkungen auf die **Steuerpflicht** des Mitarbeiters im Heimat- und Gastland sowie auf seinen **sozialversicherungsrechtlichen Status**. Um sicherzustellen, dass die steuerlichen Pflichten im Heimat- und Gastland in den landesüblichen Fristen wahrgenommen werden, bieten Unternehmen ihrem Mitarbeiter üblicherweise entsprechende **Beratungsgespräche (Briefings)** an. In der Regel werden die Gespräche durch einen vom Arbeitgeber beauftragten Steuerberater durchgeführt. Diese **Steuerbriefings** werden üblicherweise vor Beginn und am Ende der Entsendung gewährt. Der Mitarbeiter kann sich über den Besteuerungsprozess im Heimat- und Gastland sowie über die steuerlichen Auswirkungen des Auslandseinsatzes auf seine Einkünfte informieren. Hier ist es wichtig, zu beachten, dass die für den Mitarbeiter effektive Steuerbelastung des Einkommens während der Entsendung von dem durch den Arbeitgeber vordefinierten **Steuerausgleichsverfahren**[5] beeinflusst ist.

38 Daher ist der Mitarbeiter im Rahmen der steuerlichen Beratung umfänglich nicht nur über die gesetzlichen, sondern auch über die in der Richtlinie verankerten Steuerregelungen zu informieren. Wird z.B. für einen Entsandten die **hypothetische Steuerberechnung** durchgeführt, müssen dem Mitarbeiter im Vorfeld die Grundsätze dieser Berechnung erklärt und diese Form der Besteuerung vorgestellt werden. Die Grundprinzipien des steuerlichen Verfahrens sowie die einzelnen Prozessschritte, sowohl anlässlich der externen Beratung als auch der behördlichen Abläufe, sollten zudem in der Richtlinie erklärt werden.

39 Die im sozialversicherungsrechtlichen Bereich notwendigen Anträge sowie die entsprechenden Verlängerungen werden bei der Entsendungsvorbereitung meist vom Arbeitgeber für den Mitarbeiter gestellt oder durch einen seitens des Arbeitgebers beauftragten (Steuer-) Berater. Dem Mitarbeiter sollten in dem Zusammenhang im Rahmen der Entsenderichtlinie die notwendigen Abläufe und auch die möglichen Konsequenzen mit einem klaren Ausblick für den gesamten Entsendungszeitraum

5 Siehe ferner Rn 80 f.; Kap. 8 Rn 47 ff.

entsprechend vorgestellt werden. Da in manchen Fällen auch die direkte Mitwirkung des Mitarbeiters erforderlich sein kann, ist es wichtig, dass er von Anfang an das richtige Verständnis für die relevanten Prozessschritte erhält.

6. Umzugsbedingte Kosten und Haushaltsüberführung

Nachdem sich der Mitarbeiter für eine Entsendung ins Ausland entschieden hat, 40 sollte frühzeitig mit der Planung des **Umzuges** begonnen werden. Hier ist zu berücksichtigen, ob die Familie ebenfalls ins Ausland reist und ob im Ausland eine möblierte oder unmöblierte **Unterkunft** bezogen wird. Darüber hinaus ist zu klären, ob der gesamte Haushalt oder nur ein Teil überführt werden soll. Von diesen Faktoren wird anschließend das **Umzugsvolumen** abhängen. Bei kurzfristigen Entsendungen ist die Planung und der Umzug weniger aufwendig, da die Wohnung im Heimatland in der Regel beibehalten wird und somit nicht der gesamte Haushalt überführt werden muss.

Die oftmals sehr hohen **Umzugskosten** der Haushaltsgegenstände des Expatria- 41 tes und seiner Familie werden im vorgegebenen Umfang vom Unternehmen übernommen. Um das Umzugsvolumen und somit auch die Umzugskosten zu begrenzen bzw. von Anfang an besser unter Kontrolle zu halten, wird durch das Unternehmen oftmals die Containergröße, abhängig von der Zahl der mitreisenden Familienmitglieder, als Maximum vorgegeben.

Alternativ kann das Unternehmen verlangen, dass der Mitarbeiter bei **Speditio- 42 nen** Angebote einholt und der HR-Abteilung zur Prüfung und Abstimmung vorlegt. **Kosteneinsparpotenziale** bieten in diesem Zusammenhang auch Rahmenverträge mit erfahrenen Speditionsunternehmen.

Da der Container oftmals erst einige Wochen nach der Ankunft des Expatriates im 43 Gastland eintrifft, übernehmen Unternehmen oft auch Kosten bis zu einer bestimmten Höhe für **Übergepäck,** das vom Arbeitnehmer bei der Anreise selbst ins Ausland transportiert wird.

In der Entsenderichtlinie sollte hinsichtlich des Umzuges ins Ausland aufgenom- 44 men werden, welche Containergrößen dem Entsandten zur Verfügung stehen, welche Speditionsunternehmen angefragt werden können sowie ob und wie viel Übergepäck mitgenommen werden darf. Darüber hinaus ist es wichtig, eine Auflistung der Gegenstände aufzunehmen, welche nicht auf Kosten des Unternehmens ins Ausland überführt werden können. Hierunter zählen sperrige oder schwer zu versichernde Haushaltsgegenstände wie z.B. Boote, Klaviere, Schmuck und Antiquitäten oder Weinsammlungen.

Neben den Kosten für den Transport der Haushaltsgegenstände werden in der 45 Regel auch die anfallenden Kosten für Versicherungen und Zoll übernommen.

Auch der Rückumzug ins Heimatland sollte ein Regelungsbestandteil der Ent- 46 senderichtlinie sein. Hierbei sollte ebenfalls das Umzugsvolumen definiert werden, welches sich meist nicht materiell vom Anfangsvolumen unterscheiden sollte. Mit dieser Regelung wird eingeschränkt, dass der Arbeitgeber Transportkosten für Haushaltsgegenstände übernimmt, welche erst im Laufe der Entsendung angeschafft wurden.

47 Um weitere umzugsbedingte Kosten des Entsandten abzudecken, wird häufig eine „**Relocation Allowance**" oder auch „**Settling-in Allowance**" gezahlt. Mit dieser pauschalen Zulage werden beispielsweise die Kosten für Behördengänge, Bankgebühren, Passfotos, Renovierungsarbeiten, Mietwagen, Babysitter während des Umzuges etc. gezahlt. Die Höhe der Zulage ist üblicherweise von der **Familiengröße** abhängig und wird reduziert, sollte der entsandte Mitarbeiter eine voll möblierte Wohnung im Gastland beziehen. Bei der Höhe der Zulage wird oftmals auch zwischen einem inter- und einem intrakontinentalen Umzug differenziert und auch eine länderspezifische Betrachtung vorgenommen. Dies kann je nach Einsatzland einschließen, dass ggf. ein Neukauf der Elektrogeräte aufgrund unterschiedlicher elektrischer Spannungsverhältnisse erforderlich ist.

7. Wohnsitz im Heimatland

48 Im Zuge des Auslandseinsatzes muss sich der zu entsendende Mitarbeiter überlegen, was mit seiner bisherigen **Wohnung im Heimatland** passieren soll. Durch den Umzug ins Gastland können auch im Heimatland umzugsbedingte oder laufende Kosten für die bisherige Wohnung anfallen. Wird die Wohnung beibehalten, so können Nebenkosten für bestehende Anschlüsse und auch Aufwendungen für Reinigung oder Gartenpflege entstehen. Wird die Wohnung aufgegeben, so sind in der Regel Makler- oder Renovierungskosten zu berücksichtigen. In der Richtlinie muss daher aufgeführt werden, ob und welche **Kosten** für die Wohnung im Heimatland durch das Unternehmen übernommen werden.

49 Die Mietkosten für eine Wohnung im Heimatland und eine eventuelle Beteiligung des Arbeitgebers an diesen Aufwendungen sollten unbedingt im Zusammenhang mit der Finanzierung einer **Unterkunft im Gastland** gesehen werden. Zahlt der Arbeitgeber üblicherweise die Kosten für die Wohnung im Gastland nur in der Höhe, die über die Kosten der bisherigen Miete im Heimatland hinausgeht, so wird der Mitarbeiter dazu angehalten, die Wohnung im Heimatland aufzugeben, um doppelte **Mietkosten** zu vermeiden. Da die Wohnungsaufgabe in dem Fall entsendungsbedingt zustande kommt, wird der Mitarbeiter eine gewisse Beteiligung des Arbeitgebers an den in diesem Zusammenhang anfallenden Kosten erwarten. Eine für diese Situation vorgesehene Lösung sollte in die Richtlinie aufgenommen werden. An dieser Stelle sollte zudem kurz darauf hingewiesen werden, dass eine **Wohnsitzaufgabe**[6] grundsätzlich steuerliche Implikationen im Heimat- und Gastland haben kann und im Hinblick

6 Siehe ausführlich hierzu Kap. 8 Rn 68 ff.

darauf ausführlich sowohl mit dem Mitarbeiter als auch mit dem zuständigen Steuerberater analysiert werden sollte.

Werden die Mietkosten im Gastland komplett vom Arbeitgeber ohne **Eigenanteil** des Mitarbeiters übernommen, so steht es dem Betroffenen frei, wie er mit der Wohnung im Heimatland verfährt. Eine Doppelbelastung mit Ausnahme von Unterhaltskosten ist von Anfang an ausgeschlossen. 50

Abschließend ist noch eine Regelung in die Richtlinie aufzunehmen, ob Kosten in Verbindung mit dem Verkauf einer **Immobilie** im Heimat- oder Gastland vom Arbeitgeber übernommen werden sollen. Üblicherweise wird dies vom Arbeitgeber ausgeschlossen. 51

8. Umzugsurlaub

Im Zuge des Umzuges ins Ausland sollte in der Entsenderichtlinie festgelegt werden, ob und wie viele Tage **Umzugsurlaub** dem Mitarbeiter für die Hin- und Rückreise gewährt werden. Grundlage hierfür kann die betriebsinterne Regelung für Inlandsumzüge sein. Wichtig ist hier zu definieren, ob die gewährten **Umzugstage** inklusive oder exklusive der **Reisezeiten** ins Ausland gelten. 52

9. Übergangswohnung

Durch die Umzugsvorbereitungen im Heimatland kann es vorkommen, dass die bisherige Wohnung bereits einige Tage vor Abreise nicht mehr genutzt werden kann. Auch nach Ankunft im Gastland steht oftmals nicht sofort eine angemessene **Wohnung** zur Verfügung. In der Entsenderichtlinie sollte daher geregelt werden, für welchen Zeitraum im Heimat- und Gastland die Kosten einer **temporären Übergangswohnung** (z.B. Hotel) übernommen werden. Hier ist auch zu bedenken, dass ggf. eine Zahlung von **Verpflegungsgeldern** angemessen ist. 53

Einige Unternehmen stellen dem Mitarbeiter für die Anfangszeit auch einen **Mietwagen** zur Verfügung. 54

10. Relocation Service

Im Zuge eines Umzuges ins Ausland sind der entsandte Mitarbeiter und seine Familie mit vielen neuen und verschiedenartigen organisatorischen Fragestellungen konfrontiert. Ein **Relocation Service** bietet für die organisatorische Abwicklung des Umzuges ins Ausland und die Eingewöhnung vor Ort viele gute **Unterstützungsleistungen**: 55

- **Wohnungssuche:** Hier unterstützt der Relocation Service bei der Suche nach einer geeigneten Wohnung in einer sicheren Wohngegend und hilft dabei, die Konditionen zu verhandeln und den Miet- bzw. Kaufvertrag abzuschließen.
- **Umzug:** Das Relocation Unternehmen organisiert und koordiniert den Umzug ins Gastland.

- **Behördengänge:** Hier bietet der Relocation Service Unterstützung bei Behördengängen und sonstigen organisatorischen Aufgaben wie beispielsweise die An- und Abmeldung von Telefon und Internet.
- **Vermittlung von Freizeitaktivitäten und Orientierung vor Ort:** Der Relocation Service informiert den Entsandten und seine Familie über günstige Einkaufsmöglichkeiten, Freizeitaktivitäten oder medizinische Einrichtungen und ist zudem bei der Anmeldung in der Schule oder in Kindergärten behilflich.

Oftmals unterstützen auch die lokale Personalabteilung oder bereits entsandte Mitarbeiter bei diesen Aufgaben.

56 Die Beanspruchung des Relocation Services für eine optimale Unterstützung des Mitarbeiters sollte in der Entsenderichtlinie hinsichtlich des Leistungsumfanges definiert werden. Hilfreich sind auch Hinweise, an welches Unternehmen sich der Mitarbeiter wenden kann und wie der Beauftragungsprozess im Einzelnen abläuft.

11. Haustiere

57 Wenn Mitarbeiter mit ihrer Familie für den Auslandseinsatz umziehen, wird früher oder später die Frage aufkommen, ob das Unternehmen auch den **Transport des Haustieres** übernimmt. Hier ist eine klare Formulierung in der Entsenderichtlinie empfehlenswert, ob und welche Kosten für den Umzug des Tieres in das Gastland übernommen werden. Es gilt außerdem zu beachten, dass neben den **Transportkosten** auch Impfkosten und die Unterbringung des Tieres während einer Quarantäne entstehen können. Im Falle einer **Kostenübernahme** sollte zudem klar definiert werden, für wie viele, aber auch für welche Tiere Kosten übernommen werden und welche **Tiere** nicht unter diese Regelung fallen (z.B. Pferde, Reptilien etc.).

12. Pkw

58 Generell wird davon ausgegangen, dass der Mitarbeiter sein **Fahrzeug** nicht mit in das Gastland nimmt, sondern ggf. im Heimatland veräußert. Es ist daher wichtig, in der Entsenderichtlinie zu definieren, ob und in welchem Umfang sich das Unternehmen an den **Kosten beim Verkauf** eines privaten Fahrzeuges im Heimatland beteiligt.

59 Die Überlassung von Dienstwagen ist ein sensibles Thema; daher sollten Regelungen getroffen werden, ob und wann einem entsandten Mitarbeiter ein Dienstwagen im Gastland zur Verfügung gestellt wird.

60 Häufig richtet sich der **Anspruch auf einen Dienstwagen** nach den Regelungen des Heimatlandes. Hat der Mitarbeiter bereits im Heimatland Anspruch auf einen Dienstwagen gehabt, so ist es hauptsächlich aus vergütungspolitischen Gründen in Erwägung zu ziehen, diese Lösung auch im Ausland in gleicher oder ähnlicher Form fortzusetzen. Je nach Unternehmenskultur können dafür auch bestimmte prestige- bzw. imagebezogene Gründe sprechen.

Um sich an den Gepflogenheiten des Gastlandunternehmens zu orientieren, kann auch festgelegt werden, dass ein Mitarbeiter nur dann einen Dienstwagen im Ausland erhält, wenn er nach den Bestimmungen vor Ort einen **Dienstwagen** erhielte. Im Einzelfall ist zu prüfen, ob aufgrund Logistik-, Sicherheits- oder auch Statusgründen ein Dienstwagen zur Verfügung gestellt werden sollte. Möglich ist auch die **Nutzung eines Poolfahrzeuges**, was sich in der Praxis gerade bei wiederkehrender Projekttätigkeit im Ausland als eine für den Arbeitgeber sowohl organisatorisch als auch finanziell attraktive Lösung erwiesen hat. 61

Bei der Gewährung von Dienstwagen werden üblicherweise die länderspezifischen **Wagenklassen** berücksichtigt und das Gastlandunternehmen entscheidet über den Standard des Wagens. Ein Hinweis zur Klarstellung in der Entsenderichtlinie empfiehlt sich. 62

III. Zulagen während der Entsendung

1. Bestandteile der Vergütung

a) Position und Leistung

Der entsandte Mitarbeiter übernimmt während seines Einsatzes im Ausland üblicherweise eine neue Position mit einem ggf. erweiterten Aufgabenfeld, welches höhere Anforderungen stellen kann und auch oftmals mit besonderen Herausforderungen verbunden ist. Leider ist es nach der Rückkehr in das Heimatunternehmen nicht immer möglich, eine vergleichbare Position zu finden. Um daher die **höherwertige Position im Ausland** anzuerkennen und um die **Gehaltserwartungen** des Entsandten nach seiner Rückkehr entsprechend zu steuern, kann in derartigen Fällen eine **Funktionszulage** für die Zeit der Entsendung gewährt werden. In der Entsenderichtlinie sollte daher eine Formulierung über eine mögliche Zahlung dieser Zulage aufgenommen werden. Die individuelle Höhe der Zulage ist anschließend ein Regelungsbestandteil des Entsendevertrages. Die Festlegung der Zulage erfolgt gemäß dem **Gehaltssystem** des Heimatlandes. Ein **Funktionsbewertungssystem** erleichtert hierbei eine angemessene Festlegung des Betrags. 63

Beispiel

Die Funktionszulage kann als eine Differenz zwischen der bewerteten Position im Ausland und im Inland berechnet werden:

Vergütung der bisherigen Position im Inland	100.000 €
Vergütung der neuen Position im Ausland	150.000 €
Funktionszulage	50.000 €

---

b) Mobilitätszulage

64 Die **Mobilitätszulage** – auch „**Incentive Premium**" genannt – verfolgt in der Regel zwei Absichten: Zum einen soll durch die Zulage ein **finanzieller Anreiz** geschaffen werden, um den Mitarbeiter zu einem Auslandseinsatz zu motivieren und zum anderen dient sie als Ausgleich für die **Trennung von Familie und Freunden** und für die mit dem Auslandseinsatz verbundenen Anpassungsschwierigkeiten.

65 Die Höhe der Zulage ist Sache der **Unternehmenspolitik**. Allerdings zeigt die Praxis, dass die Mobilitätszulage nicht mehr so häufig gezahlt wird, da in den zunehmend international agierenden Unternehmen oftmals bereits bei der Einstellung neuer Mitarbeiter eine gewisse **Mobilität** erwartet wird. Die Wahrnehmung einer Funktion im Ausland ist häufig Teil der **Karriereplanung** und gilt als Voraussetzung für die Besetzung leitender Positionen. Anders kann die Ausgangssituation in Unternehmen sein, die am Beginn ihrer internationalen Expansion stehen.

66 Wird eine Mobilitätszulage gewährt, so sollten in der Entsenderichtlinie die **Zahlungsmodalitäten** (z.B. Zahlung als zusätzliches Monatsgehalt oder als pauschale monatliche Zahlung, Netto- oder Bruttobetrag) definiert werden.

c) Erschwerniszulage

67 Nicht überall auf der Welt herrscht eine einheitliche **Lebensqualität**. Die **Erschwerniszulage**, auch „**Hardship-Allowance**" genannt, ist ein Zuschuss, um **erschwerte Lebensbedingungen** im Ausland auszugleichen. Doch wie wird „**Hardship**" definiert? In der Praxis handelt es sich üblicherweise um veränderte Lebensumstände in Ländern, in denen ein **erhöhtes Sicherheits- oder Gesundheitsrisiko** vorherrscht oder der Zugang zu Bildung oder zu bestimmten Gütern und Dienstleistungen erschwert ist. Aber auch die medizinische Versorgung, geographische Abgeschiedenheit oder die Verfügbarkeit von angemessenem Wohnraum sind Faktoren zur Ermittlung einer Erschwerniszulage.

68 Die zur Ermittlung einer „Erschwernis" relevanten Daten werden in der Regel von **externen Dienstleistern** aufbereitet und entgeltlich zur Verfügung gestellt.

69 Bei der Berechnung und Zahlung der Zulage gibt es zwei Möglichkeiten:

1. Die Lebensqualität eines Einsatzortes wird unabhängig vom Heimatland ermittelt. Die Zahlung der Erschwerniszulage ist somit für alle in ein bestimmtes Gastland entsandten Mitarbeiter gleich.
2. Die Lebensqualität wird in Abhängigkeit vom Heimatland ermittelt, sodass der Entsandte nur dann eine Zahlung erhält, wenn die Lebensqualität im Gastland verglichen mit dem Heimatland schlechter ist. Hier kann es allerdings zu uneinheitlichen Zahlungen je nach Heimatland kommen, was zu einer Benachteiligung von Expatriates aus Entwicklungsländern führen kann.

70 Folglich liegt es in der Entscheidung des Unternehmens, welche Methode Anwendung findet. In der Entsenderichtlinie sollten jedoch die Rahmenbedingungen dargestellt werden:

1. Für welche Länder gibt es eine Erschwerniszulage und welche Länder werden ausgeschlossen (beispielsweise bei einer Entsendung innerhalb Europas)?
2. Wird die Erschwerniszulage in Abhängigkeit von der Familiengröße berechnet?
3. Wie wird die Erschwerniszulage gezahlt (beispielsweise als Prozentsatz vom Jahresbrutto- oder Jahresnettogehalt, als monatliche Zahlung oder als Einmalzahlung)?

Da sich die Lebensbedingungen im Gastland auch schnell ändern können, sollten darüber hinaus die Zeitabstände einer **Überprüfung** der Hardship-Kennzahlen in der Entsenderichtlinie dargestellt werden. 71

Praxistipp !

Es sollte in diesem Zusammenhang überlegt werden, ob eine Obergrenze für die Zahlung der Erschwerniszulage festgelegt wird (beispielsweise maximal bis zu 50 % des Grundgehaltes). Darüber hinaus ist es zunehmend üblich, die Höhe der Zahlung im Verlauf der Entsendung zu reduzieren, da sich der Entsandte an die Gegebenheiten im Gastland gewöhnen wird.

---

d) Lebenshaltungskosten/Cost of Living Allowance (COLA)

Wie bereits zu Beginn dieses Kapitels erläutert, ist ein weiterer Baustein in der Gehaltsfindung des entsandten Mitarbeiters die Berechnung der **Lebenshaltungskosten** bzw. der **Kaufkraft** im Gastland. Durch die **Cost of Living Allowance (COLA)** sollen mögliche Unterschiede in den Lebenshaltungskosten zwischen Heimat- und Gastland ausgeglichen werden. 72

Der anhand von Warenkörben typischer Konsumgüter und Dienstleistungen berechnete **Lebenshaltungskostenindex (COL Index)** wird von **externen Dienstleistern** ermittelt und regelmäßig aktualisiert. Der Arbeitgeber wendet anschließend den COL Index auf das **Konsumeinkommen** (**Spendable Income**) im Heimatland an und ermittelt so einen ggf. erforderlichen Ausgleich. 73

Der COL Index kann sowohl positiv als auch negativ ausfallen. Die Kaufkraft im Heimatland wird mit dem COL Index 100 ausgedrückt. Übersteigt der Wert im Gastland den COL Index 100, so deutet dies auf höhere Lebenshaltungskosten im Gastland hin. Es bedeutet, dass ein Entsandter für die gleichen Güter und Dienstleistungen seines „Warenkorbes" im Gastland mehr ausgeben muss als im Heimatland. Um diese Mehrkosten auszugleichen, zahlen die Unternehmen einen Lebenshaltungskosten-Ausgleich bzw. die Cost of Living Allowance auf das **Netto-Konsumeinkommen** im Heimatland. 74

Ein **negativer COL Index** (COL Index unter 100) bedeutet, dass die Lebenshaltungskosten im Heimatland verglichen mit dem Gastland geringer sind. Somit würde der entsandte Mitarbeiter im Gastland weniger für die Beibehaltung seiner **Konsumgewohnheiten** ausgeben. Beispielsweise bedeutet ein COL Index von 80, dass die Lebenshaltungskosten im Gastland 20 % weniger betragen als im Heimatland. Bei einer konsequenten Anwendung des Indexes würde dies bedeuten, dass ein Abzug 75 vom Nettogehalt des Mitarbeiters vorgenommen werden müsste. Allerdings ist dies in der Praxis häufig schwierig umzusetzen. Daher ist es hier Sache der Unternehmenspolitik, wie mit einem negativen COL Index umgegangen wird. Die Praxis zeigt jedoch, dass immer noch die Mehrheit der Unternehmen den negativen COL Index nicht anwendet und somit ein Abzug vom Gehalt des Entsandten nicht durchgeführt wird.[7]

76 Es empfiehlt sich, die Berechnung der COLA und deren Überprüfung in regelmäßigen Abständen in die Entsenderichtlinie aufzunehmen. Darüber hinaus sollte klar kommuniziert werden, wie mit einem negativen COL Index umgegangen wird sowie ob und in welcher Form ein **Gehaltsabzug** vorgenommen wird.

Praxistipp
Bei der Gewährung einer Cost of Living Allowance ist zu überlegen, ob den entsandten Mitarbeitern der gleiche Lebensstandard bzw. die gleichen Konsumgewohnheiten wie im Heimatland gewährleistet werden sollten. Erfahrungsgemäß ändern sich im Laufe der Entsendung die Konsumgewohnheiten. Die Entsandten wissen nun, wo man günstig einkaufen und essen gehen kann. Daher ist eine Überprüfung und ggf. Anpassung der Ausgleichszahlung im Verlauf der Entsendung empfehlenswert. Weitere Möglichkeiten zum Kostenmanagement oder Alternativen zur COLA finden sich in Kap. 6 Abschnitt B, Rn 124 ff. Unabhängig von der gewährten Methode zum Ausgleich unterschiedlicher Lebenshaltungskosten empfiehlt sich eine klare Formulierung der Vorgehensweise und Berechnung der Anlage in der Entsenderichtlinie.

Beispiel
Berechnung der COLA:

$$\frac{\text{COL Index} - 100}{100} \times \text{Netto-Konsumeinkommen} = \text{COLA}$$

e) Umgang mit Währungsschwankungen

77 Bei manchen Heimat-/Gastland-Kombinationen können die **Wechselkursschwankungen** eine nicht unerhebliche Auswirkung auf die Gesamthöhe der gewährten **Vergütungen** haben. In solchen Fällen sollte bereits im Voraus vereinbart werden, bei welchen oft prozentual festgelegten Schwankungen eine Anpassung der Vergütungskomponenten sowohl nach oben als auch nach unten durchgeführt wird. In die Entsenderichtlinie sollte auch aufgenommen werden, in welchen Zeitabschnitten (meistens jährlich oder halbjährlich) die entsprechenden **Überprüfungen** der Wechselkurschwankungen vorgenommen werden. Der **Wechselkursproblematik** kann u.a. mit einer Auszahlung in der Gastlandwährung entgegen gewirkt werden, welche zumindest auf einige Vergütungskomponenten angewandt wird. Gerade bei

7 Siehe ferner Rn 134 ff.

längerfristigen Einsätzen ist es nicht unüblich, dass die Gehaltsabrechnung in die Zuständigkeit des Gastlandes gelegt wird und somit die Auszahlung gänzlich in der **Gastlandwährung** vorgenommen wird. In solchen Fällen kann es vorkommen, dass **Geldtransfers** vorgenommen werden, um den im Heimatland nach wie vor bestehenden finanziellen Verpflichtungen nachzugehen. Neben den Auswirkungen der schwankenden **Umrechnungskurse** müssen dann **Transaktionskosten** für die Auslandsüberweisungen berücksichtigt werden. Diese Kosten können über eine **pauschale Vergütung** ausgeglichen werden.

2. Vergütung bei Entsendungen aus Niedriglohnländern

Die Durchführung der Mitarbeitereinsätze aus Ländern mit extrem **niedrigen Ein-** 78
kommensniveaus ist unter Anwendung gängiger **Vergütungsansätze** nur selten ohne Probleme möglich. Die typischen Schwierigkeiten sind hauptsächlich finanzieller Natur und können sich sowohl auf der Arbeitgeber- als auch auf der Arbeitnehmerseite abzeichnen. Es ist der Arbeitgeber, der vor die Herausforderung gestellt wird, den Ausgleich zwischen Heimat- und Gastland richtig zu quantifizieren und dabei alle für den Mitarbeiter im Einsatzland relevanten Lebensumstände zu berücksichtigen. Da der Einsatz für den Arbeitgeber per se teuer ist, bleibt das Spektrum der zusätzlich zu gewährenden Leistungen eher eingeschränkt. Dies kann wiederum auf der Arbeitnehmerseite bedeuten, dass mit finanziellen Hürden oder zumindest zusätzlichen Ausgaben zu rechnen ist, welche sich im Vorfeld nur schwer abschätzen lassen.

Sehr hohe **Unterschiede in den Lebenshaltungskosten** zwischen Heimat- und 79
Gastland lassen sich auch häufig nicht ohne Weiteres überbrücken. Selbst wenn z.B. im Rahmen eines **Balance-Sheet-Ansatzes** unterschiedliche Zulagen zum Ausgleich der typischen Lebenshaltungskosten gewährt werden, kann eine Anpassung an das in den Industrienationen übliche Lebensniveau nur im begrenzten Umfang erfolgen. Dies wird nicht selten durch sehr starke **kulturelle Unterschiede** zwischen Heimat- und Gastland bedingt. Auch die Tatsache, dass das **Balance-Sheet-Modell** prinzipiell die Lebensgewohnheiten und -standards aus dem Heimatland des entsandten Mitarbeiters als notwendiges Minimum und somit auch als Ausgangsgröße für die Ermittlung weiterer Zulagen annimmt, führt dazu, dass nicht allen Unterschieden in finanzieller Hinsicht ausreichend Rechnung getragen wird.

Als zusätzlicher, oft nicht unerheblicher Kostenfaktor kann sich bei den **Ent-** 80
sendungen aus Niedriglohnländern die **Tax Equalization** erweisen, die als integraler Bestandteil des Balance-Sheet-Ansatzes oft ohne weitergehende Prüfung zur Anwendung kommt. Die vom Mitarbeiter einbehaltene **hypothetische Steuer**, die einer **fiktiven Steuerlast** im Heimatland ohne Entsendung entspricht, ist in diesen Fällen meist sehr niedrig und kann nur im deutlich begrenzten Umfang zur Refinanzierung der tatsächlichen Steuerschuld im Gastland (und ggf. auch im Heimatland) beitragen. Die effektiv im Gastland anfallende Steuerlast kann dagegen aufgrund der

gewährten Zulagen zu einer hohen Steuerzahlung führen, die dann zum größten Teil vom Arbeitgeber alleine getragen wird. Dies kann im hohen Maße die **Gesamtkosten** eines Entsendeprojektes beeinflussen und wird oft in der Diskussion über den befristeten Einsatz der vermeintlich günstigen Arbeitskräfte aus dem Ausland schlicht und ergreifend übersehen.

81 Eine volle Kompensation aller finanziellen Diskrepanzen, die grundsätzlich nur durch die Anwendung des **gastlandorientierten Ansatzes**[8] und somit auch durch die Anpassung des **Basisgehaltes** an das **lokale Gehaltsniveau** erfolgen kann, erweist sich oft als zusätzliche Hürde im **Reintegrationsprozess**. Wird allerdings im Anschluss an die Entsendungsphase ein späterer Einsatz außerhalb des Heimatlandes (z.B. in Form einer Lokalisierung im Gast- oder Drittland) in Erwägung gezogen, kann der **Host-Based-Ansatz** eine sowohl für den Arbeitgeber als auch den Arbeitnehmer finanziell durchaus attraktive Lösung darstellen. Als besonders sinnvoll zeigt sich die Umsetzung dieses Modells im Zusammenhang mit Entsendungen zur Förderung der Personalentwicklung bei Programmen für Fach- und Führungskräfte, die nach gewisser Vorbereitungsphase in einem Land lokalisiert werden. Die positive finanzielle Wirkung wird u.a. dadurch erreicht, dass der Arbeitgeber nicht mehr an der tatsächlichen Steuerlast im Gastland beteiligt wird. Besondere Lösungsvarianten, die eine Teilung der Steuerlast zwischen Arbeitgeber und Arbeitnehmer vorsehen, werden in der Praxis etwa für die Fälle eines unterjährigen Transfers ins Gastland gewährt.

82 In der Praxis findet man Entsendungen aus Niedriglohnländern u.a. auch im Zusammenhang mit Standardtrainingsmaßnahmen, die z.B. in der Unternehmenszentrale für die Mitarbeiter ausländischer Tochtergesellschaften angeboten werden. Hier werden in der Regel viele **Vergütungskomponenten** in Form von Sachleistungen erbracht, d.h., die Wohnung wird möbliert zur Verfügung gestellt und Essen wird in Unternehmenseinrichtungen (Kantine) gestellt. Für Ausgaben des täglichen Lebens (Kino, Ausflüge etc.) wird eine monatliche **Allowance** gewährt. Die Höhe der Sachleistungen wird grundsätzlich pauschal und ziellandbezogen ermittelt, ohne im Einzelnen auf die Unterschiede in den Lebensniveaus zwischen Heimat- und Gastland einzugehen. Im Hinblick auf die organisatorischen Anforderungen stellt sie allerdings einen pragmatischen Weg dar, um die kurzfristigen Einsätze aus den Niedriglohnländern optimal zu verwalten.

3. Unterkunft im Gastland

83 Üblicherweise gehört es zu den Aufgaben des Unternehmens, seinen entsandten Mitarbeitern während des Auslandseinsatzes **angemessene und sichere Wohnverhältnisse** im Gastland zu gewährleisten. Die **Mietkosten** sind hierbei abhängig von

8 Siehe ausführlich hierzu Rn 4 ff.

der Größe, Ausstattung sowie Lage der Wohnung und machen einen großen Teil der **Entsendekosten** aus.[9] Hinsichtlich der Unterstützung des Unternehmens bei den **Wohnkosten** im Ausland zeigen sich in der Praxis verschiedene Möglichkeiten:

Entscheidet sich der Entsandte für eine komplette Aufgabe der Wohnung im Heimatland, so werden in der Regel die Mietkosten der Wohnung im Gastland vom Mitarbeiter selbst gezahlt. Um die **Mehrkosten** der Miete zwischen Heimat- und Gastland abzudecken, wird in der Praxis häufig ein **Wohnkostenausgleich** gewährt. Diese Ausgleichszahlung bezieht sich auf die Wohnungsaufwendungen im Gastland, welche über die üblicherweise im Heimatland anfallenden Kosten hinausgehen. Da bei der **Wohnsitzaufgabe** im Heimatland eine konkrete Vergleichsgröße fehlt, wird die Höhe der Ausgleichszahlung anhand eines für das Heimatland des Entsandten gültigen Mietspiegels geschätzt. Der Betrag wird oft in Abhängigkeit von der Anzahl der mitreisenden Familienmitglieder ermittelt. 84

Möglich ist auch die **Übernahme der Mietkosten** im Gastland durch das Unternehmen. Der entsandte Mitarbeiter trägt einen **Eigenanteil** in Höhe der bisherigen Kosten des Heimatlandes bzw. eines lokalen Durchschnitts, welcher bei der Berechnung der Vergütung im Ausland berücksichtigt wird. 85

Alternativ können auch die vollen Mietkosten im Gastland ohne eine Berücksichtigung eines Eigenanteiles des Mitarbeiters übernommen werden. Gründe hierfür sind, dass viele Entsandte ihre Wohnung im Heimatland nicht aufgeben können oder wollen oder sie ohne Familie ins Ausland reisen, die dann weiterhin im Heimatland in der bisherigen Wohnung verbleibt. Aus steuerlicher Sicht kann es einen Unterschied machen, ob der Arbeitgeber oder der Entsandte die Wohnung anmietet. Es empfiehlt sich, Optimierungsmöglichkeiten vorab zu prüfen. 86

In der Entsenderichtlinie ist zu definieren, inwiefern das Unternehmen den entsandten Mitarbeiter hinsichtlich der Wohnkosten im Ausland unterstützt und ob und in welcher Form sich dieser an den Mietkosten beteiligt. 87

Praxistipp !

Sie können sowohl die Mietspiegel als auch die Kennzahlen zur Berechnung der COLA oder der Hardship Allowance für verschiedenste Gastländer bei folgenden Unternehmen anfragen:

- Mercer,
- ECA International,
- EuroCost.

---

4. Schule

Die **Ausbildung** der mitreisenden Kinder ist ein sehr wichtiger, aber auch kostenintensiver Aspekt der Gestaltung von Auslandsentsendungen. 88

---

9 Siehe ausführlich hierzu Rn 136 ff.

89 Je nach Verfügbarkeit von vergleichbaren Alternativen im Ausland gewährt das Unternehmen in der Regel Zuschüsse zu den Kosten für eine private oder **internationale Schule**. Die genauen Kosten und deren Übernahme sollten auf jeden Fall bereits im Vorfeld abgestimmt werden.

90 Falls im Gastland keine adäquate Schule vorhanden ist, übernehmen manche Unternehmen auch die Kosten für ein **Internat im Heimatland**.

91 Bei der Suche nach einer geeigneten **Schule** im Gastland ist es oftmals hilfreich, den lokalen **Relocation Service** zu nutzen. Auch sollten im Vorfeld des Umzuges mögliche Schulen während der **Orientierungsreise**[10] besucht werden. Dies ist ggf. im Fall verpflichtender Eingangstest unvermeidbar.

92 Die Schule im Gastland sollte das Kind auf die bestmögliche **Wiedereingliederung** in das Schulsystem des Heimatlandes vorbereiten. Dies sollte bei der Auswahl einer möglichen Schule nicht außer Acht gelassen werden. Manche Unternehmen übernehmen für eine bessere Integration in das Heimatschulsystem die Kosten für **Nachhilfestunden**. Üblicherweise werden die **Kosten für Kindergartenbesuche** ebenfalls vom Unternehmen erstattet. In der Regel werden zumindest angefallene Mehrkosten durch den Arbeitgeber übernommen.

93 In der Entsenderichtlinie ist es wichtig zu definieren, bis zu welchem Alter die Kinder des entsandten Mitarbeiters hinsichtlich der Ausbildung im Gastland unterstützt werden. Generell werden die Kosten einer schulischen Ausbildung bis zur Erreichung eines Schulabschlusses vergleichbar mit dem Abitur übernommen. Die Kosten für eine Hochschulausbildung werden in der Regel nicht erstattet.

! **Praxistipp**

Im Internet finden sich hilfreiche Informationen zu Schulen im Gastland; hier ein paar Beispiele:
- http://www.auslandsschulwesen.de,
- http://www.educationworld.com.

---

5. Heimreisen

94 Zur Pflege von sozialen Bindungen zu Freunden und der Familie im Heimatland, aber auch um den Kontakt mit dem Heimatunternehmen (beispielsweise durch Teilnahme an Seminaren, Fortbildungen und Meetings) aufrechtzuerhalten, sollte es dem Entsandten und seiner Familie ermöglicht werden, das Heimatland regelmäßig zu besuchen. Verbleibt die Familie während der Entsendung im Heimatland, so sollte auch für den **Besuch der Familie im Gastland** eine gewisse Anzahl von **Reisen** zur Verfügung stehen bzw. sollte die Möglichkeit, nach Hause zu reisen, für den Mitarbeiter entsprechend großzügiger gestaltet werden.

10 Vgl. Rn 26 ff.

Hinsichtlich der Gewährung von **Heimreisen** gibt es zwei Möglichkeiten, diese in der Entsenderichtlinie zu regeln. Zum einen kann je nach Entfernung zum Gastland und der Dauer des Auslandseinsatzes eine bestimmte Anzahl an Heimreisen gewährt werden, deren Kosten vom Arbeitgeber wie bei der herkömmlichen **Reisekostenabrechnung** direkt erstattet werden. Zum anderen kann dem Entsandten und seiner Familie ein im Voraus festgelegtes **Budget zur Nutzung für Heimreisen** zur Verfügung gestellt werden. Die Gewährung eines Budgets bietet zwar dem Mitarbeiter mehr Flexibilität und vereinfacht die Administration, es kann jedoch steuerliche Implikationen haben, welche die relevanten Gestaltungsmöglichkeiten deutlich einschränken. Es ist empfehlenswert, die Höhe des Budgets sowie seine Inanspruchnahme und tatsächlichen Nutzungszwecke regelmäßig zu überprüfen. Es sollte darauf geachtet werden, dass der entsandte Mitarbeiter das Budget nutzt, um in die Heimat zu reisen, da dies die Kontaktpflege und eine bessere Reintegration unterstützt. In diesem Zusammenhang fordern viele Unternehmen ihre Expatriates auf, eine Heimreise mit einem Besuch im Unternehmen zu verknüpfen. 95

Des Weiteren sollte in der Entsenderichtlinie die Wahl des **Flug-Tarifes** definiert werden, sofern dies nicht bereits in der **Reisekostenrichtlinie** geregelt ist. Viele Unternehmen gewähren für die Heimreise generell den Economy-Tarif. 96

6. Notfälle

Leider kann es immer wieder passieren, dass durch eine gefährliche Situation im Gastland (z.B. Naturkatastrophen, politische Unruhen) oder durch einen **Notfall** in der Familie der entsandte Mitarbeiter mit seinen Angehörigen vorzeitig zurück in das Heimatland reisen muss. 97

In folgenden Fällen ist eine Rückreise aufgrund eines Notfalles in der Familie auf Kosten des Arbeitgebers üblich: 98

- Der Entsandte oder ein mitreisender Familienangehöriger benötigt dringende medizinische Versorgung, welche im Gastland nicht gegeben ist;
- Überführung im Todesfall des Expatriates oder eines mitreisenden Familienangehörigen;
- schwere Krankheit oder Todesfall eines Angehörigen im Heimatland.

Es ist sehr wichtig, die **Rückreisemöglichkeit bei Notfällen** in der Entsenderichtlinie zu regeln und somit dem entsandten Mitarbeiter Unterstützung durch das Unternehmen zuzusichern. 99

7. Partner

Ein Auslandseinsatz ist nicht nur eine große Herausforderung für den entsandten Mitarbeiter, sondern auch für seine mitreisende **Familie**. Für den erfolgreichen Verlauf der Entsendung ist es daher entscheidend, bereits im Vorfeld auch die Familie in den Entscheidungsprozess einzubeziehen und auf den Auslandseinsatz vorzubereiten. 100

Häufig entstehen Schwierigkeiten, wenn sich die Familie nicht an das neue kulturelle Umfeld anpassen kann. Eine weitere Herausforderung besteht darin, dass in der heutigen Zeit oftmals beide Partner berufstätig sind und der mitreisende Partner in der Regel seinen Beruf im Heimatland aufgeben muss. Oft ist es nicht einfach, im Ausland eine passende Anstellung für den Partner zu finden. Unternehmen unterstützen daher immer häufiger mit Programmen bzw. Angeboten für sog. **Dual Career Couples**. Zudem definiert das Unternehmen idealerweise in der Entsenderichtlinie einen Familienbegriff, der etwa auch auf Paare in eheähnlicher Gemeinschaft oder gleichgeschlechtliche Partnerschaften eingeht.

101 Die Praxis zeigt, dass sich immer mehr Unternehmen mit diesem Thema befassen. In der Entsenderichtlinie sollten für den mitreisenden Partner daher neben Sprach- und kulturellen Trainings auch geeignete Unterstützungsmaßnahmen zur Arbeitsfindung aufgenommen werden. Das entfallende Einkommen wird vom Arbeitgeber regelmäßig nicht ausgeglichen, häufig werden jedoch die mitreisenden Partner bei der Erlangung der Arbeitserlaubnis und bei der Arbeitssuche unterstützt. Es werden beispielsweise Bewerbungstrainings oder die Durchsicht der Bewerbungsunterlagen angeboten. In der Praxis ist die Zahlung einer **Pauschale** empfehlenswert, mit der sich mitreisende Partner zwecks Inanspruchnahme zuvor genannter Trainings an externe Dienstleister wenden können. In großen Unternehmen kann zudem geprüft werden, ob es Möglichkeiten für einen lokalen Einsatz des Partners gibt. Ferner ist es hilfreich, den Partner hinsichtlich der **Bildung von Netzwerken** zu unterstützen. Häufig sind es erfahrene Expatriate-Partner, die wertvolle Tipps bezüglich der Arbeitsfindung im Gastland geben können.

! **Praxistipp**

Auch hier bietet das Internet viele Möglichkeiten, sich zu informieren oder um Netzwerke zu bilden:

- http://www.facebook.com,
- http://www.expatica.com,
- http://www.expatexchange.com,
- http://www.germanexpats.com,
- http://www.expatclic.com.

---

8. Urlaub, Feiertage und Arbeitszeiten

102 Der Urlaubsanspruch, Feiertage und die täglichen Arbeitszeiten sind von Land zu Land unterschiedlich. Daher ist die Aufnahme entsprechender Regelungen in die Entsenderichtlinie empfehlenswert.

103 Generell richtet sich der **Urlaubsanspruch** nach den Regelungen des Heimatlandes. Diese Regelung wird gerne angenommen, sofern der Urlaubsanspruch des Heimatlandes höher ist als der des Gastlandes. Anders sieht es jedoch im umgekehrten Fall aus, in dem der Urlaubsanspruch des Gastlandes höher ist. In der Praxis wird häufig in der Entsenderichtlinie festgelegt, dass immer der für den Arbeitnehmer

günstigere Anspruch an Urlaubstagen gilt. Erfolgt jedoch eine Entsendung zu lokal orientierten Konditionen, so sollte sich der Urlaubsanspruch hinsichtlich einer besseren Integration in das Gastlandunternehmen nach den Regelungen des Gastlandes richten.

Die **Feiertage** und **Arbeitszeiten** richten sich üblicherweise nach den Regelun- 104
gen des Gastlandes bzw. des Gastlandunternehmens.

9. Clubmitgliedschaften

Je nach Gastland und Funktion des Entsandten kann es sinnvoll sein, die Jahresge- 105
bühr für **Clubmitgliedschaften** zu tragen, um eine Integration in gesellschaftliche **Netzwerke** zu unterstützen. In manchen Ländern sind die Besuche von Freizeitclubs essenziell, um Kontakte zu knüpfen und Geschäfte anzubahnen. Soll durch eine Clubmitgliedschaft ein Nutzen für das Unternehmen entstehen, so empfiehlt es sich, in der Entsenderichtlinie die Art von Clubs und relevante Länder einzugrenzen. Häufig werden diesbezüglich Regelungen auch individuell und außerhalb der Richtlinie getroffen.

IV. Versicherungsschutz

1. Sozialversicherung

Das Thema Sozialversicherung ist sehr komplex und von Land zu Land unterschied- 106
lich. Daher können in einer international anzuwendenden Entsenderichtlinie meist nicht alle Details aufgenommen werden. Es gehört jedoch zur **Fürsorgepflicht** des Unternehmens, den Entsandten hinsichtlich der sozialversicherungsrechtlichen Auswirkungen seines Einsatzes auch bezogen auf seine Familienmitglieder im Ausland zu informieren und zu unterstützen.

Um eine kontinuierliche **Anspruchssicherung** zu gewährleisten und sofern es 107
die Rechtsvorschriften des nationalen bzw. über- und zwischenstaatlichen Sozialversicherungsrechtes zulassen, verbleibt der Mitarbeiter im System des Heimatlandes.[11] Hierbei unterstützt der Arbeitgeber bei dem entsprechenden Antragsverfahren, oft auch unter Einbindung eines externen (Steuer-) Beraters.

Sollten durch den Auslandseinsatz auch Beitragszahlungen im Gastland erfor- 108
derlich sein, so übernimmt der Arbeitgeber in der Regel die entstehenden **Mehrkosten.** Weitere Mehrkosten können entstehen, wenn der Arbeitnehmer bislang mit seiner Vergütung unter der Beitragsbemessungsgrenze lag und es durch die sozialversicherungspflichtigen entsendebedingten Zulagen zu höheren Beiträgen kommt. In solchen Fällen ist analog der steuerlichen Thematik zu prüfen, inwieweit der Arbeit-

---

11 Siehe ausführlich hierzu Kap. 7 Rn 48 ff.

geber hier eine „**Hypo-Sozialversicherung**" berechnet und auch hier die entsendebedingten Mehrkosten trägt.

109 Falls keine rechtliche Möglichkeit besteht, den Mitarbeiter im System des Heimatlandes zu belassen, so empfiehlt es sich in die Entsenderichtlinie beispielsweise für Deutschland zu regeln, dass für die Dauer des Auslandseinsatzes eine **Anwartschaftsversicherung** abgeschlossen wird. Hierdurch wird zum einen gewährleistet, dass keine Beitragslücken entstehen und zum anderen wird durch diese Versicherung die Aufnahme in die Krankenversicherung nach Rückkehr in das Heimatland sichergestellt.

2. Betriebliche Altersvorsorge

110 Ein bedeutsamer Punkt im Zusammenhang mit einer Auslandsentsendung ist die Handhabung einer ggf. vorhandenen **betrieblichen Altersversorgung**. Der Mitarbeiter hat ein Interesse daran, dass durch seine Entsendung keine Nachteile hinsichtlich seiner Altersversorgung entstehen. Üblicherweise verbleibt der Mitarbeiter hier im System des Heimatlandes. Die Berechnungsbasis bildet das **Schattengehalt,** d.h. die Vergütung, welche er im Rahmen der weiteren lokalen Tätigkeit im Heimatland bezogen hätte. Eine Integration in das Versorgungssystem des Gastlandes ist durch die begrenzte Dauer des Aufenthaltes und der damit geringfügigen Pensionsansprüche eher unüblich.

111 Wichtig ist zu beachten, dass eine Anpassung an die übliche tarifliche oder außertarifliche Gehaltsentwicklung im Verlauf des Auslandseinsatzes zu erfolgen hat. Gleiches gilt für eine variable Vergütung, sollte diese versorgungsrelevant sein.

112 Eine Besonderheit bilden im Zusammenhang mit der betrieblichen Altersvorsorge Führungskräfte oder die sog. **globalen Nomaden**. Hierbei handelt es sich um Mitarbeiter, welche regelmäßig von einer Auslandsstation zur nächsten reisen und kein Heimatland im herkömmlichen Sinne als Bezug für die Vergütung haben. Für diese Gruppen entwickeln Unternehmen gelegentlich ein eigenes **internationales Versorgungssystem** (**international pension plan**), welches dann weltweit Gültigkeit besitzt.

113 Um dem Mitarbeiter Gewissheit über die Fortführung seiner betrieblichen Altersvorsorge zu geben, ist die Aufnahme einer entsprechenden Regelung in der Entsenderichtlinie empfehlenswert.

3. Zusatzversicherungen

114 Um dem Mitarbeiter während der Entsendung einen vollumfänglichen **Versicherungsschutz** zu gewährleisten, empfiehlt es sich in vielen Fällen, eine zusätzliche Auslandsversicherung abzuschließen. Davon betroffen sind insbesondere die Berei-

che der **Kranken- und Unfallversicherung.**[12] Auch beim Verbleib im Versicherungssystem des Heimatlandes ist in vielen Entsendungsfällen mit Versorgungslücken und nicht selten mit Abwicklungsschwierigkeiten beim Eintritt eines Versicherungsfalles zu rechnen. Diesen Herausforderungen kann in der Praxis durch den Abschluss einer Auslandsversicherung entgegenwirkt werden. Sowohl für die Kranken- als auch für die Unfallversicherung ist der Abschluss einer **Gruppenzusatzversicherung** möglich. Diese wird grundsätzlich ohne umfangreiche medizinische Vorabprüfungen abgewickelt und deckt grundsätzlich nur die Fälle, die nicht im Zusammenhang mit Vorerkrankungen zustande kommen.

Ist der Arbeitgeber über gesundheitliche Probleme eines Mitarbeiters informiert, 115
empfiehlt es sich im Fall einer Entsendung, die potenzielle Versorgungslücke über individuell mit einem Versicherungsunternehmen zu vereinbarende Zuschläge oder ggf. über den Abschluss einer **Einzelzusatzversicherung** zu schließen. Diese Variante ist auch bei langfristigen Entsendungen als eine immer häufiger praktizierte Lösung vorzufinden. Durch die den Entsandten begleitende Familie kann sich das Spektrum der potenziell in Anspruch zu nehmenden Leistungen schnell vergrößern und lässt sich am besten durch eine individuelle Vereinbarung abdecken.

Bei der privaten und der freiwilligen gesetzlichen **Krankenversicherung** ist 116
auch der Abschluss einer **Anwartschaftsversicherung** in Erwägung zu ziehen. Diese schützt den entsandten Mitarbeiter grundsätzlich vor Verlust des Anspruches auf Leistungen, die an bestimmte Mindestzeiten gekoppelt sind und garantiert im Fall einer privaten Versicherung keine erneute Gesundheitsprüfung sowie die Wiederaufnahme zu den bereits vor der Entsendung bestehenden Konditionen. Ob eine Anwartschaftsversicherung möglich ist, sollte immer im Einzelfall und am besten nach Rücksprache mit dem Versicherungsträger geklärt werden.

Sonstige **private Versicherungen** wie **Hausrat- oder Haftpflichtversicherung** 117
werden üblicherweise nicht vom Arbeitgeber übernommen. Ein entsprechender Hinweis für den Mitarbeiter zur Sicherstellung dieses Versicherungsschutzes ist in der Entsenderichtlinie empfehlenswert.

V. Beendigung der Entsendung

1. Rückkehr und Wiedereingliederung

Nicht nur die Reise ins Ausland, sondern auch die Rückkehr ins Heimatland und 118
insbesondere die Wiedereingliederung in das Heimatunternehmen sollten genau geplant und vorbereitet werden.[13] Die **Repatriierung** sollte rechtzeitig, in der Regel ca. drei bis sechs Monate vor der **Rückkehr** eingeleitet werden.

---

12 Siehe ausführlich hierzu Kap. 7 Rn 112 ff.

13 Siehe ferner Rn 157 ff.

119 Üblicherweise entsprechen die **Rückreisemodalitäten** hinsichtlich Umzugskosten, Flugtickets und Wohnungssuche den Regelungen der Hinreise. Abweichungen sollten in der Richtlinie klar definiert sein.

120 Neben den logistischen Vorbereitungen sollten auch Regelungen bezüglich der Re-Integration des Entsandten in das Heimatunternehmen aufgenommen werden. Eine klare **Definition der Zuständigkeiten** hinsichtlich der folgenden Fragestellungen ist hierbei zu empfehlen: Wer initiiert die Wiedereingliederungsgespräche? Ist es der Mitarbeiter selbst, die Personalabteilung, der Vorgesetzte im Heimat- oder Gastland, oder ist ein **Mentor** für die berufliche **Wiedereingliederung** des Entsandten verantwortlich? Alle zuvor genannten Parteien sollten in jedem Fall den **Repatriierungsprozess** aktiv begleiten, um auch dem entsandten Mitarbeiter Interesse an seinen neu gewonnenen Fähigkeiten und Erfahrungen und deren Nutzen für das Unternehmen zu signalisieren. In den wenigsten Fällen ist es jedoch dem Arbeitgeber möglich, bereits im Vorfeld einer Langzeitentsendung Versprechungen über die anschließende Funktion im Heimatunternehmen zu treffen. In der Regel wird in die Entsenderichtlinie eine Formulierung der Zusage aufgenommen, dass nach dem Auslandseinsatz eine Position mindestens auf dem gleichen Niveau wie vor dem Einsatz besetzt werden kann. Leider kann nicht immer sichergestellt werden, dass der Karrieresprung mit dem Schritt ins Ausland auch nach der Rückkehr fortgesetzt wird. Folglich sind regelmäßige Gespräche mit dem Entsandten und eine rechtzeitige Rückkehr- und Wiedereingliederungsplanung wichtige Bestandteile einer Entsendung und tragen im großen Maße zu einer erfolgreichen Beendigung des Auslandeinsatzes bei.

2. Lokalisierung

121 Nahezu jede aktuelle Richtlinie sieht vor, dass spätestens nach fünf Jahren ein Einsatz im Gastland, wenn überhaupt, nur noch zu **lokalen Konditionen** stattfinden kann.[14] In der Praxis tun sich die Unternehmen mit der Umsetzung allerdings schwer. Häufig wird die Erfüllung des **Entsendezweckes** nicht klar definiert oder vor Ort wird keine ausreichende Nachfolgeplanung betrieben. Auch persönliche Gründe des Mitarbeiters können eine Verlängerung des Einsatzes oder eine **Lokalisierung** begründen, wenn die Familie im Gastland beispielsweise durch die Berufstätigkeit des Partners stark integriert ist oder die Kinder weiterhin in der lokalen Schule verbleiben sollen. Mehrere bzw. über einen bestimmten Zeitraum hinausgehende Verlängerungen können sich grundsätzlich negativ auf eine Rückkehr- bzw. Lokalisierungsbereitschaft auswirken und lassen die **Reduzierung von Entsendekonditionen** nur mit Schwierigkeiten vermitteln.

122 Kristallisiert sich ein längerfristiger oder gar dauerhafter Einsatz vor Ort heraus, sollte rechtzeitig über die Konditionen für den Übergang in ein lokales Anstellungs-

14 Siehe ferner Kap. 3 Rn 132 ff.

verhältnis gesprochen werden. In der Regel werden dazu die Entsendezulagen kontinuierlich abgebaut und der Mitarbeiter wird final ausschließlich zu lokalen Bedingungen beschäftigt. Je nach Länderkombination kann es bei einzelnen Leistungen wie z.B. der Übernahme von Mietkosten oder der Schulgebühren auch dauerhaft zu einer arbeitgeberseitigen **Kostenübernahme** (local plus) kommen.

Dementsprechend ist eine Aufnahme der Bedingungen einer möglichen Loka- 123
lisierung in die Entsenderichtlinie sehr wichtig. Es gilt hierbei jedoch zu beachten, dass eine allgemeingültige Entsenderichtlinie nicht alle erdenklichen Lokalisierungsfälle abdecken kann. Unternehmen mit einem hinreichend großen Bedarf an Lokalisierungen definieren daher separate **Lokalisierungsrichtlinien**, die genau auf die einzelnen Umstände und Interessen der am Lokalisierungsvorhaben beteiligten Parteien eingehen. Erfolgt eine Lokalisierung aus dem persönlichen Interesse des Mitarbeiters heraus, trägt er in der Regel auch einen höheren Anteil am damit verbundenen Aufwand als im umgekehrten Fall, in dem Expatriate überwiegend aus betrieblichen Gründen lokal im Ausland angestellt werden. Diese Unterschiede sollten in der Richtlinie klar zum Ausdruck gebracht werden.

B. Möglichkeiten des Kostenmanagements

I. Die Grundlagen (Entsendungskosten verstehen und quantifizieren)

Wie die zahlreichen Studien auf dem Gebiet „Global Mobility" seit Jahren belegen, 124
stellen **Auslandsentsendungen** eine besonders kostspielige Form des Mitarbeitereinsatzes dar und können sich mit ihren Gesamtkosten im Vergleich zu lokalen Anstellungsverhältnissen sogar auf das drei- bis vierfache der üblicherweise anfallenden Personalaufwendungen belaufen. Die im Entsendungsmanagement angestrebte Kosteneffektivität kann nur durch strukturierte **Kostenplanung**, laufende **Kostenkontrollen** und nicht zuletzt auch durch passende **Mechanismen der Leistungsbeurteilung** erreicht werden. Gerade diese Anforderungen stellen jedoch im Zusammenhang mit der Organisation und Verwaltung von Auslandsentsendungen eine besondere Herausforderung dar und lassen viele Unternehmen schnell an ihre organisatorischen Grenzen stoßen. Neben den vielfältigen **entsendungsbezogenen Vergütungskomponenten**, die in dem umfangreichen Kostengefüge zweifellos stark ins Gewicht fallen, gilt es, neben dem Management der **Entsendungskosten** auch andere finanzielle Treiber zu identifizieren. Diese lassen sich oft auf Anhieb nicht oder nicht in aller Deutlichkeit im Entsendungsprozess erkennen und quantifizieren.

Die nachfolgenden Fragen sollen einige Anregungen für potenzielle entsen- 125
dungsrelevante **Kostenfaktoren** liefern, die oft im Verborgenen bleiben und in ihrer finanziellen Wirkung entweder unterschätzt oder ignoriert werden:

1. Stellt eine Entsendung für eine bestimmte Aufgabe im Ausland tatsächlich die richtige Lösung dar? Gibt es andere, kostengünstigere Alternativen wie z.B. eine Geschäftsreise oder eine lokale Anstellung?
2. Wird die Entsendungsdauer regelmäßig überprüft und ausreichend begründet? Unter welchen Voraussetzungen kann eine Verlängerung genehmigt werden?
3. Welche entsendungsbezogenen Leistungen werden von Expatriates tatsächlich in Anspruch genommen?
4. Wie viele Entsendungen werden vorzeitig abgebrochen? Sind die Gründe dafür bekannt?
5. Werden im Entsendungsmanagement Lösungsansätze für Dual Career Couples etabliert? Der berufstätige Ehepartner, dem während einer Entsendung unzureichend Rechnung getragen wird, kann oft zu einer vorzeitigen Beendigung der Entsendung beitragen.
6. Wie gut sind die Leistungen der entsandten Mitarbeiter? Werden nur Leistungsträger ins Ausland entsandt? Wie funktioniert das Performance Management für Expatriates? Mit einem intakten System der Leistungsbeurteilung für Expatriates lässt sich rechtzeitig erkennen, ob tatsächlich die richtigen Mitarbeiter mit Aufgaben im Ausland betraut werden und somit zur Erreichung der festgesetzten Ziele beitragen können. Auf diesem Weg lässt sich auch die Profitabilität der Entsendungsprogramme einschätzen.
7. Werden Repatriierungen termingerecht vorbereitet und durchgeführt?
8. Wird von einer Lokalisierungsmöglichkeit Gebrauch gemacht?
9. Wie wird die Reintegration der Heimkehrer durchgeführt?

II. Kostenoptimierte Gestaltung der Entsenderichtlinie

126 Die meisten Unternehmen mit umfassenden internationalen Aktivitäten verfügen heute über andere **Entsenderichtlinien,** mit denen diverse, der Umsetzung einer Internationalisierungsstrategie dienende Entsendungsformen abgedeckt werden.

127 Jede Entsenderichtlinie kann in ihrem Umfang und im Aufbau der Struktur von Unternehmen zu Unternehmen variieren, sollte jedoch immer die wichtigsten Elemente der zu etablierenden Entsendungsprogramme widerspiegeln. Dazu gehören neben der Unterscheidung zwischen den einzelnen **Entsendungsarten** und den relevanten Zielgruppen in erster Linie auch die klaren Aussagen des Arbeitgebers über die entsprechenden **Vergütungs- sowie Kostenerstattungskategorien.**

128 Die dem entsandten Mitarbeiter eingeräumten entsendungsbedingten Vergütungskomponenten sowie die zur Verfügung gestellten internen und externen **Dienstleistungen** sollten in der Entsenderichtlinie je nach Entsendungsart ausreichend definiert werden. Dazu gehören Aussagen sowohl zur Höhe der relevanten Zulagen als auch zu den entsprechenden Kriterien für deren Gewährung. Eine **Vergütungsstruktur** für Expatriates kann neben der **Prozess- und Kostentransparenz**

auch zur **effektiveren Kostenplanung** und -kontrolle beitragen. Auf der Grundlage vordefinierter entsendungsbezogener Leistungen können **Musterkalkulationen** erstellt werden, die dem Kostenvergleich und der einzelfallbezogenen Kostenplanung in Form eines „business cases" dienen. Wie die Praxis zeigt, können mit diesen Kalkulationen kritische **Kostenfallen** aufgedeckt und bei allen am Entsendungsprozess beteiligten Parteien ein besseres Kostenbewusstsein gefördert werden.

Im Rahmen der Richtlinien-Gestaltung ist ebenfalls in Erwägung zu ziehen, regi- 129
onale bzw. länderbezogene Unterschiede, die sich in der Kostenstruktur niederschlagen, in Form von **separaten Ergänzungsvereinbarungen** zu verfassen. So hat sich z.B. in der Praxis für hinreichend große Entsendepopulationen bewährt, eine überregional gültige Rahmenvereinbarung aufzusetzen und diese durch relevante Zielländerrichtlinien zu ergänzen. Die nachfolgenden Erläuterungen konzentrieren sich auf die wichtigsten Kostenelemente einer Entsenderichtlinie und Maßnahmen für deren Optimierung:

Bei global tätigen Unternehmen, die mit kontinuierlich steigender Anzahl und 130
Komplexität von Auslandsentsendungen konfrontiert werden, stellen stark individualisierte **Kostenkomponenten** eine kaum zu bewältigende administrative Hürde dar. Daher wird gerade bei umfangreichen und vielfältigen Entsendungsprogrammen gerne zu Zahlungen gegriffen, die den entsandten Mitarbeitern in Form von **Pauschalzuwendungen** zu deren freier Verfügung angeboten werden. Da jede vom Arbeitgeber in Form von Geld gewährte Vergütung in der Regel eine **Steuerpflicht** auslöst, sollte sich das Unternehmen bei dieser Lösung bereits vor der Einräumung der jeweiligen Zuwendung mit den Fragen der entstehenden **Steuerbelastung** und Übernahme durch Arbeitgeber oder Entsandten auseinandersetzen. Dies führt zu Kostentransparenz vor bzw. bei Gewährung der Zuwendung, auch wenn vorab entsprechende Prüfschritte definiert werden müssen. Andererseits erhöhen Pauschalen die Planbarkeit und Kontrolle, sofern ihr Umfang hinsichtlich Höhe und Anwendungsbereich in der Richtlinie abschließend definiert ist.

Zu einer finanziellen Falle entwickeln sich in der Praxis schnell Entsendericht- 131
linien, die keine eindeutig festgelegte Vorgehensweise für das Entsendungsende erkennen lassen. Hier bieten sich in der Praxis grundsätzlich drei Handlungsmöglichkeiten an, die je nach Unternehmens- und Internationalisierungsstrategie in der Entsenderichtlinie entsprechend verankert werden sollten:

1. Nach Ablauf des vorgegebenen Entsendungszeitraums erfolgt die **Repatriierung** ins Heimatland;
2. der Auslandseinsatz eines Mitarbeiters wird unter Einhaltung bestimmter Voraussetzungen verlängert oder in Form einer neuen Entsendung in einem anderen Land fortgeführt,
3. nach Ablauf der Entsendung wird das Arbeitsverhältnis im Heimatland aufgelöst und der betroffene Mitarbeiter im Entsendungsland lokal angestellt.

Das Bestreben, die Entsendungskosten zu optimieren und die relevanten Entsen- 132
dungsprozesse zu vereinfachen, hat gerade in den letzten Jahren zu steigender Popu-

larität diverser **Lokalisierungsmodelle** beigetragen. Wie bereits erläutert wurde, können die Gründe für eine **Lokalisierung**[15] vielfältig sein.

133 Die Konditionen einer Lokalisierung sollten mit dem betroffenen Mitarbeiter individuell vereinbart und im Rahmen der Entsendevereinbarung dokumentiert werden. Dazu gehören vor allem Vereinbarungen zu den **entsendungsrelevanten Vergütungen**, die im Fall einer lokalen Anstellung erfahrungsgemäß entweder sofort oder schrittweise über einen bestimmten, im Voraus festgelegten Zeitraum abgebaut werden. Bei einigen Kostenkomponenten (wie z.B. Wohnungs-, Schul- oder Steuerberatungskosten) ist es denkbar, einen festen Pauschalbetrag zu gewähren, der ohne zeitliche Beschränkung das lokale Gehalt im Rahmen des sog. **local plus-Ansatzes** ergänzen wird. Nur durch die entsprechende Anpassung der entsendungsrelevanten Bezüge und die Vereinbarung von lokalen Gehaltsstrukturen kann letztendlich eine Kostenreduktion im Vergleich zu dem bisherigen Entsendungsmodel erreicht werden. Durch die Gewährung von Zusatzvergütungen werden die notwendigen Vorkehrungen getroffen, um den Mitarbeiter vor finanziellen Härten im Ausland zu schützen.

134 Wie bereits ausgeführt, kann sich die Differenz in den Lebenshaltungskosten zwischen Heimat- und Einsatzland bei bestimmten Länderkombinationen positiv im Gesamtbudget des entsandten Mitarbeiters auswirken. Es ist eine nach wie vor viel diskutierte Frage, ob das Unternehmen in diesem Fall den offensichtlich vorliegenden finanziellen Vorteil vom Mitarbeiter in Form einer negativen Zulage[16] einbehalten sollte (siehe negative COLA). Der regelmäßig für die Behandlung von Expatriates angestrebte Grundsatz „weder Vor- noch Nachteile" spricht dafür. Eine geringe Akzeptanz bei den betroffenen Mitarbeitern veranlasst jedoch viele Unternehmen dazu, auf diese Lösung zu verzichten. Eine größere Umsetzungstendenz kann in Entsendungsfällen bei Länderkombinationen beobachtet werden, wo **niedrigere Lebenshaltungskosten** im Gastland von **erschwerten Lebensumständen** begleitet werden. Die in dem Fall zusätzlich gewährte Erschwerniszulage kann die vorgenommene Kürzung der COL Zulage teilweise kompensieren und trägt zu deren höherer Akzeptanz bei.

135 Eine **COL Zulage** kann auch im Hinblick auf die gewählte Auszahlungsform zu einer verbesserten Kostenkontrolle beitragen. In manchen Entsendungsprogrammen, die durch eine intensive Reisetätigkeit (wie z.B. Commuter-Modelle oder Projekttätigkeit) geprägt sind, bietet es sich an, den Unterschied der Lebenshaltungskosten zwischen Heimat- und Gastland durch eine auf Tagesbasis ermittelte Zulage (**per diem**) auszugleichen. Die per diem-Zahlungen werden anhand der Anwesenheitstage im Ausland gewährt und können je nach Lebensumstand in verschiedenen Kategorien systematisiert werden. So ist es z.B. denkbar, die Tagessätze in Abhängigkeit von der Form der **Unterkunft** (Hotel- oder möblierte Wohnung) oder, gerade im Fall von lang-

15 Siehe ferner Rn 121 ff.

16 Siehe ferner Rn 75 ff.

fristigen Entsendungen, auch von der **Familiengröße** (zusätzliche Tagessätze für Ehepartner und Kinder, die ins Ausland mitreisen) zu gestalten und entsprechend der individuellen Situation des Mitarbeiters auch kurzfristig anzupassen.

Die Zulage für eine Wohnung im Ausland stellt neben dem **Steuerausgleich** 136
eine der wesentlichen Kostenkomponenten dar und kann als solche in vergütungspolitischer Hinsicht oft besonders kritische Wirkung entfalten. Skeptiker heben in dem Zusammenhang immer wieder hervor, dass für Nicht-Expatriates die Frage der Wohnungskosten in der Regel keine Rolle bei der Festlegung des Vergütungspaketes spielt und als fester Bestandteil des Privatlebens auch für Entsandte nicht überbewertet werden sollte. Trotz dieser Meinungen ist es in der Praxis nach wie vor kaum denkbar, diese entsendungsrelevante Zulage in erheblichem Umfang zu reduzieren, geschweige denn zu eliminieren. Zum Zwecke der **Kostenoptimierung** kann die **Wohnungszulage** jedoch mindestens in zweierlei Hinsicht infrage gestellt werden:

Es empfiehlt sich, bei der Ermittlung der Zulage die sog. **housing norm** bzw. 137
hypothetische Wohnungskosten als Kürzung anzusetzen, um somit den vom entsandten Mitarbeiter zu tragenden Eigenanteil an den Wohnungskosten zum Ausdruck zu bringen.[17] Die Kürzung sollte dabei den vergleichbaren Wohnungskosten im Heimatland entsprechen, die der Entsandte ohnehin bei fortbestehender Tätigkeit im Inland zu tragen gehabt hätte, und ist nur dann begründet, wenn der betroffene Mitarbeiter für die Zeit der Entsendung ins Ausland die Wohnung im Heimatland auflöst. Dieser hypothetische Betrag kann aufgrund lokaler Gegebenheiten im Heimatland geschätzt oder in Zusammenarbeit mit einem externen Anbieter ermittelt werden.

Eine weitere **Optimierungsmöglichkeit** ergibt sich aus der Pauschalierung bzw. 138
Deckelung der Zulage. Je nach Zielland und Zielgruppe kann die Wohnungszulage mit einem Fest- bzw. Höchstbetrag definiert werden, um außerplanmäßige Ausgaben zu vermeiden. Da hierfür bereits vor Beginn einer Entsendung gute Kenntnisse des **lokalen Wohnungsmarktes** im Ausland für die Ermittlung der relevanten Zulage vorliegen müssen, ist eine Zusammenarbeit mit einem **externen Anbieter** in diesem Zusammenhang beinahe unerlässlich.

Tax Equalization[18] als ein Verfahren zur Gewährleistung der **Steuerneutrali-** 139
tät wird gerade in Zeiten des steigenden Kostendrucks immer intensiver hinsichtlich ihrer tatsächlichen finanziellen Auswirkungen überprüft. Die Kernfragen beziehen sich dabei auf den Umfang der zu berücksichtigenden **Einkünfte** des entsandten Mitarbeiters: Gibt es Fälle, die eine Einbeziehung aller Einkünfte auch aus anderen Quellen als nichtselbstständiger Arbeit in die Steuerausgleichsberechnung rechtfertigen würden? Welche Berücksichtigung – wenn überhaupt – sollen die Einkünfte des Ehepartners finden? Wie werden **Verluste** behandelt, die sich im Heimatland oft erst nach der Entsendung steuerlich auswirken können? Oder auch **Werbungskosten**,

17 Siehe ferner hierzu Rn 84 ff.
18 Siehe ausführlich hierzu Kap. 8 Rn 49 ff.

die üblicherweise bei der fortbestehenden Tätigkeit im Heimatland geltend gemacht würden? Die meisten Unternehmen versuchen heutzutage einen relativ schlanken Ansatz zu fahren und beschränken sich auf eine Equalization der **Firmeneinkünfte**. Ausnahmen werden immer seltener akzeptiert und – wenn sie zugelassen werden – nur in Verbindung mit besonderen Auflagen. Beispielsweise wird der Mitarbeiter beim **vorweggezogenen Ansatz der Verluste** im Rahmen der hypothetischen Steuerkalkulation verpflichtet, den künftigen steuerlichen Vorteil aus seiner Steuerveranlagung im Heimatland an den Arbeitgeber abzutreten. Bei vorzeitigem Ausscheiden aus dem Unternehmen wird der so gewährte Vorschuss automatisch sofort fällig.

III. Rückstellungen für Entsendungskosten

140 Ein effizientes Kostenmanagement setzt eine funktionierende Kostenplanung und -kontrolle voraus. Diese kann wiederum nur durch eine enge Zusammenarbeit zwischen HR-, Steuer- und Finanzabteilung erfolgen und sollte in der Bildung und Überwachung von **Rückstellungen** münden. Die größte Herausforderung stellt in dem Prozess die möglichst genaue Ermittlung der entsendungsrelevanten Vergütungen und aller im Zusammenhang mit einer Entsendung anfallenden Kosten dar. Der **Ermittlungsprozess** sollte in Anlehnung an die mit dem entsandten Mitarbeiter getroffene **Entsendungsvereinbarung** erfolgen und kann grundsätzlich nur in Form einer Schätzung durchgeführt werden. Diese setzt in einigen Punkten wie z.B. im Fall von Steuerkosten fundierte Fachkenntnisse der gesetzlichen Regelungen sowohl im Heimat- als auch im Gastland voraus. Da gerade die Steuerkosten zu den wichtigsten **Rückstellungskomponenten** gehören, sollte der Vorbereitungsprozess an die Entstehung der **Steuerschuld** gekoppelt und, um gesetzeskonforme Gestaltung zu gewährleisten, am besten mit fachlicher Unterstützung eines Steuerberaters durchgeführt werden.

! **Praxistipp**

Es empfiehlt sich, den Prozess der Rückstellungsbildung klar zu strukturieren. Folgende Fragen sind insbesondere zu beantworten:

1. Wer ist für die Ermittlung der zurückzustellenden Kosten zuständig?

Der Prozess der Kostenschätzung kann sowohl im Heimat- als auch im Gastland angesiedelt werden. Die Entscheidung, wer die Zuständigkeit übernimmt, sollte unter Berücksichtigung anderer, bereits etablierter Betreuungsprozesse und vor allem in Hinblick auf den Zugang zu den notwendigen Daten erfolgen.

2. Von wem werden die Rückstellungen gebildet?

Die Rückstellungsbildung sollte abgestimmt sein hinsichtlich der Frage der wirtschaftlichen Kostentragung. Da allerdings bereits dieser Punkt zusätzliche Fragen bzw. Besonderheiten aufwerfen kann, ist hier besondere Sorgfalt geboten. Eine enge Abstimmung mit dem Finanzwesen ist empfehlenswert.

3. Wann genau sollten die Rückstellungen gebildet werden? Welche Aspekte werden als besonders kritisch für die Rückstellungsbildung gesehen?

4. Welcher Input wird hierfür benötigt?

Die im In- und Ausland zu erwartende Steuerzahlung stellt meist die wichtigste Komponente bei den zurückzustellenden entsendungsrelevanten Kosten dar. Die der Bildung der Steuerrückstellungen zugrunde gelegten Gehaltsdaten erfordern eine besonders sorgfältige Analyse. Zum einen geht es um feste Gehaltsbestandteile, die trotz ihrer Beständigkeit auch diversen Schwankungen wie z.B. einer Gehaltserhöhung unterliegen können und regelmäßig auf Aktualität geprüft werden sollten. Zum anderen gibt es variable Vergütungen, die sich oft im Rahmen einer einfachen Schätzung (z.B. aufgrund der Vorjahreswerte) schwer ermitteln lassen. Die Werte können oft erst beispielsweise nach Rücksprache mit dem betroffenen Mitarbeiter, dem Vorgesetzten oder mit dem Projektleiter im Ausland in die Rückstellungsbildung aufgenommen werden. Auch mehrjährige Vergütungen wie etwa Aktienoptionspläne stellen eine Herausforderung dar.

In den Rückstellungen sind auch die Kosten abzubilden, die zwar wirtschaftlich nach dem Verursachungsprinzip einem bestimmten Fiskaljahr zuzuordnen sind, aber erst als effektive Belastung in den Folgejahren anfallen. Diese können in dem Prozess der Rückstellungsbildung aus der ex ante-Perspektive schnell übersehen werden. Dazu gehören beispielsweise die bereits erwähnten Steuerzahlungen, Steuerberatergebühren oder Kosten für die Repatriierung.

5. Wie genau werden die zurückzustellenden Steuerzahlungen geschätzt?

Auch die in Zusammenarbeit mit einem Steuerberater ermittelten Steuerzahlungen basieren auf bekannten bzw. geschätzten Daten. Die Grundprinzipien hierfür und die wichtigsten Schritte dieser Ermittlung sollten in der Entsenderichtlinie ausreichend geklärt und definiert werden.

6. Wie wird die ggf. im Entsendungsprozess etablierte Steuerausgleichsrichtlinie bei der Bildung der Rückstellungen umgesetzt?

Die im Rahmen der Tax Equalisation vom Expatriate zu tragende hypothetische Steuer mindert als Einnahme auf der Arbeitgeberseite die tatsächlich anfallenden Steuern. Ein sog. Tax Differential ist ebenfalls zurückzustellen.

7. Wer sollte die Daten für die Ermittlung der geschätzten Steuerkosten freigeben? Ist z.B. die Zustimmung eines Projektleiters im Ausland notwendig?

Die Praxis zeigt, dass klar formuliert werden sollte, von wem bzw. mit wessen Genehmigung die erforderlichen Daten für die Steuerschätzung weitergegeben werden. Ein Projektleiter, der oft eine Kostenstellenverantwortung trägt, hat meist einen guten Überblick über die anfallenden Kosten und kann ggf. die entsendungsrelevanten Gehaltsdaten korrigieren oder ergänzen.

8. Unter welchen Umständen und wie oft sollten die Rückstellungen geprüft und ggf. angepasst werden?

Eine wichtige Frage im Rahmen des Kostenmanagements ist mit der Prüfung und ggf. auch mit der Anpassung der zurückgestellten Kosten verbunden. Die Notwendigkeit der Anpassung kann sich aus aktualisierten Daten ergeben oder auch daher, dass sich die Entsendungsumstände im Vergleich zu den ursprünglich getroffenen Annahmen verändert haben. Zudem sind Rückstellungen stets spätestens zu Bilanzstichtagen oder Quartalsabschlüssen zu prüfen.

9. Wer ist für die Prüfung der tatsächlich anfallenden Kosten und die Auflösung der Rückstellungen zuständig?

Die Rückstellung ist aufzulösen, wenn die entsprechenden Beträge zu zahlen sind, also etwa wenn eine Rechnung eingeht oder der Steuerbescheid erlassen wird, aus dem sich eine Zahlungsfrist ergibt. Die Zahlung der Beträge erfolgt in der Regel durch die Buchhaltung ebenso wie die Auflösung der Rückstellung. Um eine ordnungsgemäße Auflösung der Rückstellung sicherzustellen, sollte jedoch der Informationsfluss zwischen Personalabteilung/Mobility und der Buchhaltung gewährleistet sein. Werden die Rückstellungen für die entsendungsrelevanten Kosten nicht gebildet, drohen folgende Konsequenzen:

- Das Unternehmen wird im Folgejahr mit ungeplanten Kosten konfrontiert, die eine negative Auswirkung auf das Gesamtergebnis haben.
- Die Kosten lassen sich nicht mehr ordnungsgemäß zuordnen und müssen einem zentralen „Admin-Topf" belastet werden. Ein Betriebsausgabenabzug ist hier fraglich.
- Das Unternehmen verstößt möglicherweise gegen die lokalen Bilanzierungsstandards, z.B. US-GAAP.

C. Erfolgsfaktoren bei der Implementierung

I. Stakeholder-Management

141 Eine Entsenderichtlinie sollte u.a. die Umsetzung einer **Internationalisierungsstrategie** unterstützen. Durch diese breite Aufgabenstellung spricht sie automatisch unterschiedliche, in einem Unternehmen miteinander agierende **Stakeholder** an und wird vor die Herausforderung gestellt, diverse und manchmal sogar widersprüchliche Interessen auf einen gemeinsamen Nenner zu bringen. Sowohl für die Einführung einer neuen als auch für die Anpassung einer bereits bestehenden Richtlinie ist daher eine rechtzeitige Einbindung aller relevanten Stakeholder von entscheidender Bedeutung. Auf diesem Weg lassen sich von Anfang an die Akzeptanz aller betroffenen Interessensgruppen für das Projekt sowie dessen Endprodukt erreichen und somit auch Verzögerungen bei der Implementierung vermeiden. Typische Stakeholder im entsendungspolitischen Kontext sind neben den aktuellen und ehemaligen Expatriates vor allem die Mitarbeiter der HR-Abteilung im Heimat- und Gastland, Vertreter der internen Finanz- und Steuerabteilung sowie das Projektmanagement und die Geschäftsleitung. Man kann diese Gruppen durch gezielte und regelmäßige **Kommunikation** in das **Policy-Projekt** einbinden. Neben strukturierten Umfragen zum gewünschten Inhalt einer Richtlinie, die den Ausgangspunkt der internen Zusammenarbeit darstellen können, empfiehlt es sich auch, die Stakeholder über einzelne Vorbereitungs- und Umsetzungsphasen des Projektes laufend zu informieren, um somit für bessere Prozesstransparenz zu sorgen. In der Praxis hat es sich bewährt, bei bereits abgeschlossenen Teilabschnitten einer Richtlinie kurze Überprüfungs- und Abstimmungsvorgänge mit den wichtigsten Interessensgruppen durchzuführen. Wichtig sind klare Aussagen zu den möglichen Auswirkungen der Richtlinie auf organisatorischer Ebene. Als bestes Beispiel dient hier die HR-Abteilung, welche die Richtlinie direkt umsetzen wird und sich von Anfang an über die zu etablierenden neuen Prozesse sowie die dafür benötigen Ressourcen im Klaren sein sollte.

II. Kommunikation

Die richtige und rechtzeitige **Kommunikation** spielt eine entscheidende Rolle bei der Entwicklung und Einführung einer Richtlinie und sollte als wichtiger Erfolgsfaktor auf einer soliden organisatorischen Basis aufgebaut werden. Die gleichzeitige Bildung eines mit operativen Aufgaben betrauten **Projektteams** und eines strategisch ausgerichteten **Steering-Komitees** mit Repräsentanten der internen Entscheidungsgremien sollte die Grundlage für weitere Zusammenarbeit schaffen. Im nächsten Schritt muss die Festlegung eines Projektplanes folgen, in dem neben der zeitlichen Abfolge einzelner Arbeitsschritte auch die genaue Form, der Inhalt und die Zielgruppe der begleitenden Kommunikation vordefiniert werden. In einem **Kick-off-Meeting** mit den Stakeholdern werden anschließend die projektbezogenen Erwartungen, Ziele und einzelne Ablaufschritte entsprechend kommuniziert. Es ist wichtig, dass alle Projekt-Teilnehmer und Interessengruppen die zu erfüllenden Aufgaben und deren Auswirkungen verstehen. Ein gutes Beispiel stellen in dem Zusammenhang alle Regelungen zur Bestimmung der internen Reiseordnung dar, die vor der effektiven Einführung ihrer Form und Auswirkung parallel sowohl von der Finanz-, Steuer-, Personal-, Gehalts- und u.U. auch von der Rechtsabteilung sowie vom Betriebsrat überprüft werden müssen. Die Komplexität wird durch einen länderübergreifenden Geltungsbereich zusätzlich gesteigert. Hier ist eine gut strukturierte und rechtzeitig kommunizierte Aufgabenzuteilung essenziell. 142

Auch der Zeitpunkt der **Richtlinieneinführung** ist ein wichtiger Bestandteil der Kommunikation. Die genaue Festlegung erfordert eine sorgfältige Vorbereitung gerade bei Projekten, die eine bereits bestehende Entsenderichtlinie ergänzen oder ersetzen sollen. Die Verantwortlichen müssen sich in dem Fall die Vorgehensweise für die bereits bestehenden Entsendungen überlegen und prüfen, ab wann (und ob) die neuen Regelungen für „Altfälle" eingeführt werden sollen. Werden z.B. neue Formen von Zulagen gewährt, muss einerseits aus der finanziellen aber gleichzeitig auch aus der personalpolitischen Erwägung heraus der beste Zeitpunkt für deren Implementierung bestimmt werden. In solchen Fällen ist ein sog. **Grandfathering** denkbar, bei dem für die Dauer der bereits bestehenden Entsendungen keine Anpassung an die neue Richtlinie erfolgt. Im Vordergrund sollten hierbei jedoch die Grundprinzipien der **Gleichbehandlung** der Mitarbeiter stehen. 143

Insbesondere für die weltweite Einführung einer Entsenderichtlinie ist der richtige Einführungszeitpunkt eine Herausforderung. Die länderbezogenen Unterschiede in gesetzlichen oder auch organisatorischen Anforderungen ermöglichen häufig nur eine schrittweise **Implementierung** von Land zu Land. Dies kann in der Praxis zu komplizierten Konstellationen führen, bei denen an einem Einsatzort Expatriates aus verschiedenen Ländern mit unterschiedlichen Regelungen nebeneinander tätig sind. 144

Ist der Entwurf einer neuen Entsenderichtlinie fertiggestellt, empfiehlt es sich vor der tatsächlichen Einführung einige **Testphasen** mit ausgewählten Zielgruppen und Zielregionen zu durchlaufen, deren Ergebnisse nicht vorhersehbare **Umsetzungs-** 145

schwierigkeiten aufdecken und zusätzliche Anregungen für eventuelle Anpassungen liefern können. Wichtig ist es hierbei, den Tests genügend Zeit einzuräumen, um einerseits für gutes Projekt-Verständnis bei den Testpersonen zu sorgen und andererseits die Ergebnisse ausreichend auswerten und verarbeiten zu können.

146 Eine klare Kommunikation kann auch mittels **interner Schulungen** erfolgen, die sich in erster Linie an die HR- und Finanzabteilung richten und die für die jeweilige Mitarbeitergruppe wichtigen Aspekte der Richtlinie hervorheben.

147 Eine separate Zusammenfassung von häufig gestellten Fragen (**FAQ**) stellt eine gute **Interpretationshilfe** und somit ein gutes Mittel zur Kommunikation der Richtlinien-Inhalte dar. Diese sollte zum besseren Verständnis mit Beispielen aus der Praxis ergänzt werden. Zu empfehlen sind auch regelmäßige Mitteilungen zu den Anpassungen bzw. Ergänzungen, welche über Intranet, Newsletter, E-Mails oder in Form von Ad-hoc-Meldungen kommuniziert werden können.

148 Schließlich ist es im **Kommunikationsprozess** wichtig, die Stakeholder über die **Richtlinien-Verwaltung** zu informieren. Dazu gehört u.a. die Festlegung einer klaren Vorgehensweise z.B. bei einem Antrag auf eine **Ausnahmeregelung**. Durch diese zusätzliche Transparenz lassen sich das Vertrauen in die Richtlinie und ihre Akzeptanz deutlich steigern. Auf diese Weise wird auch sichergestellt, dass keine unabgestimmten Zusagen an Entsandte erfolgen.

D. Die Verknüpfung zwischen Entsende- und Talent-Management

I. Auswahl der Expatriates

149 Viele Unternehmen verfügen nicht über formelle **Auswahlprozesse** für Expatriates. In den meisten Fällen wird das Auswahlverfahren im Vorfeld durch fachliche Anforderungen bestimmt. Der Zeitdruck und die Schnelllebigkeit einiger Entsendungsformen lassen oft keine weiteren umfänglichen Vorbereitungsschritte bei der Mitarbeiterauswahl zu. In vielen Unternehmen werden Expatriates aus dem persönlichen firmeninternen Netzwerk der zuständigen Projektleiter rekrutiert, ohne zuvor auf ihre Eignung für den Auslandseinsatz geprüft zu werden. Nicht selten werden auch leistungsschwache Mitarbeiter ins Ausland entsandt, um bei der Heimatgesellschaft Schwierigkeiten zu umgehen. In anderen Fällen werden dagegen leistungsstarke Mitarbeiter zur Belohnung auf Entsendung gesandt, obwohl es keinen zwingenden geschäftlichen Bedarf gibt, der diese Vorgehensweise rechtfertigen würde. Beide Ansätze sind nicht zielführend und können sich auf Dauer negativ auf die Erfolgsquote der Entsendungen und somit auch auf das gesamte Geschäftsvorhaben im Ausland auswirken.

150 Ein gutes **Talent-Management** versteht es, das **Entwicklungspotenzial** des Mitarbeiters mit den Geschäftsbedürfnissen des Unternehmens in Einklang zu bringen. Dies kann im entsendungspolitischen Kontext in erster Linie über das korrekte Verständnis der Internationalisierungsstrategie und folglich über ihre konse-

quente Umsetzung in Form von relevanten HR-Programmen und Prozessen erfolgen. Je nachdem, mit welcher Zielsetzung ein Auslandseinsatz überlegt wird, stellt sich die Frage nach den potenziellen Entsendungskandidaten. Manche Unternehmen knüpfen z.B. bestimmte Fach- und Führungskompetenzen an den Auslandseinsatz. In vielen Fällen können die Expatriates intern rekrutiert werden. In manchen Konstellationen sind Mitarbeiter mit den richtigen Kompetenzen jedoch nur auf dem externen Arbeitsmarkt zu finden, was oft mit einer längeren Vorbereitung einhergeht. Als hilfreich kann sich die Etablierung eines **Mitarbeiter-Pools** erweisen, der potenzielle Expatriates nach allgemeinen Auswahlkriterien (wie z.B. fachliche Schwerpunkte, Sprachkenntnisse, Betriebszugehörigkeit etc.) erfasst, die später – je nach Bedarf – beim Auswahlverfahren berücksichtigt werden können. Die Identifizierung und die Auswahl der richtigen Kandidaten gehören zu den Aufgaben des Talent-Managements und kann mit klassischen Bewerbungsgesprächen über Verfahren mit diversen internen Auswahlgremien bis zu umfangreichen Assessment Centern umgesetzt werden.

Wichtig ist, dass die Auswahlkriterien im Voraus ausreichend definiert werden. 151
Die Tatsache, dass der Kandidat gute Arbeit im Inland leistet, gewährleistet nicht, dass er auch im Ausland erfolgreich sein wird.

Die Auslandstätigkeit ist mit vielen geeigneten unternehmensinternen und 152
-externen Anforderungen verbunden. Die Eignung eines Mitarbeiters, mit solchen Herausforderungen umzugehen, sollte in einem geeigneten **Auswahlverfahren** geprüft werden. Die **Auswahlkriterien** konzentrieren sich dabei auf drei Grundbereiche, die im Prozess der Kandidatenfindung aufeinander abgestimmt werden sollten:

1. Im Vorfeld sollten die Tätigkeitsanforderungen definiert und das Profil des gesuchten Mitarbeiters hinsichtlich der Fachkompetenzen und Erfahrungen festgelegt werden.
2. Darüber hinaus ist die interkulturelle Anpassungsfähigkeit des potenziellen Expatriates zu prüfen.
3. Weiterhin ist zu klären, inwieweit die familiäre Situation des Kandidaten mit einem Auslandseinsatz in Einklang zu bringen ist.

Gerade die beiden letzten Kriterien, die als „weiche Faktoren" den Auswahlprozess prägen, lassen immer häufiger ihre kritische Bedeutung für den Erfolg einer Entsendung erkennen. Gerade bei exotischen Ländern sollten sowohl dem Mitarbeiter als auch seiner Familie entsprechende **Trainingsmaßnahmen** angeboten werden.

II. Mentoring-Förderung und Entwicklung während der Entsendung

Eine Auslandstätigkeit wird stark auf die **Erfüllung eines Einsatzzweckes** ausgerich- 153
tet, der meistens auf der geschäftlichen Ebene angesiedelt ist. Darüber hinaus sollte ein Auslandsaufenthalt auch als **Instrument der Karriereplanung** und **-entwicklung** eines Mitarbeiters angesehen werden. Um eine passende Mitarbeiterbetreuung zu gewährleisten, werden vielfach **Mentorenkonzepte** für Expatriates erarbeitet. Im

besten Fall sollte der Mitarbeiter während der Entsendung von jeweils einem Mentor im Heimat- und Gastland betreut werden. Es ist zu empfehlen, dass sich der entsandte Mitarbeiter seine Mentoren aussucht. Es sollte sich hierbei um Personen handeln, die Auslandserfahrung vorweisen können, sich gut mit den Rahmenbedingungen bei Auslandseinsätzen auskennen und als Führungskräfte einen relevanten Beitrag zu einer weiteren beruflichen Entwicklung des Expatriates leisten können.

154 Es ist die Aufgabe des Mentors im Heimatland, eine Verbindung zum bestehenden **Netzwerk** aufrechtzuerhalten. Dies kann über regelmäßige Korrespondenz, Telefonate oder lokale Meetings gewährleistet werden. Ein besonderes Augenmerk ist dabei auf unternehmensinterne Veränderungen zu legen, über die der Expatriate ausreichend informiert werden sollte. Eine gute Vorbereitung und vor allem konsequente Umsetzung der genannten Maßnahmen sind gerade bei langfristigen Entsendungen, die in weit entfernte Länder führen und schnell einen Verlust der lokalen Bindung mit sich bringen können, von besonderer Bedeutung. Der Mentor im Gastland sollte dagegen vor allem dafür sorgen, dass sich der Mitarbeiter und seine Familie während der Entsendung im Ausland integrieren und wohlfühlen. Eine organisatorische Herausforderung kann in diesem Zusammenhang eine **kurzfristige Entsendung** darstellen, die oft nicht den benötigten Zeitrahmen für eine umfängliche Betreuung und Begleitung bietet. Ein kurzfristiger Auslandseinsatz wird oft unter dem Zeichen eines schnellen Erfahrungsaustausches oder einer intensiven Projekttätigkeit durchgeführt und lässt als solcher oft keine anderen Aktivitäten zu.

155 Die Mentoren können zudem eine wesentliche Rolle im jährlichen **Evaluierungsprozess** spielen und sollten diesbezüglich eng zusammenarbeiten, um einheitliche Bewertungskriterien und einen **individuellen Entwicklungsplan** für den Expatriate aufzustellen. Ebenso fällt beiden Mentoren eine wichtige Rolle im **Rückkehr- und Wiedereingliederungsprozess** zu.

156 Eine umfängliche Betreuung durch zwei Mentoren ist nur dann realistisch, wenn sowohl im Heimat- als auch im Gastland entsprechende Betreuungsstrukturen etabliert worden sind. Dies kann sich in der Praxis gerade in einem Einsatzland, in dem die geschäftlichen Aktivitäten erst im Aufbau sind, als schwierig erweisen. Umso wichtiger ist dann die Rolle des Mentors im Heimatland, der die Betreuung auf beide Länder ausrichten sollte.

III. Rückkehr und Wiedereingliederung

157 Ist ein Mentor vorgesehen, so sollte dieser in Zusammenarbeit mit der Personalabteilung den Mitarbeiter während der **Reintegrationsphase** begleiten und sich aktiv für das Vorantreiben einiger in dem Zusammenhang anfallender Prozessschritte einsetzen. Dazu gehören u.a. Gespräche mit dem neuen Vorgesetzten oder die abschließende **Leistungsbeurteilung** für die Zeit im Ausland. Da der Mitarbeiter selten auf eine zugesagte Stelle im Heimatunternehmen zurückkehren kann, sollte zu seiner

Wiedereingliederung ausreichend Klarheit über seine künftige Position geschaffen werden. Es stellt sich primär die Frage, ob die Ziele einer Entsendung hinsichtlich der individuellen Entwicklungsperspektive des Mitarbeiters richtig kommuniziert und bei der Wiedereingliederung konsequent umgesetzt werden können. Es sollte auf jeden Fall vermieden werden, dass während der Entsendung Erwartungen geweckt werden, die sich im Heimatland nach der Rückkehr nicht umsetzen lassen. Hier zeigt sich erneut, dass die Vorbereitung einer Wiedereingliederung bereits mit der **Entsendungsplanung** beginnen und bei Bedarf auch während der Tätigkeit im Ausland angepasst werden sollte.

Bei der Wiedereingliederung können die sog. **weichen Faktoren** eine nicht zu 158
unterschätzende Rolle spielen. Manchmal fühlt sich der Mitarbeiter wie ein Fremder im eigenen Land, sodass auch bei der Rückkehr ein interkulturelles Training hilfreich sein kann. Auch die Firmenkultur des Heimatunternehmens kann gerade nach einigen Jahren im Ausland ungewohnt wirken. Hinzu kann kommen, dass der Mitarbeiter im Gastland oft autonomer arbeiten und eigenständiger Entscheidungen treffen konnte. Nicht selten hatte er aufgrund seiner fachlichen Kompetenzen und Erfahrungen einen besonderen Status unter den Arbeitskollegen im Ausland, auf den er nur ungern verzichten möchte.

Auch eine überzogene **Erwartungshaltung im Heimatland** an den zurückkeh- 159
renden Expatriate kann sich als problematisch erweisen.

Ebenso sollte dem persönlichen und familiären Bereich Beachtung geschenkt 160
werden. Kinder, die beispielsweise sehr jung mit ins Ausland gegangen sind, betrachten das Entsendeland nicht als ihr Zuhause und können so **Integrationsproblemen** ausgesetzt sein. Gleiches gilt auch für Ehepartner, die den Anschluss an das soziale und berufliche Leben wieder finden müssen. Es ist deshalb wichtig, dass sich der Mentor im Heimatland während der **Wiedereingliederungsphase** genauso intensiv um den Mitarbeiter kümmert, als wäre er noch im Ausland, und ihm ausreichend Zeit für eine entsprechende Eingewöhnung einräumt. Ein **Mentor** kann dem Expatriate helfen, die Entsendung abzuschließen und kritisch zu analysieren. Dies kann sich positiv auf die persönliche Wahrnehmung des Mitarbeiters und auch auf die Gestaltung der künftigen Entsendungsfälle auswirken.

Im Rahmen der Wiedereingliederung sollte gewährleistet werden, dass der Mit- 161
arbeiter sein **im Ausland gewonnenes Know-how** richtig einsetzt und Aufgaben übernimmt, die entsprechend seinen Erfahrungen aber auch der persönlichen Erwartungen gestaltet werden.

IV. Controlling der Fluktuation in den ersten Jahren der Rückkehr

Nach Beendigung einer Entsendung werden Mitarbeiter häufig nicht mehr als ehe- 162
malige Expatriates wahrgenommen und auch nicht als solche im Hinblick auf ihre weitere Karriereentwicklung beobachtet. Vielmehr werden sie wie jeder andere Mit-

arbeiter aus der Perspektive der lokalen Population betreut. Die Durchführung eines **HR-Controllings** in dieser Gruppe kann sich jedoch als wichtig erweisen, um den Erfolg der Wiedereingliederung u.a. über die Überwachung der Fluktuation sicherzustellen. Dies betrifft vor allem die ersten Jahre nach der Rückkehr. Wie die Praxis zeigt, können gerade in diesem Zeitraum nach dem Ende einer Entsendung ihre tatsächlichen Auswirkungen auf die Entwicklung eines Mitarbeiters beobachtet werden. Um die Zahlen der **Fluktuationsstatistiken** korrekt zu interpretieren, sind diese in einem bestimmten unternehmerischen Kontext zu sehen. Aus dem Vergleich der Fluktuationsrate unter zurückgekehrten Expatriates zur üblichen Fluktuation unter lokalen Mitarbeitern kann beispielsweise die Auswirkung des Auslandseinsatzes auf die Mitarbeiterbindung abgeleitet werden.

163 Sollte die Fluktuationsrate überdurchschnittlich hoch sein, weist dies auf mögliche **Defizite bei der Wiedereingliederung** hin, die dann hinsichtlich der festgelegten Strategie und der aufgestellten Prozesse überprüft und ggf. angepasst werden sollte. Eine hohe **Fluktuationsquote** bei Ex-Expatriates kann auch ein Zeichen einer Fehlinvestition in etwa die falschen Mitarbeiter sein.

Kapitel 7
Sozialversicherungsrecht

A. Einführung

Die Internationalisierung der Arbeitswelt nimmt von Jahr zu Jahr zu. Arbeitgeber erwarten von Fach- und Führungskräften die Bereitschaft, einen Teil des Berufslebens auch im Ausland zu verbringen. Die betroffenen Arbeitnehmer erwarten im Gegenzug u.a. eine eindeutige Aussage darüber, ob und unter welchen Voraussetzungen für sich selbst und die Familienangehörigen weiterhin ein Versicherungsschutz in der deutschen Sozialversicherung (Renten-, Kranken-, Pflege-, Unfall- und Arbeitslosenversicherung) besteht. Die Klärung damit verbundener Fragestellungen aus dem Bereich des innerstaatlichen sowie über- und zwischenstaatlichen Sozialversicherungsrechtes geht um ein Vielfaches über das einfache Ausfüllen eines Formulars hinaus. Die Beratung muss sicherstellen, dass der Mitarbeiter und seine Familienangehörigen zu jeder Zeit im richtigen Sozialversicherungssystem versichert sind, dort einen Anspruch auf Sozialleistungen haben und dabei gegen die großen Lebensrisiken wie z.B. Alter, Tod, Krankheit oder Arbeitslosigkeit über eine ausreichende Grundsicherung verfügen. Für den Arbeitgeber bedeutet dies eine verantwortungsvolle Aufgabe mit den entsprechenden Haftungsrisiken bei einer unvollständigen oder unrichtigen Beratung. Qualifizierte Informationen sind zu diesen Fragestellungen nur bei wenigen Sozialversicherungsträgern zu bekommen, die oftmals wenig verständlich sind und nicht über den jeweiligen Zuständigkeitsbereich des jeweiligen Sozialversicherungsträgers hinausgehen. Die nachfolgenden Ausführungen gehen daher insbesondere auf folgende Fragestellungen ein: 1

- Welches Recht ist bei der Klärung eines grenzüberschreitenden Sachverhaltes anzuwenden?
- Wie wird bei einer vorübergehenden Beschäftigung im Ausland entschieden, ob in der deutschen Sozialversicherung während dieser Zeit eine Versicherungspflicht oder -berechtigung besteht?
- Welche Versicherungsmöglichkeiten bestehen für den Mitarbeiter und Arbeitgeber in den einzelnen Zweigen der deutschen Sozialversicherung, sollten Voraussetzungen für eine Versicherungspflicht nicht mehr gegeben sein?
- Welche Besonderheiten sind im Verhältnis zu einigen Staaten zu berücksichtigen?

Auf Fragestellungen, die im Zusammenhang mit dem Bezug von Sozialleistungen stehen (z.B. ärztliche Versorgung im Krankheitsfalle, Ansprüche auf Familienleistungen wie Kinder- und Elterngeld), wird nur am Rande eingegangen. 2

Nicht unerwähnt bleiben, darf der Umstand, dass in der Sozialversicherung die Internationalisierung in den letzten Jahren verstärkt Einzug gehalten hat. So war in einer Veröffentlichung der Deutschen Rentenversicherung zu lesen: *„Deutsche* 3

Renten gibt es auch auf die Fidschi-Inseln oder nach Grönland". Rund 1,6 Millionen Renten zahlt die Deutsche Rentenversicherung derzeit ins Ausland. Dieser Wert hat sich seit 1992 nahezu verdoppelt. Über 60 % der Auslandsrenten gehen in Länder der EU, fast 300.000 Zahlungen in andere europäische Länder. In Länder außerhalb Europas werden rund 300.000 Rentenleistungen erbracht, darunter mehr als 110.000 in die USA. Der weit überwiegende Teil dieser Auslandsrenten geht an ausländische Staatsangehörige, die durch ihre Beitragszahlungen an die Deutsche Rentenversicherung Rentenansprüche erworben haben. Rund 200.000 Renten werden an Deutsche gezahlt, die ihren Wohnsitz oder gewöhnlichen Aufenthalt dauerhaft im Ausland haben.

B. Grenzüberschreitender Mitarbeitereinsatz im vertragslosen Ausland

I. Territorialitätsprinzip in der deutschen Sozialversicherung

4 Die Frage, ob ein Arbeitnehmer bei seiner Beschäftigungsausübung im Ausland den deutschen Vorschriften über die **Versicherungspflicht** in der Sozialversicherung unterliegt, ist im ersten Schritt relativ leicht zu klären.

5 Die Vorschriften über die Versicherungspflicht in der Sozialversicherung stellen darauf ab, dass eine Beschäftigung in Deutschland ausgeübt wird.[1] Das damit zu beachtende **Territorialitätsprinzip** trägt dem Grundsatz Rechnung, dass inländisches Sozialversicherungsrecht nur solche Sachverhalte erfasst, die auch im Inland eintreten; zumindest muss der für die Anwendung des deutschen Sozialversicherungsrechtes erhebliche Anknüpfungspunkt – hier: der **Beschäftigungsort** – im Inland liegen. Liegt der Ort der tatsächlichen Beschäftigungsausübung in Deutschland, führt die Anwendung dieser Vorschrift dazu, dass auch der Arbeitnehmer, der außerhalb Deutschlands wohnt, aber innerhalb Deutschlands seine Beschäftigung ausübt, dem deutschen Sozialversicherungsrecht unterliegt. Folgerichtig unterliegt aber eine Person, die in Deutschland wohnt, ihre Beschäftigung aber außerhalb Deutschlands ausübt, nicht dem deutschen Sozialversicherungsrecht. Für die sozialversicherungsrechtliche Beurteilung ist es somit unerheblich, ob beispielsweise der Arbeitgeber seinen Betriebssitz im In- oder Ausland hat oder welches **Arbeitsvertragsrecht** gewählt wurde. Es sind nur **territoriale** und nicht **personelle Anknüpfungspunkte** maßgebend.

1 § 3 Abs. 1 Nr. 1 SGB IV.

Beispiel
B ist deutscher Staatsangehöriger und hat seit Jahrzehnten seinen Wohnsitz in Deutschland. Er erhält das Angebot eines deutschen Unternehmens, dauerhaft Produkte auf dem albanischen Markt zu vertreiben. Dazu ist es notwendig, dass die Beschäftigung dauerhaft in Albanien ausgeübt wird; nur an den Wochenenden kehrt B an seinen Wohnsitz in Deutschland zurück. B wird einen unbefristeten Arbeitsvertrag bei der deutschen Gesellschaft erhalten. Die Zahlung des Arbeitsentgeltes erfolgt über die Entgeltabrechnung der deutschen Gesellschaft. Da B seine Beschäftigung ausschließlich in Albanien ausübt, unterliegt er nicht der Versicherungspflicht der deutschen Sozialversicherung. Auch der Umstand, dass er in Deutschland seinen Wohnsitz hat und im Rahmen eines deutschen Arbeitsverhältnisses tätig wird, führt zu keiner anderen Beurteilung.

Sofern Arbeitnehmer in Staaten beschäftigt werden, mit denen keine über- oder zwischenstaatlichen Regelungen im Bereich der sozialen Sicherheit bestehen, stellt sich die Frage, ob und unter welchen Voraussetzungen weiterhin – als Ausnahme von dem zuvor beschriebenen **Territorialitätsprinzip** – die deutschen Rechtsvorschriften über soziale Sicherheit Anwendung finden können. Zur Verdeutlichung: Bei einer restriktiven Anwendung des Territorialitätsprinzips endet bei jeder im Ausland ausgeübten Beschäftigung (z.B. auch im Rahmen einer eintägigen „**Dienstreise**") die **Versicherungspflicht** in der deutschen Sozialversicherung. Sowohl der Arbeitnehmer als auch seine Familienangehörigen würden hierdurch u.U. in Hinblick auf die soziale Absicherung schutzlos gestellt. Um diesem Umstand Rechnung zu tragen, ist als Ausnahme vom Territorialitätsprinzip vorgesehen, dass auch bei einer **vorübergehenden Beschäftigung** eines Arbeitnehmers im Ausland unter bestimmten Voraussetzungen die Vorschriften über die Versicherungspflicht in der deutschen Sozialversicherung weiter anzuwenden sind.[2] 6

In § 6 SGB IV wird ein **Vorbehalt** für den Bereich des überstaatlichen sowie des zwischenstaatlichen Vertragsrechtes eingeräumt. Die Vorschrift ergänzt insoweit § 4 SGB IV, hat aber nur deklaratorische Bedeutung. Die VO (EG) 883/2004, die die Systeme der sozialen Sicherheit innerhalb der EU koordiniert, gilt in Deutschland unmittelbar und verdrängt ihr entgegenstehendes innerstaatliches Recht.[3] Die **bi- oder multilateralen Abkommen über soziale Sicherheit**, die die Bundesrepublik Deutschland mit anderen Staaten geschlossen hat, werden durch ihre Ratifikation in innerstaatliches Recht transformiert und gehen deshalb als **Völkervertragsrecht** den innerstaatlichen Vorschriften vor. 7

Ist eine Beschäftigung nicht Voraussetzung für die Versicherung in der deutschen Sozialversicherung, kommt diese nur dann zustande, wenn die Person ihren **Wohnsitz** oder **gewöhnlichen Aufenthalt** in Deutschland hat. 8

Einen **Wohnsitz** hat jemand dort, wo er eine Wohnung unter Bedingungen innehat, die darauf schließen lassen, dass er die **Wohnung** beibehalten und benut- 9

2 § 4 SGB IV.
3 §§ 3–5 SGB IV.

zen wird. Den gewöhnlichen Aufenthalt hat jemand dort, wo er sich unter Umständen aufhält, die erkennen lassen, dass er an diesem Ort oder in diesem Gebiet **nicht nur vorübergehend** verweilt.[4]

II. Beschäftigung von „deutschen" Arbeitnehmern im vertragslosen Ausland („Ausstrahlung")

10 Durch § 4 SGB IV wird ausschließlich die weitere Anwendung der deutschen Rechtsvorschriften über soziale Sicherheit bei Beschäftigung im **vertragslosen Ausland** geregelt. Durch das Fehlen von über- und zwischenstaatlichen Koordinierungsregelungen (z.B. **Abkommen über soziale Sicherheit**) kann es, unabhängig von einer in Deutschland bestehenden Sozialversicherungspflicht, zudem auch zu einer Sozialversicherungspflicht im **Beschäftigungsstaat** kommen.

11 Ob im Beschäftigungsstaat eine **Versicherungs- bzw. Beitragspflicht** eintritt, kann von **unterschiedlichen Faktoren** abhängig sein. Letztendlich ist jeder Staat selbst dafür verantwortlich darüber zu entschieden, ob und welche Form der sozialen Absicherung durchgeführt wird.

! **Praxistipp**
Generelle Informationen zu über 170 ausländischen Systemen der sozialen Sicherheit sind z.B. in der Publikation der amerikanischen Social Security Administration „Social Security Programs Throughout the World" unter www.ssa.gov zu finden.

---

12 Für einen vorübergehend im vertragslosen Ausland beschäftigten Arbeitnehmer gelten die deutschen Vorschriften über die Sozialversicherung im Rahmen der **Ausstrahlung**[5] fort, wenn
- es sich um eine **Entsendung** im Sinne der Ausstrahlung
- im Rahmen eines in Deutschland bestehenden **Beschäftigungsverhältnisses**[6] handelt und
- die Dauer der Beschäftigung im Ausland im Voraus zeitlich begrenzt ist.

13 Bei Fehlen eines dieser Kriterien **endet die Versicherung** in der deutschen Sozialversicherung mit Aufnahme der Beschäftigung im Ausland. Zu den in einem solchen Fall in einzelnen Versicherungszweigen bestehenden **Versicherungsmöglichkeiten** wird auf die folgenden Ausführungen verwiesen. Eine Wahlmöglichkeit des Arbeitnehmers oder des Arbeitgebers, ob bei einer im Ausland ausgeübten Beschäftigung

---

4 § 30 Abs. 2 SGB I.
5 § 4 SGB IV.
6 § 7 SGB IV.

eine Versicherungspflicht im Inland vorliegt, besteht nicht. Maßgeblich für die Entscheidungsfindung sind alleine die tatsächlichen Verhältnisse.

Von den Regelungen über die Ausstrahlung nach § 4 SGB IV sind auch Tatbestände der erlaubten **Arbeitnehmerüberlassung** erfasst. Liegen die Voraussetzungen einer erlaubten Arbeitnehmerüberlassung nicht vor, ist der Vertrag zwischen **Verleiher** und **Leiharbeitnehmer** unwirksam,[7] insoweit liegt aufgrund von § 10 Abs. 1 AÜG keine Entsendung im Sinne der Ausstrahlung vor.[8] 14

Ob die Voraussetzungen einer Entsendung im Sinne der Ausstrahlung vorliegen, hat der Arbeitgeber im Rahmen seiner **Melde- und Beitragspflichten** zu entscheiden.[9] In der Praxis kann es aus Gründen der Rechtssicherheit angebracht sein, eine Entscheidung über das (Nicht-) Bestehen einer Versicherungspflicht in der deutschen Sozialversicherung bei der zuständigen gesetzlichen **Krankenkasse** (in der Funktion als **Einzugsstelle**) zu beantragen. Zuständig ist die gesetzliche Krankenkasse, an die der Arbeitgeber den Gesamtsozialversicherungsbeitrag des Arbeitnehmers abführt. Bei der **versicherungsrechtlichen Beurteilung** ist in diesem Zusammenhang – wie im Sozialversicherungsrecht allgemein üblich – allein auf die **tatsächlichen Verhältnisse** abzustellen.[10] Hierbei ist zu berücksichtigten dass – wie bei innerstaatlichen Sachverhalten auch – durch die alleinige Abführung des **Gesamtversicherungsbeitrags** an die Einzugsstelle bzw. die Annahme der Beiträge durch diese, im Leistungsfall (z.B. tödlicher Arbeitsunfall) kein Versicherungsschutz des Arbeitnehmers bzw. der **familienversicherten Angehörigen** hergeleitet werden kann. 15

Praxistipp !
Ein Antragsformular zur Feststellung der Ausstrahlung ist unter http://www.aok-business.de/hessen/tools-service/ Formulare zu finden.

1. Entsendung im Sinn der Ausstrahlung

Der Begriff „**Entsendung**" im Sinne der **Ausstrahlung** setzt immanent die physische Bewegung von einem Ort zu einem anderen voraus. Eine **Entsendung** im Sinne der Ausstrahlung liegt also vor, wenn sich ein Arbeitnehmer vom Inland in das Ausland begibt, um dort eine **Beschäftigung** für seinen Arbeitgeber auszuüben.[11] Einer Entsendung widerspricht es in diesem Zusammenhang nicht, wenn der Arbeitnehmer zum **Zweck der Entsendung** eingestellt wurde, also vor der Beschäftigung noch nicht bei dem **inländischen Arbeitgeber** im Inland beschäftigt war. Auch Personen, die 16

7 § 9 Nr. 1 AÜG.
8 BSG, Urt. v. 27.5.1986 – 2 RU 12/85 –.
9 §§ 28a ff. SGB IV.
10 BSG, Urt. v. 7.11.1996 – 12 RK 79/94 – sowie Urt. v. 30.4.1997 – 12 RK 54/96 – und – 12 RK 55/96 –.
11 BSG, Urt. v. 27.5.1986 – 2 RU 12/85 –.

zuvor noch nicht im Erwerbsleben gestanden haben (z.B. **Absolventen**), können im Zusammenhang mit der Aufnahme einer Beschäftigung in das vertragslose Ausland entsandt werden.

Praxistipp
Die Entsendung im Sinne der Ausstrahlung muss sich nicht auf einen Staat beschränken. Sie kann auch dann vorliegen, wenn ein Arbeitnehmer zeitgleich oder nacheinander in mehrere Staaten ohne zeitliche Unterbrechung entsandt wird. Voraussetzung ist, dass die Beschäftigung im vertragslosen Ausland insgesamt im Voraus zeitlich begrenzt ist. Sollte sich eine solche Auslandsbeschäftigung verlängern, kann weiterhin von einer Entsendung im Sinne der Ausstrahlung ausgegangen werden, sofern keine Indizien vorliegen, dass sich weitere Verlängerungen anschließen werden.

---

17 Eine Entsendung liegt nicht vor, wenn eine Person im Ausland lebt und dort als **Ortskraft** eine Beschäftigung für einen inländischen Arbeitgeber aufnimmt. Diese Beziehung ist erst dadurch hergestellt, dass der Arbeitnehmer vor der Entsendung ins Ausland entweder in Deutschland beschäftigt war oder wenigstens dort seinen **Wohnsitz** hatte.

Beispiel
Die J-GmbH wird in Zukunft ihre Produkte auch in Usbekistan vertreiben. In Taschkent wird der dort wohnende usbekische Staatsangehörige Q für die Dauer von zunächst 1,5 Jahren eingestellt. Seine Aufgabe ist der Vertrieb der Produkte der J-GmbH und er übt seine Tätigkeit ausschließlich in Usbekistan aus. Aufenthalte in Deutschland sind nicht vorgesehen. Q erhält einen unbefristeten Arbeitsvertrag mit der J-GmbH und erhält sein Entgelt über die Entgeltabrechnung der J-GmbH. Es liegt keine Entsendung im Sinne der Ausstrahlung vor, da Q als Ortskraft im Beschäftigungsstaat eingestellt wurde.

---

18 Das zuvor Beschriebene gilt auch, wenn eine Person von einem deutschen Unternehmen in einem anderen Staat eingestellt wird, um von dort in einen **Drittstaat** entsandt zu werden.

Beispiel
Das deutsche Unternehmen D wird in Zukunft seine Produkte auch in Usbekistan vertreiben. In Russland wird der usbekische Staatsangehörige P für die Dauer von zunächst 1,5 Jahren eingestellt. Seine Aufgabe ist der Vertrieb der Produkte des Unternehmens und er übt seine Tätigkeit ausschließlich in Usbekistan aus. Aufenthalte in Deutschland sind nicht vorgesehen. P erhält einen unbefristeten Arbeitsvertrag mit dem Unternehmen D und erhält sein Entgelt über die Entgeltabrechnung des Unternehmens. Es liegt keine Entsendung im Sinne der Ausstrahlung vor, da P zum Zwecke der Entsendung in einem Drittstaat eingestellt wurde.

---

19 Auch die zeitlich **befristete Einreise** des Arbeitnehmers nach Deutschland zum Abschluss des Arbeitsvertrages oder eine **Einarbeitungszeit** führen zu keinem

anderen Ergebnis.[12] Nach Beendigung der Beschäftigung im Ausland setzt eine Entsendung im Sinne der Ausstrahlung auch voraus, dass der Arbeitnehmer wieder nach Deutschland **zurückkehrt** sowie seine bisherige Beschäftigung bei dem inländischen Arbeitgeber wieder aufnimmt.[13]

Beispiel

Das deutsche Unternehmen Y wird in Zukunft seine Produkte in Peru vertreiben. In Costa Rica wird der argentinische Staatsangehörige X für die Dauer von zunächst 1,5 Jahren eingestellt. Seine Aufgabe ist der Vertrieb der Produkte des Unternehmens in Peru und dort übt er seine Tätigkeit ausschließlich aus. Aufenthalte in Deutschland sind nicht vorgesehen, nur in den ersten vier Monaten der Beschäftigung wird X in Deutschland eingearbeitet. X erhält einen unbefristeten Arbeitsvertrag mit dem Unternehmen und erhält sein Entgelt über die Entgeltabrechnung des Unternehmens. Es liegt keine Entsendung im Sinne der Ausstrahlung vor, da keine Weiterbeschäftigung in Deutschland vorgesehen ist: Während der Einarbeitungszeit in Deutschland sind durch das Unternehmen Y die entsprechenden Sozialversicherungsbeiträge zu zahlen.

Praxistipp

Ein vertraglich vorgesehener vorübergehender Aufenthalt im Inland während der Entsendung, etwa aus Urlaubsgründen, zur Berichterstattung usw. für die Dauer von höchsten zwei Monaten bzw. 50 Arbeitstagen unterbricht eine Entsendung nicht. Wird diese Zeitgrenze überschritten, ist zu prüfen, ob die erneute Beschäftigung im Ausland die Voraussetzungen einer Ausstrahlung wiederum erfüllt.

---

2. Inländische Beschäftigungsverhältnisse

Als weitere Voraussetzung für das Vorliegen einer Ausstrahlung muss der Arbeit- 20
nehmer seine im Ausland ausgeübte Beschäftigung im Rahmen eines inländischen **Beschäftigungsverhältnisses** zu dem entsendenden Arbeitgeber ausüben. Ein Beschäftigungsverhältnis im sozialversicherungsrechtlichen Sinne[14] liegt in der Regel vor, wenn der Arbeitgeber dem Arbeitnehmer während der im Ausland ausgeübten Beschäftigung weiterhin **weisungsbefugt** ist. Dieses lässt sich dadurch charakterisieren, dass die **Weisungsbefugnis** des Arbeitgebers gegenüber dem Arbeitnehmer hinsichtlich **Zeit, Dauer, Ort und Art** der Ausführung der Arbeit auch während des Auslandsaufenthaltes besteht. Weiterhin muss sich der arbeitsrechtliche **Entgeltanspruch** gegen das entsendende Unternehmen richten.

---

12 BSG, Urt. v. 25.8.1994 – 2 RU 14/93 –.

13 BSG, Urt. v. 8.12.1994 – 2 RU 37/93 – und Urt. v. 10.8.1999 – B 2 U 30/98 R –.

14 § 7 SGB IV.

Praxistipp

Für den Fall, dass das Arbeitsentgelt zulasten des entsendenden Unternehmens ganz oder teilweise durch das Auslandsunternehmen ausgezahlt wird, um z.B. die Versorgung des Arbeitnehmers mit Geldmitteln sicherzustellen (Zahlstelle), steht dies einer Entsendung im Sinne der Ausstrahlung nicht entgegen, da sich der arbeitsrechtliche Entgeltanspruch gegen das entsendende Unternehmen richtet.

Praxistipp

Ist bei der Berechnung der Sozialversicherungsbeiträge Arbeitsentgelt zu berücksichtigen, das in **fremder Währung** erzielt wird, wird es in € nach dem **Referenzkurs** umgerechnet, den die Europäische Zentralbank öffentlich bekannt gibt. Wird für die fremde Währung von der Europäischen Zentralbank kein Referenzkurs veröffentlicht, wird das Arbeitsentgelt nach dem von der Deutschen Bundesbank ermittelten **Mittelkurs** für die Währung des betreffenden Landes umgerechnet; für Länder mit differenziertem Kurssystem ist der Kurs für den nichtkommerziellen Bereich zugrunde zu legen.[15] Der in diesem Zusammenhang zu bestimmende **Beschäftigungsort** (notwendig z.B. zur Rechtskreiswahl) erfolgt nach § 9 SGB IV.

21 Dem Vorliegen eines inländischen Beschäftigungsverhältnisses widerspricht nicht, wenn das **arbeitsrechtliche Weisungsrecht** des Arbeitgebers u.U. in einer – durch den Auslandseinsatz bedingten **gelockerten Form** – ausgeübt wird.

Praxistipp

Das durch den entsendenden Arbeitgeber ausgeübte arbeitsrechtliche Weisungsrecht muss sich nicht auf die Details einer Arbeitsausübung erstrecken. Es dürfte in der Praxis ausreichend sein, dass der Arbeitgeber die wesentlichen Inhalte der Arbeit, wie das z.B. zu fertigende Produkt oder die zu erbringende Leistung, festlegt und weiterhin über das disziplinarische Weisungsrecht verfügt.

22 Unter einem inländischen Beschäftigungsverhältnis sind keine Sachverhalte zu erfassen, die dazu führen, dass bei einer objektiven Bewertung aller Gestaltungsmerkmale ein ausländisches Beschäftigungsverhältnis den Schwerpunkt der **rechtlichen und tatsächlichen Gestaltungsmerkmale** bildet, das bisherige inländische Arbeitsverhältnis in den Hintergrund tritt und somit ganz oder teilweise ruht. Mit einem **ruhenden Arbeitsverhältnis** sind vertragliche Abreden gemeint, die das Ruhen der **arbeitsvertraglichen Hauptpflichten** auf Erbringung der Arbeitsleistung und die Zahlung des Arbeitsentgeltes sowie das Wiederaufleben der Rechte und Pflichten bei Rückkehr nach Deutschland umfassen.[16]

15 § 17a SGB IV.

16 BSG, Urt. v. 25.1.1994 – 4 RA 48/92 –.

Beispiel
Arbeitnehmer D wird von seinem inländischen Arbeitgeber bei einem Joint-Venture in den Vereinigten Arabischen Emiraten eingesetzt. Damit D die notwendige Arbeits- und Aufenthaltserlaubnis erlangen kann, ist es notwendig, dass der Arbeitnehmer einen Arbeitsvertrag mit dem Joint-Venture erhält. Das deutsche Arbeitsverhältnis ruht in dieser Zeit. Die Voraussetzungen einer Ausstrahlung sind nicht erfüllt, da D nicht im Rahmen seines bisherigen Arbeitsverhältnisses in den Vereinigten Arabischen Emiraten tätig wird.

Bei Entsendungen zu **Konzerngesellschaften** ist durch die enge wirtschaftliche, **organisatorische** und **personelle Verflechtung** zwischen entsendendem Arbeitgeber und der aufnehmenden Gesellschaft oftmals nicht zu ermitteln, ob der Arbeitnehmer seine Arbeitsleistung für das entsendende Unternehmen oder die **ausländische Konzerngesellschaft** erbringt. Gerade bei diesen Lebenssachverhalten sind Merkmale im In- und Ausland vorhanden, die – unabhängig von der arbeitsvertraglichen Gestaltung – für eine abhängige Beschäftigung entweder bei der ausländischen Gesellschaft oder bei dem entsendenden Unternehmen sprechen. Nur bei hinreichender Intensität der tatsächlichen und rechtlichen Bindungen zu dem entsendenden Unternehmen kann ein fortbestehendes Beschäftigungsverhältnis zum entsendenden Unternehmen angenommen werden. Wesentliche Frage ist hierbei, ob der Arbeitnehmer während der Beschäftigung im Ausland in den Betrieb der inländischen Gesellschaft weiter eingegliedert ist. Eine solche **Eingliederung** liegt vor, wenn die Arbeit für diesen Betrieb erbracht und die Arbeitsleistung diesem Betrieb **wirtschaftlich zugerechnet** wird. Sie kennzeichnet damit, welcher wirtschaftlichen Einheit gegenüber die wesentliche Leistung aus dem Arbeitsvertrag erbracht wird. Es ist nach gefestigter Rechtsprechung des BSG[17] angemessen, die Eingliederung in den Betrieb als ein geeignetes Kriterium für die Zuordnung des Beschäftigungsverhältnisses zu werten, da sich dieses nach dem äußeren Erscheinungsbild der Beschäftigung im Ausland einfach feststellen lässt. 23

Praxistipp
Das BSG führt hierzu aus: Derjenige Betrieb, der das Arbeitsentgelt zahlt, wird dieses Arbeitsentgelt bei der Gewinnermittlung regelmäßig als **Betriebsausgabe**[18] steuerlich geltend machen. Wenn der Betrieb aber die Kosten der Arbeitsleistung als Aufwendungen geltend macht, die durch den Betrieb veranlasst sind, so ist die Annahme gerechtfertigt, dass die Arbeit im Rahmen eines **Beschäftigungsverhältnisses** bei diesem Betrieb erbracht wird.

17 BSG. Urt. v. 7.11.1996 – 12 RK 79/94 –, – 12 RK 48/96 –, – 12 RK 50/96 –, – 12 RK 52/96 – sowie zuletzt BSG, Urt. v. 30.4.1997 – 12 RK 54/96 – und – 12 RK 55/96 –.
18 § 4 Abs. 4 EStG i.V.m. § 8 Abs. 1 KStG.

Beispiel

Das deutsche Unternehmen P setzt den Arbeitnehmer C bei seiner Tochtergesellschaft in Kenia ein. Der Arbeitsvertrag besteht während der Beschäftigung in Kenia mit der deutschen Gesellschaft fort. Auch das Arbeitsentgelt wird in dieser Zeit weiterhin von dem deutschen Unternehmen gezahlt. Die Personalkosten werden an die kenianische Tochtergesellschaft abgerechnet, die diese bei der Gewinnermittlung als Betriebsausgabe steuerlich geltend macht. Der Arbeitnehmer erbringt daher seine Arbeitsleistung für die kenianische Tochtergesellschaft und ist in den Betrieb dieses Unternehmens eingegliedert. Der kenianischen Tochtergesellschaft wird die Arbeitsleistung wirtschaftlich zugerechnet, weil diese die Kosten dafür als Betriebsausgabe steuerlich geltend macht. Es handelt sich hierbei, trotz der Entgeltzahlung durch das deutsche Unternehmen, nicht um eine Entsendung im Sinne der Ausstrahlung.

24 Die zuvor aufgeführten Grundsätze zum Vorliegen eines inländischen Beschäftigungsverhältnisses dürften auch bei Entsendungen zu ausländischen **Betriebsstätten** deutscher Gesellschaften anzuwenden sein. Die den vorstehenden Ausführungen zugrundeliegende Rechtsprechung des BSG unterscheidet letztendlich nicht zwischen **Betriebsstätten** und ausländischen juristischen Personen, sondern spricht lediglich von „Betrieben". Wie zu entscheiden ist, wenn der Betrieb nur zu einem **vorübergehenden Zweck** und zeitlich befristet im Ausland gegründet wird (z.B. zur Errichtung eines Bauwerkes), hat das Gericht letztendlich offen gelassen.

Praxistipp

Zu der versicherungsrechtlichen Beurteilung **kurzfristiger Auslandseinsätze** in Konzernunternehmen im Rahmen einer Entsendung wird bei der Besprechung des GKV-Spitzenverbandes, der Deutschen Rentenversicherung Bund und der Bundesagentur für Arbeit über Fragen des gemeinsamen Beitragseinzuges vom 30.3.2011 Folgendes ausgeführt:

> „[...] *In diesem Zusammenhang ist fraglich, welche Bedeutung die steuerrechtliche Behandlung des Arbeitsentgelts hat und ob eine Entsendung im Sinne einer* ***Ausstrahlung*** *nach § 4 SGB IV generell auszuschließen ist, wenn das Arbeitsentgelt als Betriebsausgabe durch die aufnehmende* ***Konzerngesellschaft*** *geltend gemacht wird. Bei konzerninternen Entsendungen ist entscheidend, wo der Schwerpunkt der rechtlichen und tatsächlichen Merkmale des* ***Beschäftigungsverhältnisses*** *liegt. Dies gilt insbesondere bei kurzfristigen Entsendungen. Hier kommt der Eingliederung in den Betrieb des inländischen Arbeitgebers als wesentliches Element eines Beschäftigungsverhältnisses mit dem entsendenden Arbeitgeber entscheidende Bedeutung zu. Soweit dabei die Frage zu klären ist, gegen wen sich der arbeitsrechtliche* ***Entgeltanspruch*** *richtet, gilt dies unverändert. Wer das Arbeitsentgelt bei der Gewinnermittlung als* ***Betriebsausgabe*** *steuerlich geltend macht, tritt in diesem Zusammenhang bei der Beurteilung kurzfristiger Entsendungen in den Hintergrund. Die steuerliche Geltendmachung des Arbeitsentgelts als* ***Betriebsausgabe*** *durch die aufnehmende Konzerngesellschaft ist daher* ***unschädlich****, wenn*
>
> – *der Einsatz des dort vorübergehend eingesetzten Arbeitnehmers einer in einem anderen Staat ansässigen Konzerngesellschaft von* ***kurzfristiger*** *Dauer ist; von kurzfristiger Dauer ist ein Einsatz, der zwei Monate nicht überschreitet,*
> – *der* ***Arbeitnehmer keinen anderen Arbeitnehmer*** ablöst, *der zuvor vorübergehend dort eingesetzt war und*
> – *sich der* ***Arbeitsentgeltanspruch*** *des Arbeitnehmers ausschließlich* ***gegen*** *den* ***entsendenden Arbeitgeber*** *richtet.*

*Bei dem erneuten **kurzfristigen** Einsatz des Arbeitnehmers in demselben Staat bei demselben Unternehmen handelt es sich nur dann um eine Entsendung im Sinne der Ausstrahlung, wenn seit dem Ende der vorherigen vorübergehenden Beschäftigung dort mindestens zwei Monate vergangen sind.* [...]".

3. Zeitliche Begrenzung der Beschäftigung im Ausland

Als weitere Voraussetzung einer Ausstrahlung muss die Beschäftigung im Ausland 25
konkret zeitlich befristet sein. Die **zeitliche Begrenzung** der Beschäftigung im Ausland ist dann gegeben, wenn diese bei **vorausschauender Betrachtungsweise** – also bei Aufnahme der Auslandsbeschäftigung – durch ein festes Datum, mindestens aber durch den Eintritt eines vorher zeitlich bestimmten Ereignisses, festgelegt ist.[19] Ergibt sich erst während des Auslandseinsatzes, dass dieser begrenzt ist, handelt es sich nicht um eine Entsendung im Sinne der Ausstrahlung, da bei einer vorausschauenden Betrachtung eine auf Dauer ausgelegte Beschäftigung im Ausland angestrebt wurde.

Beispiel
Ein inländisches Unternehmen M schickt den Arbeitnehmer R im Rahmen eines in Deutschland bestehenden Beschäftigungsverhältnisses nach Pakistan. R ist zunächst für unbestimmte Zeit in Pakistan tätig. Nach einem Jahr stellt sich aber wider Erwarten heraus, dass die Dauer der Beschäftigung im nächsten Jahr enden wird. Eine konkrete zeitliche Befristung der Beschäftigung in Pakistan war bei Beginn der Beschäftigung nicht gewollt. Insofern sind die Voraussetzungen einer Ausstrahlung nicht erfüllt.

Ob eine Entsendung im Voraus vertraglich begrenzt ist, lässt sich dem Arbeitsvertrag 26
oder dem **Entsendungsvertrag** entnehmen. Wenn dieser ein Datum enthält, zu dem die Entsendung endet, liegt eine vertragliche Begrenzung vor.

Praxistipp
Eine zunächst begrenzte Entsendung kann für eine im Voraus begrenzte Zeit einmalig verlängert werden, sofern keine Anhaltspunkte dafür vorliegen, dass sich weitere Verlängerungen anschließen werden.

Bei folgenden Sachverhalten liegen beispielhaft die Voraussetzungen einer zeitlichen 27
Befristung nicht vor:

– Eine vertragliche Begrenzung ist dann zu verneinen, wenn ein befristeter Vertrag vorliegt, der sich – wenn er nicht gekündigt wird – automatisch fortsetzt.[20]

19 BSG, Urt. v. 4.5.1994 – 11 RAr 55/93 –.
20 BSG, Urt. v. 4.5.1994 – 11 RAr 55/93 –.

Beispiel
H wird von seinem in Deutschland ansässigen Arbeitgeber V nach Singapur entsendet. Der Entsendevertrag verlängert sich automatisch um jeweils ein Jahr, falls er nicht sechs Monate vor Ablauf durch die Parteien gekündigt wird. Die Voraussetzungen einer zeitlichen Befristung im Rahmen der Ausstrahlung liegen nicht vor.

- Eine zeitliche Befristung ist nicht gegeben, wenn diese nur dadurch erreicht werden kann, dass der Arbeitgeber von seinem Recht Gebrauch macht, den Arbeitnehmer jederzeit in das Inland zurückzuholen;
- wenn das Ende der Entsendung mit dem Erreichen des für den Bezug einer bestimmten **Altersrente** notwendigen Alters zusammenfällt.

Beispiel
Der Entsendevertrag des K beinhaltet, dass er solange in Indonesien beschäftigt wird, bis er eine Altersrente aus seiner Versicherung bei der Deutschen Rentenversicherung erhält. Da K den Bezug seiner Altersrente auf unbestimmte Zeit verschieben kann, liegt keine konkrete zeitliche Befristung im Sinne der Ausstrahlung vor.

- Eine zeitliche Befristung ist auch dann nicht gegeben, wenn bei Beginn des Beschäftigungsverhältnisses mit dem inländischen Arbeitgeber von Anfang an nur **Auslandseinsätze** geplant sind oder diese wegen der Art der Tätigkeit nur als solche infrage kommen.[21]

Beispiel
M wird als Auslandskorrespondent für einen Fernsehsender eingestellt. Im Arbeitsvertrag wird klargestellt, dass ausschließlich eine Beschäftigung als Auslandskorrespondent erfolgt und eine Beschäftigung im Inland nicht vorgesehen ist. Die Voraussetzungen einer Ausstrahlung liegen nicht vor.

28 Unter die zeitliche Begrenzung durch die Eigenart der Beschäftigung im Ausland fallen Beschäftigungen, die nach **allgemeiner Lebenserfahrung** nicht auf Dauer angelegt sind. Dies sind beispielsweise Beschäftigungen, die mit Projekten usw. im Zusammenhang stehen, deren Fertigstellung eine absehbare Zeit in Anspruch nimmt – insbesondere für **Montage- und Einweisungsarbeiten**, Arbeiten im Zusammenhang mit der Errichtung von Bauwerken oder Betriebsanlagen. Auch hier ist in vorausschauender Betrachtungsweise zu beurteilen, ob Wesen, Inhalt oder Umfang der vorgesehenen Beschäftigung deren zeitliche Beschränkung ergeben.

29 Wie lange eine im vertragslosen Ausland für den deutschen Arbeitgeber ausgeübte Beschäftigung noch als zeitlich befristet angesehen werden kann, wird in der Praxis uneinheitlich beurteilt. Eine zeitliche Begrenzung liegt grundsätzlich aber dann nicht mehr vor, wenn eine zeitliche Begrenzung nicht mehr ernstlich gewollt ist

21 BSG, Urt. v. 25.8.1994 – 2 RU 14/93 –.

und z.B. ausschließlich zum Zwecke des Verbleibes in der deutschen Sozialversicherung vereinbart wurde.

Beispiel
Der Monteur Ü, der bei dem deutschen Unternehmen H beschäftigt ist, erhält den Auftrag, innerhalb der nächsten zwölf Monate eine zu einem Kunden in Argentinien gelieferte Anlage in Betrieb zu nehmen. Danach ist geplant, dass er wieder in Deutschland eingesetzt wird. Die gesetzliche Krankenkasse des Ü hat das Vorliegen einer Ausstrahlung durch Bescheid bestätigt. Nach dem dritten Monat des Einsatzes in Argentinien erreicht die Personalabteilung des Unternehmens die Nachricht, dass Ü in Argentinien geheiratet hat und künftig nur noch Auslandsaufträge für das Unternehmen übernehmen möchte und eine Rückkehr nach Deutschland ausgeschlossen sei. Durch die Nachricht wird dokumentiert, dass eine zeitliche Befristung der Beschäftigung des Ü im Ausland ernsthaft nicht mehr gewollt ist. Ab diesem Zeitpunkt liegen die Voraussetzungen einer Ausstrahlung nicht mehr vor.

In der Praxis hat es sich eingebürgert, eine **zeitliche Begrenzung** bei einer Dauer von **bis zu fünf Jahren** anzunehmen und bei Zeiten danach davon auszugehen, dass die Beschäftigung nunmehr auf Dauer ausgelegt ist. Die Sozialversicherungsträger orientieren sich oftmals an den **Zeitobergrenzen**, die im Bereich des über- und zwischenstaatlichen Rechtes üblich sind. 30

4. Beendigung der Ausstrahlung

Regelmäßig endet die **Ausstrahlung** – und damit die Versicherungspflicht in der deutschen Sozialversicherung – dann, wenn sich in den tatsächlichen Verhältnissen eine Änderung ergibt, die dazu führen, dass die Voraussetzungen einer Ausstrahlung nicht mehr vorliegen. Dieses können beispielsweise folgende Sachverhalte sein: 31

- Der entsandte Arbeitnehmer wechselt vor Ort von einem deutschen Unternehmen zu einem anderen deutschen Unternehmen (hiervon sind nicht die Fälle des **§ 613a BGB** erfasst).
- Eine zunächst befristete Entsendung wird in eine auf Dauer ausgelegte Auslandsbeschäftigung umgewandelt.
- Die in Deutschland anfallenden Lohn- und Gehaltskosten werden erst ab einem bestimmten Zeitpunkt der Entsendung an die aufnehmende Gesellschaft im Ausland belastet und von dieser als Betriebsausgaben steuerlich geltend gemacht.

III. Anmerkungen zur sozialversicherungsrechtlichen Beurteilung von aus dem Ausland nach Deutschland „entsandten" Arbeitnehmern („Einstrahlung")

32 Bei der Beschäftigung von Arbeitnehmern aus dem **vertraglosen Ausland** sind die Kriterien der Ausstrahlung entsprechend anzuwenden.[22] Ein Arbeitnehmer unterliegt bei der Beschäftigung im Inland im Wege der **Einstrahlung** nach § 5 SGB IV nicht den Vorschriften über die deutsche Sozialversicherung, wenn es sich um eine Entsendung im Rahmen eines im Ausland bestehenden Beschäftigungsverhältnisses handelt und die Dauer der Beschäftigung im Voraus zeitlich begrenzt ist. Ist eine dieser Voraussetzungen nicht erfüllt, liegt keine Einstrahlung i.S.v. § 5 SGB IV vor und der Arbeitgeber hat für den Arbeitnehmer den entsprechenden Gesamtsozialversicherungsbeitrag an die zuständige Einzugsstelle zu zahlen.

Beispiel
Das russische Unternehmen X erhält den Auftrag, in Deutschland die Inbetriebnahme einer Gaspipeline zu überwachen. Der Auftrag ist begrenzt auf zwölf Monate. In dieser Zeit wird u.a. der russische Ingenieur D die Arbeiten in Deutschland überwachen. Danach wird er wieder seine ursprüngliche Beschäftigung auf dem Erdgasfeld des Unternehmens in Sibirien aufnehmen. Es handelt sich um eine Entsendung im Sinne der Einstrahlung im Rahmen eines im Ausland bestehenden Beschäftigungsverhältnisses und die Dauer der Beschäftigung in Deutschland ist im Voraus zeitlich begrenzt – die Voraussetzungen des § 5 SGB IV sind somit erfüllt. In Deutschland sind keine Sozialversicherungsbeiträge zu zahlen.

---

33 Hierbei ist zu beachten, dass die Regelungen über die **allgemeine Krankenversicherungspflicht** nach § 193 VVG nicht von den Regelungen über die Einstrahlung betroffen sind. Nach § 193 VVG ist jede Person mit **Wohnsitz** im Inland verpflichtet, bei einem in Deutschland zum Geschäftsbetrieb zugelassenen Versicherungsunternehmen für sich selbst und für die von ihr gesetzlich vertretenen Personen, soweit diese nicht selbst Verträge abschließen können, eine **Krankheitskostenversicherung**, die u.a. mindestens eine Kostenerstattung für ambulante und stationäre Heilbehandlung umfasst, abzuschließen und aufrechtzuerhalten. Eine solche Versicherungspflicht besteht nicht für Personen, die z.B. in der gesetzlichen Krankenversicherung freiwillig versichert oder versicherungspflichtig sind.

Praxistipp
Durch die Regelungen des § 210 SGB VI wird Versicherten die Möglichkeit gegeben, eine **Erstattung** der rechtmäßig gezahlten Arbeitnehmeranteile zur gesetzlichen Rentenversicherung zu beanspruchen. Eine Erstattung der Beiträge könnte in Fällen sinnvoll sein, in denen das mit der Einbeziehung in die Rentenversicherung verfolgte Ziel eines Rentenanspruchs wegen nicht ausreichender Beitragszeiten nicht erreicht werden kann. Daraus ergibt sich nach § 210 SGB VI bei folgenden Sachverhalten die Möglichkeit einer **Beitragserstattung**:

22 BSG, Urt. v. 7.11.1996 – 12 RK 79/94 – und Urt. v. 5.12.2006 – B 11a AL 3/06 R –.

- Versicherte haben nach Wegfall der Versicherungspflicht nicht das Recht zur **freiwilligen Versicherung** in der gesetzlichen Rentenversicherung (§ 210 Abs. 1 Nr. 1 SGB VI).
- Versicherte haben bei Vollendung des 65. Lebensjahres noch nicht die **allgemeine Wartezeit** erfüllt (§ 210 Abs. 1 Nr. 2 SGB VI).
- Witwen, Witwer und Waisen, die wegen nicht erfüllter Wartezeit keinen Anspruch auf **Renten wegen Todes** haben (§ 210 Abs. 1 Nr. 3 SGB VI).

Mit Bezug auf Auslandssachverhalte ist insbesondere die **Beitragserstattung** nach § 210 Abs. 1 Nr. 1 SGB VI relevant. Verlegt ein Versicherter seinen gewöhnlichen Aufenthalt in das Ausland, ist die Beitragserstattung zulässig, wenn

- keine **Versicherungspflicht** in der deutschen gesetzlichen Rentenversicherung besteht und
- keine Berechtigung zur **freiwilligen Versicherung** in der deutschen gesetzlichen Rentenversicherung besteht sowie
- seit dem Ausscheiden aus der Versicherungspflicht mindestens 24 Kalendermonate verstrichen sind.

Diese drei Voraussetzungen müssen im Zeitpunkt des Antrags auf Beitragserstattung kumulativ erfüllt sein.

C. Grenzüberschreitende Beschäftigungsverhältnisse in Europa

I. Einführung und Rechtsgrundlagen

Im Jahre 1951 fiel in Europa der Startschuss zur Koordinierung der europäischen Sozialsysteme. Bereits im Vertrag über die Gründung der Europäischen Gemeinschaft für Kohle und Stahl[23] wurde vereinbart, dass die auf der Staatsangehörigkeit beruhenden Beschränkungen der Beschäftigung abzuschaffen sind, um die Mobilität zu fördern und gleichzeitig sicherzustellen, dass diejenigen Arbeitnehmer, die von der Möglichkeit der Freizügigkeit innerhalb der damaligen Vertragsstaaten Gebrauch machen, keine sozialen Nachteile erleiden.[24] 34

Der sich daraus für den europäischen Gesetzgeber ergebende Arbeitsauftrag wurde in der Zwischenzeit mittels des Art. 48 des Vertrages über die Arbeitsweise der Europäischen Union (AEUV) verwirklicht. Art. 48 AEUV verpflichtet auf dem Gebiet der sozialen Sicherheit zur Herstellung der Freizügigkeit der Arbeitnehmer ein System zu schaffen, welches Arbeitnehmer und ihre Familienangehörigen bei Ausübung dieses **Freizügigkeitsrechtes** bestimmte Rechte sichert, nämlich 35

- die Zusammenrechnung aller nach den verschiedenen innerstaatlichen Rechtsvorschriften berücksichtigten Zeiten für den Erwerb und die Aufrechterhaltung des Leistungsanspruches sowie für die Berechnung der Leistungen sowie
- die Zahlung der Leistungen an Personen, die in den Hoheitsgebieten der Mitgliedstaaten wohnen.

---

23 EGKS-Vertrag, BGBl II 1952, S. 447.
24 Art. 69 § 4 EGKS-Vertrag.

36 Der an den Rat gerichtete Auftrag findet sein Ziel somit in der Koordination der Systeme sozialer Sicherheit der einzelnen Mitgliedstaaten. Seit dem 1.5.2010 wird dieser Auftrag durch die VO (EG) 883/2004 als sog. Grundverordnung sowie die VO (EG) 987/2009 als sog. Durchführungsverordnung erfüllt.

! **Praxistipp**

Der Volltext der VO (EG) 883/2004 ist zu finden unter www.eur-lex.europa.eu – Der Zugang zum EU-Recht – Amtsblatt – Suche: 2004/L/166,
der Text der VO (EG) 987/2009 ist zu finden unter http://www.eur-lex.europa.eu – Der Zugang zum EU-Recht – Amtsblatt – Suche: 2009/L/284.

---

37 Diese Verordnungen gelten in Deutschland unmittelbar. Die Bundesrepublik Deutschland hat die notwendigen legislativen Hoheitsrechte auf die EU übertragen. Das Regelungswerk wird in der Praxis durch Beschlüsse und Empfehlungen der Verwaltungskommission für die Koordinierung der Systeme der sozialen Sicherheit (Verwaltungskommission) ergänzt.

38 Bevor im Weiteren die praktische Wirkungsweise der **Koordinationsnormen** bei grenzüberschreitenden Beschäftigungsverhältnissen dargestellt wird, ist es zwingend notwendig, Klarheit über den gebietlichen, persönlichen und sachlichen Geltungsbereich der Regelungen der VO (EG) 883/2004 und VO (EG) 987/2009 zu erlangen. Weiterhin ist zu berücksichtigen, dass ausschließlich die Rechtslage für aktuell verwirklichte Sachverhalte dargestellt wird. Für Sachverhalte, die in der Vergangenheit verwirklicht wurden, können andere Regelungen gelten.

II. Persönlicher, sachlicher und gebietlicher Geltungsbereich der entsprechenden europarechtlichen Vorschriften

1. Gebietlicher Geltungsbereich

39 Die Koordinierungsregeln der VO (EG) 883/2004 sind grundsätzlich im Verhältnis zu Mitgliedstaaten der **EU (Mitgliedstaaten)** sowie **den EWR- bzw. EFTA-Staaten** Norwegen, Island und Liechtenstein anzuwenden. Diese sind:

Belgien	Bulgarien	Dänemark	Deutschland	Estland
Finnland	Frankreich	Griechenland	Großbritannien	Irland
Island	Lettland	Liechtenstein	Litauen	Luxemburg
Malta	Niederlande	Norwegen	Österreich	Polen
Portugal	Rumänien	Schweden	Slowakei	Slowenien
Spanien	Tschechien	Ungarn	Zypern	Schweiz[25]

---

25 In Bezug auf die Schweiz ist zu beachten, dass die Regelungen der VO (EG) 883/2004 und VO (EG) 987/2009 durch eine Revidierung des Anhanges II des Personenfreizügigkeitsabkommens mit dem Rechtsstand 1.4.2012 anzuwenden sind.

Hierbei sind insbesondere folgende territoriale Besonderheiten zu berücksichtigen: 40

Dänemark:	Im Verhältnis zu den Färöer-Inseln und Grönland sind die Vorschriften der VO (EG) 883/2004 nicht anzuwenden.
Frankreich:	Unter den territorialen Geltungsbereich VO (EG) 883/2004 fallen neben dem Staatsgebiet Frankreichs in Europa auch die französischen überseeischen Departements Martinique, Guadeloupe, Réunion, Französisch-Guyana und St. Martin.
Großbritannien:	Die VO (EG) 883/2004 ist nicht für die britischen Kanalinseln anzuwenden. Die VO (EG) 883/2004 ist auf Gibraltar, aber nicht auf die britischen Hoheitszonen auf Zypern (Akrotiri und Dekhelia) anzuwenden.
Italien:	Die VO (EG) 883/2004 ist nicht in San Marino und im Verhältnis zum Vatikanstaat anzuwenden.
Portugal:	Die VO (EG) 883/2004 ist auch auf den Azoren und Madeira anzuwenden.
Spanien:	Die VO (EG) 883/2004 ist auf den Balearen, den Kanarischen Inseln und für die nordafrikanischen Provinzen Ceuta und Melilla anwendbar.
Zypern:	VO (EG) 883/2004 ist nur im griechischen Teil Zyperns anzuwenden.

Beispiel

Das deutsche Unternehmen F beschäftigt einen Investment-Manager auf der britischen Insel Man. Die Frage, ob in diesem Falle die britischen oder deutschen Rechtsvorschriften über soziale Sicherheit anzuwenden sind, richtet sich nicht nach den Regelungen der VO (EG) 883/2004 und VO (EG) 987/20009, da die britischen Kanalinseln nicht vom gebietlichen Geltungsbereich der VO (EG) 883/2004 erfasst werden. Für die Beurteilung sind die Regelungen des deutsch-britischen Abkommens über soziale Sicherheit vom 20.4.1960 (BGBl II 1961 S. 242) heranzuziehen.

Praxistipp

Der Volltext der VO (EWG) 1408/71 ist zu finden unter http://www.eur-lex.europa.eu – Der Zugang zum EU-Recht – Amtsblatt – Suche: 1971/L/149/2,
der Text der VO (EWG) 574/72 ist zu finden unter http://www.eur-lex.europa.eu – Der Zugang zum EU-Recht – Amtsblatt – Suche: 1972/L/74.

2. Persönlicher Geltungsbereich

Die Koordinierungsregelungen der VO (EG) 883/2004 und der VO (EG) 987/2009 sind 41 auf alle Personen anzuwenden, die als EU-Bürger oder in einem Mitgliedstaat lebende **Staatenlose** oder darin aufgenommene **Flüchtlinge** in das System der sozialen Sicherheit eines Mitgliedstaates einbezogen wurden (Art. 2 VO (EG) 883/2004). Der persönliche Geltungsbereich der VO (EG) 883/2004 und der VO (EG) 987/2009 wurde auf Personen erweitert, die nicht die Staatsangehörigkeit eines EU-Mitgliedstaates besitzen, aber ihren rechtmäßigen Wohnsitz in einem Mitgliedstaat haben – sog. **Drittstaatsangehörige** – VO (EU) 1231/2010.

Praxistipp
Der Text der VO (EU) 1231/2010 ist unter http://www.eur-lex.europa.eu – Der Zugang zum EU-Recht – Amtsblatt – Suche: 2010/L/344 nachzulesen.

42 Im Verhältnis zu Dänemark, Großbritannien, Liechtenstein, Norwegen und der Schweiz ist die Verordnung VO (EU) 1231/2011 mit dem nachfolgenden Ergebnis **nicht** anzuwenden.

Dänemark	Für Drittstaatsangehörige sind die in der Regel innerstaatlichen Regelungen der §§ 4, 5 SGB IV zu berücksichtigen. In wenigen Einzelfällen kann auch das deutsch-dänische Abkommen über Sozialversicherung vom 21.8.1954 zu berücksichtigen sein.
Großbritannien	Für Personen, die nicht die Staatsangehörigkeit eines Mitgliedstaates besitzen, aber einen rechtmäßigen Wohnsitz in einem Mitgliedstaat haben, gelten weiterhin die Regelungen der VO (EWG) 1408/71 und VO (EWG) 574/27 auf Grundlage der VO (EG) 859/2003.
Island	Für Drittstaatsangehörige sind die innerstaatlichen Regelungen der §§ 4, 5 SGB IV zu berücksichtigen.
Liechtenstein	Für Drittstaatsangehörige sind die Regelungen des deutsch-liechtensteinischen Abkommens über soziale Sicherheit vom 7.4.1977[26] zu berücksichtigten.
Norwegen	Für Drittstaatsangehörige sind die innerstaatlichen Regelungen der §§ 4, 5 SGB IV zu berücksichtigen.
Schweiz	Für Staatsangehörige von Norwegen, Island und Liechtenstein als auch für Drittstaatsangehörige sind die Regelungen des deutsch-schweizerischen Abkommens über soziale Sicherheit vom 25.2.1964[27] zu berücksichtigten.

Beispiel
J, niederländischer Staatsangehöriger, und P, russischer Staatsangehöriger, werden von dem in Deutschland ansässigen Arbeitgeber X ab dem 1.1.2012 für 18 Monate in Polen beschäftigt. Sowohl J als niederländischer Staatsangehöriger als auch P als russischer Staatsangehöriger werden von der VO (EG) 883/2004 erfasst. Für beide ist seit dem 1.1.2011 nach Art. 12 VO (EG) 883/2004 zu prüfen, ob die Voraussetzungen einer Entsendung vorliegen. Sofern alle Voraussetzungen erfüllt sind, könnte auch in Hinblick auf die Dauer der Beschäftigung eine Entsendung i.S.v. Art. 12 VO (EG) 883/2004 vorliegen. Sollten die Arbeitnehmer nicht in Polen, sondern in Norwegen beschäftigt werden, tritt insofern eine Änderung ein, als dass die sozialversicherungsrechtliche Situation von P nicht nach der VO (EG) 883/2004 aufgelöst werden kann. Es wäre zu prüfen, welche Auswirkung die Anwendung der Regelungen des § 4 SGB IV hat.

26 BGBl II Nr. 26 S. 782.
27 BGBl II S. 1293.

3. Sachlicher Geltungsbereich

Die VO (EG) 883/2004 koordiniert im Wesentlichen die nachfolgend genannten leistungsrechtlichen Tatbestände, Art. 3 Abs. 1 VO (EG) 883/2004: 43

- Leistungen bei **Krankheit** (und **Pflegebedürftigkeit**),
- Leistungen bei **Mutterschaft** und gleichgestellte Leistungen bei **Vaterschaft**,
- Leistungen bei **Invalidität**,
- Leistungen bei **Alter**,
- Leistungen an **Hinterbliebene**,
- Leistungen bei **Arbeitsunfällen** und **Berufskrankheiten**,
- **Sterbegeld**,
- Leistungen bei **Arbeitslosigkeit**,
- **Vorruhestandsleistungen**,
- **Familienleistungen**.

Im Hinblick auf das deutsche System der sozialen Sicherheit können alle Zweige der deutschen Sozialversicherung (Kranken-, Pflege-, Renten-, Unfall- und Arbeitslosenversicherung) unter diese Leistungsarten gefasst werden. 44

Praxistipp

Der Begriff „Leistungen bei Krankheit“ ist nach Rechtsprechung des EuGH so auszulegen, dass auch die durch den Arbeitgeber zu erbringende Entgeltfortzahlung im Krankheitsfall (**Entgeltfortzahlungsgesetz**),[28] sowie der durch den Arbeitgeber gezahlte Zuschuss zum **Mutterschaftsgeld**[29] Leistungen sind, die das Risiko Krankheit absichern. Zu den Familienleistungen zählt auch das steuerliche **Kindergeld**,[30] das sozialrechtliche Kindergeld[31] sowie das **Elterngeld**.[32] Zu den **Vorruhestandsleistungen** zählen beispielsweise Leistungen im Rahmen des Vorruhestandgesetzes oder Altersteilzeitgesetzes.

Auch das durch das Gesetz zur Einführung eines Betreuungsgeldes (Betreuungsgeldgesetz) ab August 2013 zu zahlende **Betreuungsgeld** wird eine Familienleistung im Sinne der VO (EG) 883/2004 sein.

Praxistipp

Zur Teilnahme von Arbeitgebern mit Betriebssitz im Ausland am **„U1- und U2-Verfahren“** wird bei der Besprechung des GKV-Spitzenverbandes, der Deutschen Rentenversicherung Bund und der Bundesagentur für Arbeit über Fragen des gemeinsamen Beitragseinzuges vom 13./14.4.2010 Folgendes ausgeführt:

> *„Am Ausgleich der Arbeitgeberaufwendungen für Entgeltfortzahlung bei Arbeitsunfähigkeit **(U1-Verfahren)** nehmen nach § 1 Abs. 1 AAG die Arbeitgeber teil, die in der Regel nicht mehr als 30 Arbeitnehmer beschäftigen. Am Ausgleich der Arbeitgeberaufwendungen für Mutterschafts-*

---

28 EuGH, Urt. v. 3.6.1992 – C-45/90 (Paletta) –.

29 § 14 MuSchG.

30 §§ 63 ff. EStG.

31 §§ 2 ff. BKGG.

32 §§ 1 ff. BEEG.

leistungen ***(U2-Verfahren)*** *nehmen die Arbeitgeber dagegen unabhängig von der Anzahl der regelmäßig beschäftigten Arbeitnehmer teil (§ 1 Abs. 2 AAG).*
Bei der Ermittlung der Gesamtzahl der beim Arbeitgeber beschäftigten Arbeitnehmer sind die Arbeitnehmer entsprechend den Vorgaben des § 3 Abs. 1 AAG aus allen Betrieben oder Betriebsteilen einzubeziehen. Dies gilt selbst dann, wenn der Betrieb seinen Sitz im Ausland hat (vgl. Abschnitt 2.2.4 des gemeinsamen Rundschreibens vom 21.12.2005 zum Aufwendungsausgleichsgesetz).
Die Mittel für die Durchführung der Ausgleichsverfahren werden durch Umlagebeträge der Arbeitgeber aufgebracht. Dabei sind die Arbeitgeberaufwendungen für Entgeltfortzahlung bei Arbeitsunfähigkeit (U1-Verfahren) einerseits und für Mutterschaftsleistungen (U2-Verfahren) andererseits getrennt zu finanzieren (§ 7 Abs. 1 AAG). Bemessungsgrundlage für die Umlagebeträge ist nach § 7 Abs. 2 AAG das Arbeitsentgelt, nach dem die Beiträge zur gesetzlichen Rentenversicherung der im Betrieb beschäftigten Arbeitnehmer bemessen werden, oder bei Versicherungspflicht zu bemessen wären.
Im Übrigen finden für die Durchführung der Ausgleichsverfahren die für die gesetzliche Krankenversicherung geltenden Vorschriften entsprechende Anwendung (§ 10 AAG). In die Bemessung der Umlagen sind auch die Arbeitsentgelte der im Betrieb beschäftigten Arbeitnehmer einzubeziehen, für die nach den Regelungen des europäischen Gemeinschaftsrechts die deutschen Rechtsvorschriften über soziale Sicherheit gelten. Dies gilt auch für solche Arbeitgeber, die ihren Betriebssitz im Ausland haben und Arbeitnehmer in Gebieten außerhalb des Betriebssitz-Staates beschäftigen.
Für vom Geltungsbereich der Verordnung (EWG) Nr. 1408/71 erfasste Arbeitnehmer regeln die dort niedergelegten näheren Bestimmungen, welche Rechtsvorschriften eines Mitgliedstaates jeweils anzuwenden sind. Umlagen sind nur für die Arbeitnehmer zu entrichten, die den deutschen Rechtsvorschriften über soziale Sicherheit unterliegen. Damit hat beispielsweise ein Arbeitgeber (Spediteur) mit Betriebssitz in Dänemark für die von ihm überwiegend in Deutschland beschäftigten Arbeitnehmer (Berufskraftfahrer), die in Deutschland wohnen und für die die Rechtsvorschriften des Wohnstaates gelten, neben den Gesamtsozialversicherungsbeiträgen Umlagen nach dem Aufwendungsausgleichsgesetz zu entrichten. Die Aufwendungen des Arbeitgebers für Entgeltfortzahlung bei Arbeitsunfähigkeit bzw. im Falle der Mutterschaft sind nach Maßgabe des § 1 Abs. 1 AAG bzw. § 1 Abs. 2 AAG dementsprechend erstattungsfähig. Die Einbeziehung der in Rede stehenden Personen in das Verfahren zum Ausgleich der Arbeitgeberaufwendungen ist sachlich gerechtfertigt, da die Entgeltfortzahlung im Krankheitsfall als Leistung bei Krankheit und Mutterschaft gemäß der vorgenannten Verordnung gilt und damit vom Geltungsbereich des Gemeinschaftsrechts erfasst ist.
Nach Auffassung der Spitzenorganisationen der Sozialversicherung ist zudem unerheblich, ob der Arbeitsvertrag des Arbeitnehmers dem deutschen Recht oder unter Beachtung der arbeitsrechtlichen Kollisionsregelungen (vgl. Art. 8 der Verordnung (EG) Nr. 593/2008) dem Recht eines anderen Mitgliedstaates unterliegt. Demgemäß hat beispielsweise ein Arbeitgeber mit Sitz in den Niederlanden für einen am Betriebssitz in Teilzeit beschäftigten Arbeitnehmer, der eine weitere (Teilzeit-) Beschäftigung in Deutschland ausübt und für den aufgrund seines Wohnsitzes in Deutschland die deutschen Rechtsvorschriften über soziale Sicherheit gelten, für diesen Arbeitnehmer neben den Gesamtsozialversicherungsbeiträgen Umlagen nach dem AAG zu entrichten, ungeachtet dessen, dass das in den Niederlanden ausgeübte Teilzeitarbeitsverhältnis regelmäßig zur Anwendung des niederländischen Arbeits- bzw. Entgeltfortzahlungsrechts führt.
Das vorstehende Ergebnis gilt auch für die Zeit ab 01.05.2010 unter Anwendung der Verordnung (EG) Nr. 883/2004 zur Koordinierung der Systeme der sozialen Sicherheit sowie ihrer Durchführungsverordnung (Verordnung (EG) Nr. 987/09).“

III. Territorialitätsprinzip im Rahmen der europarechtlichen Vorschriften

Durch die Abgrenzungsnormen der VO (EG) 883/2004 wird innerhalb der Mitgliedstaaten eine Mehrfachversicherung in verschiedenen Systemen der sozialen Sicherheit ausgeschlossen. Es gilt der Grundsatz, dass eine Person nicht zeitgleich zwei oder mehr Systemen der sozialen Sicherheit angehören darf. Eine vergleichbare Rechtsvorschrift wie § 3 SGB IV ist auch in der VO (EG) 883/2004 zu finden – in Art. 11 Abs. 3 Buchst. a) VO (EG) 883/2004 wird ebenso wie im SGB IV ein **Territorialitätsprinzip** definiert. Grundsätzlich unterliegt ein Arbeitnehmer den Rechtsvorschriften über soziale Sicherheit des Mitgliedstaates, in dessen Gebiet er physisch seine Beschäftigung ausübt. In diesem Zusammenhang ist es unbeachtlich, in welchem Mitgliedstaat sich der Betriebssitz des Arbeitgebers befindet, oder in welchem Mitgliedstaat der Arbeitnehmer seinen Wohnsitz hat. 45

Beispiel
Y erhält von dem deutschen Unternehmen B mit Sitz in Berlin einen unbefristeten Arbeitsvertrag nach deutschem Arbeitsrecht als Vertriebsmitarbeiter für den ausschließlichen Einsatz in Bulgarien. Y, der polnischer Staatsangehöriger ist, erhält sein Entgelt unmittelbar über die Entgeltabrechnung des Unternehmens B auf ein Bankkonto in Budapest gezahlt, wo er seinen Wohnsitz (Lebensmittelpunkt) hat. Y unterliegt ausschließlich den bulgarischen Rechtsvorschriften über soziale Sicherheit, da er in Bulgarien seine Beschäftigung ausübt. Der Umstand, dass Y einen Arbeitsvertrag mit einem deutschen Arbeitgeber schloss und seinen Wohnsitz in Ungarn innehat, führt zu keiner anderen Beurteilung.

Ob dann im Weiteren bei Anwendung der entsprechenden innerstaatlichen Rechtsvorschriften über soziale Sicherheit des zuständigen Mitgliedstaates eine **Versicherungs-**, und damit ggf. verbunden, eine **Beitragspflicht** eintritt, ist letztendlich eine Frage der Ausgestaltung des jeweiligen Sicherungssystems. 46

Praxistipp
Sollte der Arbeitgeber seiner Verpflichtung zur Abführung der entsprechenden Sozialversicherungsbeiträge nicht nachkommen, haben die Behörden die Möglichkeit, nach Art. 84 VO (EG) 883/2004 die ausstehenden Beiträge in dem anderen Mitgliedstaat einziehen zu lassen. In Deutschland wird diese Aufgabe beispielsweise von den Hauptzollämtern wahrgenommen. Hinweise zum praktischen Verfahren sind in Art. 75 ff. VO (EG) 987/2004 zu finden.

Besondere Regelungen für die Bestimmung des zuständigen Mitgliedstaates sieht die VO (EG) 883/2004 u.a. für folgende Personengruppen vor: 47
- **Beamte** sowie ihnen gleichgestellte Angestellte öffentlicher Arbeitgeber,
- **Seeleute**,
- **selbstständig Tätige**,
- **Vertragsbedienstete der Europäischen Gemeinschaften**,
- **Besatzungsmitglieder von Fluggesellschaften**.

Auf die Koordinierungsregeln für diese Personengruppen wird nicht weiter eingegangen.

IV. Ausnahmen vom Territorialitätsprinzip

1. Entsendung

48 Für den Fall, dass ein Arbeitnehmer für seinen Arbeitgeber eine Beschäftigung in einem anderen Mitgliedstaat ausübt, stellt sich die Frage der anzuwendenden Rechtsvorschriften. Eine strikte Anwendung des zuvor beschriebenen **Territorialitätsprinzips** würde dazu führen, dass ausschließlich die Rechtsvorschriften über soziale Sicherheit des **Beschäftigungsstaates** anzuwenden sind.

Beispiel
G ist als Monteur für Heizungsanlagen in Aachen bei dem deutschen Unternehmen F beschäftigt. Zu seinen Aufgaben gehört es auch, gelegentlich den Service an Heizungsanlagen von Kunden des Unternehmens F durchzuführen, die ihren Sitz in den Niederlanden haben. Die strikte Anwendung des Territorialitätsprinzips des Art. 11 Abs. 3 VO (EG) 883/2004 führt dazu, dass G bei diesen kurzen Einsätzen in den Niederlanden ausschließlich den niederländischen und nicht mehr den deutschen Rechtsvorschriften über soziale Sicherheit unterliegen würde.

---

49 Es liegt – auch bei näherer Betrachtung des Beispiels – auf der Hand, dass eine restriktive Anwendung dieses Grundsatzes für den Arbeitnehmer, seine Familienangehörigen, aber auch für den Arbeitgeber zu unbefriedigenden Ergebnissen führen wird. Bereits im Jahre 1970 stellte der EuGH in diesem Zusammenhang fest, dass die **Entsendungsregelungen** des europäischen Sozialrechtes dazu dienen sollen, Hindernisse für die Freizügigkeit der Arbeitnehmer zu überwinden, die gegenseitige wirtschaftliche Verflechtung zu fördern und dabei administrative Schwierigkeiten für Arbeitnehmer, die Unternehmen und die **Sozialversicherungsträger** zu vermeiden.[33]

50 Als eine wesentliche Ausnahme vom zuvor beschriebenen **Territorialitätsprinzip** regelt Art. 12 VO (EG) 883/2004 Sachverhalte, in denen ein Arbeitnehmer für seinen Arbeitgeber vorübergehend in einem anderen Mitgliedstaat tätig wird. Sofern die nachfolgenden Voraussetzungen des Art. 12 VO (EG) 883/2004 erfüllt sind, führt eine vorübergehende Beschäftigung in einem anderen Mitgliedstaat weder zu einem Verlust des bisherigen, noch zum Erwerb des Sozialrechtsstatus in dem Staat, in dem die vorübergehende Beschäftigung ausgeübt wird. Vereinfacht gesagt bleiben die bisherigen Rechtsvorschriften über soziale Sicherheit des **Entsendestaates** weiter anwendbar und damit einhergehend werden die entsprechenden Vorschriften des Beschäftigungsstaates nicht angewendet.

51 Die Voraussetzungen, unter denen bei einer vorübergehenden Beschäftigung in einem anderen Mitgliedstaat die bisherigen Rechtsvorschriften des **Entsendestaates** weiter anzuwenden sind, sind in Art. 12 Abs. 1 VO (EG) 883/2004 abschließend aufgeführt. Die Voraussetzungen sind erfüllt, wenn eine Person, die in einem Mitgliedstaat

33 EuGH, Urt. v. 17.12.1970 – 35/70 (Manpower) –.

für Rechnung des Arbeitgebers, der gewöhnlich in diesem Mitgliedstaat tätig ist, eine Beschäftigung ausübt und die von diesem Arbeitgeber in einen anderen Mitgliedstaat entsandt wird, um dort eine Arbeit für seine Rechnung auszuüben und keine Person ablöst, deren **Entsendezeit** abgelaufen ist. Weiterhin ist zu beachten, dass die voraussichtliche Beschäftigungsdauer in dem anderen Mitgliedstaat 24 Monate nicht überschreiten darf.

Die in diesem Zusammenhang zu beachtenden **Durchführungsbestimmungen** sind in Art. 14 bis 21 der VO (EG) 987/2009 aufgeführt und werden durch den Beschluss A2 vom 12.6.2009 der Verwaltungskommission für die Koordinierung der Systeme der sozialen Sicherheit der Verwaltungskommission näher erläutert. 52

Praxistipp !
Der Wortlaut ist unter http://www.eur-lex.europa.eu – Der Zugang zum EU-Recht – Amtsblatt – Suche: 2010/C/106/5 nachzulesen.

Praxistipp !
Eine **Entsendung** in einen anderen Mitgliedstaat ist auch dann gegeben, wenn der Arbeitnehmer an mehr als einem Arbeitsort innerhalb dieses Mitgliedstaates eingesetzt wird, dieses kann nacheinander oder auch gleichzeitig erfolgen. Sollte der Arbeitnehmer unmittelbar nacheinander in verschiedenen Mitgliedstaaten tätig werden, handelt es sich um jeweils neue Entsendungen (Ziff. 3 Buchst. a) Beschl. A2 der Verwaltungskommission, sofern nicht die Regelungen über die gewöhnliche Erwerbstätigkeit in mehreren Mitgliedstaaten (Art. 13 VO (EG) 883/2004) anzuwenden sind.

Aus Art. 12 VO (EG) 883/2004 sowie dem Beschl. A2 der EG-Verwaltungskommission ergibt sich in der Zusammenfassung, dass für das Vorliegen einer Entsendung sowohl an den Arbeitnehmer, den Arbeitgeber als auch an die Art der Beschäftigung in dem anderen Mitgliedstaat besondere Voraussetzungen geknüpft werden. 53

a) Entsendender Arbeitgeber

Eine **Entsendung** im Sinne der VO (EG) 883/2004 kann nur dann vorliegen, wenn der entsendende Arbeitgeber im Entsendestaat einer nennenswerten Geschäftstätigkeit nachgeht. Nach einer **Auslegungshilfe** der Verwaltungskommission wird von einer nennenswerten Geschäftstätigkeit dann ausgegangen, wenn der Arbeitgeber im Entsendestaat mindestens 25 % seines Umsatzes erwirtschaftet. Im Grundsatz lässt sich der Umsatz beispielsweise anhand der **Jahresabschlüsse** eines Unternehmens für die letzten zwölf Monate bewerten. Sollte die Umsatzzahlen die **25 %-Grenze** nicht erreichen, ist die nennenswerte Geschäftstätigkeit anhand einer Gesamtschau sämtlicher Kriterien zu bewerten, die Auskunft über die unternehmerische Tätigkeit des Arbeitgebers im Entsendestaat geben. Dies können beispielsweise sein: 54

– **Unternehmenssitz** und Ort der Verwaltung des Unternehmens,

- Anzahl der **Arbeitnehmer**, die in anderen Mitgliedstaaten beschäftigt werden,
- Zeitraum, in dem die Geschäftstätigkeit bereits im Entsendestaat ausgeübt wird,
- Anzahl der Arbeitnehmer beim entsendenden Unternehmen und deren Funktion.

Beispiel
Das in Deutschland ansässige Unternehmen Ö hat den Auftrag zur Einführung einer Buchhaltungssoftware bei einer ungarischen Bank erhalten. Die Implementierung der Software erfolgt am Sitz der Bank in Budapest. Das Unternehmen Ö macht seinen Umsatz zu 70 % mit ungarischen Kunden in Ungarn; den restlichen Umsatz erzielt es mit Kunden in der Bundesrepublik Deutschland. Das Unternehmen Ö erfüllt die Voraussetzung der nennenswerten Geschäftstätigkeit in Deutschland, da hier mindestens 25 % des Umsatzes erwirtschaftet werden. Eine weitergehende Gesamtschau ist nicht vorzunehmen.

b) Arbeitsverhältnis

55 Die Voraussetzungen einer Entsendung liegen vor, wenn der Arbeitnehmer für Rechnung des Arbeitgebers im Entsendestaat eingesetzt wird. Dieses wird dadurch charakterisiert, dass die Haupt- und Nebenpflichten aus dem **Arbeitsverhältnis** im vollen Umfang bestehen bleiben, dementsprechend das inländische Arbeitsverhältnis weder beendet noch ruhend gestellt werden darf oder durch einen Arbeitsvertrag mit dem Unternehmen, zu dem der Arbeitnehmer entsandt wird, ergänzt wird.

Praxistipp
Das organisatorische Weisungsrecht des Arbeitgebers muss sich nicht auf die Details der Arbeitsausführung erstrecken. Vorausgesetzt wird aber, dass der Arbeitgeber z.B. festlegen kann, welches Produkt erstellt wird oder welche Dienstleistung zu erbringen ist.

Praxistipp
Im Gegensatz zu der rechtlichen Beurteilung von grenzüberschreitenden Mitarbeitereinsätzen außerhalb der EU ist es bei diesen Sachverhalten nicht relevant, wer das Arbeitsentgelt tatsächlich wirtschaftlich trägt bzw. als Betriebsausgaben steuerlich geltend macht.

c) Weitergeltung der Rechtsvorschriften des Entsendestaates

56 Um eine **Entsendung** i.S.v. Art. 12 Abs. 1 VO (EG) 883/2004 bejahen zu können, ist es erforderlich, dass der Arbeitnehmer unmittelbar vor Beginn der Entsendung für zumindest einen Monat den Rechtsvorschriften über soziale Sicherheit des **Entsendestaates** unterlag.[34]

34 Art. 14 Abs. 1 VO (EG) 987/2009 sowie Nr. 1 im Beschl. A2.

Praxistipp

In diesem Zusammenhang spielt es keine Rolle, aus welchem Grund die deutschen Rechtsvorschriften vorher galten. Damit werden auch Sachverhalte erfasst, bei der die Person vor Beginn der Entsendung noch nicht als Arbeitnehmer versichert war (z.B. **Hochschulabsolventen**, die **familienversichert** in der gesetzlichen Krankenversicherung waren).

Beispiel

Ö wohnt in Deutschland und arbeitet bislang für ein in Österreich ansässiges Unternehmen in Österreich, weshalb für Ö die österreichischen Rechtsvorschriften galten. Zum 15.9.2012 nimmt Ö eine Beschäftigung in Deutschland auf. Der Arbeitgeber setzt Ö vom 9.10.2012 bis 31.12.2012 in Tschechien ein. Die für eine Entsendung im Sinne der VO (EG) 883/2004 notwendige Vorbeschäftigung von einem Monat in der deutschen Sozialversicherung liegen nicht vor. Eine Anwendung der deutschen Rechtsvorschriften über soziale Sicherheit ist daher zunächst nicht möglich. Es bleibt dem Arbeitgeber und Ö aber unbenommen, einen Antrag auf Abschluss einer Ausnahmevereinbarung zu stellen.

d) Zeitliche Befristung

Nach Art. 12 Abs. 1 VO (EG) 883/2004 ist weitere Voraussetzung, dass die Beschäfti- 57
gung in dem anderen Mitgliedstaat bei einer vorausschauenden Betrachtungsweise 24 Monate nicht überschreitet. Eine solche konkrete zeitliche Befristung kann sich entweder aus einem Vertrag zwischen Arbeitgeber und Arbeitnehmer (z.B. **Entsendevertrag**) oder aus vertraglichen Regelungen zwischen dem Arbeitgeber und einem ausländischen Unternehmen im Beschäftigungsstaat ergeben (z.B. **Werk- oder Dienstleistungsvertrag**). Schließlich kann sich die zeitliche Befristung auch aus der Eigenart der Aufgabe ergeben.

Praxistipp

Sofern bei Beginn der Beschäftigung in dem anderen Mitgliedstaat bereits feststeht, dass diese für mehr als 24 Monate vorgesehen ist, liegen die Voraussetzungen einer Entsendung i.S.v. Art. 12 VO (EG) 883/2004 nicht vor. Mit Beginn der Beschäftigungsaufnahme in einen anderen Mitgliedstaat sind ausschließlich dessen Rechtsvorschriften anzuwenden. Der Arbeitgeber kann prüfen, ob eine Anwendung der deutschen Rechtsvorschriften gleichwohl über den Abschluss einer Ausnahmevereinbarung nach Art. 16 VO (EG) 883/2004 möglich ist.

Praxistipp

Entsendungen, die zuerst für weniger als 24 Monate vorgesehen waren, können auf maximal 24 Monate verlängert werden.

Beispiel
Ö wurde von seinem deutschen Arbeitgeber für 20 Monate nach Bulgarien entsandt, um dort den Fortschritt bei der Einrichtung eines Shared-Service-Center zu beaufsichtigten. Dieses Projekt konnte wegen fehlender Personalressourcen nicht wie geplant beendet werden, sodass Ö für weitere 3 Monate in Bulgarien tätig sein muss. Da die maximale Entsendedauer von 24 Monaten nicht überschritten wird, kann Ö nach Art. 12 Abs. 1 VO (EG) weiterhin den deutschen Rechtsvorschriften über soziale Sicherheit unterliegen.

58 Sollte die Entsendebeschäftigung zeitweise unterbrochen werden (z.B. wegen Krankheit, Urlaub etc.), gilt dieses nicht als Unterbrechung der Entsendung und verlängert nicht den höchstmöglichen Zeitraum von 24 Monaten.[35]

e) Sachverhalte, bei denen eine Entsendung i.S.v. Art. 12 Abs. 1 VO (EG) 883/2004 grundsätzlich ausgeschlossen ist

59 In folgenden Fällen ist eine Entsendung i.S.v. Art. 12 Abs. 1 VO (EG) 883/2004 grundsätzlich ausgeschlossen:

- Entsendung von Arbeitnehmern im **Rotationsverfahren,** um damit dauerhaft im Beschäftigungsstaat bestimmte Positionen zu besetzen oder langfristige Aufträge bzw. Werkverträge kontinuierlich mit entsandtem Personal zu besetzen,
- **Überlassung** von entsandten Arbeitnehmern durch ein Unternehmen im Beschäftigungsstaat zu einem anderen Unternehmen im gleichen oder einem anderen Mitgliedstaat,
- Anwerbung eines Arbeitnehmers in einem Mitgliedstaat, um von einem in einem anderen Mitgliedstaat gelegenen Unternehmen in einen dritten Mitgliedstaat entsandt zu werden,
- Arbeitnehmer zu überlassen, wenn nicht die Voraussetzungen des **AÜG** erfüllt sind.

f) Dokumentation und Nachweise

60 Arbeitnehmer, die während der Beschäftigung in dem anderen Mitgliedstaat die Voraussetzungen einer Entsendung i.S.v. Art. 12 Abs. 1 VO (EG) 883/2004 erfüllen, erhalten eine „**Bescheinigung** über die anzuwendenden Rechtsvorschriften“ (Vordruck **A1**). Grundsätzlich ist die Bescheinigung für jede vorübergehende Entsendung in einem anderen Mitgliedstaat im Voraus zu beantragen,[36] kann jedoch auch nachträglich ausgestellt werden.

35 Vgl. Ziff. 3 Buchst. b) Beschl. A2 der Verwaltungskommission.
36 Art. 15 Abs. 1 VO (EG) 987/2009.

Praxistipp
Bei kurzfristig anberaumten Geschäftsreisen und auch bei sehr kurzen Entsendezeiträumen von bis zu einer Woche vertritt das BMAS in einer Veröffentlichung vom 14.3.2011 die Auffassung, dass es zweckmäßig sein kann, auf einen Antrag auf Ausstellung der Bescheinigung A1 zu verzichten. Die durch das BMAS vertretende Rechtsauffassung wird u.a. damit begründet, dass der Arbeitgeber einer Person, die ihre Tätigkeit in einem anderen Mitgliedstaat ausübt, den zuständigen Träger im Entsendestaat im Voraus unterrichtet, wann immer dies möglich ist (Art. 15 Abs. 1 VO (EG) 987/2009).

Praxistipp
Die Bescheinigung wird auf Antrag des entsendenden Arbeitgebers ausgestellt von:
- der gesetzlichen Krankenkasse (z.B. AOK, BKK, IKK), bei der der Arbeitnehmer versichert ist,
- der gesetzlichen Rentenversicherung (DRV Bund, DRV Knappschaft-Bahn-See oder zuständiger Regionalträger der DRV), wenn die Person nicht gesetzlich krankenversichert ist,
- der Arbeitsgemeinschaft Berufsständischer Versorgungseinrichtungen, wenn die Person nicht gesetzlich krankenversichert ist und aufgrund ihrer Mitgliedschaft bei einer berufsständischen Versorgungseinrichtung von der Rentenversicherungspflicht befreit ist.

Ein entsprechendes Antragsformular ist u.a. hier zu finden: http://www.aok-business.de/sachsen-anhalt/tools-services/formulare.

Beispiel
Arbeitnehmer L, der freiwilliges Mitglied einer gesetzlichen Krankenkasse (AOK) ist, und der Arbeitnehmer P, der bei einem privaten Krankenversicherungsunternehmen krankenversichert und bei der DRV-Nord rentenversichert ist, üben vorübergehend ihre Beschäftigung in den Niederlanden aus. Die Voraussetzungen einer Entsendung nach Art. 12 Abs. 1 VO (EG) 883/2004 sind erfüllt. Für Arbeitnehmer L stellt die AOK die Bescheinigung A1 aus, für den Arbeitnehmer P stellt die DRV-Nord die entsprechende Bescheinigung aus.

Im Rahmen der Zusammenarbeit der zuständigen Träger in den einzelnen Mitglied- 61
staaten wird regelmäßig die Information über eine ausgestellte A1-Bescheinigung an die Träger des Beschäftigungsstaates gegeben. Dieses Verfahren ermöglicht es den Trägern des Beschäftigungsstaates insbesondere **Kontrollen** darüber durchzuführen, ob die Entrichtung der Sozialversicherungsbeiträge zutreffend erfolgte, die Aufrechterhaltung der arbeitsrechtlichen Bindung zwischen Arbeitnehmer und entsendendem Arbeitgeber vorliegt und somit keine missbräuchliche Nutzung der Regelungen der VO (EG) 883/2004 erfolgte.

Praxistipp
In Deutschland erfolgt diese Kontrolle durch die Finanzkontrolle Schwarzarbeit des Zolls (FKS-Zoll) oder im Rahmen der Ad-hoc-Prüfungen der Deutschen Rentenversicherung.

Die Bescheinigung A1 dient gegenüber den zuständigen Behörden des Entsende- und 62
Beschäftigungsstaates als **Nachweis**, dass für eine bestimmte Person z.B. ausschließlich die deutschen Rechtsvorschriften anzuwenden sind. Diese Bescheinigung ist für

alle Beteiligten, Verwaltungen und Gerichte bindend, solange diese von der Stelle, die sie ausgestellt hat, nicht für ungültig erklärt oder widerrufen wird. Diese Verpflichtung besteht im Übrigen auch für zurückliegende Zeiten.[37]

Beispiel

Das deutsche Unternehmen Ä setzt den Mitarbeiter K dauerhaft als Vertriebsmitarbeiter in Frankreich ein. Da das Unternehmen die damit verbundenen hohen Sozialversicherungsbeiträge in Frankreich vermeiden möchte, wird von ihr bei der gesetzlichen Krankenkasse des K die Ausstellung der Bescheinigung A1 beantragt. Hierbei gibt das Unternehmen an, dass der Einsatz in Frankreich auf 23,5 Monate befristet ist. Im Rahmen einer in Frankreich durchgeführten Kontrolle wird der Sachverhalt aufgedeckt und die Krankenkasse von den französischen Behörden über die tatsächlichen Verhältnisse informiert. Die Krankenkasse ist verpflichtet, die unzutreffend ausgestellte Bescheinigung A1 für ungültig zu erklären und zu widerrufen, da diese nicht den tatsächlichen Verhältnissen entspricht.

---

2. Gewöhnliche Erwerbstätigkeit in mehreren Mitgliedstaaten

63 Innerhalb der EU hat sich die Art der Auslandseinsätze in den letzten Jahren stark verändert. Es ist zu beobachten, dass mehr Arbeitnehmer ihre Beschäftigung regelmäßig in verschiedenen Mitgliedstaaten ausüben, anstelle für eine bestimmte definierte Zeit von einem Mitgliedstaat in den anderen entsandt zu werden.

Praxistipp

Zu diesem Personenkreis zählen auch fliegendes Personal von **Fluggesellschaften** oder auch Fahrer im grenzüberschreitenden Güterverkehr.

---

64 Auch für solche Personen gilt der Grundsatz von Art. 11 Abs. 1 VO (EG) 883/2004, dass auf diese nur die Rechtsvorschriften eines Mitgliedstaates anzuwenden sind. Würde man in diesen Fällen dem Territorialitätsprinzip in Art. 11 Abs. 3 Buchst. a) VO (EG) 883/2004 folgen, würde dieses zu einer Zersplitterung der anzuwendenden Rechtsvorschriften führen und ein **Freizügigkeitshemmnis** darstellen. Insofern mussten im Rahmen der **Koordinierungsvorschriften** der VO (EG) 883/2004 Regelungen gefunden werden, die in solchen Fällen eindeutig und dauerhaft die anzuwendenden Rechtsvorschriften einem bestimmten Mitgliedstaat zuweisen.

Praxistipp

Anders als bei der Entsendung sind bei dieser Personengruppe die Rechtsvorschriften über soziale Sicherheit des zuständigen Staates solange anzuwenden, wie die tatsächlichen Verhältnisse die Zuweisung zum Sozialversicherungsrecht des entsprechenden Mitgliedstaates erlauben. Es gibt also keine zeitliche Obergrenze für die Anwendung des Sozialversicherungsrechtes des zuständigen Mitgliedstaates.

---

37 EuGH im Jahre 2000, Urt. v. 10.2.2000 – C-202/97 (Fitzwilliam) – und v. 30.3.2000 – C-178/97 (Barry Banks) –.

Die zu diesem Zwecke erforderlichen Regelungen sind in Art. 13 VO (EG) 883/2004 zusammengefasst. Um die Regelungen des Art. 13 VO (EG) 883/2004 anwenden zu können, ist es erforderlich, eine Erwerbstätigkeit (als Arbeitnehmer oder als Selbstständiger) gewöhnlich in mehreren Mitgliedstaaten auszuüben. Hierbei ist zwischen folgenden Fallgruppen zu unterschieden: 65
- **gewöhnliche Beschäftigung** in zwei oder mehr Mitgliedstaaten,[38]
- eine in zwei oder mehr Mitgliedstaaten ausgeübte Beschäftigung und selbstständige Erwerbstätigkeit.[39]

Weiterhin bestehen für Personen, die in zwei oder mehr Mitgliedstaaten gewöhnlich eine **selbstständige Erwerbstätigkeit** ausüben, besondere Regelungen über die Bestimmung der anzuwendenden Rechtsvorschriften,[40] auf die an dieser Stelle nicht weiter eingegangen wird.

Bei der Anwendung der Regelungen von Art. 13 VO (EG) 883/2004 liegt insbesondere dann eine gewöhnliche Beschäftigung in mehreren Mitgliedstaaten vor, wenn 66
- der Arbeitnehmer eine Beschäftigung in einem Mitgliedstaat beibehält, aber zugleich eine gesonderte Beschäftigung in einem oder mehreren anderen Mitgliedstaaten ausübt, und zwar unabhängig von der Dauer oder der Eigenart dieser gesonderten Tätigkeit;[41]
- die kontinuierliche Beschäftigung alternierend in zwei oder mehr Mitgliedstaaten erfolgt.[42]

Praxistipp !

Ausgenommen hiervon sind unbedeutende Tätigkeiten, und zwar unabhängig von der Häufigkeit oder der Regelmäßigkeit. Bei Tätigkeiten in unbedeutendem Umfang handelt es sich um solche, die dauerhaft ausgeübt werden, hinsichtlich des Zeitaufwandes aber unbedeutend sind. Ein Kriterium hierfür ist, ob während eines Zeitraumes von drei Monaten weniger als zwei Stunden pro Woche in dem anderen Mitgliedstaat gearbeitet werden und/oder weniger als 5 % der Tätigkeit dort ausgeübt wird.[43]

Beispiel

K ist Arbeitnehmer des in Frankfurt/Oder ansässigen deutschen Unternehmens X und übt seine Beschäftigung als Monteur am Betriebssitz des Unternehmens in Frankfurt/Oder aus. Vor Jahren ist K in den benachbarten polnischen Ort S gezogen. Da K auch für die Ausbildung bei dem Unternehmen zuständig ist, erarbeitet er jeden Montagvormittag den Ausbildungsplan im häuslichen Arbeitszimmer in Polen. Der Zeitaufwand beträgt in der Woche eine Stunde. Bei der Tätigkeit in Polen handelt es sich um eine Tätigkeit von unbedeutendem Umfang. Die Regelungen über die gewöhnliche Beschäftigung in mehreren Mitgliedstaaten sind nicht anzuwenden.

---

38 Art. 13 Abs. 1 VO (EG) 883/2004.
39 Art. 13 Abs. 3 VO (EG) 883/2004.
40 Art. 13 Abs. 2 VO (EG) 883/2004.
41 Art. 14 Abs. 5 Buchst. a) VO (EG) 987/2009.
42 Art. 14 Abs. 5 Buchst. b) VO (EG) 987/2009.
43 Vgl. RL 2003/88/EG v. 4.11.2003 über bestimmte Aspekte der Arbeitszeitgestaltung.

Praxistipp

In der Praxis kann des Öfteren schwierig sein, zwischen einer vorübergehenden Erwerbstätigkeit in einem anderen Mitgliedstaat (Entsendung nach Art. 12 VO (EG) 883/2004) und einer gewöhnlichen Erwerbstätigkeit in verschiedenen Mitgliedstaaten nach Art. 13 VO (EG) 883/2004 zu unterscheiden. In diesen Fällen erfolgt eine Gesamtschau aller maßgeblichen Fakten, einschließlich des Arbeitsortes, wie er im Arbeitsvertrag definiert wurde.[44]

a) Beschäftigung bei mehreren Arbeitgebern

67 Ist ein Arbeitnehmer bei mehreren Arbeitgebern mit **Sitz** in verschiedenen Mitgliedstaaten beschäftigt, sind für diese Person nach Art. 13 Abs. 1 Buchst. a) VO (EG) 883/2004 die anzuwendenden Rechtsvorschriften über soziale Sicherheit wie folgt zu bestimmen: Eine Person, die bei **mehreren Arbeitgebern** mit Sitz in verschiedenen Mitgliedstaaten beschäftigt ist, unterliegt dem Sozialversicherungsrecht ihres **Wohnstaates**, wenn dort ein wesentlicher Teil der Beschäftigung (mindestens 25 %der Arbeitszeit) ausgeübt wird.

Beispiel

Arbeitnehmer A hat seinen Wohnsitz in Deutschland und ist für seinen in Spanien ansässigen Arbeitgeber sowohl in Deutschland als auch in einem anderen EU-Mitgliedstaat beschäftigt. Wenn A den wesentlichen Teil der Beschäftigung (mehr als 25 %) in Deutschland ausübt, unterliegt er ausschließlich dem deutschen Sozialversicherungsrecht.

Praxistipp

Im Verhältnis zu Norwegen, Island, Liechtenstein und der Schweiz gilt bis auf Weiteres folgende Regelung: Es sind ausschließlich die Rechtsvorschriften des Wohnstaates anzuwenden.

68 Sollte ein Arbeitnehmer im Wohnstaat keinen wesentlichen Teil seiner Beschäftigung ausüben, wird das **Sozialversicherungsrecht** wie folgt zugeordnet: Für den Fall, dass der Arbeitnehmer in seinem **Wohnstaat** keinen wesentlichen Teil seiner Beschäftigung ausübt, unterliegt er den sozialversicherungsrechtlichen Vorschriften des Mitgliedstaates, in dessen Gebiet sein Arbeitgeber seinen Sitz hat. Gleiches gilt, wenn der Arbeitnehmer bei zwei oder mehr Arbeitgebern mit Sitz im gleichen Mitgliedstaat beschäftigt ist.

44 Art. 14 Abs. 7 VO (EG) 987/2009.

Beispiel
Arbeitnehmer B hat seinen Wohnsitz in Deutschland und ist für ein in Polen ansässiges Unternehmen sowohl in Deutschland als auch in Ungarn beschäftigt. Der wesentliche Teil der Beschäftigung wird nicht in Deutschland ausgeübt. Da B für einen Arbeitgeber mit Sitz in Polen tätig wird, unterliegt er ausschließlich dem polnischen Sozialversicherungsrecht.

Beispiel
Arbeitnehmer C hat seinen Wohnsitz in Deutschland und ist für zwei in Polen ansässige Unternehmen (X und Y) sowohl in Deutschland als auch in Österreich (Arbeitgeber X) und den Niederlanden (Arbeitgeber Y) beschäftigt. Ein wesentlicher Teil der Beschäftigung wird nicht in Deutschland (weniger als 25 %) ausgeübt. Da C für einen polnischen Arbeitgeber X in Österreich und den polnischen Arbeitgeber Y in den Niederlanden tätig wird, unterliegt er ausschließlich dem polnischen Sozialversicherungsrecht, da sich in Polen die Betriebssitze der Arbeitgeber befinden.

Sollte der Arbeitnehmer in seinem Wohnstaat keinen wesentlichen Teil seiner **Beschäftigung** ausüben und ist für einen oder mehr Arbeitgeber in seinem Wohnstaat als auch für einen oder mehr Arbeitgeber in einem anderen Mitgliedstaat tätig, unterliegt er den Rechtsvorschriften des Mitgliedstaates, in dessen Gebiet der bzw. die Arbeitgeber außerhalb seines **Wohnstaates** ihren Sitz haben. 69

Beispiel
Arbeitnehmer D hat seinen Wohnsitz in Deutschland. Einen unwesentlichen Teil der Beschäftigung (weniger als 25 %) übt er für den deutschen Arbeitgeber M in Deutschland aus. Der wesentliche Teil der Beschäftigung wird hingegen in den Niederlanden für einen niederländischen Arbeitgeber P ausgeübt. Der Arbeitnehmer D unterliegt ausschließlich den sozialversicherungsrechtlichen Vorschriften der Niederlande.

Von den zuvor beschriebenen Grundsätzen ist folgende Ausnahme zu beachten: Ein Arbeitnehmer unterliegt den sozialversicherungsrechtlichen Vorschriften seines **Wohnstaates**, auch wenn er in diesem keinen wesentlichen Teil seiner Beschäftigung ausübt, wenn er seine Beschäftigung für zwei oder mehr Arbeitgeber ausübt und von denen mindestens **zwei Arbeitgeber** ihren Sitz außerhalb des Wohnstaates des Arbeitnehmers haben. 70

Beispiel
Arbeitnehmer E hat seinen Wohnsitz in Deutschland und ist in Ungarn für den dort ansässigen Arbeitgeber K sowie in Frankreich für den dort ansässigen Arbeitgeber N tätig. In Deutschland wird keine bzw. nur ein unwesentlicher Teil der Beschäftigung (weniger als 25 %) ausgeübt. In diesem Fall sind – obwohl im Wohnstaat des Arbeitnehmers keine bzw. nur ein unwesentlicher Teil der Beschäftigung ausgeübt wird, die sozialversicherungsrechtlichen Vorschriften Deutschlands (Wohnstaat) anzuwenden.

Praxistipp
Als Wohnort wird in Art. 1 Buchst. j) VO (EG) 883/2004 der Ort des gewöhnlichen Aufenthaltes definiert und dadurch vom Ort des vorübergehenden Aufenthaltes abgegrenzt (Art. 1 Buchst. k) VO (EG) 883/2004). In Art. 11 VO (EG) 987/2009 werden beispielhaft einige Kriterien genannt, die für die Gesamtbewertung aller Umstände des Einzelfalles zur Bestimmung des Wohnortes herangezogen werden können:
- die Dauer und Kontinuität des Aufenthaltes im Hoheitsgebiet des betreffenden Mitgliedstaates,
- die persönliche Situation des Arbeitnehmers, in Hinblick auf:
  - die Art und die spezifischen Merkmale jeglicher ausgeübter Tätigkeiten, insbesondere des Ortes, an dem eine solche Tätigkeit in der Regel ausgeübt wird, ihre Dauerhaftigkeit und die Dauer des Arbeitsvertrages,
  - die familiären Verhältnisse und familiären Bindungen,
  - die Ausübung einer nicht bezahlten (z.B. ehrenamtlichen) Tätigkeit,
  - im Falle von Studierenden ihre Einnahmequelle,
  - die Wohnsituation, insbesondere deren dauerhaften Charakter, und
  - den Mitgliedstaat, der als der **steuerliche Wohnsitz** der Person gilt.

b) Beschäftigung für einen Arbeitgeber

71 Arbeitnehmer, die ihre Beschäftigung für einen Arbeitgeber gewöhnlich in mehreren Mitgliedstaaten ausüben, unterliegen
- den Rechtsvorschriften des **Wohnstaates**, wenn dort ein wesentlicher Teil der Beschäftigung ausgeübt wird[45] oder
- den Rechtsvorschriften des Mitgliedstaates, wo der Arbeitgeber seinen **Betriebssitz** hat, wenn der Arbeitnehmer keine wesentliche Tätigkeit in seinem Wohnstaat ausübt.[46]

Praxistipp
Im Ergebnis bedeutet diese Regelung, dass ein Arbeitnehmer, der in Deutschland seinen **Wohnsitz** hat, bei einem in Deutschland ansässigen Unternehmen beschäftigt ist und seine Beschäftigung gewöhnlich in mehreren Mitgliedstaaten ausübt, unabhängig vom Umfang der in Deutschland ausgeübten Tätigkeit (ausgenommen **unbedeutende Tätigkeiten**) immer den deutschen Rechtsvorschriften über soziale Sicherheit unterliegt.

72 Hat der Arbeitgeber in einem anderen Mitgliedstaat seinen Sitz, sind die deutschen Rechtsvorschriften über soziale Sicherheit nur dann anzuwenden, wenn der Arbeitnehmer
- seinen Wohnsitz in Deutschland hat
  und

45 Art. 13 Abs. 1 Buchst. a) VO (EG) 883/2004.
46 Art. 13 Abs. 1 Buchst. b) VO (EG) 883/2004.

- einen quantitativ erheblichen Teil seiner **Erwerbstätigkeit** in Deutschland ausübt. Nach Art. 14 Abs. 8 VO (EG) 987/2009 ist dies der Fall, wenn gemessen an der Arbeitszeit und/oder dem Arbeitsentgelt mindestens 25 % der Tätigkeit in Deutschland ausgeübt wird.

Beispiel
Q ist bei dem in Polen ansässigen Unternehmen D beschäftigt. Seine im Arbeitsvertrag definierte Tätigkeit macht es erforderlich, seine Beschäftigung gewöhnlich in Deutschland (18 %) und der Slowakei auszuüben. Seinen Wohnsitz hat er seit Jahren in Deutschland. Q übt keinen wesentlichen Teil seiner Erwerbstätigkeit in Deutschland aus. Er unterliegt somit nicht den Rechtsvorschriften über soziale Sicherheit des Wohnstaates, sondern denen des Betriebssitzstaates (Polen).

---

c) Beschäftigung für einen Arbeitgeber mit Sitz außerhalb der EU

Sollte ein Arbeitnehmer seine Beschäftigung gewöhnlich in mehreren Mitgliedstaa- 73
ten ausüben und der **Betriebssitz** seines Arbeitgebers befindet sich außerhalb der EU (z.B. Russland), sind auf ihn und seinen Arbeitgeber die Rechtsvorschriften über soziale Sicherheit des Wohnstaates anzuwenden.[47] An die Anwendung der Rechtsvorschriften des Wohnstaates ist in diesem Zusammenhang nicht die Voraussetzung geknüpft, dass dort ein wesentlicher Teil der Beschäftigung ausgeübt wird.

Beispiel
P ist als Vertriebsmitarbeiter des in den USA ansässigen Unternehmens S beschäftigt. Er verbringt 90 % der Arbeitszeit in Deutschland und 10 % der Arbeitszeit in Ungarn. Aus privaten Gründen hat P seinen Wohnsitz in Sofia (Bulgarien) genommen. P unterliegt nach Art. 14 Abs. 11 VO (EG) 987/2009 ausschließlich den bulgarischen Rechtsvorschriften über soziale Sicherheit. Das Unternehmen S hat die sich daraus ergebenden Verpflichtungen in Bulgarien zu erfüllen.

---

3. Erwerbstätigkeit als Arbeitnehmer und als Selbstständiger in verschiedenen Mitgliedstaaten

Übt eine Person gewöhnlich in verschiedenen Mitgliedstaaten sowohl eine abhän- 74
gige Beschäftigung als auch eine **selbstständige Erwerbstätigkeit** aus, sind auf diese Person ausschließlich die Rechtsvorschriften des Staates anzuwenden, in dem er seine Beschäftigung als **Arbeitnehmer** ausübt.[48] Hierzu hatte der **EuGH** bereits in zwei Entscheidungen vom 30.1.1997[49] festgestellt, dass die Qualifikation einer Tätigkeit als abhängig oder selbstständig sich nach dem Recht des Mitgliedstaates richtet, in dem die jeweilige Tätigkeit ausgeübt wird.

---

47 Art. 14 Abs. 11 VO (EG) 987/2009.
48 Art. 13 Abs. 3 VO (EG) 883/2004.
49 EuGH, Urt. v. 30.1.1997 – C-340/94 (de Jaeck) – und – C-221/95 (Hervein) –.

Beispiel
Ä ist Gesellschafter-Geschäftsführer der F-GmbH und hat durch seine Stimmanteile von 80 % beherrschenden Einfluss auf die F-GmbH. Seinen Wohnsitz hat er in Freiburg im Breisgau. Im Rahmen einer sozialversicherungsrechtlichen Prüfung wurde Ä als Selbstständiger eingestuft und zahlte aus diesem Grunde keine Sozialversicherungsbeiträge. Im April 2012 wird er zum Verwaltungsrat der schweizerischen G-AG mit Sitz im Kanton Zug ernannt. Nach Feststellung der schweizerischen Behörden handelt es sich hierbei für Zwecke der schweizerischen Sozialversicherung um eine Tätigkeit als Arbeitnehmer. Er nimmt wöchentlich an den Verwaltungsratssitzungen der G-AG in der Schweiz teil. Ab April 2012 unterliegt Ä ausschließlich den schweizerischen Rechtsvorschriften über soziale Sicherheit, da er in mehreren Mitgliedstaaten sowohl eine Beschäftigung als Arbeitnehmer als auch eine selbstständige Erwerbstätigkeit ausübt (Art. 13 Abs. 3 VO (EG) 883/2004). Ob und in welchem Umfang Ä für seine in Deutschland ausgeübte selbstständige Erwerbstätigkeit Sozialversicherungsbeiträge in der Schweiz zahlen muss, ist eine Frage des schweizerischen innerstaatlichen Rechtes.

a) Nachweise

75 Wie auch bei den Fällen einer **Entsendung**[50] ist es bei diesen Sachverhalten notwendig, die Anwendung der Rechtsvorschriften über soziale Sicherheit mittels einer „Bescheinigung über die anzuwendenden Rechtsvorschriften" (Vordruck A1) zu bestätigen. Der hierfür notwendige Antrag ist bei der zuständigen Behörde des **Wohnstaates** des Arbeitnehmers zu stellen.

Beispiel
Q (wohnhaft in Portugal) wird von einem in Deutschland ansässigen Unternehmen in Deutschland beschäftigt. Weiterhin hat Q einen Arbeitsvertrag mit einem Unternehmen in der Slowakei geschlossen, in dem er auch einen nicht unerheblichen Teil seiner Arbeitszeit verbringt. Der Antrag auf Ausstellung der Bescheinigung A1 ist im Wohnstaat des Arbeitnehmers (Portugal) zu stellen.

Praxistipp
Bei Wohnsitz in Deutschland ist der Antrag bei der Deutschen Verbindungsstelle Krankenversicherung – Ausland des GKV-Spitzenverbandes (www.dvka.de) zu stellen.

76 Die zuständige Behörde des Wohnstaates nimmt eine vorläufige Beurteilung des Sachverhaltes vor und informiert die **gesetzliche Krankenkasse**, bei der der Arbeitnehmer krankenversichert ist. Bei privat Krankenversicherten ist die Deutsche Rentenversicherung bzw. die **Arbeitsgemeinschaft berufsständischer Versorgungseinrichtungen** zu informieren. Diese Stellen sind dann auch für die Ausstellung des A1 zuständig. Sollte der Wohnstaat des Arbeitnehmers Deutschland sein, stellt der GKV-Spitzenverband die Bescheinigung A1 unmittelbar aus.

50 Art. 12 VO (EG) 883/2004.

b) Ausnahmevereinbarung

Die zuvor beschriebenen Grundsätze der Art. 11 bis 15 der VO (EG) 883/2004 können im Hinblick auf die Bestimmung der anzuwendenden Rechtsvorschriften aus Sicht des Arbeitgebers bzw. des Arbeitnehmers im Einzelfall zu keinem befriedigenden Ergebnis führen. Als Ausgleich zu diesen starren Regelungen kann der Regelungsinhalt des Art. 16 VO (EG) 883/2004 herangezogen werden, der Ausnahmen von den zuvor beschriebenen Grundsätzen zulässt. Eine sog. Ausnahmeregelung kann – wenn sie im Interesse des Arbeitnehmers liegt – zwischen den zuständigen Behörden der Mitgliedstaaten der beteiligten Staaten getroffen werden. Wird eine solche Ausnahmevereinbarung getroffen, ist diese immer auf alle Bereiche anzuwenden, die vom sachlichen Geltungsbereich der VO (EG) 883/2004 erfasst wird. 77

Beispiel

Das deutsche Unternehmen G beschäftigt für 36 Monate ihren Arbeitnehmer B auf Malta. Auf Bitten des B beantragt das Unternehmen den Abschluss einer Ausnahmevereinbarung nach Art. 16 VO (EG) 883/2004. Der Antrag wird insofern eingeschränkt, als dass B nur im Hinblick auf die Arbeitslosenversicherung weiterhin den deutschen Rechtsvorschriften unterliegen möchte. In Hinblick auf die anderen Bereiche der sozialen Sicherheit ist er mit einem Wechsel in das System von Malta einverstanden. Es ist ausgeschlossen, in diesem Fall eine Ausnahmevereinbarung zu treffen, da der Arbeitnehmer zeitgleich in zwei oder mehr Systemen der sozialen Sicherheit versichert wäre. Dies widerspricht jedoch dem Grundsatz der VO (EG) 883/2004, wonach ein Arbeitnehmer immer nur dem Sozialversicherungsrecht eines Mitgliedstaates unterliegen kann. Der Abschluss einer Ausnahmevereinbarung hätte zur Folge, dass der Arbeitnehmer insgesamt und ausschließlich deutschem Sozialversicherungsrecht unterliegt.

Damit schon bei Aufnahme der Beschäftigung in einem anderen Mitgliedstaat **Klarheit** darüber besteht, ob weiterhin die deutschen Rechtsvorschriften anzuwenden sind, sollte der **Antrag** auf Abschluss der Ausnahmevereinbarung rechtzeitig gestellt werden. Seitens des GKV-Spitzenverbandes wird empfohlen, den Antrag möglichst vier Monate vor Aufnahme der Beschäftigung in dem anderen Mitgliedstaat zu stellen. 78

Praxistipp

Sofern die Anwendung der deutschen Rechtsvorschriften über soziale Sicherheit angestrebt wird, ist die Deutsche Verbindungsstelle Krankenversicherung – Ausland des GKV-Spitzenverbandes für die Bearbeitung des Antrages zuständig.

Bei der Ausnahmevereinbarung handelt es sich um eine **Ermessensentscheidung** der beteiligten zuständigen Behörden, die für den betreffenden Arbeitnehmer im Rahmen eines Konsultationsverfahrens individuell getroffen wird. 79

Bei der Ermessensausübung wird zum einen den persönlichen Gründen Rechnung getragen, die aus Sicht eines Arbeitnehmers für eine weitere Anwendung der deutschen Rechtsvorschriften über soziale Sicherheit sprechen und zum anderen 80 auf die arbeitsrechtliche Anbindung in Deutschland abgestellt. Eine ausreichende **arbeitsrechtliche Anbindung** an einen deutschen Arbeitgeber liegt beispielsweise vor, wenn

- das bisherige Arbeitsverhältnis fortbesteht oder lediglich um zusätzliche Regelungen für die Zeit der Beschäftigung in dem anderen Mitgliedstaat ergänzt wird oder
- das bisherige Arbeitsverhältnis ruht (**Rumpfarbeitsverhältnis**), aber gleichwohl bestimmte Nebenpflichten während des Auslandseinsatzes bestehen bleiben (z.B. Berichtspflichten gegenüber dem bisherigen Arbeitgeber, Fortführung der betrieblichen Altersversorgung) und das bisherige Arbeitsverhältnis nach Rückkehr nach Deutschland in vollem Umfang wieder auflebt.

Beispiel

Der Arbeitnehmer Ü soll für vier Jahre bei der spanischen Tochtergesellschaft des deutschen Unternehmens L beschäftigt werden. Für diesen Zweck wird das deutsche Arbeitsverhältnis beendet und Ü erhält einen Arbeitsvertrag bei der spanischen Tochtergesellschaft. Das deutsche Unternehmen bestätigt Ü gegenüber in Briefform, dass er nach den vier Jahren erneut ein Arbeitsverhältnis mit dem Unternehmen eingehen kann. Diese Einstellungszusage stellt keine ausreichende Anbindung an ein deutsches Unternehmen dar, der Abschluss einer Ausnahmevereinbarung ist ausgeschlossen.

---

81 Sofern bei Vorliegen eines ruhenden Arbeitsvertrages mit einem deutschen Arbeitgeber und lokalem Arbeitsverhältnis bei einem Arbeitgeber in einem anderen Mitgliedstaat der Abschluss einer Ausnahmevereinbarung angestrebt wird, hat der „deutsche Arbeitgeber“ im Antragsverfahren gegenüber dem GKV-Spitzenverband zu bestätigen, dass er – in Abweichung von den Regelungen des §§ 28d ff. SGB IV – anstelle des eigentlichen Arbeitgebers die Verpflichtungen zur Berechnung und Abführung der anfallenden Sozialversicherungsbeiträge übernimmt und weiterhin auch die nach **DEÜV** vorgeschriebenen Meldungen abgibt.

Praxistipp

Der Antrag auf Abschluss einer Ausnahmevereinbarung kann beispielsweise seitens des Arbeitnehmers wie folgt begründet werden:

- Im Rentenfall entfällt das zeitraubende Rentenfeststellungsverfahren nach den Regelungen der VO (EG) 883/2004.
- In diesem Fall muss sich der Arbeitnehmer nicht mit den Rechtssystemen verschiedener Länder auseinandersetzen.
- Der Arbeitnehmer ist an einem kontinuierlichen Versicherungsverlauf in der deutschen Sozialversicherung interessiert, da bei der kurzen Beschäftigung im Ausland im dortigen Sozialversicherungssystem u.U. keine ausreichenden Ansprüche erworben werden können.
- Familienleistungen (z.B. Kindergeld) werden nach den deutschen Rechtsvorschriften gezahlt.
- Es können Geldleistungen (z.B. Verletztengeld aus der gesetzlichen Unfallversicherung oder Krankengeld der gesetzlichen Krankenversicherung) nach den deutschen Rechtsvorschriften bezogen werden.

Für den Fall, dass der Antrag auf Abschluss einer Ausnahmevereinbarung erst **verspätet** nach der Beschäftigungsaufnahme in dem anderen Mitgliedstaat gestellt wird, sind im Rahmen des Antragsverfahrens die hierfür ursächlichen Gründe mitzuteilen. Hierbei sollte auch bestätigt werden, dass seit Aufnahme der Beschäftigung im Ausland durchgehend deutsche Sozialversicherungsbeiträge abgeführt wurden, und ob in der Zwischenzeit **Sozialleistungen** (wie z.B. Kindergeld oder Leistungen der gesetzlichen Krankenversicherung) in Anspruch genommen wurden. 82

Zu beachten ist auch, dass Ausnahmevereinbarungen nur mit **Zustimmung des Arbeitnehmers** getroffen werden können. Diese Zustimmung ist im Rahmen der Antragsstellung dem GKV-Spitzenverband durch eine schriftliche Erklärung des Arbeitnehmers nachzuweisen. 83

Weiterhin ist für den Abschluss einer **Ausnahmevereinbarung** notwendig, dass die Beschäftigung in dem anderen Mitgliedstaat konkret auf **maximal fünf Jahre** zeitlich befristet ist. 84

Praxistipp !

Von deutscher Seite ist es nach fünf Jahren im Einzelfall möglich, eine Verlängerung der Ausnahmevereinbarung um maximal drei weitere Jahre zu erreichen, wenn besondere persönliche und betriebliche Umstände des Einzelfalls, die vom Antragsteller ausführlich in schriftlicher Form darzustellen sind, dies rechtfertigen. Aber auch in diesen Fällen wird die Zustimmung der Behörde des Beschäftigungsstaates benötigt, wobei beispielsweise die Behörden von Belgien, Spanien und den Niederlanden solchen Anträgen nur für maximal fünf Jahre zustimmen.

Sofern der Antrag auf Abschluss einer Ausnahmevereinbarung vom GKV-Spitzenverband befürwortet wurde, wird der entsprechenden Behörde des anderen **Mitgliedstaates** ein Vereinbarungsvorschlag zum Abschluss einer Ausnahmevereinbarung übermittelt. Dieser Vorschlag wird von der ausländischen Behörde nach eigenem **Ermessen** geprüft. 85

Praxistipp !

Einzelne Mitgliedstaaten (z.B. Belgien, Frankreich oder Tschechien) versenden im Rahmen ihres Prüfungsverfahrens oftmals Fragebögen an den deutschen Arbeitgeber oder den Betrieb, in dem der Arbeitnehmer im Ausland eingesetzt wird. Um Verzögerungen in der Bearbeitung zu vermeiden, ist hier eine enge Abstimmung zwischen deutschen Unternehmen und den lokalen Verantwortlichen im aufnehmenden Betrieb unerlässlich.

Über das Ergebnis des Konsultationsverfahrens wird anschließend sowohl der Arbeitgeber als auch der Arbeitnehmer durch den GKV-Spitzenverband durch Bescheid informiert. Sofern eine Ausnahmevereinbarung zustande gekommen ist, wird vom GKV-Spitzenverband die notwendige Bescheinigung A1 ausgestellt und sowohl die gesetzliche Krankenkasse als auch die zuständige Berufsgenossenschaft über diesen Umstand unterrichtet. 86

Praxistipp
Die Ausnahmevereinbarung beruht auf den dem GKV-Spitzenverband geschilderten Umständen der Beschäftigung in dem anderen Mitgliedstaat und der fortdauernden arbeitsrechtlichen Anbindung an den „deutschen Arbeitgeber". Die Ausnahmevereinbarung kann (auch mit Wirkung für die Vergangenheit) aufgehoben werden, wenn die tatsächlichen Verhältnisse nicht oder nicht mehr den im Antragsverfahren geschilderten Verhältnissen entsprechen.

D. Grenzüberschreitende Mitarbeitereinsätze im Verhältnis zu Staaten mit bestehenden zwischenstaatlichen Regelungen („Sozialversicherungsabkommen")

I. Ländergruppen

87 Durch die außereuropäische Verflechtung der Wirtschaft arbeiten Millionen von Menschen in einem fremden Land. Um den sich daraus ergebenden sozialversicherungsrechtlichen Fragestellungen zu begegnen, hat die Bundesrepublik Deutschland, seit den 1960igern mit einer Reihe von Staaten Abkommen auf dem Gebiet der sozialen Sicherheit geschlossen. Es lassen sich **drei Ländergruppen** unterscheiden:

1. Anwerbeländer

- Abkommen mit den **Anwerbeländern** (Bosnien-Herzegowina, Serbien, Montenegro, Kroatien, Kosovo, Marokko, Tunesien und Türkei)

88 Mit der Anwerbung von Arbeitnehmern aus den sog. **Anwerbestaaten** (ehemaliges Jugoslawien, Marokko, Tunesien und Türkei) übernahm die Bundesrepublik Deutschland auch Verantwortung für die soziale Absicherung der Arbeitnehmer und ihrer **Familienangehörigen**. Die Arbeitnehmer zahlen sowohl Beiträge zur deutschen Sozialversicherung als auch Steuern und sollen deshalb auch im Ausland einen Anspruch auf die ihnen in diesem Zusammenhang zustehenden **Sozialleistungen** haben.

2. Auswanderungsländer

- Abkommen mit den **Auswanderungsländern** (Brasilien, USA, Kanada, Quebec, Chile, Israel, Australien und Uruguay[51])

89 Die **sozialpolitischen** Beziehungen zu Brasilien, den USA, Kanada, Chile, Israel und Australien sind besonders dadurch gekennzeichnet, dass in diesen Staaten eine große Anzahl deutscher Auswanderer leben. Personen haben, um sich in der neuen Heimat besser zu integrieren, die deutsche Staatsangehörigkeit aufgegeben und die Staatsan-

51 Noch nicht in Kraft getreten.

gehörigkeit des Aufnahmelandes angenommen. Viele ehemalige Auswanderer sind auch in der Zwischenzeit wieder nach Deutschland zurückgekehrt. Die meisten Auswanderer sind daran interessiert, ihre in Deutschland erworbenen Rentenansprüche auch in ihrer neuen Heimat verwirklichen zu können, voll in das dortige Rentensystem eingegliedert zu werden und im Fall der Rückkehr nach Deutschland ihre ausländische Rente auch in Deutschland zu erhalten.

3. Asiatische Staaten

– **Asiatische Staaten** (Japan, Südkorea, Australien, China und Indien)

Die Globalisierung der nationalen Wirtschaften stellte die Abkommenspolitik der Bundesregierung vor neue Herausforderungen. So wurden in den letzten Jahren Abkommen mit Japan, Korea, Australien, China und Indien geschlossen. Mit diesen Regelungen sollen Investitionen deutscher Unternehmen in diesen Ländern gefördert und ein Beitrag zur Erhaltung und Schaffung von Arbeitsplätzen im Inland geleistet werden. Im Hinblick auf die gesetzliche Rentenversicherung sehen die Abkommen mit Japan, Korea (Süd) und Australien vor, dass die Zusammenrechnung deutscher und ausländischer Versicherungszeiten für den Leistungsanspruch erfolgt sowie ein Rentenexport vorgenommen wird. 90

Praxistipp !

Die Fundstellen der Abkommenstexte im BGBl II sind unter http://www.bmas.de – Themen – Soziales Europa und Internationales – International nachzulesen.

In Hinblick auf Arbeitnehmer, die vorübergehend für ihren Arbeitgeber in dem jeweils anderen Vertragsstaat beschäftigt sind, beinhalten alle Abkommen Grundsätze, dass dieser **Arbeitnehmer** nur den Rechtsvorschriften eines Vertragsstaats – in der Regel sollten dies die Rechtsvorschriften des Heimatstaats sein – unterliegen kann. Allerdings sind diese Abkommen – anders als die Abkommen zur Vermeidung einer **Doppelbesteuerung** – nicht einheitlich hinsichtlich der Regelungsinhalte. Ein Musterabkommen, ähnlich dem Musterabkommen der OECD im Bereich der **Abkommen zur Vermeidung einer Doppelbesteuerung**, besteht nicht. 91

Im Weiteren wird auf die bilateralen Abkommen über soziale Sicherheit, die Deutschland mit anderen EU-Mitgliedstaaten abgeschlossen hat und die durch die Regelungen der VO (EG) 883/2004 nur noch eine untergeordnete Bedeutung haben, nicht eingegangen. 92

Neben diesen bilateralen Abkommen haben einige Staaten auch multilaterale Abkommen geschlossen, um den besonderen Bedürfnissen bestimmter Situationen Rechnung zu tragen, beispielsweise sind dies die Regelungen des Zusatzabkommens zum **NATO-Truppenstatut**. Letztendlich hat die Bundesregierung die Möglichkeit, durch eine Rechtsverordnung für einzelne internationale Organisationen besondere 93

Regelungen im Bereich der sozialen Sicherheit zu treffen. Auf diese Regelungen wird an dieser Stelle nicht weiter eingegangen.

II. Geltungsbereiche

1. Territorialer Geltungsbereich

94 Der gebietliche bzw. territoriale Geltungsbereich beschreibt das räumliche Gebiet, das von den jeweiligen Abkommensregelungen erfasst wird. Der Natur der Sache nach sind die bilateralen Abkommen über soziale Sicherheit im **Hoheitsgebiet** der jeweiligen Vertragsstaaten anzuwenden.

Praxistipp

Besonderheiten im Verhältnis zu den **USA**:

- Das Abkommen umfasst neben den Bundesstaaten auch den Distrikt Columbia, den Freistaat Puerto Rico, die Jungferninseln, Guam, Amerikanisch Samoa und den Bund der Nördlichen Marianen.

Besonderheiten im Verhältnis zu **China**:

- Das Abkommen erfasst nicht Taiwan und die Sonderverwaltungszonen von Hongkong und Macao.

---

2. Persönlicher Geltungsbereich

95 Im persönlichen Geltungsbereich der jeweiligen Abkommen wird geregelt, auf welche Staatsangehörige die jeweiligen **Abkommensregelungen** angewendet werden können. Die Abkommen, die die Bundesrepublik Deutschland mit anderen Staaten abgeschlossen hat, sind in der Regel ohne Rücksicht auf die **Staatsangehörigkeit** des Arbeitnehmers anzuwenden. Es reicht regelmäßig aus, dass die betroffenen Personen in einem der Vertragsstaaten als Arbeitnehmer beschäftigt sind. Die Abkommen zwischen Deutschland und Tunesien bzw. Marokko sind lediglich auf die Staatsangehörigen der Vertragsstaaten anzuwenden.

Beispiel

Für den Aufbau einer Produktionsanlage wird das deutsche Unternehmen M eine Gruppe von Arbeitnehmern in Marokko einsetzen. Bis auf einen Arbeitnehmer, der die kroatische Staatsbürgerschaft besitzt, sind alle anderen Arbeitnehmer deutsche Staatsbürger. Für die deutschen Staatsangehörigen erfolgt die versicherungsrechtliche Beurteilung in Bezug auf die Kranken-, Renten-, Unfall- und Arbeitslosenversicherung nach dem deutsch-marokkanischen Abkommen über soziale Sicherheit. Für den kroatischen Staatsangehörigen ist das Verhältnis zwischen Deutschland und Marokko vertragslos. Es sind für alle Zweige der deutschen Sozialversicherung die Regelungen des § 4 SGB IV über die Ausstrahlung anzuwenden.

Sollte hingegen die Produktionsanlage nicht in Marokko, sondern in China aufgebaut werden, würden sowohl der deutsche als auch der kroatische Staatsangehörige in Bezug auf die Renten- und Arbeitslosenversicherung nach den Regelungen des deutsch-chinesischen Abkommens über Sozialversicherung beurteilt werden können, da dieses Abkommen unabhängig von der Staatsangehörigkeit des

Arbeitnehmers anwendbar ist. Die Regelungen des § 4 SGB IV über die Ausstrahlung sind insoweit nicht anzuwenden.

Auch das Abkommen mit der Türkei beinhaltet eine Besonderheit. Nach Art. 3 Buchst. d) des Abkommens ist das Abkommen anzuwenden auf: Staatsangehörige und die anderer Staaten, wenn zwischen diesen und der Vertragspartei, deren Rechtsvorschriften jeweils anzuwenden sind, überstaatliches Recht oder andere **zwischen staatliche Verträge** über soziale Sicherheit wirksam sind (so hat die Türkei z.B. Abkommen über soziale Sicherheit mit Libyen und Nordzypern geschlossen). 96

Ebenso wie in der VO (EG) 883/2004 sind **Staatenlose** und **Flüchtlinge** im Sinne der Genfer Flüchtlingskonvention grundsätzlich im persönlichen Geltungsbereich der bilateralen Abkommen über soziale Sicherheit erfasst. 97

3. Sachlicher Geltungsbereich

Der sachliche Geltungsbereich eines Abkommens legt fest, welche Zweige der deutschen Sozialversicherung und welches System der sozialen Sicherheit des anderen Vertragsstaates von den jeweiligen Abkommensregelungen erfasst werden. Die Abkommen über soziale Sicherheit, die Deutschland mit anderen Staaten geschlossen hat, sind vom sachlichen Geltungsbereich immer auf die gesetzliche **Rentenversicherung** anzuwenden (z.B. Art. 2 des deutsch-amerikanischen Abkommens über soziale Sicherheit). Andere Versicherungszweige können vom sachlichen Geltungsbereich ebenso erfasst sein, sofern beide Vertragsstaaten sich im Vertragswerk hierauf geeinigt haben und die Ausdehnung auf weitere **Versicherungszweige** ausdrücklich vereinbart wurde.[52] 98

Daneben können die Vertragsstaaten einseitig den sachlichen Geltungsbereich bzw. den Verbleib im heimatlichen System der sozialen Sicherheit auf weitere Versicherungszweige erstrecken. So können die von Deutschland in den anderen Vertragsstaat entsandten Arbeitnehmer auch in den Zweigen der sozialen Sicherheit verbleiben, die nicht vom sachlichen Geltungsbereich des Abkommens erfasst sind. Diese Ausdehnung auf andere Versicherungszweige erfolgt durch eine **Protokollnotiz** im entsprechenden Schlussprotokoll zum jeweiligen Abkommen.[53] In den neueren Abkommen hat Deutschland diese Regelung im Wesentlichen für die **Arbeitslosenversicherung** genutzt. Hierbei ist zu beachten, dass für die vergleichbaren Zweige der Sozialversicherung des anderen Vertragsstaates keine Befreiung von den entsprechenden Vorschriften erfolgt, sodass hier eine **Doppelversicherung** nicht ausgeschlossen ist. 99

---

52 Z.B. Art. 2 Abs. 1 Nr. 1 Buchst. b) des deutsch-israelischen Abkommens über soziale Sicherheit.
53 Z.B. Ziff. 10 des Protokolls zum deutsch-japanischen Abkommen über soziale Sicherheit.

Beispiel
Für die Einführung eines globalen Finanzsystems soll der Arbeitnehmer P für drei Jahre bei der koreanischen Muttergesellschaft eingesetzt werden. Der Personalbetreuer prüft, für welche Zweige der deutschen Sozialversicherung die Regelungen des deutsch-koreanischen Abkommens über soziale Sicherheit anzuwenden sind. Die Regelungen des deutsch-koreanischen Abkommens über soziale Sicherheit erstrecken sich auf die gesetzliche Rentenversicherung (Art. 2 Abs. 1 Buchst. b) des Abkommens). Untersteht eine Person nach Art. 6 bis 10 des Abkommens den Rechtsvorschriften eines Vertragsstaates über die Versicherungspflicht, so finden in gleicher Weise auf sie und ihren Arbeitgeber auch die Gesetze dieses Vertragsstaates über die Versicherungspflicht in der Arbeitslosenversicherung Anwendung.

Praxistipp
Für die Zweige der deutschen Sozialversicherung, die nicht vom sachlichen Geltungsbereich des jeweiligen Abkommens erfasst sind, erfolgt die Prüfung, ob während einer vorübergehenden Beschäftigung im anderen Staat weiterhin eine Versicherungspflicht besteht, nach den Regelungen über die Ausstrahlung (§ 4 SGB IV).

Beispiel
In Fortführung des obigen Beispiels wäre dies im Verhältnis zu Korea die gesetzliche Kranken-, Pflege- und Unfallversicherung.

100 Die Vertragsbeziehungen zwischen der Bundesrepublik Deutschland und Marokko bzw. Tunesien sind durch eine Besonderheit geprägt. Diese Abkommen wurden um zusätzliche gesonderte Abkommen zum Kindergeld ergänzt, sodass Personen, die während der Beschäftigung in diesen Staaten den deutschen Rechtsvorschriften über soziale Sicherheit unterliegen, auch einen Anspruch auf **Kindergeld** haben. Hinsichtlich der Höhe des Zahlbetrages sind aber Besonderheiten zu beachten.

Praxistipp
Sachlicher Geltungsbereich der bilateralen Abkommen in Hinblick auf die Anwendung der deutschen Rechtsvorschriften über soziale Sicherheit:

Abkommensstaat	Sachlicher Geltungsbereich
Australien	RV AV (Ziff. 1 Buchst. a) Schlussprotokoll)
Bosnien-Herzegowina	RV, KV, UV, KiG AV (Art. 6 Abs. 3 deutsch-jugoslawisches Abkommen über Arbeitslosenversicherung)
Brasilien	RV, UV AV (Ziff. 8 Buchst. a) Schlussprotokoll)
Chile	RV AV (Ziff. 5 Schlussprotokoll)
China	RV, AV

Indien	RV AV (Ziff. 1 Buchst. a) Schlussprotokoll)
Israel	RV, UV
Japan	RV AV (Ziff. 10 Buchst. a) Protokoll)
Kanada	RV AV (Ziff. 4 Buchst. a) Schlussprotokoll)
Korea (Süd)	RV AV (Ziff. 6 Buchst. b) Schlussprotokoll)
Kosovo	RV, KV, UV, KiG AV (Art. 6 Abs. 3 deutsch-jugoslawisches Abkommen über Arbeitslosenversicherung)
Kroatien	RV, KV, UV AV, PV (Ziff. 5 Buchst. a) Schlussprotokoll)
Marokko	RV, KV, UV AV (Ziff. 4 Schlussprotokoll) KiG (deutsch-tunesisches Abkommen über Kindergeld)
Mazedonien	RV, KV, UV AV, PV (Ziff. 5 Buchst. a) Schlussprotokoll
Montenegro	RV, KV, UV AV (Art. 6 Abs. 3 deutsch-jugoslawisches Abkommen über Arbeitslosenversicherung)
Quebec	RV AV (Position des ehemaligen Bundesministeriums für Gesundheit und Soziale Sicherheit aus dem Jahre 2003) UV: Nach Inkrafttreten der neuen deutsch-quebecschen Vereinbarung über Sozialversicherung
Serbien	RV, KV, UV, KiG AV (Art. 6 Abs. 3 deutsch-jugoslawisches Abkommen über Arbeitslosenversicherung)
Türkei	RV, KV, UV AV (Ziff. 7 Schlussprotokoll)
Tunesien	RV, KV, UV KiG (deutsch-tunesisches Abkommen über Kindergeld)
USA	RV
Legende:	RV: Gesetzliche Rentenversicherung KV: Gesetzliche Krankenversicherung PV: Soziale Pflegeversicherung AV: Arbeitslosenversicherung UV: Gesetzliche Unfallversicherung KiG: Kindergeld

III. Territorialitätsprinzip

101 Neben der VO (EG) 883/2004 enthalten auch die **bilateralen Abkommen** Regelungen, die der territorialen Souveränität und der Gebietshoheit der jeweiligen Vertragsstaaten Rechnung tragen (**Territorialitätsprinzip**). Ein Arbeitnehmer unterliegt bei den bilateralen Abkommen immer den Rechtsvorschriften des Staates, in dessen Gebiet er seine **Beschäftigung** physisch ausübt.[54] Ob die Anwendung der Rechtsvorschriften des Beschäftigungsstaates im Weiteren zu einer Versicherungs- oder Beitragspflicht führt, hängt von den entsprechenden innerstaatlichen Rechtsvorschriften des Beschäftigungsstaates ab. Die Regelungen nehmen keine Rücksicht darauf, wie z.B. ein deutscher Arbeitgeber die daraus erwachsenden gesetzlichen Verpflichtungen zur Abführung von Sozialversicherungsbeiträgen erfüllen kann.

Beispiel
X wird zum Aufbau einer Produktionsstätte von dem deutschen Unternehmen B für 18 Monate in Indien eingesetzt. In dieser Zeit übt B seine Beschäftigung körperlich ausschließlich in Indien aus. Nach Art. 4 Abs. 1 des deutsch-indischen Abkommens über Sozialversicherung unterliegt B in Bezug auf die Rentenversicherung (old-age and survivors' pension for employed persons and the Permanent Total Disability pension for employed persons) zunächst ausschließlich den indischen Vorschriften über soziale Sicherheit.

---

102 Die bilateralen Abkommen können – neben den Regelungen für entsandte Arbeitnehmer – von dem Territorialitätsprinzip abweichende **Sonderregelungen** für folgende Personengruppen enthalten:
- Besatzungsmitglieder von **Seeschiffen** und **Luftfahrzeugen**,
- Beschäftigte im **internationalen Transportwesen**,
- Beschäftigte, die nicht Arbeitnehmer sind (z.B. **selbstständige Erwerbstätige**),
- **Beschäftigte im öffentlichen Dienst** sowie
- Personen, die bei **diplomatischen oder konsularischen Dienststellen** beschäftigt sind.

Auf die mit der Bestimmung der anzuwendenden Rechtsvorschriften für diese Personengruppe in Zusammenhang besonderen Fragestellungen wird an dieser Stelle nicht weiter eingegangen.

1. „Entsendung" von Arbeitnehmern

103 Zwischenstaatliche **Zuständigkeitsabgrenzungen** (insbesondere bei der vorübergehenden Beschäftigung in einem anderen Vertragsstaat) sollen bewirken, dass ein **entsandter Arbeitnehmer** bzw. sein Arbeitgeber für eine bestimmte Zeit nicht gleichzei-

54 Z.B. Art. 6 Abs. 1 des deutsch-amerikanischen Abkommens über soziale Sicherheit.

tig in mehreren Staaten zur Sozialversicherungspflicht, und damit einhergehend zur Finanzierung des jeweiligen Systems, herangezogen wird, oder gar aus den Systemen der sozialen Absicherung herausfällt und somit im Einzelfall schutzlos gestellt wird.

Dabei ergeben sich im Wesentlichen (Ausnahmen stellen die Abkommen mit der **Türkei** und **Israel** dar) zwei Gruppen, wie die Abgrenzung zwischen einer vorübergehenden und einer dauerhaften Beschäftigung im **Entsendestaat** vorgenommen werden kann. Bei der ersten Gruppe, die auch in der VO (EG) 883/2004 Berücksichtigung fand, geht man von einer voraussichtlichen Dauer der vorübergehenden Beschäftigung aus. Überschreitet die voraussichtliche Dauer der Entsendung nicht den festgesetzten Zeitraum, bleibt der Arbeitnehmer – sofern auch alle anderen Voraussetzungen erfüllt sind – dem Recht des Entsendestaates unterstellt. Wird der Arbeitnehmer dagegen von vornherein für einen längeren Zeitraum in den anderen Staat entsandt, unterliegt er von Beginn an den Rechtsvorschriften des Beschäftigungsstaates. Bei der zweiten Gruppe wird für einen ersten Zeitraum der Entsendung, gleichgültig für wie lange die vorübergehende **Beschäftigung** geplant ist, festgelegt, dass der Arbeitnehmer weiterhin den deutschen Rechtsvorschriften unterstellt bleibt. 104

Die Prüfung, ob die in den Abkommen festgelegten Voraussetzungen für die weitere Erfassung des Arbeitnehmers zur deutschen Sozialversicherung erfüllt sind, ist primär Aufgabe des Entsendestaates. In Deutschland wird diese Aufgabe von den gesetzlichen **Krankenkassen** in ihrer Funktion als **Einzugsstelle** für den **Gesamtsozialversicherungsbeitrag** wahrgenommen.[55] In diesem Zusammenhang ist es unerheblich, ob der Arbeitnehmer bei einem privaten Krankenversicherungsunternehmen oder gesetzlichen Krankenversicherungsträger versichert ist. Ist der Arbeitnehmer von der Rentenversicherungspflicht befreit, erfolgt die Prüfung der Voraussetzungen durch die Deutsche Rentenversicherung. Die Abkommen enthalten regelmäßig keine abschließende Aufzählung der Tatbestände, die dazu führen, dass bei einer „Entsendung“ der Arbeitnehmer von den Rechtsvorschriften des Beschäftigungsstaates befreit ist, und im Gegenzug weiterhin den entsprechenden deutschen Vorschriften unterliegt. Bei einer vorübergehenden Beschäftigung aus Deutschland in einen Abkommensstaat werden zur Beurteilung die Richtlinien zur versicherungsrechtlichen Beurteilung von Arbeitnehmern bei **Ausstrahlung** (§ 4 SGB IV) und **Einstrahlung** (§ 5 SGB IV) der **Spitzenverbände der Sozialversicherung** entsprechend angewendet.[56] Diese einheitliche Auslegung des Entsendebegriffs bietet in der Praxis den Vorteil, dass, sofern die Voraussetzungen einer Entsendung i.S.v. § 4 SGB IV vorliegen, der entsandte Arbeitnehmer neben den vom Abkommen erfassten Zweigen auch in den nicht erfassten Zweigen der sozialen Sicherheit den deutschen Rechtsvorschriften über soziale Sicherheit unterliegt. 105

55 §§ 28h ff. SGB IV.

56 BSG, Urt. v. 8.12.1994 – 2 RU 37/93 –.

106 In einigen neueren Abkommen wurde versucht zumindest eine Negativabgrenzung vorzunehmen, also Sachverhalte aufzuzählen, die nach Auffassung der Vertragsstaaten auf keinen Fall eine Entsendung darstellen sollen. So enthält z.B. das **Schlussprotokoll** zum deutsch-australischen Abkommen eine Negativabgrenzung, d.h., es wird festgelegt, wann eine Entsendung insbesondere nicht vorliegt.

Beispiel
K wird zum Zwecke der Entsendung nach Australien von dem deutschen Unternehmen V eingestellt. Die Aktivitäten beschränken sich in Deutschland darauf, ausschließlich Arbeitnehmer für den Einsatz auf Bauvorhaben in Australien zu rekrutieren. Nach Ziff. 3 des Schlussprotokolls zum deutsch-australischen Ergänzungsabkommen liegt eine Entsendung im Sinne des Abkommens insbesondere nicht vor, wenn:
- die Tätigkeit des entsandten Arbeitnehmers nicht dem Tätigkeitsbereich des Arbeitgebers im Entsendestaat entspricht;
- der Arbeitgeber des entsandten Arbeitnehmers im Entsendestaat gewöhnlich eine nennenswerte Geschäftstätigkeit nicht ausübt;
- die zum Zwecke der Entsendung eingestellte Person zu diesem Zeitpunkt ihren gewöhnlichen Aufenthalt nicht im Entsendestaat hat;
- diese eine unerlaubte Arbeitnehmerüberlassung nach deutschem Recht darstellt oder
- der Arbeitnehmer seit dem Ende des letzten Entsendezeitraums weniger als zwei Monate im Entsendestaat beschäftigt war.

Da das Unternehmen V in Deutschland keine nennenswerte Geschäftsaktivität ausübt, liegen die Voraussetzungen einer Entsendung im Sinne des deutsch-australischen Abkommens nicht vor.

---

107 Sofern die Prüfung ergeben hat, dass die Voraussetzungen erfüllt sind, wird eine Bescheinigung über die weitere Unterstellung des Arbeitnehmers unter die entsprechenden deutschen Rechtsvorschriften über soziale Sicherheit ausgestellt.

Praxistipp
Es handelt sich hier um folgende Bescheinigungen:

Abkommensstaat	Bezeichnung der Bescheinigung
Australien	AU/DE 101
Bosnien-Herzegowina	BH1
Brasilien	BR/DE 101
Chile	RCH/D 101
China	VRC/D 101
Indien	IN/D 101
Israel	ISR/D 101
Japan	J/D 101
Kanada	CAN 1
Korea	K/D 101
Kosovo	Ju 1
Kroatien	HR/D 101

Marokko	MA/D 101
Mazedonien	RM/D 101
Montenegro	MNE/DE 101
Quebec	Q 101
Serbien	SRB 101 DE
Türkei	T/A 1
Tunesien	TN/A 1
USA	D/USA 101

Mit dieser **Bescheinigung** können Arbeitnehmer und Arbeitgeber nachweisen, dass sie von den sozialversicherungsrechtlichen Vorschriften des Entsendestaates nicht erfasst werden. Es ist angebracht, diese Bescheinigung zu den **Lohnunterlagen** des entsendenden Unternehmens zu nehmen.[57] 108

Praxistipp !

In zwei Urteilen (– 1 StR 160/07 –, – 1 StR 189/07 –) hat der BGH festgestellt, dass Bescheinigungen, die auf Grundlage von bilateralen Abkommen ausgestellt werden, keine Bindungswirkung zukommt. Das BSG scheint jedoch anderer Auffassung zu sein. In dem Urteil vom 6.12.1999 – B 14 KG 1/99 R – wird ausgeführt, dass weder ein deutscher Sozialversicherungsträger noch die deutschen Sozialgerichte berechtigt sind, Entscheidungen eines ausländischen Trägers, die nach dessen Recht getroffen wurden, zu überprüfen. Die Überprüfungsbefugnis beschränkt sich nur darauf, ob der andere Vertragsstaat die Vorschriften des Abkommens richtig anwendete.

2. Ausnahmeregelungen

Auch die bilateralen Abkommen über soziale Sicherheit sehen vor, dass Ausnahmen 109 vom Territorialitätsprinzip zwischen den zuständigen Behörden der Vertragsstaaten getroffen werden können.[58] Hinsichtlich des Verfahrensablaufs und der Rechtswirkung kann im Wesentlichen auf das Verfahren zum Abschluss einer Vereinbarung nach Art. 16 VO (EG) 883/2004 verwiesen werden. Der wesentliche Unterschied zu den Vereinbarungen nach Art. 16 VO (EG) 883/2004 besteht aber darin, dass **Ausnahmevereinbarungen** nur für die **Sozialversicherungszweige** getroffen werden, die vom sachlichen Geltungsbereich des Abkommens erfasst sind.[59] Für die anderen Versicherungszweige besteht ein Verhältnis wie bei einem Personaltransfer zu einem Staat des vertragslosen Auslandes, die damit verbundene Prüfung des § 4 SGB IV wird in der Regel dazu führen, dass diese Voraussetzungen nicht erfüllt sind.

Die maximale Zeitdauer, für die **Ausnahmeregelungen** getroffen werden 110 können, ist wesentlich großzügiger als bei den Ausnahmevereinbarungen nach Art.

57 §§ 8 ff. BVV.

58 Z.B. Art. 11 des deutsch-kroatischen Abkommens über soziale Sicherheit.

59 Z.B. die gesetzliche Rentenversicherung im Verhältnis zu den USA (vgl. Art. 2 des Abkommens).

16 VO (EG) 883/2004. Die Obergrenzen sind jeweils individuell zwischen den einzelnen Vertragsstaaten vereinbart.

Beispiel
Y soll für die Dauer von vier Jahren die Geschäftsführung eines Joint-Ventures übernehmen, welches das deutsche Unternehmen A mit einem chinesischen Partner betreibt. Y erhält einen Arbeitsvertrag mit dem Joint-Venture. Das Arbeitsverhältnis mit dem Unternehmen A ruht für diese Zeit. Der sachliche Geltungsbereich des deutsch-chinesischen Abkommens über Sozialversicherung erstreckt sich auf die Renten- und Arbeitslosenversicherung. Durch den Arbeitsvertrag, den Y mit dem Joint-Venture geschlossen hat, liegen die Voraussetzungen einer Entsendung bzw. Ausstrahlung i.S.v. Art. 4 des deutsch-chinesischen Abkommens über Sozialversicherung und § 4 SGB IV nicht vor. Sofern die deutschen und chinesischen Behörden ihre Zustimmung geben, kann Y von den chinesischen Rechtsvorschriften über die Renten- und Arbeitslosenversicherung befreit werden und unterliegt damit den entsprechenden deutschen Vorschriften. In Bezug auf die deutsche Kranken-, Pflege- und Unfallversicherung ist festzustellen, dass dort keine Versicherung mehr besteht. Bezüglich der chinesischen Kranken-, Unfall- und Mutterschaftsversicherung ist anzumerken, dass dort entsprechende Beiträge zu zahlen sein werden. Befreiungstatbestände, die im innerstaatlichen chinesischen Recht begründet sein könnten, liegen nicht vor.

111 Sofern in diesen Fällen eine Ausnahmevereinbarung getroffen werden sollte, wird auch hier eine Bescheinigung über die anzuwendenden Rechtsvorschriften (z.B. VRC/D 101) ausgestellt.

E. Ergänzende Versicherungsmöglichkeiten in der deutschen Sozialversicherung

I. Gesetzliche Krankenversicherung

112 In den vorangegangenen Abschnitten wurde dargestellt, unter welchen Voraussetzungen ein Arbeitnehmer während einer im Ausland ausgeübten Beschäftigung weiterhin den deutschen Rechtsvorschriften über soziale Sicherheit – und damit auch den Regelungen über die gesetzliche **Krankenversicherung** – unterliegt. Losgelöst hiervon sind im Zusammenhang mit der gesetzlichen Krankenversicherung weitere Fragen zu beantworten, insbesondere im Hinblick auf die Absicherung der **Krankheitskosten** während der Beschäftigung im Ausland. Grundsätzlich sind die Leistungen der gesetzlichen Krankenversicherung auf das Inland beschränkt. Die Ausnahmen sind nachfolgend skizziert, die aber durchaus einen – zumindest ergänzenden – privaten Krankenversicherungsschutz notwendig machen. Auch müssen insbesondere für **freiwillige Mitglieder** der gesetzlichen Krankenversicherung besondere versicherungsrechtliche Vorgaben berücksichtigt werden. Bedingt durch unterschiedliche Regelungen sowohl im innerstaatlichen als auch im über- und zwischenstaatlichen Recht bestehen unterschiedliche Möglichkeiten, das **Krankheitskostenrisiko** während der Beschäftigung im Ausland abzusichern. Die nachfolgen-

den Ausführungen haben jedoch nur generellen Charakter und können nicht jeden denkbaren Lebenssachverhalt aufnehmen.

Praxistipp
Anmerkungen zu privat krankenversicherten Arbeitnehmern:
Die private **Vollkostenversicherung** hat, solange ein **Wohnsitz** oder **gewöhnlicher Aufenthalt** in Deutschland besteht, Europageltung. Während des ersten Monats des Aufenthaltes gilt die Versicherung ohne besondere Vereinbarung auch in den europäischen Staaten. Abweichende Regelungen sind für die **Krankengeldversicherung** zu beachten. Für **privat krankenversicherte** Arbeitnehmer ist im Fall einer Entsendung zu berücksichtigen, dass das Versicherungsverhältnis endet, wenn der Versicherte seinen Wohnsitz oder seinen gewöhnlichen Aufenthalt aus Deutschland verlegt, es sei denn, es wird aufgrund einer anderweitigen Vereinbarung fortgesetzt. Der Versicherer verpflichtet sich, eine anderweitige Vereinbarung zur Fortführung des Versicherungsverhältnisses zu treffen, wenn dies z.B. innerhalb von zwei Monaten nach Verlegung des Wohnsitzes oder gewöhnlichen Aufenthaltes in einen Mitgliedstaat des EWR beantragt wird. In der Regel wird der Versicherer für das veränderte Versicherungsrisiko einen Beitragszuschlag verlangen.

1. Beschäftigung in einem Mitgliedstaat der EU, des EWR oder der Schweiz

Gesetzlich krankenversicherte Arbeitnehmer (also auch **freiwillige Mitglieder**) 113
können im Krankheitsfalle Leistungen mittels der **Europäischen Krankenversicherungskarte** (**European Health Insurance Card** – EHIC) in Anspruch nehmen. Hierbei ist in der praktischen Durchsetzung der Ansprüche zwischen **Sach- und Geldleistungen** zu unterscheiden.

Sachleistungen (z.B.)	Geldleistungen (z.B.)
Ärztliche/zahnärztliche Behandlung	Krankengeld
Krankenhausaufenthalte	
Medikamente	

Art und Umfang des Anspruches auf **Sachleistungen** richten sich ausschließ- 114
lich nach den Vorschriften über die „gesetzliche Krankenversicherung" des Aufenthaltsstaates. Hierbei sind vom Versicherten auch die nach dem Recht dieses Staates vorgesehenen **Eigenanteile** oder **Zuzahlungen** zu leisten. Der Anspruch auf Sachleistungen wird insoweit eingeschränkt, als ein Anspruch nur auf solche Leistungen besteht, die nicht bis zur voraussichtlichen Rückkehr nach Deutschland zurückgestellt werden können.

Beispiel
- Spanien:
  Die vom Versicherten zu leistende Gebühr/Zahlung beträgt bei Medikamenten 40 %.
- Portugal:
  Bei ambulanter Behandlung zahlt der Versicherte eine Zuzahlung/Gebühr von bis zu 9,40 €. Die Gebühr/Zuzahlung beträgt bei Medikamenten 15, 37, 69 oder 95 %.

- Frankreich:
  Eigenanteile: Ärztliche Behandlung 30 %, Laborkosten 40 %, Krankenhausbehandlung 20 %. Die Gebühr/Zuzahlung beträgt bei Medikamenten 35, 70 oder 85 %.

! **Praxistipp**

Die Einwohner der zuvor aufgeführten Mitgliedstaaten verfügen in der Praxis über eine ergänzende Versicherung, die diese Zuzahlungen bzw. Eigenanteile absichert. Es liegt auf der Hand, dass die Leistungen einer solchen sekundären Versicherung nicht über die EHIC beansprucht werden können und daher für den in einem solchen Mitgliedstaat tätigen Arbeitnehmer eine private Absicherung der Restkosten angezeigt sein könnte.

---

115 **Geldleistungen** hingegen (z.B. **Krankengeld**) werden ausschließlich nach deutschem Recht von der gesetzlichen Krankenversicherung gezahlt.

2. Beschäftigung in einem Staat mit bilateralen Abkommen über soziale Sicherheit

116 Arbeitnehmer, die in der gesetzlichen Krankenversicherung versichert sind, können in Staaten, mit denen die Bundesrepublik Deutschland ein bilaterales Abkommen über soziale Sicherheit geschlossen hat und dieses auch die gesetzliche **Krankenversicherung** umfasst, Leistungen auf Basis eines Anspruchsnachweises erhalten.

! **Praxistipp**

Abkommensstaat	Anspruchsbescheinigung
Bosnien Herzegowina	BH 6
Israel	Das Abkommen beinhaltet nur Ansprüche auf Leistungen bei Mutterschaft.
Kroatien	Europäische Krankenversicherungskarte (EHIC) oder PEB (provisorische Ersatzbescheinigung)
Kosovo	Die Anwendung des deutsch-jugoslawischen Abkommens in Bezug auf Sachleistungsaushilfe im Bereich der Krankenversicherung ist gegenwärtig von der Bundesregierung suspendiert.
Marokko	Das Abkommen beinhaltet nur Regelungen zur Feststellung und Überwachung einer Arbeitsunfähigkeit.
Mazedonien	Europäische Krankenversicherungskarte (EHIC) oder PEB (provisorische Ersatzbescheinigung)
Montenegro	Europäische Krankenversicherungskarte (EHIC) oder PEB (provisorische Ersatzbescheinigung)
Serbien	Europäische Krankenversicherungskarte (EHIC) oder PEB (provisorische Ersatzbescheinigung)
Tunesien	TN/A 11
Türkei	T/A 11

Wie bei den **Leistungsansprüchen** innerhalb der EU-Mitgliedstaaten richtet sich im Verhältnis zu diesen Ländern der Leistungsanspruch bei **Sachleistungen** (einschließlich Zuzahlungen, Eigenanteile und Gebühren) nach den Vorschriften des Aufenthaltsstaates. **Geldleistungen** (z.B. Krankengeld) werden nach deutschen Vorschriften von der gesetzlichen Krankenkasse unmittelbar gezahlt. 117

Praxistipp
Der Anspruch auf Sachleistungen ist enger gefasst als im Verhältnis zu den EU/EWR Staaten und der Schweiz. Er ist beschränkt auf die sofort notwendigen Sachleistungen und bedeutet nicht selten, dass nur Kosten einer Notfallbehandlung übernommen werden.

3. Kostenerstattung durch den Arbeitgeber (§ 17 SGB V)

Mitglieder einer gesetzlichen Krankenkasse, die im Ausland beschäftigt sind und während dieser Beschäftigung erkranken, erhalten die Leistungen der gesetzlichen Krankenversicherung durch ihren Arbeitgeber. Dieser Grundsatz gilt auch für **familienversicherte Angehörige**,[60] soweit diese das Mitglied für die Zeit der Beschäftigung im Ausland begleiten oder besuchen.[61] 118

Praxistipp
Die ehemaligen Spitzenverbände der gesetzlichen Krankenversicherung vertreten die Auffassung, dass keine Bedenken bestehen, ebenso denjenigen Familienangehörigen, die selbst Mitglied einer gesetzlichen Krankenkasse sind (z.B. freiwillig versicherte Ehepartner) und den Arbeitnehmer in das Ausland begleiten, ebenfalls einen **Kostenerstattungsanspruch** nach § 17 SGB V einzuräumen (Schreiben an das BMG zum Urteil des BSG vom 9.3.1982 – 3 RK 64/80 –).

Die Regelungen des § 17 SGB V finden typischerweise in Fällen der Ausstrahlung[62] Anwendung. Über den Fall der Ausstrahlung hinaus können die Regelungen des § 17 SGB V auch auf Sachverhalte angewendet werden, die einer Entsendung ähnlich sind. Hier ist aber unverzichtbar, dass die Beschäftigung im Ausland vorübergehenden Charakter hat.[63] 119

Beispiel
K ist für zwei Jahre bei der usbekischen Tochtergesellschaft der deutschen A-AG beschäftigt. Die Voraussetzungen einer Ausstrahlung i.S.v. § 4 SGB IV liegen nicht vor. Da K in dieser Zeit seinen Lebensmittelpunkt in Deutschland hat, führt er seine freiwillige Krankenversicherung als Selbstzahler fort. Dieses ist ein atypischer Sachverhalt, bei dem eine Anwendung von § 17 SGB V nicht eindeutig bejaht

---

60 § 10 SGB V.
61 § 17 Abs. 1 S. 2 SGB V.
62 § 4 SGB IV.
63 BSG, Urt. v. 27.9.2005 – B1 KR 13/04 R –.

werden kann. K sollte sich vor Aufnahme der Beschäftigung im Ausland die Anwendung des § 17 SGB V durch seine Kasse bestätigen lassen. Zu den Leistungen, die der Arbeitgeber in diesen Fällen zu erstatten hat, zählen alle Leistungen der gesetzlichen Krankenversicherung bei Krankheit, die in den §§ 11, 20 – 68 SGB V aufgeführt sind. Dieses sind typischerweise Leistungen der Krankenbehandlung einschließlich des Krankengeldes, aber auch Leistungen in Zusammenhang mit Schwangerschaft und Mutterschaft.

! **Praxistipp**
Nicht zum Leistungskatalog der gesetzlichen Krankenversicherung gehört der **Krankenrücktransport** aus dem Ausland. Diese Kosten sind vom Arbeitgeber zu übernehmen und können bei Bedarf durch ihn bei einem privaten Versicherungsunternehmen gesondert versichert werden.

---

120 In Hinblick auf das **Krankengeld** ist zu beachten, dass der Anspruch auf diese Geldleistung ruht, solange ein Versicherter sich im Ausland (auch vorübergehend) aufhält.[64] Auf Arbeitnehmer, die während eines vorübergehenden berufsbedingten Auslandsaufenthalts erkranken, ist dieser Grundsatz nicht anzuwenden. Nach § 17 SGB V hat in einem solchen Fall der Arbeitgeber das Krankengeld zu berechnen und auszuzahlen. Allerdings ist der Arbeitgeber im Regelfall nicht in der Lage, das **Krankengeld** nach den Vorschriften des SGB V zu ermitteln. Weiterhin ist der Arbeitgeber nicht in der Lage, die bei Krankengeldbezug zu zahlenden Sozialversicherungsbeiträge zu ermitteln und abzuführen. Daher wird in der Praxis die **Krankenkasse** die **Berechnung** und **Auszahlung** des Krankengeldes unmittelbar vornehmen.

121 Der Arbeitgeber hat dem Arbeitnehmer bzw. den Familienangehörigen die im Ausland anfallenden Behandlungskosten, auf die der Arbeitnehmer bzw. seine **Familienangehörigen** unter Beachtung des inländischen inhaltlichen Leistungsumfangs Anspruch haben, in voller Höhe zu erstatten. Die dem Arbeitgeber entstandenen Kosten werden von der Krankenkasse bis zu der Höhe erstattet, wie sie im Inland entstanden wären – höchstens allerdings im Umfang der tatsächlichen Aufwendungen.[65] Bei einer solchen hypothetischen Betrachtungsweise sind seitens der Krankenkasse z.B. **Zuzahlungen, Eigenanteile** oder **Festbeträge** zu berücksichtigen. Die ggf. notwendige Umrechnung der in ausländischer Währung ausgestellten Rechnungen erfolgt in analoger Anwendung der Regelung für die Umrechnung ausländischer Entgelte.[66]

64 § 16 Abs. 1 Nr. 1 SGB V.
65 § 17 Abs. 2 SGB V.
66 § 17a SGB IV.

Praxistipp

In der Praxis wird durch die Krankenkassen oftmals auf dieses bürokratische Verfahren verzichtet und eine Kostenerstattung unmittelbar an den Versicherten vorgenommen. Der Arbeitnehmer kann sich dann die Differenz zwischen den tatsächlichen Kosten und dem Erstattungsbetrag der Krankenkasse durch seinen Arbeitgeber erstatten lassen.

Praxistipp

Arbeitgeber sollten das Kostenrisiko verbleibender Restkosten durch den Abschluss einer Restkostenversicherung bei einem privaten Versicherungsunternehmen absichern.

4. Krankheitskostenversicherung für die Zeit der Beschäftigung im Ausland

Oftmals werden die zuvor beschriebenen gesetzlichen Rahmenbedingungen von 122 Arbeitnehmern und Arbeitgebern als zu bürokratisch bzw. das Leistungsniveau der deutschen oder ausländischen gesetzlichen Krankenversicherung als unzureichend empfunden. Daher ist es durchaus möglich, dass Arbeitgeber ihrem Arbeitnehmer und den Familienangehörigen für die Dauer der Beschäftigung im Ausland eine private **Vollkostenversicherung** bei einem deutschen oder **internationalen Krankenversicherer** ermöglichen. Auf die Frage, wie ein solcher **Krankenversicherungsschutz** ausgestaltet sein muss, wird an dieser Stelle nicht weiter eingegangen. In einem solchen Fall muss aber darauf geachtet werden, welche Auswirkungen eine solche Versicherung auf die gesetzliche Krankenversicherung hat.

In der gesetzlichen Krankenversicherung ist zwischen Arbeitnehmern zu unter- 123 scheiden, die entweder in der gesetzlichen Krankenversicherung pflichtversichert sind oder dort eine freiwillige Versicherung begründet haben.

5. Bestehende Pflichtversicherung in der gesetzlichen Krankenversicherung

Arbeitnehmer, die während der Beschäftigung im Ausland weiterhin der gesetzlichen 124 **Krankenversicherungspflicht** unterliegen, haben keine Möglichkeit trotz einer für die Dauer der Beschäftigung im Ausland bestehenden privaten Vollkostenversicherung die **Pflichtversicherung** auszusetzen. Daher sind in einem solchen Fall vom Arbeitgeber die entsprechenden Pflichtbeiträge zur gesetzlichen Krankenversicherung weiterhin abzuführen.

6. Freiwillige Mitglieder der gesetzlichen Krankenversicherung

Freiwillige Mitglieder einer gesetzlichen Krankenkasse, die während der Beschäf- 125 tigung im Ausland in Deutschland weiterhin einen **Wohnsitz** haben, können – trotz Fehlens der Voraussetzungen für das Vorliegen einer Ausstrahlung – die Mitgliedschaft fortsetzen. In diesem Fall können die Beiträge allerdings nicht mehr durch den Arbeitgeber an die Krankenkasse gezahlt (Firmenzahler) werden. Vielmehr ist der Versicherte nunmehr selbst dafür verantwortlich, die entsprechenden Beiträge termingerecht an die Krankenkasse abzuführen. Bei der Bemessung der Beiträge wird der sog. ermäßigte Beitragssatz zugrunde gelegt (im Jahr 2013 14,9 %). Hierzu ist anzumerken, dass der Arbeitnehmer in diesem Fall keinen Rechtsanspruch auf einen Beitragszuschuss[67] mehr hat und somit die Krankenversicherung allein finanzieren muss. In Hinblick auf die Leistungen im Krankheitsfall ist zu erwähnen, dass der Arbeitnehmer in einem solchen Fall ohne Anspruch auf **Krankengeld** versichert ist und es – wie zuvor beschrieben – fraglich ist, ob er nach § 17 SGB V einen **Kostenerstattungsanspruch** gegen seinen Arbeitgeber geltend machen kann.

126 Dementgegen besteht die Möglichkeit, dass der Arbeitnehmer während seiner Beschäftigung im Ausland seine freiwillige Mitgliedschaft in der gesetzlichen Krankenversicherung in eine sog. **Anwartschaftsversicherung** umstellt.[68] Die sog. Anwartschaftsversicherung ist eine Fortführung der bisherigen freiwilligen Mitgliedschaft zu einem reduzierten Beitrag und ohne Anspruch auf Leistungen im **Krankheitsfall.** Weiterhin dürfen sich während der Zeit der sog. Anwartschaftsversicherung keine familienversicherten Angehörigen im Inland aufhalten. Die Anwartschaftsversicherung führt zu keinem Versicherungsschutz, sondern räumt dem Arbeitnehmer die Möglichkeit ein, nach Beendigung der Beschäftigung im Ausland wieder Nutznießer der gesetzlichen Krankenversicherung in Deutschland zu werden.

127 Der durch den Arbeitnehmer zu zahlende Beitrag beträgt im Jahre 2013 41,77 € monatlich. Im Rahmen einer sog. **Anwartschaftsversicherung** in der gesetzlichen Krankenversicherung wird auch die bestehende Pflegeversicherung in eine „Anwartschaft" umgewandelt. Hierzu sind Beiträge in Höhe von monatlich 5,52 € bzw. 6,20 € für **Kinderlose** zu entrichten.

! **Praxistipp**

Das BVA teilte mit Schreiben vom 16.7.2009 mit, dass nach Abstimmung mit dem damaligen Bundesministerium für Gesundheit keine Bedenken bestehen, auch freiwillig versicherte Arbeitnehmer, die in einem Mitgliedstaat der EU bzw. des EWR oder der Schweiz bzw. in einen Abkommensstaat (sofern die Krankenversicherung erfasst ist) entsandt werden (also den deutschen Rechtsvorschriften über soziale Sicherheit unterliegen), in die Anwartschaftsversicherung einzubeziehen. Voraussetzung ist auch hier, dass der Krankenversicherungsschutz des entsandten Arbeitnehmers und seiner ihn begleitenden Familienangehörigen sowohl während des beruflich bedingten Auslandsaufenthaltes als auch für die Dauer vorübergehender Inlandsaufenthalte in vollem Umfang vom Arbeitgeber über einen privaten Krankenversicherungsvertrag gewährleistet ist, und damit weder Ansprüche nach § 17 SGB V noch nach EU- oder Abkommensrecht realisiert werden. Gleichzeitig wies das BVA darauf hin, dass keine Bedenken bestehen, die entsprechende Beitragsermäßigung nach dem Grundsatz „Pflegeversicherung folgt Krankenversicherung" auch auf die Pflegeversicherung zu erstrecken.

---

67 § 257 SGB V.

68 § 240 Abs. 4a SGB V.

Praxistipp

!

Auch in der privaten Krankenversicherung besteht in der Regel die Möglichkeit, eine Anwartschaftsversicherung abzuschließen. Beim Wiederaufleben der Leistungen der privaten Krankenversicherung sind entweder zwischenzeitlich aufgetretene Krankheiten in den Versicherungsschutz einbezogen (kleine Anwartschaft) oder zusätzlich auch Alterungsrückstellungen aufgebaut worden (große Anwartschaft). Durch eine Anwartschaftsversicherung lassen sich folglich – anders als bei einem Neuabschluss – Wartezeiten, eine erneute Gesundheitsprüfung sowie ein höheres Eintrittsalter und ein damit verbundener, höherer Beitrag vermeiden.

Es ist oftmals zu lesen, dass durch die seit dem 1.4.2007 bestehende Versicherungs- 128
pflicht für Nichtversicherte – umgangssprachlich **Bürgerversicherung**[69] – keine Notwendigkeit mehr zum Abschluss einer Anwartschaftsversicherung besteht. Begründet wird dies damit, dass bei Rückkehr aus dem Ausland die Versicherung in der gesetzlichen Krankenversicherung wieder aufgenommen werden kann. Diese pauschale Betrachtungsweise ist nicht in jedem Fall zutreffend. Folgende Gesichtspunkte dürfen bei der Entscheidungsfindung nicht außer Betracht gelassen werden:

- Wird eine freiwillige Krankenversicherung wegen des Bestehens einer **privaten Vollkosten-** und **Krankentagegeldversicherung** während der Beschäftigung im Ausland gekündigt und bei Rückkehr nach Deutschland weder eine Mitgliedschaft in der gesetzlichen Krankenversicherung noch einer privaten Krankenversicherung (Krankheitskosten- und Krankentagegeldversicherung) begründet und wird weiterhin keine Beschäftigung aufgenommen, ist eine Versicherung der Nichtversicherten nur dann möglich, wenn die betreffende Person zuletzt **gesetzlich** krankenversichert war.
- Insbesondere bei Sachverhalten mit Auslandsberührung ist zu unterscheiden, ob die Person sich in einem Mitgliedstaat der EU/des EWR bzw. der Schweiz oder außerhalb davon aufgehalten hat:
- Bei Aufenthalt außerhalb eines Mitgliedstaates der EU/des EWR bzw. der Schweiz kommt es darauf an, ob die Person vor dem Auslandsaufenthalt gesetzlich krankenversichert war. In diesem Fall gehört sie zum Personenkreis nach § 5 Abs. 1 Nr. 13 Buchst. a) SGB V. Diese Person würde der **Krankenversicherungspflicht der Nichtversicherten** unterliegen.
- Bezieht sich der Auslandsaufenthalt aber auf einen Mitgliedstaat der EU/des EWR bzw. die Schweiz, ist für die Prüfung der Voraussetzung „zuletzt krankenversichert" auf den Versicherungsstatus während des Auslandsaufenthaltes abzustellen. Eine Zuordnung zur gesetzlichen Krankenversicherung i.S.d. § 5 Abs. 1 Nr. 13 Buchst. a) SGB V ist nur gegeben, wenn der Betreffende in dieser Zeit bei einem Träger der gesetzlichen Krankenversicherung versichert war, der von der VO (EG) 883/2004 erfasst wird. Wurde dagegen ausschließlich eine private Krankenversicherung begründet, die mit einer **Krankheitskostenversicherung** und einer

69 § 5 Abs. 1 Nr. 13 SGB V.

Krankentagegeldversicherung[70] vergleichbar ist, ist die Versicherungspflicht der Nichtversicherten nach der Auslandsrückkehr ausgeschlossen. Diese Person wird nach § 193 Abs. 3 VVG dem System der **privaten Krankenversicherung** zum **Basistarif**[71] zugeordnet.

Beispiel
J war bis zum 31.12.2010 in Deutschland beschäftigt. In der Zeit vom 1.1.2011 bis 30.5.2012 wurde eine Beschäftigung in einem anderen EU-Mitgliedstaat ausgeübt. J unterlag den Rechtsvorschriften über soziale Sicherheit dieses Staates und war von der dortigen gesetzlichen Krankenversicherung befreit. J hatte das Krankheitskostenrisiko privat abgesichert. Am 1.6.2012 kehrt J nach Deutschland zurück, kann aber keine Beschäftigung aufnehmen oder eine freiwillige Krankenversicherung (§ 9 SGB V) begründen. Auch verfügt er nicht über die finanziellen Mittel für eine private Krankheitskostenversicherung. J zählt ab dem 1.6.2012 nicht zu der Personengruppe, die als Nichtversicherte in der gesetzlichen Krankenversicherung pflichtversichert sind. J hat Zugang zum Basistarif der privaten Krankenversicherung nach § 193 VVG i.V.m. § 12a VAG.

Praxistipp
In der Praxis bestehen Schwierigkeiten, im Rahmen des Basistarifes Leistungen in Anspruch zu nehmen. Der Versicherte hat hier nur einen Anspruch auf Leistungen im Rahmen der Leistungen der gesetzlichen Krankenversicherung. Hierfür sind mit den Leistungserbringern (Ärzte, Krankenhäuser) individuelle Behandlungsvereinbarungen notwendig. Für die Ärzte und Krankenhäuser besteht keine gesetzliche Verpflichtung, eine solche Behandlungsvereinbarung zu treffen und nicht jeder ist bereit dazu.

- Bei der Versicherungspflicht der Nichtversicherten ist zu beachten, dass ein **Leistungsausschluss** besteht. Nach § 52a SGB V besteht kein Anspruch, wenn sich Personen in den Geltungsbereich dieses Gesetzbuchs begeben, um in einer Versicherung nach § 5 Abs. 1 Nr. 13 oder aufgrund dieser Versicherung in einer Versicherung nach § 10 missbräuchlich Leistungen in Anspruch zu nehmen. Näheres zur Durchführung regelt jede Krankenkasse in ihrer Satzung.
- Für den Eintritt in die **Krankenversicherung der Rentner (KVdR)** – dieses bezieht sich nicht nur auf Renten wegen Alters, sondern auch auf Erwerbsminderungsrenten, die auch weit vor dem Erreichen der Altersgrenze für den Bezug einer **Altersrente** gezahlt werden können – sind **Versicherungszeiten** von neun Zehnteln der zweiten Hälfte des Erwerbslebens erforderlich. Zur Erfüllung der Vorversicherungszeiten werden auch die Zeiten einer Anwartschaftsversicherung berücksichtigt. Fehlen diese erforderlichen **Vorversicherungszeiten**, ist die Begründung einer freiwilligen Krankenversicherung möglich. Bei der Beitragsermittlung wird die gesamte wirtschaftliche Leistungsfähigkeit berücksichtigt,

---

70 §§ 193 ff. VVG.
71 § 12a AVG.

damit werden z.B. auch Einkünfte aus **Vermietung** und **Verpachtung** der Beitragspflicht in der Krankenversicherung unterliegen. Das ist bei Personen, die in der Krankenversicherung der Rentner pflichtversichert sind, nicht der Fall.

II. Soziale Pflegeversicherung

Die Leistungen der sozialen **Pflegeversicherung** sind zum einen von dem Grad der 129
Pflegebedürftigkeit (Pflegestufen), zum anderen vom Nachweis bestimmter Vorversicherungszeiten abhängig. Diese **Vorversicherungszeiten** sind nachgewiesen, wenn der Versicherte in den letzten zehn Jahren vor der Antragstellung mindestens zwei Jahre als Mitglied versichert oder nach § 25 SGB XI familienversichert war.

Nach § 26 Abs. 2 SGB XI können sich Personen, die wegen der Verlegung ihres 130
Wohnsitzes oder gewöhnlichen Aufenthaltes ins Ausland aus der Versicherungspflicht ausscheiden, auf Antrag weiterversichern. Der Antrag ist bis spätestens einen Monat nach **Ausscheiden** aus der Versicherungspflicht bei der Pflegekasse zu stellen, bei der die Versicherung zuletzt bestand. Die Weiterversicherung erstreckt sich auch auf die versicherten Familienangehörigen, die gemeinsam mit dem Mitglied ihren **Wohnsitz** oder **gewöhnlichen Aufenthalt** in das Ausland verlegen. Für Familienangehörige, die im Inland verbleiben, endet die Familienversicherung mit dem Tag, an dem das Mitglied seinen Wohnsitz oder gewöhnlichen Aufenthalt ins Ausland verlegt. Das Recht auf Weiterversicherung haben im Übrigen auch Personen, die im Ausland wohnen und in der Bundesrepublik Deutschland beschäftigt sind, wenn ihre Versicherungspflicht bei Aufgabe der Beschäftigung endet.

Die Möglichkeit der **freiwilligen Weiterversicherung** in der sozialen Pflegever- 131
sicherung spielt jedoch dann keine Rolle, wenn die betreffende Person bei Wohnortverlegung in das Ausland weiterhin freiwilliges Mitglied in der deutschen gesetzlichen Krankenversicherung bleibt.

Die Weiterversicherung nach § 26 Abs. 2 SGB XI hat lediglich anwartschaftserhal- 132
tende Funktion und löst keine **Leistungsansprüche** aus.

Praxistipp !

Personen, die bei einem PKV-Unternehmen mit Anspruch auf allgemeine Krankenhausleistungen oder im Rahmen von Versicherungsverträgen, die der Pflicht zur Versicherung nach § 193 Abs. 3 VVG genügen, versichert sind, sind verpflichtet, bei diesem Unternehmen zur Absicherung des Risikos der Pflegebedürftigkeit einen Versicherungsvertrag abzuschließen und aufrechtzuerhalten. Der Vertrag muss ab Beginn der Versicherungspflicht für sie selbst und ihre Angehörigen, für die in der sozialen Pflegeversicherung eine Familienversicherung bestünde, gelten. Er muss Vertragsleistungen vorsehen, die nach Art und Umfang den Leistungen der sozialen Pflegeversicherung gleichwertig sind. Dabei tritt an die Stelle der Sachleistungen eine der Höhe nach gleiche Kostenerstattung. Personen, die wegen der Verlegung ihres Wohnsitzes oder gewöhnlichen Aufenthaltes ins Ausland aus der Versicherungspflicht ausscheiden, können sich auf Antrag weiterversichern. Der Antrag ist spätestens einen Monat nach Ausscheiden aus der Versicherungspflicht bei der Pflegekasse zu stellen, bei der die

Versicherung zuletzt bestand. Der Vertrag kann auch bei einem anderen privaten Versicherungsunternehmen abgeschlossen werden. Das Wahlrecht ist auf sechs Monate beschränkt. Die Frist beginnt mit dem Eintritt der individuellen Versicherungspflicht. Das private Krankenversicherungsunternehmen hat Privatversicherte, die trotz Aufforderung innerhalb von drei Monaten nach Abschluss des Krankenversicherungsvertrages keine private Pflegepflichtversicherung abgeschlossen haben, dem Bundesversicherungsamt zu melden. Ebenso müssen Versicherte gemeldet werden, die mit der Entrichtung von sechs Monatsprämien in Verzug sind. Beides gilt als Ordnungswidrigkeit und kann mit einem Bußgeld von bis zu 2.500 € geahndet werden.

III. Rentenversicherung

1. Allgemeines

133 Oftmals stellt sich in der Praxis die Frage, ob während einer im Ausland ausgeübten Beschäftigung, die weder aufgrund des über- oder zwischenstaatlichen Rechtes noch der innerstaatlichen **Ausstrahlung**[72] der Versicherungspflicht in der gesetzlichen **Rentenversicherung** unterliegt, gleichwohl eine Versicherung in der gesetzlichen Rentenversicherung möglich bzw. sinnvoll ist.

134 Die Beantwortung dieser Frage ist entgegen landläufiger Meinung nicht leicht möglich. Sie hängt letztendlich von einer Vielzahl von Faktoren ab. Bei der Entscheidungsfindung sind u.a. die persönliche **Daseinsvorsorge**, der Gesundheitszustand, die bisher erzielten Entgeltpunkte aus dem Versicherungsverlauf in der gesetzlichen Rentenversicherung sowie Art und Umfang der rentenrechtlichen Zeiten einzubeziehen.

Praxistipp
Eine belastbare Bewertung dieser Faktoren ist in der Regel nur durch einen gerichtlich zugelassenen, unabhängigen Rentenberater (www.rentenberater.de) oder die Beratungsstellen der Deutschen Rentenversicherung möglich.

135 Die Regelungen über die gesetzliche Rentenversicherung (SGB VI) sehen in dem zuvor beschriebenen Fall folgende Versicherungsmöglichkeiten vor:
- Versicherungspflicht auf Antrag,[73]
- Freiwillige Versicherung.[74]

Praxistipp
Bei einer ausgeübten Beschäftigung in einem anderen Mitgliedstaat der EU, der Schweiz oder in einem Staat, mit dem Deutschland ein Abkommen über soziale Sicherheit geschlossen hat, besteht re-

72 § 4 SGB IV.
73 § 4 Abs. 1 SGB VI.
74 § 7 Abs. 1 SGB VI.

gelmäßig nach dem jeweiligen innerstaatlichen Recht dieses Staates eine Versicherungspflicht in der dortigen Rentenversicherung. Aufgrund der über- und zwischenstaatlichen Regelungen im Bereich der sozialen Sicherheit werden für die Prüfung der Anwartschaftszeit u.a. auch Pflichtbeitragszeiten (aufgrund Beschäftigung/Tätigkeit) zur Rentenversicherung eines anderen Mitglied- oder Abkommensstaat berücksichtigt. In diesen Fällen ist in der Regel zur Erfüllung der Wartezeiten weder die Durchführung der Versicherungspflicht auf Antrag noch eine freiwillige Versicherung notwendig.

Sollte ein Arbeitnehmer seine Beschäftigung beispielsweise zunächst in Deutschland, 136
in einem Mitgliedstaat der EU und dann in einem Abkommensstaat (etwa Australien) ausgeübt haben, könnte der Grundsatz des **Verbotes der multilateralen Vertragsanwendung** zu berücksichtigen sein, in einem solchen Fall z.B. könnte im Einzelfall eine freiwillige Versicherung zu empfehlen sein.

2. Versicherungspflicht auf Antrag

Mit der Versicherungspflicht auf Antrag wird das Recht eingeräumt, nach mehr oder 137
weniger eigenem Ermessen über die Begründung eines **Pflichtversicherungsverhältnisses** in der gesetzlichen Rentenversicherung zu entscheiden. Sie erweitert den Einzugsbereich der gesetzlichen Rentenversicherung somit aus Gründen sozialer Fürsorge auch auf bestimmte im Ausland ausgeübte Beschäftigungen.

3. Gründe für eine Versicherungspflicht auf Antrag

Die Gewährung von Renten aus der gesetzlichen Rentenversicherung (**Versicherten-** 138
renten: Alters-, Erwerbsminderungs-, Erziehungsrenten) und Hinterbliebenenrenten sind an persönliche Voraussetzungen (z.B. Erwerbsminderung, Lebensalter, Tod) und versicherungsrechtliche Voraussetzungen (z.B. spezifische Wartezeiten oder der Nachweis von bestimmten Pflichtbeitragszeiten) gebunden.

Praxistipp !

Voraussetzung für den Anspruch auf eine Rente wegen verminderter Erwerbsfähigkeit ist neben anderen Kriterien, dass eine bestimmte Anwartschaftszeit erfüllt sein muss. Hierfür ist es notwendig, dass in den letzten fünf Jahren vor Eintritt der Erwerbsminderung drei Jahre Pflichtbeitragszeiten aufgrund z.B. einer Beschäftigung nachgewiesen werden. Wird die Beschäftigung also im vertragslosen Ausland ausgeübt und der Arbeitnehmer unterliegt während dieser Zeit nicht der gesetzlichen Rentenversicherungspflicht in Deutschland, verliert der Arbeitnehmer spätestens nach zwei Jahren und einem Monat seit Beginn der Tätigkeit die Anwartschaft auf eine Erwerbsminderungsrente.
Für die Erfüllung der Anwartschaftszeit bestimmter Altersrenten, wie z.B. Altersrente für besonders langjährig Versicherte, sind weitere besondere Voraussetzungen zu beachten. Hier ist der Nachweis von bestimmten Pflichtbeitragszeiten erforderlich.
In beiden Beispielen kann dies ausschließlich durch den Abschluss einer Antragspflichtversicherung erreicht werden.

4. Persönliche Voraussetzungen

139 Die Berechtigung zur Antragspflichtversicherung besteht für **Deutsche** und für Staatsangehörige eines EU-/EWR-Staates und der Schweiz im gesamten Ausland.[75] Auch können alle **Drittstaatsangehörigen** zur Antragspflichtversicherung berechtigt sein, wenn diese in einem EU-Staat beschäftigt sind. Schließlich kann eine Antragspflichtversicherung auch für Staatsangehörige eines Staates infrage kommen, mit denen Deutschland ein Abkommen über soziale Sicherheit geschlossen hat.

5. Zeitliche Begrenzung der Auslandsbeschäftigung

140 Die Formulierung in § 4 Abs. 1 SGB VI *„für eine bestimmte Zeit"* ist nach Sinn und Zweck des Gesetzes in einem weiten Sinn zu verstehen. Erfasst wird durch diese Formulierung jede zeitliche Begrenzung, die sich „kalendermäßig" bestimmen lässt. Es ist somit – entgegen den Regelungen zur Ausstrahlung im § 4 SGB IV – unschädlich, wenn die „begrenzte Zeit" einen größeren Zeitraum erfasst.

Beispiel

A wird auf 20 Jahre begrenzt, B dauerhaft in Südafrika für das deutsche Unternehmen A-AG tätig.

A: Eine Antragspflichtversicherung kann durch die A-AG beantragt werden, da er für eine bestimmte Zeit in Südafrika tätig ist.

B: Eine Antragspflichtversicherung ist nicht möglich, da B dauerhaft in Südafrika tätig wird.

---

6. Antrag auf Pflichtversicherung

141 Der Antrag auf Pflichtversicherung kann nach dem Wortlaut des § 4 Abs. 1 SGB VI nur von einer „Stelle" im Inland beantragt werden. „Stelle" im Sinne dieser Vorschrift kann jedes **Wirtschaftsunternehmen** sein bzw. jeder sonstige Arbeitgeber. Auf die Rechtsform dieser „Stelle" kommt es nicht an. Keine „Stelle" im genannten Sinn und damit nicht antragsberechtigt sind Privatpersonen, die nicht zugleich auch **Arbeitgeber** sind.

Beispiel

Die peruanische Tochtergesellschaft des deutschen Unternehmens A stellt mit einem lokalen Arbeitsvertrag einen deutschen Staatsangehörigen in Peru ein, der zuvor in Lima bei einem amerikanischen Unternehmen beschäftigt war. Das deutsche Unternehmen A kann die Durchführung der Antragspflichtversicherung beantragen, ohne selber Arbeitgeber der betreffenden Person zu sein.

---

75 § 4 Abs. 1 SGB VI.

a) Über den Antrag entscheidende Stelle

Über die Versicherungspflicht entscheidet der **Rentenversicherungsträger.** Zuständig ist grundsätzlich der Bundes- oder Regionalträger der Deutschen Rentenversicherung, der für den Arbeitnehmer zuletzt vor Beginn der Antragspflichtversicherung zuständig war. 142

b) Form des Antrages

Die **Antragsstellung** kann formlos erfolgen. Erforderlich ist lediglich eine auf die Pflichtversicherung nach § 4 Abs. 1 SGB VI gerichtete Willenserklärung. Im weiteren Verlauf des Verwaltungsverfahrens bedarf es zur Präzisierung des Antrages ergänzender Angaben, die in der Regel durch ein entsprechendes Antragsformular abgefragt werden. 143

Praxistipp !

Sollte die Beschäftigungsaufnahme des Arbeitnehmers sehr kurzfristig im Ausland erfolgen, kann zur Sicherstellung einer durchgehenden Pflichtversicherung der Antrag auf Durchführung der Antragspflichtversicherung zunächst formlos per Telefon oder Telefax gestellt werden. Das entsprechende Antragsformular ist unter http://www.deutsche-rentenversicherung-bund.de – Services – Formulare & Anträge – Formulare von A-Z – V035 zu finden.

---

c) Beginn und Ende der Versicherungspflicht

Der Antrag auf Durchführung der Antragspflichtversicherung kann jederzeit gestellt werden, **Ausschlussfristen** sind hierbei nicht zu beachten. Die Antragspflichtversicherung beginnt allerdings erst mit dem Tag nach **Antragseingang** bei dem zuständigen Rentenversicherungsträger, frühestens jedoch mit dem Tag, an dem die Voraussetzungen eingetreten sind. Eine rückwirkende Antragsstellung ist daher ausgeschlossen. 144

Beispiel

Aufnahme einer begrenzten Auslandsbeschäftigung durch Arbeitnehmer Y am 1.2.2012.
Antragseingang bei der Deutschen Rentenversicherung am 14.3.2012.
Beginn der Antragspflichtversicherung für Y am 15.3.2012 – Tag nach Antragseingang.

Die **Versicherungspflicht** auf Antrag endet mit Ablauf des Tages, an dem die Voraussetzungen entfallen sind. Sie endet insbesondere bei Eintritt folgender Ereignisse: 145

- Beendigung der Beschäftigung, für die die Versicherungspflicht beantragt worden ist,
- Umwandlung der zeitlich begrenzten Beschäftigung in eine unbefristete Beschäftigung,

- Aufgabe der **Staatsangehörigkeit**, es sei denn, die neue Staatsangehörigkeit führt ebenfalls zur Antragspflichtversicherung.

Praxistipp

Sollten der Versicherte oder die „Stelle" im Inland kein Interesse mehr an der Durchführung der Antragspflichtversicherung haben, ist dies kein Grund für die Beendigung des Versicherungspflichtverhältnisses auf Antrag.

---

d) Beitragstragung und -zahlung

146 Die aus der Antragspflichtversicherung resultierenden **Pflichtbeiträge** werden von der antragstellenden Stelle an die Einzugsstelle gezahlt. Weiterhin sind die damit verbundenen Meldungen nach der **DEÜV** zu erstatten.[76] Diese Stelle hat auch die Beiträge im Außenverhältnis gegenüber der **Einzugsstelle** allein zu tragen und ist somit Beitrags- und Haftungsschuldner.[77]

Praxistipp

In der Praxis ist es üblich, dass sich die antragstellende Stelle die Beiträge ganz oder teilweise durch den Versicherten erstatten lässt. Eine solche Vereinbarung ist nach § 179 Abs. 2 SGB VI zulässig, hat ausschließlich zivilrechtlichen Charakter und wirkt sich nur im Verhältnis Versicherter – antragstellende Stelle aus.

---

e) Höhe der Beiträge

147 Bemessungsgrundlage für die Ermittlung der Beiträge im Rahmen einer Antragspflichtversicherung ist das tatsächliche **Arbeitsentgelt**[78] aus der im Ausland erzielten Beschäftigung oder ein festgelegtes **Durchschnittsentgelt,** falls es für den Versicherten günstiger ist (also eine höhere Anzahl von persönlichen **Entgeltpunkten** erzielt werden). Dies ist begrenzt auf jeweils die jeweilige Beitragsbemessungsgrenze in der Rentenversicherung sowie den jeweils anzuwendenden Beitragssatz (im Jahre 2013: 18,9 %).

148 Der **Beitragsentrichtung** ist nur dann das tatsächliche beitragspflichtige Arbeitsentgelt aus der Auslandsbeschäftigung zugrunde zu legen, wenn sich kein höherer Betrag aus dem festgelegten Durchschnittsentgelt[79] ergibt. Der Natur der Sache nach kommt eine solche **Vergleichsberechnung** nur zum Tragen, wenn das Arbeitsentgelt, das für die Auslandsbeschäftigung gezahlt wird, unter der jeweiligen monatlichen Beitragsbemessungsgrenze liegt.

---

76 §§ 191 Nr. 4 SGB VI, 28d bis 28n und 28r SGB IV.
77 § 170 Abs. 1 Nr. 4 SGB VI.
78 § 14 SGB IV.
79 § 166 Abs. 1 Nr. 4 SGB VI.

Die Vergleichsbewertung erfolgt wie folgt: 149

- Die im jeweiligen Monat der Versicherungspflicht geltende Beitragsbemessungsgrenze wird mit einem Verhältniswert vervielfacht. Der Verhältniswert bildet sich aus der Summe der Arbeitsentgelte/-einkommen für die letzten drei vor Aufnahme der Auslandsbeschäftigung voll mit Pflichtbeiträgen belegten Kalendermonate im Vergleich mit der jeweiligen Beitragsbemessungsgrenze für diesen Zeitraum. Der Verhältniswert beträgt mindestens 0,6667.
- Der sich daraus ergebende Betrag stellt das beitragspflichtige Arbeitsentgelt dar, das der Antragspflichtversicherung monatlich mindestens zugrunde zu legen ist.

IV. Freiwillige Rentenversicherung

Wenn während einer im Ausland ausgeübten Beschäftigung weder eine Versiche- 150
rungspflicht nach den Regelungen über die Ausstrahlung[80] noch nach den vergleichbaren Vorschriften des über- und zwischenstaatlichen Rechtes besteht,[81] ist eine weitere Möglichkeit, in der gesetzlichen Rentenversicherung versichert zu sein, die freiwillige Versicherung.

1. Berechtigter Personenkreis

Zur freiwilligen Versicherung berechtigt sind Personen, die ihren Wohnsitz oder 151
gewöhnlichen Aufenthalt in Deutschland haben, also neben Deutschen auch Ausländer und Staatenlose. Deutsche, die ihren gewöhnlichen Aufenthalt im Ausland haben, sind grundsätzlich zur freiwilligen Versicherung berechtigt. **Ausländer** und **Staatenlose**, die ihren Wohnsitz oder gewöhnlichen Aufenthalt im Ausland haben, sind dann zur freiwilligen Versicherung berechtigt, wenn die Regelungen des über- und zwischenstaatlichen Rechtes dies vorsehen.

Praxistipp !

Die freiwillige Versicherung ist nur zulässig, wenn keine Versicherungspflicht (z.B. im Rahmen einer Ausstrahlung in der gesetzlichen Rentenversicherung) besteht. Die Versicherungspflicht in der Rentenversicherung eines ausländischen Staats ist in der Praxis einer Versicherungspflicht in der deutschen gesetzlichen Rentenversicherung nicht gleichzusetzen.

---

80 § 4 SGB IV.
81 § 4 Abs. 1 Nr. 2 SGB VI.

2. Beitragstragung und -zahlung

152 Die Höhe der freiwilligen Beiträge kann durch den Versicherten zwischen in dem von **Mindest-** (85,05 € im Jahre 2013) und **Höchstbeitrag** (1.096,20 € im Jahre 2013) vorgegebenen Rahmen frei bestimmt werden. Freiwillige Beiträge müssen bis zum 31.3. des Jahres, das dem Jahr folgt, für das die Beiträge gelten sollen, durch den Versicherten an den Rentenversicherungsträger gezahlt werden.[82] Ein Anspruch auf **Beitragszuschuss** hat der Versicherte nicht. Bei einer erstmaligen Zahlung von freiwilligen Beiträgen ist es ausreichend, dass der entsprechende Antrag auf Zahlung von freiwilligen Beiträgen bis zum 31.3. des Folgejahres eingeht.

Praxistipp

Das entsprechende Antragsformular ist unter http://www.deutsche-rentenversicherung-bund.de – Services – Formulare & Anträge – Formulare von A-Z – V060 zu finden.

Beispiel

Die Beiträge für das Jahr 2012 müssen bis zum 31.3.2013 an den Rentenversicherungsträger gezahlt werden.

---

3. Gründe für eine freiwillige Versicherung

a) Begründung des Rentenanspruchs

153 Mit der Zahlung von freiwilligen Beiträgen kann die Wartezeit für eine Rente erfüllt werden. Für die Wartezeit für die meisten Altersrenten (z.B. **Regelaltersrente, Altersrente für langjährig Versicherte**) sowie für Renten wegen Todes (z.B. **Witwenrente, Witwerente, Waisenrenten**) ist es unerheblich, ob die Wartezeit mit Pflicht- oder freiwilligen Beiträgen erfüllt wird. Dieses gilt auch für Renten wegen Erwerbsminderung. Die besonderen Voraussetzungen für z.B. den Bezug einer Rente wegen Erwerbsminderung bzw. für besonders langjährig Versicherte können ausschließlich mit Pflichtbeiträgen erfüllt werden.

Praxistipp

Durch eine besondere Vertrauensschutzregelung (§ 241 SGB VI) kann für bestimmte Personen ausnahmsweise ein Anspruch auf Rente wegen Erwerbsminderung auch durch Zahlung von freiwilligen Beiträgen aufrechterhalten werden. Versicherte, die vor dem 1.1.1984 die allgemeine Wartezeit von fünf Jahren erfüllt haben und sich die Anwartschaft für eine Rente wegen Erwerbsminderung durch Zahlung von freiwilligen Beiträgen erhalten wollen, müssen in der Zeit vom 1.1.1984 bis zum Kalendermonat vor Eintritt der Erwerbsminderung jeden Kalendermonat mit einem freiwilligen Beitrag belegen. Das gilt nicht für solche Kalendermonate, die ganz oder teilweise mit Anwartschaftszeiten belegt sind.

---

82 §§ 173 i.V.m. 171 SGB VI.

b) Freiwillige Versicherung zur Erhöhung der Rente

Die Höhe der Rente wird bei Pflichtversicherten im Wesentlichen von der Höhe des **Bruttoarbeitsentgeltes**, aus dem die Beiträge zu zahlen sind, bestimmt (entgeltbezogene Rente). Der freiwillig Versicherte kann die Höhe seiner Rente hingegen durch die Wahl der Beitragshöhe beeinflussen. 154

Beispiel

Die Zahlung von freiwilligen Beiträgen steigert den Anspruch auf Rentenleistungen in einer überschlägigen Rechnung folgendermaßen:
Der monatliche Rentenanspruch erhöht sich pro Jahr der Beitragszahlung wie folgt:
Zahlung des Mindestbeitrages für das Jahr 2012:
78,40 € × 12 Monate = 940,80 € 4,15 €
Zahlung des Durchschnittsbeitrages für das Jahr 2012:
514,50 € × 12 Monate = 6.174,00 € 28,07 €
Zahlung des Höchstbeitrages für das Jahr 2012:
1097,60 € ×12 Monate = 13.171,20 € 58,14 €

Die Zahlung von freiwilligen Beiträgen wirkt sich darüber hinaus auf die Bewertung von **beitragsfreien Zeiten** (die Monate, die mit einer Anrechnungszeit,[83] einer **Zurechnungszeit**[84] oder einer **Ersatzzeit**[85] belegt sind) in der Berechnung der späteren Altersrente aus. Die beitragsfreien Zeiten beeinflussen die Rentenhöhe. Im Versicherungsverlauf enthaltene Zeiten ohne Beitragszahlung beeinflussen die Bewertung der beitragsfreien Zeiten daher negativ. 155

Praxistipp

Als Nachweis über die Beitragszahlung übersendet der Rentenversicherungsträger des auf die Beitragszahlung folgenden Jahres eine Bestätigung über die im vorangegangenen Kalenderjahr geleisteten Beiträge. Diese Beitragszahlungen sind auch im Versicherungsverlauf als solche zu erkennen.

V. Arbeitslosenversicherung

Über Jahre bestand für Arbeitnehmer keine Möglichkeit, sich freiwillig gegen das Risiko der Arbeitslosigkeit zu versichern, wenn weder nach innerstaatlichem noch über- und zwischenstaatlichem Recht bei einer im Ausland ausgeübten Beschäftigung keine Versicherungspflicht in der Arbeitslosenversicherung bestand. Im Rahmen der **Hartz-Gesetzgebung** wurde diese Versicherungsmöglichkeit mit Wirkung ab Februar 2006 eingefügt. Seit diesem Zeitpunkt können u.a. Personen, die einen Ange- 156

83 § 58 SGB VI.
84 § 59 SGB VI.
85 § 250 SGB VI.

hörigen pflegen, eine selbstständige Tätigkeit oder unter bestimmten Voraussetzungen eine Beschäftigung im Ausland ausüben, eine Versicherungspflicht auf Antrag in der **Arbeitslosenversicherung** begründen.[86]

! **Praxistipp**

Nach einer Zeit der Versicherungspflicht auf Antrag stehen dem Arbeitslosen alle Sach- und Geldleistungen zur Verfügung wie bei einer Arbeitslosigkeit, die einer in Deutschland versicherungspflichtigen Beschäftigung folgt. Dies sind insbesondere:

- **Entgeltersatzleistungen – Arbeitslosengeld,**
- **Unterstützung durch Beratung und Vermittlung,**
- **Verbesserung der Eingliederungsaussichten,**
- **Förderung der Aufnahme der Beschäftigung,**
- **Förderung der Berufsausbildung,**
- **Förderung der beruflichen Weiterbildung.**

Ob die Zeit einer Antragspflichtversicherung in der Arbeitslosenversicherung auch zu der Vorversicherungszeit nach § 2 Abs. 1 Nr. 2 ATG zählt, ist zum jetzigen Zeitpunkt nicht abschließend geklärt. Bei der Ermittlung des Arbeitslosengeldes ist – wie bei Inlandssachverhalten auch – zu beachten, das Arbeitslosengeld im Einzelfall aus einem fiktiven Arbeitsentgelt ermittelt werden kann. Die Höhe des Arbeitslosengeldes richtet sich dann nach dem fiktiven Arbeitsentgelt, wenn der Arbeitnehmer in den letzten zwei Jahren vor Beginn der Arbeitslosigkeit nicht mindestens 150 Tage Arbeitsentgelt aus einer versicherungspflichtigen Beschäftigung erzielt hat. In diesen Fällen ist die Höhe des fiktiven Arbeitsentgelts u.a. davon abhängig, auf welche Beschäftigung sich die Vermittlungsbemühungen richten und welche Qualifikation dieses erfordert.

---

1. Sachverhalte, die eine Versicherungspflicht auf Antrag ausschließen

157 Eine **Antragspflichtversicherung** kann nicht begründet werden, wenn bereits eine Versicherungspflicht in der Arbeitslosenversicherung aufgrund anderer Vorschriften besteht.[87] Dieses kann z.B. der Fall sein, wenn die Voraussetzungen einer Ausstrahlung i.S.v. § 4 SGB IV erfüllt sind oder eine Weiterversicherung in der **Arbeitslosenversicherung** nach zwischenstaatlichem Recht besteht.[88] Weiterhin besteht keine Versicherungsberechtigung, wenn der Arbeitnehmer eine Beschäftigung in einem Staat aufnimmt, in dem die Regelungen der VO (EWG) 1408/71 bzw. VO (EG) 883/2004 anzuwenden sind – dieses losgelöst von der Frage, ob die im anderen Mitgliedstaat ausgeübte Beschäftigung nach dem entsprechenden innerstaatlichen Recht eine Versicherung in der dortigen Arbeitslosenversicherung begründet oder nicht.

---

86 § 28a Abs. 1 Nr. 3 SGB III.

87 § 28a Abs.2 S. 1 und 2 SGB III.

88 Z.B. Art. 8 des deutsch-chinesischen Abkommens über Sozialversicherung.

2. Vorversicherungszeit

Damit ein Versicherungsverhältnis im Rahmen der Antragspflichtversicherung begründet werden kann, muss der Arbeitnehmer eine bestimmte **Vorversicherungszeit** in der **Arbeitslosenversicherung** nachweisen. Nach § 28a Abs. 2 SGB III beträgt diese zwölf Monate innerhalb der letzten 24 Monate vor Aufnahme der Beschäftigung im Ausland. Hierzu zählen u.a. auch Zeiten der freiwilligen Weiterversicherung (Sachverhalte bis 31.12.2010) oder ein Versicherungspflichtverhältnis auf Antrag. 158

Praxistipp
Aufgrund der Koordinierungsregelungen der VO (EG) 883/2004 sind hierbei auch Zeiten einer Versicherung in einem anderen Mitgliedstaat der EU anzurechnen. Der Nachweis dieser Versicherungszeiten kann mittels des Vordrucks E301 bzw. U1 erfolgen, der von dem zuständigen Versicherungsträger des anderen Mitgliedstaates ausgestellt wird.

3. Antragsfrist und Beginn der Versicherung

Ein Antrag auf Versicherungspflicht ist durch den Arbeitnehmer innerhalb einer **Ausschlussfrist** von drei Monaten nach Aufnahme der Beschäftigung im Ausland bei der Agentur für Arbeit seines Wohnortes bzw. letzten Wohnortes in Deutschland zu stellen.[89] Wird der Antrag nach Ablauf der dreimonatigen Ausschlussfrist gestellt, kann die entsprechende Versicherung nicht mehr begründet werden. Das gilt auch, wenn der Antragssteller die (unverschuldete) **verspätete Antragsstellung** nicht zu vertreten hat. Die Versicherung – und damit auch die Verpflichtung zur Zahlung von Beiträgen – beginnt nicht erst mit der Antragsstellung. Der Antrag wirkt auf den längstens drei Monate zurückliegenden Tag der Aufnahme der Beschäftigung zurück. 159

Praxistipp
Das Formular für die Beantragung der Antragspflichtversicherung in der Arbeitslosenversicherung ist unter www.arbeitsagentur.de – Formulare – Antragspflichtversicherung zu finden.

Beispiel
F nimmt seine Beschäftigung am 1.3.2011 in den USA auf. Er wird am 1.5.2012 durch seinen Arbeitgeber darüber informiert, dass für die in den USA ausgeübte Beschäftigung keine Versicherungsplicht in der Arbeitslosenversicherung besteht. Ein im Mai 2012 gestellter Antrag auf Durchführung der Versicherungspflicht in der Arbeitslosenversicherung ist von der Agentur für Arbeit abzulehnen, da die Antragsfrist von drei Monaten nach Aufnahme der Beschäftigung in den USA bereits verstrichen ist.

89 § 28a Abs. 3 SGB III.

Praxistipp

Der Antragsteller hat gegenüber der Agentur für Arbeit durch geeignete Dokumente nachzuweisen, dass er seine Beschäftigung im Ausland aufgenommen hat. In der Praxis werden durch die Agentur für Arbeit folgende Dokumente akzeptiert:

- Entsendevertrag,
- Ausländischer Arbeitsvertrag,
- Bestätigungsschreiben des Arbeitgebers.

4. Höhe der Beiträge und Beitragszahlung

160 Für Auslandsbeschäftigte wird der Beitrag zur **Arbeitslosenversicherung** auf Basis der Bezugsgröße[90] und mittels des aktuellen Beitragssatzes zur Arbeitslosenversicherung ermittelt. Er soll den Beiträgen entsprechen, die von einem durchschnittlichen **Beitragszahler** erbracht werden. Die Bezugsgröße wird auf Grundlage des Durchschnittsentgeltes in der Rentenversicherung bestimmt und wird in der Regel jährlich durch den Gesetzgeber festgelegt. Der Beitragssatz in der Arbeitslosenversicherung beträgt für das Jahr 2013 3 %. Auf Basis der bei Auslandsbeschäftigten alleine maßgeblichen Bezugsgröße (West) von 2.695 € errechnet sich ein monatlicher Beitrag von 80,85 €, die der Versicherte allein zu tragen[91] und unmittelbar an die Agentur für Arbeit zu zahlen hat. Meldetatbestände nach **DEÜV** liegen in diesem Fall nicht vor.

5. Beendigung der Versicherung

161 Bestimmte Sachverhalte führen zu einer Beendigung der Versicherung von Amts wegen. Bei einem **Zahlungsverzug** endet die Versicherungspflicht auf Antrag mit dem Tag, für den zuletzt Beiträge gezahlt wurden.[92] Diese Regelung verdeutlicht das **Versicherungsprinzip**; die Zugehörigkeit zur Versichertengemeinschaft besteht nur für die Dauer der Beitragszahlung. Darüber hinaus ist eine **Kündigung** der Versicherungspflicht auf Antrag erst nach einer **Mindestversicherungszeit** von fünf Jahren möglich.[93]

VI. Gesetzliche Unfallversicherung

1. Allgemeines

162 Die gesetzliche **Unfallversicherung** ist einer der fünf Zweige der deutschen Sozialversicherung. Sie wurde im Rahmen der Bismarck`schen Sozialgesetzgebung einge-

90 §§ 345b SGB III, 18 SGB IV.
91 § 349a SGB III.
92 § 28a Abs. 5 Nr. 3 SGB III.
93 § 28a Abs. 5 Nr. 5 SGB III.

führt, um **Arbeitsunfälle** und **Berufskrankheiten** zu verhüten und nach Eintritt von Arbeitsunfällen oder Berufskrankheiten die Gesundheit und die Leistungsfähigkeit der Versicherten mit allen geeigneten Mitteln wiederherzustellen. Sollte dies nicht möglich sein, wird ein entsprechender Ausgleich durch Rentenleistungen an den Arbeitnehmer oder seine Hinterbliebenen vorgenommen.

Aus Sicht des Arbeitgebers führt die gesetzliche Unfallversicherung zu einer **Haftungsprivilegierung**. Arbeitgeber sind dem Arbeitnehmer sowie seinen Angehörigen oder Hinterbliebenen zum Ersatz des **Personenschadens** nur dann verpflichtet, wenn der Arbeitgeber den Arbeitsunfall oder die Berufskrankheit vorsätzlich herbeigeführt hat.[94] 163

Wie in allen anderen Zweigen der Sozialversicherung stellt sich in der Praxis die Frage, ob während einer im Ausland ausgeübten Beschäftigung, die weder aufgrund des über- oder zwischenstaatlichen Rechtes noch der innerstaatlichen Ausstrahlung der Versicherungspflicht in der gesetzlichen Rentenversicherung unterliegt, gleichwohl eine Versicherung in der gesetzlichen Unfallversicherung möglich ist, um zum einen im Falle eines Arbeitsunfalls oder einer Berufskrankheit auf die Leistungen der gesetzlichen **Unfallversicherung** zurückgreifen zu können und zum anderen eine **Haftungsprivilegierung** des Arbeitgebers zu ermöglichen. 164

Praxistipp !

Durch den sich aus dem Internationalen Privatrecht ergebenden Grundsatz der Anwendung des Haftpflichtrechtes des Begehungsortes kann nicht grundsätzlich davon ausgegangen werden, dass im Ausland das anwendbare Deliktrecht dem Grundsatz der Haftungsprivilegierung (§ 104 SGB VII) folgt. Dies kann dazu führen, dass der Arbeitgeber zwar nach den Vorschriften des § 104 SGB VII von einer Haftung freigestellt ist, er aber gleichwohl nach anwendbarem ausländischem Recht für Schäden haften muss.

Sollte für die im Ausland ausgeübte Beschäftigung keine Versicherungspflicht im Rahmen der Ausstrahlung bzw. nach über- und zwischenstaatlichem Recht bestehen, haben die Träger der gesetzlichen Unfallversicherung (z.B. Berufsgenossenschaften) die Möglichkeit, eine besondere **Auslandsunfallversicherung** einzurichten, um auch in solchen Fällen einen Versicherungsschutz des Arbeitnehmers zu gewährleisten und zumindest das **Haftungsprivileg** nach deutschem Recht fortzuführen. 165

94 § 104 SGB VII.

Praxistipp
Eine Auslandsunfallversicherung wird derzeit von folgenden Trägern der gesetzlichen Unfallversicherung angeboten:

Unfallversicherungsträger	Internetlink
BG Bau - Berufsgenossenschaft der Bauwirtschaft	http://www.bgbau.de – Mitglieder/Beiträge – Auslandsversicherung (AUV)
Berufsgenossenschaft Holz und Metall	http://www.bghm.de – Unternehmer – Auslandsversicherung
Verwaltungsberufsgenossenschaft	http://www.vbg.de – Downloads & Medien – Suche: Auslandsunfallversicherung
Berufsgenossenschaft Energie Textil Elektro Medienerzeugnisse	http://www.bgetem.de – Mitgliedschaft/Beitrag – Unfallversicherung im Ausland – Separate Auslandsunfallversicherung – Richtlinien der separaten Auslandsunfallversicherung
Eisenbahn-Unfallkasse	http://www.euk-info.de – Service – Auslandsunfallversicherung
Berufsgenossenschaft Rohstoffe und chemische Industrie	http://www.bgrci.de – Mitgliedschaft/Beitrag – Versicherungsschutz im Ausland
Berufsgenossenschaft für Gesundheitsdienst und Wohlfahrtspflege	http://www.bgw-online.de – Kundenzentrum – Versicherung – Ausland

2. Versicherte Personen

166 Auf Antrag des Arbeitgebers wird für den im Ausland eingesetzten Arbeitnehmer ein Versicherungsschutz gegen **Arbeitsunfälle** und **Berufskrankheiten** gewährt. Hierbei müssen insbesondere folgende Voraussetzungen erfüllt sein: Die Unfälle bzw. Krankheiten müssen im Ausland, aber im Zusammenhang mit einer Beschäftigung bei einem inländischen Arbeitgeber eingetreten sein (dieses können auch Ortskräfte sein).

167 Sollte der Arbeitnehmer in einem Gebiet beschäftigt werden, in dem offene **Kampfhandlungen** stattfinden, besteht die Möglichkeit, dass der Träger der gesetzlichen Unfallversicherung die Versicherung ablehnen kann.

3. Leistungen

168 Die Unfälle bzw. Krankheiten sind, wenn sie nach den Regelungen des SGB VII zu entschädigen wären, als **Arbeitsunfälle** und **Berufskrankheiten** anzuerkennen. Hierbei kommen insbesondere folgende Leistungen in Betracht:
- Heilbehandlung einschließlich Leistungen der medizinischen Rehabilitation,
- Verletzten- bzw. Übergangsgeld,

- besondere Unterstützung während der Rehabilitation,
- Wiederherstellung oder Erneuerung von Hilfsmitteln,
- berufsfördernde Leistungen zur Rehabilitation,
- Renten an Versicherte,
- Geldleistungen an Hinterbliebene.

4. Finanzierung

Der Beitrag für die Auslandsunfallversicherung richtet sich nach den **Beschäftigungsmonaten** der versicherten Arbeitnehmer im Ausland und den für diesen Personenkreis im vorangegangenen Kalenderjahr erbrachten Leistungen. Die Höhe des Beitrages liegt derzeit in der Regel bei ca. 12 € pro Mitarbeiter und Auslandsmonat. 169

F. Exkurs: Kinder- und Elterngeldanspruch bei Beschäftigung im Ausland

Die Beschäftigung eines Arbeitnehmers im Ausland oder der Bezug einer dem Kinder- und Elterngeld vergleichbaren Leistung im Ausland kann Auswirkungen auf den Anspruch auf deutsches Kinder- und Elterngeld haben. 170

Praxistipp !

Sowohl über die Beschäftigung im Ausland als auch den Bezug einer dem deutschen Kinder- und Elterngeld vergleichbaren ausländischen Leistung ist die zuständige Familienkasse oder Zahlstelle für das Elterngeld zu informieren. Beziehern von Kinder- oder Elterngeld obliegt die gesetzliche Verpflichtung, Änderungen in den Verhältnissen (z.B. **Wohnsitzverlegung** ins Ausland), die für die Leistung erheblich sind, unverzüglich der zuständigen **Familienkasse** oder **Zahlstelle für das Elterngeld** mitzuteilen (§§ 60 ff. SGB I bzw. §§ 68 ff. EStG). Eine Nichtbeachtung dieser **Mitwirkungspflicht** kann zu erheblichen rechtlichen Nachteilen, z.B. in Form der **Rückforderung** überzahlten Kinder- oder Elterngeldes oder der Einleitung eines **Ordnungswidrigkeitenverfahrens** führen.

I. Kindergeld nach Einkommensteuergesetz (EStG) oder Bundeskindergeldgesetz (BKGG)

1. Beschäftigung in einem Mitgliedstaat der EU bzw. in der Schweiz

Bei der Beschäftigung in einem Mitgliedstaat der EU bzw. in der Schweiz besteht ein Anspruch auf Kindergeld nach § 62 Abs. 1 EStG (**steuerliches Kindergeld**), wenn der Arbeitnehmer weiterhin den deutschen Rechtsvorschriften über soziale Sicherheit (Nachweis z.B. Vordruck A1) und der **unbeschränkten Steuerpflicht** unterliegt, weil er im Inland über einen Wohnsitz oder gewöhnlichen Aufenthalt verfügt. Sollte bei der Beschäftigung in einem Mitgliedstaat bzw. in der Schweiz der deutsche Wohnsitz aufgegeben werden, richtet sich der Anspruch auf Kindergeld nach dem **Bundeskin-** 171

dergeldgesetz (BKGG) – sozialrechtliches Kindergeld – sofern auch hier die deutschen Rechtsvorschriften über soziale Sicherheit (Nachweis z.B. Vordruck A1) weiter anzuwenden sind. Bei dem Wechsel des Anspruches vom steuerlichen auf das sozialrechtliche Kindergeld ist der **Kindergeldbezieher** verpflichtet, einen Antrag auf Kindergeld nach dem BKGG zu stellen.

! **Praxistipp**
Das Antragsformular für die Beantragung des Kindergeldes nach dem BKGG ist unter http://www.arbeitsagentur.de – Formulare – Kindergeld – Zur Liste aller Kindergeldformulare – Antrag auf deutsches Kindergeld/Ausland KG 51 zu finden. Bei der Beantragung des Kindergeldes sind folgende Zuständigkeiten zu beachten:

Wohnsitz des Arbeitnehmers in	Zuständige Familienkasse
Niederlande, Belgien	Aachen
Luxemburg	Saarbrücken
Schweiz	Offenburg
Österreich	Passau
Polen, Tschechien	Bautzen
Frankreich	Offenburg (Saarbrücken, sofern der Arbeitgeber seinen Betriebssitz in Rheinland-Pfalz oder im Saarland hat)
Bulgarien, Dänemark, Estland, Finnland, Griechenland, Irland, Island, Italien, Lettland, Liechtenstein, Litauen, Malta, Norwegen, Portugal, Rumänien, Schweden, Slowakei, Slowenien, Ungarn, Zypern	Nürnberg

---

172 Sowohl bei der Zahlung des **steuerlichen** als auch des **sozialrechtlichen Kindergeldes** wird das eventuell in einem anderen Mitgliedstaat bzw. in der Schweiz gezahlte Kindergeld auf die deutsche Leistung angerechnet **(Differenzkindergeld).**

! **Praxistipp**
Zu einer solchen Differenzzahlung kann es beispielsweise kommen, wenn der eine Elternteil im Rahmen eines internationalen Mitarbeitereinsatzes weiterhin den deutschen Rechtsvorschriften über soziale Sicherheit unterliegt und damit auch einen Anspruch auf deutsches Kindergeld hat und der andere Elternteil, z.B. durch eine im Beschäftigungsstaat ausgeübte Beschäftigung, einen eigenen Anspruch auf Kindergeld nach dem dort geltenden Recht hat.

---

2. Beschäftigung in Bosnien Herzegowina, Kosovo, Marokko, Montenegro, Serbien, Tunesien und der Türkei

173 Bei der Beschäftigung in einem dieser Staaten sind umfangreiche **kindergeldrechtliche Besonderheiten** aufgrund der entsprechenden Abkommen zu berücksichtigen. Auf diese wird an dieser Stelle nicht weiter eingegangen.

3. Beschäftigung in einem anderen als den zuvor aufgeführten Staaten

Arbeitnehmer, die während einer Beschäftigung im sonstigen Ausland weiterhin ihren 174 **Wohnsitz** im Inland haben und deshalb der **unbeschränkten** Steuerpflicht unterliegen, haben einen Anspruch auf das steuerliche Kindergeld, wenn die zu berücksichtigenden Kinder im Haushalt des Berechtigten leben.[95] Der Begriff des **Wohnsitzes** wird durch die **Familienkassen** eng ausgelegt. Es muss im Regelfall nachgewiesen werden, dass eine geeignete Wohnung, die dem Arbeitnehmer Kraft eigenen Rechtes jederzeit zur Benutzung zur Verfügung steht, auch tatsächlich mit einer gewissen Regelmäßigkeit genutzt wird. Ob und wo eine **polizeiliche Meldung** erfolgt, ist in diesem Zusammenhang unerheblich. Sofern der Wohnsitz in Deutschland aufgegeben wird, kann ein Anspruch auf das sozialrechtliche Kindergeld bestehen, wenn

- während der Beschäftigung weiterhin Beiträge zur deutschen Arbeitslosenversicherung abgeführt werden[96] – auch im Rahmen einer Antragspflichtversicherung – und
- die zu berücksichtigenden Kinder einen Wohnsitz oder gewöhnlichen Aufenthalt in einem Mitgliedstaat der EU bzw. in der Schweiz haben.

Sofern diese Voraussetzungen erfüllt sind, muss der Berechtigte einen neuen Antrag 175 auf Kindergeld nach dem BKGG bei der für diese Fälle ausschließlich zuständigen Familienkasse Nürnberg stellen.

II. Elterngeld nach Bundeselterngeldgesetz (BEEG)

Einen Anspruch auf **Elterngeld** nach § 1 Abs. 1 BEEG hat, 176

1. wer einen Wohnsitz oder gewöhnlichen Aufenthalt in Deutschland hat,
2. mit seinem Kind in einem **Haushalt** lebt,
3. dieses **Kind** selbst betreut und erzieht und
4. keine oder keine volle **Erwerbstätigkeit** (Arbeitszeit von max. 30 Wochenstunden) ausübt.

1. Beschäftigung in einem Mitgliedstaat der EU bzw. in der Schweiz

Ein Anspruch auf Elterngeld besteht auch, wenn ein Arbeitnehmer, der nicht seinen 177 **Wohnsitz** oder **gewöhnlichen Aufenthalt** in Deutschland hat, aber für den während einer Beschäftigung in einem Mitgliedstaat der EU bzw. in der Schweiz die deutschen Rechtsvorschriften über soziale Sicherheit (Nachweis z.B. Vordruck A 1) weitergelten. In diesem Fall kann auch der **Ehegatte** oder **Lebenspartner**, der mit dem Arbeitnehmer in einem Haushalt lebt, einen Anspruch auf Elterngeld haben, wenn die sons-

95 §§ 63 ff. EStG.
96 § 1 Abs. 1 Nr. 1 BKGG.

tigen Voraussetzungen (siehe oben) für den Bezug des Elterngeldes gegeben sind.[97] Sollte in einem anderen Mitgliedstaat der EU bzw. in der Schweiz eine vergleichbare Leistung gezahlt werden, wird diese auf das deutsche **Elterngeld** angerechnet.

2. Beschäftigung außerhalb der EU bzw. der Schweiz

178 Ein Anspruch auf **Elterngeld** besteht auch für einen Arbeitnehmer, der nicht seinen **Wohnsitz** oder gewöhnlichen Aufenthalt in Deutschland hat, aber während seiner Beschäftigung im Ausland im Rahmen der Ausstrahlung weiterhin der deutschen **Sozialversicherungspflicht** unterliegt.[98] Sind die Voraussetzungen einer Ausstrahlung für den Arbeitnehmer gegeben, kann auch hier für den Ehegatten oder Lebenspartner, der mit dem Arbeitnehmer in einem Haushalt lebt, ein Anspruch auf Elterngeld gegeben sein, wenn die sonstigen Voraussetzungen für den Bezug des Elterngeldes erfüllt sind.[99]

97 § 1 Abs. 2 S. 2 BEEG.
98 § 1 Abs. 2 Nr. 1 BEEG.
99 § 1 Abs. 2 S. 2 BEEG.

Kapitel 8
Hypothetische Steuer, Einkommen-, Lohn- und Ertragsteuern

A. Einleitung

Infolge der anhaltenden Globalisierung wächst auch die Bedeutung von länderübergreifenden Aktivitäten der Unternehmen. Dies geht einher mit einem verstärkten Einsatz von Mitarbeitern im Ausland bzw. der Aufnahme ausländischer Mitarbeiter im Inland. War es in der Vergangenheit noch übliche Praxis, insbesondere **längerfristige Einsätze** zu planen, geht der heutige Trend hin zu kurzfristigen bzw. tageweisen **Projekteinsätzen**. Dies stellt die Personalabteilung, den Mitarbeiter und die ausländischen sowie inländischen Gesellschaften vor neue Herausforderungen. Hatte in der Vergangenheit die Aufnahme der Tätigkeit im Ausland noch einen zeitlichen Vorlauf für die Planung von zwei bis sechs Monaten, verkürzt sich der **Planungshorizont** auf wenige Tage bis hin zur nachträglichen oder keiner Information nach der Rückkehr des Mitarbeiters. 1

Wie sich aus den vorherigen Kapiteln ergibt, hat eine Tätigkeit im Ausland neben dem HR-Hintergrund immer eine visa- und arbeitsvertragliche sowie eine sozialversicherungs- und steuerrechtliche Dimension. Es ist daher eine Herausforderung, alle vier Komponenten bei der Strukturierung des Auslandeinsatzes optimiert zu berücksichtigen. Die Praxis zeigt, dass häufig ein Priorisieren der Komponenten zu erfolgen hat, weil nicht alle Komponenten gleichgewichtig eine Berücksichtigung finden. 2

Insbesondere die Art der nationalen Besteuerung von Einkünften aus nichtselbstständiger Arbeit auf der einen Seite und Gewinneinkünfte der Unternehmen auf der anderen Seite sind die entscheidenden Richtgrößen für die Steuerplanung von internationalen Mitarbeitereinsätzen. Nationale Besteuerungsregeln können zur steuerlichen **Doppelbelastung** ebenso wie zur **Doppelfreistellung** führen, was mittels des internationalen Steuerrechtes vermieden werden soll. Unterschiedliche steuerliche Behandlungen von Mitarbeitereinsätzen können jedoch nur bei Unterschieden zwischen dem ausländischen und deutschen Steuerrecht auftreten. 3

In diesem Kapitel werden daher zunächst die **nationalen Regeln** zur inländischen Steuerpflicht einschließlich verschiedener steuerfreier und steuerpflichtiger Bestandteile des Arbeitslohnes dargestellt. Soweit es sich um die Besteuerungsfragen bei Mitarbeitereinsätzen im Ausland handelt, werden im Anschluss die Voraussetzungen der Anwendbarkeit der **internationalen Regeln** bezüglich der Zuteilung des Besteuerungsrechtes anhand des Art. 15 OECD-MA detailliert besprochen. Im Einzelfall ist jedoch zwingend auf die lokalen rechtlichen Regelungen bzw. das geltende DBA abzustellen. In vielen DBA, die Deutschland mit anderen Ländern geschlossen hat, finden sich zudem **Sonderregelungen** zu Abfindungen, Ruhegeldzahlungen 4 und Vergütungen für Aufsichtsräte. Praxisrelevant sind in diesem Zusammenhang auch die Regelungen zu den **eigenkapitalorientierten Vergütungsbestandteilen** wie z.B. Aktienoptionen, weshalb auch dieser Punkt intensiver erörtert wird. Diese Vergütungskomponente ist langfristig ausgelegt, weshalb sich selbst nach Wegzug des Mitarbeiters noch eine nachlaufende Besteuerung ergeben kann. Hierüber sollte der Arbeitgeber Kenntnis haben.

5 Um die korrekte **arbeitsvertragliche Gestaltung** wählen zu können, ist es notwendig, Kenntnisse über die Grundsätze der Versteuerung des Arbeitslohnes bei Anwendung der 183-Tage- bzw. der Grenzgänger-Regel zu haben, ebenso ob es Sonderregeln für die Besteuerung von Geschäftsführern gibt oder ob für eine Freistellung von der deutschen Besteuerung der Nachweis der Übertragung des Arbeitslohnes ins Ausland erbracht werden muss.

6 Mehr an Bedeutung gewinnen auch die Regeln zum (grenzüberschreitenden) Einsatz von **Leiharbeitnehmern**, weil auch Mitarbeiter nichtverbundener Unternehmen vermehrt zum Einsatz kommen. Daher sollte das einsetzende Unternehmen Kenntnis über den Umfang einer etwaigen **Lohnsteuerhaftung** haben.

7 Auch aus heutiger Sicht gibt es noch Länder, mit denen Deutschland kein gültiges DBA abgeschlossen hat; dazu gehören beispielsweise Brasilien, Libyen, Peru und Chile. Das Besteuerungsrecht für den Arbeitslohn wird bei diesen Ländern insbesondere von der Frage der Beibehaltung des **Wohnsitzes** in Deutschland beeinflusst.

8 Sofern Deutschland weiterhin das Besteuerungsrecht für Lohnbestandteile hat, ist auch die Frage zu klären, ob ein **Lohnsteuereinbehalt** in Deutschland zu erfolgen hat.

9 Im Rahmen der Bearbeitung der steuerlichen Bedingungen beim internationalen Mitarbeitereinsatz tauchen immer wieder dieselben Grundsätze und Fragen auf, die die steuerliche Beurteilung entscheidend beeinflussen. Sofern diese Faktoren bekannt sind, kann bei gegebenen Fakten eine optimierte Strukturierung des Auslandeinsatzes gestaltet werden.

10 Zum Schluss des Kapitels erfolgen noch Ausführungen zu den ertragsteuerlichen Besonderheiten beim Auslandseinsatz, da die Frage der Art und Höhe der Kostenbelastung Einfluss auf die **Verrechnungspreisgestaltung** innerhalb verbundener Unternehmen haben.

B. Hypothetische Steuern

11 In diesem Kapitel wird neben den in den üblichen Steuergesetzen genannten Steuerarten auch die **„Hypothetische Steuer“** behandelt. Diese Steuer ist keine neue Steuerart, die den deutschen Finanzbehörden zufließt. Sie findet sich in vielfältiger Ausgestaltung wieder beim Auslandseinsatz von Mitarbeitern, bei den sog. **Expatriates** oder kurz **„Expats“**. Im Nachfolgenden wird davon ausgegangen, dass es sich um einen Mitarbeiter eines deutschen Unternehmens handelt, der für sein inländi-

sches Unternehmen im Ausland tätig wird. Grundsätzlich findet das Konzept hypothetischer Steuern jedoch auch in anderen Ländern Anwendung, dann jedoch unter Beachtung der lokalen Regelungen.

Wie bereits in Kap. 2 dargestellt, gibt es verschiedene Formen des **Mitarbeitereinsatzes** wie beispielsweise 12
- Geschäftsreisen,
- Commuter,
- Langzeitentsendungen,
- Kurzzeitentsendungen/Projekteinsatz und
- lokale Anstellungen.

Die verschiedenen Formen des Mitarbeitereinsatzes sind unterschiedlich hinsichtlich 13 der **zeitlichen Komponente** und der **Interessenlage** von Mitarbeitern und Arbeitgebern. Dies wirkt sich auf die Art und Höhe **der Vergütungsbestandteile** aus. Die zeitliche Komponente ist u.a. auch ausschlaggebend dafür, ob der Mitarbeiter im Ausland eine Steuerpflicht begründet und ausländische Steuern zu zahlen sind.

Um die verschiedenen Formen des Auslandseinsatzes und deren Folgen für die 14 Steuer- und Sozialversicherungspflicht und die Gesamtkostenbelastung des Arbeitgebers zu strukturieren und zu handhaben, haben sich in der Praxis **Entsenderichtlinien** entwickelt, die ausführlich in Kap. 5 dargestellt werden. Diese Entsenderichtlinien haben einen direkten Einfluss auf die Gestaltung des Einkommens beim Auslandseinsatz. In diesem Zusammenhang wird häufig auf die Philosophie verwiesen, dass „die Mitarbeiter nicht schlechter, in der Regel aber auch nicht besser, gestellt werden, als wären sie im Inland verblieben“. Die Abbildung dieses Anspruches erfolgt im sog. **Balance-Sheet-Modell**,[1] in dem die Berechnung einer hypothetischen Steuer bei Verbleib im Heimatland berechnet wird.

Wie die Berechnung der hypothetischen Steuern erfolgt und welche Arten es gibt 15 sowie ob und wie eine Überprüfung der Berechnung am Jahresende erfolgt, wird im Folgenden dargestellt.

I. Ermittlung der laufenden hypothetischen Steuer im Heimatland

Der Wunsch des Expatriates und die steuerlichen Anforderungen sind in der Regel 16 nicht deckungsgleich. Ein Ausgangspunkt für die Verhandlungen des Arbeitgebers mit dem Arbeitnehmer bezüglich der Vergütung während des Auslandsaufenthaltes ist **die Bereitschaft des Arbeitnehmers**, maximal **die Steuerbelastung** und diverse **Aufwendungen** zu tragen, die er auch im Rahmen seines Beschäftigungsverhältnisses im **Heimatland** auf seine üblichen Vergütungen getragen hätte.

1 Vgl. Kap. 6 Rn 8.

17 In Bezug auf den Arbeitslohn ist das die **Lohnsteuer** bzw. im Rahmen der Veranlagung die **Einkommensteuer**. Die Einkommensteuer ist bei gleichbleibendem Arbeitslohn dann geringer, wenn der Arbeitnehmer zusätzliche **Abzugsbeträge** (Werbungskosten, Sonderausgaben, außergewöhnliche Belastungen) geltend machen kann. Einkommensteuer und Lohnsteuer werden zudem auch durch den Familienstand des Mitarbeiters (Anwendung des Splittingtarifes bei verheirateten Arbeitnehmern) und etwaigen Einkünften des Ehegatten beeinflusst.

18 Mitarbeiter mit umfangreichen privaten Einkünften und möglichen Steuersparmodellen haben die **Erwartungshaltung**, dass ihre Steuerbelastung auch bei einem Auslandseinsatz maximal auf dem **deutschen Niveau** liegt und sich mögliche **negative Einkünfte** auch während des Auslandsaufenthaltes steuerlich auswirken. In vielen Fällen werden sich negative inländische Einkünfte aber nicht auf die ausländische Bemessungsgrundlage auswirken, sodass diese auch keine Berücksichtigung bei der Ermittlung der ausländischen Steuer finden.

19 Hätten das Heimatland und das Gastland ein **einheitliches Steuersystem** mit gleichen Steuersätzen und Besteuerungsgrundlagen wäre die Einbehaltung von hypothetischer Steuer zur Herstellung der inländischen Steuerbelastung entbehrlich.

20 Die Steuer, die der **Mitarbeiter** im Verhältnis zum Arbeitgeber im Rahmen seiner Auslandstätigkeit zu tragen hat, nennt man **hypothetische Steuer**. Es handelt sich folglich nicht um eine Steuer, die an eine ausländische oder inländische Steuerbehörde abzuführen ist, sondern um eine reine **interne Rechengröße** zwischen Arbeitnehmer und Arbeitgeber, die der Herstellung der Steuerbelastung des Heimatlandes bzw. dem Vergleich mit der ausländischen Steuerbelastung dient. Im Ergebnis soll das dem Steuerpflichtigen im Gastland zuzuwendende **Nettogehalt** bzw. die steuerliche Belastung im Heimatland ermittelt werden. Grundsätzlich soll die Differenz zwischen der Summe der tatsächlichen Steuern des Heimat- und des Gastlandes während der Auslandstätigkeit und den hypothetischen Steuern durch den **Arbeitgeber getragen** werden.

! **Praxistipp**
In der Praxis besteht die Herausforderung für den Arbeitgeber, die Basis der hypothetischen Steuer und die konkrete Form des **Steuerausgleiches** vertraglich festzuhalten, um Diskussionen über die spätere Auslegung zu ersparen. Erläuternde Hinweise und Definitionen sollten sich aus den **Entsenderichtlinien** des Unternehmens ergeben.

---

1. Beispiele zur Berechnung der hypothetischen Steuern auf Jahresbasis

a) Grundfall Arbeitslohn

21 Wie eingangs die Beispiele zur Erwartungshaltung zeigen, ist bei der Bestimmung der hypothetischen Steuern zunächst die **Grundsatzfrage** zu beantworten, ob nur die **Lohnsteuern** erfasst werden, die aufgrund der Beschäftigung anfallen oder auch

Einkommensteuern, die durch private Einkünfte und Verluste oder aus der beruflichen Tätigkeit des Ehepartners entstehen.

Für den Grundfall wird davon ausgegangen, dass nur die **Lohnsteuern** auf den Arbeitslohn herangezogen werden, wobei von einem verheirateten Arbeitnehmer und Steuerklasse III ausgegangen wird. Hier kann der Arbeitgeber die hypothetische Lohnsteuer nebst Zuschlagssteuern mittels der Vorwegberechnung selbst ermitteln. 22

	€
Basisgehalt (8.000 € p.M.)	96.000
Bonus	8.000
Weihnachtsgeld	4.000
Bruttoarbeitslohn	**108.000**
2012 Lohnsteuereinbehalt, Steuerklasse III, keine Kinder, kein Freibetrag	
Lohnsteuer	25.536
Solidaritätszuschlag	1.405
Kirchensteuer (9 %) – optional – 2.298 €	
Hypothetische Lohnsteuer (LSt + SolZ)	**26.941**
Sozialversicherungsbeiträge	
Freiwillige Krankenversicherung	3.351
Zuschlag Krankenversicherung	413
Pflegeversicherung	448
Zuschlag Pflegeversicherung	115
Rentenversicherung	6.585
Arbeitslosenversicherung	1.008
Hypothetische Sozialversicherung	**11.920**
Verfügbares Netto	**69.139**

Im Zusammenhang mit der Berechnung der hypothetischen Abzüge ist Folgendes anzumerken: 23

aa) Kirchensteuer

Verwiesen wird auf die Ausführungen zu den Entsenderichtlinien. Eine Einbeziehung der **Kirchensteuer** ist grundsätzlich **systemgerecht**, da diese Steuern das „verfügbare Konsumeinkommen" verringern. Allerdings kennen andere Länder diese Art der Erhebung von Kirchensteuern nicht. Auch hat die Praxis gezeigt, dass der Abzug der Kirchensteuer bei den Mitarbeitern **zu Unverständnis** führt, weil die Steuern nicht direkt der Kirche zugeführt werden und in Abhängigkeit von der Entsenderichtlinie eventuell der **Sonderausgabenabzug** bei der Berechnung der hypothetischen Steuern nicht berücksichtigt wird. Viele Arbeitgeber gehen daher dazu über, die Kirchensteuer mit dem Beginn der Entsendung nicht mehr zu berechnen. 24

bb) Freibetrag laut Lohnsteuerbescheinigung

25 Der Arbeitgeber sollte einen auf der Lohnsteuerkarte eingetragenen **Freibetrag** nicht automatisch für die Berechnung der hypothetischen Lohnsteuern übernehmen. Im Gespräch mit dem Mitarbeiter muss er herausfinden, für welche Einkunftsart oder welchen Steuerabzugsbetrag der Freibetrag gewährt wurde. Ob der Freibetrag übernommen werden kann, hängt im Einzelnen von der jeweiligen **Entsenderichtlinie** ab.

26 Sofern der Freibetrag beispielsweise die Fahrtkosten zur Arbeitsstätte erfasst, ist das Zulassen des **Abzugsbetrages** für hypothetische Zwecke abhängig von der Entsenderichtlinie des Arbeitgebers. Sofern nur die Pauschale als Werbungskosten-Abzug gewährt wird, können für 2012 nur 1.000 € geltend gemacht werden. Diese **Pauschale** wird automatisch über das Berechnungsprogramm Lohnsteuer berücksichtigt, weshalb der Arbeitgeber den Freibetrag nicht nochmals manuell berücksichtigen muss. Werden die voraussichtlich **tatsächlichen** während der Entsendung anfallenden **Fahrtkosten** laut Entsenderichtlinie berücksichtigt, muss der Mitarbeiter diese dem Arbeitgeber gegenüber glaubhaft machen.

27 Abzuraten ist, den Werbungskosten-Abzug in der Höhe zu gewähren, den der Mitarbeiter **vor der Entsendung** gegenüber dem Finanzamt **in Ansatz** gebracht hat, denn: Bei einer großen Entfernung wird der Mitarbeiter grundsätzlich damit einverstanden sein. War die bisherige Entfernung geringer als während der Auslandstätigkeit, wird er den Abzug der neuen und höheren Werbungskosten erwarten.

! **Praxistipp**

Aus Vereinfachungsgründen gewähren Arbeitgeber entweder den gesetzlich gültigen **Werbungskosten-Pauschbetrag** oder es wird ein **erhöhter Standardpauschbetrag** gewährt, der beispielsweise fest und für alle Expats gleich ist, z.B. 3.000 € als Fixbetrag oder ein bestimmter Prozentsatz des Grundgehaltes (beispielsweise 5 % von 96.000 € = 4.800 €). Denkbar ist auch, die tatsächlich nach deutschem Recht als Werbungskosten **qualifizierenden Ausgaben** bei der Berechnung der hypothetischen Steuern zuzulassen; dies kann dazu führen, dass die Hilfe eines steuerlichen Beraters benötigt wird, um die hypothetischen Steuern auszurechnen.[2] Grundsätzlich ist die Berücksichtigung der tatsächlichen Werbungskosten deutlich aufwendiger als die Variante einer Pauschale.

---

cc) Sozialversicherungsbeiträge

28 In welcher Höhe und ob **Sozialversicherungsbeiträge** zu allen Bereichen der Sozialversicherung seitens des Mitarbeiters zu leisten sind, ist anhand der **tatsächlichen** und nicht der hypothetischen **Gegebenheiten** zu entscheiden. Die tatsächlichen Beiträge an die deutschen Sozialversicherungsträger können in der Regel nur fortgeführt werden, wenn der Mitarbeiter bereits mit seiner Vergütung vor Beginn der Auslandstätigkeit über der **Beitragsbemessungsgrenze zur Sozialversicherung** gelegen

2 Vgl. Kap. 6 Rn 22.

hat und er aufgrund der Sozialversicherungsregeln während der Auslandstätigkeit auch weiterhin in allen Bereichen im Inland sozialversicherungspflichtig ist. Schließt beispielsweise die Anwendung eines **Sozialversicherungsabkommens** die Beibehaltung der gesetzlichen Arbeitslosenversicherung aus, sollte dem Mitarbeiter keine hypothetische Arbeitslosenversicherung einbehalten werden, denn diesem Beitrag steht keine Leistung gegenüber. Hat sich der Mitarbeiter entschieden, eine freiwillige Arbeitslosenversicherung abzuschließen, ist er verpflichtet, die Beiträge selbst anzumelden und zu begleichen. Ein Einbehalt durch den Arbeitgeber würde somit zu einer Doppelbelastung führen.

Praxistipp 1 !

Der Abzug der Sozialversicherungsbeiträge sollte anhand der tatsächlich zu leistenden Beiträge erfolgen. Der Arbeitgeber muss entscheiden, ob er die vom Mitarbeiter zu leistenden Beiträge auf die Beiträge **begrenzt**, die nur bei Berücksichtigung der **regulären Bezüge** ohne die entsendungsbedingten Zulagen anfallen. Gegenüber den Sozialversicherungsbehörden wird der Beitrag auf die Vergütung **inklusive der Auslandszulagen** geschuldet, jedoch begrenzt durch die Beitragsbemessungsgrenze.

Praxistipp 2 !

Entsendungsbedingte Zulagen wie Mietzuschuss, Schulgeld, Mobilitätszulage, Erschwerniszulage oder ein Ausgleich der Kaufkraft unterliegen grundsätzlich nicht dem hypothetischen Lohnsteuerabzug, da diese nur aufgrund der **Auslandstätigkeit** gewährt werden und bei Beendigung des Auslandaufenthaltes entsprechend entfallen.

---

b) Aufteilung der hypothetischen Steuern auf die regulären Einnahmen und die sonstigen Bezüge

Im dargestellten Grundfall a) wurde die hypothetische Steuer als Jahressteuer auf die 29
reguläre Vergütung ermittelt. Diese Berechnungsweise ist grundsätzlich richtig, wenn die hypothetischen Steuern für die Erstellung des **Balance-Sheet-Modells**[3] benötigt werden.

Die voraussichtliche Jahressteuer ist jedoch weniger gut geeignet, um auf dieser 30
Basis den **monatlichen hypothetischen Steuereinbehalt** zu ermitteln. Würde man dem Mitarbeiter monatlich 1/12 der errechneten hypothetischen Steuern auf Jahresbasis (26.941 €) von seinem Gehalt in Abzug bringen, würde der Mitarbeiter bereits unterjährig monatlich 1/12 des Bonus und des Weihnachtsgeldes „versteuern". Der Mitarbeiter könnte zurecht argumentieren, dass er bereits monatlich einen Betrag im Innenverhältnis versteuern muss, den er erst im Dezember bzw. im Monat der Bonusgewährung erhält.

---

3 Vgl. Kap. 6 Rn 8.

31 Die übermäßige Reduzierung des verfügbaren Gehaltes kann verhindert werden, indem der Arbeitgeber zunächst die **Lohnsteuer** ermittelt, die auf das **Festgehalt** anfällt und davon 1/12 monatlich als hypothetische Steuern in Abzug bringt. In einem nächsten Schritt ermittelt der Arbeitgeber im Monat der Bonuszahlung bzw. der Weihnachtsgeldzahlung unter Berücksichtigung der Jahresbezüge die Lohnsteuer auf den **sonstigen Bezug** „Bonus" bzw. den sonstigen Bezug „Weihnachtsgeld". Dabei ist die Reihenfolge der Eingabe zu beachten, da der **Grenzsteuersatz** mit weiteren Einnahmen steigt. Geht man davon aus, dass der Bonus im Juli und das Weihnachtsgeld im Dezember gezahlt werden, ist die **prozentuale Belastung** beim Weihnachtsgeld höher als beim im Sommer ausgezahlten Bonus.

32 Der hypothetische Steuereinbehalt berechnet sich wie folgt:

	€
Basisgehalt (8.000 € p.M.)	96.000
Bonus	8.000
Weihnachtsgeld	4.000
Bruttoarbeitslohn p.a.	**108.000**
2012 Lohnsteuereinbehalt, Steuerklasse III, keine Kinder, keine KiSt, kein Freibetrag	
Lohnsteuer und SolZ auf 96.000 €	21.976
Lohnsteuer und SolZ auf 8.000 € (Juli)	3.271
Lohnsteuer und SolZ auf 4.000 € (Dezember)	1.694
Summe hypothetischer Abzug	**26.941**

33 Im Monat Juli wird dem Mitarbeiter beispielsweise insgesamt eine hypothetische Lohnsteuer von 5.102 € abgezogen, die sich zusammensetzt aus 1/12 hypothetischer Steuern von 1.831 € auf das Basisgehalt und 3.271 € auf den Bonus.

! **Praxistipp**

Bei einem zu versteuernden Einkommen von 110.000 €, das ungefähr einem Jahresarbeitslohn von 115.000 € entspricht, beträgt bei Anwendung des Splittingtarifes der **Grenzeinkommensteuersatz 42 %** bzw. inklusive Solidaritätszuschlag 44,31 %. Aus Vereinfachungsgründen kann bei der Steuerberechnung für den sonstigen Bezug im Fall des Übersteigens eines Jahresarbeitslohnes von 115.000 € die Steuer mit dem Grenzsteuersatz von 44 % ermittelt werden.

c) Ermittlung der hypothetischen Steuern bei Berücksichtigung von positiven privaten Einkünften

34 Die bisher gezeigten Berechnungen beziehen sich nur auf Fälle, bei denen der Arbeitgeber die Lohnsteuer mit seinem Lohnberechnungsprogramm selbst ermitteln kann, da sich die Berechnung der hypothetischen Steuer ausschließlich auf den Arbeitslohn beschränkt. Aufwendiger wird die hypothetische Steuerberechnung, wenn der Mitarbeiter eine Vereinbarung hat, bei der alle **positiven** wie **negativen Einkünfte**

ausgeglichen werden. In diesem Fall sollen nach der entsprechenden Vereinbarung mit dem Arbeitgeber neben dem Arbeitslohn auch **private Einkünfte** einbezogen und auch die auf die privaten Einkünfte entfallenden hypothetischen Steuern ermittelt werden.

Praxistipp

!

Zwecks Ermittlung der privaten Einkünfte ab dem Entsendungsjahr ist es empfehlenswert, die Berechnung durch einen Steuerberater vorzunehmen, der insbesondere auch die **Entsendungsrichtlinie** kennt. Der Arbeitgeber hat dann die Gewähr, dass er der zugrunde gelegten Schätzung vertrauen kann und der Steuerberater bei der Berechnung die steuerlichen Rahmenbedingungen berücksichtigt.

Nachfolgend wird davon ausgegangen, dass der Mitarbeiter zusätzlich private Vermietungseinkünfte (24.000 € nach Abzug der Werbungskosten) hat. Die Ermittlung der hypothetischen Steuern ist wie folgt: 35

	€
Basisgehalt	96.000
Bonus	8.000
Weihnachtsgeld	4.000
Bruttoarbeitslohn	**108.000**
abzgl. Werbungskosten (z.B. 5 % vom Basisgehalt)	4.800
Einkünfte aus nichtselbstständiger Arbeit	**103.200**
Einkünfte aus Vermietung & Verpachtung	24.000
Gesamtbetrag der Einkünfte	**127.200**
Vorsorgeaufwendungen (geschätzt)	–5.500
Sonderausgabenpauschbetrag	–72
Zu versteuerndes hypothetisches Einkommen	**121.628**
Hypothetische Einkommensteuer (Splittingtarif)	34.738
Hypothetischer Solidaritätszuschlag	1.911
Summe hypothetische Steuer	**36.649**
Davon entfallen hypothetische Steuern auf	
Gehalt	21.976
Bonus	3.271
Weihnachtsgeld	1.694
Vermietung	9.708
Summe	**36.649**

Wie bereits erwähnt, sollte ein Steuerberater die Ermittlung des **Gesamtbetrages** an hypothetischen Steuern vornehmen, sofern **private Einkünfte** im Rahmen der Entsenderichtlinie berücksichtigt werden. In diesem Fall wird die auf die privaten Einkünfte entfallende hypothetische Steuer nicht vom Arbeitslohn abgezogen, sondern mit der tatsächlichen **steuerlichen Belastung** der privaten Einkünfte verglichen. Um den korrekten Einbehalt bei den sonstigen Bezügen zu erfassen, sollte die Auftei- 36 lung der Steuern auf den Bruttoarbeitslohn sowie die privaten Einkünfte anhand der Berechnung über die Lohnsteuertabellen erfolgen; der **Differenzbetrag** entfällt dann auf die privaten Einkünfte.

d) Ermittlung der hypothetischen Steuern bei Berücksichtigung von positiven und negativen privaten Einkünften

37 Das Beispiel c) wird ergänzt um einen Verlust aus Gewerbebetrieb gem. § 15 EStG des Ehepartners in Höhe von 30.000 €.

	€
Basisgehalt	96.000
Bonus	8.000
Weihnachtsgeld	4.000
Bruttoarbeitslohn	**108.000**
abzgl. Werbungskosten (z.B. 5 % vom Basisgehalt)	−4.800
Einkünfte aus nichtselbstständiger Arbeit	**103.200**
Einkünfte aus Vermietung & Verpachtung	24.000
Verlust aus Gewerbebetrieb (Ehepartner)	−30.000
Gesamtbetrag der Einkünfte	**97.200**
Vorsorgeaufwendungen (geschätzt)	−5.500
Sonderausgabenpauschbetrag	−72
Zu versteuerndes hypothetisches Einkommen	**91.628**
Hypothetische Einkommensteuer (Splittingtarif)	22.368
Hypothetischer Solidaritätszuschlag	1.230
Summe hypothetische Steuer	**23.598**

38 Das Beispiel zeigt, dass der Mitarbeiter die hypothetischen Steuern auf seinen Bruttoarbeitslohn über die Verrechnung mit **negativen Einkünften** reduzieren kann. Der Arbeitgeber hat entweder die Möglichkeit, sich die hypothetischen Steuern von einem **Steuerberater** berechnen zu lassen oder der Arbeitgeber verwendet hilfsweise einen **Freibetrag** von 6.000 € (30.000 € abzüglich 24.000 €) zuzüglich € 3.800 (Werbungskosten € 4.800 abzüglich Pauschbetrag € 1.000) bei seinem **Lohnberechnungsprogramm**, um näherungsweise den korrekten hypothetischen Steuereinbehalt zu ermitteln. Der Freibetrag beträgt mithin 9.800 €.

Bei Nutzung eines Freibetrags (9.800 €) im Lohnberechnungsprogramm ergeben sich folgende Steuern:	€
Gehalt	18.178
Bonus	3.082
Weihnachtsgeld	1.600
Vermietung	0
Summe Steuern über Lohnberechnung	**22.860**
Summe Steuern auf zu versteuerndes Einkommen	**23.598**
Zu geringer Einbehalt	**738**

Zur Vermeidung des Risikos, dass zu wenig hypothetische Steuern einbehalten 39 werden, kann der Arbeitgeber einen Freibetrag auch nur in Höhe des Verlust-überschusses von 6.000 € verwenden. Die unterjährig eventuell zu hoch einbehaltenen Steuern erhält der Mitarbeiter im Rahmen der Erstellung der **Steuerausgleichsberechnung** erstattet.

Praxistipp !
Bei der Berechnung der hypothetischen Steuern hat sich gezeigt, dass die Anwendung des **Vorsichtsprinzips** sinnvoll erscheint. Es ist einfacher, seitens des Arbeitgebers einen Anspruch auf Erstattung von zu viel bezahlten hypothetischen Steuern zu erfüllen, anstatt vom Mitarbeiter die Bezahlung einer **Abschlussrate** für hypothetische Lohnsteuer zu verlangen.

Da der Mitarbeiter im zuvor genannten Beispiel bereits im Rahmen des hypothetischen 40 Lohnsteuerabzuges den laufenden Verlust aus Gewerbebetrieb verrechnet, ist darauf zu achten, wie sich der Verlust im Rahmen der tatsächlichen **Einkommensteuerveranlagung** auswirkt. Sofern der Verlust im Rahmen der beschränkten Steuerpflicht anfällt und keine Verrechnung mit Gewinnen derselben Art und aus demselben Land erfolgen kann, wird der Verlust auf Antrag ein Jahr zurück- bzw. vorgetragen. Einen **Verlustvortrag** kann der Mitarbeiter erst im Jahr der Rückkehr mit seinen positiven Einkünften verrechnen, was zu einer geringeren **Steuerbelastung** im **Zuzugsjahr** führt. Die sich aufgrund des Verlustrücktrages ergebende Minderbelastung mit Einkommensteuer steht dann jedoch dem **Arbeitgeber** zu. Er sollte den Erstattungsanspruch während des Auslandsaufenthaltes des Mitarbeiters als **Merkposten** bei den **Entsendungsunterlagen** führen.

Praxistipp !
Vertragliche Vereinbarungen über die **Nutzung von Verlustvorträgen** bei Beendigung des Auslandsaufenthaltes sind mit dem Mitarbeiter bei Beginn der Auslandstätigkeit zu treffen.

e) Ermittlung der hypothetischen Steuer bei Einbeziehung der Ehegatteneinkünfte und Aufteilung der Steuerschuld

41 Das Beispiel c) wird dahingehend abgewandelt, dass die Vermietungseinkünfte alleine dem Ehepartner zuzurechnen sind.

	€
Basisgehalt	96.000
Bonus	8.000
Weihnachtsgeld	4.000
Bruttoarbeitslohn	**108.000**
abzgl. Werbungskosten (z.B. 5 % vom Basisgehalt)	–4.800
Einkünfte aus nichtselbstständiger Arbeit	**103.200**
Einkünfte aus Vermietung & Verpackung (Ehepartner)	24.000
Gesamtbetrag der Einkünfte	**127.200**
Vorsorgeaufwendungen (geschätzt)	–5.500
Sonderausgabenpauschbetrag	–72
Zu versteuerndes hypothetisches Einkommen	**121.628**
Hypothetische Einkommensteuer (Splittingtarif)	34.738
Hypothetischer Solidaritätszuschlag	1.911
Summe hypothetische Steuer	**36.649**
Davon entfallen hypothetische Steuern auf	
Arbeitslohn*	29.734
Vermietung*	6.915
Summe	**36.649**

*Die Aufteilung der Steuern erfolgte im Verhältnis der Einkünfte zum Gesamtbetrag der Einkünfte multipliziert mit der Summe der hypothetischen Steuern.

42 Der Arbeitnehmer schuldet dem Arbeitgeber den **vollen Betrag** an hypothetischer Steuer. Sofern der Ehegatte im Rahmen der **Einkommensteuerveranlagung Einkommensteuervorauszahlungen** leistet, sind diese entsprechend zu berücksichtigen.

43 Ähnlich würde es sich verhalten, wenn der Ehepartner auch Arbeitslohn bezieht, der dem tatsächlichen **Lohnsteuereinbehalt** unterliegt und deshalb im Rahmen der hypothetischen Steuern auch anzurechnen ist.

2. Abzug einer hypothetischen Lohnsteuer – Wirkungsweise

44 Das reguläre Gehalt wird um die hypothetische Lohnsteuer reduziert, da es sich um die Steuerschuld handelt, die der Mitarbeiter im **Innenverhältnis** aufgrund der Vereinbarung mit seinem Arbeitgeber trägt. Das gekürzte Gehalt wird um die **entsendungsbedingten Zulagen** erhöht. Sofern im Ausland eine Lohnsteuerabführungsverpflichtung besteht, wird die entsendungsbedingte Vergütung im Rahmen der steuerlichen Vorschriften des Auslandes auf **einen Bruttobetrag** hochgerechnet.

Vereinbarungsgemäß trägt der Arbeitgeber im Ausland die hochgerechnete Lohnsteuer bzw. die anfallende Einkommensteuer. 45

Aufgrund der Vereinbarung mit dem Arbeitgeber ist der Mitarbeiter im **Außenverhältnis** für die Erfüllung der **Steuererklärungsverpflichtungen** im Inland und im Ausland verantwortlich, auch wenn er im **Innenverhältnis** nur mit der hypothetischen Steuer belastet ist. Dabei ist es unerheblich, ob der Arbeitgeber die Lohnsteuer an das Finanzamt tatsächlich abgeführt hat oder nicht. 46

II. Steuerausgleich durch Tax Protection und Tax Equalization

Wurde bei der Bestimmung des Vergütungspaktes der sog. **Heimatland-Ansatz** gewählt, ist zu entscheiden, wie und in welcher Höhe der Expatriate an der Besteuerung teilnimmt. 47

Die gängigsten Methoden des Steuerausgleiches sind: 48

– **Tax Equalization:**

Der Arbeitgeber reduziert das Gehalt im Innenverhältnis um die mit dem Arbeitnehmer vereinbarte **hypothetische Steuer**. Im Gegenzug übernimmt der Arbeitgeber jedoch im Außenverhältnis die entsprechend der Vereinbarung mit dem Arbeitnehmer **im Ausland entstehende Steuer** und ggf. auch anfallende **Mehrsteuern** im Inland. Dabei wird das um die hypothetische Steuer reduzierte Gehalt dem Mitarbeiter unter Beachtung der ausländischen Rechtsvorschriften netto ausgezahlt und ggf. auf einen Bruttobetrag hochgerechnet. 49

Dabei ist zu unterscheiden, ob der Mitarbeiter weiterhin der **inländischen Sozialversicherung** unterliegt oder nicht. Unterliegt der Mitarbeiter weiterhin dem inländischen Sozialversicherungssystem, ist der Nettobetrag nur unter Berücksichtigung der hypothetischen Steuer zu ermitteln. Unterliegt der Mitarbeiter hingegen dem ausländischen Sozialversicherungssystem, muss die deutsche hypothetische Sozialversicherung berücksichtigt werden und dieser Betrag dann unter Berücksichtigung der **ausländischen sozialversicherungsrechtlichen Vorschriften** ermittelt werden. 50

Abhängig vom Steuerniveau im Ausland kann die Steuer im **Ausland** die hypothetische Steuer im **Inland** über- oder unterschreiten. Die steuerliche Belastung für den Arbeitnehmer bleibt jedoch auf dem **Niveau des Heimatlandes**. Die Kostenbelastung für den Arbeitgeber ist hingegen vom Steuerniveau des Entsendungslandes abhängig. 51

Sofern sich die Berechnung des hypothetischen Lohnsteuereinbehaltes nicht nur auf die Lohnsteuerberechnung nach den **Lohnsteuerklassenmerkmalen** richtet, ist nach Abschluss des Kalenderjahres und der Erstellung der in- und ausländischen Einkommensteuererklärung eine **Nachschau** vorzunehmen, ob unterjährig der hypothetische Lohnsteuereinbehalt korrekt vorgenommen wurde. 52

Technisch erfolgt dies durch die Erstellung einer **hypothetischen Einkommensteuerveranlagung**, bei der für den Mitarbeiter die Einnahmen und Werbungskosten 53 und sonstigen Abzugsbeträge (z.B. Sonderausgaben, außergewöhnliche Belastungen etc.) in Ansatz gebracht werden, die dem Mitarbeiter laut **Entsenderichtlinie** zustehen.

! **Praxistipp**
Sofern der Arbeitgeber mit dem Mitarbeiter einzelvertraglich außerhalb der Entsenderichtlinie eine Vereinbarung über beispielsweise einen **zusätzlichen Werbungskosten-Abzug** getroffen hat, kann diese Vereinbarung im Rahmen der Erstellung der Tax Equalization berücksichtigt werden.

---

54 Im Zusammenhang mit der Erstellung der **fiktiven Veranlagung** ist anzumerken, dass diese Methode den Vorteil bietet, alle **Expatriate-Vertragstypen** weitgehend gleichzubehandeln. Dennoch muss dem Arbeitgeber bewusst sein, dass der Prozess insgesamt **aufwendiger** und **finanziell umfangreicher** ist wegen der in der Regel erforderlichen Einbeziehung eines externen Beraters. In der Praxis zeigt es sich jedoch, dass dies trotz des Für und Wider die beste Möglichkeit ist, die Expatriate-Population zu betreuen und die steuerlichen Vorschriften im Ausland sowie im Inland einzuhalten.

– **Tax Protection:**

55 Bei Anwendung dieser Methode gleicht der Arbeitgeber regelmäßig nur die anfallenden **Mehrsteuern** aus. Auch hier wird die Summe der tatsächlichen Steuern des Heimat- und des Gastlandes verglichen mit den einbehaltenen hypothetischen Steuern, die der Mitarbeiter gezahlt hätte, wäre er nicht im Ausland tätig geworden. Sofern in der Summe weniger Steuern anfallen, darf der Mitarbeiter den Vorteil behalten und ist nicht verpflichtet, diesen Vorteil dem Arbeitgeber zu erstatten.

56 Die **Tax Protection-Methode** ist im Vergleich zur Methode der **Tax Equalization** für den Arbeitgeber einfacher zu administrieren, jedoch insbesondere bei Einsätzen in Ländern mit einem Steuerniveau unterhalb des Heimatlandes auch teurer.

! **Praxistipp**
Die Tax Equalization-Methode wird bei Aufenthalt in einem **Niedrigsteuerland** häufig als Bereicherung des Arbeitgebers angesehen. Dem ist entgegenzuhalten, dass dies bezogen auf den Steuersatz grundsätzlich stimmt. Allerdings hat der Arbeitgeber auch einen höheren **Aufwand** durch **Auslandszulagen**, die für den Mitarbeiter in der Regel **steuerneutral** sind. Im Rahmen einer Gesamtkostenbetrachtung bereichert sich der Arbeitgeber auch in diesem Fall nicht.

---

1. Steuerausgleich im Rahmen einer Tax Equalization

Hierzu kann das Beispiel aus der Fallgestaltung c) herangezogen werden. 57

	Beginn Entsendung €	**Tax Equalization** €
Basisgehalt	96.000	
Bonus	8.000	
Weihnachtsgeld	4.000	
Bruttoarbeitslohn	**108.000**	**108.000**
abzgl. Werbungskosten (z.B. 5 % vom Basisgehalt)	−4.800	−4.800
Einkünfte aus nichtselbstständiger Arbeit	**103.200**	**103.200**
Einkünfte aus Vermietung & Verpachtung	24.000*	21.000**
Gesamtbetrag der Einkünfte	**127.200**	**124.200**
Vorsorgeaufwendungen (geschätzt)	−5.500*	−7.000**
Sonderausgabenpauschbetrag	−72	−72
Zu versteuerndes hypothetisches Einkommen	**121.628**	**117.128**
Hypothetische Einkommensteuer (Splittingtarif)	34.738	32.848
Hypothetischer Solidaritätszuschlag	1.911	1.807
Hypothetische Steuer mit Beginn Auslandsteuer	**36.649**	
Hypothetische Steuer am Jahresende		**34.655**
Erstattungsanspruch des Mitarbeiters		**1.994**

*Schätzwerte **tatsächliche Werte

Das Beispiel zeigt, dass sich im Rahmen der Tax Equalization durch die Geltendmachung weiterer Abzugsbeträge eine niedrigere hypothetische Steuerschuld ergibt. Eine Notwendigkeit, eine entsprechende **jährliche Steuerausgleichsberechnung** durchzuführen, ergibt sich deswegen, weil im Rahmen der ursprünglichen Ausgleichsberechnung zu Beginn des Jahres oder zum Entsendungsbeginn nur **Schätzwerte** berücksichtigt werden konnten und die tatsächlichen Werte erst nach Ende des Kalenderjahres vorliegen. Im Beispielsfall hat der Arbeitgeber dem Mitarbeiter aufgrund dieser Abweichung die Steuererstattung auszuzahlen. 58

Gleichzeitig hat der Arbeitgeber zu prüfen, ob es sich bei der Erstattung um einen **steuerpflichtigen Betrag** handelt. Inhaltlich bedeutet die Erstattung, dass unterjährig der hypothetische Lohnsteuereinbehalt zu hoch und damit das im Ausland steuerpflichtige Nettogehalt zu niedrig berücksichtigt wurde. Daher hat der Arbeitgeber den **Erstattungsbetrag** der ausländischen Gesellschaft mitzuteilen, damit diese entscheiden kann, ob und in welcher Form eine **Versteuerung** des Betrages zu erfolgen hat. Die darauf anfallende Steuer ist grundsätzlich vom ausländischen Arbeitgeber zu tragen, es sei denn, die beiden Gesellschaften haben etwas anderes vereinbart. 59

– **Abwandlung:**

Würde sich im Rahmen der Tax Equalization ergeben, dass der Mitarbeiter dem Arbeitgeber einen Betrag schuldet, hat der Mitarbeiter dem Arbeitgeber die Differenz zu 60 erstatten. Dies bedeutet, dass unterjährig der **hypothetische Lohnsteuereinbehalt** zu gering und damit das im Ausland zugrunde gelegte Gehalt zu hoch war. Demzufolge führt die Rückzahlung an den Arbeitgeber **zu negativem Arbeitslohn** und mit der ausländischen Gesellschaft ist zu klären, wie diese Rückzahlung zu behandeln ist. Häufig ist es nur erlaubt, diesen Betrag vom nächsten Bruttogehalt in Abzug zu bringen.

! **Praxistipp**

Sofern eine Steuerrückzahlung an den Arbeitgeber im Rahmen der Tax Equalization nur als **Abzug vom Bruttogehalt** erlaubt ist, ist es aus Sicht der Gesamtkostenbelastung umso wichtiger, dass unterjährig möglichst ein **korrekter Lohnsteuereinbehalt** erfolgt. Bei Zweifeln sollte während des Jahres eine Kontrolle erfolgen.

---

61 Sofern der Ehegatte des Mitarbeiters eigene Einkünfte hat, die weiterhin der inländischen Besteuerung unterliegen und in der Summe niedriger sind als die dem hypothetischen Steuerabzug unterliegenden Einkünfte des Mitarbeiters, hat der Mitarbeiter grundsätzlich ein Interesse, dass der Splittingtarif aufgrund der Zusammenveranlagung zugrunde gelegt wird, denn dieser reduziert die **familiäre Gesamtbelastung.** Im Rahmen der tatsächlichen Einkommensteuerveranlagung im Inland kann es in der Summe jedoch günstiger sein, wenn die Ehegatten die **getrennte Veranlagung** wählen.

! **Praxistipp**

Die Steuerschuld des Ehegatten sollte auf die Steuerschuld bei Anwendung der **Steuerklasse I** begrenzt werden, sofern bei Zusammenveranlagung der Ehegatte mit den niedrigeren Einkünften durch die Progression benachteiligt wird, der Arbeitgeber jedoch durch die **Zusammenveranlagung** über eine insgesamt niedrigere Steuerschuld im Vergleich zur **Einzelveranlagung** der Ehegatten profitiert. Dies sollte nicht zum Nachteil des Ehegatten des Mitarbeiters führen.

---

2. Steuerausgleich durch Tax Protection

62 Das obige Beispiel kann fortgeführt werden, da sich die Tax Protection nur auf den Abrechnungsteil bezieht.

– **Zu (1):**

63 In diesem Fall hat der Mitarbeiter im Vergleich zur hypothetischen Steuer insgesamt einen höheren **Steueraufwand** getragen, weshalb der Mitarbeiter gegenüber dem Arbeitgeber einen Anspruch auf **Erstattung der Mehrkosten** hat.

– **Zu (2):**

64 Sofern der Mitarbeiter beispielsweise in einem sog. Niedrigsteuerland wie Hongkong, Luxemburg, Monaco, Singapur oder Schweiz tätig ist, ergibt sich grundsätzlich ein niedrigeres Steuerniveau, was sich auf die tatsächlich anfallenden Steuern auswirkt. Der Mitarbeiter hat somit ein persönliches Interesse, der Tax Protection-Methode anstatt der Tax Equalization zu unterliegen. Der sich laut Berechnung ergebende **Steuervorteil** verbleibt beim Mitarbeiter.

	Beginn Entsendung €	(1) Tax Protection €	(2) Tax Protection €
Basisgehalt	96.000		
Bonus	8.000		
Weihnachtsgeld	4.000		
Bruttoarbeitslohn	**108.000**	**108.000**	**108.000**
abzgl. Werbungskosten (z.B. 5 % vom Basisgehalt)	–4.800	–4.800	–4.800
Einkünfte aus nichtselbstständiger Arbeit	**103.200**	**103.200**	**103.200**
Einkünfte aus Vermietung & Verpachtung	24.000*	21.000**	21.000**
Gesamtbetrag der Einkünfte	**127.200**	**124.200**	**124.200**
Vorsorgeaufwendungen	–5.500*	–7.000**	–7.000**
Sonderausgabenpauschbetrag	–72	–72	–72
Zu versteuerndes hypothetisches Einkommen	**121.628**	**117.128**	**117.128**
Hypothetische Einkommensteuer (Splittingtarif)		32.848	32.848
Hypothetischer Solidaritätszuschlag		1.807	1.807
Hypothetische Steuer am Jahresende		**34.655**	**34.655**
Tatsächlich bezogene Steuern Inland auf Vermietung (Annahme: 30 % bzw. 20 %)		6.300	4.200
Tatsächlich bezogene Steuern im Ausland (Annahme: 35 % bzw. 25 % auf Einkünfte nichtselbstständiger Arbeit (108.000 €)		37.800	27.000
Tatsächliche gezahlte Steuer im In- und Ausland		**44.100**	**31.200**
Erstattungsanspruch des Mitarbeiters		**9.445**	
Steuervorteil verbleibt beim Mitarbeiter			**3.455**

*Schätzwerte **tatsächliche Werte

3. Praxistauglichkeit der Basis der Tax Equalization- bzw. Tax Protection-Methode auch für andere Fälle

Die Berechnung der hypothetischen Steuern kann auch herangezogen werden, um einem Mitarbeiter die Attraktivität eines **lokalen Anstellungsverhältnisses** im Vergleich zur Entsendung mit hypothetischem Steuerabzug darzustellen, da in der Summe aufgrund einer geringeren ausländischen Steuerbelastung das **verfügbare Nettoeinkommen** des Mitarbeiters steigt. Hierbei ist neben der Steuerbelastung auch die Sozialversicherung zu berücksichtigen. Ein Mitarbeiter hat zu Beginn seiner 65

Berufstätigkeit einen geringeren Anspruch seitens der deutschen Rentenversicherung zu berücksichtigen im Vergleich zu einem Mitarbeiter, der bereits 20 Berufsjahre lang Beiträge an die deutsche Rentenversicherung geleistet hat. Der jüngere Mitarbeiter ist in der Regel eher bereit, mit einem **lokalen Anstellungsverhältnis** im Ausland tätig zu werden als der Mitarbeiter, der bereits länger berufstätig ist.

66 Unabhängig von der Vereinbarung einer hypothetischen Steuer im Rahmen einer im Voraus geplanten Auslandstätigkeit kann die **Tax Protection-Methode** auch dann für **Vergleichszwecke** herausgezogen werden, wenn entweder
- mit dem Mitarbeiter eine lokale Anstellung bei der ausländischen Landesgesellschaft vereinbart wurde oder
- ausländische Steuern anfallen, mit denen man zu Beginn einer Tätigkeit nicht gerechnet hat.

Beispiel
Dies ist u.a. dann der Fall, wenn der Mitarbeiter die 183-Tage-Grenze überschreitet und eine Gehaltskostenweiterbelastung erfolgt, der Wohnsitz im Inland aufgegeben wird oder die Tätigkeit in diversen Ländern eine Besteuerung nach nationalen Gesetzen erforderlich macht. Die Mehrsteuern können dann anhand der Tax Protection-Kalkulation der Höhe nach bestimmt werden.

C. Besteuerungsgrundsätze des nationalen deutschen Steuerrechts

I. Inländische Steuerpflicht

1. Unbeschränkte Steuerpflicht § 1 Abs.1 EStG; insbesondere Steuererklärungspflichten

a) Persönliche Steuerpflicht

67 Das deutsche Einkommensteuerrecht folgt dem international üblichen **Wohnsitzprinzip**, indem die **persönliche Steuerpflicht** einer natürlichen Person an einen inländischen Wohnsitz oder **gewöhnlichen Aufenthalt** anknüpft (§ 1 Abs. 1 S. 1 EStG).

b) Wohnsitz

68 Einen **Wohnsitz** hat jemand dort, wo er eine Wohnung u.U. innehat, die darauf schließen lassen, dass er die Wohnung beibehalten und benutzen wird.[4] Die steuerrechtliche Definition des Wohnsitzbegriffes setzt zum Wohnen **geeignete Räumlichkeiten**

4 § 8 AO.

voraus, über die der Steuerpflichtige **tatsächlich verfügen** kann.[5] Unbeachtlich ist, ob die Räumlichkeiten der Größe oder Ausstattung nach angemessen oder möbliert sind.[6]

c) Gewöhnlicher Aufenthalt

Wie der Wohnsitz knüpft der gewöhnliche Aufenthalt an die persönlichen Verhält- 69
nisse einer natürlichen Person an. Ein **gewöhnlicher Aufenthalt** wird angenommen, wenn jemand sich **nicht nur vorübergehend** im Inland aufhält.[7] „Nicht nur vorübergehend" bedeutet in diesem Zusammenhang eine bestimmte Dauer. Dabei sind kurzfristige Unterbrechungen z.B. aufgrund von Urlaub oder Wochenendheimfahrten nicht zu beachten.[8] Auch ein Aufenthalt von weniger als sechs Monaten kann ausnahmsweise einen gewöhnlichen Aufenthalt begründen. Entscheidend ist, dass ursprünglich ein mehr als sechs Monate dauernder Aufenthalt im Inland geplant war.[9]

Beispiel

Ein Arbeitnehmer wohnt mit seiner Familie in Rouen. Er ist seit dem 1.1.2012 mit unbefristetem Arbeitsvertrag bei der A GmbH in Frankfurt/Main angestellt. Jeweils montags und freitags arbeitet er von seinem Arbeitszimmer in Rouen aus. An den anderen Wochentagen arbeitet er in Frankfurt/Main und übernachtet in wechselnden Hotels. Nach fünf Monaten kündigt der Arbeitnehmer seinen Arbeitsvertrag.

Lösung: Ein inländischer Wohnsitz liegt nicht vor, jedoch ein gewöhnlicher Aufenthalt. Aufgrund des Zeitmoments (unbefristeter Arbeitsvertrag) begründet der Arbeitnehmer einen gewöhnlichen Aufenthalt und unterliegt daher ab dem 1.1.2012 der unbeschränkten Steuerpflicht in Deutschland.

Ist dies der Fall, so erstreckt sich die unbeschränkte Steuerpflicht auf den **gesamten** 70
Inlandsaufenthalt, also auch auf die ersten sechs Monate.

In der Praxis dürfte bei einem Aufenthalt von mehr als sechs Monaten in der 71
Regel ein **inländischer Wohnsitz** vorliegen. Dient der **Aufenthalt im Inland** ausschließlich Besuchs-, Erholungs-, Kur- oder ähnlichen privaten Zwecken und dauert er nicht länger als 1 Jahr, wird kein gewöhnlicher Aufenthalt und damit auch keine persönliche Steuerpflicht begründet.[10]

---

5 Klein/*Gersch*, § 8 Rn 1.

6 Beispiele für Wohnungen sind Baracken, Hotelzimmer bei Dauernutzung, Wochenend- und Jagdhäuser, Wohnwagen bei Dauermiete auf einem Campingplatz, vgl. Klein/*Gersch*, § 8 Rn 2.

7 § 9 AO.

8 Grenzgänger, vgl. auch Rn 569, die im Ausland wohnen, begründen aufgrund ihrer beruflichen Tätigkeit im Inland keinen gewöhnlichen Aufenthalt, Klein/*Gersch*, § 9 Rn 2.

9 Klein/*Gersch*, § 9 Rn 3.

10 § 9 S. 3 AO.

Praxistipp
Für EU-Bedienstete[11] sowie Mitglieder ausländischer NATO-Truppen und deren ziviles Gefolge gelten Sonderregelungen.[12]

d) Sachliche Steuerpflicht

72 Es gilt das „**Welteinkommensprinzip**“, d.h., grundsätzlich unterliegt die Summe der inländischen und ausländischen Einkünfte der unbeschränkten Steuerpflicht (§ 2 Abs. 1 EStG, sachliche Steuerpflicht).

73 Der Einkommensteuer unterliegen:
- Einkünfte aus Land-und Forstwirtschaft,
- Einkünfte aus Gewerbebetrieb,
- Einkünfte aus selbstständiger Arbeit,
- Einkünfte aus nichtselbstständiger Arbeit,
- Einkünfte aus Kapitalvermögen,
- Einkünfte aus Vermietung und Verpachtung sowie
- sonstige Einkünfte i.S.d. § 22 EStG.

e) Steuererklärungspflicht

74 Grundsätzlich wird die Einkommensteuer im Wege der Veranlagung erhoben (§ 25 EStG), ggf. sind unterjährig **Vorauszahlungen** auf die voraussichtliche Steuerschuld zu leisten (§ 37 EStG). In bestimmten, durch das EStG geregelten Fällen erfolgt ein Steuerabzug bereits an der Quelle (**Lohnsteuer** §§ 38-42f EStG; **Kapitalertragsteuer** nach §§ 43–45e EStG).[13]

75 Für Arbeitnehmer sieht § 46 Abs. 4 S. 1 EStG grundsätzlich die **Abgeltung** der auf die Arbeitseinkünfte entfallenden Einkommensteuer durch den **Lohnsteuerabzug** vor, sofern keiner der Veranlagungstatbestände des § 46 Abs. 2 EStG vorliegt.

f) Pflichtveranlagung

76 Die Tatbestände des § 46 Abs. 2 Nr. 1–7 EStG regeln die sog. **Pflichtveranlagung** zur Einkommensteuer. Liegen eine oder mehrere der Voraussetzungen vor, ist der Arbeitnehmer zur **Abgabe einer Einkommensteuererklärung** verpflichtet.[14] Die einzelnen Tatbestände des § 46 EStG sind dadurch gekennzeichnet, dass die durch den

11 Art. 13 des Protokolls über die Vorrechte und Befreiungen der EU.
12 Art. X Abs. 1 S. 1 NATO-Truppenstaat geht § 1 Abs. 1 S. 1 EStG vor.
13 Schmidt/*Kulosa*, § 46 Rn 1.
14 Eine zeitliche Grenze wird hier lediglich durch die Festsetzungsfrist (§§ 169–171 AO) gesetzt.

Arbeitgeber einbehaltene Lohnsteuer die entstandene Einkommensteuerschuld möglicherweise nicht in vollem Umfang abdeckt.[15]

Weitere Voraussetzung für eine **Pflichtveranlagung** ist, dass 77
- Einkünfte aus nichtselbstständiger Arbeit vorliegen,
- von denen ein (Lohn-) Steuerabzug vorgenommen worden ist.

Unbeachtlich ist dagegen die Höhe der Arbeitseinkünfte oder ob tatsächlich eine 78
Abführung der Lohnsteuer durch den Arbeitgeber an das Finanzamt erfolgt ist.[16]

Beispiel
Ein Arbeitnehmer ist mit unbefristetem Arbeitsvertrag bei der A GmbH in Frankfurt/Main angestellt. Er hat sich für das Kalenderjahr 2012 einen monatlichen Freibetrag für Lohnsteuerzwecke in Höhe von 3.000 € eintragen lassen. Aufgrund seiner Steuerklasse (Steuerklasse III, 3 Kinderfreibeträge, im Folgenden „III/3") fällt im Rahmen der monatlichen Gehaltsabrechnung nach Berücksichtigung des Freibetrages keine Lohnsteuer mehr an.
Lösung: Aufgrund des Freibetrages ist der Arbeitnehmer gem. § 46 Abs. 2 Nr. 4 EStG zur Abgabe einer Einkommensteuererklärung für das Kalenderjahr 2012 verpflichtet.

Werden Arbeitnehmer zur Einkommensteuer veranlagt und betragen die positiven 79
und negativen Einkünfte **insgesamt** nicht mehr als 410 €, ist ein Betrag in dieser Höhe vom Einkommen abzuziehen, § 46 Abs. 3 EStG. Erzielen beide Ehegatten Einkünfte und beantragt einer der beiden Ehegatten die **getrennte** Veranlagung (ab Veranlagungszeitraum 2013: Einzelveranlagung) nach § 26a EStG, genügt es, wenn für diesen Ehegatten einer der Veranlagungsgründe gem. § 46 Abs. 2 Nr. 1–7 EStG vorliegt. Der andere Ehegatte ist in einem solchen Fall ebenfalls zur Abgabe einer Einkommensteuererklärung verpflichtet.[17]

g) Antragsveranlagung

Darüber hinaus ermöglicht § 46 Abs. 2 Nr. 8 EStG die **Veranlagung auf Antrag** des 80
Steuerpflichtigen. Seit dem Veranlagungszeitraum 2005 wird die Veranlagung zur Einkommensteuer auf Antrag zeitlich ebenfalls nur durch die Festsetzungsfrist begrenzt. Zuvor galt eine gesetzliche Ausschlussfrist von zwei Jahren.[18]

Ist der Steuerpflichtige weder von Amts wegen zu veranlagen, noch stellt er einen 81
Antrag auf Veranlagung, besteht nach § 46 Abs. 4 EStG ein **Veranlagungsverbot**.[19] Die Einkommensteuerschuld gilt durch den Lohnsteuerabzug als abgegolten, soweit

---

15 Schmidt/*Kulosa*, § 46 Rn 2.
16 Schmidt/*Kulosa*, § 46 Rn 5 f.
17 Schmidt/*Kulosa*, § 46 Abs. 2 Nr. 8 Rn 32.
18 Schmidt/*Kulosa*, § 46 Rn 3, 31.
19 Schmidt/*Kulosa*, § 46 Rn 2.

der Arbeitnehmer nicht für zu wenig erhobene Lohnsteuer in Anspruch genommen werden kann.

Beispiel

Ein Arbeitnehmer ist mit unbefristetem Arbeitsvertrag bei der A GmbH in Frankfurt/Main angestellt. Aufgrund seiner Steuerklasse (III/3) fällt im Rahmen der monatlichen Gehaltsabrechnung lediglich Lohnsteuer in geringer Höhe an. Der Arbeitnehmer hat für das Kalenderjahr 2012 Werbungskosten in Höhe von 3.000 €.

Lösung: Da keiner der Tatbestände des § 46 Abs. 2–7 EStG zutrifft, ist der Arbeitnehmer nicht zur Abgabe einer Steuererklärung verpflichtet. Allerdings kann er gem. § 46 Abs. 1 Nr. 8 EStG die Veranlagung zur Einkommensteuer für das Kalenderjahr 2012 beantragen.

---

82 Der Antrag ist formgebunden und kann nur durch Abgabe einer Einkommensteuererklärung gestellt werden.[20] Eine Rücknahme des Antrages ist möglich, solange der Steuerbescheid verfahrensrechtlich noch aufgehoben werden kann. Allerdings läuft diese Rücknahme ins Leere, wenn dem Finanzamt bekannt ist, dass eine Lohnsteuernachforderung durchzuführen ist oder ein anderer Veranlagungsgrund vorliegt.[21]

Beispiel

Ein Arbeitnehmer ist mit unbefristetem Arbeitsvertrag bei der A GmbH in Frankfurt/Main angestellt. Aufgrund seiner Steuerklasse (III/3) fällt im Rahmen der monatlichen Gehaltsabrechnung für das Kalenderjahr 2011 keine Lohnsteuer an. Im August 2011 wird allen Arbeitnehmern Kurzarbeitergeld gezahlt. Im März 2012 bemerkt der Lohnbuchhalter, dass aufgrund eines Eingabefehlers mit der Gehaltsabrechnung für Dezember 2011 versehentlich ein Lohnsteuerjahresausgleich durchgeführt wurde. Die Lohnsteuerbescheinigung für das Kalenderjahr 2011 wurde bereits dem Finanzamt übermittelt.

Lösung: Ein Lohnsteuerausgleich durch den Arbeitgeber hätte in diesem Fall nicht durchgeführt werden dürfen.[22] Da die Lohnsteuerbescheinigung für 2011 bereits übermittelt wurde, ist keine Korrektur durch den Arbeitgeber mehr möglich. Daher muss er dem Betriebsstättenfinanzamt unverzüglich anzeigen, dass für das Kalenderjahr 2011 zu wenig Lohnsteuer einbehalten wurde.[23] In diesem Fall ist der Arbeitnehmer zur Abgabe einer Steuererklärung verpflichtet.

---

2. Sonderfall: erweiterte unbeschränkte Steuerpflicht gem. § 1 Abs. 2 EStG für öffentlich Auslandsbedienstete

83 Die Vorschrift des § 1 Abs. 2 EStG erweitert den **Personenkreis** für die Anwendung der unbeschränkten Steuerpflicht auf **deutsche Staatsangehörige** ohne Wohnsitz oder gewöhnlichen Aufenthalt im Inland, die Arbeitslohn aus einer **inländischen öffent-**

---

20 Schmidt/*Kulosa*, § 46 Abs. 2 Nr. 8 Rn 33.

21 Schmidt/*Kulosa*, § 46 Abs. 2 Nr. 8 Rn 32.

22 § 42b Abs. 1 Nr. 4 EStG.

23 § 41c Abs. 4 Nr. 3 EStG.

lichen Kasse beziehen. Im Umkehrschluss bedeutet dies, dass der Arbeitgeber eine inländische juristische Person des öffentlichen Rechtes sein muss.[24]

Beispiel

Ein Arbeitnehmer des Goethe-Instituts Deutschland soll für drei Jahre beim Goethe-Institut Moskau als Deutschlehrer tätig werden. Er gibt daher seinen Wohnsitz in Deutschland durch Wegzug im Juli 2012 auf.

Lösung: Der Regelungsbereich des § 1 Abs. 2 EStG umfasst nicht Arbeitnehmer internationaler Organisationen. Die unbeschränkte Steuerpflicht endet damit im Juli 2012.

Grundsätzlich wäre ein **deutscher Diplomat**, der im Ausland tätig ist und seinen 84 inländischen Wohnsitz aufgegeben hat, nicht unbeschränkt steuerpflichtig, obwohl er sein Gehalt von der Bundesrepublik Deutschland bezieht.

Daher **fingiert** die Vorschrift des § 1 Abs. 2 EStG eine unbeschränkte Steuerpflicht, 85 die auch die zum Haushalt gehörenden Angehörigen i.S.d. § 15 AO[25] einbezieht, sofern diese ebenfalls die deutsche Staatsangehörigkeit besitzen oder ausschließlich inländische Einkünfte erzielen. Ist dies der Fall, kann das **Splittingverfahren** angewendet werden.

Die **erweiterte unbeschränkte Steuerpflicht** setzt voraus, dass der öffentlich 86 Bedienstete bzw. seine Angehörigen in dem Staat, in dem sie ihren Wohnsitz oder gewöhnlichen Aufenthalt haben, lediglich in einem der beschränkten Steuerpflicht ähnlichen Umfang zur Besteuerung herangezogen werden (§ 1 Abs. 2 S. 2 EStG). Hierbei ist ausschließlich auf die steuerrechtlichen Vorschriften des ausländischen Staates abzustellen. Ob die Voraussetzung erfüllt ist, beurteilt sich ohne Berücksichtigung von DBA.

Grundsätzlich bestehen bezüglich des Umfanges der Besteuerung keine Unter- 87 schiede zwischen der **erweitert unbeschränkten** nach § 1 Abs. 2 EStG und der **unbeschränkten Steuerpflicht** nach § 1 Abs. 1 EStG. Dies bedeutet, alle Einkünfte des erweitert unbeschränkt Steuerpflichtigen unterliegen der inländischen Steuerpflicht,

---

24 Hierzu gehören Gebietskörperschaften wie Bund, Länder, Gemeinden, Landkreise; Personal- oder Vereinskörperschaften wie Anwalts- oder Handelskammer, Hochschulen und Kirchen sowie Anstalten und Stiftungen des öffentlichen Rechtes.

25 Angehörige i.S.d. § 15 Abs. 1 AO sind:
1. der Verlobte,
2. der Ehegatte,
3. Verwandte und Verschwägerte gerader Linie,
4. Geschwister,
5. Kinder der Geschwister,
6. Ehegatten der Geschwister und Geschwister der Ehegatten,
7. Geschwister der Eltern,
8. Personen, die durch ein auf längere Dauer angelegtes Pflegeverhältnis mit häuslicher Gemeinschaft wie Eltern und Kind miteinander verbunden sind (Pflegeeltern und Pflegekinder).

unabhängig davon, aus welchem Staat oder aus welcher Quelle sie stammen (**Welteinkommensprinzip**).

88 Auch bei **erweitert unbeschränkt Steuerpflichtigen** nach § 1 Abs. 2 EStG gilt die Einkommensteuer durch den Lohnsteuerabzug als abgegolten, § 46 Abs. 4 S. 1 EStG. Es sei denn, die Voraussetzungen für eine Pflichtveranlagung i.S.d. § 46 Abs. 2 Nr. 1–7 EStG sind erfüllt. Für die Veranlagung zur Einkommensteuer ist das Finanzamt zuständig, in dessen Bezirk sich die zahlende öffentliche Kasse befindet, § 19 Abs. 1 S. 3 AO.

3. Sonderfall: fingierte unbeschränkte Steuerpflicht für Ehegatten gem. § 1 Abs. 1 EStG i.V.m. § 1a EStG (Privilegierung für EU-Bürger)

89 § 1a EStG stellt eine Ergänzungsvorschrift zu § 1 Abs. 1 EStG dar und gewährt **unbeschränkt steuerpflichtigen Staatsangehörigen der EU**[26] **und des EWR**[27] personen- und familienbezogene **Steuerentlastungen** für Ehegatten und Kinder, die im EU- bzw. EWR-Ausland leben. Ansonsten wären diese Vergünstigungen nicht anwendbar.

90 Voraussetzungen:
- Der Steuerpflichtige selbst ist Staatsangehöriger eines EU/EWR-Staates und
- hat einen Wohnsitz oder gewöhnlichen Aufenthalt in Deutschland und
- der (nicht dauernd getrennt lebende) Ehegatte lebt in einem Mitgliedsland des EU/EWR-Raumes und
- ein Antrag i.S.d. § 1a Abs. 1 Nr. 2 S.1 i.V.m. § 1 Abs. 3 EStG liegt vor.

91 Die Staatsangehörigkeit des Ehegatten selbst ist nicht relevant. Sind alle Voraussetzungen erfüllt, wird die unbeschränkte Steuerpflicht des im EU/EWR-Ausland lebenden Ehegatten fingiert und die Voraussetzungen für das **Ehegattenwahlrecht** gem. § 26 Abs. 1 Nr. 1 EStG liegen vor. Bei einer Zusammenveranlagung beider Ehegatten werden die ausländischen Einkünfte entsprechend der inländischen steuerrechtlichen Vorschriften ermittelt und im Rahmen des Progressionsvorbehaltes in die Veranlagung zur Einkommensteuer einbezogen.[28]

---

26 Mitgliedstaaten der EU sind (Stand 1.6.2013) Belgien, Bulgarien, Dänemark, Deutschland, Estland, Finnland, Frankreich, Griechenland, Großbritannien, Irland, Italien, Lettland, Litauen, Luxemburg, Malta, Niederlande, Österreich, Polen, Portugal, Rumänien, Schweden, Slowakei, Slowenien, Spanien, Tschechische Republik, Ungarn, Zypern.

27 EWR-Gebiet, alle Mitgliedstaaten der EU sowie Island, das Fürstentum Liechtenstein und Norwegen, hingegen keine Ausdehnung auf andere Staaten mit Assoziierungsabkommen (z.B. Türkei), vgl. Schmidt/*Heinicke*, § 1a Rn 6.

28 Schmidt/*Heinicke*, § 1a Rn 22.

Beispiel
Der Schweizer Staatsbürger A ist von seinem Arbeitgeber für drei Jahre nach Deutschland entsandt. Während der Woche wohnt er in einem Firmenapartment am Dienstort. Seine Ehefrau und die gemeinsamen Kinder leben weiterhin am Familienwohnsitz in der Schweiz.
Lösung: Die Rechtsnorm des § 1a Abs. 1 EStG enthält eine regionale Begrenzung auf Staatsbürger aus EU/EWR-Staaten und ist daher für A nicht anwendbar.

Beispiel
Der österreichische Staatsbürger B ist von seinem Arbeitgeber für drei Jahre nach Deutschland entsandt. Während der Woche wohnt er in einem Firmenapartment am Dienstort. Seine Ehefrau (türkische Staatsangehörige) und die gemeinsamen Kinder leben weiterhin am Familienwohnsitz in Österreich.
Lösung: B erfüllt die Voraussetzungen für die Anwendung des § 1a Abs. 1 EStG. Die Staatsangehörigkeit seiner Ehefrau ist irrelevant.

Nach der Neufassung des § 1a Abs. 1 EStG im Rahmen des JStG 2008 können unbe- 92
schränkt einkommensteuerpflichtige Staatsangehörige der EU/des EWR nach der Rechtsprechung des BFH[29] die **Zusammenveranlagung** mit ihrem im EU/EWR-Ausland lebenden Ehegatten auch dann beanspruchen, wenn die gemeinsamen Einkünfte zu weniger als 90 v.H. der deutschen Einkommensteuer unterliegen oder die ausländischen Einkünfte des Ehegatten den doppelten Grundfreibetrag übersteigen.[30] Eine Vorlage der **Anlage EU/EWR** im Rahmen der Einkommensteuerveranlagung ist in solchen Fällen nicht mehr erforderlich.

Praxistipp
Beantragt ein Steuerpflichtiger erstmals die Berücksichtigung seiner im EU- bzw. EWR-Ausland lebenden Ehefrau und Kinder für Zwecke des Lohnsteuerabzuges (Steuerklasse III/Kinderzahl) bei dem für ihn zuständigen Wohnsitzfinanzamt, sollte er seinen Familienstand und die Existenz seiner Kinder durch Vorlage entsprechender Dokumente belegen. Dies können z.B. sein: Heiratsurkunde, Geburtsurkunden der Kinder, Reisepass der Ehefrau.

Hat ein unbeschränkt Steuerpflichtiger die Berücksichtigung seines im Ausland 93
lebenden Ehegatten nach § 1a EStG für die Bildung der Lohnsteuerabzugsmerkmale beantragt, besteht eine Pflicht zur Abgabe einer Einkommensteuererklärung gem. § 46 Abs. 2 Nr. 7a EStG.

Liegen die Voraussetzungen für die Gewährung des **Entlastungsbetrages für** 94
Alleinerziehende vor, kann der unbeschränkt Steuerpflichtige auch die Steuerklasse II erhalten, sofern er mit mindestens einem Kind, für welches er **Kindergeld** oder

29 Urt. v. 8.9.2010 – I R 28/10 –.
30 Bis einschließlich 2007 kam es für die Anwendung von § 1 Abs. 1 Nr. 2 EStG auf die prozentuale oder absolute Höhe der ausländischen Einkünfte der Ehegatten an.

einen **Kinderfreibetrag** erhält, eine **Haushaltsgemeinschaft** bildet. Dieser Haushalt kann sich auch im EU- bzw. EWR-Ausland befinden.

95 **Unterhaltsleistungen** an den geschiedenen oder dauernd getrennt lebenden Ehegatten können nach § 1a Abs. 1 Nr. 1 EStG als **Sonderausgaben** abgezogen werden, auch wenn diese Person selbst nicht unbeschränkt einkommensteuerpflichtig ist (**Realsplitting**). Voraussetzung ist jedoch, dass der geschiedene oder dauernd getrennt lebende Ehegatte in einem EU/EWR-Mitgliedstaat lebt und dem deutschen Finanzamt die Besteuerung der **Unterhaltszahlungen** im Heimatstaat durch eine Bescheinigung der zuständigen ausländischen Steuerbehörde nachgewiesen wird.[31]

4. Fiktive unbeschränkte Steuerpflicht auf Antrag gem. § 1 Abs. 3 EStG für Grenzpendler, insbesondere Steuererklärungspflichten

96 Einige DBA, die Deutschland mit seinen Nachbarländern abgeschlossen hat, enthalten spezielle Regelungen zur Besteuerung von **Grenzgängern.**[32]

97 Mangels Sonderregelung kommen für **„Grenzpendler“** nach oder aus Belgien, Dänemark, Luxemburg, den Niederlanden, Polen und Tschechien die allgemeinen Bestimmungen gem. Art 15 Abs. 1 OECD-MA zur Anwendung.

98 Als **„Grenzpendler“** werden Arbeitnehmer bezeichnet, die aus Nachbarstaaten (ohne Grenzgängerregelung) zur Arbeit nach Deutschland pendeln. In ihrem Wohnsitzstaat sind die Arbeitnehmer unbeschränkt steuerpflichtig. Durch die tägliche Rückkehr in ihren **Wohnsitzstaat** wird in Deutschland kein gewöhnlicher Aufenthalt begründet, sodass dieser Personenkreis mit dem in Deutschland erzielten Arbeitslohn grundsätzlich beschränkt steuerpflichtig ist. Die für das Lohnsteuerverfahren erforderliche Bescheinigung für beschränkt Steuerpflichtige wird vom **Betriebsstättenfinanzamt** des inländischen Arbeitgebers ausgestellt. Der Antrag ist jährlich neu zu stellen.

99 Bei nach Deutschland pendelnden Personen sind folgende Gruppen zu unterscheiden:

a) Staatsangehörige aus EU/EWR-Mitgliedstaaten ohne inländischen Wohnsitz oder gewöhnlichen Aufenthalt

100 **Staatsangehörige aus EU/EWR-Mitgliedstaaten ohne inländischen Wohnsitz oder gewöhnlichen Aufenthalt,** die nahezu ihre gesamten Einkünfte in Deutsch-

31 Schmidt/*Heinicke*, § 1a Rn 16.

32 Die Art. 13 Abs. 5 DBA **Frankreich**, Art. 15 Abs. 6 DBA **Österreich** und Art. 15a DBA **Schweiz** haben als „lex specialis“ **Vorrang vor den allgemeinen Bestimmungen** der DBA zur Besteuerung von Arbeitnehmereinkünften und weisen – abweichend von dem sonst anwendbaren Tätigkeitsstaatsprinzip – dem **Ansässigkeitsstaat** des Arbeitnehmers das Besteuerungsrecht zu (vgl. auch Rn 569).

land erzielen, werden auf Antrag einem unbeschränkt Steuerpflichtigen völlig gleichgestellt. Voraussetzung hierfür ist, dass die Summe der Einkünfte mindestens zu 90 % der deutschen Einkommensteuer unterliegt (relative Grenze) **oder** – falls dies nicht der Fall ist – den Grundfreibetrag gem. § 32a Abs. 1 S. 2 Nr. 1 EStG nicht übersteigt (absolute Grenze).

Die sog. fiktive unbeschränkte Steuerpflicht für EU/EWR-Staatsangehörige gem. 101
§ 1 Abs. 3 EStG ist Ausfluss des **„Schumacker-Urteiles“**, wodurch eine Benachteiligung von EU-Staatsangehörigen bei **grenzüberschreitender Tätigkeit** innerhalb der EU vermieden werden sollte.[33]

Der Antrag nach § 1 Abs. 3 EStG hat zur Folge, dass natürliche Personen, soweit sie 102
inländische Einkünfte haben, als unbeschränkt Steuerpflichtige behandelt werden, obwohl sie im Inland weder einen **Wohnsitz** noch einen **gewöhnlichen Aufenthalt** haben.

Die ausländischen Arbeitnehmer erhalten dann alle **steuerlichen Vergünsti-** 103
gungen einschließlich Splittingtarif, Kinderfreibeträge etc. Bei der Prüfung, ob die Voraussetzungen für die fiktive Steuerpflicht des § 1 Abs. 3 EStG vorliegen, ist die **Ländergruppeneinteilung** des BMF zu berücksichtigen. Für Arbeitnehmer aus Estland, Malta, Portugal, Slowakei, Slowenien, Ungarn und Tschechien ermäßigt sich der Grundfreibetrag damit auf 6.003 €. Für Arbeitnehmer aus Bulgarien, Lettland, Litauen, Polen und Rumänien erfolgt eine Kürzung auf 4.002 €.[34]

Beispiel
Ein tschechischer Staatsangehöriger wohnt mit seiner Ehefrau und zwei Kindern im tschechischen Vimperk und pendelt täglich zu seinem Arbeitsort nach Passau. Die Arbeitseinkünfte stellen die einzigen Einnahmen der beiden Ehegatten dar.
Da alle Voraussetzungen des § 1 Abs. 3 i.V.m. § 1a EStG vorliegen, kann der tschechische Staatsangehörige einem Inländer völlig gleichgestellt werden. Im Rahmen der Einkommensteuerveranlagung ist der Splittingtarif zu berücksichtigen, außerdem steht dem Arbeitnehmer der Kinder- und Betreuungsfreibetrag für beide Kinder zu.

Der nicht dauernd getrennt lebende Ehegatte, der im Inland nicht unbeschränkt steu- 104
erpflichtig ist, kann ggf. nach § 1a Abs. 1 Nr. 2 EStG in die Veranlagung zur **fiktiven unbeschränkten Einkommensteuer** einbezogen werden. In diesem Fall ist auf die Summe der Einkünfte beider Ehegatten abzustellen und der Grundfreibetrag zu verdoppeln.

33 EuGH, Urt. v. 14.2.1995 – Rs. C 279/93 (Schumacker) – EuGHE 1995, 225, 249.
34 BMF-Schreiben v. 4.10.2011: Berücksichtigung ausländischer Verhältnisse, Ländergruppeneinteilung ab 1.1.2012. Ab 1.1.2013 erhöht sich der Grundfreibetrag auf 81.130 €; entsprechend ändern sich die Werte auf 6.098 € bzw. 4.065 €.

105 Die Ermittlung der Einkünfte erfolgt entsprechend dem nationalen deutschen Steuerrecht.[35]

106 Es besteht eine Pflicht zur Abgabe einer Einkommensteuererklärung gem. § 46 Abs. 2 Nr. 7b EStG, wenn für einen zur fiktiven unbeschränkten Steuerpflicht optierenden Steuerpflichtigen Lohnsteuerabzugsmerkmale gebildet worden sind.[36]

b) Staatsangehörige aus Staaten außerhalb der EU/EWR ohne inländischen Wohnsitz oder gewöhnlichen Aufenthalt

107 Staatsangehörige aus Staaten außerhalb der EU/EWR ohne inländischen Wohnsitz oder gewöhnlichen Aufenthalt, die nahezu ihre gesamten Einkünfte in Deutschland erzielen, werden auf Antrag einem unbeschränkt Steuerpflichtigen **annähernd** gleichgestellt. Voraussetzung hierfür ist, dass die Summe der Einkünfte mindestens zu 90 % der deutschen Einkommensteuer unterliegt (**relative Grenze**) oder – falls dies nicht der Fall ist – den Grundfreibetrag gem. § 32a Abs. 1 S. 2 Nr. 1 EStG nicht übersteigt (**absolute Grenze**).

108 Mit der Osterweiterung der EU hat sich der Anwendungsbereich der Regelung der fiktiven unbeschränkten Steuerpflicht verringert. Die Regelung betrifft lediglich noch Staatsangehörige von nicht EU/EWR-Staaten, die aus dem Ausland nach Deutschland pendeln.

109 Sofern die Voraussetzungen erfüllt sind, erfolgt eine annähernde Gleichstellung mit Inländern. Sowohl der Abzug von Sonderausgaben als auch von außergewöhnlichen Belastungen und Kinderfreibeträgen ist möglich. Familienbezogene Steuervergünstigungen (**Splittingtarif**) bleiben diesem Personenkreis jedoch verwehrt, da § 1a EStG nicht anwendbar ist.[37]

110 Es besteht eine Pflicht zur Abgabe einer Einkommensteuererklärung gem. § 46 Abs. 2 Nr. 7b EStG, wenn für einen zur fiktiven unbeschränkten Steuerpflicht optierenden Steuerpflichtigen Lohnsteuerabzugsmerkmale gebildet worden sind.[38]

---

35 Anlage Grenzpendler EU/EWR.

36 Antrag auf Behandlung als unbeschränkt einkommensteuerpflichtiger Arbeitnehmer nach § 1 Abs. 3, § 1a EStG.

37 Anlage Grenzpendler außerhalb EU/EWR.

38 Antrag auf Behandlung als unbeschränkt einkommensteuerpflichtiger Arbeitnehmer nach § 1 Abs. 3, § 1a EStG (Anlage Grenzpendler EU/EWR zum Antrag auf Lohnsteuerermäßigung).

5. Beschränkte Steuerpflicht § 1 Abs. 4 EStG i.V.m. § 49 Abs. 1 Nr. 4 EStG; insbesondere Steuererklärungsplichten

Die **persönliche Steuerpflicht** einer natürlichen Person knüpft an einen **inländischen Wohnsitz** oder **gewöhnlichen Aufenthalt** an (§ 1 Abs. 1 S. 1 EStG, vgl. auch C.1.1). 111

Verfügt der Steuerpflichtige weder über einen inländischen Wohnsitz noch über einen gewöhnlichen Aufenthalt, unterliegen inländische Einkünfte i.S.d. § 49 Abs. 1 Nr. 1–10 EStG der beschränkten Steuerpflicht. 112

Beispiel
A lebt in den USA, in Deutschland verfügt er weder über einen Wohnsitz noch einen gewöhnlichen Aufenthalt. A hat vor einigen Jahren von seiner Großmutter ein vermietetes Einfamilienhaus geerbt.
Lösung: Nach § 49 Abs. 1 Nr. 6 EStG ist A mit den Einkünften aus Vermietung und Verpachtung in Deutschland beschränkt steuerpflichtig.

Bei beschränkt Steuerpflichtigen wird die Einkommensteuer entweder im Rahmen einer Veranlagung oder durch Steuerabzug an der Quelle erhoben. 113

Die **„Katalogeinkünfte“** des § 49 EStG stellen eine abschließende Aufzählung dar. Nicht aufgeführte, andere Einkünfte unterliegen daher nicht der inländischen Besteuerung. 114

Beispiel
A lebt in den USA, in Deutschland verfügt er weder über einen Wohnsitz noch einen gewöhnlichen Aufenthalt. A hat vor einigen Jahren von seiner Großmutter ein Sparbuch bei der inländischen X-Bank geerbt. Die Zinsen im Jahr 2012 betragen 10.000 €.
Lösung: Sparzinsen aus einem inländischen Sparguthaben stellen keine Einkünfte gem. § 49 Abs. 1 Nr. 5 EStG dar. A ist mit diesen Einkünften in Deutschland nicht steuerpflichtig.

Im Gegensatz zur unbeschränkten Steuerpflicht knüpft die **beschränkte Steuerpflicht** an das sachliche Merkmal der **inländischen Einkünfte** an. Eine Besteuerung erfolgt damit unabhängig von den persönlichen Verhältnissen eines Steuerpflichtigen. Der Grundfreibetrag und der Abzug von Sonderausgaben (gesetzliche Rentenversicherungsbeiträge und Krankenversicherungsbeiträge) kommen nur zu Anwendung, wenn ausschließlich Arbeitnehmereinkünfte vorliegen. 115

Beispiel
A gibt seinen inländischen Wohnsitz durch Wegzug in die USA im Juli 2012 auf. Von seinem bisherigen Arbeitgeber, der inländischen X-GmbH, erhält er im Oktober 2012 noch einen Bonus für das Geschäftsjahr 2011. A ist verheiratet und hat drei Kinder.
Lösung: Der Bonus unterliegt als nachträglicher Arbeitslohn gem. § 49 Abs. 1 Nr. 4a EStG der beschränkten Steuerpflicht. Die X-GmbH ist als Arbeitgeber zum Lohnsteuerabzug auf den Bonus verpflichtet. Aufgrund des Wegzuges von A gelten die bisher bescheinigten Merkmale III/3 für den Lohnsteuerabzug nicht mehr. Daher ist auf Antrag von A oder seines Arbeitgebers ein Antrag auf Erteilung

einer Bescheinigung für die Anwendung der Steuerklasse I zu stellen sowie die Lohnsteuer zu ermitteln und an das Finanzamt abzuführen.

116 Eine weitere Besonderheit bei der Veranlagung von beschränkt Steuerpflichtigen stellt die **isolierte Betrachtungsweise** der Einkünfte dar. Bestimmte Einkünfte, die bereits dem **Quellensteuerabzug** unterlegen haben, bleiben bei der **Steuerveranlagung** außen vor. Dies hat zur Folge, dass für verschiedene Einkünfte u.U. unterschiedlich hohe Steuersätze zur Anwendung kommen. Eine Einbeziehung aller Einkünfte für die Ermittlung des Steuersatzes (sog. **Progressionsvorbehal**t gem. § 32b EStG) im Rahmen der Veranlagung zur Einkommensteuer findet im Gegensatz zu unbeschränkt Steuerpflichtigen nicht statt.

Beispiel

A gibt seinen inländischen Wohnsitz durch Wegzug in die USA Ende Juni 2011 auf. Von seinem bisherigen Arbeitgeber, der inländischen X-GmbH, erhält er im Oktober 2012 noch einen Bonus für das Geschäftsjahr 2011. Zudem erhält er Sparzinsen von einem inländischen Sparbuch und erzielt Einkünfte aus Vermietung und Verpachtung aus einer inländischen Immobilie. A ist Mitglied im Aufsichtsrat der inländischen Y-AG und erhält für die Tätigkeit im Jahr 2012 eine entsprechende Vergütung.

Lösung: Der Bonus der X-GmbH und die Aufsichtsratsvergütung der Y-AG unterliegen dem Quellensteuerabzug. Die Sparzinsen stellen keine Katalogeinkünfte dar und sind daher nicht steuerpflichtig. Im Rahmen der Veranlagung zur Einkommensteuer 2012 werden daher nur die Einkünfte aus der Vermietung der inländischen Immobilie berücksichtigt.

117 Der **Steuerabzug** erfolgt bei beschränkt Steuerpflichtigen nach den Vorschriften der §§ 38, 43, 50a EStG an der Quelle, sofern ein zum Steuerabzug verpflichtender Tatbestand i.S.d. § 50a Abs. 1 EStG vorliegt. Dies bedeutet, der inländische Schuldner der Leistung, d.h. der Auszahlende, ist verpflichtet, die Höhe der Steuer zu berechnen und an das Finanzamt abzuführen. Die Höhe des Steuerabzuges richtet sich nach § 50a Abs. 2 EStG und beträgt grundsätzlich 15 %. Für **Aufsichtsrats- oder Verwaltungsratsvergütungen** o.ä. liegt der Steuersatz bei 30 %.[39]

Beispiel

Der TSV München e.V. organisiert einen international besetzten Marathonlauf. Es treten auch Läufer an, die im Ausland wohnen.

Lösung: Sportler, die bei Sportveranstaltungen Startgelder und Siegprämien erhalten, sind mit ihren inländischen Einkünften gem. § 49 Abs. 1 Nr. 2d EStG beschränkt steuerpflichtig. Nach § 50a Abs. 1 Nr. 1 EStG wird die Einkommensteuer im Wege des Steuerabzuges erhoben.

39 Verkürzt übernommen aus dem BMF-Schreiben v. 25.11.2010 – *„Steuerabzug gemäß § 50a EStG bei Einkünften beschränkt Steuerpflichtiger aus künstlerischen, sportlichen, artistischen, unterhaltenden oder ähnlichen Darbietungen.“*

Der TSV München e.V. als Schuldner der Vergütung ist daher verpflichtet, die Höhe der Abzugssteuer auf die Startgelder und Siegprämien zu ermitteln und die Steuer beim zuständigen Finanzamt anzumelden sowie die Steuer abzuführen.

Sind für die Erzielung der Einnahmen Werbungskosten oder Betriebsausgaben angefallen, können die in unmittelbarem Zusammenhang stehenden Aufwendungen von den Einnahmen abgezogen werden. In diesem Fall beträgt der Steuersatz jedoch für natürliche Personen 30 % und für Körperschaften, Personenvereinigungen oder Vermögensmassen 15 %. Allerdings gilt die Option zur **„Nettobesteuerung“** nur für Staatsangehörige eines EU/EWR-Mitgliedstaates, sofern diese im Hoheitsgebiet eines dieser Staaten ihren Wohnsitz oder gewöhnlichen Aufenthalt haben, § 50 Abs. 3 EStG. 118

Grundsätzlich gilt für beschränkt Steuerpflichtige die inländische Steuer mit dem Steuerabzug als abgegolten, § 50a i.V.m. § 50 Abs. 2 EStG. Eine Verpflichtung zur Abgabe einer Steuererklärung besteht nicht. 119

EU/EWR-Bürger haben jedoch die Möglichkeit, eine **Antragsveranlagung** nach § 50 Abs. 2 S. 2 Nr. 4b und Nr. 5 EStG i.V.m. § 46 Abs. 2 Nr. 8 EStG zu beantragen. 120

Bei nach Deutschland pendelnden Arbeitnehmern können demnach folgende Konstellationen auftreten: 121

- Grenzgänger aus Frankreich, Österreich und der Schweiz;
- Grenzpendler mit EU/EWR-Staatsangehörigkeit aus dem übrigen EU/EWR-Ausland;
- Grenzpendler ohne EU/EWR-Staatsangehörigkeit.

Grenzgänger unterliegen grundsätzlich der Steuerpflicht im Wohnsitzstaat. Für inländische Arbeitgeber sind im Rahmen des Lohnsteuerverfahrens bestimmte Formalitäten zu beachten. 122

Grenzpendler mit EU/EWR-Staatsangehörigkeit **und** mit Wohnsitz im EU/EWR-Ausland, die **nahezu alle Einkünfte in Deutschland** erzielen, werden auf Antrag Inländern steuerlich völlig gleichgestellt, § 1 Abs. 3 EStG i.V.m. § 1a EStG. 123

Grenzpendler ohne EU/EWR-Staatsangehörigkeit, die **nahezu alle Einkünfte in Deutschland** erzielen, werden auf Antrag Inländern steuerlich annähernd gleichgestellt, § 1 Abs. 3 EStG. Diese Gruppe erhält jedoch nicht die familienbezogenen Steuerbegünstigungen. 124

6. Erweiterte beschränkte Steuerpflicht nach § 2 AStG; insbesondere Steuererklärungspflichten

In vielen Steuersystemen ist der Gedanke verwirklicht, wegziehende Staatsangehörige – zumindest für eine bestimmte Zeit – weiterhin in der heimischen Steuerpflicht zu belassen. Die **erweiterte beschränkte Steuerpflicht** des § 2 AStG soll Steuervor- 125 teile begrenzen, die (bisher) unbeschränkt Steuerpflichtige durch einen Wegzug in das niedrig besteuernde Ausland erzielen könnten.[40]

a) Persönlicher Anwendungsbereich

126 War ein unbeschränkt steuerpflichtiger deutscher Staatsbürger in den letzten zehn Jahren vor dem **Wegzug** in das Ausland (und damit dem Ende der unbeschränkten Steuerpflicht) insgesamt mindestens fünf Jahre lang unbeschränkt steuerpflichtig und gibt er seinen Wohnsitz unter Beibehaltung **wesentlicher wirtschaftlicher Interessen** im Inland durch Wegzug in ein sog. **Niedrigsteuerland** auf, erweitert die Regelung für das Jahr des Wegzuges und die nachfolgenden zehn Jahre die beschränkte Steuerpflicht über den Umfang des § 49 EStG hinaus.

127 Die **erweiterte beschränkte Steuerpflicht** i.S.d. § 2 AStG ist als „lex specialis" zur herkömmlichen beschränkten Steuerpflicht i.S.d. § 49 EStG i.V.m. § 1 Abs. 4 EStG zu sehen. Die wegziehende Person muss im Inland einen Wohnsitz oder gewöhnlichen Aufenthalt gehabt haben.

128 Nach den Vorstellungen des Gesetzgebers soll durch § 2 AStG für eine Übergangszeit eine Besteuerung nach der Leistungsfähigkeit des Steuerpflichtigen erreicht werden. So wird durch die **erweiterte beschränkte Steuerpflicht**

- der Katalog der inländischen Einkünfte erweitert,
- die Progression nach dem Welteinkommen berechnet und
- die Abgeltungswirkung für den Quellensteuerabzug bei bestimmten Einkünften beseitigt.

129 Dies hat zur Folge, dass unbeschränkt steuerpflichtige deutsche Staatsangehörige für eine Übergangszeit von zehn Jahren (plus dem Jahr des Wegzuges) der deutschen Besteuerung nicht entgehen können, wenn sie über einen bestimmten Umfang hinaus weiterhin Einkünfte in Deutschland beziehen oder Vermögenswerte besitzen. Vom Gesetzeswortlaut erfasst sind alle Einkünfte i.S.d. § 2 Abs. 1 EStG, die **nicht ausländische Einkünfte** gem. § 34d EStG sind. Außerdem ist zu prüfen, ob das deutsche Besteuerungsrecht gem. § 2 AStG ggf. durch bilaterale Regelungen eingeschränkt wird.

130 Daher ist zu unterscheiden, ob der Wegzug in einen

- DBA-Staat,
- DBA-Staat mit Öffnungsklausel oder
- Nicht-DBA-Staat

erfolgt.

131 Bei Wegzug in einen Staat, mit dem Deutschland ein DBA abgeschlossen hat, wird die sachliche Erweiterung der beschränkten Steuerpflicht in der Praxis meist durch die Regelungen des DBA ausgeschlossen. Mit dem Wegzug in einen DBA-Staat

40 Haase/*Weggenmann*, § 2 Rn 1.

wird der Steuerpflichtige nach dessen nationalem Steuerrecht und den **Wohnsitzklauseln des DBA** (Art. 4 OECD-MA) in der Regel dort ansässig. Im Umkehrschluss bedeutet dies, dass Deutschland als Quellenstaat eine Besteuerung nur innerhalb der abkommensrechtlichen Grenzen vornehmen kann.

Beispiel

Der deutsche Staatsbürger A lebt seit seiner Geburt in Deutschland. An seinem 60. Geburtstag beschließt A, seinen Lebensabend künftig in Frankreich zu verbringen. Der deutsche Wohnsitz wird im Dezember 2011 durch Wegzug aufgegeben. A unterhält bei der Y-Bank, einem inländischen Kreditinstitut, ein Wertpapierdepot im Wert von 5 Mio. €, aus dessen Erträgen er künftig seinen Lebensunterhalt bestreiten möchte.
Lösung: Mit Frankreich hat die Bundesrepublik Deutschland ein DBA geschlossen. Das Besteuerungsrecht für Zinsen steht daher ab dem Jahr 2012 gem. Art. 10 DBA Deutschland/Frankreich dem Ansässigkeitsstaat Frankreich zu. Die im Rahmen der erweiterten beschränkten Steuerpflicht zusätzlich erfassten Zinseinkünfte dürfen daher aufgrund der Beschränkung durch das DBA in Deutschland nicht mehr besteuert werden.

Abwandlung 1: A verlegt seinen Wohnsitz in die Schweiz und unterliegt dort mit seinen Einkünften der „Vorzugsbesteuerung".
Lösung: Mit der Schweiz hat die Bundesrepublik Deutschland ein DBA geschlossen. Nach Ansicht der Finanzverwaltung stellt Art. 4 Abs. 4 die abkommensrechtliche Verbindung zum AStG her.[41] Es liegt keine der Ausnahmeregelungen des Art. 4 Abs. 4 DBA Schweiz vor. Das Besteuerungsrecht für Zinsen steht ab dem Jahr 2012 gem. Art. 11 grundsätzlich dem Ansässigkeitsstaat Schweiz zu. Da A jedoch die Voraussetzungen für die erweiterte beschränkte Steuerpflicht erfüllt, sind seine Zinseinkünfte ggf. mit weiteren Einkünften i.S.d. § 49 EStG und § 2 AStG in die Veranlagung zur Einkommensteuer einzubeziehen. Die anteiligen Schweizer Steuern auf die Zinsen aus dem Wertpapierdepot werden im Rahmen der Veranlagung angerechnet.[42]

Abwandlung 2: A verlegt seinen Wohnsitz nach Monaco.
Lösung: Mit dem Fürstentum Monaco und der Bundesrepublik Deutschland wurde kein DBA geschlossen. Die Regelung des § 2 AStG ist daher grundsätzlich anwendbar.

---

41 Abweichend Haase/*Weggenmann*, § 2 Rn 17, der in der Vorschrift lediglich eine Erweiterung der überdachenden Besteuerung des DBA Schweiz sieht. Das Ergebnis bleibt jedoch in beiden Fällen gleich: Der deutsche Fiskus darf den Auswanderer im Jahr des Wegzuges und in den folgenden 5 Jahren so besteuern, als bestünde das DBA mit der Schweiz nicht: Haase/*Weggenmann*, § 2 Rn 18.

42 Die „Abwandererregelung" des Art. 4 Abs. 4 DBA Schweiz kennt 3 Ausnahmen: die Person

1. hat die schweizerische Staatsangehörigkeit oder
2. ist in der Schweiz ansässig geworden, um eine echte unselbstständige Tätigkeit auszuüben,
3. wird nach dem Wegzug Grenzgänger und ist in der Schweiz wegen der Heirat mit einem Schweizer Staatsbürger ansässig geworden.

Die Ausnahmen 2 und 3 von der Abwandererregelung stellen auf das Motiv im Zeitpunkt des Wegzuges ab. Dabei sind Ehegatten getrennt zu beurteilen. Im Ergebnis bedeutet dies, dass einer der Ehegatten die Voraussetzungen für eine Ausnahmeregelung erfüllt, der andere Ehegatte jedoch als Wegzügler weiterhin erweitert beschränkt steuerpflichtig bleiben kann. Die Abwanderungsregelung des Art. 4 Abs. 4 DBA Schweiz begrenzt die Anwendbarkeit der erweiterten beschränkten Steuerpflicht auf 5 Jahre.

b) Sachlicher Anwendungsbereich

132 Der Steuerpflichtige verlagert seinen Wohnsitz in ein „**Niedrigsteuergebiet**". Zur Einordnung, ob eine „**Niedrigbesteuerung**" vorliegt, ist im Gesetz ein abstrakter oder konkreter Vergleich der Steuerbelastung im In- und Ausland vorgesehen.

aa) Abstrakter Belastungsvergleich

133 Nach § 2 Abs. 2 Nr. 1 AStG liegt eine niedrige Besteuerung im Ansässigkeitsstaat vor, wenn die dortige Steuerbelastung einer unverheirateten natürlichen Person um mehr als ein Drittel geringer ist als die Steuerbelastung einer in Deutschland ansässigen natürlichen Person unter sonst gleichen Bedingungen (sog. **Belastungsvergleich nach Tarif**) oder wenn dem Steuerpflichtigen im Ausland eine erhebliche **Vorzugsbesteuerung** gewährt wird, § 2 Abs. 2 Nr. 2 AStG.[43]

134 Bei der „**Vorzugsbesteuerung**" geht die deutsche Finanzverwaltung bereits von einer Niedrigbesteuerung aus, wenn dem Steuerpflichtigen im Ausland eine **persönliche Vorzugsbesteuerung** gegenüber der allgemeinen Besteuerung eingeräumt wird. Eine **erhebliche Steuerminderung** i.S.d. § 2 Abs. 2 Nr. 2 AStG liegt nach herrschender Meinung vor, wenn die Steuerbelastung im Ausland zwischen 10 % und einem Drittel niedriger liegt als in Deutschland.[44]

Beispiel

Der deutsche Staatsbürger M lebt seit seiner Geburt im Inland. An seinem 40. Geburtstag beschließt M, seinen Wohnsitz in das „Steuerparadies Schweiz" zu verlegen. Sein Schweizer Steuerberater verhandelt mit den zuständigen Kantonalbehörden eine pauschale Besteuerung in Höhe des fünffachen der Jahresmiete seiner Villa am Genfer See unabhängig von der Höhe der tatsächlich erzielten Einkünfte aus.

Lösung: Die Pauschalbesteuerung in der Schweiz gilt als Vorzugsbesteuerung i.S.d. § 2 AStG. Zu prüfen ist, ob M weiterhin über wesentliche wirtschaftliche Interessen im Inland verfügt.

---

bb) Konkreter Belastungsvergleich

135 Sowohl beim **abstrakten Belastungsvergleich** nach Tarif als auch bei Annahme einer **Vorzugsbesteuerung** kann der Auswanderer nachweisen, dass seine gesamte Steuerbelastung nach Ausscheiden aus der unbeschränkten deutschen Einkommensteuerpflicht 2/3 seiner Steuerbelastung bei Annahme einer (fiktiven) unbeschränkten Steuerpflicht erreicht. Eine **Niedrigbesteuerung** wird dann angenommen, wenn die vom Einkommen insgesamt zu entrichtenden Steuern (**Ist-Besteuerung**) weniger als 2/3 der Steuern betragen, die der Auswanderer bei unbeschränkter Steuerpflicht nach § 1 Abs. 1 EStG zu entrichten hätte **(Sollbesteuerung).**

---

43 Haase/*Weggenmann*, § 2 Rn 68.

44 Haase/*Weggenmann*, § 2 Rn 74.

c) Wesentliche Inlandsinteressen

Wesentliche Inlandsinteressen i.S.d. § 2 Abs. 3 AStG liegen vor, wenn der Auswanderer weiterhin eine starke wirtschaftliche Verbindung nach Deutschland unterhält. Daher kann ein Auswanderer z.B. durch Vermögensumschichtungen erreichen, keine wesentlichen Inlandsinteressen mehr innezuhaben. Der § 2 AStG läuft damit ins Leere, auch wenn sämtliche andere Voraussetzungen erfüllt sind. 136

d) Freigrenze gem. § 2 Abs. 1 S. 2 AStG

Betragen die insgesamt beschränkt steuerpflichtigen Einkünfte nicht mehr als 16.500 €, kommt die erweiterte beschränkte Steuerpflicht nicht zur Anwendung, d.h., es bleibt bei der beschränkten Steuerpflicht i.S.d. § 1 Abs. 4 EStG. Wird die Freigrenze nur um 1 € überschritten, ist der volle Betrag steuerpflichtig (sog. **Fallbeileffekt**).[45] 137

e) Veranlagungsverfahren

Liegen sämtliche Voraussetzungen für die erweitert beschränkte Steuerpflicht vor, ist der Steuersatz anzuwenden, der sich für sämtliche Einkünfte der Person ergibt. Die **Abgeltungswirkung** für (eigentlich) beschränkt steuerpflichtige Einkünfte kommt nicht zur Anwendung. Die Einkommensteuer des Auswanderers wird im Veranlagungsverfahren festgestellt. Örtlich zuständig ist das Finanzamt, in dessen Bezirk sich der wertvollste Teil des Vermögens befindet, § 19 Abs. 2 AO. Ehegatten sind jeweils einzeln zu veranlagen.[46] 138

7. Besonderheiten im Jahr des Wechsels der Steuerpflicht; insbesondere Steuererklärungspflichten

Der **Veranlagungszeitraum** ist das Kalenderjahr, § 25 Abs. 1 EStG. Im Umkehrschluss bedeutet dies: Erfüllt ein Steuerpflichtiger während des ganzen Jahres die persönlichen Voraussetzungen für eine **(unbeschränkte oder beschränkte) Steuerpflicht,** ist das in dieser Zeit bezogene Einkommen der Veranlagung zugrunde zu legen.[47] Beginnt oder endet die Steuerpflicht unterjährig, z.B. durch **Geburt** oder **Tod** des Steuerpflichtigen, ist der Veranlagungszeitraum entsprechend kürzer. 139

Erfolgt während des Jahres ein Wechsel von der unbeschränkten zur (erweitert) beschränkten Steuerpflicht (z.B. durch Wegzug in das Ausland), sind die während der beschränkten Steuerpflicht erzielten Einkünfte in die Veranlagung zur unbeschränk- 140

45 Haase/*Weggenmann*, § 2 Rn 105–111.
46 Haase/*Weggenmann*, § 2 Rn 118.
47 Schmidt/*Seeger*, § 25 Rn 15.

ten Steuerpflicht einzubeziehen, § 2 Abs. 7 S. 3 EStG, d.h., es wird nur eine Veranlagung pro Kalenderjahr durchgeführt.[48]

141 Im Jahr des Zu- oder Wegzuges sind für den Zeitraum der beschränkten Steuerpflicht einige Besonderheiten zu beachten. Demnach sind

- die Einkünfte für den Zeitraum der beschränkten Steuerpflicht nur im Rahmen des § 49 EStG steuerpflichtig;
- Sonderausgaben und außergewöhnliche Belastungen nur eingeschränkt abzugsfähig, § 50 EStG;
- Arbeitseinkünfte gem. § 19 EStG und Einkünfte i.S.d. § 50a EStG durch den Quellensteuerabzug abgegolten;
- irrtümlich einbehaltene Steuern auf Einkünfte aus Kapitalvermögen außerhalb der Veranlagung zurückzufordern.

142 Auch wenn die Einkünfte eines Steuerpflichtigen in einem sog. **Transferjahr** im Rahmen einer Veranlagung zur Einkommensteuer besteuert werden, ist das Kalenderjahr gedanklich in einen Abschnitt der unbeschränkten und in einen Abschnitt der beschränkten Steuerpflicht zu trennen. Die Ermittlung der Einkünfte erfolgt nach den Rechtsvorschriften für die jeweilige Periode.

143 Für den Zeitraum der beschränkten Steuerpflicht bedeutet dies, dass steuerpflichtige Einkünfte nur vorliegen, soweit diese unter die abschließende Aufzählung des § 49 EStG fallen.

Beispiel

A lebte bisher in den USA, in Deutschland verfügt er bis zu seinem Zuzug zum 1.7.2012 weder über einen Wohnsitz noch einen gewöhnlichen Aufenthalt. A hat vor einigen Jahren von seiner Großmutter ein Sparbuch bei der inländischen X-Bank geerbt. Die Zinsen im ersten Halbjahr 2012 betragen 5.000 €.
Lösung: Sparzinsen aus einem inländischen Sparguthaben stellen keine Einkünfte gem. § 49 Abs. 1 Nr. 5 EStG dar. A ist mit diesen Einkünften in Deutschland nicht steuerpflichtig.

---

144 Für Zwecke des Abzuges von Sonderausgaben und außergewöhnlichen Belastungen sind zudem die Einschränkungen des § 50 Abs. 1 Nr. 3 EStG zu beachten.

Beispiel

A lebte bis zu seinem Zuzug zum 1.7.2012 in San Francisco, USA. Er hat für den Besuch seiner Tochter an der German International School of Silicon Valley für das erste Halbjahr 15.000 $ Schulgebühren entrichtet.
Lösung: Laut § 50 Abs. 1 S. 3 findet § 10 EStG bei beschränkt Steuerpflichtigen keine Anwendung. Daher sind die Schulgebühren für den Zeitraum der beschränkten Steuerpflicht im Rahmen der Einkommensteuerveranlagung 2012 nicht als Sonderausgaben abzugsfähig.

---

48 Vor Inkrafttreten des JStG 1996 wurden die Einkünfte für den jeweiligen Zeitraum ermittelt und getrennt zur Einkommensteuer veranlagt.

Einkünfte aus nichtselbstständiger Arbeit gem. § 19 EStG und Einkünfte i.S.d. § 50a EStG sind regelmäßig durch den Steuerabzug an der Quelle abgegolten. Im Zuzugs- oder Wegzugsjahr gilt eine **Abgeltungswirkung** jedoch nicht und die Einkünfte sind in die **Einkommensteuerveranlagung** einzubeziehen (§ 50 Abs. 2 Nr. 3). 145

Beispiel
A gibt seinen inländischen Wohnsitz durch Wegzug in die USA im Juli 2012 auf. Von seinem bisherigen Arbeitgeber, der inländischen X-GmbH, erhält er im Oktober 2012 noch einen Bonus für das Geschäftsjahr 2011. Zudem ist A Mitglied im Aufsichtsrat der inländischen Y-AG und erhält für seine Tätigkeit im zweiten Halbjahr 2012 eine entsprechende Vergütung.
Lösung: Bonus der X-GmbH und Aufsichtsratsvergütung der Y-AG unterliegen dem Quellensteuerabzug. Gleichwohl werden diese in die Veranlagung zur Einkommensteuer 2012 einbezogen.

Die Ermittlung von Einkünften aus Kapitalvermögen erfolgt getrennt für die Perioden der beschränkten bzw. unbeschränkten Steuerpflicht. Eine Erstattung irrtümlich oder zu hoch einbehaltener Steuern kann nicht im Rahmen der Einkommensteuerveranlagung erfolgen. 146

Beispiel
A lebte bisher in den USA, in Deutschland verfügt er bis zu seinem Zuzug zum 1.7.2012 weder über einen Wohnsitz noch einen gewöhnlichen Aufenthalt. A hat im Dezember 2011 von seiner Großmutter ein Sparbuch bei der inländischen X-Bank geerbt. Die Zinsen betragen im ersten Halbjahr 2012 5.000 €. Die X-Bank mit Sitz in Köln hat Abgeltungssteuer auf die Zinsen einbehalten.
Lösung: Sparzinsen aus einem inländischen Sparguthaben stellen keine Einkünfte gem. § 49 Abs. 1 Nr. 5 EStG dar. A muss die Erstattung der irrtümlich einbehaltenen Abgeltungssteuer formlos beim für die X-Bank zuständigen Finanzamt beantragen, § 37 Abs. 2 AO.

Beispiel
A lebte bisher in den USA, in Deutschland verfügt er bis zu seinem Zuzug zum 1.7.2012 weder über einen Wohnsitz noch einen gewöhnlichen Aufenthalt. A hat im Dezember 2011 von seiner Großmutter ein Wertpapierdepot bei der inländischen X-Bank geerbt. Die Dividenden von inländischen Unternehmen betragen im ersten Halbjahr 2012 5.000 €. Die X-Bank hat Abgeltungssteuer in Höhe von 25 % zuzüglich Solidaritätszuschlag einbehalten.
Lösung: A ist im ersten Halbjahr 2012 in den USA ansässig. Das Besteuerungsrecht für die Dividenden ist für den Quellenstaat Deutschland auf 15 % beschränkt.[49] A muss die Erstattung der überzahlten Abgeltungssteuer beim Bundeszentralamt für Steuern beantragen, § 44b Abs. 2 EStG

49 Wassermeyer/*Wolf*, DBA USA Art. 10 Rn 1–5.

147 Die Ermittlung der Einkünfte im Veranlagungszeitraum erfolgt nach dem sog. **Welteinkommensprinzip.**[50] Liegen Einkünfte i.S.d. § 32b EStG vor, sind diese für die Ermittlung des Steuersatzes einzubeziehen (sog. **Progressionsvorbehalt**).

Beispiel
A wird von seinem Arbeitgeber für die Dauer von drei Jahren nach China zu einer Konzerntochter entsandt. Der deutsche Wohnsitz wird durch Wegzug Ende Juni 2012 aufgegeben. Im zweiten Halbjahr 2012 ist A ausschließlich in China tätig und erhält sein Gehalt von der chinesischen Landesgesellschaft.
Lösung: Die Einkünfte aus nichtselbstständiger Arbeit für das zweite Halbjahr 2012 unterliegen nach § 32b Abs. 1 Nr. 2 EStG dem Progressionsvorbehalt, da es sich um ausländische Einkünfte i.S.d. § 34d EStG handelt.

Beispiel
A wird von seinem Arbeitgeber, der X-GmbH, für die Dauer von drei Jahren nach China zu einer Konzerntochter entsandt. Der deutsche Wohnsitz wird durch Wegzug Ende Juni 2012 aufgegeben. Im Oktober 2012 erhält A von der X-GmbH noch einen Bonus für das Kalenderjahr 2011.
Lösung: Der Bonus für das Kalenderjahr 2011 wurde in Deutschland erdient und unterliegt dem Lohnsteuerabzug durch die X-GmbH. Die Einkünfte unterliegen nicht dem Progressionsvorbehalt, da es sich nicht um ausländische Einkünfte i.S.d. § 34d EStG handelt, § 32b Abs. 1 Nr. 2 EStG.

---

148 Erfolgt der Zu- oder Wegzug während eines Kalenderjahres, führt der Bezug von **ausländischen Einkünften** zu einer Veranlagungspflicht, da die **Progressionseinkünfte** in der Regel den Betrag von 410 € übersteigen (§ 46 Abs. 2 Nr. 1 EStG).

149 Im Umkehrschluss bedeutet dies, dass keine Pflicht zur Abgabe einer Steuererklärung im Transferjahr besteht, wenn nach dem Wegzug keine Einkünfte im Ausland erzielt wurden (z.B. aufgrund eines **Sabbaticals**). In diesem Fall liegen keine ausländischen Einkünfte vor, die im Rahmen des Progressionsvorbehaltes zu berücksichtigen wären.

Praxistipp
Die Abgabe einer Einkommensteuererklärung kann trotzdem sinnvoll sein, da der Lohnsteuereinbehalt für die inländischen Arbeitseinkünfte auf Basis der Monatstabelle erfolgte und daher – bezogen auf das Kalenderjahr – die tatsächliche Einkommensteuerbelastung niedriger liegen dürfte.

---

50 Rückschluss aus den §§ 1 Abs. 4, 2, 34c, 34d und 49 EStG.

II. Ermittlung des im Inland steuerpflichtigen Bruttoarbeitslohnes nach deutschem Recht

Der Unternehmer wird bemüht sein, die Vergütung des Arbeitnehmers unter Ausschöpfung von Gestaltungen steuerlich günstig zu strukturieren. Gleichzeitig gilt es, sicherzustellen, dass sämtliche steuerpflichtigen **Gehaltsbestandteile** der Lohnsteuer unterworfen werden, um etwaige **Haftungsrisiken** zu vermeiden. Beides setzt die zutreffende steuerliche Einordnung von Gehaltsbestandteilen voraus, die nachfolgend dargestellt werden sollen. 150

Praxistipp !

Bereits bei der Gestaltung des Arbeitsvertrages sollten **steuerliche Vergünstigungen** (beispielsweise **Steuerbefreiungen**) berücksichtigt werden, um die steuerliche Belastung zu reduzieren.

Liegen die Voraussetzungen der beschränkten oder unbeschränkten Steuerpflicht vor,[51] ist der im Inland steuerpflichtige **Bruttoarbeitslohn** zunächst nach deutschem Recht zu ermitteln. Ausgangsgröße für die Ermittlung der Lohnsteuer ist der im Inland steuerpflichtige Bruttoarbeitslohn. Erst wenn der Bruttoarbeitslohn nach deutschem Recht steuerpflichtig ist, ist zu prüfen, ob eine Freistellung von der inländischen Besteuerung nach einem DBA greift,[52] um eine **Doppelbesteuerung** zu vermeiden. 151

Praxistipp !

Die Ermittlung des steuerpflichtigen Bruttoarbeitslohnes setzt voraus, dass der Gehaltsabrechnung sämtliche Gehaltsbestandteile bekannt sind. Um haftungsrechtlichen und möglicherweise steuerstrafrechtlichen Risiken zu begegnen, empfiehlt es sich, die der **Gehaltsabrechnung** vorliegenden Gehaltsbestandteile auf Vollständigkeit zu überprüfen. Dies gilt insbesondere dann, wenn der Arbeitnehmer sein Gehalt teilweise von unterschiedlichen Gesellschaften eines Konzerns erhält.

---

1. Grundsätze zur Einordnung als steuerpflichtiger Arbeitslohn

Ist der Arbeitnehmer beschränkt oder unbeschränkt steuerpflichtig, ist für die steuerliche Einordnung der vom Arbeitgeber erhaltenen Zuwendung nach deutschem Recht eine zweistufige Prüfung vorzunehmen: 152

1. Steuerbarkeit der erhaltenen Zuwendung,
2. Steuerpflicht/Steuerfreiheit der erhaltenen Zuwendung.

---

51 Zu den Einzelheiten siehe unter Rn 67 ff. und 111 ff.

52 Siehe hierzu unter Rn 347.

a) Eigenbetriebliches Interesse des Arbeitgebers

153 Auf der 1. Stufe ist zu prüfen, ob die **Zuwendung des Arbeitgebers** im **überwiegend betrieblichen Eigeninteresse** des Arbeitgebers erfolgt. Arbeitslohn i.S.v. § 19 EStG liegt nur dann vor, wenn die zu beurteilende Zuwendung Entlohnungscharakter hat und sich als Gegenleistung für die Zurverfügungstellung der Arbeitsleistung darstellt.[53] Kein Arbeitslohn liegt dann vor, wenn sich die Zuwendung nicht als Entlohnung, sondern lediglich als notwendige Begleiterscheinung betriebsfunktionaler Zielsetzung erweist. Die Zuwendung wird dann aus „ganz überwiegend" eigenbetrieblichen Interessen gewährt.

Beispiel
Der Arbeitgeber übernimmt für einen in das Inland übersandten Arbeitnehmer die Kosten für den deutschen Sprachunterricht. Die Übernahme der Kosten erfolgt im überwiegenden betrieblichen Eigeninteresse des Arbeitgebers und ist daher kein Arbeitslohn. Die Übernahme der Kosten für den **Sprachkurs** ist daher weder lohnsteuerpflichtig, noch ist die Zuwendung sozialversicherungspflichtig.

154 Ebenfalls steuer- und sozialversicherungsfrei sind Aufmerksamkeiten des Arbeitgebers. Darunter fallen Sachzuwendungen, die im gesellschaftlichen Verkehr üblicherweise ausgetauscht werden und einen Wert von 40 € pro **Sachzuwendung** nicht übersteigen.

Beispiel
Nicht zum Arbeitslohn gehören beispielsweise Blumen, Bücher, Tonträger oder Genussmittel. Getränke oder Genussmittel, die der Arbeitgeber dem Arbeitnehmer im Betrieb zum Verzehr unentgeltlich oder verbilligt überlässt, gehören ebenfalls nicht zum Arbeitslohn. Auch die Überlassung von Speisen im Wert von maximal 40 € führt nicht zu Arbeitslohn, sofern die Speisen während eines außergewöhnlichen Arbeitseinsatzes (z.B. während einer außergewöhnlichen betrieblichen Besprechung oder Sitzung) im ganz überwiegend betrieblichen Interesse an einer günstigen Gestaltung des Arbeitsablaufes unentgeltlich oder teilentgeltlich überlassen werden.

155 Ebenso können Zuwendungen anlässlich einer **betrieblichen Veranstaltung** im ganz überwiegenden Interesse des Arbeitgebers liegen.

Beispiel
Aufwendungen anlässlich einer **Betriebsveranstaltung** (beispielsweise **Betriebsausflug**, **Weihnachtsfeier**) gehören nicht zum Arbeitslohn, sofern die Aufwendungen für die Veranstaltung einen Betrag von 110 € pro Arbeitnehmer und Kalenderjahr nicht übersteigen und die Veranstaltung allen Arbeitnehmern offensteht bzw. sich nicht als Bevorzugung einzelner Mitarbeiter darstellt. Auch diese Zuwendungen sind abgabefrei (weder Lohnsteuer noch Sozialversicherung). Wird der Betrag von 110 € überstiegen, ist die gesamte Zuwendung dem Arbeitslohn hinzuzurechnen.

53 Siehe u.a. BFH, Urt. v. 21.1.2010 – VI R 51/08 –.

Erfolgt die Zuwendung des Arbeitgebers nicht im überwiegend betrieblichen Eigeninteresse des Arbeitgebers, ist diese grundsätzlich steuerbar. In diesem Fall ist zu überprüfen, ob eine Steuerbefreiung greift.[54] Liegt auch keine Steuerbefreiung vor, ist bei Steuerpflicht der Leistung ein inländischer Arbeitgeber zur Einbehaltung von Lohnsteuer verpflichtet.[55] 156

b) Sach- und Barlohn

Zum Arbeitslohn gehören alle Einnahmen, die dem Arbeitnehmer für seine Beschäftigung beim Arbeitgeber gewährt werden. Dazu gehört neben dem **Barlohn** auch der **Sachlohn**. 157

Beispiel

Dem Arbeitnehmer wird neben seinem Barlohn in Höhe von 50.000 € p.a. auch eine **Wohnung** unentgeltlich zur Verfügung gestellt (der **geldwerte Vorteil** beträgt jährlich 10.000 €). Der gesamte Bruttoarbeitslohn beträgt 60.000 € p.a.

Für die Frage, zu welchem Zeitpunkt der Lohn zufließt, ist zwischen laufendem und sonstigem Bezug zu unterscheiden. Laufender Lohn fließt in dem Monat zu, in dem der Lohnzahlungszeitraum endet. Demgegenüber fließt ein sonstiger Bezug (**Bonus, Weihnachtsgeld**) in dem Monat zu, in dem er gezahlt wird. 158

2. Ermittlung des Gehaltes bei Bruttolohnvereinbarung und Nettolohnvereinbarung (§ 19 EStG)

Für die Ermittlung des Gehaltes ist zwischen einer **Bruttolohnvereinbarung** und einer **Nettolohnvereinbarung** zu unterscheiden. Bei einer Bruttolohnvereinbarung werden die steuerrechtlichen und sozialversicherungsrechtlichen Abgaben vom Bruttolohn in Abzug gebracht. Ausgangsgröße bei einer Bruttolohnvereinbarung ist demzufolge der Bruttolohn. Demgegenüber ist bei einer Nettolohnvereinbarung das Nettogehalt Ausgangsgröße für die Höhe des Bruttogehaltes. Das Nettogehalt wird auf einen Bruttobetrag hochgerechnet. 159

a) Hintergrund von Nettolohnvereinbarungen

Nettolohnvereinbarungen kommen in Fällen der internationalen Mitarbeiterentsendung häufig zum Einsatz. Ziel von Nettolohnvereinbarungen ist es, den Mitarbeiter 160

---

54 Zu möglichen Steuerbefreiungen anlässlich einer Auswärtstätigkeit oder doppelten Haushaltsführung unter Rn 199 und Rn 224.

55 Siehe hierzu unter Rn 620.

unabhängig von den steuerlichen und sozialversicherungsrechtlichen Rahmenbedingungen des Gastlandes zur Aufnahme einer Beschäftigung im Gastland zu motivieren. Vielfach soll auch eine Vergleichbarkeit der weltweiten Beschäftigungsbedingungen innerhalb eines Konzerns hergestellt werden.

161 Für die Anerkennung einer Nettolohnvereinbarung bedarf es der ausdrücklichen Vereinbarung zwischen Arbeitnehmer und Arbeitgeber.

Praxistipp
Der Arbeitsvertrag bzw. die anzuwendenden **Entsenderichtlinien** sollten klare Regelungen im Hinblick auf die Vereinbarung einer Nettolohnvereinbarung enthalten.

---

b) Ermittlung des Gehaltes bei einer Nettolohnvereinbarung

162 Ausgangspunkt für die Ermittlung der Höhe des Bruttogehaltes im Gastland ist regelmäßig das im Heimatland erzielte Nettogehalt. Besteht eine **Lohnsteuereinbehaltungspflicht** des inländischen Arbeitgebers,[56] wird das im Heimatland erzielte Nettogehalt unter Berücksichtigung der steuerlichen und sozialversicherungsrechtlichen Vorschriften des Gastlandes auf einen Bruttobetrag hochgerechnet. Unterliegt das an den Arbeitnehmer ausgezahlte Gehalt keiner **Lohnsteuereinbehaltungsverpflichtung,** ist das Gehalt auch nicht auf einen Bruttobetrag hochzurechnen.

163 Eine Möglichkeit der Ermittlung des zutreffenden Nettogehaltes besteht darin, die Steuerbelastung des Heimatlandes durch die Berücksichtigung einer **hypothetischen Steuer**[57] zu simulieren. Neben dem so ermittelten **Nettogrundgehalt** werden dem Arbeitnehmer in einer Vielzahl von Fällen noch **Entsendungszulagen** zugesagt. Diese werden dem Arbeitnehmer dann i.d.R. als Nettobetrag gewährt.

164 Der Bruttoarbeitslohn besteht im Fall der Nettolohnvereinbarung aus der Summe der folgenden Beträge:

- Nettolohn (bestehend aus Bar- und Sachlohn),
- Lohnsteuer nebst Zuschlagsteuern sowie
- vom Arbeitgeber übernommene Sozialversicherungsbeiträge.

Beispiel
Das bisher im Heimatland des Arbeitnehmers erzielte Nettogehalt beträgt 3.000 €. Der Nettolohn in Höhe von 3.000 € soll dem in das Inland entsandten Arbeitnehmer (Single) im Dezember 2012 ausgezahlt werden. Der Bruttoarbeitslohn beträgt 5.269,72 € und setzt sich aus dem Nettolohn in Höhe von 3.000 €, Lohnsteuer (Steuerklasse I) inklusive Solidaritätszuschlag in Höhe von 1.313,73 € und Sozialversicherungsbeiträgen in Höhe von insgesamt 955,99 € zusammen.

---

56 Zum Begriff des inländischen Arbeitgebers und zur Lohnsteuereinbehaltungspflichtig siehe unter Rn 620.

57 Zu den Einzelheiten der Ermittlung der hypothetischen Steuer siehe Rn 16 ff.

Gegenüber der Bruttolohnvereinbarung weist die Nettolohnvereinbarung die Besonderheit auf, dass mit der Auszahlung des Nettolohnes aus Sicht des Arbeitnehmers die Lohnsteuer vorschriftsmäßig einbehalten wurde.[58] Der Bruttoarbeitslohn fließt dem Arbeitnehmer daher bereits mit Auszahlung des Nettolohnes zu. Die Lohnsteuer wird auch auf die Einkommensteuer angerechnet, sofern diese nicht oder nicht in voller Höhe vom Arbeitgeber an das Finanzamt abgeführt wurde. 165

Beispiel

Der Arbeitgeber behält irrtümlich keine Lohnsteuer für einen Arbeitnehmer mit einer eindeutigen Nettolohnvereinbarung ein. Die zutreffende Lohnsteuer hat 10.000 € betragen. Der Arbeitnehmer kann die 10.000 € im Rahmen seiner Einkommensteuererklärung auf die Einkommensteuer anrechnen lassen, obwohl diese tatsächlich noch nicht gezahlt wurde. Der Arbeitgeber muss die Lohnsteuer dann noch nachträglich an das Finanzamt abführen.

c) Auszahlung der Einkommensteuererstattung an den Arbeitgeber

Der Arbeitnehmer ist im Rahmen einer Nettolohnvereinbarung regelmäßig verpflichtet, eine etwaige **Einkommensteuererstattung** an den Arbeitgeber auszukehren. Damit soll eine **Überzahlung** vermieden werden, da der Arbeitnehmer seinen vertraglich vereinbarten Nettolohn durch monatliche Auszahlung des Nettobetrages bereits erhalten hat. Die Rückzahlung der Einkommensteuererstattung an den Arbeitgeber stellt **negativen Arbeitslohn** dar. Ist der Arbeitnehmer aufgrund der Nettolohnvereinbarung auch zur Auskehrung etwaiger **Erstattungszinsen** verpflichtet, liegt auch in Höhe der an den Arbeitgeber ausgekehrten Erstattungszinsen negativer Arbeitslohn vor. 166

Nach der Rechtsprechung des BFH[59] ist die an den Arbeitgeber ausgekehrte Einkommensteuererstattung bei der Gehaltsermittlung erst nach Hochrechnung des Nettolohnes auf einen Bruttolohn abzuziehen und nicht bereits vor Hochrechnung vom Nettolohn. Ein Abzug der Einkommensteuererstattung ist lediglich vom Bruttolohn möglich, nicht vom Nettolohn.[60] Die Einkommensteuererstattung kann nach Ansicht des BFH vor Abzug vom Bruttolohn auch nicht auf einen fiktiven Bruttobetrag hochgerechnet werden. 167

58 BFH, Urt. v. 30.7.2009 – VI R 29/06 –; BFH, Urt. v. 28.2.1992 – VI R 146/87 – BStBl II 1992, 733; BFH, Urt. v. 29.11.2000 – I R 102/99 – iStR 2001, 252.

59 BFH, Urt. v. 30.7.2009 – VI R 29/06 –.

60 Zur Kritik an der Auffassung des BFH siehe: *Ziesecke/Gelsheimer/Meyen*, iStR 2010, 770.

Beispiel

Der unter Zugrundelegung des Nettolohnes von 3.000 € hochgerechnete Bruttoarbeitslohn im Dezember 2012 beträgt 5.269,72 €. Der Arbeitnehmer überweist im Dezember 2012 seine Einkommensteuererstattung 2011 in Höhe von 2.000 € an den Arbeitgeber. Der im Monat Dezember lohnsteuerpflichtige Bruttoarbeitslohn beträgt 3.269,72 € (5.269,72 € – 2.000 € = 3.269,72 €).

Praxistipp

Das oben dargestellte unbefriedigende Ergebnis kann vermieden werden, wenn anstelle der Verpflichtung zur **Auskehrung der Einkommensteuererstattung** zwischen Arbeitgeber und Arbeitnehmer eine Reduzierung des Nettogehaltes um die Einkommensteuererstattung vertraglich vereinbart wird. Die Einkommensteuererstattung wird dann vom Nettogehalt vor Hochrechnung in Abzug gebracht. Dies ist für den Arbeitgeber wesentlich günstiger. Bezogen auf das oben genannte Beispiel bedeutet dies, dass das hochzurechnende Nettogehalt auf 1.000 € zu reduzieren ist (3.000 € – 2.000 € = 1.000 €). Der Bruttoarbeitslohn beträgt demzufolge 1.345,84 €.

168 Darf der Arbeitnehmer die Einkommensteuererstattung hingegen behalten, fließt dem Arbeitnehmer kein weiterer Arbeitslohn zu, da dieser Vorteil bereits durch die Hochrechnung auf einen Bruttobetrag erfasst wurde.

3. Typische geldwerte Vorteile bei Entsendungen

169 Neben dem Barlohn zählen auch Sachbezüge zum Bruttoarbeitslohn (§ 8 EStG), die dem Arbeitnehmer aufgrund seiner Tätigkeit für den Arbeitgeber zufließen. Ein **Sachbezug** liegt immer dann vor, wenn der Arbeitnehmer aufgrund des Arbeitsvertrages nur den Sachlohn, nicht aber auch den Barlohn verlangen kann. Wie der Arbeitgeber die arbeitsrechtliche Verpflichtung dann erfüllt – etwa selbst oder durch die Inanspruchnahme eines Dritten – ist für die Qualifikation als Sach- oder Barlohn nicht entscheidend.

Beispiel

Der in das Inland entsandte Arbeitnehmer hat einen arbeitsvertraglichen Anspruch auf die Stellung einer Wohnung. Eine Auszahlung der **Miete** als Barlohn ist ausgeschlossen. Er mietet die Wohnung selbst an. Die Kosten werden dem Arbeitnehmer vom Arbeitgeber monatlich erstattet. Es liegt ein Sachbezug vor. Hat der Arbeitnehmer dagegen auch einen Anspruch auf Barlohn in Höhe der zu übernehmenden Miete und kann er diese anstelle der **Wohnungsgestellung** verlangen, liegt Barlohn vor.

170 Eine Abgrenzung von Bar- und Sachlohn ist insbesondere vor dem Hintergrund der **Freigrenze** in Höhe von 44 € p.M. bzw. des Freibetrages in Höhe von 1.080 € p.a. für Waren und Dienstleistungen des Arbeitgebers sowie der Anwendung des pauschalen Steuersatzes von 30 % im Rahmen von § 37b EStG vorzunehmen. Zu beachten ist allerdings, dass die Gewährung von geldwerten Vorteilen in vielen Fällen umsatzsteuerpflichtig ist.

Praxistipp !

Bei der Gestaltung der arbeitsrechtlich geschuldeten Vergütung sollte berücksichtigt werden, dass die Zuwendung von Sachlohn ertragsteuerlich vorteilhaft sein kann. Der Arbeitnehmer darf arbeitsrechtlich nur einen Anspruch auf Sachlohn haben. Bei Nichtüberschreiten der Sachbezugsgrenze von 44 € p.M. bleibt die Leistung steuerfrei bzw. bei eigenen Waren und Dienstleistungen des Arbeitgebers gilt ein **Freibetrag** von 1.080 €. Unterschreiten die Sachbezüge (beispielsweise Entsendungszulagen) den Betrag von 10.000 €, so kommt eine Anwendung des Pauschalsteuersatzes von 30 % nach § 37b EStG in Betracht, was unter Berücksichtigung des individuellen **Grenzsteuersatzes** des Arbeitnehmers günstiger sein kann.[61]

a) Nicht steuerbare geldwerte Vorteile

Wird ein geldwerter Vorteil im überwiegenden eigenbetrieblichen Interesse des 171
Arbeitgebers gewährt, ist dieser nicht steuerbar. In diesem Fall stellt sich der Vorteil nicht als **Entlohnung** dar, weil der Vorteil nicht durch das individuelle Arbeitsverhältnis veranlasst ist. Ein solches **überwiegendes eigenbetriebliches Interesse** des Arbeitgebers kann beispielsweise begründet werden bei:

- **Übernahme der Kosten** für eine **Arbeits- und Aufenthaltserlaubnis** für den entsandten Mitarbeiter,
- **Übernahme der Kosten** einer **medizinischen notwendigen Untersuchung** des entsandten Mitarbeiters,
- **Fortbildungskosten** (auch: Übernahme von Studiengebühren),
- **Dienstreiseversicherung,**
- **Reisegepäckversicherung,**
- **Sprachkurs** für ausländische Mitarbeiter,
- **Interkulturelles Training** zur Vorbereitung des Mitarbeiters auf den Auslandseinsatz,
- **Vermögensschadenshaftpflichtversicherung** (D&O Versicherung).

Praxistipp !

Bei der Gewährung geldwerter Vorteile ist stets zu prüfen, ob nicht die Übernahme des Vorteiles im überwiegend eigenbetrieblichen Interesse des Arbeitgebers liegt. Übernimmt der Arbeitgeber Aufwendungen, um beispielsweise seine eigene Haftung zu begrenzen (**Versicherungsbeiträge**) oder aber um seine Mitarbeiter auszubilden, liegt regelmäßig ein **überwiegendes Eigeninteresse des Arbeitgebers** vor. Da es sich jeweils um eine Einzelfallentscheidung handelt, ist jeweils gesondert zu prüfen, welche Umstände ein eigenbetriebliches Interesse des Arbeitgebers begründen können und ob diese die Interessen des Arbeitnehmers überlagern.

61 Zu den Einzelheiten der Voraussetzungen von § 37b EStG siehe unter Rn 740 ff.

b) Steuerpflichtige geldwerte Vorteile

172 Kann ein überwiegendes eigenbetriebliches Interesse des Arbeitgebers nicht begründet werden, ist der geldwerte Vorteil steuerbar und steuerpflichtig, soweit keine **Steuerbefreiung** greift (siehe dazu unter c), Rn 195). Ein geldwerter Vorteil liegt vor, wenn dem Arbeitnehmer vom Arbeitgeber Waren oder Dienstleistungen unentgeltlich oder verbilligt überlassen werden.

173 Bei Sachlohn stellt sich die Frage, wann dieser beim Arbeitnehmer steuerlich zu erfassen (**Zuflusszeitpunkt**) und wie dieser zu bewerten ist. Der geldwerte Vorteil ist in dem Moment steuerlich zu erfassen, in dem dem Arbeitnehmer die **Verfügungsmacht** über den geldwerten Vorteil eingeräumt wird.

Beispiel

Der Arbeitgeber übergibt dem Arbeitnehmer eine Monatskarte für öffentliche Verkehrsmittel. Der Arbeitnehmer kann nach Übergabe über die Monatskarte verfügen, der geldwerte Vorteil ist zugeflossen.

Der Arbeitgeber überlässt dem in das Inland entsandten Mitarbeiter eine Wohnung. Es ist von einem monatlichen Zufluss eines geldwerten Vorteiles durch Gestellung der Wohnung auszugehen.

---

174 Für die Bewertung des Sachlohnes ist zu unterscheiden, was dem Arbeitnehmer zugewendet wird. Im Wesentlichen lassen sich drei Fallgruppen unterscheiden:

1. **Waren** oder **Dienstleistungen**, die vom Arbeitgeber nicht überwiegend für den Bedarf des Arbeitnehmers hergestellt werden (§ 8 Abs. 3 EStG),
2. Sonstige Waren oder Dienstleistungen, die nicht in Geld bestehen und die nicht unter 1. fallen (§ 8 Abs. 2 EStG),
3. Überlassung eines **Kfz** (§ 8 Abs. 2 S. 2 i.V.m. § 6 Abs. 1 Nr. 4 S. 2 EStG).

aa) Waren und Dienstleistungen des Arbeitgebers

175 In die erste Gruppe nach § 8 Abs. 3 EStG fallen Waren/Dienstleistungen, die zur Liefer- und Leistungskette des Arbeitgebers gehören. Der Arbeitgeber muss insoweit als Marktteilnehmer auftreten und seine Waren/Dienstleistungen am Markt (Dritten) anbieten. Es darf sich also nicht um Waren/Dienstleistungen handeln, die der Arbeitgeber nur an Arbeitnehmer erbringt. Der Arbeitgeber muss zumindest im gleichen Umfang am Markt auftreten. Die Waren müssen darüber hinaus von ihm hergestellt werden. Der Arbeitgeber muss demzufolge einen gewichtigen Beitrag zum Herstellungsprozess der Waren leisten.

Beispiel

Stellt der Arbeitgeber beispielsweise Pkw oder Kosmetikprodukte her, handelt es sich um Produkte, die zur **Liefer- und Leistungskette des Arbeitgebers** gehören. Überlässt er dies unentgeltlich oder verbilligt, ist eine Bewertung nach § 8 Abs. 3 EStG ist möglich.

Dienstleistungen eines Arbeitgebers in diesem Sinne liegen vor, wenn es sich um Zuwendungen aus dem allgemeinen Angebot des Arbeitgebers handelt. Darunter können beispielsweise **Strom, Wärme, Beratungs-, Werbe-, Datenverarbeitungs-, Kontoführungs- und Reiseveranstaltungsleistungen gehören**, sofern diese zum allgemeinen Angebot des Arbeitgebers gehören. 176

Sind diese Voraussetzungen erfüllt, ist eine **Wertermittlung** auf der Grundlage des **Abgabepreises** des Arbeitgebers an den Letztverbraucher vorzunehmen. Maßgeblich ist der Preis, den der Arbeitgeber regelmäßig nach Abzug von Rabatten und sonstigen Vergünstigungen von fremden Marktteilnehmern verlangt. 177

Beispiel

Die Finanzverwaltung beanstandet es nicht, wenn für die Bewertung des geldwerten Vorteiles bei der verbilligten Überlassung eines **Pkw** durch einen Automobilhersteller der empfohlene Preis um 80 % der üblicherweise innerhalb der letzten drei Monate an fremde Dritte gewährte Preisnachlässe reduziert wird. Weiterer Anhaltspunkt für die Bewertung von Waren können beispielsweise die Preise des Arbeitgebers sein, die im Rahmen von **Fabrikverkäufen** von fremden Dritten verlangt werden.

Der so ermittelte Preis ist dann um einen gesetzlich vorgesehenen Abschlag von 4 % zu reduzieren, um Bewertungsungenauigkeiten auszugleichen. 178

Bei der Ermittlung des geldwerten Vorteiles ist ein jährlicher Freibetrag in Höhe von 1.080 € zu berücksichtigen. 179

Zu beachten ist, dass nach der Rechtsprechung des BFH ein Wahlrecht besteht, den geldwerten Vorteil mit „allgemeinen" Marktpreisen nach § 8 Abs. 2 EStG zu bewerten.[62] Dies kommt insbesondere dann in Betracht, wenn die Marktpreise unterhalb der Preise des Arbeitgebers liegen sollten, zu denen der Arbeitgeber seine Waren und Dienstleistungen handelt und dies auch unter Berücksichtigung des Freibetrages in Höhe von 1.080 € günstiger ist. 180

Praxistipp

Es kann ggf. günstiger sein, die Bewertung anhand von Marktpreisen vorzunehmen, wenn diese unterhalb der Preise des Arbeitgebers für eigene Waren und Dienstleistungen liegen. In diesem Fall besteht laut BFH ein Wahlrecht. **Verbilligt oder unentgeltlich überlassene Waren und Dienstleistungen** des Arbeitgebers können dann mit dem (niedrigeren) Marktpreis bewertet werden, was zu einer Einsparung von Lohnsteuer und Sozialversicherungsabgaben führen kann. Nach Auffassung der Finanzverwaltung besteht hingegen kein Wahlrecht. Das entgegenstehende Urteil des BHF wird von der Finanzverwaltung aufgrund eines Nichtanwendungserlasses nicht angewandt. Die Rechtslage wird allerdings abschließend seitens des BFH bestimmt, ein entsprechender Nichtanwendungserlass der Finanzverwaltung ist nicht bindend.

---

62 Siehe hierzu sogleich unter bb), Rn 181.

bb) Sonstige Waren und Dienstleistungen

181 Liegen sonstige Waren und Dienstleistungen vor, die nicht vom Arbeitgeber am Markt angeboten werden, sind diese mit den um übliche **Preisnachlässe** gemilderten Endpreisen am Abgabeort zu bewerten. Im Gegensatz zu der Bewertung unter aa) werden also nicht die Preise des Arbeitgebers, sondern **Marktpreise** zugrunde gelegt. Ausgangspunkt ist der Endpreis für die konkret überlassene Ware oder Dienstleistung, nicht aber der Endpreis für ähnliche Waren und Dienstleistungen anderer Anbieter. Maßgeblich ist der günstigste Preis am Markt[63] und nicht etwa ein Durchschnittspreis. Diese Bewertung ist in der Praxis nicht immer einfach durchführbar, da in der Regel eine Vielzahl von Marktpreisen vorliegt. Auch die Preise des Arbeitgebers bzw. seine Aufwendungen sind nur ein Anhaltspunkt und daher nicht zwingend maßgeblich.

Praxistipp

Die Bestimmung des Marktpreises kann regelmäßig nur geschätzt werden. Allerdings ist eine Schätzung anhand objektiver Kriterien vorzunehmen. Um eine Auseinandersetzung mit den Finanzbehörden bei der Lohnsteueraußenprüfung über die Höhe des Marktpreises zu vermeiden, kann es ratsam sein, die **Schätzgrundlagen** (beispielsweise marktübliche Angebote, Internetrecherchen) zu Nachweiszwecken in der Personalakte des Arbeitnehmers aufzubewahren. Die gilt vor allem dann, wenn eine Bewertung des Sachbezuges unterhalb der vom Arbeitgeber getragenen Aufwendungen für den Sachbezug vorgenommen wird.

---

182 Unterschreitet der geldwerte Vorteil die Freigrenze von 44 € monatlich (§ 8 Abs. 2 EStG), ist der geldwerte Vorteil steuerfrei. Wird die monatliche **Freigrenze** demgegenüber überschritten, ist der gesamte geldwerte Vorteil steuerpflichtig.

183 Die Finanzverwaltung typisiert den im Gesetz vorgesehenen **Preisabschlag** mit 4 %. Dies gilt beispielsweise auch bei der **Gewährung von Darlehen an Arbeitnehmer**. Wird das Darlehen unverzinslich gewährt, kann der von der Bundesbank veröffentlichte Zinssatz für Konsumentenkredite um 4 % reduziert werden.

Beispiel

Der Arbeitgeber gewährt seinem in das Inland entsandten Arbeitnehmer ein **unverzinsliches Darlehen für private Aufwendungen** im Rahmen einer Entsendung. Eine Darlehensgewährung erfolgt nur gegenüber Arbeitnehmern. Der Zinssatz für Konsumentenkredite laut Bundesbank beträgt für das ganze Jahr 5 %. Der Ermittlung des geldwerten Vorteiles ist mit einem Zinssatz von 4,8 % (5 % × 96 % = 4,8 %) zu ermitteln. Übersteigt der geldwerte monatliche Vorteil (ggf. zusammen mit anderen geldwerten Vorteilen) die 44 €-Grenze, ist der gesamte geldwerte Vorteil steuerpflichtig.

---

184 Es können jedoch auch höhere übliche Preisnachlässe als die von der Finanzverwaltung akzeptierten 4 % nachgewiesen werden.

63 BFH, Urt. v. 12.4.2007 – VI R 36/04 –.

Bei der Bewertung sind ggf. auch die Sachbezugswerte zu beachten. Dabei handelt es sich um Werte für besonders häufige Sachzuwendungen (**Kost, Unterkunft, Wohnung, Heizung, Beleuchtung, Mahlzeiten**), die jährlich veröffentlicht werden.[64] 185

Beispiel

Dem in das Inland entsandten Mitarbeiter wird eine im Eigentum stehende Wohnung des Arbeitgebers zur Verfügung gestellt. Die Ermittlung des geldwerten Vorteiles hat unter Berücksichtigung des ortsüblichen Mietpreises zu erfolgen. Anhaltspunkt für eine Ermittlung der **ortsüblichen Miete** kann der jeweils geltende Mietspiegel sein. Wird die Wohnung vom Arbeitgeber angemietet, ist weiterhin die ortsübliche Miete maßgeblich und nicht die tatsächlich vom Arbeitgeber gezahlte Miete. In der Praxis wird die vom Arbeitgeber gezahlte Miete erste Anhaltspunkte für eine Bewertung des geldwerten Vorteiles bieten.

---

cc) Überlassung eines Kfz

Wird dem Arbeitnehmer vom Arbeitgeber ein **Firmenwagen** zur **privaten Nutzung** überlassen, ist der geldwerte Vorteil aus der privaten Nutzung zu versteuern. Ein **geldwerter Vorteil** ist allerdings nur dann zu versteuern, wenn das überlassene Kfz tatsächlich für private Zwecke genutzt werden darf. Ist eine private Nutzung durch **Arbeitsvertrag** oder **Reiserichtlinie** ausgeschlossen, wird ein geldwerter Vorteil auch nicht versteuert. 186

Ist der Arbeitnehmer zur **privaten Nutzung des Firmenwagens** berechtigt, bestehen zwei Möglichkeiten zur Ermittlung des geldwerten Vorteiles: 187

1. die Ermittlung des geldwerten Vorteiles anhand eines **Fahrtenbuches,**
2. die Ermittlung des geldwerten Vorteiles anhand der **Prozentmethode** (1 %-Regelung bzw. 0,03 %-Regelung).

Im ersten Fall werden die beruflichen und privaten Fahrten anhand des Fahrtenbuches ermittelt. Die auf die privaten Fahrten und die Fahrten zwischen Wohn- und Arbeitsstätte bzw. Heimfahrten entfallenden anteiligen Kosten sind dann als geldwerter Vorteil zu versteuern. Eine Anwendung dieser Ermittlungsmethode setzt die Führung eines **ordnungsgemäßen Fahrtenbuches** und den **belegmäßigen Nachweis** der tatsächlich angefallenen Kosten für jeden einzelnen Pkw voraus. In der Praxis zeigt sich, dass das Fahrtenbuch durch den Arbeitnehmer teilweise nicht ordnungsgemäß geführt wird und es dann bei der unter 2. genannten **pauschalen Ermittlung des geldwerten Vorteiles** bleibt. Die Anwendung der Fahrtenbuchmethode wird nur auf Antrag gewährt und sollte demzufolge nur dann Anwendung finden, sofern dies für den Arbeitnehmer günstig ist. 188

---

64 Sozialversicherungsentgeltverordnung.

Beispiel Fahrtenbuch
Dem Arbeitnehmer wird ein **Dienstwagen** zur privaten Nutzung und für die Fahrten zwischen Wohnung und Arbeitsstätte überlassen. Die **Jahresfahrleistung** laut Fahrtenbuch beträgt insgesamt 15.000 km, wobei 10.000 km auf berufliche und 5.000 km auf private Fahrten sowie Fahrten zwischen **Wohn- und Arbeitsstätte** entfallen. Die belegmäßig nachgewiesenen Gesamtkosten betragen inklusive Umsatzsteuer 10.000 €. Der jährliche geldwerte Vorteil beträgt 3.333 € (10.000 € × 5.000 € / 15.000 = 3.333 €).

Beispiel 1 %-/0,03 %-Regelung
Dem Arbeitnehmer wird ein Dienstwagen zur privaten Nutzung und für die Fahrten zwischen Wohnung und Arbeitsstätte überlassen. Es liegt kein Fahrtenbuch vor. Der **Bruttolistenpreis** (inklusive Umsatzsteuer) beträgt 40.000 €, die Entfernung Wohn- und Arbeitsstätte beträgt 10 km. Der jährliche geldwerte Vorteil beträgt 6.240 € (40.000 x 1 % × 12 Monate + 40.000 × 0,03 % × 10 km × 12 Monate).

189 Bei der Ermittlung des auf die Fahrten zwischen Wohn- und Arbeitsstätte entfallenden Anteiles der privaten Nutzung ist zu beachten, dass von der Anwendung der **0,03 %-Regelung** abgewichen wird, wenn der Arbeitnehmer tatsächlich weniger als 180 Fahrten zwischen Wohn- und Arbeitsstätte hatte. Dabei wird pro Fahrt zwischen Wohn- und Arbeitsstätte ein Anteil von 0,002 % berücksichtigt.

Beispiel
Sachverhalt wie im letzten Beispiel angegeben, der Arbeitnehmer hat lediglich jährlich 100 Fahrten Wohn- und Arbeitsstätte: Der geldwerte Vorteil beträgt 5.600 € (40.000 × 1 % × 12 Monate + 40.000 × 0,002 % × 10 km × 100 Fahrten).

Praxistipp
Sollen weniger als 180 Fahrten berücksichtigt werden, verlangt die Finanzverwaltung, dass der Arbeitnehmer die Fahrten Wohn- und Arbeitsstätte monatlich mit Datumsangabe schriftlich erfasst und dies dem Arbeitgeber mitteilt. Entsprechende Aufzeichnungen sollten daher zur Personalakte genommen werden. Eine Abweichung zugunsten des Arbeitnehmers ist nur möglich, sofern der Arbeitnehmer entsprechend Aufzeichnungen führt. Es empfiehlt sich, den Arbeitnehmer auf diese Möglichkeit hinzuweisen.

190 Schließlich ist bei der Ermittlung nach der **pauschalen Wertungsermittlungsmethode** (1 %- bzw. 0,03 %-Methode) die Kostendeckelung zu beachten. Danach sind maximal die Kosten als geldwerter Vorteil zu versteuern, die tatsächlich als Gesamtkosten für die Pkw-Nutzung entstanden sind.

dd) Beispiel zu geldwerten Vorteilen aus der Rechtsprechung: Steuerberatungskosten in Entsendungsfällen

191 Sofern eine **Nettolohnvereinbarung** vorliegt, verpflichtet sich der Arbeitgeber in vielen Fällen, die bei Erfüllung der **Deklarationspflichten des Arbeitnehmers**

anfallenden Steuerberatungskosten zu übernehmen. Nach der Rechtsprechung des BFH[65] ist die Übernahme von Steuerberatungskosten im Falle von **Nettolohnvereinbarungen** für den Arbeitnehmer steuerpflichtiger Arbeitslohn. Die Nettolohnvereinbarung ist nach Ansicht des BFH auch im Interesse des Arbeitnehmers abgeschlossen worden. Das Urteil des BFH hatte allerdings allein **„klassische" Steuerberatungskosten** zum Gegenstand, die also unmittelbar mit der Erstellung der Einkommensteuererklärung in Verbindung stehen. Nicht entschieden hat der BFH über sonstige, nicht im unmittelbaren Zusammenhang mit der Einkommensteuererklärung stehende Kosten (z.B. Ausgleichsberechnungen, Information des Arbeitnehmers über steuerliche Rahmenbedingungen etc.). Bei diesen Kosten bedarf es einer gesonderten Einzelfallprüfung, ob sie im überwiegenden Interesse des Arbeitgebers liegen.

Es sprechen gute Argumente dafür, die Entscheidung des BFH nur auf klassische 192
Steuerberatungsleistungen (d.h. Erstellung der Einkommensteuererklärung) anzuwenden. Für sonstige vom Arbeitgeber getragene Leistungen eines steuerlichen Beraters kann von einer überwiegend **betrieblichen Veranlassung** ausgegangen werden.

Praxistipp !
Sofern der Arbeitgeber von ihm getragene Kosten für nichtklassische Steuerberatungsleistungen (beispielsweise Meetings, Ausgleichsberechnungen) als steuerfrei einordnet, kann vorab eine **Anrufungsauskunft** nach § 42e EStG gestellt werden, um Rechtssicherheit zu erlangen.

Die Steuerberatungskosten sind gem. § 8 Abs. 2 EStG zu bewerten, da es sich regel- 193
mäßig nicht um Dienstleistungen handelt, die der Arbeitgeber am Markt erbringt. Ausgangspunkt ist demzufolge der Marktpreis der konkreten Leistung. Der BFH hat es in seiner Entscheidung nicht beanstandet, dass die tatsächlichen vom Arbeitgeber getragenen Kosten einer Bewertung der Steuerberatungsleistung zugrunde gelegt wurden. Es lässt sich ggf. auch eine Bewertung des geldwerten Vorteiles anhand der **Steuerberatergebührenverordnung** rechtfertigen, sofern eine Abrechnung der konkreten Leistung nach dieser insoweit marktüblich ist.[66]

ee) Besonderheiten bei Nettolohnvereinbarungen

Wird neben dem **Barlohn** auch der **geldwerte Vorteil** netto gewährt, muss der geld- 194
werte Vorteil zum hochzurechnenden **Nettoarbeitslohn** hinzugerechnet und dieser auf den **Bruttoarbeitslohn** hochgerechnet werden.

---

65 BFH, Urt. v. 21.1.2010 – VI R 2/08 – BFH/NV 2010, 998.
66 Zur Abziehbarkeit der Steuerberatungskosten als Werbungskosten in diesen Fällen siehe unter Rn 346.

Beispiel
Der Arbeitgeber stellt dem Arbeitnehmer eine Wohnung. Der Arbeitgeber ist laut Arbeitsvertrag verpflichtet, den geldwerten Vorteil und den Barlohn netto zu gewähren. Der hierfür monatlich anzusetzende geldwerte Vorteil beträgt im Dezember 2012 700 €, der monatliche Barlohn beträgt 2.300 €. Der monatliche Nettolohn beträgt 3.000 € und ist auf einen Bruttobetrag von insgesamt 5.269,72 € hochzurechnen (zu den Einzelheiten der **Hochrechnung** siehe das Beispiel unter 2c, Rn 167).

c) Steuerfreie geldwerte Vorteile

195 Schließlich ist zu prüfen, ob geldwerte Vorteile nicht unter den Anwendungsbereich einer **Steuerbefreiungsvorschrift** nach § 3 EStG fallen und daher steuerfrei gewährt werden können. So können beispielsweise Kosten der **doppelten Haushaltsführung** oder **Reisekosten** bei Vorliegen der jeweiligen Voraussetzungen steuerfrei erstattet werden.[67] Auch **Kinderbetreuungskosten** können unter den Voraussetzungen des § 3 Nr. 33 EStG vom Arbeitgeber steuerfrei erstattet/übernommen werden.

Praxistipp
Bei der Gestaltung der Entsendungsverträge empfiehlt es sich, auch mögliche Steuerbefreiungen zu berücksichtigen und die **Entsendungsverträge** so zu gestalten, dass die Voraussetzungen der Steuerbefreiungsvorschriften eingehalten werden. Dies gilt insbesondere auch bei Vorliegen einer Nettolohnvereinbarung, da der Arbeitgeber sich bei der Nettolohnvereinbarung zur **Übernahme der Lohnsteuer** und ggf. auch zur **Übernahme der Sozialversicherungsbeiträge** verpflichtet hat. Eine etwaige Ersparnis von Lohnsteuer und Sozialversicherungsbeiträgen kommt dann direkt dem Arbeitgeber zugute.

aa) Beiträge des Arbeitgebers zur ausländischen gesetzlichen Sozialversicherung

196 In das Inland entsandte Mitarbeiter sind häufig in dem **Sozialversicherungssystem** ihres Heimatlandes verblieben.[68] In diesen Fällen leisten Arbeitnehmer und Arbeitgeber Beiträge in ein **ausländisches Sozialversicherungssystem.** Dabei stellt sich die Frage, ob die Übernahme der Arbeitgeberbeiträge steuerpflichtig ist. Sofern es sich um gesetzliche Beiträge des ausländischen Sozialversicherungssystems handelt, sind diese jedenfalls nach § 3 Nr. 62 EStG steuerfrei. § 3 Nr. 62 EStG erfasst auch solche **Arbeitgeberbeiträge**, die aufgrund einer nach ausländischen Gesetzen bestehenden Verpflichtung an **ausländische Sozialversicherungsträger** geleistet werden.[69] Darüber hinaus müssen die ausländischen Sozialversicherungsträger mit den **inländischen Sozialversicherungsträgern** im Wesentlichen mit einer **Zukunftssicherungsleistung** (Absicherung gegen **Krankheit, Unfall, Invalidität, Alter, Tod**) i.S.v.

---

67 Zu den Voraussetzungen im Einzelnen siehe unter bb), Rn 199 und cc), Rn 224.

68 Zu den sozialversicherungsrechtlichen Voraussetzungen siehe unter Kap. 7 Rn 1.

69 BFH, Urt. v. 28.5.2009 – VI R 27/06 –.

§ 3 Nr. 62 vergleichbar sein.[70] Liegen diese Voraussetzungen vor, ist der Arbeitgeberanteil zu den Sozialversicherungsbeiträgen auch dann steuerfrei, wenn dieser den Anteil oder Beitrag zur inländischen Sozialversicherung übersteigt.

Beispiel
Der Arbeitgeber ist nach ausländischen Rechtsvorschriften verpflichtet, einen Anteil von 2/3 zu der **ausländischen gesetzlichen Rentenversicherung** zu leisten. Der gesamte Arbeitgeberanteil ist steuerfrei, auch wenn dieser den inländischen Anteil des Arbeitgebers von 50 % zur inländischen Rentenversicherung übersteigt. Maßgeblich ist allein die gesetzliche Verpflichtung nach ausländischen Rechtsvorschriften.

Werden **ausländische Sozialversicherungsbeiträge** in einem **Globalbeitrag**[71] – einem Beitrag für alle Sozialversicherungszweige – erbracht, ist für steuerliche Zwecke eine Aufteilung des Globalbeitrages auf die einzelnen Sozialversicherungszweige vorzunehmen. Das BMF hat für Globalbeiträge in Europa Aufteilungsmaßstäbe veröffentlicht.[72] Danach können die Globalbeiträge den einzelnen steuerlich zu berücksichtigenden Sozialversicherungszweigen zugeordnet werden. Liegen außereuropäische Globalbeiträge vor, ist eine Aufteilung nach den Umständen des Einzelfalles vorzunehmen. 197

Praxistipp
Der Arbeitgeber ist gesetzlich auch zum Ausweis von ausländischen Sozialversicherungsbeiträgen auf der **Lohnsteuerbescheinigung** verpflichtet, soweit es sich nicht um ausländische gesetzliche Krankenversicherungsbeiträge handelt.[73]

Werden Beiträge des Arbeitgebers zu einer Versicherung (beispielsweise zusätzliche **private Krankenversicherung**) von dem Arbeitgeber aufgrund freiwilliger (vertraglicher) Grundlage übernommen, führt dies zur Steuerpflicht der übernommen Beiträge, sofern der Arbeitnehmer einen unentziehbaren Rechtsanspruch auf die Versicherungsleistung hat. Besteht kein **unentziehbarer Rechtsanspruch** des Arbeitnehmers, sind die Leistungen in der Auszahlungsphase (teilweise) als Arbeitslohn nach den Grundsätzen der Rechtsprechung zu qualifizieren[74] (Begrenzung der Höhe nach auf die insgesamt geleisteten Versicherungsbeiträge). Nach der neueren Rechtsprechung des BFH bleibt aber für beruflich auswärtige Steuerpflichtige zu prüfen, ob nicht durch die berufliche Prägung derartiger Aufwendungen für den Arbeitnehmer 198

---

70 BFH, Urt. v. 16.10.2002 – XI R 75/00 –.
71 Globalbeiträge werden beispielsweise in Großbritannien, Spanien und Irland geleistet.
72 BMF-Schreiben v. 26.1.2012 – IV C 3 – S 2221/09/10013 –.
73 Zu der praktischen Relevanz der gesetzlichen Verpflichtung des Arbeitgebers siehe unter Rn 344.
74 In diesen Fällen wird der geldwerte Vorteil höchstens mit der Summe der Höhe der Versicherungsbeiträge bewertet; zur beruflichen Prägung von gemischt veranlassten Aufwendungen während einer Auswärtstätigkeit s. BFH, Urt. v. 5.7.2012 – VI R 50/10 –.

ein Abzug als Werbungskosten bzw. steuerfreie Erstattung durch den Arbeitgeber in Betracht kommt.

Praxistipp
Verbleiben in das Inland übersandte Mitarbeiter im ausländischen Sozialversicherungssystem, ist zu prüfen, welche Arbeitgeberbeiträge übernommen werden, ob es sich um **gesetzliche Zwangsbeiträge** oder **freiwillige Beiträge** handelt und für welchen Zweck **Arbeitgeberbeiträge** erbracht werden. Um haftungsrechtliche und möglicherweise steuerstrafrechtliche Risiken auszuschließen, empfiehlt es sich, eine steuerliche Überprüfung der übernommenen ausländischen Arbeitgeberbeiträge vorzunehmen. Bestehen nach dieser Überprüfung Zweifel an einer Steuerfreiheit der Arbeitgeberbeiträge, ist aus Gründen der Rechtssicherheit die Einholung einer **Lohnsteueranrufungsauskunft** nach § 42e EStG zu empfehlen.

bb) Auswärtstätigkeit

199 **Mehraufwendungen** für die Auswärtstätigkeit des Arbeitnehmers können gem. § 3 Nr. 16 EStG vom Arbeitgeber bis zur Höhe der Aufwendungen, die beim Arbeitnehmer als Werbungskosten abzugsfähig sind, steuerfrei erstattet werden.

200 Eine **beruflich veranlasste Auswärtstätigkeit** gem. R 9.4 Abs. 2 LStR hat folgende Voraussetzungen:

- Der Arbeitnehmer wird
- außerhalb seiner Wohnung und
- an keiner regelmäßigen Arbeitsstätte
- vorübergehend
- beruflich tätig.

Beispiel
Ein Arbeitnehmer wohnt und arbeitet im Ausland. Aufgrund eines Projektes ist er für 4 Wochen bei einem Mandanten in Deutschland tätig.
Die Voraussetzungen der beruflich veranlassten Auswärtstätigkeit sind erfüllt, da der Arbeitnehmer außerhalb seiner Wohnung und an **keiner regelmäßigen Arbeitsstätte** (= bei einem Mandanten in Deutschland) vorübergehend (= 4 Wochen) beruflich tätig wird.

Praxistipp
Liegen die oben genannten Voraussetzungen einer beruflich veranlassten Auswärtstätigkeit vor, können auch Aufwendungen für einen **Look + See-Trip** des Arbeitnehmers zu den berücksichtigungsfähigen Werbungskosten und daher zu steuerfrei erstattungsfähigen Aufwendungen zählen.

201 Die **regelmäßige Arbeitsstätte** ist der **ortsgebundene Mittelpunkt** der **dauerhaft angelegten beruflichen Tätigkeit**. Der Arbeitnehmer darf den Ort nicht nur gelegentlich, sondern muss diesen regelmäßig aufsuchen. Grundsätzlich kann der Arbeitnehmer nur **eine regelmäßige Arbeitsstätte** haben, auch wenn er an verschiedenen Orten

für seinen Arbeitgeber tätig wird.[75] Eine regelmäßige Arbeitsstätte des Arbeitnehmers befindet sich nur dort, wo sich der ortsgebundene Mittelpunkt seiner dauerhaft angelegten beruflichen Tätigkeit befindet. Zur Bestimmung der regelmäßigen Arbeitsstätte wird widerlegbar vermutet, dass die regelmäßige Arbeitsstätte sich bei der **betrieblichen Einrichtung des Arbeitgebers** befindet, der der Arbeitnehmer arbeitsvertraglich dauerhaft zuzuordnen ist oder bei einer betrieblichen Einrichtung des Arbeitgebers, in der der Arbeitnehmer arbeitstäglich, je Arbeitswoche einen vollen Arbeitstag oder mindestens 20 % seiner vereinbarten Arbeitszeit, tätig ist. Der Begriff „regelmäßige Arbeitsstätte" wird durch den Begriff „erste Tätigkeitsstätte" ersetzt und im § 9 Abs. 4 EStG kodifiziert. Zur Bestimmung der „ersten Tätigkeitsstätte" ist vorrangig auf die arbeitsrechtliche Zuordnung abzustellen. Demzufolge sind die Regelungen zur Tätigkeitsstätte im Arbeitsvertrag maßgeblich. Fehlen solche Regelungen ist erste Tätigkeitsstätte die betriebliche Einrichtung, an der der Arbeitnehmer typischerweise arbeitstäglich tätig werden soll oder zwei volle Arbeitstage die Woche oder mindestens ein Drittel seiner vereinbarten regelmäßigen Arbeitszeit tätig werden soll. Wie bisher ist eine dauerhafte Zuordnung des Arbeitnehmers an eine Tätigkeitsstätte erforderlich. Im Unterschied zur bisherigen Rechtslage ist eine dauerhafte Zuordnung auch dann gegeben, wenn der Arbeitnehmer länger als 48 Monate an der Tätigkeitsstätte tätig werden soll. Nach der bisherigen Rechtslage waren hingegen die Gesamtumstände maßgeblich und es gab keine zeitliche Begrenzung. Zudem kann entgegen der bisherigen Rechtslage nach dem Gesetzeswortlaut auch ein verbundenes Unternehmen oder ein vom Arbeitgeber bestimmter Dritter zur „ersten Tätigkeitsstätte" des Arbeitnehmers werden, sofern eine dauerhafte Zuordnung vorliegt.

Beispiel
Bei einer **befristeten Abordnung** des Arbeitnehmers an eine andere betriebliche Einrichtung des Arbeitgebers oder eines verbundenen Unternehmens wird diese grundsätzlich nicht zur regelmäßigen Arbeitsstätte des Arbeitnehmers. Gleiches gilt auch, wenn der Arbeitnehmer bei einem Kunden tätig wird. Auch diese wird grundsätzlich nicht zur regelmäßigen Arbeitsstätte des Arbeitnehmers. Nach der ab 1.1.2014 geltenden Rechtslage ist allerdings die 48-Monatsfrist zu beachten. Wird diese überschritten, liegt ab diesem Zeitpunkt nach neuer Rechtslage eine „ersten Tätigkeitsstätte" vor.

Die **Auswärtstätigkeit** muss **vorübergehend** sein. 202

Beispiel
Ist die Tätigkeit befristet und nimmt der Arbeitnehmer nach Ablauf der Befristung seine berufliche Tätigkeit an seiner regelmäßigen Arbeitsstätte im Heimatland wieder auf, liegt eine **vorübergehende Tätigkeit** vor.
Die Befristung kann Tage, Wochen, Monate oder Jahre dauern. Eine zeitliche Grenze gibt es insoweit nicht, maßgeblich sind die Gesamtumstände. Nach der ab 1.1.2014 geltenden Rechtslage ist aller-

75 Vgl. BFH v. 9.6.2011 – VI R 58/09 –.

dings die 48 Monatsfrist zu beachten. Wird diese überschritten, liegt ab diesem Zeitpunkt nach neuer Rechtslage eine „ersten Tätigkeitsstätte" vor. Der Arbeitnehmer muss aber voraussichtlich an seinen regelmäßigen Arbeitsplatz zurückkehren und dort wieder tätig werden.

203 Eine **beruflich veranlasste Auswärtstätigkeit** liegt im folgenden Beispiel vor:

Beispiel
Der Arbeitnehmer wird von seinem Arbeitgeber für zwei Jahre in die deutsche Niederlassung entsendet und ist nach Ablauf der zwei Jahre wieder an seinem regelmäßigen Arbeitsplatz tätig.

204 Demgegenüber erkennt die Finanzverwaltung bei **internationalen Arbeitnehmerentsendungen** eine Auswärtstätigkeit wegen Vorliegens einer inländischen regelmäßigen Arbeitsstätte nicht an, wenn der Arbeitnehmer einen **Arbeitsvertrag** mit einem **lokalen Arbeitgeber** abgeschlossen hat.[76] Wird kein lokaler Arbeitsvertrag geschlossen und hat der Arbeitnehmer nur einen **Entsendungsvertrag** mit dem **ausländischen Unternehmen**, soll nach Auffassung der Finanzverwaltung keine inländische regelmäßige Arbeitsstätte vorliegen und sie erkennt eine Auswärtstätigkeit grundsätzlich an.

Beispiel
Bei allen Entsendungen nach Deutschland wird ein lokaler Arbeitsvertrag mit der aufnehmenden Gesellschaft geschlossen.
Nach Auffassung der Finanzverwaltung liegt keine beruflich veranlasste Auswärtstätigkeit vor.
Abwandlung: Es werden keine lokalen Verträge mit der aufnehmenden Gesellschaft in Deutschland geschlossen, sondern nur Entsendungsverträge mit der entsendenden Gesellschaft.
Nach Auffassung der Finanzverwaltung liegt eine beruflich veranlasste Auswärtstätigkeit vor.

205 Diese Auffassung der Finanzverwaltung wird teilweise mit gewichtigen Gründen kritisiert.[77]

Praxistipp
Soll von der Auffassung der Finanzverwaltung abgewichen werden, besteht die Möglichkeit, sich eine **Anrufungsauskunft** gem. § 42e EStG vom **Betriebsstättenfinanzamt** einzuholen.

206 Sind die zuvor genannten Voraussetzungen erfüllt, können folgende Aufwendungen als **Werbungskosten** geltend gemacht:
- Fahrtkosten,
- Versorgungsmehraufwendungen,

76 Vgl. OFD Rheinland v. 12.7.2010, Kurzinformation Einkommensteuer Nr. 34/2010.
77 Vgl. hierzu näher *Strohner/Rindelaub*, Der Betrieb 2011, 1296, 1302.

- Übernachtungskosten und
- Reisenebenkosten.

Aufwendungen für Fahrten mit dem eigenen Pkw können in Höhe der **Reisekostenpauschale** von 0,30 € für die tatsächlich gefahrenen Kilometer angesetzt werden. 207

Beispiel
Die Reisekostenpauschale in Höhe von 0,30 € gilt für folgende Fahrten:
- von der **Heimatwohnung**/regelmäßigen Arbeitsstätte zur auswärtigen Tätigkeitsstätte/**Unterkunft**,
- zur **Hauptwohnung** während der Auswärtstätigkeit.

Praxistipp
Nimmt der Arbeitnehmer einen Kollegen mit, erhöht sich die Reisekosten-pauschale um 0,02 € pro mitgenommener Person und tatsächlich gefahrenen Kilometern.

Werden die Fahrten mit einem **Firmenwagen** durchgeführt, kann die **Reisekostenpauschale** nicht als Werbungskosten geltend gemacht werden. Nutzt der Arbeitnehmer den Firmenwagen auch für Fahrten zwischen Wohnung und der auswärtigen Tätigkeitsstätte, wird eine Versteuerung eines **geldwerten Vorteiles** nicht durchgeführt, da es sich bei den durchgeführten Fahrten nicht um solche zu einer **regelmäßigen Arbeitsstätte** handelt. 208

Sofern der Arbeitnehmer die **Fahrten mit öffentlichen Verkehrsmitteln** zurücklegt, können die Aufwendungen in tatsächlich nachgewiesener Höhe voll als **Werbungskosten** berücksichtigt werden. 209

Aufwendungen für Verpflegungen können für die ersten drei Monate ab Begründung der beruflichen Auswärtstätigkeit geltend gemacht werden. Die **Verpflegungsmehraufwendungen** werden allerdings nur für die Tage innerhalb der drei Monate gewährt, an denen der Arbeitnehmer von seiner Hauptwohnung und seiner regelmäßigen Arbeitsstätte abwesend ist. 210

Nach § 4 Abs. 5 Nr. 5 EStG gelten folgende **Verpflegungspauschbeträge**, die vom Arbeitgeber steuerfrei erstattet werden können: 211

Abwesenheitsdauer am Kalendertag	Bei Auswärtstätigkeit	
	in Deutschland	im Ausland
24 Stunden	24 €	1/1 der länderspezifischen Pauschale
14 bis 24 Stunden	12 €	2/3 der länderspezifischen Pauschale
8 bis 14 Stunden	6 €	1/3 der länderspezifischen Pauschale
unter 8 Stunden	0 €	keine Pauschale

212 Ab dem Jahr 2013 gelten folgende Pauschalen:

Abwesenheitsdauer am Kalendertag	Bei Auswärtstätigkeit	
	in Deutschland	im Ausland
24 Stunden	24 €	1/1 der länderspezifischen Pauschale
8 bis 24 Stunden	12 €	1/2 der länderspezifischen Pauschale
unter 8 Stunden	0 €	keine Pauschale

Eine Übersicht über die **länderspezifischen Pauschbeträge** ist dem BMF-Schreiben vom 17.12.2012[78] zu entnehmen.

213 Übersteigen die vom Arbeitgeber übernommenen Beträge die gesetzlichen Beiträge, kann der übersteigende Betrag pauschal mit 25 % versteuert werden.

Beispiel

Der Arbeitnehmer erhält für seine auswärtige Tätigkeit am 4.4. von 15 Stunden **Verpflegungsmehraufwendungen** in Höhe von 20 €.

Gesetzlich zulässig wären Verpflegungsmehraufwendungen in Höhe von 12 €.

Der Mehrbetrag von 8 € (20 € abzüglich 12 €) kann vom Arbeitgeber pauschal mit 25 % besteuert werden.

Der Arbeitnehmer erhält die Beträge von 12 € und 8 € ohne Abzüge.

---

214 Die Möglichkeit der **pauschalierten Besteuerung höherer Verpflegungsmehraufwendungen** wird nur im Rahmen der Auswärtstätigkeit zugelassen. Dies gilt aber nur, wenn der übersteigende Teil nicht größer als 100 % des entsprechenden Pauschbetrages ist.

Beispiel

Der Arbeitnehmer erhält von seinem Arbeitgeber Verpflegungsmehraufwendungen in Höhe von 70 € für eine zweitägige Auswärtstätigkeit mit einer Abwesenheit von jeweils 15 Stunden. Gesetzlich zulässig sind 24 € (12 € × 2 Tage). Der vom Arbeitgeber gewährte Verpflegungsmehraufwand übersteigt die gesetzlichen Verpflegungsmehraufwendungen um 46 € (70 € abzüglich 24 €). Die 46 € können bis zu 100 % der gesetzlichen Verpflegungsmehraufwendungen von 24 € pauschaliert besteuert werden. Die verbleibenden 22 € müssen vom Arbeitnehmer individuell versteuert werden, da diese 100 % der gesetzlichen Verpflegungsmehraufwendungen übersteigen (70 € abzüglich (24 € × 2)).

Abwandlung: Der Arbeitnehmer ist an den 2 Tagen unter 8 Stunden auswärtig tätig und erhält trotzdem 70 €. Gesetzlich zulässig sind 0 €. Die gewährten 70 € übersteigen zu 100 % die gesetzlichen Verpflegungsmehraufwendungen in Höhe von 70 € (70 € abzüglich (0 € × 2)). Somit sind 70 € vom Arbeitnehmer individuell zu versteuern.

---

78 Vgl. BMF-Schreiben v. 17.12.2012 – IV C 5 – S 2353/08/10006:003 –.

Nach Auffassung der Finanzverwaltung kann der Arbeitnehmer im Rahmen einer **internationalen Arbeitnehmerentsendung** keine Verpflegungsmehraufwandpauschbeträge geltend machen, sofern er grundsätzlich die Voraussetzungen einer **beruflichen Auswärtstätigkeit** erfüllt, jedoch seine **Wohnung im Heimatort** aufgibt. 215

Aufwendungen für **Übernachtungen** am Zielort oder in dessen Nähe können grundsätzlich in tatsächlich nachgewiesener Höhe während der **Auswärtstätigkeit** zeitlich unbegrenzt als **Werbungskosten** abgesetzt werden. Hat der Arbeitnehmer die **Wohnung im Heimatland** aufgegeben, können die **Unterkunftskosten** nach Ansicht der Finanzverwaltung für eine Wohnung im Tätigkeitsland nicht als Werbungskosten berücksichtigt bzw. vom Arbeitgeber steuerfrei erstattet werden. 216

Behält der Arbeitnehmer die Wohnung am Heimatort bei, gewährt die Finanzverwaltung einen Werbungskosten-Abzug der Aufwendungen für die **Unterkunft** an der **auswärtigen Tätigkeitsstätte.** Sofern die Unterkunft an der Tätigkeitsstätte auch von **Familienangehörigen** bewohnt wird, akzeptiert die Finanzverwaltung lediglich einen **Werbungskosten-Abzug** für die **Mehrkosten**, die ausschließlich durch die Unterbringung des Arbeitnehmers entstanden wären. Für die Aufteilung der Miete in einen privaten und beruflichen Teil wird die bei der **doppelten Haushaltsführung** geltende Begrenzung auf eine **Wohnfläche** von 60 m² herangezogen. Dabei erfolgt allerdings keine Beschränkung auf die **ortsübliche Durchschnittsmiete**, sondern es werden die tatsächlichen Kosten berücksichtigt. 217

Beispiel

Der Arbeitnehmer wird im Rahmen einer Auswärtstätigkeit nach Deutschland entsendet. Seit Beginn der Entsendung wohnt er mit seinem Ehegatten und seinen zwei Kindern in einer 120 m² großen Wohnung. Die Miete beläuft sich auf 1.500 €. Die **ortsübliche Durchschnittsmiete** beträgt 6 € pro m² und die tatsächliche Miete 12,50 € pro m² (1.500 €/120 m²). Nach Auffassung der Finanzverwaltung kann der Arbeitnehmer **Übernachtungsaufwendungen** in Höhe von 750 € (12,50 € × 60 m²) geltend machen. Eine Aufteilung nach Köpfen kommt auch nach Ansicht der Finanzverwaltung nicht in Betracht. Würde das Finanzamt hier die Regelungen der **doppelten Haushaltsführung** zugrunde legen, könnte der Arbeitnehmer nur 360 € (6 € × 60 m²) als **Werbungskosten** beantragen.
Liegen die tatsächlichen Kosten über der **ortsüblichen Miete**, können dem Arbeitnehmer trotz der Anwendung der 60 m²-Grenze bei einer Auswärtstätigkeit höhere Beträge steuerfrei erstattet werden als bei doppelter Haushaltsführung.

Hinweis zur Rechtslage ab 2014

Übernachtungsaufwendungen werden der Höhe nach unbegrenzt, allerdings zeitlich auf 48 Monate begrenzt, berücksichtigt. Nach Ablauf der 48 Monate erfolgt eine Begrenzung der Höhe nach bis 1.000 € (Bruttomiete) monatlich. Wird die zeitliche Begrenzung für mindestens 6 Monate unterbrochen, führt dies zu einem Neubeginn der 48 Monate. Bei einem Zeitraum ab 4 Jahren können die Übernachtungsaufwendungen lediglich im Rahmen der doppelten Haushaltsführung geltend gemacht werden.

---

218 Aufwendungen für **Übernachtungen** darf der Arbeitgeber grundsätzlich in Höhe der **tatsächlich nachgewiesenen Kosten** erstatten. Es können auch **Pauschbeträge** in Höhe von 20 € pro Übernachtung ohne Einzelnachweis steuerfrei erstattet werden. Eine steuerfreie Erstattung der pauschalen Übernachtungskosten wird allerdings ausgeschlossen, wenn der Arbeitgeber dem Arbeitnehmer eine **kostenlose oder preisgünstige** Unterkunft zur Verfügung stellt.

Beispiel

Der Arbeitnehmer ist 5 Tage auswärtig untergebracht. Für die Unterbringung konnte er selbst eine kostengünstige Übernachtungsmöglichkeit für 4 Nächte organisieren.
Die tatsächlichen Aufwendungen betragen insgesamt 40 € (10 € × 4 Übernachtungen).
Der Arbeitnehmer kann sich entweder die tatsächlich angefallenen Aufwendungen von 40 € oder die Pauschbeträge von insgesamt 80 € (20 € × 4 Übernachtungen) steuerfrei erstatten lassen.
Wählt er die Pauschbeträge, erhält er mehr als ihm tatsächlich an Übernachtungskosten entstanden sind.

---

219 Sind in den **Übernachtungskosten** auch **Aufwendungen für Verpflegung** enthalten, ergeben sich Besonderheiten bei der **Erstattung des Rechnungsbetrages**, da die Aufwendungen für Verpflegung grundsätzlich mit den Pauschbeträgen für Verpflegungsmehraufwendungen abgegolten sind. Ab 2010 sind die **Übernachtungs- und Verpflegungskosten** grundsätzlich separat auf der Rechnung auszuweisen und müssen auch steuerlich separat beurteilt werden. Sofern der Arbeitgeber neben den Übernachtungskosten auch die Aufwendungen für ein **Frühstück** erstattet, gewährt er seinem Arbeitnehmer eine Mahlzeit in Form eines Frühstückes.

Beispiel

Diese **Frühstückgewährung** gilt als durch den Arbeitgeber veranlasst, sofern das Frühstück aufgrund
- einer **arbeitsvertraglichen Vereinbarung**, z.B. Reisekostenrichtlinie, erstattet wird und
- die **Rechnung auf den Arbeitgeber** ausgestellt ist.

---

220 Der **geldwerte Vorteil** ist vom Arbeitnehmer in Höhe des **maßgeblichen Sachbezugswertes** zu versteuern.

Praxistipp

Die Versteuerung eines etwaigen Sachbezugswertes kann beispielsweise durch eine Zuzahlung des Arbeitnehmers in Höhe des Sachbezugswertes der Mahlzeit vermieden werden.

Beispiel

Erstattet der Arbeitgeber nicht den gesamten Betrag, sondern lediglich die Übernachtungskosten und ist das Frühstück separat auf der Rechnung ausgewiesen, darf der Arbeitgeber nur die Übernachtungskosten bei der steuerfreien Erstattung berücksichtigen.

Neben den zuvor genannten Aufwendungen können auch **Reisenebenkosten** als 221
Werbungskosten berücksichtigt werden.

Beispiel
Zu den Reisenebenkosten zählen Aufwendungen für:
- Parkgebühren,
- Autofähre,
- berufliche Telefonate,
- medizinische Vorbereitungen,
- Visa und sonstige Reisepapiere.

Der Arbeitnehmer muss seinem Arbeitgeber Unterlagen vorlegen, aus denen die Vor- 222
aussetzungen des **steuerfreien Erstattungsanspruches** sowie die **tatsächlichen Aufwendungen** ersichtlich sind. Vom Arbeitgeber sind diese Unterlagen als **Belege zum Lohnkonto** aufzubewahren.[79]

Werden Aufwendungen steuerfrei erstattet, mindern sie den **Werbungskosten-** 223
Abzug für **Aufwendungen der Auswärtstätigkeit** des Arbeitnehmers.

cc) Doppelte Haushaltsführung

Der Arbeitgeber kann dem Arbeitnehmer **bestimmte Mehraufwendungen** wegen 224
einer **beruflich veranlassten doppelten Haushaltsführung** steuerfrei erstatten.

Voraussetzung für die **steuerfreie Erstattung** ist, dass eine **steuerlich aner-** 225
kannte, beruflich veranlasste doppelte Haushaltsführung vorliegt. Eine beruflich veranlasste doppelte Haushaltsführung liegt vor, wenn:
- Der Arbeitnehmer außerhalb des Ortes,
- an dem er einen eigenen Hausstand unterhält,
- an einer regelmäßigen Arbeitsstätte beschäftig ist und
- am Beschäftigungsort wohnt.

Es wird eine **Hauptwohnung am Wohnort** unterhalten, sofern der Arbeitnehmer 226
dort einen **eigenen Hausstand** unterhält, der **den Mittelpunkt seiner Lebensinteressen** darstellt.

Beispiel
Der Arbeitnehmer ist **Mieter** oder **Eigentümer** einer nach seinen Bedürfnissen eingerichteten **Wohnung** am **Heimatort**.
Ausreichend ist auch, dass der Arbeitnehmer mit seinem **Lebenspartner** die Wohnung gemietet oder erworben hat.

---

79 Vgl. BFH, Urt. v. 6.3.1980 – VI R 65/77 –.

227 Die Möglichkeit des Verbleibens des **Arbeitnehmers** in der Wohnung muss sichergestellt sein.[80] Weiter ist es erforderlich, dass der Arbeitnehmer einen **eigenen Haushalt** in der Wohnung unterhält, den er persönlich und finanziell wesentlich mitbestimmt.

Praxistipp
Sofern der Arbeitnehmer die Steuerklasse III, IV oder V hat, kann der Arbeitgeber unterstellen, dass ein eigener Hausstand in der Hauptwohnung unterhalten wird.
Hat der Arbeitnehmer demgegenüber die Steuerklasse I, II oder VI, muss der Arbeitgeber sich schriftlich bestätigen lassen, dass der Arbeitnehmer in der Hauptwohnung einen eigenen Hausstand unterhält. Dieser Beleg ist beim Lohnkonto aufzubewahren.

Hinweis zur Rechtslage ab 2014
Der Begriff „eigener Hausstand" ist nunmehr gesetzlich definiert. Ein eigener Hausstand liegt vor, wenn eine Wohnung unterhalten wird und eine finanzielle Beteiligung an den Kosten der Lebensführung gegeben ist.

228 Maßgeblich ist insoweit, dass der Arbeitnehmer den Lebensmittelpunkt am bisherigen Wohnort beibehält.

Beispiel
Bei verheirateten Arbeitnehmern befindet sich der Mittelpunkt der Lebensinteressen im Allgemeinen dort, wo sich die **Familie** befindet, sofern mindestens sechs Fahrten im Jahr zur **Familienwohnung** durchgeführt werden.
Befindet sich die **Zweitwohnung im Ausland**, reicht eine Familienheimfahrt im Jahr aus, sofern in der Hauptwohnung hauswirtschaftliches Leben herrscht, an dem der Arbeitnehmer persönlich mitwirkt und auch finanziell maßgeblich beteiligt ist.
Liegt die Hauptwohnung in den Ländern Australien, Indien, Japan, Korea oder den Philippinen, genügt eine Familienheimfahrt in zwei Jahren.

Beispiel
Bei **nicht verheirateten Arbeitnehmern** liegt der **Lebensmittelpunkt** dort, wo:
- seine **Eltern** oder **Verlobte(-r)** leben,
- sein **Freundes- und Bekanntenkreis** ist,
- **Mitgliedschaften in Vereinen** besteht,
- **politische, künstlerische oder andere Aktivitäten** ausgeübt werden.

Die **Hauptwohnung** muss im Durchschnitt mindestens zweimal im Monat aufgesucht werden.

229 Zudem muss der Arbeitnehmer am Beschäftigungsort eine **Zweitwohnung** unterhalten.

80 Vgl. BFH, Urt. v. 4.11.2003 – VI R 170/99 –.

Beispiel
Als Zweitwohnung wird angesehen:
- längere Zeit angemietetes **Hotelzimmer,**
- **möbliertes Zimmer,**
- **Mietwohnung,**
- **Eigentumswohnung.**

Des Weiteren muss die Begründung der Zweitwohnung beruflich veranlasst sein. Eine **berufliche Veranlassung** liegt vor, wenn der Arbeitnehmer wegen der Entfernung zum Beschäftigungsort nicht täglich in die Hauptwohnung zurückkehren kann. 230

Beispiel
Eine berufliche Veranlassung wird angenommen bei:
- Versetzungen,
- Abordnungen,
- Entsendungen,
- Antritt einer neuen Stelle.

Irrelevant ist jedoch, aus welchen Gründen der Arbeitnehmer die **doppelte Haushaltsführung** beibehalten möchte. 231

Sofern die zuvor genannten Voraussetzungen erfüllt sind, können folgende Aufwendungen steuerfrei erstattet werden: 232
- Fahrtkosten,
- Verpflegungsmehraufwendungen,
- Kosten der Zweitwohnung (60 m^2-Grenze),
- Umzugskosten.

Beispiel
Erste und letzte Fahrt mit dem eigenen Pkw für die Begründung und die Beendigung der **doppelten Haushaltsführung** in Höhe der **Reisekostenpauschale** von 0,30 € für jeden gefahrenen km.
Werden öffentliche Verkehrsmittel (z.B. Bahn oder Flugzeug) verwendet, können die tatsächlichen Aufwendungen angesetzt werden.

Beispiel
Die Entfernungspauschale greift bei **Familienheimfahrten** unabhängig von der Art des Verkehrsmittels mit 0,30 € pro **Entfernungskilometer**.
Ausgenommen vom Ansatz der Entfernungspauschale ist die Nut**zung eines Flugzeuges**. Es können nur die tatsächlichen Aufwendungen angesetzt werden. Die Entfernungspauschale kann für Fahrten vom Beschäftigungsort bis zum Flughafen und vom Flughafen der Hauptwohnung bis zur Hauptwohnung beantragt werden.
Die sonst für die Entfernungspauschale geltende Begrenzung der Fahrtkosten für Nicht-Pkw-Fahrer ist für Familienheimfahrten irrelevant.
Werden Familienheimfahrten mit einem Firmenwagen durchgeführt, kann der Arbeitnehmer keine Werbungskosten beantragen.

Beispiel
Familienheimfahrten sind begrenzt. Für steuerliche Zwecke kann maximal eine Familienheimfahrt pro Woche berücksichtigt werden.

Praxistipp
Die Fahrtkosten in Höhe der **Entfernungspauschale** brauchen nicht belegt zu werden, allerdings kann das Finanzamt einen Nachweis über die tatsächlich durchgeführten Fahrten sowie die tatsächlich zurückgelegten km verlangen.
Es empfiehlt sich, die **Tankbelege** sowie **Reparaturrechnungen** aufzubewahren.

233 Sofern nicht der Arbeitnehmer die **Familienheimfahrt** antritt, sondern die Familie ihn in der Zweitwohnung besucht, sind die Aufwendungen für die sog. **umgekehrten Familienheimfahrten** grundsätzlich abzugsfähig.

Beispiel
Umgekehrte Familienheimfahrten werden nur anerkannt, wenn der Arbeitnehmer aus beruflichen oder gesundheitlichen Gründen verhindert ist, die Familienheimfahrt anzutreten.
Zu den Gründen zählen:
- Bereitschaftsdienst,
- Arbeitsüberlastung,
- Erkrankung.

Praxistipp
Werden weder Familienheimfahrten noch umgekehrte Familienheimfahrten durchgeführt, können **pauschale Telefonkosten** für Telefonate mit der Familie in Höhe von 15 € pro Telefonat anstelle der Fahrten geltend gemacht werden.

234 Diese Pauschale für Telefonkosten kann nur für Telefonate mit Angehörigen, die zum eigenen Hausstand gehören, angesetzt werden und ist daher für **Alleinstehende ohne Angehörige** nicht zu berücksichtigen.[81]

Praxistipp
Für Fahrten von der Zweitwohnung zum Beschäftigungsort kann jedoch weiterhin die Entfernungspauschale von 0,30 € pro Entfernung berücksichtigt werden.

235 Die Aufwendungen für die **Zweitwohnung** können in tatsächlicher Höhe als **Werbungskosten** angesetzt werden, sofern die Aufwendungen angemessen und notwendig sind.

81 Vgl. BFH, Urt. v. 18.3.1988 – VI R 90/84 –.

Beispiel
Zu den Aufwendungen einer **Mietwohnung** zählen:
- gezahlte **Miete,**
- **Nebenkosten** wie **Heizung, Strom, Reinigung** der Wohnung,
- **Maklerprovision,**
- **Zweitwohnsitzsteuer.**

Beispiel
Zu den Aufwendungen einer **Eigentumswohnung** zählen:
- steuerliche Abschreibung der Anschaffungskosten,
- Nebenkosten,
- Finanzierungskosten,
- Schuldzinsen,
- Renovierungskosten,
- Zweitwohnsitzsteuer.

Als angemessen und notwendig gilt, wenn die Aufwendungen einer Wohnung mit einer Wohnfläche bis zu 60 m² der ortsüblichen Miete pro m² einer nach Lage und Ausstattung durchschnittlichen Wohnung entsprechen.[82] Demnach ist der **Werbungskosten-Abzug** der **Mietaufwendungen** betragsmäßig auf eine 60 m² **ortsübliche Durchschnittsmiete** begrenzt. 236

Beispiel
Der Arbeitnehmer bewohnt eine Zweitwohnung mit 70 m² für 300 € monatlich. Der ortsübliche Durchschnittsmietpreis beträgt 8 € pro m². Der als Werbungskosten infrage kommende Höchstbetrag beträgt 480 € (60 m² x 8 €). Somit kann der Arbeitnehmer trotz Überschreitens der 60 m² die vollen 300 € als Werbungskosten gelten machen.
Abwandlung: Die Wohnung hat 55 m² und der ortsübliche Durchschnittsmietpreis beträgt 12 €. Die Mietaufwendungen betragen 900 €. Der Höchstbetrag lautet 720 € (55 m² x 12 €). Der Arbeitnehmer kann trotz Unterschreitens der 60 m² nur 720 € als Werbungskosten beantragen. Die verbleibenden 180 € (900 € abzüglich 720 €) bleiben unberücksichtigt.

Hinweis zur Rechtslage ab 2014
Aufwendungen der Zweitwohnung sind betragsmäßig auf 1.000 € (Bruttomiete) monatlich begrenzt zu berücksichtigen.

82 Vgl. BFH, Urt. v. 9.8.2007 – VI R 10/06 –.

Praxistipp
Abweichend vom Werbungskosten-Abzug können Aufwendungen für die Zweitwohnung auch ohne Nachweis in Höhe eines Pauschbetrages von 20 € pro Übernachtung für die ersten drei Monate und 5 € ab dem vierten Monat erstattet werden.
Dies gilt nur, sofern die Zweitwohnung nicht unentgeltlich oder teilentgeltlich zur Verfügung gestellt worden ist.

237 Ebenfalls als Werbungskosten im Rahmen der doppelten Haushaltsführung abzugsfähig sind **notwendige Gegenstände**, die zur **Führung eines geordneten Haushaltes** erforderlich sind.[83]

Beispiel
Zu den notwendigen Gegenständen zählen Aufwendungen für:
- Betten,
- Schränke,
- Sitzmobiliar,
- Tische,
- Kücheneinrichtungen,
- Badezimmereinrichtungen,
- Lampen,
- Hausratsgegenstände[84] wie Geschirr, Töpfe, Pfannen usw.

Beispiel
Gardinen und **Vorhänge** können bis zu 184 € je Zimmer und bis zu 61 € je Nebenraum, z.B. Diele oder Bad, geltend gemacht werden.

Praxistipp
Aufwendungen für die notwendigen Gegenstände können bis zu einem Betrag in Höhe von brutto jeweils 487,90 € steuerwirksam berücksichtigt werden.
Wird der Betrag von 487,90 € überschritten, sind die Aufwendungen über die voraussichtliche Nutzungsdauer zu verteilen und entsprechend abzuschreiben.

238 **Umzugskosten**, die mit der Begründung der Zweitwohnung am Beschäftigungsort zusammenhängen, können ebenfalls als **Werbungskosten** berücksichtigt werden.

Beispiel
Hierzu gehören Aufwendungen für:
- den **Transport der Möbel** und des Hausrates aus der Hauptwohnung in die Zweitwohnung,
- **Fahrten** zur Suche sowie Besichtigung der Zweitwohnung,

83 Vgl. FG Köln, Urt. v. 5.2.1992 – 4 K 5056/87 –; BFH, Urt. v. 3.12.1982 – VI R 228/80 –.
84 Vgl. FG Köln, Urt. v. 25.1.1989 – 11 K 3980/87 –.

- **ortsübliche Maklergebühr,**
- Beschaffung eines **Kochherdes.**

Demgegenüber wird eine Pauschale für sonstige Umzugskosten bei Vorliegen einer **doppelten Haushaltsführung** versagt. 239

Erstattet der Arbeitgeber höhere Beträge als im Rahmen des **Werbungskosten-Abzuges** zulässig sind, stellt der übersteigende Betrag **steuerpflichtigen Arbeitslohn** dar. 240

Praxistipp
Der Arbeitnehmer muss seinem Arbeitgeber Unterlagen vorlegen, aus denen die Voraussetzungen des **steuerfreien Erstattungsanspruches** sowie die tatsächlichen Aufwendungen ersichtlich sind. Vom Arbeitgeber sind diese Unterlagen als **Belege zum Lohnkonto** aufzubewahren.

Die steuerfrei erstatteten Aufwendungen für **doppelte Haushaltsführung** mindern den **Werbungskosten-Abzug** für die Aufwendungen für doppelte Haushaltsführung des Arbeitnehmers. 241

dd) Umzugskosten

Weiter können gem. § 3 Nr. 16 EStG auch **Umzugskosten** steuerfrei erstattet werden, sofern eine Berücksichtigung dieser Aufwendungen als **Werbungskosten** bei dem Arbeitnehmer möglich ist. 242

Umzugskosten können bei einem **beruflich veranlassten Wohnungswechsel** als Werbungskosten berücksichtigt werden. 243

Beispiel
Der Umzug ist beruflich veranlasst, wenn der Arbeitnehmer:
- seinen **Arbeitsplatz** wechselt,
- versetzt wird,
- erstmals eine Stelle antritt,
- seine Fahrtzeit zur Arbeit mindestens eine Stunde täglich verkürzt,
- eine **doppelte Haushaltsführung** begründet oder beendet wird.

Praxistipp
Wird die **Versetzung** ins Ausland vor dem Umzug rückgängig gemacht, handelt es sich um **vergebliche Aufwendungen**, die als **Werbungskosten** bei den **steuerpflichtigen inländischen Einkünften** zu berücksichtigen sind.[85]

---

85 Vgl. BFH v. 24.5.2000 – VI R 17/96 –.

244 Sofern der Umzug beruflich veranlasst ist, können folgende Aufwendungen als **Werbungskosten** berücksichtigt werden:
- Transport des Umzugsgutes,
- Reisekosten,
- doppelte Mietzahlungen,
- Maklergebühren,
- zusätzlicher Unterricht der Kinder,
- sonstige Umzugskosten.

Beispiel
Reisekosten können für Fahrten zur Suche und Besichtigung der neuen Wohnung begrenzt auf entweder zwei Reisen für eine Person oder eine Reise für zwei Personen sowie die Fahrt am Umzugstag berücksichtigt werden.
Die **Fahrtkosten** können in tatsächlicher Höhe bei Reisen mit den öffentlichen Verkehrsmitteln oder in Höhe der Reisekostenpauschale in Höhe von 0,30 € pro gefahrenen km bei Verwendung des eigenen Pkw angesetzt werden.
Daneben können auch:
- Verpflegungsmehraufwendungen,
- tatsächliche Übernachtungskosten und
- mit der Reise anfallende Aufwendungen für Porto, Telefon, Parken

berücksichtigt werden.

---

245 Entstehen dem Arbeitnehmer Mehraufwendungen durch **doppelte Mietzahlungen**, können diese in voller Höhe als **Werbungskosten** angesetzt werden, und zwar längstens bis zum Ablauf der Kündigungsfrist der bisherigen Wohnung.

Beispiel
Ein Arbeitnehmer zieht beruflich bedingt an einen neuen **Beschäftigungsort**. Seine Familie bleibt zunächst noch in der Wohnung am alten Beschäftigungsort. Die Miete für die neue Familienwohnung kann bis zum Umzugstag und für die bisherige Wohnung ab dem Umzugstag der Familie berücksichtig werden, längstens bis zum Ablauf der Kündigungsfrist der bisherigen Wohnung.

---

246 Erwachsen einem Arbeitnehmer **Aufwendungen für zusätzlichen Unterricht** seiner Kinder, sind diese Aufwendungen als **Umzugskosten** abzugsfähig.

Beispiel
Dies betrifft Aufwendungen für zusätzlichen Unterricht, um das Kind an den Leistungsstand der neuen Klasse heranzuführen.
Die Aufwendungen können bis zum Höchstbetrag von 1.732 € für Umzüge, die nach dem 1.1.2013 beendet wurden,[86] berücksichtigt werden.

---

86 Vgl. BMF, Schreiben v. 1.10.2012 – IV C 5 – S 2353/08/10007 –.

Durch den beruflichen Umzug können auch Aufwendungen für den Erwerb eines **Kochherdes** oder für **Heizöfen** entstehen. 247

Beispiel
Die Aufwendungen sind nur abzugsfähig, wenn die Anschaffung wegen des Umzuges notwendig war, weil die vormals verwendeten Geräte nicht mehr benutzt werden können.
Für einen Kochherd können bis zu 230,08 € und für Heizöfen pro Zimmer bis zu 163,61 € berücksichtigt werden, unabhängig davon, ob die erworbenen Geräte gebraucht oder neu sind.

Zusätzlich zu den zuvor genannten Aufwendungen kann der Arbeitnehmer eine **Pauschale für sonstige Umzugskosten** als **Werbungskosten** geltend machen. 248

Beispiel
Mit dieser Pauschale sollen sonstige Aufwendungen des Umzuges ohne Einzelnachweis abgedeckt werden, wie:
- Zeitungsannoncen,
- freiwillige Trinkgelder an die Umzugshelfer,
- Verpflegung der Helfer,
- Ummeldung des Pkw,
- Änderung des Personalausweises.

Umzüge ab dem 1.1.2013			
	Innerhalb Deutschlands	Ausland	
		innerhalb EU	außerhalb EU
Verheiratete	1.374 €	2.134 €	2.748 €
Ledige	687 €	1.047 €	1.374 €
Kinder	303 €	403 €	606 €

Praxistipp
Ist der Arbeitnehmer verheiratet und zieht um, wird die Pauschale für **Verheiratete** unabhängig davon gewährt, ob der **Ehepartner** mit dem Arbeitnehmer umzieht oder am Heimatort verbleibt.
Demgegenüber erhält der Arbeitnehmer nur die Pauschale für **Kinder**, wenn diese mit dem Arbeitnehmer umziehen.

Zieht der Arbeitnehmer fünf Jahre nach einem beruflichen Umzug wieder um, so erhöht sich die Pauschale um 50 %. 249

Beispiel
Dieser **Häufigkeitszuschlag** wird allerdings nicht in **Rückumzugsfällen** gewährt, wenn der Arbeitnehmer innerhalb von fünf Jahren wieder an den Heimatort zurückzieht. In Rückumzugsfällen, vom Ausland ins Inland oder umgekehrt, wird die Umzugskostenpauschale auf 80 % reduziert. Die Umzugskostenpauschale wird nur gewährt, wenn sich der Lebensmittelpunkt des Arbeitnehmers von seinem bisherigen Heimatort verlagert. Somit wird im Falle einer steuerlichen doppelten Haushaltsführung eine Umzugskostenpauschale nicht gewährt, da der Lebensmittelpunkt am bisherigen Wohnort bleibt.

Praxistipp
Für eine **steuerfreie Erstattung der Aufwendungen** muss der Arbeitnehmer seinem Arbeitgeber Unterlagen vorlegen, aus denen die tatsächlichen Aufwendungen ersichtlich sind. Diese Unterlagen sind vom Arbeitgeber als Belege zum Lohnkonto aufzunehmen.

250 Sofern der Arbeitgeber **Aufwendungen für den beruflich veranlassten Umzug** steuerfrei erstattet, mindern die **steuerfreien Erstattungen** die **beantragten Werbungskosten** des Arbeitnehmers.

ee) Kinderbetreuungskosten

251 Neben dem laufenden Arbeitslohn kann der Arbeitgeber **steuerfreie Kindergartenzuschüsse** gem. § 3 Nr. 33 EStG gewähren.

Beispiel
Dabei kann der Arbeitgeber den Zuschuss entweder direkt an den **Kindergartenträger** oder an den Arbeitnehmer zahlen.
Wird dem Arbeitnehmer der Zuschuss ausbezahlt, muss der Arbeitnehmer dem Arbeitgeber die Verwendung der Zuschüsse durch die Überlassung der **Rechnung** oder des **Zahlungsnachweises** des Kindergartenträgers nachweisen.

252 Begünstigt werden Unterbringungs- und Betreuungsaufwendungen für **nicht schulpflichtige Kinder** des Arbeitnehmers.

Beispiel
Das Kind muss in einem **Kindergarten** oder einer **vergleichbaren Einrichtung** außerhalb des Haushaltes des Arbeitnehmers untergebracht und betreut werden.

Eine **steuerfreie Erstattung** für die Betreuung des Kindes innerhalb des Haushaltes des Arbeitnehmers scheidet aus.

253 Begünstigt sind die nachfolgenden Aufwendungen:
- Unterbringung,
- Verpflegung,
- Betreuungskosten.

254 Für eine **steuerfreie Erstattung der Aufwendungen** muss der Arbeitnehmer seinem Arbeitgeber Unterlagen vorlegen, aus denen die **tatsächlichen Aufwendungen** ersichtlich sind. Diese Unterlagen sind vom Arbeitgeber als **Belege zum Lohnkonto** zu nehmen.

255 Werden dem Arbeitnehmer Aufwendungen für **Kinderbetreuungskosten** steuerfrei erstattet, mindern diese seinen **Werbungskosten- oder Sonderausgabenabzug** für **Kinderbetreuungskosten.**

III. Sonstige Gehaltsbestandteile als Teil des Arbeitslohnes – Equity Based Compensation

1. Einleitung

Eine **Beteiligung von Mitarbeitern** am Arbeit gebenden Unternehmen ist in Deutschland, im Gegensatz zu den angelsächsischen Ländern, noch nicht in der Breite vorhanden oder beschränkt sich häufig auf das obere Management von börsennotierten Konzernen. 256

In der näheren Vergangenheit ist jedoch ein **Trend** zu erkennen, wonach auch deutsche Konzerne zunehmend beginnen, ihre Belegschaft im Rahmen von **Mitarbeiterbeteiligungsplänen** am Unternehmenserfolg partizipieren zu lassen. 257

Nichtsdestotrotz bestehen für Beteiligungen von Mitarbeitern am Arbeit gebenden Unternehmen oder an Konzerngesellschaften, trotz der Einführung einer **anteiligen Steuerbefreiung** (§ 3 Nr. 39 EStG) im Rahmen des **Mitarbeiterkapitalbeteiligungsgesetzes,**[87] zurzeit im **internationalen Vergleich** weder nennenswerte steuerliche Vergünstigungen noch Anreize in Deutschland. 258

2. Überblick über die Standardinstrumente der Mitarbeiterbeteiligung

Durch die Beteiligung der Mitarbeiter am Arbeit gebenden Unternehmen oder an Konzerngesellschaften soll eine **festere Bindung** an das Unternehmen und nicht zuletzt die **Teilhabe am Unternehmenserfolg** bezweckt werden. 259

In der Praxis wird bei Mitarbeiterbeteiligungsprogrammen zumeist unterschieden zwischen **echten Aktienprogrammen**, welche die Überlassung von Aktien des Unternehmens beinhalten, und sog. **virtuellen Programmen**, welche auf die Zahlung einer Geldleistung auf Grundlage der Aktienkursentwicklung ausgelegt sind. 260

a) Stock-settled Instruments (reale Pläne)

aa) Stock Options (Aktienoption)

Eine **Aktienoption** stellt das Recht dar, zu einem späteren Zeitpunkt Aktien des Unternehmens zu einem vorher festgelegten Preis **(exercise price)** zu erwerben. Aktienoptionen beinhalten in der Regel **weder Stimm- noch Dividendenrechte.** 261

Regelmäßig sind Aktienoptionen erst nach einer **Wartefrist (vesting period)** ausübbar. Während dieser Periode ist auch ein Verfall der Aktienoptionen (z.B. bei Kündigung) möglich. Nach Ablauf einer **Optionsfrist** können Aktienoptionen nicht mehr ausgeübt werden. 262

87 Gesetz v. 7.3.2009, BGBl I 2009 S. 451.

bb) Restricted Stock Units

263 Eine Restricted Stock Unit stellt das Recht dar, nach Ablauf einer **Wartefrist** (vesting period) unentgeltlich Aktien des Unternehmens zu erhalten. Restricted Stock Units beinhalten keinerlei **Aktionärsrechte**. Diese gehen regelmäßig erst mit der Überlassung der Aktie nach Ablauf der Wartefrist über.

cc) Restricted Stock

264 Im Rahmen eines **Restricted Stock Plans** erhält der Mitarbeiter bei Gewährung sofort unentgeltlich Aktien des Unternehmens inklusive aller **Aktionärsrechte**. Die Veräußerbarkeit der Aktien ist jedoch für einen bestimmten Zeitraum regelmäßig aktienrechtlich oder vertraglich beschränkt (restricted).

dd) Employee Share Purchase Plan

265 Im Rahmen eines **Employee Share Purchase Plans** erhält der Mitarbeiter die Möglichkeit, Aktien des Unternehmens während eines festgelegten Zeitraumes **(subscription period)** zu einem **ermäßigten Preis** zu erwerben. Häufig besteht für einen gewissen Zeitraum eine **Veräußerungssperre**. Ein Employee Share Purchase Plan ist häufig so ausgelegt, dass alle Mitarbeiter des Unternehmens teilnahmeberechtigt sind.

b) Cash-settled Instruments (virtuelle Pläne)

aa) Stock Appreciation Rights

266 **Stock Appreciation Rights** ähneln Aktienoptionen mit dem Unterschied, dass der Mitarbeiter bei Ausübung keine Aktien des Unternehmens erhält, sondern eine die Wertsteigerung der Aktie abbildende **Geldleistung (spread).** Neben einem bestehenden aktiven Dienstverhältnis sind vor der Ausübbarkeit eines Stock Appreciation Rights zumeist auch gewisse Zielvorgaben zu erfüllen.

bb) Phantom Stocks

267 **Phantom Stocks** ähneln Restricted Stock Units mit dem Unterschied, dass der Mitarbeiter statt der zugrundeliegenden Aktie den Wert dieser unter Grundlage des Aktienkurses in bar erhält.

c) Andere Formen der Mitarbeiterbeteiligung

268 Daneben bestehen weitere Formen der Mitarbeiterbeteiligung, z.B. **Genussrechte**, **stille Beteiligungen** oder partiarische Darlehen, welchen jedoch regelmäßig ein **schuldrechtliches Kapitalüberlassungsverhältnis** zugrunde liegt und keine Anteile am Eigenkapital der Gesellschaft vermitteln.

Die folgenden Ausführungen beziehen sich auf die unter Rn 261 ff. dargestellten Stock-settled Instruments (reale Pläne). 269

3. Vorliegen von Arbeitslohn

a) Bestimmung der Einkunftsart

Der unentgeltliche oder verbilligte Zufluss von Aktien im Rahmen von Mitarbeiterbeteiligungsplänen ist regelmäßig **Ausfluss des Dienstverhältnisses** mit dem Arbeitgeber. Entsprechend handelt es sich dabei um einen lohnsteuerlich relevanten **geldwerten Vorteil.**[88] 270

Praxistipp !

Bei der Veräußerung dieser Aktien sowie beim Erhalt von Dividenden bestehen keine Anknüpfungspunkte mehr zum Dienstverhältnis. Vielmehr handelt es sich dabei um der Abgeltungssteuer unterliegende **Einkünfte aus Kapitalvermögen** (private Vermögensebene des Mitarbeiters).

Nichtsdestotrotz liegt in Einzelfällen kein Arbeitslohn vor, wenn die Zuwendung wegen sonstiger, nicht auf dem Dienstverhältnis beruhender Beziehungen zwischen Arbeitnehmer und Arbeitgeber gewährt wird (sog. **Sonderrechtsbeziehungen**).[89] 271

b) Zeitpunkt des Zuflusses von Arbeitslohn

Der Zeitpunkt des Zuflusses von **Arbeitslohn** ist nicht nur bedeutend vor dem Hintergrund des Besteuerungszeitpunktes, sondern vielmehr – aufgrund der teils erheblichen Volatilität von Aktien – auch vor dem Hintergrund der **Bewertung** und der damit zusammenhängenden Höhe des zu versteuernden geldwerten Vorteiles. 272

Nach ständiger und gefestigter Rechtsprechung des BFH gilt der geldwerte Vorteil als zugeflossen, sobald der Mitarbeiter die **wirtschaftliche Verfügungsmacht** über die Vermögensbeteiligung erhält. Dies ist bei Aktien regelmäßig der **Einbuchungszeitpunkt im Depot** des Mitarbeiters.[90] 273

Praxistipp !

Abweichend davon kann nach Auffassung der Finanzverwaltung auch der Tag der Ausbuchung beim emittierenden Unternehmen oder der Vortag der Ausbuchung als **Zuflusszeitpunkt** angenommen werden.[91]

---

88 § 19 Abs. 1 S. 1 Nr. 1 i.V.m. § 8 Abs. 1 EStG.
89 BFH, Urt. v. 20.5.2010 – VI R 12/08 –.
90 BFH, Urt. v. 20.11.2008 – VI R 25/05 –.
91 BMF, Schreiben v. 8.12.2009 – IV C 5 – S-2347/09/10002 –.

274 Das Einräumen lediglich eines **Anspruches auf die zukünftige unentgeltliche oder verbilligte Überlassung von Aktien** führt indes nicht bereits zu einem Zufluss von Arbeitslohn.

275 Sperrfristen **(vertragliche Übertragungsbeschränkungen)** hinsichtlich der Veräußerung der Aktien haben keinerlei Auswirkungen auf den steuerlichen Zufluss des geldwerten Vorteiles. Lediglich bei einer nach in- oder ausländischem Aktienrecht bestehenden **Übertragungsbeschränkung** (z.B. **Vinkulierung**[92]) gilt der geldwerte Vorteil erst dann als zugeflossen, wenn die Übertragungsbeschränkung wegfällt.[93]

Beispiel

Der Arbeitgeber überlässt dem Mitarbeiter unentgeltlich 1.000 Aktien zum aktuellen Kurswert von 10 €/Aktie. Dem Mitarbeiter ist es vertraglich untersagt, die Aktien vor Ablauf einer Zwei-Jahres-Frist zu veräußern. Er hat jedoch während dieser Zeit das Stimmrecht sowie das Dividendenbezugsrecht aus den Aktien.

Der geldwerte Vorteil gilt bereits im Zeitpunkt der Überlassung als zugeflossen und ist entsprechend zu besteuern. Die vertragliche Veräußerungssperre hat diesbezüglich keine Auswirkung.

---

276 Eine **Rückübertragung** bereits zugeflossener Aktien an den Arbeitgeber stellt regelmäßig **negativen Arbeitslohn** im Zeitpunkt der Rückübertragung dar. Somit ist keine Korrektur der Gehaltsabrechnung zum Zeitpunkt der Versteuerung des geldwerten Vorteiles vorzunehmen.

c) Bewertung des zugewandten Vorteiles

277 Die Ermittlung des zugewandten Vorteiles aus der unentgeltlichen oder verbilligten Überlassung von Aktien erfolgt anhand des **gemeinen Wertes**[94] im Zuflusszeitpunkt. Von diesem Wert sind etwaige **Zuzahlungsbeträge** oder **Kaufpreise** (z.B. bei verbilligter Gewährung von Aktien) abzuziehen. **Veräußerungssperren** mindern den Wert der Vermögensbeteiligung nicht.[95]

278 Der **gemeine Wert** bestimmt sich nach dem niedrigsten an einer **deutschen Wertpapierbörse** notierten **Aktienkurs am Tag des Zuflusses.** Dies gilt auch dann, wenn sich der Haupthandelsplatz der Aktien an einer anderen in- oder ausländischen Börse befindet.

279 Sofern die Aktien nicht an einer inländischen Börse notiert werden, ist der gemeine Wert der Vermögensbeteiligung aus den **Börsenkursen im Emissionsland** abzuleiten.[96]

---

92 § 68 Abs. 2 AktG.

93 BFH, Urt. v. 30.6.2011 – VI R 37/09 –.

94 § 11 BewG.

95 BFH, Urt. v. 30.9.2008 – VI R 67/05 –.

96 R 95 Abs. 4 S. 2 ErbStR.

Praxistipp
Falls die Aktien nicht in € gehandelt werden, ist **der Referenzkurs** der ausländischen Währung bei der **Europäischen Zentralbank** am Tag des Zuflusses maßgeblich.

4. Aufteilung des Besteuerungsrechts bei Entsendungen

Sofern der Mitarbeiter zwischen der Gewährung des Anspruches und der Übertragung der Aktien bzw. der erstmaligen Ausübbarkeit der Optionen dem Besteuerungsrecht eines anderen Staates unterliegt, kann der geldwerte Vorteil entsprechend dem **Erdienungszeitraum** in einen steuerpflichtigen und einen steuerfreien Anteil aufzuteilen sein. 280

a) Erdienungszeitraum

Ein mehrjähriger Erdienungszeitraum spiegelt die Absicht der genannten Vergütungsinstrumente wieder, einen **längerfristigen Anreiz** gegenüber dem Mitarbeiter zu setzen. Als Anhaltspunkt zur Bemessung des Erdienungszeitraumes kann von den folgenden Grundsätzen ausgegangen werden: 281

- Aktienoptionen: Der Erdienungszeitraum reicht regelmäßig von der **Gewährung** bis zur **erstmaligen Ausübbarkeit** der Aktienoptionen. Eine analoge Aufteilung erfolgt bei Stock Appreciation Rights.
- Restricted Stock Units: Der Erdienungszeitraum reicht regelmäßig von der **Gewährung** bis zur **tatsächlichen Übertragung** der zugrundeliegenden Aktien. Eine analoge Aufteilung erfolgt bei Phantom Stocks.
- Restricted Stock: Restricted Stocks unterliegen im Regelfall keinem Erdienungszeitraum.
- Employee Share Purchase Plan: Der Erhalt verbilligter Aktien im Rahmen eines Employee Share Purchase Plans unterliegt im Regelfall keinem Erdienungszeitraum.

Abweichend davon kann in Einzelfällen auch der Zeitpunkt der **Unverfallbarkeit des Anspruches** eine Rolle spielen. 282

Praxistipp
Die Aufteilung in anderen Ländern kann von den in Deutschland maßgebenden Aufteilungsgrundsätzen abweichen. Entsprechend kann es zu einer **Doppelbesteuerung** oder zu einer doppelten Steuerfreistellung kommen.

b) Aufteilungsverfahren

Basierend auf dem Erdienungszeitraum erfolgt die **Aufteilung des geldwerten Vorteiles** in einen steuerpflichtigen und einen steuerfreien Anteil anhand der im BMF- 283

Schreiben vom 14.9.2006[97] genannten Vorgehensweise. Der geldwerte Vorteil ist hier in das Verhältnis zu den **vertraglich vereinbarten Arbeitstagen** zu setzen.

! **Praxistipp**
Sofern die genaue Anzahl der vertraglich vereinbarten Arbeitstage während des Erdienungszeitraumes nicht bekannt ist, werden regelmäßig 220 Arbeitstage pro Jahr angesetzt. Dies wird grundsätzlich von der Finanzverwaltung anerkannt. Der Ansatz von Kalendertagen, d.h. inklusive Wochenenden, Urlaubs- und Feiertagen, führt jedoch zu einem unzutreffenden Ergebnis.

---

c) Behandlung des in Deutschland steuerfreien Arbeitslohnes

284 Der dem ausländischen Besteuerungsrecht zufallende Anteil des geldwerten Vorteiles ist bereits im **Lohnsteuerverfahren** von der deutschen Besteuerung freizustellen. Nichtsdestotrotz kann für manche Länder eine **Steuerfreistellungsbescheinigung** verpflichtend zu beantragen sein.

285 Sofern anhand der vorgenannten Grundsätze der vollständige geldwerte Vorteil oder ein Teil davon in Deutschland steuerfrei zu stellen ist, muss im Rahmen der bei unbeschränkt einkommensteuerpflichtigen Mitarbeitern einzureichenden **Einkommensteuererklärung** Folgendes beachtet werden:

286 Eine Steuerfreistellung des im Ausland zu besteuernden Arbeitslohnes erfolgt nur, wenn die Besteuerung im Ausland oder alternativ der Besteuerungsverzicht nachgewiesen wird. Insbesondere wenn der andere Staat einen unterschiedlichen Aufteilungsmaßstab wählt und es dadurch zu gänzlich unbesteuerten Einkünften kommen würde, erfolgt eine **rückwirkende Besteuerung in Deutschland.**

287 Sofern die Besteuerung des dem Ausland zugewiesenen Anteiles des geldwerten Vorteiles nachgewiesen werden kann, sind die steuerfreien Einkünfte im Rahmen des **Progressionsvorbehaltes** zu berücksichtigen.

5. Steuerliche Förderung von Mitarbeiterbeteiligungen

a) Förderung durch § 19a EStG

288 Die **steuerliche Förderung** anhand § 19a EStG wurde im Rahmen des Mitarbeiterkapitalbeteiligungsgesetzes mit Wirkung zum 31.12.2008 abgeschafft und durch die Steuerbefreiungsvorschrift des § 3 Nr. 39 EStG ersetzt. Im Rahmen der Übergangsvorschriften[98] ist § 19a EStG nichtsdestotrotz für alle Fälle anwendbar, wenn

- aufgrund einer am 31.3.2009 bestehenden Vereinbarung ein Anspruch auf die unentgeltliche oder verbilligte Überlassung der Vermögensbeteiligung besteht und

---

97 BMF, Schreiben v. 14.9.2006 – IV B 6 – S 1300 – 367/06 –.

98 § 52 Abs. 35 EStG.

- die Vermögensbeteiligung vor dem 1.1.2016 überlassen wird und
- der Arbeitgeber bei demselben Mitarbeiter im Kalenderjahr nicht die Steuerbefreiungsvorschrift des § 3 Nr. 39 EStG anwendet.

Nach § 19a EStG ist die Hälfte des geldwerten Vorteiles aus der verbilligten oder unentgeltlichen Überlassung von Aktien **steuerfrei**, jedoch maximal bis zu **135 € pro Jahr und Mitarbeiter**. Diese Steuerbefreiung ist auch anwendbar, wenn der Mitarbeiter im Zeitpunkt des steuerlichen Zuflusses beschränkt einkommensteuerpflichtig ist. 289

Eine Steuerbefreiung bei virtuellen Instrumenten scheidet in Ermangelung der Überlassung von Aktien aus. 290

b) Förderung durch § 3 Nr. 39 EStG

Im Zuge dieser Vorschrift[99] wurde der **steuerfreie Betrag** auf **360 € pro Dienstverhältnis** erhöht und damit im Vergleich zur Förderung nach § 19a EStG mehr als verdoppelt. Zudem entfällt die Begrenzung auf den hälftigen Wert der Vermögensbeteiligung. Eine Steuerbefreiung bei virtuellen Instrumenten scheidet in Ermangelung der Überlassung von Aktien erneut aus. 291

Steuerlich begünstigt ist insbesondere die Zuwendung von Aktien des Arbeit gebenden Unternehmens,[100] wobei auch **Konzerngesellschaften** gem. § 18 AktG als Arbeitgeber in diesem Sinne anzusehen sind. **Aktienoptionen** unterliegen nicht der Steuerbefreiung des § 3 Nr. 39 EStG, eine Begünstigung erfolgt daher erst bei Ausübung der Optionen. 292

Die Förderung nach § 3 Nr. 39 EStG erfordert die Überlassung von **Vermögensbeteiligungen** mindestens an alle Arbeitnehmer des Arbeitgebers, die bei Bekanntgabe des Angebotes ein Jahr beim Arbeitgeber beschäftigt sind. Mitarbeiterbeteiligungspläne, an welchen ausschließlich **ausgewählte Mitarbeiter** (z.B. des Top-Managements) teilnehmen dürfen, sind im Rahmen dieser Steuerbefreiungsvorschrift nicht begünstigt. Die Steuerbefreiung ist auch anwendbar, wenn der Mitarbeiter im Zeitpunkt des steuerlichen Zuflusses beschränkt einkommensteuerpflichtig ist. 293

c) Förderung nach § 34 EStG

Unabhängig von den Steuerbefreiungen der §§ 19a, 3 Nr. 39 EStG können Zuwendungen von Aktien einem **ermäßigten Steuersatz** (sog. **Fünftelregelung**) unterliegen. Jedoch 294

99 Zu Zweifelsfragen: BMF, Schreiben v. 8.12.2009 – IV C 5 – S-2347/09/10002 –.
100 § 2 Abs. 1 Nr. 1 Buchst. a) 5. VermBG.

gilt dies nur, wenn es sich bei der zugewandten Vermögensbeteiligung um eine **Vergütung für eine mehrjährige Tätigkeit** handelt. Voraussetzung ist demnach, dass

- der Zeitraum zwischen Gewährung und steuerlichem Zufluss der Beteiligung mehr als ein Jahr beträgt und
- der Mitarbeiter im Zeitpunkt des steuerlichen Zuflusses in einem aktiven Dienstverhältnis mit dem Arbeitgeber steht.[101]

295 Zweck der Regelung ist die steuerliche Entlastung im Jahr des Zuflusses, da es sich um Arbeitslohn für mehrere Jahre handelt. Anhand der **Fünftelregelung** wird der geldwerte Vorteil aus der Vermögensbeteiligung einer geringeren Progression unterworfen als das übrige Gehalt. Eine steuerliche Entlastung ist jedoch nicht mehr gegeben, sobald das reguläre Gehalt des Mitarbeiters dem **Spitzensteuersatz** von zurzeit 42 % bzw. 45 % unterliegt.[102]

Beispiel

Der Mitarbeiter ist verheiratet und hat zwei Kinder, die Ehefrau ist nicht berufstätig. Er unterliegt Lohnsteuerklasse III. Das Bruttojahresgehalt des Mitarbeiters beträgt 70.000 €, dazu erhält er im Jahr 2010 zugesagte Aktien des Arbeitgebers in Höhe von 10.000 €.

Die Steuerlast auf die Aktien beträgt ohne Anwendung der ermäßigten Besteuerung 3.498 € und bei Anwendung der ermäßigten Besteuerung 3.397 €. Die ermäßigte Besteuerung führt somit zu einer Steuerersparnis von 101 €.

---

296 Eine Förderung nach § 34 EStG ist auch für beschränkt einkommensteuerpflichtige Mitarbeiter anwendbar.

d) Förderung durch das 5. Vermögensbildungsgesetz

297 Im Rahmen der Vorschriften des 5. Vermögensbildungsgesetzes wird eine staatliche Geldzulage für **Vermögenswirksame Leistungen** des Arbeitgebers gewährt. Anspruchsberechtigt sind alle Arbeitnehmer, sofern ihr **zu versteuerndes Einkommen** 20.000 € bzw. 40.000 € für zusammenveranlagte Ehegatten nicht übersteigt.

298 Die **Geldzulage** beträgt 20 % der angelegten Beträge, soweit diese 400 € nicht übersteigen. Die maximale Geldzulage beträgt daher 80 € pro Jahr. Die Festsetzung erfolgt auf Antrag im Rahmen der **Einkommensteuerveranlagung** des Mitarbeiters.

299 Eine Kombination von Arbeitnehmersparzulage und einem steuerfreien Erwerb nach § 3 Nr. 39 EStG ist hierbei möglich.

---

101 BFH, Beschl. v. 10.7.2008 – VI R 70/06 –.

102 Ein Spitzensteuersatz von 45 % („Reichensteuer") ist anwendbar ab einem zu versteuernden Einkommen von 250.731 € (alleinstehend) bzw. 501.461 € (verheiratet).

Beispiel
Der Arbeitnehmer erwirbt im Rahmen seines Dienstverhältnisses Aktien an seinem Arbeit gebenden Unternehmen im Wert von 500 € verbilligt für 350 €.
Die Verbilligung in Höhe von 150 € ist bei Erfüllung aller Voraussetzungen nach § 3 Nr. 39 EStG steuerfrei. Die Aufwendungen in Höhe von 350 € können bei Erfüllung der übrigen Voraussetzungen als vermögenswirksame Leistung behandelt werden, für die der Arbeitnehmer eine Zulage in Höhe von 70 € (20 % von 350 €) beantragen kann.

6. Besonderheiten beim Lohnsteuerabzug

Der im Rahmen von Mitarbeiterbeteiligungsplänen realisierte geldwerte Vorteil unter- 300
liegt als Arbeitslohn dem **Lohnsteuerabzug.**[103]

Praxistipp
Dies gilt auch dann, wenn die Vermögensbeteiligung im Rahmen des Dienstverhältnisses von einem Dritten, z.B. der ausländischen Muttergesellschaft, gewährt wird. Dem inländischen Arbeitgeber wird **Kenntnis der im Rahmen des Konzernverbundes geleisteten Zahlungen** unterstellt.

Die **Freibeträge** der §§ 19a, 3 Nr. 39 EStG sowie die ermäßigte Besteuerung nach § 34 301
EStG sind bei Vorliegen der Voraussetzungen bereits im Rahmen des Lohnsteuerabzuges anzuwenden.

Sofern der Zeitpunkt des Zuflusses eines geldwerten Vorteiles von der Entschei- 302
dung des Mitarbeiters abhängt, z.B. bei einer **Optionsausübung,** muss der Mitarbeiter den Arbeitgeber im Rahmen seiner **Mitwirkungspflichten** unverzüglich über diesen Umstand unterrichten.

Sofern der in dem betreffenden Monat gezahlte **Barlohn nicht ausreicht**, um die 303
abzuführende Lohnsteuer zu decken, ist der Mitarbeiter verpflichtet, dem Arbeitgeber den Fehlbetrag zur Verfügung zu stellen.[104] Es besteht jedoch regelmäßig die Möglichkeit, einen Teil der Aktien am Tag des Zuflusses zu verkaufen, um die Lohnsteuer auf den geldwerten Vorteil zu decken („**sell to cover**").

Sofern weder der Fehlbetrag zur Verfügung gestellt, noch die Lohnsteuer durch 304
Verkäufe beglichen wird, muss der Arbeitgeber zur Vermeidung einer **Lohnsteuerhaftung** umgehend das **Betriebsstättenfinanzamt** unterrichten. Das Betriebsstättenfinanzamt wird in der Folge entweder den Fehlbetrag direkt vom Arbeitnehmer nachfordern oder eine **Kontrollmitteilung** an das zuständige Wohnsitzfinanzamt übersenden, um eine Besteuerung im Rahmen einer **Einkommensteuerveranlagung** sicherzustellen.

103 § 38 Abs. 1 EStG.
104 § 38 Abs. 4 S. 1 EStG.

Praxistipp

Sofern ein Lohnsteuerabzug irrtümlich unterblieben ist oder Lohnsteuer zu gering einbehalten wurde, ist dieser Umstand – sofern die **Lohnsteuerbescheinigung** des betreffenden Kalenderjahres bereits ausgestellt wurde – dem Betriebsstättenfinanzamt des Arbeitgebers unverzüglich mitzuteilen (§ 41c Abs. 4 EStG). Neben der Höhe des geldwerten Vorteiles sind dem Finanzamt auch die lohnsteuerlich relevanten Informationen, z.B. Adresse, Lohnsteuerklasse und Kirchensteuerpflicht des betreffenden Mitarbeiters zu übermitteln.

7. Verkauf der Aktien

305 Die Gewinne aus der Veräußerung der erhaltenen oder erworbenen Aktien unterliegen als **Einkünfte aus Kapitalvermögen** der sog. **Abgeltungssteuer** in Höhe von 25 % zuzüglich Solidaritätszuschlag und ggf. Kirchensteuer.[105] Eine Versteuerung ist unabhängig von der Haltedauer der Aktien vorzunehmen.[106]

306 Der **Veräußerungsgewinn** berechnet sich nach den Einnahmen aus der Veräußerung abzüglich der Anschaffungskosten der Aktien. Diese entsprechen regelmäßig dem **Marktwert der Aktien** im Zeitpunkt des Zuflusses, abzüglich eines eventuell gezahlten Bezugspreises, und damit dem für den Lohnsteuereinbehalt relevanten Wert. Somit wird sichergestellt, dass die Einnahmen nicht doppelt – einmal im Lohnsteuerverfahren und einmal als Veräußerungsgewinn – besteuert werden.

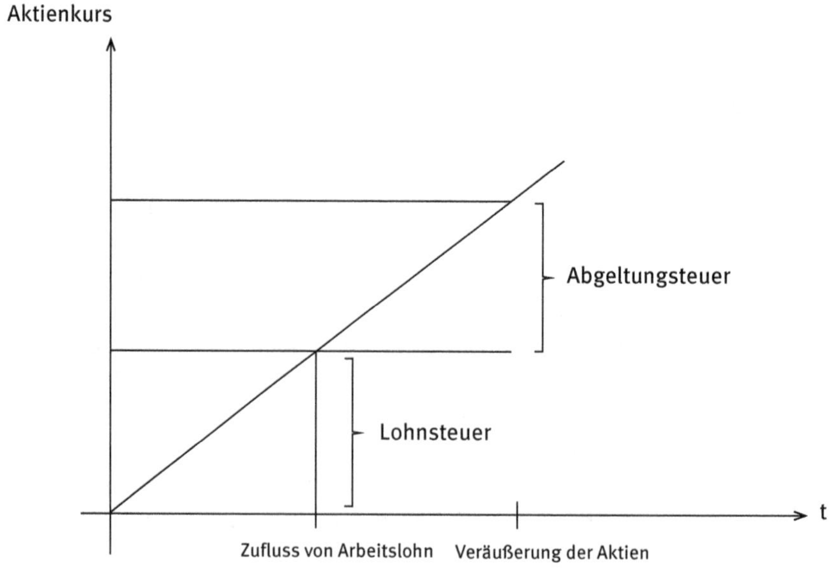

105 Unter Grundlage des Solidaritätszuschlages ergibt sich ein Steuersatz von 26,375 %. Bei Miteinbeziehung der Kirchensteuer ergibt sich ein Steuersatz von 27,98 %.

106 Für vor dem 1.1.2009 erworbene Aktien gelten Sonderregelungen.

Die Veräußerung der Aktien ist ein **Vorgang auf der privaten Vermögensebene** des Mitarbeiters. Es bestehen daher keinerlei Verpflichtungen zum Lohnsteuereinbehalt seitens des Arbeitgebers. 307

Für Einkünfte aus Kapitalvermögen kann der **Sparer-Pauschbetrag** in Höhe von 801 € bei Einzelveranlagung bzw. 1.602 € bei Zusammenveranlagung geltend gemacht werden. Bis zu diesen Beträgen unterliegen die Einkünfte keiner Besteuerung. 308

IV. Typische steuerlich berücksichtigungsfähige Aufwendungen und weitere steuerliche Besonderheiten bei Entsendungen

Soweit der Arbeitgeber steuerfrei erstattbare Aufwendungen nicht erstattet, können diese Aufwendungen im Rahmen der Einkommensteuererklärung des Arbeitnehmers berücksichtigt werden. 309

Praxistipp

Steuerlich berücksichtigungsfähige Aufwendungen können zu einer Erhöhung der Steuererstattung oder Verringerung einer Steuernachzahlung führen. Daran wird der Arbeitgeber vor allem dann ein Interesse haben, wenn er eine Nettolohnvereinbarung mit dem Arbeitnehmer hat und ihm folglich die Steuererstattung zusteht. Der Arbeitgeber wird daher regelmäßig den Einsatz eines von ihm beauftragten steuerlichen Beraters fordern, um die Geltendmachung aller berücksichtigungsfähigen Aufwendungen sicherzustellen.

Beispiel

Ein aus dem Ausland ins Inland entsandter Arbeitnehmer hat eine Nettolohnvereinbarung geschlossen. Der Arbeitnehmer kann im Rahmen seiner Einkommensteuererklärung steuerliche Aufwendungen in Höhe von 10.000 € geltend machen, die zu einer Steuererstattung von 3.000 € führen. Nach Erhalt des Einkommensteuerbescheides erhält der Arbeitgeber die Steuererstattung in Höhe von 3.000 €. Auch im umgekehrten Fall, der Entsendung vom Inland in das Ausland, können sich steuerlich berücksichtigungsfähige Aufwendungen für den Arbeitgeber positiv auswirken.

Vor diesem Hintergrund sollen nachfolgend die typischen berücksichtigungsfähigen Aufwendungen und deren Voraussetzungen dargestellt werden. Dazu gehören typischerweise Werbungskosten, Sonderausgaben, außergewöhnliche Belastungen sowie haushaltsnahe Dienstleistungen. 310

Werbungskosten sind gem. § 9 Abs. 1 EStG alle Aufwendungen, Ausgaben und Kosten, die durch die berufliche Tätigkeit entstehen. 311

Beispiel

Zu den Werbungskosten gehören Aufwendungen für die

- tägliche Fahrt zur Arbeit,
- beruflich veranlasste Auswärtstätigkeit,
- doppelte Haushaltsführung,
- beruflich veranlassten Umzugskosten.

Beispiel

Unter Sonderausgaben fallen beispielsweise bestimmte Versicherungsbeiträge oder Schulgeldzahlungen.

Außergewöhnlichen Belastungen liegen beispielsweise bei Unterhaltszahlungen an bedürftige Personen oder bei Krankheitskosten vor.

Haushaltsnahe Dienstleistungen können Handwerkerrechnungen sein.

312 Sofern keine oder nur geringe Werbungskosten entstanden sind, wird ab Veranlagungszeitraum 2011 ohne Einzelnachweis ein Arbeitnehmerpauschbetrag gem. § 9a EStG in Höhe von 1.000 € gewährt.

313 Übersteigen die Werbungskosten den Arbeitnehmerpauschbetrag, können die Aufwendungen mit Einzelnachweis geltend gemacht werden.

314 Liegen steuerpflichtige inländische und steuerfreie ausländische Einnahmen vor, sind die entsprechenden Werbungskosten den inländischen und ausländischen Einnahmen zuzuordnen.

Beispiel

Wird der Arbeitnehmer vom Ausland ins Inland versetzt und entstehen beruflich veranlasste Umzugskosten, sind sowohl Hin- als auch Rückumzugskosten durch die steuerpflichtigen inländischen Einkünfte veranlasst und mindern die steuerpflichtigen inländischen Einkünfte.[107] Zieht der Arbeitnehmer hingegen aus beruflichen Gründen ins Ausland und sind die künftigen ausländischen Einkünfte in Deutschland steuerfrei, mindern die Umzugskosten die steuerfreien ausländischen Einkünfte und nicht die steuerpflichtigen inländischen Einkünfte.[108]

1. Werbungskosten

a) Fahrtkosten

315 Fahrten zwischen Wohnung und Arbeitsstätte können in Höhe der Entfernungspauschale gem. § 9 Abs. 1 Nr. 4 EStG von 0,30 € für die einfache Entfernung zwischen Wohnung und Arbeitsstätte für jeden Arbeitstag als Werbungskosten angesetzt werden.

---

107 Vgl. BFH, Urt. v. 4.12.1992 – VI R 11/92 –.

108 Vgl. BFH, Urt. v. 20.9.2006 – I R 59/05 –.

Hinweis zur Rechtslage ab 2014
Der Begriff „regelmäßige Arbeitsstätte" wird durch den Begriff „erste Tätigkeitsstätte" ersetzt und im § 9 Abs. 4 EStG kodifiziert. Zur Bestimmung der „ersten Tätigkeitsstätte" ist vorrangig auf die arbeitsrechtliche Zuordnung abzustellen. Demzufolge sind die Regelungen zur Tätigkeitsstätte im Arbeitsvertrag maßgeblich. Fehlen solche Regelungen ist erste Tätigkeitsstätte die betriebliche Einrichtung, an der der Arbeitnehmer typischerweise arbeitstäglich tätig werden soll oder zwei volle Arbeitstage die Woche oder mindestens ein Drittel seiner vereinbarten regelmäßigen Arbeitszeit tätig werden soll. Wie bisher ist eine dauerhafte Zuordnung des Arbeitnehmers an **eine Tätigkeitsstätte** erforderlich. Im Unterschied zur bisherigen Rechtslage ist eine dauerhafte Zuordnung auch dann gegeben, wenn der Arbeitnehmer länger als 48 Monate an der Tätigkeitsstätte tätig werden soll. Nach der bisherigen Rechtslage waren hingegen die Gesamtumstände maßgeblich und es gab keine zeitliche Begrenzung. Zudem kann entgegen der bisherigen Rechtslage nach dem Gesetzeswortlaut auch ein verbundenes Unternehmen oder ein vom Arbeitgeber bestimmter Dritter zur „ersten Tätigkeitsstätte" des Arbeitnehmers werden, sofern eine dauerhafte Zuordnung vorliegt.

Beispiel
Die Entfernungspauschale wird unabhängig von der Wahl des Verkehrsmittels und unabhängig davon, ob tatsächliche Aufwendungen entstanden sind, gewährt.
Nutzt der Arbeitnehmer ein Flugzeug, gilt die Entfernungspauschale lediglich für die Fahrt von der Wohnung des Arbeitnehmers zum Heimatflughafen und vom Zielflughafen zum Beschäftigungsort.
Ebenfalls von der Entfernungspauschale ausgenommen sind Fahrten, die mit einer steuerfreien Sammelbeförderung des Arbeitgebers (z.B. Firmenbus) zurückgelegt wurden.

Der Arbeitnehmer kann die Entfernungspauschale auch geltend machen, wenn bei 316
Berücksichtigung dieser die tatsächlichen Aufwendungen überschritten werden.

Beispiel
Der Arbeitnehmer fährt arbeitstäglich an 230 Arbeitstagen mit den öffentlichen Verkehrsmitteln zu seiner regelmäßigen Arbeitsstätte. Die einfache Entfernung beträgt 35 km. Die tatsächlichen Aufwendungen belaufen sich auf 1.500 €. Unter Berücksichtigung der Entfernungspauschale kann er 2.415 € (230 Arbeitstage x 35 km × 0,30 €) geltend machen. Der Arbeitnehmer kann ohne Einzelnachweis von dem höheren Werbungskosten-Abzug profitieren.

Die Entfernungspauschale wird nur für Fahrten zur regelmäßigen Arbeitsstätte 317
gewährt.

Praxistipp
Fährt der Arbeitnehmer aus beruflichen Gründen nicht zu seiner regelmäßigen Arbeitsstätte, sind die Fahrten mit der Reisekostenpauschale von 0,30 € pro gefahrenen km zu berücksichtigen (und damit 0,60 € pro Entfernungskilometer), sofern der Arbeitnehmer mit dem eigenen Pkw fährt.

Ausschlaggebend für die einfache Entfernung zwischen Wohnung und regelmäßiger 318
Arbeitsstätte ist die kürzeste Straßenverbindung.

Praxistipp
Angefangene km zählen nicht; es werden nur volle km berücksichtigt.

Beispiel
Abweichend von der kürzesten Straßenverbindung können auch längere Entfernungen berücksichtigt werden, sofern die längere Strecke offensichtlich verkehrsgünstig ist und von dem Arbeitnehmer regelmäßig benutzt wird.
Eine offensichtlich verkehrsgünstige Straßenverbindung liegt vor, wenn der Arbeitnehmer durch diese Strecke täglich 20 bis 30 Minuten Zeit einspart.[109]

319 Der Werbungskosten-Abzug ist begrenzt auf 4.500 €, sofern der Arbeitnehmer für diese Fahrten nicht den eigenen oder zur Nutzung überlassenen Pkw einsetzt.

b) Kosten der doppelten Haushaltsführung, beruflich veranlassten Auswärtstätigkeit sowie Umzugskosten als Werbungskosten

320 Soweit nicht vom Arbeitgeber steuerfrei erstattet, kann der Arbeitnehmer die beruflich veranlassten Kosten einer doppelten Haushaltsführung, Auswärtstätigkeit und Umzugskosten als Werbungskosten geltend machen. Die Voraussetzungen, unter denen diese Kosten als Werbungskosten geltend gemacht werden können, sind identisch mit den Voraussetzungen, die für eine steuerfreie Erstattung durch den Arbeitgeber vorliegen müssen.

2. Sonderausgaben

321 Besucht ein Kind des Arbeitnehmers eine begünstigte Schule, können die Schulgeldzahlungen als Sonderausgaben gem. § 10 Abs. 1 Nr. 9 EStG in Höhe von 30 % bis zu maximal 5.000 € p.a. angesetzt werden.

322 Die Berücksichtigung des Schulgeldes als Werbungskosten ist ausgeschlossen. Dies gilt auch, wenn ein ausländischer Staatsbürger vorübergehend nach Deutschland versetzt wird und sein Kind deshalb in Deutschland eine fremdsprachige Schule besucht.[110]

109 BFH, Urt. v. 10.10.1975 – VI R 33/74 –.
110 Vgl. BFM, Urt. v. 23.11.2000 – VI R 38/97 –.

Beispiel
Eine begünstigte Schule ist definiert als:
- eine schulische Einrichtung, die zu einem in Deutschland anerkannten allgemeinbildenden Abschluss oder berufsbildenden Abschluss führt,
- eine Schule im EU/EWR-Ausland, die zu einem gleichwertig mit dem deutschen Abschluss an einer öffentlichen Schule anerkannten allgemeinbildenden oder berufsbildenden Abschluss führt.

Es werden auch Schulen anerkannt, die zwar nicht zu den zuvor genannten Abschlüssen führen, jedoch auf diese Abschlüsse vorbereiten.

Beispiel
Zu den allgemeinen Abschlüssen zählen:
- Hochschulreife,
- Fachhochschulreife,
- qualifizierter Sekundarabschluss,
- Hochschulabschluss.

Beispiel
Berufsbildende Abschlüsse sind alle Berufsqualifikationen, die aufgrund staatlicher Anerkennung den Zugang zu einem Beruf gewähren, wenn die Ausbildung erfolgreich absolviert wurde.

Praxistipp
Eine Übersicht über staatlich anerkannte Berufsabschlüsse ist unter http://www.bibb.de zu finden.

Die Prüfung, ob ein Abschluss im EU/EWR-Ausland mit einem deutschen Abschluss 323
vergleichbar ist, vollführt die zuständige Zeugnisanerkennungsstelle der Bundesländer.

Praxistipp
Es ist ausreichend, dass ein Bundesland den Abschluss anerkennt und nicht das Bundesland, in dem der Arbeitnehmer wohnt.
Welche ausländischen Schulen bereits von den Behörden anerkannt sind, kann unter http://www.anabin.de überprüft werden.

Beispiel
Grundsätzlich begünstigt sind:
- private Grund-, Haupt-, Realschulen,
- private Gymnasien,
- Waldorfschulen,
- deutsche Schulen im Ausland.

324 Steuerlich als Sonderausgaben abzugsfähig sind:
- Reine Schulgeldzahlungen,
- Anmeldegebühren, soweit die Gebühren die voraussichtlichen Kosten des normalen Schulbetriebes decken.[111]

325 Der Sonderausgabenabzug wird nur gewährt, sofern neben der Rechnung über das Schulgeld auch ein Nachweis über die Begünstigung der Schule beigebracht wird.

3. Außergewöhnliche Belastungen

326 Unterstützt der Arbeitnehmer eine unterhaltsberechtige Person, können diese Aufwendungen gem. § 33a Abs. 1 EStG steuerlich als außergewöhnliche Belastungen berücksichtigt werden.

Beispiel

Unterhaltsberechtigt ist, wer dem Arbeitnehmer gegenüber entweder gesetzlich unterhaltsberechtigt ist oder den gesetzlich Unterhaltsberechtigten gleichgestellt ist.

Zu den begünstigten Empfängern zählen grundsätzlich:
- der im In- oder Ausland getrennt lebende oder geschiedene Ehepartner,
- Auslandsehepartner,
- eingetragene Lebenspartner,
- Kinder, Enkelkinder,
- Eltern und Großeltern.

327 Zahlungen an den getrennt lebenden oder geschiedenen Ehegatten können im Jahr der Trennung nur berücksichtigt werden, wenn keine Zusammenveranlagung durchgeführt wird. Dies gilt auch, wenn die Unterhaltsleistungen als Sonderausgaben abzugsfähig sind, weil der Ehegatte einer Versteuerung der erhaltenen Leistungen zugestimmt hat.

Beispiel

Lebt der Ehepartner im Ausland, sind die Zahlungen an ihn abziehbar, wenn er in Deutschland nicht der unbeschränkten Steuerpflicht unterworfen wird und die erhaltene Unterhaltsleistung im Ausland versteuert wird.

328 Weitere Voraussetzung ist, dass weder der Arbeitnehmer, noch eine andere Person einen Anspruch auf Kindergeld oder einen Kinderfreibetrag für die zu unterhaltene Person hat.

329 Des Weiteren muss der Empfänger bedürftig sein.

111 Vgl. OFD Münster v. 3.2.2010, Kurzinformation Einkommensteuer, Nr. 30/2005.

Beispiel
Der Empfänger ist bedürftig, wenn
- er entweder kein oder nur ein geringes Vermögen besitzt und
- keine oder nur geringe Einkünfte und Bezüge erzielt.

Ein Vermögen bis zu einem Marktwert von 15.500 € ist unschädlich.

Lebt der Empfänger in Deutschland, können Aufwendungen bis zu 8.004 € im Jahr 330
geltend gemacht werden, allerdings kann ein etwaiges Einkommen der unterhaltenen Person diesen Betrag mindern.

Beispiel
Zum Einkommen gehören Einkünfte und Bezüge.
Einkünfte bis zu 624 € sowie Bezüge bis zu 180 € bleiben allerdings unschädlich.

Ist der Empfänger im Ausland wohnhaft, sind der Unterhaltshöchstbetrag, die 331
unschädlichen Beträge für das Vermögen sowie die Einkünfte und Bezüge nach den für das betreffende Land maßgebenden Lebensverhältnissen zu berücksichtigen. Dabei sind das BMF-Schreiben vom 4.10.2011 und die darin enthaltene Zuordnung der Landesgruppen ausschlaggebend.

Praxistipp
Bei Geldleistungen empfiehlt es sich, den Abfluss vom Konto des Arbeitnehmers und den Zufluss auf dem Konto des Empfängers durch einen Überweisungsbeleg nachzuweisen. Barzahlungen an den Bedürftigen bedürfen der umfangreichen Dokumentation und werden nur bei Vorlage entsprechender Unterlagen vom Finanzamt anerkannt.

Die Aufwendungen sind nur abzugsfähig, wenn der Arbeitnehmer die Bedürftigkeit 332
der unterstützten Person sowie die Aufwendungen nachweisen kann.

Lebt der Unterhaltsempfänger im Ausland, muss dieser auch seine Arbeitskraft 333
in ausreichendem Maße für seinen Lebensunterhalt einsetzen.[112] Ist der Empfänger in einem erwerbsfähigen Alter, werden die Unterhaltsleistungen grundsätzlich abgelehnt, es sei denn, die Arbeitsaufnahme ist unzumutbar.

Beispiel
Die Arbeitsaufnahme ist bei Minderjährigen, Kranken, Alten, Rentnern, Behinderten und Schwangeren unzumutbar.

Praxistipp
Unterstützt der Arbeitnehmer seinen Ehepartner im Ausland, ist die Arbeitskraft nicht zu prüfen.

112 Vgl. BMF-Schreiben v. 7.6.2010 – IV C 4 – S 2285/07/0006:001 –.

Praxistipp

Die Finanzverwaltung stellt hierfür einen zweisprachigen Vordruck unter http://www.formulare-bfinv.de zur Verfügung. Der Vordruck „Unterhaltserklärung zweisprachig" ist unter Formularsuche zu finden. Dieser Vordruck ist von der ausländischen Behörde auszufüllen und zu bestätigen.

4. Haushaltsnahe Dienstleistungen

334 Der Arbeitnehmer kann auch Aufwendungen für haushaltnahe Hilfen bzw. Dienstleistungen in seinem Privathaushalt steuerlich gem. § 35a EStG geltend machen. Begünstigt werden hierbei entstandene Aufwendungen für u.a.:

- eine angestellte Hilfe für die täglichen Arbeiten im Haushalt,
- Gartenpflege durch ein beauftragtes Unternehmen,
- Handwerksleistungen.

335 Die Aufwendungen können allerdings nur als haushaltsnahe Dienstleistungen berücksichtigt werden, sofern die Aufwendungen keine Betriebsausgaben, Werbungskosten oder Sonderausgaben darstellen und die Aufwendungen nachgewiesen werden.

Praxistipp

Zieht der Arbeitnehmer um und liegen die Voraussetzungen für einen beruflichen Umzug nicht vor oder erkennt das Finanzamt einen beruflichen Umzug nicht an, können die anteiligen Aufwendungen für ein Umzugsunternehmen als haushaltsnahe Dienstleistungen berücksichtigt werden.

336 Stellt der Arbeitnehmer eine Haushaltshilfe ein, sind die Aufwendungen für das Arbeitsentgelt sowie die damit im Zusammenhang stehenden Abgaben abzugsfähig. Wird ein Dienstleistungsunternehmen beauftragt, so sind die Aufwendungen für die Arbeitsleistung, Maschinen- und Fahrtkosten sowie die auf diesen Teil entfallende Mehrwertsteuer zu berücksichtigen. Materialkosten können nicht berücksichtigt werden. Zu beachten ist, dass die zu berücksichtigenden Aufwendungen gesondert auf der Rechnung des Dienstleistungsunternehmens ausgewiesen werden müssen.[113] Weiter kommt hinzu, dass die Aufwendungen nur berücksichtigt werden, wenn der Rechnungsbetrag auf das Konto des Unternehmens eingezahlt wurde. Barzahlungen werden seitens der Finanzbehörden nicht akzeptiert.

337 Die Aufwendungen können wie folgt die Steuerlast mindern:

Haushaltshilfe – 400 € Basis (Minijob)	10 % der Aufwendungen	max. 510 €
Haushaltshilfe – sozialversicherungspflichtige Beschäftigung	12 % der Aufwendungen	max. 2.400 €
Dienstleistungsunternehmen	20 % der Aufwendungen	max. 600 €

113 Vgl. BMF-Schreiben v. 3.11.2006 – IV C 4 – S 2296-b/07/0003 –.

Die Steuerermäßigung wird auch für Nebenkosten oder Hausgeld gewährt. 338

Beispiel
Als haushaltsnahe Dienstleistungen können die in den Nebenkosten bzw. im Hausgeld enthaltenen Aufwendungen für
- Hof-, Gehweg- und Gebäudereinigung,
- Glas- und Gebäudereinigung,
- Gartenpflege,
- Hausmeister,
- Schornsteinfeger und
- Heizungswartung,

berücksichtigt werden.

Allerdings müssen auch diese Aufwendungen von dem Vermieter oder Verwalter auf 339
ein Konto des Empfängers überwiesen worden sein sowie die anteiligen begünstigten Aufwendungen aus der Jahresabrechnung oder einer Bescheinigung des Vermieters oder Verwalters nachgewiesen werden.

Praxistipp
Erfüllt der Arbeitnehmer die Voraussetzungen einer doppelten Haushaltsführung oder Auswärtstätigkeit nicht, können die anteiligen Aufwendungen der Nebenkosten oder des Hausgeldes als haushaltsnahe Dienstleistungen geltend gemacht werden.

---

5. Kinderbetreuungskosten

Ab dem Veranlagungszeitraum 2012 werden Kinderbetreuungskosten ohne Prüfung 340
der persönlichen Verhältnisse der Elternteile als Sonderausgaben berücksichtigt, sofern das Kind das 14. Lebensjahr noch nicht vollendet hat und zum Haushalt des Steuerpflichtigen gehört.[114]

Die Kinderbetreuungskosten können nur für leibliche Kinder, Adoptiv- und Pfle- 341
gekinder berücksichtigt werden. Aufwendungen für Stiefkinder oder Enkelkinder sind nicht begünstigt.

Beispiel
Zu den Kinderbetreuungskosten zählen sämtliche Aufwendungen für die Betreuung des Kindes wie Beiträge an
- Kindergarten,
- Kinderhort,
- Kindertagesstätte,

---

114 Bis zum Veranlagungszeitraum 2011 konnten abhängig von den Gesamtumständen und Erfüllung der gesetzlichen Voraussetzungen Kinderbetreuungskosten entweder als Werbungskosten, Sonderausgaben oder als haushaltsnahe Hilfe bzw. Dienstleistung berücksichtigt werden.

- Kinderkrippen,
- Ferienbetreuung,
- private Vorschulen.

---

342 Der Sonderausgabenabzug wird zu 2/3 der berücksichtigungsfähigen Aufwendungen, jedoch maximal in Höhe von 4.000 € p.a. pro Kind gewährt.

Beispiel
Dem Arbeitnehmer entstehen Kinderbetreuungskosten in Höhe von 6.000 €. Davon können 4.000 € (6.000 € × 2/3) als Sonderausgaben berücksichtigt werden.

---

343 Damit die Aufwendungen für Kinderbetreuungskosten akzeptiert werden, verlangt das Finanzamt die Vorlage der Rechnung sowie eines Zahlungsnachweises über die Zahlung auf das Konto des Erbringers. Die Rechnung muss nicht den Anforderungen des Umsatzsteuergesetzes entsprechen oder das Wort Rechnung beinhalten. Eine einfache Quittung oder Ähnliches reicht als Nachweis aus.

Beispiel
Auch ein Gebührenbescheid über die Höhe der Gebühren öffentlicher oder privater Kindergärten oder -horte ist ausreichend.

Praxistipp
Liegen die Voraussetzungen für einen Sonderausgabenabzug nicht vor, können die Kinderbetreuungskosten als haushaltsnahe Dienstleistungen berücksichtigt werden. Dies setzt voraus, dass das Kind im eigenen Haushalt betreut und der Rechnungsbetrag an den Leistungserbringer überwiesen wird.

---

6. Besonderheiten bei ausländischen Vorsorgeaufwendungen

344 In das Inland entsandte Mitarbeiter sind häufig in dem Sozialversicherungssystem ihres Heimatlandes verblieben.[115] In diesen Fällen leisten Arbeitnehmer und Arbeitgeber Beiträge in das ausländische Sozialversicherungssystem.[116] Dabei stellt sich die Frage, ob ausländische Sozialversicherungsbeiträge als steuerlich zu berücksichtigende Sonderausgaben zu behandeln sind und sich steuermindernd auswirken. Dazu müssen diese mit inländischen Sozialversicherungsbeiträgen im Wesentlichen vergleichbar sein.

115 Zu den sozialversicherungsrechtlichen Voraussetzungen siehe unter Kap. 7 Rn 1 ff.
116 Zur Behandlung der Arbeitgeberbeiträge in diesen Fällen siehe unter Rn 196.

Praxistipp

!

Der Arbeitgeber sollte überprüfen, ob eine Vergleichbarkeit der ausländischen Sozialversicherungsbeiträge mit den inländischen Sozialversicherungsbeiträgen besteht. Dies ist erforderlich, damit der Arbeitgeber seiner gesetzlichen Verpflichtung zum Ausweis von ausländischen Sozialversicherungsbeiträgen auf der Lohnsteuerbescheinigung nachkommen kann. Ein Ausweis dieser Beiträge auf der Lohnsteuerbescheinigung empfiehlt sich auch deswegen, weil ausländische Sozialversicherungsbeiträge dann regelmäßig vom Finanzamt als Sonderausgaben anerkannt werden und der Nachweis der Beiträge für den Arbeitnehmer schwierig ist. Ein Interesse des Arbeitgebers an der Anerkennung von ausländischen Sozialversicherungsbeiträgen hat der Arbeitgeber insbesondere auch bei Vorliegen einer Nettolohnvereinbarung. Der Arbeitgeber erhält regelmäßig die aus der Einkommensteuerveranlagung resultierende Einkommensteuererstattung, die auch von der Höhe der zu berücksichtigenden ausländischen Sonderausgaben beeinflusst wird.

Für europäische Globalbeiträge hat das BMF in einem Schreiben Aufteilungsmaß- 345
stäbe veröffentlicht. Diese können auch bei der Ermittlung der auf der Lohnsteuerbescheinigung auszuweisenden Anteile von Arbeitnehmer und Arbeitgeber an der Sozialversicherung berücksichtigt werden.

7. Steuerberatungskosten

Besonderheiten für die Behandlung der Steuerberatungskosten als Werbungskosten 346
gelten bei Vorliegen einer Nettolohnvereinbarung. Während die Übernahme der (klassischen) Steuerberatungskosten nach der Rechtsprechung des BFH zu Arbeitslohn führt, liegen bei dem Arbeitnehmer in vollem Umfang Werbungskosten vor.[117] Bei einer Bruttolohnvereinbarung liegen hingegen nur Werbungskosten vor, soweit diese auf die Ermittlung der Einkünfte aus nichtselbstständiger Arbeit entfallen (Anlage N).

Die Steuerberatungskosten dienen in den Fällen von Nettolohnvereinbarungen 347
der Ermittlung des zurückzuzahlenden Arbeitslohnes. Der Arbeitnehmer kommt darüber hinaus mit der Erstellung der Einkommensteuererklärung regelmäßig einer arbeitsvertraglichen Verpflichtung nach. Die vollumfängliche Qualifizierung der Steuerberatungskosten als Werbungskosten rechtfertigt sich auch vor dem Hintergrund der Berücksichtigung subjektiver Besteuerungsmerkmale bei der Ermittlung des Bruttolohnes im Rahmen einer Nettolohnvereinbarung.

Berücksichtigungsfähig ist allerdings nur der Nettobetrag der Steuerberatungs- 348
kosten. Ist der Arbeitgeber aufgrund der Nettolohnvereinbarung auch zur Übernahme der darauf entfallenden Lohnsteuer verpflichtet, kann der Arbeitnehmer nur den Nettobetrag – vor Hochrechnung – als Werbungskosten geltend machen.

117 *Geserich*, NWB 2010, 952 (Eilnachrichten in Heft 13/2010).

Beispiel
Der Arbeitgeber übernimmt aufgrund einer Nettolohnvereinbarung im Kalenderjahr 2012 Steuerberatungskosten in Höhe von 1.000 €. Die darauf entfallende Lohnsteuer nebst Zuschlagsteuern von 400 € wird vom Arbeitgeber übernommen. Der Arbeitnehmer kann 1.000 € als Werbungskosten geltend machen.

D. Vermeidung der Doppelbesteuerung

I. DBA mit Entsendestaat unter Berücksichtigung des OECD-Musterabkommens 2010

1. Ursache der Doppelbesteuerung

349 Im Fall der **grenzüberschreitenden Tätigkeit** unterliegen Arbeitnehmer regelmäßig dem Steuerrecht mehrerer Staaten. Dies kann dazu führen, dass die beteiligten Staaten nach ihren nationalen gesetzlichen Regelungen den Anspruch auf die Besteuerung derselben Einkünfte erheben. Dabei beruht die **Doppelbesteuerung** darauf, dass Staaten regelmäßig das Besteuerungsrecht sowohl an die Ansässigkeit des Steuerpflichtigen und der daraus resultierenden unbeschränkten Steuerpflicht (**Welteinkommensprinzip**) als auch an die auf ihrem Hoheitsgebiet stattfindenden wirtschaftlichen Vorgänge – unabhängig von der Ansässigkeit des Steuerpflichtigen – und der daraus resultierenden beschränkten Steuerpflicht (**Quellenprinzip**) anknüpfen.

350 Daher besteht bei grenzüberschreitenden Tätigkeiten die Gefahr der **Kollision von Steuerkompetenzen**, wenn der **Wohnsitzstaat** die gleichen Einkünfte gemäß dem Welteinkommensprinzip besteuert, auf die der Tätigkeitsstaat seinen Anspruch auf Besteuerung der Einkünfte mit dem Quellenprinzip erklärt bzw. wenn der Arbeitnehmer aufgrund seiner grenzüberschreitenden Tätigkeit in mehreren Staaten einen Wohnsitz begründet und dort somit jeweils der unbeschränkten Steuerpflicht mit seinem Welteinkommen unterliegt.

Beispiel
Ein Arbeitnehmer mit Wohnsitz in Frankfurt wird für seinen deutschen Arbeitgeber für zwölf Monate in Polen tätig. Den Wohnsitz in Deutschland behält er bei, während er sich in Polen für den Zeitraum der Tätigkeit eine Wohnung anmietet.
Folge: Nach deutschem Steuerrecht unterliegt der Arbeitnehmer aufgrund seines Wohnsitzes auch während der Tätigkeit in Polen der unbeschränkten Steuerpflicht mit seinem Welteinkommen. Polen auf der anderen Seite gründet ebenfalls die unbeschränkte Steuerpflicht auf das Vorhandensein einer ständigen Wohnstätte und erhebt somit auch das Besteuerungsrecht auf das Welteinkommen des Steuerpflichtigen.

351 Neben der klassischen **Doppelbesteuerung**, die regelmäßig dadurch entsteht, dass zwei oder mehr Staaten das Besteuerungsrecht auf die Einkünfte eines Steuerpflich-

tigen erheben, besteht des Weiteren das Risiko einer Doppelbesteuerung durch sog. **Qualifikationskonflikte**.

Diese entstehen, wenn Staaten aufgrund ihrer nationalen Regelungen Einkünfte unterschiedlichen Steuerpflichtigen, Einkunftsarten oder Besteuerungszeiträumen zuordnen und aufgrund dieser Zuordnung das Besteuerungsrecht auch erheben. 352

Beispiel (Steuerpflichtiger)
Gesellschafter mit Wohnsitz in Deutschland sind an einer amerikanischen LLC beteiligt. Die amerikanische Gesellschaftsform der LLC (Limited-Liability-Company) stellt nach amerikanischem Zivilrecht eine haftungsbeschränkte Kapitalgesellschaft dar, während sie nach amerikanischem Steuerrecht als Personengesellschaft behandelt wird mit der Folge, dass deren Einkünfte auf der Ebene der Gesellschafter besteuert werden.
Da das deutsche Recht eine solche „Hybrid-Gesellschaft" nicht kennt, ist nach deutschem Recht zu beurteilen, ob hier eine Beteiligung an einer Personengesellschaft oder einer Kapitalgesellschaft vorliegt. Wird eine LLC aus deutscher Sicht als Kapitalgesellschaft und nicht als Personengesellschaft behandelt, werden die Einkünfte der LLC nach deutschem Recht auf der Ebene der Gesellschaft besteuert und lediglich die Auszahlungen an deutsche Gesellschafter als Dividenden auf der Ebene der Gesellschafter. Da zugleich aber in den USA die LLC als Personengesellschaft behandelt wird, werden dort außerdem die Gesellschafter mit den Erträgen der LLC der Besteuerung unterworfen. Es kann somit zu einer Doppelbesteuerung kommen.

Beispiel (Einkunftsarten)
Aus dem oben genannten Beispiel geht des Weiteren hervor, dass die Gesellschafter Einkünfte erzielen, die ggf. in den USA und in Deutschland unterschiedlichen Einkunftsarten zugeordnet werden. Während die Gesellschafter somit in den USA – abhängig von der Betätigung der LLC – unterschiedliche Einkünfte erzielen können, auf die die USA das Besteuerungsrecht erheben, kommt es bei Ausschüttungen der LLC in Deutschland zur Besteuerung der Ausschüttung (Dividende) als Einkünfte aus Kapitalvermögen.

Beispiel (Zeitpunkt)
Ferner geht aus dem oben genannten Beispiel hervor, dass die Gesellschafter in den USA und in Deutschland zu unterschiedlichen Zeitpunkten mit ihren Einkünften aus der LLC der Besteuerung unterliegen.
In den USA werden die Einkünfte aus der LLC aufgrund der Stellung als Personengesellschaft gesondert und einheitlich festgestellt und den Gesellschaftern zugeordnet, die diese Einkünfte im gleichen Veranlagungszeitraum der Besteuerung unterwerfen. In Deutschland hingegen unterliegen die Einkünfte der Gesellschaft erst bei Ausschüttung der Besteuerung, sofern die LLC als Kapitalgesellschaft qualifiziert wird.

Da Doppelbesteuerung zu wirtschaftlichen Mehrbelastungen bei internationalen Investitionen oder Tätigkeiten führt und somit die internationalen Märkte negativ beeinflussen würde, wurden Methoden zur Vermeidung der Doppelbesteuerung sowohl in die nationalen Steuergesetze integriert, als auch durch zwischenstaatliche Abkommen, die sog. DBA, geregelt. Derzeit hat Deutschland mit mehr als 400 Staaten DBA abgeschlossen, die sich im Hinblick auf die Zuweisung des Besteuerungsrechtes 353 und die Vermeidung der Doppelbesteuerung am von der OECD veröffentlichten Musterabkommen orientieren.

2. Regelungen des DBA-MA

a) Ansässigkeit und Abkommensberechtigung nach Art. 4 OECD-MA

354 Zur Vermeidung der Doppelbesteuerung sieht das OECD-MA eine eindeutige **Zuweisung des Besteuerungsrechtes** an einen der beteiligten Staaten vor. Als Grundlage für die Zuweisung des Besteuerungsrechtes dient die **Feststellung** der **Ansässigkeit.** Mit der Festlegung der Ansässigkeit einer Person in einem Vertragsstaat ist für die Anwendung der DBA auf einen konkreten, grenzüberschreitenden Besteuerungsfall zugleich der Staat bestimmt, der vorrangig besteuern kann, während der andere Staat lediglich in dem Umfang besteuern kann, den das DBA ihm einräumt.

355 Dabei wird grundsätzlich vorausgesetzt, dass der Steuerpflichtige in einem Staat ansässig ist und gleichzeitig Einkünfte im anderen Staat erzielt. Somit ist für die Zuordnung des Besteuerungsrechtes nach dem DBA zwingend die eindeutige **Bestimmung** des **Ansässigkeitsstaates** notwendig.

356 Diese ist in Art. 4 des OECD-MA geregelt. Nach Art. 4 Abs. 1 OECD-MA ist eine natürliche Person in einem Vertragsstaat **ansässig**, wenn sie dort nach nationalem Recht aufgrund ihres Wohnsitzes, ihres gewöhnlichen Aufenthaltes oder eines ähnlichen Merkmals unbeschränkt steuerpflichtig ist. Somit ist für die Bestimmung des Ansässigkeitsstaates wieder auf die jeweiligen nationalen Regelungen zurückzugreifen.

357 Nach deutschem Steuerrecht ist eine Person **unbeschränkt steuerpflichtig**, wenn sie im Inland über einen Wohnsitz oder ihren gewöhnlichen Aufenthalt verfügt.[118]

358 Als **Wohnsitz** im steuerlichen Sinne ist jede eingerichtete Wohnung anzusehen, die der Steuerpflichtige u.U. innehat, die darauf schließen lassen, dass er sie beibehalten und benutzen wird. Hierbei kommt es nur auf die tatsächlichen Verhältnisse an.

! **Praxistipp**

Der steuerliche Wohnsitz ist nicht gleichzusetzen mit dem melderechtlichen Wohnsitz. Allerdings wird der melderechtliche Wohnsitz von den Finanzbehörden regelmäßig als Indiz für das Bestehen eines steuerlichen Wohnsitzes herangezogen.

Daher sollte bei Aufgabe des steuerlichen Wohnsitzes stets auch die entsprechende Abmeldung bei den Meldebehörden erfolgen, um Rückfragen seitens der Finanzbehörden zu vermeiden.

---

118 Zu den Einzelheiten eines inländischen Wohnsitzes und eines gewöhnlichen Aufenthaltes nach deutschem Recht siehe unter Rn 68 f.

Zur Begründung der unbeschränkten Steuerpflicht kommt es auf den gewöhnlichen Aufenthalt nur an, sofern kein Wohnsitz vorliegt. 359

Den **gewöhnlichen Aufenthalt** im steuerlichen Sinne hat der Steuerpflichtige dort, wo er sich u.U. aufhält, die erkennen lassen, dass er sich nicht nur vorübergehend aufhält. Hierbei ist ein zusammenhängender Aufenthalt von mehr als sechs Monaten stets und von Beginn an als gewöhnlicher Aufenthalt anzusehen, wobei **kurzfristige Unterbrechungen** unberücksichtigt bleiben. 360

Beispiel
Ein Niederländer mit Wohnsitz in den Niederlanden übt eine nichtselbstständige Arbeit in Deutschland aus. Während der Arbeitstage übernachtet er in einem Hotel in Deutschland und kehrt an den Wochenenden regelmäßig zu seiner Familie in die Niederlande zurück.
Folge: Da ein Hotelzimmer, das nicht auf Dauer angemietet wurde, nicht als Wohnsitz im steuerlichen Sinne gilt, hat der Niederländer keinen Wohnsitz in Deutschland. Er hat jedoch einen gewöhnlichen Aufenthalt in Deutschland und ist somit unbeschränkt steuerpflichtig.

---

b) Bestimmung der vorrangigen Ansässigkeit bei Mehrfachansässigkeit (Art. 4 Abs. 2 OECD-MA)

Ist nach den Maßgaben des Art. 4 Abs. 1 OECD-MA ein Steuerpflichtiger in beiden Staaten ansässig, so regelt Art. 4 Abs. 2 OECD-MA die sog. **vorrangige Ansässigkeit („tie-breaker-rule“)**, um eine eindeutige Zuordnung des Besteuerungsrechtes zu ermöglichen. 361

Vorrangig wird die Ansässigkeit in dem Staat begründet, in dem die Person eine **ständige Wohnstätte** unterhält. Als ständige Wohnstätte im Sinne des OECD-MA kommt dabei jegliche Form der Wohnstätte in Betracht (Häuser, Wohnungen, egal ob angemietet oder im Eigentum der Person, auch möblierte Zimmer). 362

Beispiel
Ein Steuerpflichtiger besitzt eine Wohnung in Deutschland und hat eine Wohnung in der Türkei angemietet. Beide Wohnungen dienen eigenen Wohnzwecken.
Folge: Der Steuerpflichtige ist nach den jeweiligen nationalen Regelungen sowohl in Deutschland als auch in der Türkei aufgrund seines Wohnsitzes unbeschränkt steuerpflichtig. Da es nicht darauf ankommt, ob die Wohnung angemietet ist oder sich im Eigentum des Steuerpflichtigen befindet, unterhält der Steuerpflichtige in beiden Staaten eine ständige Wohnstätte.

---

aa) Mittelpunkt der Lebensinteressen und gewöhnlicher Aufenthalt

Liegt in beiden Vertragsstaaten eine ständige Wohnstätte vor, gilt der Staat als Ansässigkeitsstaat, zu dem die **engeren persönlichen und wirtschaftlichen Verbindungen bestehen**. Dabei sind die familiären und gesellschaftlichen Beziehungen, die politische, kulturelle und sonstige Tätigkeit der Person, der Ort der Geschäftstätigkeit, der Ort der Vermögensverwaltung u.ä. zu berücksichtigen. 363

364 Der sog. **Mittelpunkt der Lebensinteressen** ist anhand der Gesamtheit der tatsächlichen Verhältnisse zu ermitteln. Als Kriterien für die Beurteilung der persönlichen Beziehungen sind u.a. Freundes- und Bekanntenkreise sowie die Mitgliedschaft in Vereinen maßgebend.

365 Die wirtschaftlichen Beziehungen werden hingegen anhand von Kriterien, wie dem Ort der Arbeitsausübung oder der Belegenheit von Grundbesitz, geprüft. Auch ist bei Vorhandensein einer Wohnung in beiden Staaten die Größe der Wohnung im jeweiligen Staat entscheidend. Ferner gilt bei verheirateten, nicht getrennt lebenden Ehegatten der **Familienwohnsitz** in der Regel als „Mittelpunkt der Lebensinteressen".

Beispiel
Ein verheirateter Arbeitnehmer mit Wohnsitz in Deutschland wird für seinen deutschen Arbeitgeber für zwei Jahre in den USA tätig. Den deutschen Wohnsitz, ein Einfamilienhaus im Eigentum der Eheleute, behält der Arbeitnehmer bei und unterhält zusätzlich eine Wohnung in den USA, die er angemietet hat. Seine Familie bleibt in Deutschland ansässig.
Folge: Der Arbeitnehmer unterhält in beiden Staaten eine ständige Wohnstäte, daher ist anhand der tatsächlichen Verhältnisse der Mittelpunkt der Lebensinteressen zu prüfen. In diesem Fall ist der Mittelpunkt der Lebensinteressen am Ort des Familienwohnsitzes in Deutschland.

bb) Bestimmung der Ansässigkeit nach gewöhnlichem Aufenthalt, Staatsangehörigkeit oder durch Vereinbarung der Vertragsstaaten

366 Lässt sich in seltenen Fällen der Ansässigkeitsstaat auch anhand des Mittelpunktes der Lebensinteressen nicht bestimmen, so ist als weiteres Hilfsmerkmal der **gewöhnliche Aufenthalt** heranzuziehen.

367 Greift auch dieser nicht, so ist die Staatsangehörigkeit der Person ausschlaggebend. Bei doppelter Staatsangehörigkeit kann die Frage von den betreffenden Staaten nur noch in gegenseitigem Einvernehmen der beteiligten Staaten nach Art. 25 OECD-MA geklärt werden.

c) Zuweisung des Besteuerungsrechtes für Einkünfte aus nichtselbstständiger Arbeit

aa) Einführung in den Zweck des Art. 15 OECD-MA

368 Wird ein Arbeitnehmer außerhalb seines Wohnsitzstaates tätig, haben in der Regel sowohl der Wohnsitzstaat als auch der Tätigkeitsstaat ein Interesse an der Besteuerung der Einkünfte, die ein Arbeitnehmer für seine nichtselbstständige Arbeit im Tätigkeitsstaat erhält.

Für den **Wohnsitzstaat** ergibt sich der Anspruch auf die Besteuerung der Arbeitseinkünfte aus den nationalen Regelungen über die **unbeschränkte Steuerpflicht.**[119] Ist der Arbeitnehmer in dem Wohnsitzstaat gemäß dem inländischen Recht als unbeschränkt steuerpflichtig anzusehen, sind regelmäßig nach dem **„Welteinkommensprinzip"** alle Einkünfte zur Besteuerung heranzuziehen, unabhängig von dem Ort der Tätigkeitsausübung oder dem Ort der Gehaltsauszahlung. Der Steueranspruch des **Tätigkeitsstaates** leitet sich wiederum aus dem Souveränitätsrecht eines Staates ab, Einkünfte zu besteuern, die in seinem Staatsgebiet erwirtschaftet werden.[120] 369

Dieses Spannungsverhältnis zwischen dem Interesse zweier Staaten auf die vollumfängliche Besteuerung des Einkommens versucht Art. 15 OECD-MA für Einkünfte aus nichtselbstständiger Arbeit aufzulösen. Art. 15 OECD-MA stellt dabei eine allgemeine Regelung im Verhältnis zu den folgenden Vorschriften dar, die der Anwendung des Art. 15 OECD-MA vorgehen: 370

- Aufsichtsrats- und Verwaltungsratsvergütungen (Art. 16 OECD-MA),
- Vergütungen für Künstler und Sportler (Art. 17 OECD-MA),
- Ruhegehälter (Art. 18 OECD-MA),
- Vergütungen im öffentlichen Dienst (Art. 19 OECD-MA).

Gesetzestext

Art. 15 OECD-MA lautet:

„(1) Vorbehaltlich der Artikel 16, 18 und 19 können Gehälter, Löhne und ähnliche Vergütungen, die eine in einem Vertragsstaat ansässige Person aus unselbständiger Arbeit bezieht, nur in diesem Staat besteuert werden, es sei denn, die Arbeit wird im anderen Vertragsstaat ausgeübt. Wird die Arbeit dort ausgeübt, so können die dafür bezogenen Vergütungen im anderen Staat besteuert werden.

(2) Ungeachtet des Absatzes 1 können Vergütungen, die eine in einem Vertragsstaat ansässige Person für eine im anderen Vertragsstaat ausgeübte unselbständige Arbeit bezieht, nur im erstgenannten Staat besteuert werden, wenn

a) der Empfänger sich im anderen Staat insgesamt nicht länger als 183 Tage innerhalb eines Zeitraums von zwölf Monaten, der während des betreffenden Steuerjahres beginnt oder endet, aufhält und

b) die Vergütungen von einem Arbeitgeber oder für einen Arbeitgeber gezahlt werden, der nicht im anderen Staat ansässig ist, und

c) die Vergütungen nicht von einer Betriebstätte getragen werden, die der Arbeitgeber im anderen Staat hat.

(3) Ungeachtet der vorstehenden Bestimmungen dieses Artikels können Vergütungen für unselbständige Arbeit, die an Bord eines Seeschiffes oder Luftfahrzeuges, das im internationalen Verkehr betrieben wird, oder an Bord eines Schiffes, das der Binnenschifffahrt dient, ausgeübt wird, in dem Vertragsstaat besteuert werden, in dem sich der Ort der tatsächlichen Geschäftsleitung des Unternehmens befindet."[121]

---

119 Siehe zu den Voraussetzungen der unbeschränkten Steuerpflicht Rn 67 ff.

120 Vgl. Wassermeyer/*Wassermeyer/Schwenke*, Art. 15 Rn 31.

121 Auf die Zuweisung des Besteuerungsrechtes für Vergütungen, die Arbeitnehmer als Berufskraftfahrer oder an Bord eines Schiffes oder Flugzeuges erhalten, wird im Folgenden nicht näher eingegan-

Praxishinweis

Die von Deutschland abgeschlossenen Abkommen zur Vermeidung der Doppelbesteuerung (DBA) orientieren sich hinsichtlich der Zuweisung des Besteuerungsrechtes für die Einkünfte aus nichtselbstständiger Arbeit im Wesentlichen an dem Wortlaut und Regelungsumfang des Art. 15 OECD-MA. Aufgrund der Tatsache, dass einige DBA einen von Art. 15 OECD-MA abweichenden Wortlaut haben, müssen in der Praxis jedoch immer die konkreten Vorschriften des jeweils aktuell anwendbaren DBA herangezogen werden. Die aktuellen deutschen DBA finden sich auf der Internetseite des BFM.[122]

bb) Anwendungsbereich des Art. 15 OECD-MA

371 Art. 15 OECD-MA regelt die Zuweisung des Besteuerungsrechtes für Vergütungen aus nichtselbstständiger Arbeit, welche für eine außerhalb des Wohnsitzstaates erbrachte Arbeitsleistung gezahlt werden.

372 Eine Person ist nichtselbstständig tätig, wenn sie vertraglich einer anderen Person ihre Arbeitskraft schuldet, dieser gegenüber weisungsgebunden ist und kein unternehmerisches Risiko trägt.[123] Auch die Bezüge von **Organen juristischer Personen** (etwa Vorstände einer Aktiengesellschaft sowie Geschäftsführer einer Gesellschaft mit beschränkter Haftung) werden hiervon unabhängig grundsätzlich als Einkünfte aus nichtselbstständiger Arbeit[124] betrachtet und unterliegen – vorbehaltlich etwaiger Sonderregelungen – dem Anwendungsbereich des Art. 15 OECD-MA.

373 **Einkünfte aus nichtselbstständiger Arbeit** sind alle laufenden und einmaligen **Geld- und Sachbezüge** sowie sonstige geldwerte Vorteile, unabhängig davon, zu welchem Zeitpunkt diese gezahlt bzw. gewährt werden.[125]

Beispiel

Der Mitarbeiter ist bei einer deutschen GmbH angestellt. Im Kalenderjahr 2011 war er ganzjährig nach Tschechien zu einer Konzerngesellschaft entsandt. Mit der Gehaltsabrechnung für den Mai 2012 erhält er einen Bonus, der sich auf seine Tätigkeit im Jahr 2011 bezieht. Zu diesem Zeitpunkt arbeitet der Mitarbeiter bereits wieder für seinen Arbeitgeber in Deutschland.

Der Arbeitgeber muss in der Gehaltsabrechnung Mai 2012 beurteilen, ob und ggf. in welcher Höhe der Bonus in Deutschland dem Lohnsteuerabzug unterliegt. Ein Bonus ist eine nachträglich gewährte Erfolgsvergütung. Die Besteuerung richtet sich nach den steuerlichen Verhältnissen des Zeitraumes,

---

gen. Es wird jedoch auf die konkreten Regelungen der einzelnen DBA sowie auf das BMF-Schreiben v. 14.9.2006 – IV B 6 – S 1300 – 367/06 – Rn 144 ff. verwiesen.

122 Abrufbar im Internet unter: http://www.bundesfinanzministerium.de/Web/DE/Themen/Steuern/Internationales_Steuerrecht/Staatenbezogene_Informationen/staatenbezogene_info.html.

123 Vgl. Vogel/Lehner/*Prokisch*, Art. 15 Rn 28.

124 Vgl. BFH, Urt. v. 2.10.1968 – VI R 25/68 –; BFH, Urt. v. 31.1.1975 – VI R 230/71 –.

125 Vgl. Wassermeyer/*Wassermeyer*/*Schwenke*, Art. 15 Rn 54.

für die die Erfolgsvergütung gezahlt wird.[126] Wurde das Arbeitseinkommen in 2011 nach dem DBA Tschechien vollständig von der Besteuerung in Deutschland freigestellt, ist analog auch der Bonus bezogen auf diesen Zeitraum nicht in Deutschland zu besteuern. In der Gehaltsabrechnung ist demnach der Bonus vom Lohnsteuerabzug freizustellen.

Dieses Beispiel verdeutlicht, dass für die korrekte steuerliche Behandlung eines Gehaltsbestandteiles nicht nur der Zuflusszeitpunkt maßgeblich ist, sondern zusätzlich auch die steuerlichen Gegebenheiten zu einem bestimmten Zeitpunkt oder in einer bestimmten Zeitspanne betrachtet werden müssen. Insbesondere bei nachträglich gezahlten Erfolgsvergütungen, wie z.B. **Bonuszahlungen**[127] für eine ein- oder mehrjährige Tätigkeit oder bei Gewinnen ausgeübter **Aktienoptionen,**[128] muss auf diese Besonderheit geachtet werden. 374

Praxishinweis !

Es ist ein landläufiger Irrtum entsandter Arbeitnehmer, anzunehmen, dass sie nur solange dem Besteuerungsrecht eines Landes unterliegen können, wie sie sich in diesem tatsächlich aufhalten. Im Sinne einer möglichen **Haftung** kann dieser Irrtum auf Arbeitgeberseite problematisch sein, wenn infolgedessen der Lohnsteuerabzug fehlerhaft oder auch gar nicht durchgeführt wird. In der Praxis tritt dieser Irrtum häufig im Falle von Arbeitnehmern auf, die für einige Jahre nach Deutschland entsandt waren; zum Zeitpunkt der Auszahlung – beispielsweise eines Bonus – sind sie jedoch nur als beschränkt steuerpflichtig zu behandeln, weil sie nicht mehr in Deutschland leben und arbeiten. Hier wird seitens des ehemaligen inländischen Arbeitgebers aufgrund mangelnder Kenntnis die lohnsteuerrechtliche Behandlung des Bezuges regelmäßig inkorrekt vorgenommen.

Die von Art. 15 OECD-MA erfasste „**Arbeitsleistung**" ist aus dem Arbeitsvertrag, einem ergänzenden Entsendevertrag oder auch einem Aufhebungsvertrag zu entnehmen. Als Arbeitsleistung kann dabei ein **aktives Tun**, ein Sich-zur-Verfügung-Halten oder ein Unterlassen vereinbart sein. 375

Im Falle des Sich-zur-Verfügung-Haltens (d.h. dem Abwarten eines möglicherweise zu erfolgenden Abrufes, beispielsweise im Falle des Bereitschaftsdienstes[129]) erbringt der Arbeitnehmer seine Arbeitsleistung in dem Land, in dem dieser sich während der „Wartezeit" tatsächlich aufhält.[130] Der tatsächliche Aufenthaltsstaat qualifiziert sich somit zum Tätigkeitsstaat i.S.d. Art. 15 OECD-MA. 376

Besteht die Arbeitsleistung in einem vertraglich vereinbarten **Unterlassen** einer bestimmten Tätigkeit (z.B. im Rahmen eines Konkurrenz- bzw. Wettbewerbsverbo- 377

126 Vgl. BFH, Urt. v. 27.1.1972 – I R 37/70 –.

127 Vgl. ferner zur Zuweisung des Besteuerungsrechtes für Bonuszahlungen Rn 425 ff. sowie Rn 438 ff.

128 Vgl. ferner zur Zuweisung des Besteuerungsrechtes für Gewinne aus der Ausübung von Aktienoptionen Rn 261 ff., 280 ff.

129 Vgl. BFH, Urt. v. 9.9.1970 – I R 19/69 –.

130 Vgl. BFH, Urt. v. 9.9.1970 – I R 19/69 –.

tes), erbringt der Arbeitnehmer seine Arbeitsleistung nach Ansicht des BFH sowie der Finanzverwaltung an dem Ort, an dem sich der Arbeitnehmer im Zeitraum des **Konkurrenz- bzw. Wettbewerbsverbotes** tatsächlich aufhält.[131] Sofern sich der Arbeitnehmer während der Dauer des Verbotes in mehreren Staaten aufhält, werden diese jeweils als Tätigkeitsstaaten angesehen. Die Zuweisung des Besteuerungsrechtes für die Vergütung ist daraufhin für jeden Staat separat zu beurteilen.

cc) Grundsatz der Besteuerung im Tätigkeitsstaat und Rückverweisung des Besteuerungsrechtes an den Ansässigkeitsstaat

378 Der Wohnsitzstaat eines Arbeitsnehmers erhebt aufgrund innerstaatlicher Vorschriften das Besteuerungsrecht für alle weltweit erzielten Einkünfte aus nichtselbstständiger Arbeit,[132] wenn ein Arbeitnehmer dort als unbeschränkt einkommensteuerpflichtig gilt. Dieses **Wohnsitzstaatsprinzip** spiegelt sich auch in dem Wortlaut des Art. 15 Abs. 1 S. 1 OECD-MA, wonach dem Wohnsitzstaat (im Folgenden: **Ansässigkeitsstaat**) das Besteuerungsrecht für Arbeitseinkünfte einer Person eingeräumt wird, die in diesem Staat lebt bzw. als ansässig[133] gilt. Dieser Gedanke gilt jedoch nicht, wenn die Tätigkeit des Arbeitnehmers außerhalb des Ansässigkeitsstaates ausgeübt wird. In diesem Fall besagt Art. 15 Abs. 1 S. 2 OECD-MA, dass das Besteuerungsrecht für die erlangte Vergütung dem Tätigkeitsstaat zufällt. Nur wenn die besonderen Voraussetzungen der sog. **183-Tage-Regelung** erfüllt sind, wird dem Ansässigkeitsstaat wiederum das Besteuerungsrecht für Einkünfte aus nichtselbstständiger Arbeit zugewiesen.

(1) Besteuerungsrecht des Tätigkeitsstaates

379 Im OECD-MA gilt der Grundsatz, dass das Besteuerungsrecht für die Arbeitnehmervergütung dem Staat zugewiesen wird, in welchem der Arbeitnehmer seine Tätigkeit tatsächlich ausgeübt hat, d.h., wo sich der Arbeitnehmer zum Zeitpunkt der Tätigkeitsausübung **physisch** aufgehalten hat.[134] Dabei ist nicht von Interesse, in welchem Land der Arbeitgeber seinen Betriebssitz hat oder welche Gesellschaft dem Arbeitnehmer letztlich das Gehalt auszahlt, sprich: auf wessen Gehaltsabrechnung sich der Arbeitnehmer befindet.

---

131 Vgl. BFH, Urt. v. 12.6.1996 – XI R 43/94 –; BMF-Schreiben v. 14.9.2006 – IV B 6 – S 1300 – 367/06 – Rn 126 f. Dieser Ansicht folgt auch Vogel/Lehner/*Prokisch*, Art. 15 Rn 35 f. m.w.N.

132 Vgl. ferner zum Welteinkommensprinzip Rn 67.

133 Die Ansässigkeit einer Person richtet sich nach Art. 4 OECD-MA. Vgl. dazu Rn 354.

134 Vgl. Vogel/Lehner/*Prokisch*, Art. 15 Rn 4.

Gesetzestext

Art. 15 OECD-MA

„(1) Vorbehaltlich der Artikel 16, 18 und 19 können Gehälter, Löhne und ähnliche Vergütungen, die eine in einem Vertragsstaat ansässige Person aus unselbständiger Arbeit bezieht, nur in diesem Staat besteuert werden, es sei denn, die Arbeit wird im anderen Vertragsstaat ausgeübt. **Wird die Arbeit dort ausgeübt, so können die dafür bezogenen Vergütungen im anderen Staat besteuert werden.**

(2) (...)

(3) (...)"

Beispiel

Montiert ein Mitarbeiter, dessen deutscher Arbeitgeber den Betriebssitz in Hamburg hat, eine Maschine in Italien, übt der Mitarbeiter seine Arbeitstätigkeit in Italien aus.

Die Ausübung im **Tätigkeitsstaat** (d.h. der **„andere Staat"** im Sinne des Wortlautes 380 des Art. 15 Abs. 1 S. 2 OECD-MA) beginnt zeitlich gesehen mit dem Überschreiten der Grenze zum Staatsgebiet dieses Landes und endet entsprechend mit dem Verlassen des Landes.[135] Für die Ausübung der Tätigkeit im Tätigkeitsstaat ist per se **keine Mindestdauer** vorgesehen. So führt bereits eine nur **kurzfristige Anwesenheit** im Tätigkeitsstaat – z.B. im Rahmen einer Dienstreise – dazu, dass die Tätigkeit in diesem Staat ausgeübt wird.

Hintergrundwissen

Der Gesetzeswortlaut des Art. 15 Abs. 1 S. 2 OECD-MA ist als Kann-Vorschrift formuliert. Das bedeutet, dass der Tätigkeitstaat anhand seiner nationalen Bestimmungen regeln muss, ob er die Vergütung besteuert, die für die Tätigkeit auf seinem Hoheitsgebiet gewährt wird. In Deutschland ist die Besteuerungsgrundlage für die Einkünfte aus nichtselbstständiger Tätigkeit in § 19 EStG sowie in § 49 Abs. 1 Nr. 4 EStG geregelt.

Die Aufgabe des Art. 15 DBA-MA besteht darin, das Problem zu lösen, wenn zwei Staaten jeweils aufgrund nationaler Gesetze die Vergütungen aus nichtselbstständiger Arbeit besteuern wollen. Weist Art. 15 Abs. 1 S. 2 DBA-MA das Besteuerungsrecht dem Tätigkeitsstaat zu, stellt der Ansässigkeitsstaat zur Vermeidung der Doppelbesteuerung das Gehalt für die Arbeit im Tätigkeitsstaat von der Besteuerung frei oder rechnet die ausländische Steuer auf die inländische Steuerbelastung an. Deutschland stellt – bei Zuweisung des Besteuerungsrechtes an den Tätigkeitsstaat – die Arbeitseinkünfte für eine im Ausland ausgeübte Tätigkeit regelmäßig unter Anwendung des sog. **Progressionsvorbehaltes** von der inländischen Besteuerung frei.

Nimmt der Tätigkeitsstaat das ihm durch Art. 15 Abs. 1 S. 2 OECD-MA zugewiesene 381 Besteuerungsrecht wahr, unterliegt der Arbeitnehmer hinsichtlich der Vergütung für seine Tätigkeit im Tätigkeitsstaat den Steuergesetzen dieses Staates und nicht denen seines Ansässigkeitsstaates.

135 Vgl. BFH, Urt. v. 6.3.1986 – I R 198/85 –.

Beispiel

Ein bei einer deutschen GmbH angestellter Mitarbeiter führt im Zeitraum Januar bis Oktober 2012 Montagetätigkeiten in Italien aus. Die restlichen zwei Monate des Jahres arbeitet der Mitarbeiter im Hamburger Werk seines Arbeitgebers. Die Familie lebt ganzjährig in Hamburg. Der Mitarbeiter erhält sein Gehalt von der deutschen Gesellschaft.

Das Besteuerungsrecht für das Arbeitsentgelt bezogen auf die zehnmonatige Tätigkeit in Italien wird gem. Art. 15 Abs. 1 S. 2 DBA Italien als Tätigkeitsstaat zugewiesen. 10/12 des Arbeitsentgeltes (soweit dieses nicht bereits direkt der Tätigkeit in Italien zuordenbar ist) dürfen somit **nicht** in Deutschland dem Lohnsteuereinbehalt unterworfen werden. Der Arbeitgeber hat einen **Lohnsteuerfreistellungsantrag** beim zuständigen Betriebsstättenfinanzamt zu stellen und die Bescheinigung für Nachweiszwecke zur Personalakte des Arbeitnehmers zu nehmen. Auf dem Ausdruck der elektronischen Lohnsteuerjahresbescheinigung 2012 ist somit in Zeile 3 der Bruttoarbeitslohn für zwei Monate auszuweisen. In Zeile 16 ist der steuerfreie Arbeitslohn nach DBA für zehn Monate einzutragen.

Hierbei ist darauf hinzuweisen, dass das steuerfreie und -pflichtige Gehalt vom deutschen Arbeitgeber **ausschließlich** nach deutschen Vorschriften zu ermitteln ist. Mögliche italienische Steuerbefreiungsvorschriften dürfen **nicht** vom deutschen Arbeitgeber herangezogen werden!

Die Besteuerung des in Deutschland steuerfrei gestellten Gehaltes ist in Italien gemäß den nationalen Bestimmungen durchzuführen. In der Praxis erfolgt dies abhängig von den tatsächlichen Gegebenheiten im Rahmen einer sog. **Schattengehaltsabrechnung**[136] und/oder im Rahmen der Einkommensteuererklärung des Arbeitnehmers.

382 Es ist darauf hinzuweisen, dass die nationalen Besteuerungsvorschriften des Tätigkeitsstaates aufgrund des **Diskriminierungsverbotes** in Art. 24 OECD-MA einen „**Nichtstaatsangehörigen**“ im Vergleich zu einem „Staatsangehörigen“ dieses Staates nicht benachteiligen dürfen.

383 Das Arbeitsortsprinzip des Art. 15 Abs. 1 S. 2 OECD-MA ist bei jedem **Mehrländersachverhalt** zu berücksichtigen. War demnach ein Arbeitnehmer in einem Steuerjahr in mehreren verschiedenen Ländern außerhalb seines Ansässigkeitsstaates Deutschland tätig, unterliegt sein Arbeitseinkommen grundsätzlich anteilig – entsprechend seiner tatsächlichen Anwesenheit in dem jeweiligen Staat – einer potenziellen Steuerpflicht nach dem jeweiligen innerstaatlichen Recht. In einem weiteren Schritt ist jedoch zu prüfen, welchem Staat bzw. welchen Staaten letztlich das Besteuerungsrecht zugewiesen wird. Diese Prüfung hat immer im Verhältnis des Ansässigkeitsstaates zum jeweiligen Tätigkeitsstaat zu erfolgen.

136 Die Schattengehaltsabrechnung ist eine (fingierte) Gehaltsabrechnung für den Arbeitnehmer, die von dem aufnehmenden Unternehmen im Tätigkeitsstaat mit dem Zweck geführt wird, nach den nationalen Bestimmungen Steuern und ggf. Sozialabgaben an die zuständigen Behörden abzuführen. Eine Gehaltsauszahlung an den Arbeitnehmer erfolgt in der Regel nicht über diese Abrechnung im Tätigkeitsstaat, sondern im Rahmen der Gehaltsabrechnung des entsendenden Unternehmens im Ansässigkeitsstaat des Arbeitnehmers.

Beispiel
Der Mitarbeiter führt im Jahr 2012 seine Montagetätigkeiten im Namen und auf Rechnung des deutschen Arbeitgebers jeweils für sechs Wochen in Italien, Frankreich und Vietnam durch. Die Ansässigkeit des Mitarbeiters verbleibt in Deutschland.
Die Prüfung der Zuweisung des Besteuerungsrechtes für die Vergütung im Rahmen der Auslandstätigkeiten erfolgt nun einzeln auf der Ebene Deutschland und Italien, Deutschland und Frankreich sowie Deutschland und Vietnam anhand der Bestimmungen des jeweiligen DBA.

(2) 183-Tage-Regelung als Ausnahme zum reinen Arbeitsortsprinzip

Art. 15 Abs. 1 S. 2 OECD-MA regelt, dass das für eine bestimmte Arbeit bezogene Gehalt 384
nach dem **„Arbeitsortsprinzip"** im Tätigkeitsstaat besteuert werden soll. Demzufolge ist dem Tätigkeitsstaat das alleinige Besteuerungsrecht zuzuweisen. Diese Regelung erscheint jedoch nicht in allen Konstellationen des Alltags praktikabel und im Verhältnis zum administrativen Aufwand angemessen. Abhilfe verschafft hierbei die Regelung des Art. 15 Abs. 2 OECD-MA. Diese **Ausnahmeregelung** wird allgemeinhin auch **„183-Tage-Regelung"** genannt.

Die Bezeichnung verleitet in der Praxis häufig zur – unzutreffenden – Annahme, 385
dass die Sonderregelung einzig eine zeitliche Frist als Bedingung beinhaltet. Die „183-Tage-Regelung" hat jedoch **drei Voraussetzungen**, die gleichermaßen, somit **kumulativ,** erfüllt sein müssen:

1. der Arbeitnehmer hält sich nicht länger als 183 Tage innerhalb eines Zeitraumes von zwölf Monaten, der während des betreffenden Kalenderjahres beginnt oder endet, im Tätigkeitsstaat auf **und**
2. die Vergütungen werden nicht von oder für einen Arbeitgeber gezahlt, der im Tätigkeitsstaat ansässig ist **und**
3. die Vergütungen werden nicht von einer Betriebsstätte oder festen Einrichtung getragen, die der Arbeitgeber im Tätigkeitsstaat hat.

Nur in diesem Fall tritt die Rechtsfolge ein: Trotz Tätigkeit im Tätigkeitsstaat erfolgt 386
ein Rückverweis des Besteuerungsrechtes an den Ansässigkeitsstaat des Arbeitnehmers.

(3) 183-Tage-Frist

(a) Bestimmung der 183 Tage

Das OECD-MA stellt in der Formulierung der 183-Tage-Frist auf die **Aufenthaltstage** 387
im Tätigkeitsstaat ab. Dem Kriterium der Aufenthaltstage folgen, bis auf wenige Ausnahmen, die meisten Länder, mit denen Deutschland ein DBA geschlossen hat. Ausnahmen hierzu bilden beispielsweise die DBA mit Belgien und Dänemark, in denen die 183-Tage-Frist nicht anhand der Aufenthaltsdauer, sondern anhand der **Dauer der Ausübung der nichtselbstständigen Tätigkeit** ermittelt wird.

Gesetzestext

Art. 15 OECD-MA

„(1) (...)

(2) Ungeachtet des Absatzes 1 können Vergütungen, die eine in einem Vertragsstaat ansässige Person für eine im anderen Vertragsstaat ausgeübte unselbständige Arbeit bezieht, nur im erstgenannten Staat besteuert werden, wenn

a) **der Empfänger sich im anderen Staat insgesamt nicht länger als 183 Tage innerhalb eines Zeitraums von zwölf Monaten, der während des betreffenden Steuerjahres beginnt oder endet, aufhält** *und*

b) (...)

c) (...)

(3) (...)"

388 Folgen hingegen die DBA dem Wortlaut des OECD-MA, sind für die Bestimmung der 183-Tage-Frist im Tätigkeitsstaat einzig und allein die Tage der **physischen Anwesenheit** relevant.[137] Eine zeitliche Mindestdauer, die zur Begründung eines Anwesenheitstages im Tätigkeitsstaat führt, besteht nicht. Somit reicht bereits das kurzzeitige Übertreten der Landesgrenze des Tätigkeitsstaates, um als voller Anwesenheitstag in diesem Staat zu gelten.[138] Der Aufenthalt endet entsprechend mit dem Verlassen des Tätigkeitsstaates,[139] unabhängig davon, wann der Grenzübertritt erfolgte.

389 Laut der Verwaltungsauffassung sind folgende Tage als Anwesenheitstage im Tätigkeitsstaat zu werten:[140]

- der **Ankunfts- und Abreisetag** im Tätigkeitsstaat,
- alle Tage der Anwesenheit im Tätigkeitsstaat unmittelbar vor, während und unmittelbar nach der Tätigkeit, z.B. Samstage, Sonntage und öffentliche Feiertage,
- Tage der Anwesenheit im Tätigkeitsstaat während Arbeitsunterbrechungen, z.B. bei **Streik**, Aussperrung, Ausbleiben von Lieferungen oder **Krankheit**, es sei denn, die Krankheit steht der Abreise des Arbeitnehmers entgegen und dieser hätte ohne sie die Voraussetzungen für die Steuerbefreiung im Tätigkeitsstaat erfüllt,
- **Urlaubstage**, die unmittelbar oder in einem engen zeitlichen Zusammenhang vor, während und nach der Tätigkeit im Tätigkeitsstaat verbracht werden.

390 Das ausschließliche Durchqueren oder Überfliegen eines Staates, der auf dem Weg zwischen dem Wohnsitz- und dem Tätigkeitsstaat liegt (**„Transitland"**), führt nicht zu einem Aufenthaltstag in dem eigentlichen Tätigkeitsstaat.[141]

137 Bekräftig wird diese Auslegung im BMF-Schreiben v. 14.9.2006 – IV B 6 – S 1300 – 367/06 – Rn 37.

138 Vgl. BMF-Schreiben v. 14.9.2006 – IV B 6 – S 1300 – 367/06 – Rn 37.

139 Vgl. BFH, Urt. v. 18.7.1990 – I R 109/88 –.

140 Vgl. BMF-Schreiben v. 14.9.2006 – IV B 6 – S 1300 – 367/06 – Rn 38.

141 Vgl. BMF-Schreiben v. 14.9.2006 – IV B 6 – S 1300 – 367/06 – Rn 39.

Beispiel
Der Mitarbeiter führt im Jahr 2012 seine Montagetätigkeiten u.a. für sechs Wochen in Italien aus. Auf der Hinreise am Montag, 30.7.2012 sowie auf der Rückreise am Freitag, 7.9.2012 übernachtet er jeweils in der Schweiz. An den Wochenenden während dieses Zeitraumes kehrt er nicht nach Deutschland zurück, sondern unternimmt Tagesreisen innerhalb Italiens. An zwei Wochenenden besucht er die Schweiz, wobei er jeweils freitags in die Schweiz fährt und sonntags nach Italien zurückkehrt. In der vierten Woche ist er aufgrund mehrerer Streiks in Florenz an zwei Tagen daran gehindert, seine Tätigkeit zu verrichten. Er nutzt diese Zeit zur Besichtigung von Florenz. Nach Fertigstellung seiner Montage in der sechsten Woche nimmt er zwei Urlaubstage, bevor er nach Deutschland zurückreist.
Die Wochenenden, die der Mitarbeiter in Italien verbringt, zählen ebenso als Aufenthaltstage im Zusammenhang mit seiner Montagetätigkeit in Italien wie auch die Streiktage und seine Urlaubstage im Anschluss an seine Tätigkeit.
An den zwei Wochenenden, an denen er aus privaten Gründen die Schweiz besucht, ist lediglich der Samstag als Tag zu rechnen, an dem er sich nicht in Italien aufgehalten hat, da er jeweils am Freitag abreist und am Sonntag wieder nach Italien zurückkehrt.
Die Ankunfts- und Abreisetage in Italien zu Beginn bzw. zum Ende seiner Tätigkeit zählen als Anwesenheitsstage in diesem Land. Die Fahrten von Deutschland in die Schweiz sowie umgekehrt aus der Schweiz nach Deutschland stellen Tage der Durchreise dar. Sie zählen nicht als italienische Aufenthaltstage.

Für Arbeitnehmer, die im Tätigkeitsstaat arbeiten und täglich in den Wohnsitzstaat zurückkehren (**„Grenzpendler“**), gilt nach der Rechtsprechung des BFH, dass sich die Arbeitnehmer täglich im Tätigkeitsstaat aufhalten.[142] Diese Tage werden grundsätzlich bei der Ermittlung der 183-Tagesfrist berücksichtigt, soweit keine speziellen Regelungen für Grenzpendler in den DBA vereinbart sind.[143] 391

(b) 12-Monats-Zeitraum

Für die Berechnung der im Tätigkeitsstaat verbrachten Anwesenheitstage ist zu 392
beachten, dass kein zusammenhängender Anwesenheitszeitraum von 183 Tagen vorliegen muss. Vielmehr werden alle Anwesenheitstage im Tätigkeitsstaat innerhalb eines **Zeitraums**, der **zwölf Monate** umfasst, zusammengerechnet. Es werden somit auch mehrere zeitlich unterbrochene Einsatzzeiten im Tätigkeitsstaat innerhalb eines Zeitraumes von zwölf Monaten mitgezählt.[144] Hierbei ist jedoch die neue OECD-Auffassung zu beachten, wonach Einsatzzeiten im Tätigkeitsstaat nicht zu berücksichtigen sind, wenn der Arbeitnehmer in diesem Staat gleichzeitig ansässig war.

142 Vgl. BFH, Urt. v. 10.7.1996 – I R 4/96 –.
143 Wegen der für Grenzpendler konkret geltenden Einzelheiten wird auf die Darstellung in Rn 569 ff. verwiesen.
144 Vgl. Vogel/Lehner/*Prokisch*, Art. 15 Rn 47.

Beispiel

Der Mitarbeiter führt im Zeitraum vom 30.7.2012 bis 7.9.2012 eine Montagetätigkeit in Italien für seinen deutschen Arbeitgeber aus. Der Mitarbeiter ist erst seit dem 1.1.2012 in Deutschland ansässig. Zuvor hatte er in Italien gelebt und gearbeitet.

Vorliegend wird für Zwecke der 183-Tage-Regelung der Zeitraum 8.9.2011 bis 7.9.2012 betrachtet. Da der Mitarbeiter 2011 ganzjährig in Italien gelebt und gearbeitet hat, werden die Tage vom 8.9.2011 bis 31.12.2011 bei der Ermittlung der 183-Tages-Frist als Anwesenheitstage in Italien nicht mitberücksichtigt. Es zählen allein die Tage, an denen er seit dem 1.1.2012 in Italien physisch anwesend, jedoch in Deutschland ansässig war.

393 Die deutsche Finanzverwaltung teilt diese Auffassung zurzeit noch nicht. Eine Angleichung an die genannte OECD-Rechtsauffassung ist jedoch zu erwarten.

394 Bei der Bestimmung der 183-Tage-Frist sind im Hinblick auf den 12-Monats-Zeitraum alle Zeiträume von zwölf aufeinanderfolgenden Monaten zu betrachten. Dadurch kann es durchaus zu **Überschneidungen von Zeiträumen** kommen.[145]

Beispiel

Der Mitarbeiter ist für seinen deutschen Arbeitgeber im Rahmen unterschiedlicher Montagetätigkeiten in den nachfolgenden Zeiträumen in Norwegen anwesend:

- 1.4. bis 20.4.2011 (20 Tage),
- 1.8.2011 bis 31.3.2012 (90 Tage),
- 25.4.2012 bis 31.7.2012 (97 Tage).

Das DBA Norwegen betrachtet die maßgeblichen 183 Tage im 12-Monats-Zeitraum. So hat sich der Mitarbeiter im Zeitraum 1.8.2011 bis 31.7.2012 an mehr als 183 Tagen in Norwegen aufgehalten. Das Besteuerungsrecht für das auf die norwegischen Arbeitstage entfallende Gehalt ist Norwegen zugewiesen. In jedem erdenklichen 12-Monats-Zeitraum, welcher die Zeitspanne 1.4. bis 20.4.2011 beinhaltet (z.B. vom 1.4.2011 bis 31.3.2012), hat sich der Mitarbeiter jedoch weniger als 183 Tage in Norwegen aufgehalten. Das Besteuerungsrecht für das anteilige Gehalt ist daher weiterhin seinem Ansässigkeitsstaat Deutschland zugewiesen.

395 Aufgrund der notwendigen Prüfung eines jeden 12-Monats-Zeitraumes kann es in der Praxis zu Schwierigkeiten hinsichtlich der sicheren Zuweisung des Besteuerungsrechtes kommen. Oftmals wird sich erst im Nachhinein herausstellen, ob der Mitarbeiter die 183 Tage im 12-Monats-Zeitraum überschritten hat. Es ist daher empfehlenswert, dass sich die zuständigen Stellen (z.B. Personalabteilung, Steuerberater des Arbeitnehmers im Wohnsitz- und Tätigkeitsstaat) hinsichtlich der tatsächlichen Arbeitstage austauschen.

Praxishinweis

Empfehlenswert ist zudem die Vermeidung eines über die 183 Tage hinausgehenden Aufenthaltes durch frühzeitige **Intervention des Personal- oder Projektverantwortlichen.** Dies kann beispielsweise durch frühzeitige Benachrichtigung des Verantwortlichen mit Hilfe von am Markt erhältlichen EDV-Programmen erfolgen.

145 Vgl. Vogel/Lehner/*Prokisch*, Art. 15 Rn 45.

(aa) Abweichender Bezugszeitraum und Wechsel des Bezugszeitraumes

Sofern Deutschland vor 1992 ein DBA abgeschlossen hat, wird als Bezugszeitraum weiterhin das Steuerjahr bzw. das Kalenderjahr gelten. Es ist somit jedes betreffende Kalender- bzw. Steuerjahr für die Fristbestimmung einzeln zu betrachten. Da jedoch nicht in allen Ländern, wie in Deutschland, das Steuerjahr dem Kalenderjahr entspricht, ist für die Zuweisung des Besteuerungsrechtes auf das **Steuerjahr des Tätigkeitsstaates** abzustellen.[146] 396

Nachfolgende Staaten, mit denen Deutschland ein Abkommen zur Vermeidung der Doppelbesteuerung geschlossen hat und für welche weiterhin das Steuerjahr maßgeblich ist, haben ein vom Kalenderjahr abweichendes Steuerjahr: 397

- Australien 1.7. bis 30.6.,
- Bangladesch 1.7. bis 30.6.,
- Indien 1.4. bis 31.3.,
- Iran 21.3. bis 20.3.,
- Mauritius 1.7. bis 30.6.,
- Namibia 1.3. bis 28./29.2.,
- Neuseeland 1.4. bis 31.3.,
- Pakistan 1.7. bis 30.6.,
- Sri Lanka 1.4. bis 31.3.,
- Südafrika 1.3. bis 28./29.2.

Soweit aufgrund der Überarbeitung eines DBA nunmehr anstatt des Steuer- oder Kalenderjahres der **12-Monats-Zeitraum** anwendbar ist, erläutert das nachfolgende Beispiel die Vorgehensweise zur korrekten Zuteilung des Besteuerungsrechtes.[147] 398

Beispiel

Im Falle einer Personalentsendung eines in Deutschland ansässigen Arbeitnehmers nach Ungarn, welche im Interesse eines deutschen Unternehmens durchgeführt wird, das keine Betriebsstätte in Ungarn hat, war im Jahr 2011 für die Zuweisung des Besteuerungsrechtes maßgeblich, ob sich der Arbeitnehmer weniger als 183 Tage innerhalb des Kalenderjahres in Ungarn aufgehalten hat. Ab dem Jahr 2012 ist es maßgeblich, ob er sich weniger als 183 Tage während eines 12-Monats-Zeitraumes in Ungarn aufgehalten hat. War der Arbeitnehmer beispielsweise vom 1.8.2011 bis zum 31.5.2012 in Ungarn, ist das Besteuerungsrecht für das Arbeitseinkommen folgendermaßen zuzuweisen:
Für den Zeitraum vom 1.8.2011 bis zum 31.8.2011 obliegt Deutschland weiterhin das Besteuerungsrecht, da der Arbeitnehmer weniger als 183 Tage im Jahr 2011 in Ungarn war. Hinsichtlich der Neuregelung ab dem Steuerjahr 2012 ist ein beliebiger 12-Monats-Zeitraum zu betrachten, auch wenn der Beginn des 12-Monats-Zeitraumes noch in das Jahr 2011 hineinreicht; z.B. 1.6.2011 bis 31.5.2012. In diesem Zeitraum hatte sich der Arbeitnehmer insgesamt länger als 183 Tage in Ungarn aufgehalten. Diesem Land wird insoweit das Besteuerungsrecht für das während des Zeitraumes 1.1.2012 bis 31.5.2012 bezogenen Gehaltes zugewiesen.

---

146 Vgl. Vogel/Lehner/*Prokisch*, Art. 15 Rn 48.

147 Vgl. BMF-Schreiben v. 29.10.2004 – IV B 1 – S 1301 POL – 43/04 – BStBl I 2004 S. 1029.

(bb) Abweichungen in einzelnen DBA

399 Abweichungen von der 183-Tage-Regelung des Art. 15 Abs. 2 OECD-MA in den konkreten DBA können nicht nur hinsichtlich des Bezugszeitraumes oder der Fristbestimmung auftreten, sondern auch in Bezug auf die Definition des „Aufenthaltes“. So wird beispielsweise im DBA Dänemark und DBA Belgien nicht auf die Dauer der physischen Anwesenheit abgestellt; ausschließlich relevant sind in diesen Abkommen vielmehr die Tage, an denen der Arbeitnehmer die nichtselbstständige Arbeit im Tätigkeitsstaat **ausgeübt** hat. Tage, an denen die Tätigkeit aufgrund von Streik, einer Aussperrung, Ausbleiben von Lieferungen oder Krankheit tatsächlich nicht verrichtet werden konnte, sind jedoch mitzuzählen.[148]

Praxistipp
Da es hinsichtlich der Berücksichtigung von Anwesenheitstagen im Tätigkeitsstaat als „Arbeitstag“ besondere Regelungen geben kann, ist es empfehlenswert, die konkreten Vereinbarungen des betreffenden DBA genau zu beachten.

---

400 Das DBA Frankreich weist eine Besonderheit bezüglich der Berechnung der Aufenthaltsdauer im Vergleich zu Art. 15 Abs. 2 OECD-MA auf. Hier werden ebenfalls **kurze Unterbrechungen** im Zusammenhang mit Reisen in den Ansässigkeitsstaat oder in dritte Länder **als Tage des Aufenthaltes im Tätigkeitsstaat mitgezählt**, vorausgesetzt, sie fallen im Rahmen eines bestehenden Arbeitsverhältnisses an und die äußeren Umstände weisen auf einen nur vorübergehenden Aufenthalt außerhalb des Tätigkeitsstaates hin.[149]

(4) Kostentragung eines im Tätigkeitsstaat ansässigen Arbeitgebers

401 Das Besteuerungsrecht für Einkünfte aus nichtselbstständiger Tätigkeit verbleibt gem. Art. 15 Abs. 2 Buchst. b) OECD-MA im Tätigkeitsstaat, wenn die Vergütungen von oder für einen Arbeitgeber gezahlt werden, der im Tätigkeitsstaat ansässig ist.

Gesetzestext
Art. 15 OECD-MA
„(1) (...)
(2) Ungeachtet des Absatzes 1 können Vergütungen, die eine in einem Vertragsstaat ansässige Person für eine im anderen Vertragsstaat ausgeübte unselbständige Arbeit bezieht, nur im erstgenannten Staat besteuert werden, wenn
a) der Empfänger sich im anderen Staat insgesamt nicht länger als 183 Tage innerhalb eines Zeitraums von zwölf Monaten, der während des betreffenden Steuerjahres beginnt oder endet, aufhält und

---

148 Vgl. BMF-Schreiben v. 14.9.2006 – IV B 6 – S 1300 – 367/06 – Rn 47.

149 Vgl. Verständigungsvereinbarung zur 183-Tage-Regelung zum DBA Frankreich v. 3.4.2006 – IV B 6 – S 1301 FRA – 26/06 – S. 1 f.

*b) **die Vergütungen von einem Arbeitgeber oder für einen Arbeitgeber gezahlt werden, der nicht im anderen Staat ansässig ist**, und*
c) die Vergütungen nicht von einer Betriebstätte getragen werden, die der Arbeitgeber im anderen Staat hat.
(3) (...)"

(a) Arbeitgeberbegriff des Art. 15 Abs. 2 Buchst. b) OECD-MA

Der Arbeitgeberbegriff ist im OECD-MA selbst nicht näher definiert. Sowohl die Finanzverwaltung als auch die Rechtsprechung gehen jedoch einheitlich von einem **„wirtschaftlichen" Arbeitgeberbegriff** aus. Arbeitgeber im Sinne des Abkommensrechtes ist danach derjenige, 402
- der einen Arbeitnehmer in seinen **Geschäftsbetrieb integriert** und
- die **Vergütungen** für die seitens des Arbeitnehmers geleistete nichtselbstständige Arbeit **wirtschaftlich trägt**, indem dieser die Vergütungen unmittelbar dem betreffenden Arbeitnehmer auszahlt oder aber ein anderes Unternehmen in bloße Vorleistung für die Arbeitsvergütung treten lässt.[150]

Für die Bestimmung des Arbeitgebers ist somit die **wirtschaftliche Zuordnung** der Arbeitnehmervergütung entscheidend. Demnach soll dem Staat das Besteuerungsrecht für die Arbeitnehmervergütung zugewiesen werden, dessen Steueraufkommen durch den Abzug dieser Kosten als **Betriebsausgaben** gemindert wird oder nach Fremdvergleichsgrundsätzen gemindert werden sollte.[151] 403

Praxishinweis !
Nichtsdestotrotz führt der Betriebsausgabenabzug (Kostentragung) seitens des Unternehmens nicht automatisch zur Zuweisung des Besteuerungsrechtes auf die Arbeitnehmervergütung. Denn: Während sich die zutreffende Kostentragung nach der Interessenlage der Tätigkeit bemisst, sind bei der steuerlichen Zuordnung der Arbeitnehmervergütung auch die Ansässigkeit des Arbeitnehmers sowie der Ort der Tätigkeitsausübung relevant. Der Staat, welcher das Besteuerungsrecht auf die Arbeitnehmervergütungen geltend macht, kann daher vom Staat, dessen Steueraufkommen durch den Betriebsausgabenabzug gemindert wird, verschieden sein.

(b) Wer kann Arbeitgeber im Sinne des Abkommensrechtes sein?

Arbeitgeber im Sinne des Abkommensrechtes kann jede **natürliche** oder **juristische Person** sein. 404

Eine **Betriebsstätte** i.S.d. Art. 5 OECD-MA hat nach herrschender Meinung[152] selbst keine Geschäftsleitung. Die Betriebsstätte ist immer einer natürlichen oder 405

---

150 Vgl. nur BFH, Urt. v. 21.8.1985 – I R 63/80 – sowie BMF-Schreiben v. 14.9.2006 – IV B 6 – S 1300 – 367/06 – Rn 64, 67.
151 Vgl. BFH, Urt. v. 21.8.1985 – I R 63/80 -.
152 Vgl. dazu BFH, Urt. v. 29.1.1986 – I R 109/85 – sowie Wassermeyer/*Wassermeyer/Schwenke*, Art. 15 Rn 115.

juristischen Person zugehörig und kann daher lediglich die Steuerpflicht eben dieser Person in einem der beiden Vertragsstaaten begründen. Eine Betriebsstätte kann somit kein Arbeitgeber im Sinne des Abkommensrechtes sein.

Beispiel

Eine deutsche GmbH hat in einem Geschäftsbereich eine Abteilung, die länderübergreifend sowohl mit Arbeitnehmern der Londoner Niederlassung – einer Betriebsstätte der deutschen Gesellschaft – als auch mit Arbeitnehmern des Stammhauses in Bremen besetzt ist. Die Arbeitnehmer in London haben jeweils einen Arbeitsvertrag mit der Londoner Niederlassung geschlossen. Die Londoner Arbeitnehmer sind häufig im Rahmen von Dienstreisen am Sitz des deutschen Unternehmens tätig. Sie verfügen über keinen deutschen Wohnsitz. Die Aufenthaltsdauer der Arbeitnehmer in Bremen überschreitet jeweils insgesamt nicht 183 Tage innerhalb eines 12-Monats-Zeitraumes.

In diesem Fall ist zu beachten, dass unabhängig davon, ob sich die Arbeitnehmer weniger als 183 Tage innerhalb eines beliebigen 12-Monats-Zeitraumes in Deutschland aufhalten, das Besteuerungsrecht für das auf die inländischen Arbeitstage entfallende Gehalt Deutschland zugewiesen ist. Arbeitgeber im Sinne des Abkommensrechtes ist das deutsche Unternehmen, da die Londoner Niederlassung lediglich eine unselbstständige Betriebsstätte dieser Gesellschaft darstellt.

---

406 In Abweichung zur Auffassung der OECD[153] kann eine **Personengesellschaft** nach deutscher Auffassung ebenfalls Arbeitgeber i.S.d. Art. 15 Abs. 2 Buchst. b) OECD-MA sein. Die Ansässigkeit wird danach bestimmt, wo die Gesellschaft als solche steuerpflichtig wäre, wenn sie als Steuersubjekt anerkannt würde. Dies wird daher regelmäßig der **Ort der Geschäftsleitung** sein.[154]

(c) Bestimmung des wirtschaftlichen Arbeitgebers

407 Hat sich eine natürliche oder juristische Person anhand der obenstehenden Ausführungen als potenzieller Arbeitgeber im Sinne des Abkommensrechtes qualifiziert, ist bei einem grenzüberschreitenden Arbeitseinsatz zu beurteilen, ob
- die aufnehmende Gesellschaft,
- die abgebende Gesellschaft oder
- beide Gesellschaften

als wirtschaftlicher Arbeitgeber des Arbeitnehmers anzusehen sind.

(d) Kostentragung im Falle einer grenzüberschreitenden Arbeitnehmertätigkeit im Konzernverbund

408 Vereinbart ein zivilrechtlicher Arbeitgeber mit seinem Arbeitnehmer, dass dieser für einen befristeten Zeitraum bei einem **verbundenen Unternehmen** (im Folgenden:

---

153 Musterkommentar zum OECD-MA, Art. 15 Nr. 6.1, 6.2.

154 Vgl. BMF-Schreiben v. 14.9.2006 – IV B 6 – S 1300 – 367/06 – Rn 60.

aufnehmendes Unternehmen) im Ausland tätig werden soll, stellt sich die Frage, welches Unternehmen als wirtschaftlicher Arbeitgeber anzusehen ist. Hierbei ist auf die vertragliche Vereinbarung zwischen den beiden Unternehmen sowie auf die tatsächlichen Verhältnisse abzustellen.

Ein wirtschaftlicher Arbeitgeber im Falle einer Entsendung im Konzernverbund liegt nach der Auffassung der Finanzverwaltung[155] insbesondere dann vor, wenn 409
- der Arbeitnehmer in das aufnehmende **Unternehmen integriert** ist und
- das aufnehmende Unternehmen den Arbeitslohn infolge des eigenen betrieblichen Interesses an der Tätigkeit des Arbeitnehmers wirtschaftlich trägt bzw. nach dem **Fremdvergleichsgrundsatz**[156] hätte tragen müssen.

Die Voraussetzung, ob ein Arbeitnehmer in das aufnehmende Unternehmen **integriert** ist, ist anhand der tatsächlichen Verhältnisse zu beurteilen. Hierbei ist maßgeblich,[157] ob 410
- das aufnehmende Unternehmen die **Verantwortung** oder das **Risiko** für die durch die Tätigkeit des Arbeitnehmers erzielten Ergebnisse trägt und
- der Arbeitnehmer den **Weisungen** des aufnehmenden Unternehmens unterworfen ist, was sich z.B. durch die Bestimmung der Art und des Umfanges der täglichen Arbeit, der Aufnahme im **Organigramm** des aufnehmenden Unternehmens sowie der Ausgabe von **Visitenkarten** des aufnehmenden Unternehmens zeigt.

In Bezug auf die Frage, ob ein Arbeitnehmer in ein Unternehmen integriert ist, kann für die Beurteilung der tatsächlichen Verhältnisse ebenfalls von Bedeutung sein, 411
- welches Unternehmen dem Arbeitnehmer einen Arbeitsplatz nebst Arbeitsmittel zu Verfügung stellt,
- welchem Unternehmen der Arbeitnehmer disziplinarisch und fachlich unterstellt ist,
- wer sowohl die Vergütung schuldet als auch über deren Höhe und Bestandteile bestimmen kann und
- wem gegenüber der Arbeitnehmer seine Ansprüche aus dem Arbeitsvertrag geltend machen kann.[158]

Praxishinweis !

Im Falle einer Entsendung, die nicht länger als drei Monate andauert, wird aus Vereinfachungsgründen vermutet, dass eine **Integration** in die Organisation des aufnehmenden Unternehmens nicht stattfindet.[159] Der zivilrechtliche Arbeitgeber bleibt in diesen Fällen auch der wirtschaftliche Arbeitgeber. Diese Vermutung ist jedoch anhand der tatsächlichen Verhältnisse widerlegbar.

---

155 Vgl. BMF-Schreiben v. 14.9.2006 – IV B 6 – S 1300 – 367/06 – Rn 67 ff.

156 Der Fremdvergleichsgrundsatz stellt darauf ab, dass die Beziehung zwischen verbundenen Unternehmen entsprechend den Bedingungen eines freien Marktes gestaltet wird. Vgl. dazu auch BMF-Schreiben v. 9.11.2001 – IV B 4 – S 1341 – 20/01 – S. 3 sowie die ausführlichen Hinweise in Rn 913.

157 Vgl. BMF-Schreiben v. 14.9.2006 – IV B 6 – S 1300 – 367/06 – Rn 69.

158 Vgl. zu weiteren Beispielen BMF-Schreiben v. 14.9.2006 – IV B 6 – S 1300 – 367/06 – Rn 69.

159 Vgl. BMF-Schreiben v. 14.9.2006 – IV B 6 – S 1300 – 367/06 – Rn 74.

412 In Bezug auf die **Kostentragung** ist zu hinterfragen, welches der beiden Unternehmen ein **eigenbetriebliches Interesse** an der Tätigkeit des Arbeitnehmers hat und auf wessen Betreiben hin die Entsendung erfolgt. Hierbei ist insbesondere auf den Zweck der Entsendung abzustellen. Wird beispielsweise ein Arbeitnehmer zur Erlangung von Spezialkenntnissen – die für die Arbeit bei der abgebenden Gesellschaft notwendig sind – für einen befristeten Zeitraum zu einer anderen Konzerngesellschaft entsandt und kann diese Gesellschaft nicht von der Arbeitsleistung profitieren, wird das eigenbetriebliche Interesse der Entsendung bei der entsendenden Gesellschaft zu sehen sein. Umgekehrt verhält sich der Fall, wenn die aufnehmende Gesellschaft den entsandten Arbeitnehmer als einen Experten aufgrund seines speziellen Fachwissens angefragt hat.[160]

Beispiel

Bevor die bei einer deutschen GmbH angestellte Mitarbeiterin 2011 ganzjährig zu der italienischen Konzerngesellschaft nach Italien entsandt wurde, hatte sie bereits im Kalenderjahr 2010 für fünf Monate in Italien bei derselben Gesellschaft gearbeitet. Ihre Wohnung in Bremen hatte sie im Rahmen dieser „Kurzzeitentsendung" nicht gekündigt oder untervermietet. Der Entsendungszweck bestand darin, kommissarisch eine Abteilung der italienischen Konzerngesellschaft zu leiten. Aufgrund ihrer speziellen Fähigkeiten und Kenntnisse wollte die italienische Gesellschaft die vorübergehende Leitung ausschließlich dieser Mitarbeiterin übergeben. Hierfür wurde ihr ein vollständig ausgestatteter Arbeitsplatz zur Verfügung gestellt. Die deutsche GmbH zahlte der Mitarbeiterin weiterhin ihr Gehalt, gab jedoch die Personalkosten für die sechs Monate vollständig an die italienische Tochtergesellschaft weiter.

Vorliegend ist das Gehalt für die Kurzzeitentsendung nach Italien im Rahmen der deutschen Gehaltsabrechnung auf Antrag vom Lohnsteuereinbehalt freizustellen. Die Mitarbeiterin hat sich zwar an weniger als 183 Tagen im Jahr 2010 in Italien aufgehalten. Da aufgrund des ausschließlichen Interesses an ihrer Tätigkeit und der Integration in die Organisationsstruktur der italienischen Gesellschaft diese als wirtschaftlicher Arbeitgeber anzusehen ist, verbleibt das Besteuerungsrecht im Tätigkeitsstaat Italien. Die 183-Tage-Regelung findet keine Anwendung, weil nicht alle drei Voraussetzungen kumulativ erfüllt sind.

---

413 Erfolgt aufgrund der tatsächlichen Verhältnisse ein Wechsel der wirtschaftlichen Arbeitgeberstellung, bedarf es hierfür keiner **schriftlichen Vereinbarung** zwischen dem zivilrechtlichen Arbeitgeber und dem aufnehmenden Unternehmen bzw. dem Arbeitnehmer.[161]

Praxishinweis

Das komplexe Thema der Kostenweiterbelastung im Konzernverbund sollte in Unternehmen eingehend geprüft werden. Oft unterliegen die Personalabteilungen dem Irrglauben, dass das Unternehmen nicht wirtschaftlicher Arbeitgeber sei, weil es die Kosten einer Personalentsendung nicht trägt.

---

160 Vgl. BMF-Schreiben v. 9.11.2001 – IV B 4 – S 1341 – 20/01 – S. 9 f. Vgl. dazu die ausführlichen Hinweise in Rn 915, 917 ff.

161 Vgl. BFH, Urt. v. 23.2.2005 – I R 46/03 -.

Jedoch reicht zur Annahme eines wirtschaftlichen Arbeitgebers – mit der damit verbundenen Steuerpflicht – aus, dass die Personalkosten nach dem Fremdvergleichsgrundsatz hätten weiterbelastet werden müssen.

Abkommensrechtlich kann auch der Fall vorliegen, dass sowohl das entsendende als auch das aufnehmende Unternehmen als **wirtschaftliche Arbeitgeber** eines Arbeitnehmers im Falle einer grenzüberschreitenden Entsendung gelten. Eine solche Konstellation liegt vor, wenn beide ein eigenbetriebliches Interesse an der Tätigkeit des Arbeitnehmers haben und die Gehaltskosten des Arbeitnehmers anteilig (entsprechend dem jeweiligen Interesse) nach dem **Fremdvergleichsgrundsatz** von dem jeweiligen Unternehmen getragen werden.[162] Welches Unternehmen dabei tatsächlich die Arbeitnehmervergütung auszahlt, spielt keine Rolle. Eine **konzerninterne Kostenverrechnung** hat jedoch zu erfolgen (anteilige Kostenweiterbelastung). 414

Folgebeispiel

Während die Mitarbeiterin 2010 kommissarisch für fünf Monate die Abteilung der italienischen Tochtergesellschaft im Interesse dieser Gesellschaft leitete, war sie auch weiterhin für eine Abteilung bei der deutschen Gesellschaft verantwortlich. Ihr Gehalt bezog sie weiterhin vollständig von der deutschen GmbH.

In dieser Fallkonstellation sind beide Gesellschaften anteilig als wirtschaftliche Arbeitgeber anzusehen. Die Mitarbeiterin ist jeweils in die Organisation der Unternehmen integriert. Beide tragen – bezogen auf die jeweilige Tätigkeit – das Risiko bzw. die Verantwortung für die Ergebnisse ihrer Arbeit. Das Gehalt ist entsprechend dem Fremdvergleichsgrundsatz anteilig von den Gesellschaften zu tragen. Dies hat zur Folge, dass die Zuweisung des Besteuerungsrechtes für das anteilige Gehalt getrennt beurteilt werden muss. Soweit die italienische Gesellschaft als wirtschaftlicher Arbeitgeber anzusehen ist, wird Italien das Besteuerungsrecht für das anteilige Gehalt zugewiesen. Dieser Anteil muss vom Lohnsteuereinbehalt in Deutschland freigestellt werden. Für das restliche Gehalt verbleibt das Besteuerungsrecht aufgrund der 183-Tage-Regelung in Deutschland.

Schließen Unternehmen eines grenzüberschreitenden Konzernverbundes sog. **Umlageverträge**, um im gemeinsamen Interesse für einen bestimmten Zeitraum durch Zusammenwirken in einem Pool Leistungen zu erlangen bzw. zu erbringen,[163] und sind in diesem Rahmen Arbeitnehmer international tätig, ist der jeweilige zivilrechtliche Arbeitgeber als abkommensrechtlicher Arbeitgeber anzusehen.[164] 415

---

162 Vgl. BMF-Schreiben v. 9.11.2001 – IV B 4 – S 1341 – 20/01 – S. 6 f.

163 Vgl. BMF-Schreiben v. 30.12.1999 – IV B 4 – S 1341 – 14/99 – S. 2.

164 Vgl. BMF-Schreiben v. 14.9.2006 – IV B 6 – S 130 –; BMF-Schreiben v. 9.11.2001 – IV B 4 – S 1341 – 20/01 – S. 6 f. Vgl. BMF-Schreiben v. 30.12.1999 – IV B 4 – S 1341 – 14/99 – Rn 79.

(e) Kostentragung des zivilrechtlichen Arbeitgebers im Rahmen von Dienst- oder Werkleistungen

416 Ist der Arbeitnehmer im Rahmen der Erfüllung einer **Dienst-, Werkleistungs- oder Werklieferungsverpflichtung** des zivilrechtlichen Arbeitgebers bei einem verbundenen Unternehmen tätig und sind seine Personalkosten Preisbestandteil der Dienst-, Werkleistung oder Werklieferung, ist der zivilrechtliche Arbeitgeber weiterhin auch als wirtschaftlicher Arbeitgeber anzusehen.[165] Da die Arbeitnehmerkosten lediglich ein kalkulatorischer **Preisbestandteil** der vereinbarten Dienstvergütung oder des Werklohnes darstellen, ist die vom verbundenen Unternehmen gezahlte Vergütung nicht als direkte Gegenleistung für die Arbeitsleistung des Arbeitnehmers anzusehen. Dabei wird ein marktüblicher Preis für die Dienstleistung regelmäßig einen **Gewinnaufschlag** beinhalten.[166]

Folgebeispiel

Die Arbeitnehmerin der deutschen GmbH war im Jahr 2009 ebenfalls für vier Monate am Sitz der italienischen Konzerngesellschaft tätig. In dieser Zeit hatte sie ihre Bremer Wohnung nicht gekündigt oder untervermietet. Der Zweck ihrer Tätigkeit bestand darin, eine neue Computersoftware im Auftrag und Interesse der deutschen GmbH bei der italienischen Tochtergesellschaft zu implementieren und Schulungsmaßnahmen mit den lokalen Arbeitnehmern durchzuführen. In dieser Zeit wurde die Mitarbeiterin nicht in die Organisationsstruktur der italienischen Gesellschaft integriert. Der deutsche Arbeitgeber zahlte weiterhin ihr Gehalt. Der italienischen Gesellschaft stellte diese die im Rahmen eines Dienstleistungsvertrages vereinbarte Vergütung in Rechnung. Der Vertrag entsprach dabei den marktüblichen Konditionen.

In diesem Fall ist das Gehalt, welches die Mitarbeiterin für ihre Tätigkeit in Italien erhalten hat, vollständig in Deutschland zu besteuern, da die 183-Tage-Regelung Anwendung findet. Sie hatte sich 2009 an weniger als 183 Tagen in Italien aufgehalten. Zudem führte sie ihre Tätigkeit im ausschließlichen Interesse der deutschen Muttergesellschaft als Dienstleistung aus, sodass die italienische Tochtergesellschaft nicht als wirtschaftlicher Arbeitgeber anzusehen war.

Praxishinweis

Die „Tarnung“ einer Arbeitnehmerentsendung als Dienst- oder Werkleistung und somit Inrechnungstellung der Personalkosten inklusive eines Gewinnaufschlages führt in der Praxis regelmäßig nicht zum gewünschten Ergebnis. So ist zu hinterfragen, ob es sich bei der Tätigkeit des Mitarbeiters bei der Konzerngesellschaft tatsächlich um eine Dienstleistung im Interesse des Heimatunternehmens oder vielmehr um eine Arbeitnehmerüberlassung im Interesse des aufnehmenden Unternehmens handelt. Im letzteren Fall ist trotz einer Kostenweiterbelastung mit Gewinnaufschlag die Annahme eines wirtschaftlichen Arbeitgebers (aufnehmende Gesellschaft) und damit die Nichtanwendbarkeit der 183-Tage-Regelung kaum zu vermeiden.

---

165 Vgl. Vogel/Lehner/*Prokisch*, Art. 15 Rn 53a m.w.N.

166 Vgl. BMF-Schreiben v. 9.11.2001 – IV B 4 – S 1341 – 20/01 – S. 3.

(f) Arbeitnehmerverleih

Ein Arbeitnehmer kann auch im Rahmen einer **Arbeitnehmerüberlassung** im Ausland tätig werden. Hierbei ist zwischen der gewerblichen und der gelegentlichen Arbeitnehmerüberlassung zu unterscheiden. Soweit nicht in einigen DBA entsprechende Regelungen[167] für die Zuweisung des Besteuerungsrechtes für Einkünfte aus nichtselbstständiger Tätigkeit, die im Rahmen einer Arbeitnehmerüberlassung bezogen werden, enthalten sind, ist im Regelfall die entleihende Gesellschaft als wirtschaftlicher Arbeitgeber anzusehen.[168] 417

(5) Kostentragung durch eine Betriebsstätte im Tätigkeitsstaat

Das Besteuerungsrecht für Einkünfte aus nichtselbstständiger Tätigkeit verbleibt gem. Art. 15 Abs. 2 Buchst. c) OECD-MA im Tätigkeitsstaat, wenn die Vergütungen von einer **Betriebsstätte** getragen werden, die der Arbeitgeber im Tätigkeitsstaat hat. 418

Gesetzestext
Art. 15 OECD-MA
„(1) (...)
(2) Ungeachtet des Absatzes 1 können Vergütungen, die eine in einem Vertragsstaat ansässige Person für eine im anderen Vertragsstaat ausgeübte unselbständige Arbeit bezieht, nur im erstgenannten Staat besteuert werden, wenn
a) der Empfänger sich im anderen Staat insgesamt nicht länger als 183 Tage innerhalb eines Zeitraums von zwölf Monaten, der während des betreffenden Steuerjahres beginnt oder endet, aufhält und
b) die Vergütungen von einem Arbeitgeber oder für einen Arbeitgeber gezahlt werden, der nicht im anderen Staat ansässig ist, und
c) die Vergütungen nicht von einer Betriebstätte getragen werden, die der Arbeitgeber im anderen Staat hat.
(3) (...)“

Das OECD-MA definiert in Art. 5 den Begriff der **Betriebsstätte** eigenständig und unabhängig von der Definition der nationalen deutschen Gesetzgebung (z.B. notwendige Dauer einer **Bau- und Montagetätigkeit** zur Begründung einer Betriebsstätte).[169] 419

Der Wortlaut des Art. 15 Abs. 2 Buchst. c) OECD-MA setzt voraus, dass die Vergütung von einer im Tätigkeitsstaat belegenen Betriebsstätte des **Arbeitgebers** getragen wird. Der Arbeitgeberbegriff ist auch in diesem Zusammenhang dahingehend zu verstehen, dass der wirtschaftliche Arbeitgeber gemeint ist.[170] Entscheidend ist 420

167 Vgl. dazu Art. 13 Abs. 6 DBA Frankreich; Protokollziffer 13 zum Art. 15 DBA Italien; Art. 15 Abs. 2 i.V.m. Abs. 3 DBA Österreich; Art. 15 Abs. 4 DBA Schweden.
168 Vgl. dazu die ausführlichen Hinweise in Rn 601 ff.
169 § 12 AO, vgl. ferner die ausführliche Darstellung zur Definition einer Betriebsstätte in Rn 899 ff.
170 Vgl. Wassermeyer/*Wassermeyer/Schwenke*, Art. 15 Rn 133.

demnach, ob der wirtschaftliche Arbeitgeber eine Betriebsstätte im Tätigkeitsstaat des Arbeitnehmers betreibt. Ist der zivilrechtliche Arbeitgeber eines Arbeitnehmers an einem **Joint Venture** mit anderen Unternehmen beteiligt, welches im Tätigkeitsstaat eine Betriebsstätte betreibt und das die Kosten des Arbeitnehmers trägt, ist dieses Joint Venture als wirtschaftlicher Arbeitgeber anzusehen.[171]

421 **„Getragen"** wird die Arbeitnehmervergütung von der Betriebsstätte bereits, wenn ihr diese Kosten nach den Grundsätzen der **Betriebsstättenbesteuerung**[172] wirtschaftlich zuzuordnen sind; diese also als Betriebsausgaben bei der Ermittlung des Betriebsstättengewinnes erfasst werden bzw. hätten erfasst werden müssen.[173] Voraussetzung hierfür ist, dass der Arbeitnehmer eine Tätigkeit unmittelbar im Interesse der Betriebsstätte ausübt.[174]

422 Auf die tatsächliche **Kostenbelastung** oder auf das Vorhandensein eines eigenen Buchungskreises bei der Betriebsstätte kommt es dabei nicht an. Ebenfalls nicht relevant ist, ob die Betriebsstätte oder der Arbeitgeber dem Arbeitnehmer die Vergütung auszahlt bzw. auf wessen Gehaltsabrechnung sich der Arbeitnehmer befindet. Da die Auszahlung oder Abrechnung des Gehaltes ein rein tatsächlicher Vorgang ist, trifft dieser keine Aussage darüber, wer letztlich die Personalkosten wirtschaftlich zu tragen hat.[175]

423 Soweit der Arbeitgeber die Arbeitnehmerkosten an die Betriebsstätte im Tätigkeitsstaat weiterbelastet bzw. zuordnet,[176] muss dies nachvollziehbar und nachweisbar erfolgen. Eine nachvollziehbare Kostenweiterbelastung liegt dabei gerade nicht vor, wenn der Arbeitgeber seiner Betriebsstätte die Arbeitnehmerkosten lediglich anteilig im Rahmen von **Warenlieferungen**, **Dienstleistungen** oder **allgemeinen Verwaltungskosten** in Rechnung stellt.[177] In diesen Fällen wird der Arbeitslohn weiterhin vom Arbeitgeber wirtschaftlich getragen, da die Betriebsstätte nur Gemeinkosten des Unternehmens begleicht, nicht jedoch für eine konkrete Arbeitsleistung aufkommt.

424 Arbeitet ein Arbeitnehmer sowohl im Interesse des Arbeitgebers, als auch im Interesse der im Tätigkeitsstaat belegenen Betriebsstätte, muss das Gehalt entsprechend dem Interesse an der Tätigkeit aufgeteilt und anteilig der Betriebsstätte belastet bzw.

171 Vgl. Wassermeyer/*Wassermeyer/Schwenke*, Art. 15 Rn 134.

172 Vgl. dazu ferner Rn 909.

173 Vgl. BFH, Urt. v. 24.2.1988 – I R 143/84 –; Vogel/Lehner/*Prokisch*, Art. 15 Rn 63a.

174 Vgl. Wassermeyer/*Wassermeyer/Schwenke*, Art. 15 Rn 132. Die oben aufgeführten Grundsätze zum wirtschaftlichen Arbeitgeberbegriff sind insoweit entsprechend anzuwenden, vgl. BMF-Schreiben v. 14.9.2006 – IV B 6 – S 130 – Rn 98.

175 Vgl. BFH, Urt. v. 24.2.1988 – I R 143/84 –.

176 Dabei kann die Weiterbelastung an die Betriebsstätte und die Gehaltsauszahlung an den Arbeitnehmer zeitlich auseinanderfallen, vgl. Vogel/Lehner/*Prokisch*, Art. 15 Rn 66 m.w.N.

177 Vgl. BMF-Schreiben v. 21.4.1981 – IV C 5 – S 1300 – 171/81 – S. 1; BFH, Urt. v. 24.2.1988 – I R 143/84 –.

zugeordnet werden.[178] In diesem Fall wird dem Tätigkeitsstaat das Besteuerungsrecht für die anteilige Arbeitnehmervergütung zugewiesen.

Beispiel
Der deutsche Arbeitgeber hat mit einer Mitarbeiterin vereinbart, dass sie neben ihrer bisherigen Leitung eines Geschäftsbereiches innerhalb des deutschen Unternehmens ebenfalls für zwei Jahre die Leitung der Londoner Niederlassung (Betriebsstätte des deutschen Unternehmens) übernimmt. Sie wird ihren Wohnsitz in Bremen beibehalten. Es ist geplant, dass sie ihre Tätigkeit im Interesse der Londoner Niederlassung an zwei Tagen pro Woche in London ausüben wird. Die restliche Zeit wird sie in Bremen verbringen. Sie wird weiterhin vollständig von dem deutschen Arbeitgeber entlohnt.

Soweit sich die Mitarbeiterin pro Woche an zwei Tagen nicht in Deutschland aufhält, ist sie an weniger als 183 Tagen innerhalb eines 12-Monats-Zeitraumes in Großbritannien anwesend. Das Besteuerungsrecht für ihre Vergütung kann somit nur in ihrem Ansässigkeitsstaat Deutschland verbleiben, wenn ihr wirtschaftlicher Arbeitgeber nicht in Großbritannien angesiedelt ist und ihre Personalkosten nicht von der Londoner Niederlassung getragen bzw. dieser zugeordnet werden.

Aufgrund der weiterhin wahrgenommenen Leitung eines Geschäftsbereiches des deutschen Unternehmens hat das Stammhaus ihre Personalkosten – zumindest anteilig – zu tragen. Da die Mitarbeiterin auch der Londoner Niederlassung vorsteht, sollte auch ein Teil ihres Gehaltes von der Londoner Niederlassung getragen werden. Das Besteuerungsrecht für die Vergütung bezüglich der in London ausgeübten Tätigkeit liegt somit in Großbritannien.

dd) Aufteilung des Arbeitslohnes zwischen Ansässigkeits- und Tätigkeitsstaat

(1) Einnahmen aus laufender nichtselbstständiger Arbeit (auch Weihnachtsgeld, Urlaubsgeld, Bonus)

Grundsätzlich können **Gehälter, Löhne** und **ähnliche Vergütungen** aus nichtselbst- 425
ständiger Arbeit gem. Art. 15 Abs. 1 OECD-MA **ausschließlich** im **Wohnsitzstaat** des Arbeitnehmers besteuert werden, es sei denn, die Tätigkeit wird im anderen Staat ausgeübt. Sofern die Arbeit im anderen Staat ausgeübt wird, steht diesem Staat (**Tätigkeitsstaat**) auch das Besteuerungsrecht für die dieser **Tätigkeit(-speriode)** zuzurechnende Vergütung zu.[179]

Art. 15 Abs. 1 OECD-MA ist jedoch nur eingeschränkt anwendbar. Für Einkünfte 426
von **Aufsichtsrats- und Verwaltungsratsmitgliedern** (Art. 16 OECD-MA), **Künstlern** und **Sportlern** (Art 17 OECD-MA), **Ruhegehälter** (Art 18 OECD-MA), Bezüge aus

---

178 Vgl. Wassermeyer/*Wassermeyer/Schwenke*, Art. 15 Rn 130. Vgl. dazu auch BMF-Schreiben v. 9.11.2001 – IV B 4 – S 1341 – 20/01 – S. 6 ff.

179 Art. 15 Abs. 1 OECD-MA sowie BMF-Schreiben bezüglich der Behandlung von Arbeitslohn Rn 26.

öffentlichem Dienst (Art 19 OECD-MA) sowie für Vergütungen von **Gastprofessoren** und **Studenten** (Art 20 OECD-MA) gelten Sonderregelungen. Zudem enthalten einige deutsche DBA spezielle Regelungen für **Grenzgänger**.[180]

427 Diese Vorschriften haben als „lex specialis" **Vorrang vor den allgemeinen Bestimmungen** der DBA zur Besteuerung von Arbeitnehmereinkünften.

428 Der Begriff „**Gehälter, Löhne** und **ähnliche Vergütungen**" ist in Art. 15 OECD-MA nicht näher bestimmt. Daher erfolgt die Definition, soweit die Auslegung im Abkommenszusammenhang nichts anderes erfordert (Art. 3 Abs. 2 OECD-MA)[181] gemäß dem innerstaatlichen Recht des Staates, um dessen Besteuerung es sich handelt. Aus deutscher Sicht erfolgt daher eine Auslegung in Anlehnung an **§ 19 EStG** bzw. **§ 2 LStDV**. **Einkünfte aus nichtselbstständiger Arbeit** sind daher alle Einnahmen, die einem Arbeitnehmer aus dem Dienstverhältnis zufließen. Es ist unerheblich, unter welcher Bezeichnung oder in welcher Form die Einnahmen gewährt werden. Erfasst werden daher ebenfalls sog. Sachbezüge (z.B. Gewährung von freier Verpflegung, Wohnung oder die verbilligte Überlassung von Aktien oder Aktienoptionen).

429 Für die Einordnung der Vergütungen als **Einkünfte aus nichtselbstständiger Arbeit** ist es unerheblich, wann, wo und auf welchem **Zahlungsweg** sie geleistet werden. Entscheidend ist die **sachliche Zuordnung**, sodass es alleine darauf ankommt, ob die Vergütung dem Arbeitnehmer **für** den Zeitraum einer Auslandstätigkeit gezahlt wird. Der Arbeitnehmer übt seine Tätigkeit dort aus, wo er sich tatsächlich körperlich aufhält, und zwar unabhängig davon, ob der persönliche Aufenthalt für die Ausübung der Tätigkeit erforderlich ist oder nicht.[182] In Abkommensfällen kommt es zudem nicht darauf an, wo die Tätigkeit des Arbeitnehmers verwertet wird.[183]

430 Ist der Arbeitslohn eines Arbeitnehmers einer Tätigkeit im Ausland zuzuordnen, ist im ersten Schritt zu prüfen, inwieweit die Vergütungen unmittelbar der Auslands- bzw. der Inlandstätigkeit zugeordnet werden können (**direkte Zuordnung**). Sofern eine derartige Zuordnung nicht möglich ist, beispielsweise weil eine Bonuszahlung für einen Zeitraum der Inlands- und Auslandstätigkeit gezahlt wurde, ist der verbleibende Arbeitslohn zeitanteilig aufzuteilen (**indirekte Zuordnung**).[184]

431 Alle Vergütungen, die direkt mit der In- oder Auslandstätigkeit eines Arbeitnehmers in Verbindung stehen, sind vorab zuzuordnen. In Betracht kommen hierbei insbesondere Reisekosten, Mietzuschüsse im Entsendungsland, Auslandszulagen, projektbezogene Erfolgsprämien, Überstundenvergütungen oder auch Schulgeld[185] sowie andere entsendungsbedingte geldwerte Vorteile.

---

180 Art. 13 Abs. 5 DBA Frankreich, Art. 15 Abs. 6 DBA Österreich und Art. 15a DBA Schweiz.
181 Wassermeyer/*Wassermeyer/Schwenke*, Art. 15, Rn 54.
182 Wassermeyer/*Wassermeyer/Schwenke*, Art. 15, Rn 72.
183 BFH, Urt. v. 20.10.1982 – I R 104/79 –.
184 BMF-Schreiben v. 14.9.2006, BStBl I S. 532, Rn 103.
185 BMF-Schreiben v. 14.9.2006, BStBl I S. 532, Rn 104.

Der verbleibende Arbeitslohn ist anhand der **vertraglich vereinbarten Arbeitstage** zwischen dem **Ansässigkeitsstaat** und dem **Tätigkeitsstaat** aufzuteilen. Vertraglich vereinbarte Arbeitstage sind die Kalendertage pro Jahr abzüglich der Tage, an denen der Arbeitnehmer nicht zur Arbeit verpflichtet ist (z.B. Urlaubs-, Wochenend- oder Feiertage). 432

Praxistipp !

Laut § 90 Abs. 2 AO hat der Arbeitnehmer den Nachweis über die Ausübung der Tätigkeit im Ausland und deren Zeitdauer durch Vorlage geeigneter Aufzeichnungen zu führen. Daher sollte der Arbeitnehmer einen Kalender führen, in welchem er festhält, an welchem Tag er in welchem Staat tätig war. Dieser Reisekalender ist vom Arbeitgeber als Beleg zum Lohnkonto zu nehmen und aufzubewahren.[186]

Den **vereinbarten Arbeitstagen** pro Kalenderjahr wird der für diesen Zeitraum gezahlte und nicht direkt zuzuordnende Arbeitslohn gegenübergestellt. Hierbei sind nicht nur die **laufenden Vergütungen** zu berücksichtigen, sondern auch die Zahlungen, die auf den gesamten Betrachtungszeitraum entfallen (z.B. Weihnachts- oder Urlaubsgeld sowie Bonuszahlungen). Diese Vergütungen sind in Bezug zu den vereinbarten Arbeitstagen zu setzen. Hieraus ergibt sich ein vereinbartes Arbeitsentgelt pro vereinbartem Arbeitstag.[187] 433

Dieses Arbeitsentgelt ist mit der Anzahl der Arbeitstage zu multiplizieren, in denen der Arbeitnehmer tatsächlich im anderen Staat tätig war. Hat der Arbeitnehmer seine Tätigkeit an einem Arbeitstag in mehreren Ländern ausgeübt, ist die Vergütung zeitanteilig aufzuteilen.[188] 434

Praxistipp !

Erkrankt der Arbeitnehmer während der Auslandstätigkeit, stellt sich die Frage, wie die Lohnfortzahlung im Krankheitsfall zu behandeln ist bzw. welchem Staat das Besteuerungsrecht für diese Vergütung zusteht. Grundsätzlich zählen Krankheitstage zu den vereinbarten Arbeitstagen. Demnach ist der Arbeitslohn während der Lohnfortzahlung durch den Arbeitgeber dem Tätigkeitsstaat zuzuordnen. Krankheitstage ohne Lohnfortzahlung mindern die Gesamtzahl der vereinbarten Arbeitstage.

Praxistipp !

Urlaubstage sind aus dem Aufteilungsmaßstab auszugliedern, da der Arbeitnehmer an Urlaubstagen nicht zur Arbeit verpflichtet ist. Die entsprechenden Entgelte sind jedoch bei der indirekten Aufteilung des Arbeitslohnes zu berücksichtigen. Dies gilt unabhängig vom Zeitpunkt des Urlaubsantrittes oder der Zahlung des Arbeitslohnes für Urlaubstage.[189]

---

186 BMF-Schreiben v. 14.9.2006, BStBl I S. 532, Rn 102.
187 BMF-Schreiben v. 14.9.2006, BStBl I S. 532, Rn 106–107.
188 BMF-Schreiben v. 14.9.2006, BStBl I S. 532, Rn 108.
189 Wassermeyer/*Wassermeyer*/*Schwenke*, Art. 15 Abs. 1, Rn 147.

435 Steht das **Besteuerungsrecht** für Einkünfte aus nichtselbstständiger Tätigkeit dem ausländischen **Tätigkeitsstaat** zu, ist die Steuerfreistellung durch den inländischen Arbeitgeber bereits im **Lohnsteuerabzugsverfahren** zu berücksichtigen. Auf Antrag des Arbeitnehmers oder Arbeitgebers erteilt das Betriebsstättenfinanzamt für unbeschränkt steuerpflichtige Arbeitnehmer eine **Bescheinigung über die Steuerfreistellung der Arbeitseinkünfte gemäß DBA**. Bei einigen DBA (z.B. Frankreich, Großbritannien oder USA) ist das Vorliegen einer Bescheinigung für die Steuerfreistellung konstitutiv.

! **Praxistipp**

Ab dem Veranlagungszeitraum 2011 ist erstmals die Anlage N-AUS der Einkommensteuererklärung beizufügen. Das Formular verlangt von unbeschränkt steuerpflichtigen Arbeitnehmern ergänzende Angaben zu einer nichtselbstständigen Tätigkeit im Ausland. Gleichzeitig dient die Anlage N-AUS auch zur Ermittlung des nach DBA, Auslandstätigkeitserlass oder aufgrund eines zwischenstaatlichen Übereinkommens steuerfreien Arbeitslohnes sowie der auf den steuerfreien Arbeitslohn entfallenden Werbungskosten.

---

(2) Entsendungsbedingte Zulagen

436 Wird ein Arbeitnehmer in das Ausland entsendet, sind dieser Tätigkeit sämtliche Aufwendungen zuzuordnen, die in **direktem Zusammenhang** mit der Entsendung stehen. In Betracht kommen hierbei z.B. Relocation- oder Cost-of-Living-Allowances, Mietzuschüsse, Dienstwagen, Reisekosten, Überstundenvergütung, Projektzulagen oder sonstige Gehaltsbestandteile, die aufgrund der **Auslandstätigkeit** gezahlt werden.[190]

! **Praxistipp**

Der Arbeitgeber sollte nachweisen können, dass steuerfrei belassene Vergütungsbestandteile direkt einer Auslandstätigkeit zuzuordnen sind. Die entsprechenden Belege sind zum Lohnkonto des Arbeitnehmers zu nehmen (z.B. Entsendungsvertrag, Mietvertrag im Ausland, Rechnungen über ausländisches Schulgeld etc.).

---

437 Die Ermittlung der steuerfreien bzw. steuerpflichtigen Einnahmen ist nach den Grundsätzen des deutschen Steuerrechtes vorzunehmen.[191] So sind z.B. Umzugskosten nicht als steuerfreier Arbeitslohn gemäß DBA zu bescheinigen, wenn diese nach § 3 Nr. 16 EStG steuerfrei erstattet werden können. Ausländische Werbungskostenpauschbeträge oder andere **Steuerbefreiungsvorschriften** des ausländischen Staates sind für die Ermittlung der steuerfreien Einkünfte nicht zu berücksichtigen.

---

190 BMF-Schreiben v. 14.9.2006, BStBl I S. 532, Rn 104.
191 BMF-Schreiben v. 14.9.2006, BStBl I S. 532, Rn 23.

(3) Nachträgliche Einnahmen aus nichtselbstständiger Arbeit

Nachträgliche Einnahmen aus nichtselbstständiger Arbeit sind Gehaltszahlungen, die einem Arbeitnehmer erst nach Beendigung der Tätigkeit im Ausland zufließen. Hierbei handelt es sich z.B. um **Tantiemen, Erfolgsprämien, Bonus- oder Jubiläumszahlungen** oder auch **Urlaubsgeld.** Aufgrund der nachträglichen Zahlung kann es in der Praxis vereinzelt zu **Zuordnungsproblemen** kommen. Bei Auszahlung des „nachlaufenden" Arbeitslohnes ist der Arbeitnehmer bereits in sein Heimatland zurückgekehrt oder anderweitig entsendet. 438

Entscheidend für die Beurteilung des Besteuerungsrechtes gemäß DBA ist, dass 439
es sich bei der Vergütung um eine **Nachzahlung** für eine frühere aktive Tätigkeit im Ausland handelt.[192] Die Zuordnung des Besteuerungsrechtes erfolgt daher analog der Ausübung der Tätigkeit im Zeitpunkt, als die Arbeitsleistung erbracht wurde.[193] Wird die nachträgliche Vergütung nicht ausschließlich für eine Auslandstätigkeit gezahlt, ist sie im Verhältnis der Inlands- und Auslandstätigkeit des Arbeitnehmers aufzuteilen.[194]

Praxistipp !

Bonuszahlungen werden in der Regel als nachlaufender Arbeitslohn geleistet. Sie beziehen sich auf das der Bonuszahlung vorangegangene Kalenderjahr oder das abweichende Geschäftsjahr des Arbeitgebers. Ist ein Arbeitnehmer zwischenzeitlich nicht mehr in Deutschland wohnhaft, ist der auf eine Tätigkeit in Deutschland entfallende Anteil der Bonuszahlung im Rahmen der Gehaltsabrechnung lohnsteuerpflichtig.

In der Praxis bereitet **nachlaufender Arbeitslohn** oftmals erhöhten administrativen 440
Aufwand, da eine Besteuerung durch den (ehemaligen) Tätigkeitsstaat in der Regel nicht mehr im Rahmen einer Gehaltsabrechnung erfolgen kann. In einem solchen Fall ist abzuklären, ob eine Besteuerung der Bonuszahlung im Ausland durch eine Jahressteuererklärung erreicht wird. Kann eine Besteuerung im Ausland nicht (mehr) erfolgen, hat in der Regel der Ansässigkeitsstaat das Besteuerungsrecht.[195]

Eine andere Variante von nachlaufendem Arbeitslohn sind nachträgliche **nega-** 441
tive Einnahmen. Werden Einkommensteuererstattungen aufgrund einer Nettolohnvereinbarung an den Arbeitgeber weitergeleitet, sind sie im Kalenderjahr des Abflusses beim Arbeitnehmer steuermindernd zu berücksichtigen. Hat der Arbeitnehmer den inländischen Wohnsitz bereits aufgegeben, kann dieser negative Arbeitslohn nicht mehr im Lohnsteuerverfahren berücksichtigt werden. Daher ist die Rückzahlung des Arbeitslohnes nach Wegzug im Folgejahr im Rahmen einer Einkommensteu-

192 Wassermeyer/*Wassermeyer/Schwenke*, Art. 15 Abs. 1 Rn 78 und 142.
193 Vgl. Rn 430 ff.
194 Vgl. Rn 430 ff.
195 Bei unbeschränkt Steuerpflichtigen Bagatellgrenze von 10.000 € pro Kalenderjahr, Rn 4.2 BMF-Schreiben v. 21.7.2005, Merkblatt zur Steuerfreistellung ausländischer Einkünfte gem. § 50d Abs. 8 EStG – IV B 1 – S 2411 – 2/05 –.

ererklärung für beschränkt Steuerpflichtige als negative Einnahmen aus nichtselbstständiger Arbeit zu erklären.

Praxistipp
Ein Verlustrücktrag kann immer nur für ein Jahr erfolgen. Sofern der Mitarbeiter Deutschland im Jahr 2010 verlässt und eine Steuererstattung erst im Jahr 2012 an seinen Arbeitgeber zurückzahlt, können diese negativen Einnahmen lediglich gesondert festgestellt und in künftige Jahre vorgetragen werden. Ein steuerwirksamer Verlustrücktrag in das Jahr 2010 ist nur möglich, wenn die Abtretung an den Arbeitgeber bereits im Jahr 2011 erfolgt.

---

(4) Ruhegehälter

442 Nach Art. 18 OECD-MA können **private Ruhegehälter** und ähnliche Vergütungen grundsätzlich **nur** im Wohnsitzstaat besteuert werden, unabhängig davon, in welchem Staat die frühere unselbstständige Tätigkeit ausgeübt wurde.[196]

443 Für Ruhegehälter aus dem öffentlichen Dienst gilt eine Sonderregelung (Art 19 Abs. 2 OECD-MA). In diesen Fällen verbleibt das Besteuerungsrecht aufgrund des sog. **Kassenstaatsprinzips** dem Staat, der die (Ruhe-) Gehälter, Löhne oder sonstigen Vergütungen zahlt.[197]

444 Der Begriff „Ruhegehälter" ist im OECD-MA nicht definiert. Allgemein werden unter Ruhegehalt vom ehemaligen Arbeitgeber finanzierte Bezüge verstanden, die nach Eintritt in den Ruhestand gezahlt werden und der Versorgung des Empfängers dienen. Dazu zählen **Witwen- und Waisenpensionen**,[198] Zahlungen aus **Pensionskassen**,[199] ebenso ab 2005 **Sozialversicherungsrenten**[200] und **Überbrückungsgelder**.[201]

445 In einigen neueren DBA sind ausdrücklich auch **Renten** aus der gesetzlichen Sozialversicherung im Art. 18 genannt (z.B. DBA Österreich, DBA Spanien und DBA Türkei).[202] Art. 18 Abs. 4 DBA Österreich, Art. 17 Abs. 5 DBA Spanien sowie Art. 18 Abs. 3 DBA Türkei beinhalten eine Definition des Begriffes „Rente". Renten aus der gesetzlichen Sozialversicherung sollen nur im Quellenstaat besteuert werden.

446 In der Praxis können sich Zweifelsfragen hinsichtlich der Abgrenzung zwischen Art. 15 und Art. 18 OECD-MA ergeben. Keine Ruhegehälter i.S.d. Art. 18 OECD-MA sind damit Zahlungen aus einem früheren Arbeitsverhältnis, die einem Arbeitnehmer für sein vorzeitiges Ausscheiden aus dem Dienstverhältnis (Abfindung) oder für die Einhaltung eines **Wettbewerbsverbotes** gewährt werden, Leistungen aufgrund von

---

196 Art. 18 Rn 1 OECD-MA.
197 *Bächle/Rupp/Ott/Knies*, S. 434.
198 Vogel/Lehner/*Ismer*, Art. 18 OECD-MA Rn 17.
199 Vogel/Lehner/*Ismer*, Art. 18 OECD-MA Rn 18.
200 Vogel/Lehner/*Ismer*, Art. 18 OECD-MA Rn 29b.
201 Wassermeyer/*Wassermeyer*, Art. 18 Rn 25.
202 Art. 18 Abs. 2 DBA Österreich, Art. 17 Abs. 2 DBA Spanien, Art. 18 Abs. 2 DBA Türkei.

Altersteilzeit, Abgeltung von Arbeitszeitkonten und Unterlassungsentgelte[203] sowie Leistungen aus einer sog. Rürup-Versicherung.

Praxistipp !

Zahlungen aus der gesetzlichen Rentenversicherung werden, sofern das einschlägige DBA keine Sonderregelungen enthält, unter Art. 21 OECD-MA als „sonstige Einkünfte“ erfasst. Dies ist insbesondere dann der Fall, wenn sich das Ruhegehalt ausschließlich nach der Bedürftigkeit richtet und unabhängig von den Umständen gezahlt wird, die sich auf die zuvor ausgeübte unselbstständige Tätigkeit beziehen.[204] Das OECD-MA hat bis zum Jahr 2005 keine Regelungen für gesetzliche Rentenversicherungen enthalten.

---

(5) Abfindungen

(a) Einleitung und Abgrenzung

Eine Abfindung ist ein auf Zahlung einer Geldleistung gerichteter Anspruch für die durch den Arbeitgeber veranlasste **Aufhebung des Arbeitsverhältnisses**, insbesondere durch vertragliche Vereinbarungen, **Sozialplan** oder Urteil. Der Anspruch entsteht folglich aufgrund der vorzeitigen Beendigung des Dienstverhältnisses. In Abgrenzung dazu sind Zahlungen zur **Abgeltung bereits erdienter Ansprüche** nicht als Abfindung zu qualifizieren, selbst wenn diese zusammen mit der Abfindung in einem Einmalbetrag ausgezahlt werden. Insbesondere fallen darunter **Boni** und **Tantiemen**, Urlaubsgeld sowie Gratifikationen. Zur Besteuerung von Zahlungen im Rahmen der Arbeitsfreistellung siehe Abschnitt „Grundsatz des Art. 15 OECD-MA“. 447

(b) Umfang der Besteuerung

(aa) Besteuerung einer Abfindung bei rein nationalen Sachverhalten sowie bei Nichtvorliegen eines DBA

Der Umfang der Besteuerung einer Abfindungszahlung ist abhängig von der persönlichen steuerlichen Situation des Mitarbeiters. Unterliegt der Mitarbeiter der **unbeschränkten Einkommensteuerpflicht** aufgrund seines Wohnsitzes oder gewöhnlichen Aufenthaltes in Deutschland, ist die gesamte Abfindung in Deutschland steuerbar (Welteinkommensprinzip).[205] Die anteilige **Steuerbefreiung** des § 3 Nr. 9 EStG wurde mit Wirkung zum 1.1.2006 ersatzlos gestrichen, sodass nunmehr die gesamte Abfindungszahlung der deutschen Besteuerung unterliegt. Nichtsdestotrotz ist im Rahmen der **Einkommensteuerveranlagung** des Mitarbeiters eine Anrechnung von ggf. im Ausland gezahlter Einkommen- oder Lohnsteuer auf die Abfindung 448

---

203 Vogel/Lehner/*Ismer*, Art. 18 Rn 31 und 40 f.

204 *Rek/Brück/Labermeier/Pache*, S. 166.

205 Zu den Einzelheiten der unbeschränkten und beschränkten Einkommensteuerpflicht siehe Rn 67 ff. „Inländische Steuerpflicht“.

möglich.[206] Sofern der Mitarbeiter weder einen inländischen Wohnsitz innehat, noch ein gewöhnlicher Aufenthalt in Deutschland vorliegt **(beschränkte Einkommensteuerpflicht)**, erfolgt die Besteuerung der Abfindungszahlung in Deutschland nur insoweit, wie die für die zuvor ausgeübte Tätigkeit bezogenen Einkünfte der deutschen Besteuerung unterlegen haben.[207]

Beispiel
Der Mitarbeiter erhält zum 30.6.2012 eine Abfindung für den Verlust des Arbeitsplatzes in Höhe von 100.000 €. Zum Zeitpunkt der Auszahlung unterliegt er in Deutschland lediglich der beschränkten Einkommensteuerpflicht. Der Mitarbeiter war seit 1.7.2002 bei dem die Abfindung zahlenden Unternehmen angestellt und während des 1.1.2005 und des 31.12.2007 auf Entsendung in Tschechien. Das Gehalt unterlag während der Zeit der Entsendung der tschechischen Besteuerung. Der Wohnsitz in Deutschland wurde während der Entsendung beibehalten.
Die Abfindung unterliegt der Besteuerung in Deutschland nur insoweit, wie die für die zuvor ausgeübte Tätigkeit bezogenen Einkünfte der deutschen Besteuerung unterlegen haben. Demnach war das Besteuerungsrecht für das Gehalt während des Zeitraumes 1.1.2005 bis 31.12.2007 Tschechien zugewiesen. Lediglich 7/10 der Abfindungszahlung (70.000 €) unterliegen der deutschen Besteuerung.

---

449 Abweichend von der im Beispiel genannten Rechtsfolge gelten nach vereinzelter Auffassung[208] die Einkünfte als auch der deutschen Besteuerung unterliegend, wenn bei einer Tätigkeit im Ausland der Wohnsitz in Deutschland beibehalten wurde, obwohl das Besteuerungsrecht nach den Vorschriften eines DBA dem anderen Vertragsstaat zugewiesen war. Aufgrund der abgeltenden Wirkung der einbehaltenen Lohnsteuern im Rahmen der beschränkten Einkommensteuerpflicht ist in vergleichbaren Fällen eine Abklärung mit dem zuständigen Betriebsstättenfinanzamt des Arbeitgebers anhand einer **Anrufungsauskunft**[209] zu empfehlen.

(bb) Besteuerung einer Abfindung bei Vorliegen eines DBA

450 Das unter Rn 448 f. dargestellte Besteuerungsrecht Deutschlands kann abhängig von den Vorschriften eines anwendbaren **DBA** dem anderen Vertragsstaat zugewiesen werden.

451 Demnach ist das Besteuerungsrecht regelmäßig dem **Ansässigkeitsstaat** des Mitarbeiters im Zeitpunkt der Abfindungszahlung zugewiesen.[210] Es ergeben sich somit die folgenden Alternativen:

– Die Abfindung ist vollumfänglich dem Besteuerungsrecht Deutschlands zugewiesen, wenn sich die Ansässigkeit des Mitarbeiters im Zeitpunkt der Auszahlung in

---

206 § 34c Abs. 1 EStG.
207 § 49 Abs. 1 Nr. 4 Buchst. d) EStG.
208 U.a. Herrmann/Heuer/Raupach/*Haiß*, § 49 EStG Rn 787.
209 § 42e EStG.
210 BFH, Urt. v. 10.7.1996 sowie BMF-Schreiben v. 14.9.2006 – IV B 6 – S 1300 – 367/06 –.

Deutschland befindet. Es ist keine **vergangenheitsbezogene Betrachtung** der Tätigkeit des Mitarbeiters vorzunehmen.

- Die Abfindung ist vollumfänglich dem Besteuerungsrecht des anderen Vertragsstaates zugewiesen, wenn sich die Ansässigkeit des Mitarbeiters im Zeitpunkt der Auszahlung im Ausland befindet. Ob und inwiefern dieser Staat die Abfindung besteuert, bestimmt sich nach den nationalen Rechtsvorschriften des betreffenden Staates.
- Die Besteuerung der Abfindung bestimmt sich nach den Ausführungen der Rn 448 „beschränkte Einkommensteuerpflicht", soweit der Mitarbeiter weder in Deutschland noch im Ausland ansässig ist.

Praxistipp
Eine Ansässigkeit im Ausland setzt die dortige **unbeschränkte Steuerpflicht** voraus. Diese ist nach den nationalen Steuerrechtsvorschriften des betreffenden Landes zu bestimmen.

Vorschriften zu einer abweichenden steuerlichen Behandlung bestehen mit den folgenden Ländern: 452

- Belgien,
- Großbritannien,
- Liechtenstein,
- Luxemburg,
- Niederlande,
- Österreich und
- Schweiz.

Mit diesen Ländern hat Deutschland sog. **Konsultations- oder Verständigungsvereinbarungen** getroffen (Ausnahme Liechtenstein: Dort ist die Regelung zur Besteuerung von Abfindungen im Protokoll zum DBA enthalten.). Demnach obliegt das Besteuerungsrecht abweichend von dem in Rn 451 genannten Grundsatz nicht dem Ansässigkeitsstaat, sondern dem **früheren Tätigkeitsstaat**. Eine Aufteilung des Besteuerungsrechtes zwischen Ansässigkeits- und Tätigkeitsstaat hat lediglich dann zu erfolgen, wenn der Mitarbeiter während des Betrachtungszeitraumes sowohl im Tätigkeitsstaat als auch im Ansässigkeitsstaat oder in Drittstaaten tätig war. 453

Sofern der andere Vertragsstaat trotz Zuweisung des Besteuerungsrechtes aufgrund nationaler Steuergesetzgebung keine Steuern erhebt, fällt das Besteuerungsrecht regelmäßig an Deutschland zurück. 454

Praxistipp
Die Konsultations- bzw. Verständigungsvereinbarungen enthalten keine einheitliche Formulierung. Der Betrachtungszeitraum kann daher von Land zu Land unterschiedlich sein. Beispielsweise ist in der Konsultationsvereinbarung mit Belgien lediglich auf die Verhältnisse des Vorjahres der Abfindungszahlung und nicht auf den gesamten Beschäftigungszeitraum abzustellen.

Verständigungsvereinbarungen binden nach Ansicht des BFH lediglich die in- und ausländischen Verwaltungsbehörden, nicht jedoch die Rechtsprechung.[211] Soweit die Verständigungsvereinbarungen nicht in nationales Recht transformiert wurden,[212] kann die Anwendung der allgemeinen Regeln (siehe Rn 451, Besteuerung im Ansässigkeitsstaat) in Betracht gezogen werden. In diesem Fall ist die steuerliche Behandlung der Finanzverwaltung gegenüber offenzulegen.

---

455 Sofern einer Abfindungszahlung **Versorgungscharakter** beizumessen ist, insbesondere bei

- der Gewährung einer Abfindung anstelle einer Betriebspension oder
- der Kapitalisierung laufender Pensionszahlungen,

liegen **Ruhegehaltszahlungen** vor. Das Besteuerungsrecht für diese Zahlungen ist grundsätzlich dem Ansässigkeitsstaat des Mitarbeiters zugewiesen.[213]

(c) Gestaltungsmöglichkeiten

(aa) Verschiebung des steuerlichen Zuflusses

456 Mitarbeitern ist regelmäßig daran gelegen, die Abfindungszahlung steuerlich zu **optimieren.** Die Verschiebung des Zuflusses der Abfindungszahlung auf einen steuerlich günstigen Zeitpunkt ist hierfür regelmäßig ein probates Mittel, insbesondere im Hinblick auf

- die **Verlagerung der Ansässigkeit** ins niedrig besteuerte Ausland,
- die Optimierung der Anwendung der **ermäßigten Besteuerung** (sog. Fünftelregelung, siehe Rn 462 ff.)
- die Vermeidung der Festsetzung von **Kirchensteuern** auf die Abfindungszahlung. Hierbei ist jedoch zu beachten, dass selbst dann anteilige Kirchensteuerzahlungen zu leisten sind, wenn der Kirchenaustritt vor der Auszahlung der Abfindung erfolgt. Eine Verschiebung der Fälligkeit in das dem Kirchenaustritt folgende Jahr kann daher zweckmäßig sein.

457 Der Zeitpunkt der Auszahlung einer Abfindung ist zwischen den Vertragsparteien frei verhandelbar. Ebenfalls ist eine Verschiebung der bereits vertraglich vereinbarten **Fälligkeit** möglich, soweit dies vor dem Eintritt der ursprünglichen Fälligkeit beschlossen wird.[214] Dies gilt auch dann, wenn trotz eines in einem **Sozialplan** fixierten und für alle betroffenen Mitarbeiter geltenden Auszahlungszeitpunktes eine einzelvertraglich abweichende Vereinbarung getroffen wird.

---

211 BFH, Urt. v. 2.9.2009 – I R 111/08 – und – I R 90/08 –.

212 In nationales Recht transformiert wurden die Konsultationsvereinbarungen mit Belgien, Niederlande, Österreich und der Schweiz, BGBl I 2010 S. 2137, 2183, 2185, 2187.

213 Art. 18 OECD-MA.

214 BFH, Urt. v. 11.11.2009 – IX R 1/09 –.

(bb) Einzahlung in eine betriebliche Altersversorgung

Im Rahmen einer Entgeltumwandlung können Abfindungen vollständig oder teilweise in eine **betriebliche Altersversorgung** eingebracht werden. Im Einzelnen handelt es sich dabei um die folgenden Durchführungswege: 458
- Direktversicherung,
- Pensionskasse,
- Pensionsfonds.

Die **Entgeltumwandlung** ist gem. § 3 Nr. 63 S. 4 EStG bis zu einem Betrag von 1.800 €, multipliziert mit der Anzahl der Kalenderjahre, in denen das Dienstverhältnis mit dem Arbeitgeber bestand, steuerfrei.[215] Dieser Betrag ist jedoch um die steuerfreien Beträge zu vermindern, die der Arbeitgeber im Kalenderjahr der Beendigung des Dienstverhältnisses sowie in den vorangegangenen sechs Kalenderjahren erbracht hat. 459

Für die Ermittlung der zu vervielfältigenden Dienstjahre sind lediglich die Kalenderjahre ab 2005 zu berücksichtigen. 460

Praxistipp **!**

Eine Entgeltumwandlung kann insbesondere für Mitarbeiter vorteilhaft sein, die noch keine betriebliche Altersversorgung haben und für die der Arbeitgeber in der Vergangenheit daher keine steuerfreien Beiträge geleistet hat.

(d) Lohnsteuerliche Verpflichtungen

(aa) Allgemeines

Abfindungen unterliegen lediglich dann der **Lohnsteuereinbehaltungspflicht** in Deutschland, sofern es sich bei dem 461
- auszahlenden Unternehmen oder
- bei dem Unternehmen, welches die Gehaltskosten trägt,

um einen **inländischen Arbeitgeber** handelt. Zu den Einzelheiten der Voraussetzungen eines inländischen Arbeitgebers sowie der Arbeitgeberverpflichtungen siehe Rn 620 ff.

Praxistipp **!**

Soweit das Besteuerungsrecht auf die Abfindungszahlung aufgrund eines Umzuges ins Ausland dem anderen Vertragsstaat zugewiesen ist, ist der Mitarbeiter für Zwecke der Lohnsteuerfreistellung verpflichtet, dem Arbeitgeber gegenüber die **Wohnsitzaufgabe** im Inland bzw. den **Ansässigkeitswechsel** nachzuweisen. Dies kann insbesondere erfolgen anhand
- einer amtlichen Wohnsitzbescheinigung des anderen Vertragsstaates,
- Pass- und Visavermerke,

215 Für Altzusagen, d.h. vor dem 1.1.2005 erteilte Versorgungszusagen, bestehen zusätzliche Möglichkeiten einer Vervielfältigung.

- Belege über Umzugskosten sowie Zoll- und Frachtbescheinigungen,
- Übergabeprotokoll der Mietwohnung.

Die Unterlagen und Angaben des Mitarbeiters sind zu den Personalunterlagen zu nehmen. Sofern Zweifel über die Wohnsitzaufgabe oder den Ansässigkeitswechsel bestehen, ist das Stellen einer haftungsbefreienden **Anrufungsauskunft** beim zuständigen Betriebsstättenfinanzamt des Arbeitgebers zu empfehlen.

(bb) Tarifermäßigte Besteuerung

462 Abfindungen können einer **tarifermäßigten Besteuerung** (sog. **Fünftelregelung**) unterliegen, sofern die Auflösung des Dienstverhältnisses

- vom Arbeitgeber veranlasst oder gerichtlich ausgesprochen wurde und
- eine **Zusammenballung der Einkünfte** vorliegt.

Praxistipp

Die Anwendung der Fünftelregelung erfordert nicht die gänzliche Beendigung des Arbeitsverhältnisses. Vielmehr ist die tarifermäßigte Besteuerung auch anwendbar, wenn die Abfindung für die vom Arbeitgeber veranlasste **Reduzierung der Arbeitszeit** gezahlt wird.[216] Die sog. Fünftelregelung beinhaltet das Folgende: Die für die außerordentlichen Einkünfte anzusetzende Einkommensteuer beträgt das fünffache des Unterschiedsbetrages zwischen der Einkommensteuer für das um diese Einkünfte verminderte zu versteuernde Einkommen (verbleibendes zu versteuerndes Einkommen) und der Einkommensteuer für das verbleibende zu versteuernde Einkommen zuzüglich 1/5 dieser Einkünfte.

---

463 Zweck der ermäßigten Besteuerung ist die steuerliche Entlastung im Jahr des Zuflusses, da es sich um in einem Kalenderjahr zu versteuernden Arbeitslohn für mehrere Jahre handelt.

464 Eine steuerliche Entlastung aufgrund der tarifermäßigten Besteuerung ist jedoch nicht mehr gegeben, sobald das reguläre Gehalt des Mitarbeiters dem **Spitzensteuersatz** von zurzeit 42 % unterliegt.[217] Der Umfang der steuerlichen Ermäßigung ist daher insbesondere von der Höhe der im Zuflussjahr erhaltenen sonstigen Einkünfte abhängig.

Beispiel

Der Mitarbeiter ist verheiratet und hat zwei Kinder, die Ehefrau ist nicht berufstätig. Er unterliegt der Lohnsteuerklasse III. Das Bruttojahresgehalt des Mitarbeiters beträgt bis zur Auflösung des Arbeitsvertrages zum 31.10.2012 40.000 €. Er erhält im Dezember 2012 eine Abfindung in Höhe von 30.000 €.

Die Steuerlast auf die Abfindung beträgt ohne Anwendung der ermäßigten Besteuerung 8.537 € und bei Anwendung der ermäßigten Besteuerung 7.663 €. Die ermäßigte Besteuerung führt somit zu einer steuerlichen Entlastung von 874 €.

---

216 BFH, Urt. v. 25.8.2009 – IX R 3/09 –.

217 Ein Spitzensteuersatz von 45 % („Reichensteuer") ist anwendbar ab einem zu versteuernden Einkommen von 250.731 € (alleinstehend) bzw. 501.461 € (verheiratet).

(cc) Abfindungszahlung in einem Kalenderjahr

Für Zwecke der Zusammenballung hat die Abfindungszahlung zwingend in einem Kalenderjahr zu erfolgen. Die teilweise Auszahlung in zwei oder mehr Kalenderjahren ist regelmäßig nicht begünstigt, sofern die in einem Jahr ausgezahlte **Teilleistung** nicht geringfügig ist und 5 % der gesamten Abfindungssumme übersteigt.[218] 465

Zusatzleistungen zur Abfindung, welche aus Gründen der **sozialen Fürsorge** erbracht werden, sind für die Zusammenballung der **Hauptleistung** unschädlich, sofern diese weniger als 50 % der Hauptleistung betragen.[219] Darunter fallen insbesondere die folgenden Leistungen: 466

- Outplacement-Beratung,
- befristete Weiterbenutzung des Dienstwagens,
- befristete Übernahme von Versicherungsbeiträgen,
- befristete Zahlung von Zuschüssen zum Arbeitslosengeld.

Zusatz- oder Teilleistungen unterliegen nicht dem ermäßigten Steuersatz, falls diese nicht zusammen mit der Hauptleistung in einem Kalenderjahr zugewandt werden. 467

(dd) Höhe der Einkünfte

Als weitere Voraussetzung für die **Zusammenballung der Einkünfte** muss die gezahlte Abfindungssumme höher sein als der durch die Auflösung des Dienstverhältnisses bis Jahresende entgehende Arbeitslohn. Dabei ist auf den Arbeitslohn des Vorjahres abzustellen, soweit dieser nicht durch außergewöhnliche Ereignisse geprägt ist (z.B. außerordentliche Provisionen oder Boni).[220] 468

Beispiel

Der Mitarbeiter erzielt im Jahr 2011 Einkünfte aus nichtselbstständiger Arbeit in Höhe von 80.000 €. Zum 31.3.2012 wird eine vom Arbeitgeber veranlasste Kündigung ausgesprochen. Der Mitarbeiter erhält am 30.6.2012 eine Abfindung in Höhe von 75.000 €.

Die Voraussetzungen einer Zusammenballung sind erfüllt, da die Abfindung in einem Kalenderjahr ausgezahlt wird und diese höher ist als der bei ungestörter Fortführung des Dienstverhältnisses erzielte Arbeitslohn von 60.000 € (80.000 € × 8/12).

Alternativ dazu ist es ausreichend, wenn die Abfindung und etwaige Einkünfte aus einer neuen Einkunftsquelle höher sind, als dies bei ungestörter Fortsetzung des Dienstverhältnisses der Fall gewesen wäre. Steuerfreie **Lohnersatzleistungen**, z.B. Arbeitslosengeld, sind in diese Berechnung ebenfalls miteinzubeziehen. 469

---

218 BMF-Schreiben v. 17.1.2011 – IV C 4 – S – 2290/07/10007 –.

219 BMF-Schreiben v. 24.5.2004 – IV A 5 – S-2290 – 20/04 – Rn 15.

220 BFH, Urt. v. 27.1.2010 – IX R 31/09 –.

(ee) Anwendung der tarifermäßigten Besteuerung

470 Die Voraussetzungen einer Zusammenballung sind im Lohnsteuerverfahren lediglich bezogen auf die Einkünfte aus nichtselbstständiger Arbeit zu prüfen. Andere Einkünfte des Mitarbeiters, welche keinen Bezug zum Dienstverhältnis haben (z.B. Einkünfte aus Vermietung und Verpachtung), bleiben bei dieser Betrachtung außen vor. Nichtsdestotrotz sind diese **privaten Einkünfte** im Rahmen der jährlichen Einkommensteuererklärung anzugeben und in die Prüfung der Zusammenballung miteinzubeziehen (**Pflichtveranlagungstatbestand**[221]).

! **Praxistipp**
Sofern der Mitarbeiter einer steuererhebungsberechtigten Kirche angehört, kann auf Antrag bei dem zuständigen **Kirchenamt** ein Erlass in Höhe der hälftigen Kirchensteuerzahlung auf die Abfindung erwirkt werden. Dieser Antrag ist von dem Mitarbeiter formlos nach Erhalt des Einkommensteuer- bzw. Kirchensteuerbescheides zu stellen.

---

471 Sofern der Arbeitgeber die erforderlichen Feststellungen hinsichtlich der Zusammenballung im Rahmen des Lohnsteuerabzugsverfahrens nicht treffen kann, hat der Lohnsteuerabzug ohne Anwendung der ermäßigten Besteuerung zu erfolgen. Die Anwendung der begünstigten Besteuerung kann in diesem Fall im **Veranlagungsverfahren** beantragt werden.

d) Sonderregelungen für Aufsichtsräte und Verwaltungsräte nach Art. 16 OECD-MA

aa) Einleitung

472 Die Verpflichtung zur Einsetzung von Aufsichts- oder Beiräten kann sich entweder aus den einzelnen **gesellschaftsrechtlichen Vorschriften** oder aus der **Satzung** des Unternehmens ergeben. Es handelt sich dabei regelmäßig um eine überwachende, kontrollierende und beratende Funktion. Der Aufsichtsrat ist daher, im Gegensatz zu den geschäftsführenden Gremien, lediglich ein Innenorgan der Gesellschaft.

bb) Einkommensteuerliche Aspekte

473 Die Wahrnehmung der Pflichten als Aufsichtsrat ist gem. § 18 Abs. 1 Nr. 3 EStG als **selbstständige Tätigkeit** zu qualifizieren. Von dem Unternehmen ist daher **keine Lohnsteuer** auf die Aufsichtsratsvergütung einzubehalten.

474 Aufgrund des Vorliegens eines eigenständigen Rechtsverhältnisses üben auch **Arbeitnehmervertreter im Aufsichtsrat**[222] sowie im Aufsichtsrat tätige **Vertreter von Konzerngesellschaften** eine selbstständige Tätigkeit aus.

---

221 § 46 Abs. 2 Nr. 5 EStG.

222 BFH, Urt. v. 27.7.1972 – V R 136/71 –.

Beispiel
Der Geschäftsführer der Muttergesellschaft ist Aufsichtsratsmitglied bei der Tochtergesellschaft.

Neben der eigentlichen Vergütung für die Aufsichtsratstätigkeit sind auch andere vom Aufsichtsrat bezogene **Geld- oder Sachleistungen** als Einnahmen aus der Aufsichtsratstätigkeit anzusehen. 475

Beispiel
- Sitzungsgelder,
- Aufwandsentschädigungen,
- Fahrt- und Übernachtungskosten, soweit diese die tatsächlichen Kosten übersteigen,
- Vergütungen für Verpflegungsmehraufwendungen, soweit diese die für Dienstreisen maßgeblichen Pauschbeträge übersteigen,
- Zurverfügungstellung von Räumlichkeiten und Bürokräften.[223]

(1) In Deutschland wohnhafte Aufsichtsräte in- und ausländischer Unternehmen

Das deutsche **Besteuerungsrecht** von im Inland wohnhaften Aufsichtsratsmitgliedern erstreckt sich aufgrund des Welteinkommensprinzips auf die gesamte für die Aufsichtsratstätigkeit erhaltene Vergütung. Aufgrund der selbstständigen Tätigkeit des Aufsichtsrates hat dieser seine Einkünfte selbst zu ermitteln und dem zuständigen Finanzamt im Rahmen der jährlichen **Einkommensteuererklärung** anzugeben. 476

Der Verpflichtung zur Ermittlung der Einkünfte wird regelmäßig durch die Gegenüberstellung von Einnahmen und Ausgaben im Rahmen einer **Einnahmen-Überschuss-Rechnung**[224] nachgekommen. **Betriebsausgaben** können zum Abzug gebracht werden, soweit sie mit der Aufsichtsratstätigkeit in Zusammenhang stehen. 477

Beispiel
- Kosten für Reisen zwischen Wohnort und dem Sitz des Unternehmens,
- Beiträge für eine Haftpflichtversicherung für Aufsichtsräte,
- Büromaterialien,
- Telefon-, Fax-, Internetkosten.

Abhängig von der Höhe der Einkünfte ist die Festsetzung von vierteljährlichen **Einkommensteuer-Vorauszahlungen** seitens des Finanzamtes möglich. 478

223 Laut der Verfügung der OFD Hannover v. 29.12.1967 – S – 2248 – 4 – StH 221 – gilt dies nicht für die Zurverfügungstellung eines Büros im Unternehmensgebäude.
224 § 4 Abs. 3 EStG.

(2) Im Ausland wohnhafte Aufsichtsräte inländischer Unternehmen

479 Das deutsche **Besteuerungsrecht** von im Ausland wohnhaften Aufsichtsratsmitgliedern inländischer Unternehmen erstreckt sich gem. § 49 Abs. 1 Nr. 3 EStG – unabhängig von dem Ort der tatsächlichen Ausübung der Tätigkeit – auf die gesamte Aufsichtsratstätigkeit für das Unternehmen.

Beispiel
- Der in Österreich wohnhafte Aufsichtsrat eines deutschen Unternehmens nimmt an einer Aufsichtsratssitzung telefonisch teil.
- Trotz der eigentlichen Tätigkeitsausübung in Österreich unterliegen die dafür bezogenen Vergütungen der deutschen Besteuerung.

(3) Vorschriften der DBA

480 Sowohl bei im Inland wohnhaften Aufsichtsräten ausländischer Unternehmen als auch bei im Ausland wohnhaften Aufsichtsräten inländischer Unternehmen bestehen regelmäßig **Besteuerungsrechte zweier Staaten.**

481 Nach den Vorschriften des **OECD-MA**[225] wird das Recht auf die Besteuerung der Aufsichtsratsvergütungen regelmäßig dem Staat zugewiesen, in welchem die betreffende Gesellschaft ansässig ist. Dabei ist es nicht relevant, in welchem Staat die Tätigkeit des Aufsichtsrates physisch ausgeübt wird.[226]

Beispiel
Y ist ein in Polen ansässiger Aufsichtsrat einer deutschen AG. Der Aufsichtsrat trifft sich quartalsweise regelmäßig am Sitz der deutschen AG. Abweichend davon findet jedoch eine Aufsichtsratssitzung am Sitz der französischen Tochtergesellschaft statt. Krankheitsbedingt kann Y an einer der in Deutschland stattfindenden Sitzungen lediglich telefonisch von zuhause aus teilnehmen.
Unabhängig vom Ort der Tätigkeitsausübung ist das Besteuerungsrecht für die Aufsichtsratsvergütungen Deutschland zugewiesen.

482 Deutschland als **Ansässigkeitsstaat** des Aufsichtsrates vermeidet die Doppelbesteuerung regelmäßig durch **Anrechnung** der im Sitzstaat der Gesellschaft gezahlten Steuern.

483 Nach dem deutschen Verständnis des DBA ist die Vorschrift des Art. 16 OECD-MA lediglich auf überwachende und die Geschäftsführung kontrollierende Organe anzuwenden. Dies spiegelt das in Deutschland vorherrschende **dualistische System** in Abgrenzung zu dem vor allem in angelsächsischen Ländern vorkommenden **monistischen System** wieder. Nach dem letztgenannten System ist die geschäftsleitende Funktion nicht institutionell von der überwachenden Funktion getrennt.

225 Art. 16 OECD-MA.

226 Abweichungen hierzu bestehen insbesondere in Verbindung mit den USA.

Abgrenzungsprobleme und damit einhergehende Qualifikationskonflikte durch die unterschiedliche abkommensrechtliche Zuordnung der Vergütungen sind daher insbesondere beim Vorliegen eines **Board of Directors**[227] oder eines **schweizerischen Verwaltungsrates**[228] möglich. 484

cc) Steuerabzug durch das Unternehmen

(1) Grundlagen

Die Verpflichtung zum **Steuerabzug** durch das inländische Unternehmen besteht nur in den Fällen, in denen der Aufsichtsrat nicht in Deutschland wohnhaft ist und daher der beschränkten Einkommensteuerpflicht unterliegt, § 50a Abs. 1 Nr. 4 EStG. Es handelt sich dabei grundsätzlich um eine **Besteuerung mit Abgeltungswirkung**. Das Unternehmen ist gem. § 73a Abs. 1 EStDV Schuldner der Aufsichtsratssteuer. 485

Praxistipp !

Sofern Zweifel bestehen, ob der Aufsichtsrat beschränkt oder unbeschränkt einkommensteuerpflichtig ist, hat ein Steuerabzug zu erfolgen, es sei denn, der Aufsichtsrat weist anhand einer **Bescheinigung des zuständigen Finanzamtes** nach, dass er der unbeschränkten Steuerpflicht unterliegt, § 73e S. 6 EStDV.

Das Unternehmen ist verpflichtet, die einbehaltene Steuer spätestens am 10. des auf den Ablauf des Kalendervierteljahres folgenden Monates dem zuständigen Finanzamt abzuführen. Darin sind alle dem Aufsichtsrat in diesem Quartal zugeflossenen Vergütungen mitaufzunehmen. 486

Sofern Deutschland nach den Vorschriften des anzuwendenden DBA kein oder nur ein anteiliges Besteuerungsrecht zusteht, darf von dem Steuerabzug nur dann abgesehen werden, wenn das Bundeszentralamt für Steuern auf **amtlich vorgeschriebenem Vordruck** bescheinigt, dass die Voraussetzungen für eine Steuerbefreiung vorliegen (§ 50d Abs. 2 S. 1 EStG). 487

(2) Aufzeichnungsverpflichtungen

Das Unternehmen muss gem. § 73d Abs. 1 S. 2 EStDV die folgenden **Aufzeichnungen** führen: 488

- Name und Adresse des beschränkt steuerpflichtigen Aufsichtsrates,
- Höhe der Vergütungen in €,

---

227 BFH, Urt. v. 5.10.1994 – I R 67/93 –, wonach Mitglieder eines Board of Directors als unter Art. 15 OECD-MA fallende Geschäftsführer anzusehen sind.

228 BFH, Urt. v. 14.3.2011 – I R 23/10 –.

- Höhe und Art der von der Bemessungsgrundlage des Steuerabzuges abgezogenen Betriebsausgaben,
- Tag, an dem die Vergütungen dem Steuerschuldner zugeflossen sind,
- Höhe und Zeitpunkt der Abführung der einbehaltenen Steuer.

489 Auf Verlangen des Aufsichtsrates ist das Unternehmen verpflichtet, eine **Bescheinigung** mit den folgenden Informationen auszustellen:
- Vergütungshöhe,
- Zahlungstag,
- einbehaltene Steuer.

490 Obwohl der Aufsichtsrat die Steuern schuldet, **haftet** das Unternehmen für nicht oder zu gering abgeführte Steuerbeträge. Dabei liegt es im Ermessen des Finanzamtes zu entscheiden, an wen es zur Begleichung der Steuer bei einem fehlerhaften Steuereinbehalt herantritt.

(3) Bruttobesteuerung

491 Der **Steuersatz** beträgt 30 % der gesamten Einnahmen des Aufsichtsrates. Eine Miteinbeziehung der **Umsatzsteuer** ist nicht vorgesehen, da das leistungsempfangende Unternehmen die Umsatzsteuer schuldet und beim Aufsichtsrat nicht als Einnahme zu berücksichtigen ist.[229] Sofern das Unternehmen die Aufsichtsratsteuer übernimmt, beträgt der Steuersatz 42,85 % der ausgezahlten Vergütung.

492 Die Erstattung oder Übernahme von **Reisekosten** gehört nur dann zu den Einnahmen, wenn diese die für Dienstreisen geltenden steuerfreien Beträge übersteigen.

(4) Abzug von Betriebsausgaben (Nettobesteuerung)

493 Ebenso wie bei der Bruttobesteuerung beträgt der Steuersatz 30 %. Abweichend zu der Bruttobesteuerung ist jedoch ein Abzug von nachgewiesenen **Betriebsausgaben** des Aufsichtsrates bereits im Rahmen des Steuerabzuges möglich. Voraussetzung hierfür ist, dass
- der Aufsichtsrat EU-/EWR-Staatsbürger ist,
- in einem EU-/EWR-Land seinen Wohnsitz hat und
- die Betriebsausgaben in unmittelbarem Zusammenhang bzw. in direktem Bezug mit den Einnahmen aus der Aufsichtsratstätigkeit stehen.

494 Der Nachweis sowohl der vom Aufsichtsrat getragenen Aufwendungen als auch der direkt vom Unternehmen getragenen Kosten hat in nachvollziehbarer Form zu erfolgen. Dies umfasst im Regelfall das Vorhalten von **Rechnungen, Quittungen** oder sonstiger Belege. Das Unternehmen **haftet** für zu niedrig einbehaltene Steuerbeträge bei Nichtanerkennung der Aufwendungen durch die Finanzverwaltung.

229 BFH, Urt. v. 24.4.2007 – I R 39/04 –.

Alternativ zur Nettobesteuerung kann der Aufsichtsrat auf Antrag eine **Einkommensteuererklärung** zur Geltendmachung von Betriebsausgaben abgeben, soweit der Aufsichtsrat Staatsangehöriger eines EU-/EWR-Staates ist und dort seinen Wohnsitz hat. Örtlich zuständig für diese Einkommensteuererklärung ist bundesweit das Bundeszentralamt für Steuern, § 50 Abs. 2 S. 8 EStG. 495

Praxistipp
Die Geltendmachung der Betriebsausgaben im Rahmen der Einkommensteuererklärung des Aufsichtsrates ist für das Unternehmen aufgrund eines geringeren Verwaltungsaufwandes sowie eines geringeren Haftungspotenzials regelmäßig von Vorteil. !

dd) Umsatzsteuerliche Aspekte

Aufsichtsräte erbringen im Rahmen ihrer Tätigkeit grundsätzlich eine **umsatzsteuerpflichtige Leistung,**[230] welche am Ort der Gesellschaft erbracht wird. In Deutschland wohnhafte Aufsichtsräte inländischer Unternehmen sind daher als **Unternehmer** gem. § 2 Abs. 1 UStG zum Ausweis und zur Anmeldung der Umsatzsteuer beim Finanzamt verpflichtet. 496

Von einem Umsatzsteuerausweis kann abgesehen werden, wenn der Aufsichtsrat **Kleinunternehmer** i.S.d. § 19 UStG ist und nicht zur regulären Umsatzbesteuerung optiert hat. Der Kleinunternehmerregelung unterfallen Unternehmer, deren Umsatz 497

- im vergangenen Jahr 17.500 € nicht überstiegen hat und
- im laufenden Kalenderjahr 50.000 € voraussichtlich nicht übersteigen wird.

Soweit in bestimmten **Umsatzsteuer-Voranmeldungszeiträumen** keine Umsatzsteuer entsteht, kann sich der Aufsichtsrat auf Antrag von der Verpflichtung zur Abgabe von Umsatzsteuer-Voranmeldungen entbinden lassen.[231] In diesem Fall ist lediglich eine **Umsatzsteuer-Jahreserklärung** einzureichen. Die Verpflichtung zur Abgabe einer Umsatzsteuer-Jahreserklärung gilt im Hinblick auf die Bestätigung der Umsatzgrenzen ebenfalls für Kleinunternehmer. 498

Die Leistung von im Ausland wohnhaften Aufsichtsräten unterliegt ebenfalls im Inland der Umsatzbesteuerung, soweit diese Leistung an das deutsche Unternehmen erbracht wird. Die Steuerschuldnerschaft ist in diesen Fällen jedoch dem empfangenden Unternehmen übertragen (sog. **Reverse-Charge-Verfahren**, § 13b UStG). In diesem Fall ist das leistungsempfangende Unternehmen zur Abführung der Umsatzsteuer verpflichtet, kann jedoch im Regelfall in gleicher Höhe einen **Vorsteuerabzug** geltend machen, sodass sich keine materielle Umsatzsteuerschuld ergibt. 499

230 § 3a Abs. 4 Nr. 3 UStG.
231 Abschn. 18.6 Abs. 1 Umsatzsteuer-Anwendungserlass.

e) Sonderregelungen für angestellte Künstler, Musiker und Sportler nach Art. 17 OECD-MA

500 Art. 17 OECD-MA begründet das Besteuerungsrecht des **Tätigkeitsstaates**, in dem ein Künstler oder Sportler seine Tätigkeit ausübt, und zwar unabhängig davon, ob eine Bindung durch eine **Betriebstätte** oder bestimmte Aufenthaltsdauer zwischen dem Quellenstaat und der Tätigkeit besteht.

501 Bühnen-, Film-, Rundfunk- und Fernsehkünstler sowie Musiker oder Sportler können im Tätigkeitsstaat besteuert werden, soweit es sich um eine natürliche Person handelt.

Beispiel
Bereits ein einmaliger Auftritt eines Künstlers im Tätigkeitsstaat, für den er auch eine **Vergütung** erhält, führt beim Vorliegen übrigen Voraussetzungen zu Einkünften i.S.d. Art. 17 Abs. 1 OECD-MA. Dies gilt selbst dann, wenn die Vergütung eine andere Person erhält, beispielsweise eine juristische Person oder Personengesellschaft (§ 17 Abs. 2 OECD MA). Etwas anderes gilt allerdings für die **Provision eines Agenten**. Diese fällt nicht unter den Anwendungsbereich von Art. 17 OECD-MA.

---

502 Unter **Künstler** ist eine Person zu verstehen, die vortragend tätig ist und unmittelbar oder mittelbar (über die Medien) in der Öffentlichkeit auftritt und dabei Darbietungen erbringt, die künstlerischen oder auch nur Unterhaltungscharakter besitzen.[232] Unter **Sportlern** sind Teilnehmer sowohl an herkömmlicherweise sportlichen Veranstaltungen (z.B. Golf-, Tennis-, Fußballspiele[233]) als auch an den Veranstaltungen mit Unterhaltungscharakter (z.B. Billard-, Schach-, Bridgeturnieren) zu verstehen, sofern diese vor einem **Publikum** ausgetragen werden.

Beispiel
Künstler sind beispielsweise Dirigenten, Schauspieler, Sänger, Büttenredner oder Komiker. Demgegenüber fällt die Herstellung eines Werkes durch einen Künstler nicht hierunter. Keine Künstler i.S.d. Art. 17 OECD-MA sind beispielsweise Maler, Bildhauer, Fotografen oder Komponisten.

---

503 Die persönliche Ausübung setzt die Anwesenheit des Künstlers oder Sportlers im Tätigkeitsstaat voraus, für die er die **auftrittsbezogenen Einkünfte** erzielt.

Beispiel
Auftrittsbezogene Einkünfte sind beispielsweise die Gage für einen künstlerischen Auftritt oder die Antrittsprämie eines Sportlers. Demgegenüber fallen Gagen für **Werbeauftritte** oder Autogrammstunden nicht hierunter, weil es an einer künstlerischen oder sportlichen Tätigkeit fehlt.

---

232 Vogel/Lehner/*Stockmann*, Art. 17 Rn 22.
233 Musterkommentar zum OECD-MA, Art. 17 Nr. 5 u. Nr. 6.

Die Regelung des Art. 17 Abs. 1 OECD-MA räumt dem Tätigkeitsstaat ein uneingeschränktes (aber nicht ausschließliches) Besteuerungsrecht an den Einkünften eines Künstlers oder Sportlers ein. Wie diese Einkünfte im Tätigkeitsstaat besteuert werden, richtet sich nach innerstaatlichem Recht, wobei es in Deutschland zu einer **Bruttobesteuerung** kommt. 504

Beispiel
Deutschland als Tätigkeitsstaat wendet die Bruttobesteuerung an und besteuert gem. § 50a Abs. 1 Nr. 1 und Abs. 2 EStG die **Einnahmen**, die durch im Inland ausgeübte künstlerische, sportliche, artistische, unterhaltende oder ähnliche Darbietungen erzielt werden.

Praxistipp
Hinsichtlich der Künstler- bzw. Sportlerbesteuerung enthalten die deutschen DBA eine Reihe von Abweichungen im Vergleich zu den Regelungen des OECD-MA wie die Voraussetzung der **berufsmäßigen** Ausübung der künstlerischen bzw. sportlerischen Tätigkeit (z.B. Irland, Schweiz), Sonderregelungen für **Grenzgänger** (z.B. Belgien, Frankreich), für die Verwertung von **Persönlichkeitsrechten** (z.B. Malta, Österreich) und für das Besteuerungsrecht bei der Förderung aus öffentlichen Mitteln sowie betragsmäßige Begrenzung der Einnahmen (z.B. USA[234]).[235] Deswegen müssen die Regelungen des jeweils einschlägigen DBA überprüft werden.

f) Sonderregelungen für Mitarbeiter des öffentlichen Dienstes Art. 19 OECD-MA

Die Vorschrift begründet das jeweils ausschließliche Besteuerungsrecht des Kassenstaates, **für** den die öffentlichen Dienste geleistet werden, bzw. des Tätigkeitsstaates, **in** dem die öffentlichen Dienste geleistet werden. Diese Regelung soll gewährleisten, dass die Aufgaben des anderen Staates durch die Besteuerung nicht behindert werden. Unter **Kassenstaat** ist dabei der Staat zu verstehen, der die Vergütung bezahlt. 505

Beispiel
Wenn ein Mitarbeiter des öffentlichen Dienstes im Ausland für Deutschland tätig wird und seine Tätigkeit weiterhin von Deutschland vergütet wird, wie im Fall eines **Botschafters**, dann ist Deutschland als Kassenstaat zu bezeichnen.

Bei der Auslegung des Begriffes „**Öffentlicher Dienst**" ist auf die öffentlich-rechtliche Rechtsform des Dienstherren abzustellen.[236] 506

234 Vogel/Lehner/*Stockmann*, Art. 17 Rn 64.
235 Vogel/Lehner/*Waldhoff*, Art. 19 Rn 36.
236 Wassermeyer/*Wassermeyer*, Art. 19 Rn 40.

Beispiel
Die Tätigkeit im öffentlichen Dienst im Sinne des Abkommens bedeutet die Tätigkeit für die Bundesrepublik Deutschland, Bundesländer, Gemeinden, Städte, d.h. für **Gebietskörperschaften**. Nicht erfasst ist die Tätigkeit für andere Körperschaften oder Anstalten des öffentlichen Rechtes (z.B. Rundfunkanstalten, Industrie- und Handelskammer) sowie für öffentlich gehaltene **Versorgungsbetriebe** wie Wasserwerke, Elektrizitätswerke, Verkehrsbetriebe etc.[237]

Praxistipp
Die **Abgeordneten** des Bundestages stehen in keinem Dienstverhältnis zu einem Staat, d.h., sie üben keine unselbstständige Tätigkeit aus. Deshalb fallen die staatlichen Zuwendungen von Abgeordneten nicht unter die Regelung des Art. 19 OECD-MA.

Praxistipp
Die Vergütungen, die von der EU gezahlt werden, fallen nicht unter den Anwendungsbereich des Art. 19 OECD-MA. Diese Vergütungen unterliegen einer **Gemeinschaftssteuer** und werden gem. Art. 13 des Protokolls über die Vorrechte und Befreiungen der EG von der nationalen Besteuerung ausgenommen. Werden allerdings nationale **Beamte** an die EU entsandt und erhalten dafür Sonderzahlungen wie Tagegelder, fallen diese unter die Regelungen des Art. 15 OECD-MA.[238]

507 Demgegenüber hat der Wohnsitzstaat Art. 19 Abs. 1 Buchst. b) OECD-MA das Besteuerungsrecht, wenn die folgenden Voraussetzungen **kumulativ** erfüllt sind:
- Ausüben der Tätigkeit in Nicht-Kassenstaat,
- Staatsangehörigkeit des Nicht-Kassenstaates,
- Ansässigkeit im Nicht-Kassenstaat, die nicht nur zwecks Leistung der Dienste begründet wurde.

508 Wenn eine der obigen Voraussetzungen nicht erfüllt ist, hat der Kassenstaat das Besteuerungsrecht.

509 **Ruhegehälter** oder ähnliche Vergütungen, die von einem Vertragsstaat oder einer seiner Gebietskörperschaften oder aus einem von diesem Staat oder der Gebietskörperschaft errichteten Sondervermögen an eine natürliche Person gezahlt werden, können nur im Kassenstaat besteuert werden.

510 Auch in diesem Fall wird das Besteuerungsrecht an den Wohnsitzstaat zurückverwiesen, wenn die natürliche Person in diesem Staat ansässig ist und ein Staatsangehöriger dieses Staates ist.

237 Wassermeyer/*Wassermeyer*, Art. 19 Rn 41.
238 Vogel/Lehner/*Waldhoff*, Art. 19 Rn 24.

Praxistipp
Die Regelung des Art. 19 Abs. 1 Buchst. b) OECD-MA betrifft sowohl im Falle der laufenden Vergütungen als auch der Ruhegehälter die sog. **Ortskräfte**, d.h. die Personen, die zwar die Vergütungen von dem Kassenstaat erhalten, aber der Grad ihrer Bindung (gemessen an Kriterien wie Staatsangehörigkeit, Ansässigkeit etc.) an den Tätigkeitsstaat höher als an den Kassenstaat ist.

Nach Art. 19 Abs. 3 OECD-MA sind auf Gehälter, Löhne, Ruhegehälter und ähnliche 511
Vergütungen für die Dienstleistungen, die im Zusammenhang mit einer **Geschäftstätigkeit** eines Vertragsstaates oder einer seiner Gebietskörperschaften erbracht werden, die Art. 15, 16, 17 oder 18 anzuwenden.

Diese Vorschrift ist immer dann anwendbar, wenn die unselbstständige Tätigkeit 512
im Zusammenhang mit der gewerblichen Tätigkeit eines Vertragsstaates oder dessen Gebietskörperschaften ausgeübt wird und nicht im Rahmen der hoheitlichen Aufgaben des Vertragsstaates erfolgt.[239]

Beispiel
Als Beispiel für **Betriebe gewerblicher Art**, die von Art. 19 Abs. 3 OECD-MA erfasst werden, können Wasserwerke, Gaswerke, Elektrizitätswerke, Nahverkehrsbetriebe u.a. genannt werden, wenn sie von einem Vertragsstaat oder dessen Gebietskörperschaft betrieben werden.[240]

Praxistipp
Die deutschen DBA enthalten eine Reihe von Abweichungen im Vergleich zu den Regelungen des OECD-MA wie Erweiterung des öffentlichen Dienstes auf **Entwicklungshilfeprogramme** (z.B. Indien) oder Aufnahme der Sonderregelungen für bestimmte Personengruppen wie Grenzgänger (z.B. Niederlande, Schweiz).[241] Deswegen müssen die Regelungen des jeweils einschlägigen DBA überprüft werden.

g) Sonderregelungen für Studenten/Praktikanten und Lehrlinge nach Art. 20 OECD-MA

Die Vorschrift begründet die Steuerfreiheit für bestimmte Zahlungen, die ein Student, 513
Praktikant oder Lehrling während seines Aufenthaltes im Ausbildungsstaat erhält. Nach ihrem Zweck zufolge soll die Vorschrift nicht nur die Doppelbesteuerung vermeiden, sondern im Interesse des internationalen Austausches von Ausbildungsmöglichkeiten jede Besteuerung minimieren.[242] Aus diesem Grund sind die Zahlungen im Ausbildungsstaat steuerfrei, auch wenn sie regelmäßig keiner Besteuerung im Herkunftsstaat unterliegen.

239 Wassermeyer/*Wassermeyer*, Art. 19 Rn 155.
240 Wassermeyer/*Wassermeyer*, Art. 19 Rn 171.
241 Vogel/Lehner/*Waldhoff*, Art. 19 Rn 36.
242 Wassermeyer/*Wassermeyer*, Art. 20 Rn 4.

514 Bei **Zahlungen** im obigen Sinne fehlt es an einem Entgeltverhältnis, d.h., diese Leistungen werden ohne Gegenleistungen erbracht.

Beispiel
Keine Gegenleistung liegt bei Geschenken, Unterhaltszahlungen oder **staatlichen Leistungen** vor. Dabei ist zu beachten, dass nicht nur Geld, sondern jede Art der Leistungen für den **Unterhalt**, die Ausbildung oder das Studium unter den Begriff der Zahlung fällt. Bei dem Unterhalt handelt es sich um alle Leistungen, die Bedürfnisse wie z.B. die Wohnung, Ernährung oder Kleidung finanzieren sollten.

---

515 Erhält ein Student, Praktikant oder Lehrling im Rahmen eines Dienstverhältnisses eine Vergütung (für die geleistete Arbeit), wird diese Vergütung jedoch nicht von den Regelungen des Art. 20 OECD-MA erfasst, sondern ist nach den allgemeinen DBA-Regelungen zu beurteilen.

516 Sollten Zahlungen unter die Privilegierung des Art. 20 OECD-MA fallen, müssen sie für Zwecke des Unterhaltes, des Studiums oder der Ausbildung gezahlt werden, d.h., es muss ein Veranlassungszusammenhang in dem Sinne bestehen, dass der Zahlende diese Zahlungen leistet, um Unterhalt, Studium bzw. Ausbildung im **Aufenthaltsstaat** (teilweise) zu finanzieren. Dabei kommt es nur auf die Zweckbestimmung durch den Zahlenden an und nicht auf die tatsächliche Verwendung durch den Empfänger.[243]

Beispiel
Die Studenten, die in Deutschland ansässig sind und im Rahmen des Studiums ein oder mehrere Semester im Ausland verbringen (z.B. durch Teilnahme an dem europäischen Austauschprogramm für Studenten „Erasmus“) fallen unter die Regelungen des Art. 20 OECD-MA, wenn sie entsprechende Zahlungen erhalten.

---

517 Im Abkommensrecht bedeutet der Begriff **Ausbildung** „den Besuch jeder allgemeinbildenden Schule, den Besuch von Lehranstalten mit und ohne akademischem Abschluss und die Vorbereitung auf jedwede berufsnotwendige Ausbildungsphase oder Prüfung.“[244] Als Oberbegriff umfasst die Ausbildung auch das Studium, das als der Besuch einer **Lehranstalt** verstanden wird. Dabei ist es unerheblich, ob eine allgemeinbildende Schule, Fachschule oder eine Hochschule besucht wird.[245]

Beispiel
Entgegen dem deutschen Sprachgebrauch ist als Studium bereits der Besuch einer Grundschule zu verstehen. Auch Sprachlehrgänge oder Kurse, die auf die **Berufsprüfung** wie z.B. die Steuerberaterprüfung vorbereiten, sind ein Studium i.S.d. Art. 20 OECD-MA oder zumindest eine Ausbildung.

---

243 Vogel/Lehner/*Meurer*, Art. 20 Rn 18.
244 Wassermeyer/*Wassermeyer*, Art. 20 Rn 19.
245 Wassermeyer/*Wassermeyer*, Art. 20 Rn 18.

In diesem Kontext gehören Studenten, Praktikanten oder Lehrlinge zu den Personen, die ausgebildet werden. Dabei absolvieren die Studenten ein Studium, wobei ein **formeller Abschluss** keine Tatbestandsvoraussetzung ist. Praktikanten und Lehrlinge erwerben ihre Qualifikation im Wege einer Ausbildung. 518

Unter **Student** ist jede Person zu verstehen, die sich in Ausbildung befindet und nicht Praktikant oder Lehrling ist.[246] 519

Das Abkommensrecht definiert einen **Praktikanten** als eine Person, die zur Vorbereitung auf ihr Studium oder ihren Beruf in einem Unternehmen zwecks Sammelns praktischer Erfahrungen zeitlich vorübergehend tätig ist.[247] 520

Lehrling ist, wer einen praktischen Beruf durch Mitarbeit unter Anleitung eines Ausbilders erlernt. 521

Ferner müssen die für die Ausbildungszwecke bestimmten Zahlungen aus Quellen außerhalb des Aufenthaltsstaates stammen, d.h., der Zahlende darf nicht im Aufenthaltsstaat des Studenten, Praktikanten oder Lehrlings ansässig sein. 522

Studenten, Praktikanten oder Lehrlinge müssen sich in dem Staat, in dem sie ihr Studium bzw. ihre Ausbildung absolvieren, auch tatsächlich aufhalten. Dieser Aufenthalt muss ausschließlich zu Studien- bzw. Ausbildungszwecken erfolgen, wobei das Wort „ausschließlich" als Hauptzweck zu verstehen ist, d.h., der Hauptzweck des Aufenthaltes soll Studium bzw. Ausbildung sein.[248] Das impliziert einen dem Grunde nach **vorübergehenden Aufenthalt**, der mit dem Abschluss des Studiums bzw. der Ausbildung endet. 523

Praxistipp

Nach seiner Beendigung erfordert das Studium bzw. die Ausbildung keinen weiteren Aufenthalt im Aufenthaltsstaat. Der über die Beendigung des Studiums bzw. der Ausbildung hinausgehende Aufenthalt erfolgt nicht mehr ausschließlich zu Ausbildungszwecken. Die ab diesem Zeitpunkt erhaltenen Zahlungen werden nicht mehr von Art. 20 OECD-MA erfasst.

Studenten, Praktikanten oder Lehrlinge müssen in einem anderen Vertragsstaat (**Herkunftsstaat**) gleichzeitig oder unmittelbar vor der Anreise in den Aufenthaltsstaat ansässig sein. Dabei sind u.a. folgende Konstellationen möglich, auf welche Art. 20 OECD-MA Anwendung findet: 524

- der Student, Praktikant oder Lehrling bleibt in seinem Herkunftsstaat ansässig. Das ist der Grundfall zur Anwendung des Art. 20 OECD-MA.
- der Student, Praktikant oder Lehrling ist in seinem Herkunftsstaat nicht mehr ansässig, allerdings war er dort unmittelbar vor der Anreise im Aufenthaltsstaat ansässig; jetzt ist er im Aufenthaltsstaat ansässig.

246 Wassermeyer/*Wassermeyer*, Art. 20 Rn 24.

247 Wassermeyer/*Wassermeyer*, Art. 20 Rn 27.

248 Wassermeyer/*Wassermeyer*, Art. 20 Rn 36.

Praxistipp
Die deutschen DBA enthalten eine Reihe von Abweichungen im Vergleich zu den Regelungen des OECD-MA wie die Erweiterung auf **Gastprofessoren** (in den meisten deutschen DBA) oder die Einschränkung lediglich auf Studenten (z.B. Australien). In mehreren deutschen DBA fallen Zahlungen aus Entwicklungshilfeprogrammen auch unter die Regelungen des Art. 20 des jeweiligen DBA. In einigen DBA (z.B. Türkei, Ungarn) ist die Steuerbefreiung im Aufenthaltsstaat zeitlich begrenzt.[249] Deswegen müssen die Regelungen des jeweils einschlägigen DBA geprüft werden.

3. Methoden zur Vermeidung der Doppelbesteuerung nach dem OECD-MA

a) Anrechnungsmethode

525 Grundsätzlich sieht das OECD-MA zwei Methoden zur Vermeidung der Doppelbesteuerung vor: die **Freistellungsmethode** und die **Anrechnungsmethode.**

526 Bei Anwendung der Anrechnungsmethode berechnet der Ansässigkeitsstaat seine Steuer nach dem Gesamteinkommen des Steuerpflichtigen einschließlich der aus dem anderen Staat stammenden Einkünfte, die nach dem Abkommen im anderen Staat besteuert werden. Der Wohnsitzstaat rechnet in diesem Fall die im anderen Staat gezahlte Quellensteuer auf die eigene Steuer an.

527 Die Anrechnungsmethode kann grundsätzlich auf zwei Arten angewendet werden:

- Der Ansässigkeitsstaat lässt den Gesamtbetrag der Steuer zum Abzug zu, die im anderen Staat auf die Einkünfte gezahlt worden ist, die dort besteuert werden können. Diese Methode wird als **„uneingeschränkte Anrechnung"** bezeichnet.
- Der vom Ansässigkeitsstaat gewährte Abzug für die im anderen Staat gezahlte Steuer wird auf den Teil seiner eigenen Steuer beschränkt, der auf solche Einkünfte entfällt, die im anderen Staat besteuert werden können. Diese Methode wird als **„gewöhnliche Anrechnung"** bezeichnet.

528 Deutschland wendet im Fall der unbeschränkten Steuerpflicht die „gewöhnliche Anrechnung" zur Vermeidung der Doppelbesteuerung an.[250]

b) Freistellungsmethode und Progressionsvorbehalt

529 Die **Freistellungsmethode** nach dem OECD-MA wendet sich an den Ansässigkeitsstaat und zeichnet sich dadurch aus, dass die Einkünfte aus dem Ausland von der Bemessungsgrundlage für die Besteuerung ausgenommen werden. Sie wird in der Regel bei Einkünften aus unbeweglichem Vermögen, bei Betriebsstätteneinkünften und bei Einkünften aus selbstständiger und nichtselbstständiger Arbeit angewendet.

249 Vogel/Lehner/*Meurer*, Art. 20 Rn 23–37.

250 Für weitere Informationen wird auf den Abschnitt „Anrechnungsmethode" verwiesen, Rn 607 ff.

Im Falle der Einkünfte aus nichtselbstständiger Arbeit bedeutet dies beispielsweise, dass der Ansässigkeitsstaat den Arbeitslohn, für den das Besteuerungsrecht gemäß DBA auf den anderen Staat, in dem der Arbeitnehmer tätig ist, entfällt, von der Besteuerung ausnimmt. 530

Beispiel
Ein verheirateter Arbeitnehmer mit Wohnsitz in Deutschland wird für zwei Jahre in die USA entsandt. Den deutschen Wohnsitz behält der Arbeitnehmer bei. Seine Familie bleibt während der Entsendung in Deutschland. Der Arbeitnehmer hat ein Jahresgehalt von 100.000 €, davon entfallen auf die Tätigkeit in den USA 80.000 €.
Folge: Unter der Annahme, dass Deutschland aufgrund des Familienwohnsitzes Ansässigkeitsstaat ist und die USA gemäß DBA Deutschland – USA das Besteuerungsrecht auf den auf die Tätigkeit in den USA entfallenden Gehaltsteil hat, bleiben in diesem Fall 80.000 € in Deutschland steuerfrei und Deutschland besteuert lediglich den verbleibenden Gehaltsteil in Höhe von 20.000 €.

Die Freistellungsmethode ist regelmäßig gekoppelt mit dem sog. **Progressionsvorbehalt.** Während die ausländischen Einkünfte selbst von der Besteuerung ausgenommen werden, sind diese für die Ermittlung des persönlichen Steuersatzes einzubeziehen. Regelmäßig wird dies bereits in den geltenden DBA geregelt, so auch im Art. 23a Abs. 3 OECD-MA (abkommensrechtlicher Progressionsvorbehalt). 531

Aber auch im deutschen EStG ist die Einbeziehung der nach DBA steuerfreien ausländischen Einkünfte im Rahmen der Ermittlung des persönlichen Steuersatzes verankert (§ 32b Abs. 1 Nr. 3 EStG). 532

Bei Einkünften aus nichtselbstständiger Arbeit wird die Einkommensteuer im Rahmen des Lohnsteuerabzuges vom Arbeitslohn erhoben, sofern ein inländischer Arbeitgeber vorliegt. Dies gilt unabhängig davon, ob die Tätigkeit im Inland oder Ausland ausgeübt wird. Sofern jedoch der Arbeitslohn für eine Tätigkeit im Ausland nach dem maßgeblichen DBA in Deutschland steuerfrei ist, so kann der Lohnsteuereinbehalt unterbleiben. Dies ist an einen entsprechenden Antrag auf Freistellung geknüpft, wenn das maßgebende DBA dies vorsieht. 533

Dies ist u.a. bei mit den mit folgenden Staaten abgeschlossenen DBA der Fall: 534
- Großbritannien,
- Dänemark,
- Norwegen,
- USA,
- Frankreich,
- Schweiz.

Der Antrag auf Freistellung vom Arbeitslohn wird im Idealfall bereits vor Beginn der Entsendung beim zuständigen Betriebsstättenfinanzamt gestellt. Der Antrag kann jedoch bis zu Ablauf des Kalenderjahres nachgeholt werden. Die Freistellungsbescheinigung wird auf Antrag vom Finanzamt für den Zeitraum der Entsendung, längstens jedoch für einen Zeitraum von drei Jahren ausgestellt. Eine erneute Antragsstellung ist jedoch möglich. 535

Praxistipp
Die Bescheinigung ist als Nachweis dem Lohnkonto des Arbeitnehmers beizufügen.

4. Rückfallklauseln im DBA

a) Einleitung

536 Deutschland ist verpflichtet, eine **Steuerfreistellung** von Einkünften unabhängig davon vorzunehmen, ob der andere Staat, welchem das Besteuerungsrecht nach den Vorschriften des anzuwendenden DBA zugewiesen ist, eine Besteuerung vornimmt oder nicht.[251]

537 **Rückfallklauseln** (sog. **Subject-to-Tax**-Klauseln) in einzelnen DBA haben daher den Zweck, eine **doppelte Nichtbesteuerung** aufgrund der Freistellung von Einkünften in beiden Vertragsstaaten zu vermeiden oder, mit anderen Worten, eine einmalige Besteuerung sicherzustellen. Sie sind unabhängig von anderen Vorschriften anzuwenden, die den Nachweis der Besteuerung im Ausland zum Inhalt haben (z.B. § 50d Abs. 8 EStG).[252]

b) Funktionsweise und Vorliegen von Rückfallklauseln

538 Sofern eine Rückfallklausel vorliegt, erfolgt die nach den Vorschriften des DBA vorgesehene Freistellung der Einkünfte nur,
- wenn die dem anderen Staat zugewiesene Besteuerung dort erfolgt und
- ein entsprechender **Nachweis** erbracht werden kann.

539 Somit fällt das Besteuerungsrecht regelmäßig an den Ansässigkeitsstaat zurück, falls der Tätigkeitsstaat von seinem Besteuerungsrecht keinen Gebrauch macht.

Beispiel
Der Ansässigkeitsstaat des Mitarbeiters besteuert die Einkünfte aufgrund der Zuweisung des Besteuerungsrechtes an den Tätigkeitsstaat nicht. Der Tätigkeitsstaat indes besteuert die Einkünfte nicht, da die nationale Steuergesetzgebung dieses Staates der Besteuerung entgegensteht (z.B. weil diese Einkünfte dort nicht der beschränkten Steuerpflicht unterliegen). Bei Vorliegen einer Rückfallklausel fällt das Besteuerungsrecht wiederum an den Ansässigkeitsstaat zurück.

540 Ein Besteuerungsnachweis ist indes im **Lohnsteuerverfahren** nicht zu erbringen. Eine nach den Vorschriften des DBA gebotene Freistellung der Einkünfte im Lohnsteuerverfahren hat daher ohne Berücksichtigung etwaiger Rückfallklauseln zu erfolgen.

---

251 Verbot der virtuellen Doppelbesteuerung: BFH, Urt. v. 14.12.1988 – I R 148/87 –.
252 Verweis auf Abschnitt „Nachweis der Besteuerung“, Rn 548 ff.

Nichtsdestotrotz ist in diesen Fällen eine Steuerfreistellung im Lohnsteuerverfahren regelmäßig **antragsgebunden.**[253] Das für die lohnsteuerlichen Belange zuständige Finanzamt ist dazu verpflichtet, das Wohnsitzfinanzamt des Mitarbeiters über die Steuerfreistellung der Bezüge zu unterrichten.[254] Der Nachweis der Besteuerung hat dann im Rahmen der **Einkommensteuererklärung** des Mitarbeiters zu erfolgen. 541

aa) Auf den Ansässigkeitsstaat anzuwendende Rückfallklauseln

Die überwiegende Mehrzahl der Rückfallklauseln ist lediglich auf den Ansässigkeitsstaat des Mitarbeiters anzuwenden. Das Besteuerungsrecht fällt an den Ansässigkeitsstaat zurück, wenn der Tätigkeitsstaat trotz Zuweisung der Besteuerung von diesem Recht keinen Gebrauch macht. 542

Auf den Ansässigkeitsstaat anzuwendende Rückfallklauseln beinhalten die folgenden DBA: 543
- Italien,
- Österreich (bezogen auf Einkünfte aus nichtselbstständiger Arbeit),
- Schweiz (bezogen auf leitende Angestellte).

Nach wechselnder Rechtsprechung kann nunmehr auch bei den folgenden DBA vom Vorliegen einer Rückfallklausel ausgegangen werden:[255] 544
- Dänemark,
- Neuseeland,
- Norwegen,
- Schweden,
- USA.

Daneben beinhalten die folgenden DBA Rückfallklauseln zur Besteuerung von **Personen, die an Bord von Schiffen oder Luftfahrzeugen** Dienst leisten: 545
- Frankreich,
- Luxemburg,
- Niederlande.

bb) Auf den Tätigkeitsstaat anzuwendende Rückfallklauseln

Die folgenden DBA beinhalten Bestimmungen, in denen die Steuerfreistellung im Tätigkeitsstaat von der Besteuerung im Ansässigkeitsstaat abhängig gemacht wird: 546
- Südafrika,
- Singapur.

---

253 Verweis auf Abschnitt „Steuerbefreiung im Lohnsteuerabzugsverfahren“, Rn 681.

254 OFD Münster, Verfg. v. 18.7.2005 – S – 1315 – 42 – St 14 – 32 –.

255 BFH, Urt. v. 17.10.2007 – I R 96/06 –. Diese Auffassung teilt inzwischen auch die Finanzverwaltung im BMF-Schreiben v. 16.4.2010 – IV B 2 – S–1300/09/10003 –.

cc) Rückfallklauseln im Rahmen der neueren DBA-Politik

547 Obwohl in der Vergangenheit das Vorhandensein einer Rückfallklausel lediglich als Ausnahme anzusehen war, geht die **deutsche Doppelbesteuerungspraxis** zwischenzeitlich mehr und mehr dazu über, in allen neuen oder zur Überarbeitung anstehenden DBA die Steuerfreistellung von der tatsächlichen Besteuerung im anderen Staat abhängig zu machen. Dies betrifft insbesondere die folgenden Länder:
- Bulgarien,
- Großbritannien,
- Ungarn.

! **Praxistipp**
Die Anzahl der Rückfallklauseln ist einer stetigen Änderung unterworfen. Es ist zu empfehlen, neue oder überarbeitete DBA auf das Vorhandensein von Rückfallklauseln zu überprüfen.

---

dd) Nachweis der Besteuerung

548 Von einer Besteuerung im Sinne der Rückfallklauseln ist auszugehen, wenn die Einkünfte nach den jeweiligen innerstaatlichen Regelungen bei der **Ermittlung der steuerlichen Bemessungsgrundlage** berücksichtigt werden. Dies ist insbesondere auch dann anzunehmen, wenn eine tatsächliche Besteuerung im Ausland aufgrund der folgenden Alternativen unterbleibt:
- Ausgleich eines Verlustes,
- Freibeträge,
- Anrechnung von im Ausland gezahlten Steuern,
- abweichende Einkünfteermittlung im Ausland.

! **Praxistipp**
Eine Besteuerung im Ausland lediglich mit einem niedrigen Steuersatz führt nicht zur Anwendbarkeit einer Rückfallklausel.

---

549 Abweichend davon ist jedoch nicht von einer Besteuerung im Sinne der Rückfallklauseln auszugehen, falls eine Besteuerung im Ausland aufgrund der folgenden Alternativen unterbleibt:[256]
- Die Einkünfte sind nicht steuerbar.
- Die Einkünfte werden aufgrund sachlicher oder persönlicher Steuerbefreiung nicht besteuert.
- Die Besteuerung wird nicht durchgeführt.
- Der entsprechende Staat verzichtet auf eine Besteuerung.[257]

---

256 BT-Drucks. 17/2554, S. 38.
257 BFH, Urt. v. 27.8.1997 – I R 127/95 –.

c) Mitwirkungspflichten

Hinsichtlich des Besteuerungsnachweises ist auf die erhöhte **Mitwirkungspflicht** des § 90 Abs. 2 AO hinzuweisen, wonach der Steuerpflichtige für die Steuerfreiheit von Einkünften aufgrund der Vorschriften eines DBA die **Beweislast** trägt.[258] 550

Falls im Rahmen der **Einkommensteuerveranlagung** der Nachweis der ausländischen Besteuerung nicht erbracht wird, sind diese Einkünfte in die Veranlagung mit einzubeziehen. Dem steht nicht entgegen, dass eine **Änderung des Steuerbescheides** möglich ist, sobald der Nachweis der Besteuerung erbracht wird.[259] 551

5. Nachweis der Besteuerung § 50d (8) und § 50d (9) EStG

a) § 50d Abs. 8 EStG

aa) Zweck

Erklärtes Ziel des deutschen Fiskus ist es, gänzlich **unbesteuerte („weiße") Einkünfte** im internationalen Kontext zu vermeiden. Die vom Gesetzgeber zugrunde gelegte Überlegung bei Einführung dieser Vorschrift war daher, bei Unkenntnis der ausländischen Finanzbehörden hinsichtlich der dort erzielten Einkünfte, eine etwaige Steuerfreistellung in Deutschland zu versagen. 552

Beispiel

Der in Deutschland ansässige Mitarbeiter ist in einem Abkommensstaat länger als 183 Tage im 12-Monats-Zeitraum tätig. Das Gehalt des Mitarbeiters wird in Deutschland während der Auslandstätigkeit zutreffend nicht dem Lohnsteuerabzug unterworfen.
Sofern der Mitarbeiter die Einkünfte gegenüber dem Fiskus im Gastland nicht angibt – entweder pflichtwidrig oder durch Unkenntnis – würden ohne Rückfallklausel gänzlich unbesteuerte Einkünfte entstehen.

Mit Beschluss vom 10.1.2012 hat der BFH[260] dem **BVerfG**[261] die Frage vorgelegt, ob die Vorschrift des § 50d Abs. 8 EStG und die damit zusammenhängende Nichtanwendung völkerrechtlicher Vereinbarungen (DBA) gegen die Verfassung verstößt. 553

Praxistipp

Bis zur Entscheidung des BVerfG bleibt die Vorschrift weiterhin anwendbar. Von den Finanzbehörden werden daher regelmäßig weiterhin ausländische Besteuerungsnachweise angefordert werden. Soweit diese Nachweise vorliegen, sollte diese zeitnah eingereicht werden. Dies ist vor dem Hintergrund zu sehen, dass – bei einer möglichen späteren Bestätigung der Verfassungsmäßigkeit der Vorschrift durch das BVerfG – zum Zeitpunkt der Urteilsverkündung Besteuerungsnachweise nicht mehr oder nur sehr eingeschränkt beschafft werden können. Von einer **Nachweiserbringung** ist jedoch abzuse-

---

258 BFH, Urt. v. 27.8.1997 – I R 127/95 –.
259 BFH, Urt. v. 11.6.1997 – X R 117/95 –.
260 BFH, Beschl. v. 10.1.2012 – I R 66/09 –.
261 BVerfG – 2 BvL 1/12 –.

hen, wenn dieser Nachweis lediglich unter großem finanziellen Aufwand beschafft werden kann. In diesen Fällen sollte bei Vorliegen eines entsprechenden Bescheides gegen diesen **Einspruch** eingelegt und **Verfahrensruhe** beantragt werden.

---

bb) Anwendungsvoraussetzungen

554 Vor dem genannten Hintergrund sind Einkünfte aus nichtselbstständiger Arbeit eines in Deutschland **unbeschränkt einkommensteuerpflichtigen Mitarbeiters**, die nach den Vorschriften eines DBA aus der deutschen Besteuerungsgrundlage auszunehmen sind, bei der **Einkommensteuerveranlagung** des Arbeitnehmers ungeachtet des DBA nur steuerfrei zu stellen, wenn nachgewiesen wird, dass

- die in dem anderen Abkommensstaat auf die Einkünfte festgesetzten Steuern entrichtet wurden oder
- der andere Abkommensstaat in **Kenntnis des Steuerfalles** auf das Besteuerungsrecht bewusst **verzichtet** hat. Insoweit unterscheidet sich diese Vorschrift von einer normalen **Rückfallklausel**, welche die Freistellung der Einkünfte in Deutschland unabhängig von dem Grund der Nichtbesteuerung im anderen Staat versagt. Praktische Erfahrungen zeigen jedoch, dass die Finanzverwaltung die Vorschrift häufig wie eine Rückfallklausel anwendet.

555 Soweit dieser **Nachweis** nicht erbracht werden kann, erfolgt eine Nachversteuerung der ursprünglich steuerfrei belassenen Einkünfte im Rahmen der **Einkommensteuerveranlagung** des Mitarbeiters. Falls der entsprechende Nachweis erst nach Erlass des Einkommensteuerbescheides vorgelegt werden kann, ist die Veranlagung nachträglich zu ändern.[262] Trotz dieser Änderungsmöglichkeit kann bis zur **Korrektur der Veranlagung** eine zeitweise Doppelbesteuerung bestehen, was abhängig von der Höhe der Steuerfestsetzung teils zu erheblichen **Liquiditätsengpässen** aufseiten des Steuerpflichtigen führen kann.

! **Praxistipp**

Nichtsdestotrotz ist es möglich, den entsprechenden Besteuerungsnachweis erst kurz vor der Festsetzungsverjährung der Steuerveranlagung vorzulegen, da ein Steuererstattungsanspruch mit 6 % p.a. verzinst wird (beginnend ab dem 16. Monat nach Ablauf des Veranlagungszeitraumes). Es ist zurzeit streitig, ob diese Erstattungszinsen als Einkünfte aus Kapitalvermögen der Besteuerung unterliegen oder nicht; sie können somit ggf. steuerfrei bezogen werden.[263]

---

556 Eine Anwendung dieser Vorschrift im **Lohnsteuerverfahren** ist nicht vorgesehen.[264] Das Gehalt kann daher – bei einer Steuerfreistellung nach DBA – ohne Beachtung

262 Änderung analog § 175 Abs. 1 S. 2 AO.
263 BFH, Beschl. v. 9.1.2012 – VIII B 95/11 – sowie OFD Rheinland v. 9.2.2012 – akt. Kurzinfo ESt 1/2011 –.
264 BMF-Schreiben v. 21.7.2005 – IV B 1 – S-2411 – 2/05 – Rn 1.

eines eventuell zu erfolgenden Besteuerungsnachweises oder -verzichtes steuerfrei ausbezahlt werden. Auch bei Anwendung des **Auslandstätigkeitserlasses** muss kein Nachweis der Besteuerung bzw. des Besteuerungsverzichtes im anderen Staat erbracht werden.[265]

Aus Vereinfachungsgründen hat bis zu einem Betrag von 10.000 € kein Nachweis 557
der Besteuerung bzw. des Besteuerungsverzichtes zu erfolgen (**Bagatellgrenze**).[266]

Praxistipp
Vereinzelt wendet die Finanzverwaltung die Bagatellregelung nicht an, wenn der gesamte dem Ausland zugeordnete Arbeitslohn 10.000 € übersteigt, d.h. unabhängig von der Höhe des Betrages, für den kein Besteuerungsnachweis/-verzicht erbracht wird.

---

b) Erbringung des Besteuerungsnachweises oder -verzichtes

Für die zu erbringenden Nachweise ist weder ein einheitliches von der Finanzver- 558
waltung vorgegebenes **Formular** noch ein Vordruck vorhanden, vielmehr ist die Form der zu erbringenden Nachweise von Land zu Land unterschiedlich. Eine gesetzliche **Verpflichtung zur Übersetzung** oder zur **notariellen Beglaubigung** der aus dem Ausland stammenden Nachweise besteht nicht. Das Finanzamt kann jedoch im Rahmen der **Mitwirkungspflicht** bei Auslandssachverhalten eine Übersetzung verlangen.[267] Im Rahmen der Nachweiserbringung sind jedoch die objektiven Umstände des Einzelfalles sowie der **Grundsatz der Verhältnismäßigkeit** zu beachten.

aa) Ermittlung und Nachweis der Höhe der Einkünfte

Trotz der Entrichtung der im Ausland festgesetzten Steuern kann sich im Vergleich 559
zur Einkünfteermittlung nach den deutschen steuerlichen Vorschriften eine **abweichende steuerliche Bemessungsgrundlage** ergeben. Gründe für Abweichungen können insbesondere vorliegen aufgrund

- unterschiedlicher Definition des Arbeitslohnes oder der Werbungskosten,
- unterschiedlicher Vorschriften über die Steuerpflicht oder Steuerfreiheit von Einkünften,
- unterschiedlicher Bewertung von Sachbezügen (z.B. Privatnutzung eines Firmen-Pkw).

---

265 BMF-Schreiben v. 21.7.2005 – IV B 1 – S-2411 – 2/05 – Rn 1.
266 BMF-Schreiben v. 21.7.2005 – IV B 1 – S-2411 – 2/05 – Rn 4.2.
267 § 90 Abs. 2 AO.

560 Soweit die steuerliche Bemessungsgrundlage nach den ausländischen Steuerrechtsvorschriften niedriger ist, als die nach deutschen Grundsätzen ermittelte, liegt ein Anwendungsfall des § 50d Abs. 8 EStG vor. Um eine Nachversteuerung des Unterschiedsbetrages im Rahmen der deutschen Einkommensteuererklärung zu vermeiden, ist eine **Glaubhaftmachung der Abweichungen** ausreichend. Dies kann insbesondere durch die Einreichung des ausländischen Steuerbescheides sowie einem ergänzenden Berechnungsschema erfolgen.

! **Praxistipp**
Die Ermittlung der Abweichungen erfordert grundsätzlich Kenntnisse des ausländischen Steuerrechtes. In diesen Fällen sollte bei Abweichungen von weniger als 10.000 € auf die Vereinfachungsregelung Bezug genommen werden. Auf die möglicherweise unterschiedliche Sichtweise der Finanzverwaltung wird verwiesen.

---

bb) Nachweis über die Festsetzung und Entrichtung der Steuern

561 Die Finanzverwaltung fordert als Nachweis über die Festsetzung und Entrichtung der Steuern regelmäßig den **ausländischen Einkommensteuerbescheid** sowie einen **Zahlungsbeleg** an. Aufgrund der je nach Land unterschiedlichen Veranlagungsverfahren können diese Nachweise jedoch nicht in jedem Fall erbracht werden.

562 Die folgende Tabelle gibt abhängig vom **Versteuerungsverfahren im Ausland** einen Überblick über die regelmäßig von der Finanzverwaltung geforderten Nachweise:

Versteuerungsverfahren	Zu erbringende Nachweise
Einkommensteuerveranlagung (Nachzahlung)	Ausländischer Einkommensteuerbescheid und Zahlungsbeleg
Einkommensteuerveranlagung (Erstattung)	Ausländischer Einkommensteuerbescheid, Nachweis der Erstattung (z.B. Kontoauszug) und ggf. Nachweis der bereits abgeführten Steuer (z.B. ausländische Lohnsteuerbescheinigung)
Selbstveranlagung	Ausländische Einkommensteuererklärung und Zahlungsbeleg/Nachweis der Erstattung
Lohnsteuerabzug mit Abgeltungswirkung	Nachweis der bereits abgeführten Steuer (z.B. ausländische Lohnsteuerbescheinigung) und Arbeitgeberbescheinigung

cc) Nachweis des Besteuerungsverzichtes

563 Soweit der ausländische Staat auf sein Besteuerungsrecht verzichtet, sind von dem Steuerpflichtigen Unterlagen vorzulegen, aus denen sich der Verzicht ergibt. Dabei kann es sich um einen Verzicht gegenüber Einzelpersonen als auch um einen **gene-**

rellen Besteuerungsverzicht handeln. Dies gilt insbesondere bei einer **Steuerbefreiung** dieser Einkünfte im anderen Abkommensstaat.[268]

Sofern keine offiziellen Dokumente vorgelegt werden können, kann es ausreichend sein, den entsprechenden Gesetzestext und/oder eine **Bescheinigung des ausländischen Steuerberaters** vorzulegen.[269] 564

c) § 50d Abs. 9 EStG

Im Rahmen dieser Vorschrift wird die bei einem **unbeschränkt einkommensteuerpflichtigen** Mitarbeiter nach den Vorschriften eines DBA vorliegende Steuerfreistellung in Deutschland versagt, wenn der andere Vertragsstaat die **Bestimmungen des DBA** so anwendet, dass die Einkünfte in diesem Staat von der Besteuerung auszunehmen sind. Eine Berücksichtigung dieser Vorschrift hat bereits im **Lohnsteuerverfahren** zu erfolgen.[270] 565

Beispiel

Der in Deutschland ansässige Mitarbeiter wird für einen längeren Zeitraum zur schwedischen Tochtergesellschaft des deutschen Arbeitgebers entsandt. Das schwedische Unternehmen ist aus deutscher Sicht als wirtschaftlicher Arbeitgeber anzusehen, sodass das Besteuerungsrecht auf das anteilige Gehalt Schweden zugewiesen ist.

Schweden wendet jedoch den wirtschaftlichen Arbeitgeberbegriff nicht an, sodass die Einkünfte in diesem Staat von der Besteuerung auszunehmen sind. Deutschland versagt die ursprünglich anzuwendende Freistellung der Einkünfte aufgrund der unterschiedlichen Auslegung des DBA.

Nichtsdestotrotz führt eine Nichtbesteuerung aufgrund von **speziellen oder generellen Steuerbefreiungen** im Ausland nicht zur Versagung der Steuerfreistellung in Deutschland.[271] 566

Alternativ ist diese Vorschrift auch anwendbar, wenn die Einkünfte – trotz Zuweisung des Besteuerungsrechtes nach den Vorschriften des DBA – im anderen Staat nur deshalb nicht steuerpflichtig sind, weil sie von einer Person bezogen werden, die in diesem Staat **nicht aufgrund ihres Wohnsitzes**, ständigen Aufenthaltes oder eines anderen Merkmals **unbeschränkt steuerpflichtig** ist. 567

Der BFH geht jedoch in seiner neusten Rechtsprechung davon aus, dass die Vorschrift des § 50d Abs. 8 EStG als **„lex specialis“** den Regelungen des § 50d Abs. 9 EStG vorgeht und diese – zumindest im Hinblick auf die Einkünfte aus nichtselbstständiger Arbeit – daher weitgehend ins Leere läuft.[272] 568

---

268 BFH, Urt. v. 5.3.2008 – I R 54–55/07 –.

269 A.A. FG Bremen, Urt. v. 10.2.2011 – 1 K 28/10-5 –.

270 BMF-Schreiben v. 12.11.2008 – IV B 5 – S-1300/07/10080 –.

271 BFH, Urt. v. 5.3.2008 – I R 54–55/07 –.

272 BFH, Urt. v. 11.1.2012 – I R 27/11 –.

II. Ausgewählte Abweichungen wichtiger DBA vom OECD-MA

1. Grenzgängerregelungen

a) Allgemeines

569 Einige DBA, die Deutschland mit seinen Nachbarländern abgeschlossen hat, enthalten spezielle Regelungen zur Besteuerung von **Grenzgängern**. Die Art. 13 Abs. 5 DBA **Frankreich**, Art. 15 Abs. 6 DBA **Österreich** und Art. 15a DBA **Schweiz** haben als „lex specialis" **Vorrang vor den allgemeinen Bestimmungen** der DBA zur Besteuerung von Arbeitnehmereinkünften und weisen – abweichend von dem sonst anwendbaren **Tätigkeitsstaatsprinzip** – dem **Ansässigkeitsstaat** des Arbeitnehmers das Besteuerungsrecht zu. Die Besonderheit bei diesem Personenkreis liegt darin, dass Wohnsitz und Arbeitsort in unterschiedlichen Ländern liegen. Beide Staaten stehen daher in Konkurrenz bezüglich des Besteuerungsrechtes für die Arbeitnehmereinkünfte.

570 Für eine Besteuerung im Ansässigkeitsstaat spricht, dass die Grenzgänger dort den **Mittelpunkt ihrer Lebensinteressen** behalten und insbesondere durch die Nutzung der Infrastruktur eng mit diesem verbunden bleiben. Daher erscheint es aus Sicht des Ansässigkeitsstaates nur schlüssig, die Steuerpflicht in diesen Staat zu verlagern. Zudem ist der Grenzgänger im Ansässigkeitsstaat unbeschränkt steuerpflichtig, er hat damit alle aus einer unbeschränkten Steuerpflicht folgenden Vorteile.

571 Mangels einer Sonderregelung kommen für „Grenzpendler" nach oder aus anderen Nachbarländern Deutschlands die allgemeinen Bestimmungen der jeweiligen DBA zur Anwendung.

b) DBA Frankreich

572 Die Grenzgängerregelung im Art. 15 Abs. 6 DBA **Frankreich** enthält zwei Bedingungen, die beide gleichzeitig erfüllt sein müssen. Die **räumliche Bedingung** setzt voraus, dass ein Arbeitnehmer im **Grenzgebiet** des einen Staates wohnt und im Grenzgebiet des anderen Staates arbeitet. Für in Deutschland beschäftigte Grenzgänger mit Wohnsitz in Frankreich gilt ein 30 km breiter Abschnitt beiderseits der Grenzen und das gesamte **Saarland** als **Grenzgebiet**.[273] Gleichzeitig gilt eine **zeitliche Bedingung**: Der Arbeitnehmer muss jeden Tag an seinen Wohnsitz zurückkehren. Sind beide Vor-

273 Aufstellung der zum Grenzgebiet i.S.d. Art. 13 Abs. 5 Buchst. b) des Abkommens zählenden französischen und deutschen Städte und Gemeinden siehe Anlage 1 und 2 aus der „Verordnung zur Umsetzung von Konsultationsvereinbarungen zwischen der Bundesrepublik Deutschland und der Französischen Republik" (Deutsch-Französische Konsultationsvereinbarungsverordnung – KonsVerFRAV) v. 20.12.2010 (BGBl I S. 2138). Diese enthält auf deutscher Seite die Auflistung aller Städte und Gemeinden in Baden-Württemberg und Rheinland-Pfalz. Auf französischer Seite gehören alle in den Departements Haut-Rhin, Bas-Rhin und Moselle liegenden Städte und Gemeinden zum Grenzgebiet (erkennbar an den mit 57, 67 und 68 beginnenden Postleitzahlen).

aussetzungen erfüllt, liegt das volle Besteuerungsrecht für Arbeitnehmereinkünfte im **Ansässigkeitsstaat**. Der **Quellenstaat** verzichtet auf sein Besteuerungsrecht.

Praxistipp

Der zweisprachig verfasste Ratgeber für Grenzgänger Deutschland – Frankreich (Hrsg.: Arbeitskammer des Saarlandes) enthält zahlreiche hilfreiche Hinweise aus den Bereichen Arbeits- und Steuerrecht sowie zur Sozialversicherung.

Beispiel

Ein Arbeitnehmer wohnt in Strasbourg und pendelt täglich zu seinem Arbeitsort nach Saarlouis. Der Wohnsitzstaat Frankreich darf in diesem Fall die Arbeitseinkünfte des Grenzgängers in vollem Umfang versteuern.

Damit eine geringfügige Tätigkeit außerhalb der **Grenzzone** nicht zum Verlust der **Grenzgängereigenschaft** führt, haben beide Staaten **eine Toleranzregelung** eingeführt.[274] Ist ein Arbeitnehmer während des gesamten Kalenderjahres in der Grenzzone beschäftigt, so bleibt er Grenzgänger, wenn er in dieser Zeit an höchstens 45 Arbeitstagen nicht an seinen Wohnsitz zurückkehrt oder außerhalb der Grenzzone tätig ist. 573

Wird die Beschäftigung in der Grenzzone unterjährig aufgenommen oder beendet, darf der Arbeitnehmer maximal an 20 % seiner gesamten Arbeitstage nicht an seinen Wohnsitz zurückkehren oder außerhalb der Grenzzone für seinen Arbeitgeber tätig werden. In jedem Fall ist jedoch die Höchstgrenze von 45 Arbeitstagen zu beachten. 574

Als Arbeitstage gelten die **vertraglich vereinbarten Arbeitstage** (Kalendertage abzüglich der Tage, an denen der Arbeitnehmer laut Arbeitsvertrag nicht zu arbeiten verpflichtet ist, wie z.B. Urlaubstage, Wochenendtage, gesetzliche Feiertage) sowie alle weiteren Tage, an denen der Arbeitnehmer seine Tätigkeit ausübt. Daneben gelten auch **Krankheitstage** nicht als Tage der Nichtrückkehr. 575

Praxistipp

Für Angestellte des öffentlichen Dienstes gelten Sonderregelungen. Hier sind die Grenzgängerregelungen nicht anwendbar.

Bei Wegfall der **Grenzgängereigenschaft** kommt die allgemeine Regelung des Art. 13 Abs. 1 DBA Frankreich zur Anwendung. Dies hat zur Folge, dass der Arbeitslohn zwischen Tätigkeits- und Wohnsitzstaat anhand der physischen Anwesenheit des Arbeitnehmers aufgeteilt wird. 576

274 Verständigungsvereinbarung zur 183-Tage-Regelung (Art. 13 Abs. 4) und zur Grenzgängerregelung (Art. 13 Abs. 5) v. 16.2.2006 – IV-B 6 – S 1301 FRA 26/06 – BStBl I 2006 S. 304.

Beispiel
Ein Arbeitnehmer wohnt in Strasbourg und pendelt täglich zu seinem Arbeitsort nach Saarlouis. Im Kalenderjahr 2012 ist er für seinen Arbeitgeber an 60 Tagen auf Dienstreisen in den USA und Tschechien tätig. Im Arbeitsvertrag sind 220 Arbeitstage vereinbart.
Die Grenzgängereigenschaft entfällt für das Kalenderjahr 2012. Der Tätigkeitsstaat Deutschland darf gem. Art. 13 Abs. 1 DBA Frankreich den anteiligen Arbeitslohn für 160 Arbeitstage besteuern. Der Wohnsitzstaat Frankreich erhält das anteilige Besteuerungsrecht für 60 Arbeitstage.

c) DBA Österreich

577 Die Grenzgängerregelung im Art. 15 Abs. 6 DBA **Österreich** entspricht im Wesentlichen den Grundsätzen des DBA Frankreich.[275] Abweichungen bestehen bezüglich der **Grenzzonen.** Maßgeblich für den Wohnsitz und Arbeitsort ist ein Gebiet von je 30 km auf beiden Seiten der Grenze. Analog zur **Grenzgängerregelung** im DBA Frankreich gilt ebenfalls eine Toleranzgrenze von 45 Tagen pro Kalenderjahr.

Praxistipp
Besonderheiten gelten für Berufskraftfahrer und Angestellte des öffentlichen Dienstes.

578 Wird die Toleranzgrenze überschritten und entfällt die Grenzgängereigenschaft, wird der Arbeitslohn gem. Art. 15 Abs. 1 DBA Österreich zwischen Tätigkeits- und Wohnsitzstaat anhand der persönlichen Anwesenheit des Arbeitnehmers aufgeteilt.

d) DBA Schweiz

579 Im Gegensatz zu den Grenzgängerregelungen in den DBA mit Frankreich und Österreich kennt Art. 15a Abs. 1 DBA **Schweiz** keine Grenzzone. **Grenzgänger** ist danach jede in der Schweiz wohnende Person, die in Deutschland ihren Arbeitsort hat und von dort regelmäßig an ihren Wohnsitz zurückkehrt bzw. umgekehrt.

580 Entscheidendes Merkmal für die Grenzgängereigenschaft im DBA Schweiz ist damit die regelmäßige **Rückkehr** an den Wohnort im Wohnsitzstaat. Pendelt also ein Schweizer Grenzgänger regelmäßig an seinen in Deutschland gelegenen Arbeitsort, fällt er unabhängig von der Entfernung seines Wohnortes in der Bundesrepublik unter die Grenzgängerregelung.

Beispiel
Ein Arbeitnehmer wohnt in Basel und pendelt täglich zu seinem Arbeitsort nach Lörrach. Im Kalenderjahr 2012 ist er für seinen Arbeitgeber an 59 Tagen auf Dienstreisen in den USA und Tschechien tätig. Der Wohnsitzstaat Schweiz darf in diesem Fall die Arbeitnehmereinkünfte in vollem Umfang versteu-

275 Verständigungsvereinbarung mit der österreichischen Finanzverwaltung, FinMin Baden-Württemberg v. 29.8.1994 – S 1304 – Österreich/2 –.

ern. Die Schweiz besteuert im Rahmen der Veranlagung zur Einkommensteuer nur 4/5 der Arbeitseinkünfte. Der Quellenstaat Deutschland behält das Besteuerungsrecht in Höhe von 4,5 % für den Arbeitslohn des Grenzgängers.

Kehrt der Arbeitnehmer nicht jeweils nach Arbeitsende an seinen Wohnsitz zurück, so entfällt die Grenzgängereigenschaft nur dann, wenn der Arbeitnehmer bei einer Beschäftigung während des gesamten Kalenderjahres an mehr als **60 Arbeitstagen** aufgrund seiner Arbeitsausübung nicht an seinen Wohnsitz zurückkehrt.[276] 581

Beispiel

Ein Arbeitnehmer wohnt in Lörrach und pendelt täglich zu seinem Arbeitsort nach Basel. Im Kalenderjahr 2012 ist er für seinen Arbeitgeber an 65 Tagen auf Dienstreisen in den USA und in Deutschland tätig. Während der Dienstreisen in Deutschland übernachtet der Mitarbeiter im Hotel.

Die Grenzgängereigenschaft fällt für das Kalenderjahr 2012 weg. Der Tätigkeitsstaat Schweiz darf gem. Art. 15 Abs. 1 DBA Schweiz den anteiligen Arbeitslohn für 155 Arbeitstage besteuern. Der Wohnsitzstaat Deutschland erhält das anteilige Besteuerungsrecht für 65 Arbeitstage.

Beispiel

Ein Arbeitnehmer wohnt in Basel und pendelt täglich zu seinem Arbeitsort nach Lörrach. Im Kalenderjahr 2012 unternimmt er für seinen Arbeitgeber folgende Dienstreisen: 30 eintägige Dienstreisen nach Frankreich, Dienstreise über 12 Tage (inklusive zwei Tage Wochenende) in die USA, 50 mehrtägige Dienstreisen in der Schweiz. Während der Dienstreisen in der Schweiz übernachtet der Mitarbeiter im Hotel.

Die eintägigen Dienstreisen nach Frankreich werden nicht berücksichtigt. Für die Tätigkeit in den USA sind die beiden Wochenendtage abzuziehen. Unter Berücksichtigung der mehrtägigen Dienstreisen innerhalb der Schweiz ist der Arbeitnehmer an genau 60 Arbeitstagen nicht an seinen Wohnort zurückgekehrt. Er bleibt daher Grenzgänger.

Beginnt oder endet die Beschäftigung des Grenzgängers während des Kalenderjahres, 582
wird die 60-Tage-Grenze entsprechend gekürzt. Für die Berechnung der „**Unschädlichkeitsgrenze**“ sind für jeden vollen Monat der Beschäftigung in Deutschland fünf Tage und für jede volle Woche einen Tag anzusetzen.

Praxistipp

Besonderheiten gelten für Angestellte des öffentlichen Dienstes und solange die Wegzugsbesteuerung nach Art. 4 Abs. 4 DBA Schweiz Anwendung findet.

---

276 Nach dem Revisionsprotokoll DBA Schweiz v. 21.12.1992 (BGBl II 1993, 1888) wurde die Besteuerung der Grenzgänger ab 1994 neu geregelt. Siehe dazu das Einführungsschreiben zur Neuregelung der Grenzgängerbesteuerung vom 19.9.1994 (BStBl I 1994, 683), BMF-Schreiben v. 7.7.1997 (BStBl I 1997, 723), geändert durch BMF-Schreiben v. 30.9.2008 (BStBl I 2008, 935). In die Berechnung sind nur solche Tage einzubeziehen, deren Nichtrückkehr auf berufliche Gründe zurückzuführen ist (BFH, Urt. v. 16.5.2001 – I R 100/00 – BStBl II 2001, 633).

2. Remittance-Base-Klausel

583 Die sog. **Remittance-Base-Klauseln** stellen einen Sonderfall unter den **Rückfallklauseln** in deutschen DBA dar. Historisch bedingt finden sich Remittance-Base-Klauseln in den DBA, die mit Großbritannien geschlossen wurden, aber auch in Abkommen mit Staaten, die als ehemalige britische Kolonien ihr nationales Steuerrecht an das britische Steuersystem angelehnt haben.[277]

584 Grundsätzlich werden auf Basis der sog. Remittance-Base-Besteuerung bestimmte ausländische Einkünfte von **Steuerinländern** von der Besteuerung in Großbritannien ausgenommen. Das bedeutet, eine Besteuerung in Großbritannien wird **nur** dann vorgenommen, wenn die Einkünfte nach Großbritannien **überwiesen („remitted“)** oder dort bezogen werden.

Beispiel

A wird von seinem Arbeitgeber für eine vorübergehende Tätigkeit von zwei Jahren nach Großbritannien entsendet. Seine Ehefrau und die gemeinsamen Kinder begleiten A, der deutsche Familienwohnsitz wird jedoch beibehalten, weil die Familie regelmäßig an den Wochenenden nach Deutschland kommt, um Freunde und Familie zu besuchen. In Großbritannien hat A den Status „resident, but not domiciled“.

Nach Art. 4 Abs. 2 Buchst. a) DBA Großbritannien 2010 gilt A als in Großbritannien ansässig. Das Besteuerungsrecht für Zinsen steht nach Art. 11 DBA ausschließlich dem Ansässigkeitsstaat (= Großbritannien) zu.

Bedingt durch den Status **„resident, but not domiciled“** besteuert Großbritannien lediglich die Einkünfte, die nach Großbritannien überwiesen oder dort bezogen werden. Sofern A Zinsen auf einem deutschen Bankkonto erzielt, würden diese vollständig steuerfrei bleiben, wenn das DBA keine entsprechende **Rückfallklausel** enthält.

---

585 Zur Inanspruchnahme der **Remittance-Base-Besteuerung** bedarf es in der Regel bestimmter Voraussetzungen. Sofern ein ausländischer Staatsangehöriger im Rahmen einer Entsendung einen Wohnsitz in Großbritannien begründet, wird er dort grundsätzlich als „resident, but not domiciled“ behandelt. Die Person hat folglich zwar einen Wohnsitz in Großbritannien (**„resident“**), hat aber meistens nicht die Absicht, ihren Wohnsitz dauerhaft nach Großbritannien zu verlegen. Der Begriff **„domicile“** ist also vom Begriff der **„residence“** abzugrenzen. Bei der „residence“ handelt es sich um ein tatsächliches Merkmal (z.B. ein gekauftes Haus), während der Begriff „domicile“ auf eher subjektive Kriterien im individuellen Umfeld abstellt.[278]

586 Auf Antrag findet die **Remittance-Base-Besteuerung** Anwendung und führt damit nach nationalem britischem Steuerrecht nur zu einer eingeschränkten Besteuerung. Bestimmte ausländische Einkünfte werden in diesem Fall **nur** dann steuerpflichtig, wenn die Einkünfte in den entsprechenden Staat **überwiesen** oder dort **ent-**

---

277 *Bächle/Rupp/Ott/Knies*, S. 157.

278 *Angermann*, iStR 2005, 439.

gegengenommen werden. Folglich hat der Steuerpflichtige selbst Einfluss darauf, inwieweit seine weltweiten Einkünfte in Großbritannien steuerpflichtig werden.[279]

Der deutsche Gesetzgeber hat darauf reagiert und sog. **Überweisungsklauseln** 587 in die DBA mit den Ländern aufgenommen, in denen es eine solche **Vorzugsbesteuerung** gibt. Demnach wird eine Steuerfreistellung in Deutschland nur dann gewährt, wenn der Steuerpflichtige nachweist, dass die Einkünfte in den anderen Staat überwiesen bzw. im anderen Staat entgegengenommen wurden und die Einkünfte daher im anderen Staat der Besteuerung unterliegen. Entsprechende Regelungen finden sich z.B. in Art. 24 DBA Großbritannien 2010, Art. 29 DBA Irland 2001, Art. 2 Abs. 2 DBA Israel 1962/77, Art. 3 Abs. 3 DBA Jamaika 1974 oder Schlussprotokoll Nr. 1 Buchst. a) zum DBA Trinidad und Tobago 1973.

3. Besteuerung der Geschäftsführungs- und Vorstandstätigkeit

a) Voraussetzung und Rechtsfolge

Abweichend von der generellen Regelung zu den Einkünften aus nichtselbstständiger 588 Tätigkeit in Art. 15 OECD-MA bestehen mit einzelnen Ländern gesonderte Vorschriften hinsichtlich der Besteuerung von **Geschäftsführern und Vorständen juristischer Personen.**

Bei diesen gesellschaftsrechtlichen Organen wird für Zwecke der Zuweisung des 589 Besteuerungsrechtes von einer sog. **Fiktion des Arbeitsortes** ausgegangen. Unabhängig von dem tatsächlichen Ort der physischen Arbeitsausübung gilt die Arbeitsleistung stets am Ort der Gesellschaft erbracht.

Eine Sonderregelung für Geschäftsführer und Vorstände ist insbesondere in den 590 folgenden DBA zu finden:

- Belgien,[280]
- Dänemark,[281]
- Japan,[282]
- Kanada,[283]
- Mexiko,[284]
- Österreich,[285]
- Polen,[286]

279 *Angermann*, iStR 2005, 439.
280 Art. 16 Abs. 2, hierzu auch: BFH, Urt. v. 5.3.2008 – I R 54–55/07 –.
281 Art. 16 Abs. 2.
282 Art. 16.
283 Art. 16 Abs. 2.
284 Art. 16.
285 Art. 16 Abs. 2.
286 Art. 16 Abs. 2, vgl. OFD Münster, Verfg. v. 22.3.2010 – S 1301 – 70 – St 45 – 32 –.

- Schweden,[287]
- Schweiz.[288]

591 Die Anwendbarkeit dieser Sonderregelungen beschränkt sich indes nur auf die Fälle, in denen der **Ansässigkeitsstaat** des Geschäftsführers bzw. Vorstandes von dem **Sitzstaat** der Gesellschaft abweicht.[289]

Beispiel

Der Geschäftsführer der A-GmbH hat seinen Familienwohnsitz in Frankfurt. Da sich der Sitz der A-GmbH in Flensburg befindet, wohnt er unter der Woche aufgrund der günstigeren Wohnungspreise in einem kleinen Dorf direkt hinter der dänischen Grenze.

Die Ansässigkeit des Geschäftsführers gemäß DBA befindet sich unzweifelhaft in Deutschland. Die Sonderregelung des Art. 16 Abs. 2 DBA Dänemark ist nicht anzuwenden.

---

aa) Im Inland ansässige Geschäftsführer und Vorstände eines ausländischen Unternehmens

592 Sofern in dem anzuwendenden DBA eine Sonderregelung zu Geschäftsführern und Vorständen enthalten ist, wird dem ausländischen Vertragsstaat das Besteuerungsrecht auf die **vollständigen Einkünfte** aus nichtselbstständiger Arbeit zugewiesen. Dies gilt auch für die anteiligen Einkünfte, welche auf die physisch im Ansässigkeitsstaat des Mitarbeiters oder in Drittstaaten ausgeübten Arbeitstage (z.B. Tätigkeit im **Home-Office**, **Dienstreisen**) entfallen.

593 Auf deutscher Seite wird die Doppelbesteuerung regelmäßig anhand einer **Steuerfreistellung** dieser Einkünfte vermieden. Lohnsteuerlich ergeben sich aus deutscher Sicht aufgrund des Nichtvorliegens eines deutschen Arbeitgebers keine Verpflichtungen.

bb) Im Ausland ansässige Geschäftsführer und Vorstände eines inländischen Unternehmens

594 Sofern in dem anzuwendenden DBA eine Sonderregelung zu Geschäftsführern und Vorständen enthalten ist, wird Deutschland das Besteuerungsrecht auf die **vollständigen Einkünfte** aus nichtselbstständiger Arbeit zugewiesen.[290] Dies gilt auch für die anteiligen Einkünfte, welche auf die physisch im Ansässigkeitsstaat des Mitarbeiters oder in Drittstaaten ausgeübten Arbeitstage (z.B. Tätigkeit im **Home-Office**, **Dienstreisen**) entfallen.

---

287 Art. 16.

288 Art. 15 Abs. 4.

289 Zur Ermittlung der Ansässigkeit einer natürlichen Person vgl. Rn 354 ff.

290 Siehe hierzu auch § 49 Abs. 1 Nr. 4 Buchst. c) EStG.

Das inländische Unternehmen muss den **lohnsteuerlichen Verpflichtungen** in Deutschland nachkommen. Sofern der Geschäftsführer oder Vorstand in Deutschland nicht der unbeschränkten Einkommensteuerpflicht unterliegt, entfaltet die einbehaltene Lohnsteuer **Abgeltungswirkung**; es ist keine Einkommensteuererklärung abzugeben.[291] 595

cc) Exkurs: Sonderregelung mit der Schweiz

Abweichend von den genannten Vorschriften ist die Geschäftsführerregelung im DBA Schweiz auch auf **Direktoren** und **Prokuristen** anzuwenden. Voraussetzung ist jedoch, dass 596

- diese Personen mit ihrer Funktion im **Handelsregister** eingetragen sind[292] und
- die Tätigkeit als leitender Angestellter nicht so abgegrenzt ist, dass diese lediglich Aufgaben außerhalb des Staates umfasst, in dem die Gesellschaft ihren Sitz hat.

b) Gestaltungsmöglichkeiten

aa) Tätigkeit als Geschäftsführer/Vorstand verschiedener Konzerngesellschaften mit gesonderten Dienstverträgen

Bei einer Tätigkeit als Geschäftsführer oder Vorstand verschiedener Konzerngesellschaften ist eine steuerliche **Betrachtung für jeden einzelnen Vertrag** vorzunehmen. 597

Beispiel

Der in Deutschland ansässige A ist Vorstand der schweizerischen X-AG im Kanton Zug sowie Geschäftsführer der österreichischen X-Ges.m.b.H. in Salzburg. Mit beiden Gesellschaften hat er gesonderte Dienstverträge abgeschlossen, wonach er jeweils 50 % seiner Zeit für die X-AG sowie für die X-Ges.m.b.H. tätig ist und auch die anteiligen Vergütungen jeweils von diesen Gesellschaften erhält.
Die Besteuerung des Gehaltes hat anteilig in der Schweiz sowie in Österreich zu erfolgen. Deutschland stellt die Vergütungen unter Progressionsvorbehalt steuerfrei.
Vorteil dieser Gestaltung ist, dass die vertragliche Aufteilung des Gehaltes und somit die Besteuerung nach der Wertigkeit der Tätigkeit erfolgen kann. Falls beispielsweise die Tätigkeit als Vorstand der X-AG „höher" einzustufen ist als die Geschäftsführertätigkeit bei der X-Ges.m.b.H., kann entsprechend auch ein höheres Gehalt für die Tätigkeit bei der X-AG vereinbart und dem Besteuerungsrecht der – im Kanton Zug niedrig besteuernden – Schweiz zugeordnet werden.

Ungleich komplexer ist jedoch der Abschluss zweier Dienstverträge, wenn lediglich mit einem Staat eine Sonderregelung für Geschäftsführer oder Vorstände besteht. 598

---

291 § 50 Abs. 2 S. 1 EStG.
292 VO zur Umsetzung von Konsultationsvereinbarungen zwischen der Bundesrepublik Deutschland und der Schweizerischen Eidgenossenschaft v. 20.12.2010 (KonsVerCHEV), § 19 Abs. 2.

Zwar ist auch in diesem Fall die steuerliche Betrachtung für jeden einzelnen Vertrag vorzunehmen, jedoch ist – bezogen auf den Vertrag mit der Gesellschaft des Staates ohne Sonderregelung – die **Reisetätigkeit** (physische Ausübung der Tätigkeit in anderen Ländern) zur Aufteilung des Besteuerungsrechtes nachzuhalten.

! **Praxistipp**

Das Risiko der **Begründung einer Betriebsstätte** ist zu beachten, wenn Aufgaben der einen Konzerngesellschaft im anderen Land bzw. in Räumlichkeiten der anderen Konzerngesellschaft erbracht werden.

---

bb) Tätigkeit als Geschäftsführer/Vorstand verschiedener Konzerngesellschaften ohne gesonderte Dienstverträge

599 In dieser Konstellation ist der Mitarbeiter als Angestellter oder Geschäftsführer einer Gesellschaft tätig, jedoch zudem ohne zusätzlichen Dienstvertrag zum Geschäftsführer einer Konzerngesellschaft im anderen Vertragsstaat bestellt. Im vorliegenden Fall ist grundsätzlich eine anteilige **Gehaltskostenweiterbelastung** an die Konzerngesellschaft notwendig, um die Geschäftsführerregelung anwenden zu können.[293]

! **Praxistipp**

Die Notwendigkeit einer Kostenweiterbelastung ist insbesondere abhängig davon, in wessen Interesse die Tätigkeit erfolgt. Eine Weiterbelastung kann ggf. unterbleiben, wenn der Geschäftsführer keine operative Einbindung bei der Konzerngesellschaft hat und die Tätigkeit im Interesse der Muttergesellschaft ausübt (sog. **stewardship costs**). Beispielhaft sei der Vorstand der Muttergesellschaft genannt, der bei den einzelnen Tochtergesellschaften auch zum Geschäftsführer bestellt ist, obwohl er dort keine operative Tätigkeit ausübt.

---

600 Die Bemessung des im Sitzstaat der ausländischen Gesellschaft zu versteuernden Gehaltsanteiles hat – aufgrund des Nichtvorliegens eines gesonderten Dienstvertrages – zeitanteilig zu erfolgen. Dabei ist maßgebend, in welchem **zeitlichen Verhältnis** der Geschäftsführer in dieser Eigenschaft sowohl im In- als auch im Ausland tätig ist; entsprechende Aufzeichnungen sind zu führen. Dieser Anteil sollte sich zudem in der anteiligen Gehaltskostenweiterbelastung widerspiegeln.

Beispiel

- Der in Deutschland ansässige Mitarbeiter A ist bei der deutschen Y-GmbH angestellt und im Rahmen seines Arbeitsvertrages auch zum Geschäftsführer einer kleinen Vertriebsgesellschaft in Polen bestellt. Anhand eines über drei Monate geführten Tätigkeitskalenders ist ersichtlich, dass A an insgesamt 15 von 60 Arbeitstagen (d.h. 25 % seiner Tätigkeit) für die polnische Gesellschaft sowohl im In- als auch im Ausland tätig war.

---

293 Vgl. Wassermeyer/*Brandis*, DBA Schweiz, Art. 15 Rn 101.

– In Abstimmung mit den Finanzbehörden kann diese Aufteilung auch zukünftig verwendet werden, falls sich die Aufzeichnungen auf einen repräsentativen Zeitraum beziehen und sich keine erheblichen Änderungen in der Tätigkeit ergeben.

---

4. Leiharbeitnehmer

Bei einer **Arbeitnehmerüberlassung** wird ein Arbeitnehmer von seinem zivilrechtlichen Arbeitgeber (**Verleiher**) einem Dritten (**Entleiher**) zur Arbeitsleistung überlassen. In Fällen der grenzüberschreitenden Arbeitnehmerüberlassung stellt sich daher die Frage, wer als **Arbeitgeber im Sinne des DBA** zu betrachten ist. Hier kommen sowohl der Verleiher als auch der Entleiher in Betracht.[294] 601

Eine **gewerbliche Arbeitnehmerüberlassung** liegt vor, wenn der Verleiher seine Arbeitnehmer einem Dritten gewerbsmäßig zur Arbeitsleistung überlässt. Im Falle einer grenzüberschreitenden Arbeitnehmerüberlassung geht die deutsche Finanzverwaltung davon aus, dass der Entleiher die wesentlichen Arbeitgeberfunktionen übernimmt. Daher ist aus deutscher Sicht der Entleiher ab Beginn der Tätigkeit als Arbeitgeber im Sinne des DBA anzusehen.[295] 602

Es besteht jedoch auch die Möglichkeit, dass bei kurzfristigen Arbeitnehmerüberlassungen wesentliche Arbeitgeberfunktionen beim Verleiher bleiben. In solchen Fällen ist nach dem Gesamtbild der Verhältnisse zu überprüfen, ob der Verleiher oder der Entleiher die wesentlichen **Arbeitgeberfunktionen** übernehmen.[296] 603

Einige DBA beinhalten Sonderregelungen für Leiharbeitnehmer. So ist z.B. nach Art. 13 Abs. 6 DBA Frankreich die 183-Tage-Regelung nicht auf Leiharbeitnehmer anwendbar. Vergleichbare Regelungen enthält das Protokoll Ziff. 13 zum DBA Italien sowie Art. 15 Abs. 4 DBA Schweden.[297] 604

In einigen neueren DBA finden sich explizite Regelungen zur Arbeitnehmerüberlassung im entsprechenden Artikel (z.B. Art. 14 Abs. 3 DBA Ungarn 2011, Art. 14 Abs. 3 DBA Südafrika 2008 oder Art. 15 Abs. 3 DBA Österreich in der Fassung des Änderungsprotokolls vom 29.12.2010). Andere neu abgeschlossene DBA enthalten keine entsprechende Regelung, so z.B. das DBA Spanien und das DBA Türkei. 605

Praxistipp !

Nach Art. 13 Abs. 6 DBA Frankreich haben im Falle des internationalen Arbeitnehmerverleihes sowohl Deutschland als auch Frankreich das Besteuerungsrecht. Eine Doppelbesteuerung wird durch die Anrechnung der französischen Steuer vermieden. Frankreich macht von seinem Besteuerungsrecht Gebrauch, indem von den in Frankreich erzielten Arbeitslöhnen pauschal 25 % Steuern einbehalten werden.

---

294 BMF-Schreiben v. 14.9.2006, BStBl I S. 532 Rn 82.
295 BMF-Schreiben v. 14.9.2006, BStBl I S. 532 Rn 82.
296 BMF-Schreiben v. 14.9.2006, BStBl I S. 532 Rn 83.
297 BMF-Schreiben v. 14.9.2006, BStBl I S. 532 Rn 84.

In Deutschland unterliegt der Arbeitslohn in vollem Umfang der Lohnbesteuerung, daher kommt es unterjährig zu einer Doppelbesteuerung. Die deutsche Finanzverwaltung hat das Problem erkannt und bietet aus Billigkeitsgründen die Möglichkeit, zur Vermeidung einer zeitweiligen Doppelbesteuerung das vierfache der voraussichtlich abzuführenden ausländischen Abzugssteuern als Freibetrag auf der Lohnsteuerbescheinigung des Arbeitnehmers einzutragen.[298] Entsprechend den Ausführungen des Bayerischen Landesamtes für Steuern ist diese Regelung gleichermaßen anzuwenden, sofern in DBA mit anderen Staaten vergleichbare Regelungen enthalten sind.

606 Sofern der Unternehmenszweck des Verleihers nicht die gewerbsmäßige Arbeitnehmerüberlassung ist, sondern ein Arbeitnehmer lediglich gelegentlich bei einem **fremden Dritten** eingesetzt wird, kann es sich entweder um eine **Arbeitnehmerüberlassung** oder eine Tätigkeit zur Erfüllung einer **Liefer- oder Werkleistungsverpflichtung** handeln.[299]

III. Kein DBA mit dem Entsendestaat

1. Anrechnungs-/Abzugsmethode

607 Die inländische Steuerpflicht erstreckt sich bei unbeschränkt Steuerpflichtigen auf alle Einkünfte, unabhängig davon, ob sie im Inland oder Ausland erzielt werden. Daher hat der deutsche Gesetzgeber Maßnahmen im deutschen EStG verankert, die die Doppelbesteuerung vermeiden bzw. abmildern sollen, selbst wenn mit dem Staat, aus dem die ausländischen Einkünfte stammen, kein DBA abgeschlossen wurde. In solchen Fällen sieht das deutsche EStG die **Anrechnung** der im Ausland gezahlten Steuern (§ 34c Abs. 1 EStG) bzw. der **Abzug der ausländischen Steuern** bei der Ermittlung der Einkünfte (§ 34c Abs. 2 und 3 EStG) vor.

a) Anrechnungsmethode

608 Die Anrechnung der ausländischen Steuern zu Vermeidung der Doppelbesteuerung kann nur bei Vorliegen folgender Voraussetzungen erfolgen:
- unbeschränkte Steuerpflicht,
- Steuerschuldner im Inland und Ausland sind identisch,
- Vorliegen von ausländischen Einkünften i.S.d. § 34d EStG,
- ausländische Steuer entspricht der deutschen Einkommensteuer,[300]
- Steuerschuld im In- und Ausland entsteht im gleichen Veranlagungszeitraum,
- ausländische Steuer wurde festgesetzt und gezahlt,

298 Bayerisches Landesamt für Steuern (ehemals: OFD München) v. 26.7.2005.

299 BMF-Schreiben v. 14.9.2006, BStBl I S. 532 Rn 86.

300 Ein Verzeichnis der ausländischen Steuern aus Nicht-DBA-Staaten, die der deutschen Einkommensteuer entsprechen, ist in der Anlage zu R 34c EStR zu finden.

- es besteht kein Anspruch auf Erstattung oder Ermäßigung der ausländischen Steuer im Ausland.

Ferner ist die Anrechnung der ausländischen Steuer begrenzt auf den Betrag der deutschen Einkommensteuer, der anteilig auf die ausländischen Einkünfte entfällt. Ein etwaiger, den Anrechnungshöchstbetrag übersteigender Teil der ausländischen Steuerschuld kann weder vor- noch zurückgetragen werden. Dies bedeutet, dass der Steuerpflichtige in Höhe des sog. **Anrechnungsüberhanges** doppelt besteuert wird. 609

Erzielt ein Steuerpflichtiger Einkünfte aus der Tätigkeit in mehreren ausländischen Staaten, ist weiterhin zu beachten, dass die Anrechnung und somit die Höchstbetragsberechnung gesondert für jeden ausländischen Staat durchzuführen ist. Aufgrund dieser sog. **per-country-limitation** können Anrechnungsüberhänge nicht zwischen einzelnen Staaten verrechnet werden. 610

b) Abzugsmethode

Ist die Anrechnung der ausländischen Steuern nicht möglich, weil die Steuer nicht der deutschen Einkommensteuer entspricht oder nicht in dem Staat erhoben wird, aus dem die Einkünfte stammen, oder weil keine ausländischen Einkünfte vorliegen, kann die **ausländische Steuer** bei der Ermittlung der Einkünfte als **Werbungskosten oder Betriebsausgaben** abgezogen werden. 611

Da im Gegensatz zur Anrechnungsmethode hier die ausländische Steuer bei der Einkünfteermittlung abgezogen wird, ist hier keine Vermeidung, sondern lediglich eine **Minderung der Doppelbesteuerung** möglich. In einzelnen Fällen kann die Abzugsmethode jedoch vorteilhaft sein, beispielsweise, wenn die Anrechnung der ausländischen Steuern aufgrund der Tatsache, dass durch inländische Verluste keine deutsche Einkommensteuer anfällt, ins Leere läuft. In diesem Fall erhöht der Abzug der ausländischen Steuern den Verlustabzug. 612

2. Auslandstätigkeitserlass

Mit dem sog. **Auslandstätigkeitserlass**[301] in Verbindung mit § 34c Abs. 5 EStG hat der deutsche Gesetzgeber eine Regelung geschaffen, die auf ausländische Einkünfte entfallende deutsche Einkommensteuer ganz oder zum Teil zu **erlassen**, sofern es aus volkswirtschaftlichen Gründen zweckmäßig erscheint und kein DBA eingreift.[302] 613

301 BMF-Schreiben v. 31.10.1983, BStBl I S. 470.

302 § 34c Abs. 5 EStG, *Bächle/Rupp/Ott/Knies*, S. 17.

614 Nach dem Auslandstätigkeitserlass werden Einkünfte aus im Ausland ausgeübter nichtselbstständiger Arbeit für einen inländischen[303] Arbeitgeber von der deutschen Besteuerung freigestellt, soweit die Auslandstätigkeit **mindestens drei Monate** beträgt und im Zusammenhang steht mit dem **Anlagenbau,** dem **Aufsuchen oder der Gewinnung von Bodenschätzen,** mit **Consulting** sowie der deutschen öffentlichen **Entwicklungshilfe** im Rahmen der technischen oder finanziellen Zusammenarbeit.

615 Eine **vorübergehende Rückkehr** in das Inland oder ein kurzer Aufenthalt in einem Staat, mit dem ein DBA besteht, gelten bis zu einer Gesamtaufenthaltsdauer von zehn vollen Kalendertagen innerhalb der Mindestfrist nicht als Unterbrechung der Auslandstätigkeit, wenn sie zur weiteren Durchführung oder Vorbereitung eines begünstigten Vorhabens notwendig sind.[304]

616 Grundsätzlich beginnt die Auslandstätigkeit mit Antritt der Reise und endet mit der endgültigen Rückkehr ins Inland.

617 Zum begünstigten Arbeitslohn gehören sämtliche Gehaltsbestandteile, die der Auslandstätigkeit direkt zugeordnet werden können. Sofern bestimmte Zahlungen nicht direkt der Auslandstätigkeit zugeordnet werden können, sind diese im Verhältnis der Kalendertage aufzuteilen.[305]

! **Praxistipp**

Der steuerfrei belassene Arbeitslohn ist in der Einkommensteuererklärung des Arbeitnehmers im Rahmen des Progressionsvorbehaltes zu berücksichtigen.[306]

! **Praxistipp**

Auch nachlaufender Arbeitslohn, z.B. eine Bonuszahlung für das vorangegangene Jahr, kann (anteilig) steuerfrei belassen werden, wenn die Bonuszahlung auf den Zeitraum der begünstigten Tätigkeit entfällt.

---

618 Sofern die Voraussetzungen des Auslandstätigkeitserlasses vorliegen, ist vom Arbeitnehmer oder Arbeitgeber beim zuständigen Betriebsstättenfinanzamt eine **Freistellungsbescheinigung** zu beantragen. Sobald die Bescheinigung über die Anwendbarkeit des Auslandstätigkeitserlasses vorliegt, kann der Arbeitgeber den Arbeitslohn

303 Der EuGH hat mit Urteil v. 28.2.2013 – Az C-544/11 – entschieden, dass die Beschränkung des ATE auf „inländische" Arbeitgeber gegen Art. 45 AEUV (Arbeitnehmerfreizügigkeit) verstößt. Dies hat zur Folge, dass sich Arbeitgeber aus EU/EWR-Staaten auf das EuGH-Urteil berufen können.

304 BMF-Schreiben v. 31.10.1983, BStBl 1983 I S. 470.

305 BMF-Schreiben v. 31.10.1983, BStBl 1983 I S. 470.

306 BMF-Schreiben v. 31.10.1983, BStBl 1983 I S. 470.

steuerfrei auszahlen. Der nach dem Auslandstätigkeitserlass steuerfreie Arbeitslohn ist auf der Lohnsteuerbescheinigung auszuweisen.

Liegt keine **Freistellungsbescheinigung** vor, unterliegt der Arbeitslohn vollständig dem Lohnsteuerabzug. Es bleibt dem Arbeitnehmer jedoch unbenommen, eine Freistellung seiner Arbeitseinkünfte im Rahmen seiner Einkommensteuererklärung zu beantragen.[307] Ein **Nachweis der Besteuerung** der Arbeitseinkünfte im Ausland ist nicht erforderlich.[308] 619

Praxistipp !
Die Freistellungsbescheinigung ist vom Arbeitgeber zum Lohnkonto zu nehmen und aufzubewahren. Ferner sollten Nachweise verfügbar sein, dass der Arbeitnehmer tatsächlich eine begünstigte Tätigkeit im Sinne des Auslandstätigkeitserlasses ausgeübt hat (z.B. Stellenbeschreibung).[309]

Praxistipp !
Laut Auskunft der Finanzverwaltung wird der Auslandstätigkeitserlass momentan überarbeitet. Im Entwurf ist festgehalten, dass der neue Auslandstätigkeitserlass künftig keine Anwendung mehr in Ländern findet, die keine Einkommensteuer für Arbeitnehmereinkünfte erheben. Ferner soll der Begriff der begünstigten Tätigkeiten enger gefasst werden.

E. Lohnsteuereinbehaltungspflichten des Arbeitgebers

Die Regelungen zum Lohnsteuerabzugsverfahren enthalten eine Vielzahl von Aufgaben, Verpflichtungen und Rechtsfolgen für die Beteiligten. Vor allem die Besonderheiten in Fällen des Auslandseinsatzes von Mitarbeitern bergen für Unternehmen Herausforderungen, die es in der Lohnsteuerpraxis zu meistern gilt. Voraussetzung für eine rechtssichere Handhabung ist eine umfassende Kenntnis der steuergesetzlichen Verpflichtungen der **am Lohnsteuerabzugsverfahren Beteiligten**. Unter Berücksichtigung der Besonderheiten beim Auslandseinsatz von Mitarbeitern wird nachfolgend dargestellt, wen **Verpflichtungen** im Lohnsteuerabzugsverfahren treffen und welche **Rechtsfolgen und Handlungserfordernisse** sich daraus ergeben. Daneben sollen **Lösungsansätze** für typische **Praxisprobleme** im Lohnsteuerabzugsverfahren für Mitarbeiter im Auslandseinsatz aufgezeigt werden. 620

Nach § 38 Abs. 1 S. 1 EStG i.V.m. § 38 Abs. 3 S. 1 EStG hat ein **Arbeitgeber** den **Lohnsteuerabzug** durchzuführen, indem er die Lohnsteuer für Rechnung des **Arbeitnehmers** bei jeder Lohnzahlung vom Arbeitslohn einbehält (Verpflichtung 621

307 *Bächle/Rupp/Ott/Knies*, S. 82.
308 § 50d Abs. 8 EStG ist nur auf nach DBA freigestellte Arbeitseinkünfte anwendbar.
309 BMF-Schreiben v. 31.10.1983, BStBl 1983 I S. 470.

zum **Lohnsteuereinbehalt**). Aus dieser Regelung ergeben sich zunächst zwei am Lohnsteuerabzugsverfahren Beteiligte: einerseits der zum Lohnsteuereinbehalt verpflichtete Arbeitgeber und andererseits der Arbeitnehmer, von dessen Arbeitslohn die Lohnsteuer einzubehalten ist.

I. Zum Lohnsteuerabzug verpflichteter Arbeitgeber

622 Ein Lohnsteuerabzug ist gem. § 38 Abs. 1 S. 1 Nr. 1 EStG vorzunehmen, soweit Arbeitslohn von einem **inländischen Arbeitgeber** gezahlt wird. Der Gesetzgeber stellt gem. § 38 Abs. 1 S. 2 EStG ein in Deutschland ansässiges **aufnehmendes Unternehmen**, das in Fällen von Arbeitnehmerentsendungen den Arbeitslohn wirtschaftlich trägt, einem inländischen Arbeitgeber hinsichtlich der Lohnsteuerabzugsverpflichtung gleich. Ferner ist ein Lohnsteuerabzug gem. § 38 Abs. 1 S. 1 Nr. 2 EStG auch durchzuführen, soweit Arbeitslohn von einem Arbeitgeber gezahlt wird, der einem Dritten (Entleiher) Arbeitnehmer gewerbsmäßig zur Arbeitsleistung im Inland überlässt (**ausländischer Verleiher**). Nachfolgend soll geklärt werden, in welchen Fällen die **Tatbestandsvoraussetzungen**, an die eine Lohnsteuerabzugsverpflichtung geknüpft ist, erfüllt sind.

1. Inländischer Arbeitgeber

623 Angesichts der Regelung des § 38 Abs. 1 S. 1 Nr. 1 EStG führen drei Merkmale, nämlich die **Arbeitgebereigenschaft**, der **Inlandsbezug** und die **Arbeitslohnzahlung**, zu einer Lohnsteuerabzugsverpflichtung. Diese Merkmale sollen im Folgenden näher untersucht werden.

a) Steuerliche Arbeitgebereigenschaft

624 Der Begriff des Arbeitgebers ist steuergesetzlich nicht definiert. Der steuerliche Arbeitgeberbegriff ist aus dem in der LStDV definierten Arbeitnehmerbegriff[310] abzuleiten. Steuerlicher Arbeitgeber ist deswegen derjenige, dem ein Arbeitnehmer seine **Arbeitsleistung** schuldet, unter dessen **Leitung** er tätig wird oder dessen **Weisungen** er zu folgen verpflichtet ist. Daraus ergibt sich, dass steuerlicher Arbeitgeber regelmäßig der **Vertragspartner** eines Arbeitnehmers aus dem **Dienstverhältnis** ist.[311]

---

310 Vgl. Rn 648 ff.

311 BFH, Urt. v. 17.2.1995 – VI R 41/92 –.

Praxistipp
In den meisten Fällen dürfte der zum Lohnsteuereinbehalt verpflichtete steuerliche Arbeitgeber mit dem im schriftlich fixierten Arbeitsvertrag genannten Vertragspartner des Arbeitnehmers übereinstimmen.

Der steuerliche Arbeitgeber weicht allerdings immer dann von dem im Arbeitsvertrag genannten Vertragspartner ab, wenn ein Arbeitnehmer tatsächlich nicht unter der Leitung des Vertragspartners tätig wird bzw. nicht dessen Weisungen zu folgen verpflichtet ist und ihm deswegen nicht seine Arbeitsleistung schuldet. Ausschlaggebend für die Beurteilung ist immer, unter wessen Leitung ein Arbeitnehmer tatsächlich tätig wird bzw. wessen Weisungen er tatsächlich unterliegt. Allein anhand dieser Merkmale ist am **Lebenssachverhalt** zu prüfen, wem die Arbeitskraft geschuldet wird und wer deswegen zum Lohnsteuerabzug verpflichtet ist. 625

Beispiel
Für Mitarbeiter, die einen **Arbeitsvertrag mit einer ausländischen Konzerngesellschaft** schließen, die aber vereinbarungsgemäß unter der Leitung und den Weisungen einer inländischen Konzerngesellschaft tätig werden sollen, ist die inländische Konzerngesellschaft zum Lohnsteuerabzug verpflichtet. Eine Tätigkeit unter der Leitung und den Weisungen der inländischen Konzerngesellschaft kann sich z.B. daraus ergeben, dass Mitarbeiter einer Geschäftseinheit (z.B. Marketing, Vertrieb usw.) im Inland zugeordnet sind, disziplinarisch und organisatorisch in diese Einheit eingegliedert sind und vereinbarungsgemäß Arbeitsleistungen für die inländische Konzerngesellschaft erbringen sollen.

Nur wer nach diesen Grundsätzen eine steuerliche Arbeitgebereigenschaft aufweist, kann auch zum Lohnsteuerabzug für einen Arbeitnehmer verpflichtet sein. Die Arbeitgebereigenschaft allein begründet jedoch noch keine Lohnsteuerabzugsverpflichtung. Hinzukommen muss noch der **Inlandsbezug** des Arbeitgebers und die **Arbeitslohnzahlung** durch diesen Arbeitgeber. 626

b) Inlandsbezug

Inländischer Arbeitgeber ist nach der gesetzlichen Regelung im § 38 Abs. 1 S. 1 Nr. 1 EStG ein Arbeitgeber mit Wohnsitz,[312] gewöhnlichem Aufenthalt,[313] Geschäftsleitung, Sitz, Betriebsstätte[314] oder ständigem Vertreter[315] im Inland. Durch einen Verweis in der einkommensteuergesetzlichen Regelung auf die **AO** wird klargestellt, dass sich die vorgenannten Merkmale, die den erforderlichen **Inlandsbezug** eines Arbeitge- 627

312 Vgl. Rn 68.
313 Vgl. Rn 69.
314 Vgl. Rn 898 ff.
315 Vgl. Rn 904 f.

bers begründen, ausschließlich nach den in der AO verankerten nationalen Vorschriften bzw. Definitionen richten.

Checkliste Inlandsbezug
- Wohnsitz (§ 8 AO),
- gewöhnlicher Aufenthalt (§ 9 AO),
- Geschäftsleitung (§ 10 AO),
- Sitz (§ 11 AO),
- Betriebsstätte (§ 12 AO),
- ständiger Vertreter (§ 13 AO).

---

628 Begriffe wie Wohnsitz, gewöhnlicher Aufenthalt, Geschäftsleitung, Sitz, Betriebsstätte oder ständiger Vertreter bzw. ähnlich lautende Begriffe werden auch in Zusammenhang mit den **DBA**[316] verwendet. Sie sind jedoch für die Feststellung des Inlandsbezuges eines Arbeitgebers für lohnsteuerliche Zwecke ohne Bedeutung, da es allein auf die Erfüllung der Tatbestandsvoraussetzungen der §§ 8 bis 13 AO ankommt.

Beispiel
Ein Mitarbeiter besorgt für seinen ausländischen Arbeitgeber nachhaltig Geschäfte in Deutschland, **ohne Abschlussvollmacht** zu haben. Mangels Abschlussvollmacht begründet er **keine Vertreterbetriebsstätte** im Sinne des DBA[317] in Deutschland.
Der (ausländische) Arbeitgeber ist dennoch dem Grunde nach zum Lohnsteuerabzug in Deutschland verpflichtet, da er einen Inlandsbezug aufweist, denn der Mitarbeiter ist sein **ständiger Vertreter**[318] in Deutschland. Ein ständiger Vertreter i.S.d. § 13 AO benötigt nicht zwingend eine Abschlussvollmacht.

---

629 Bei der Beurteilung, ob Deutschland ein **Besteuerungsrecht** hat und Arbeitslohn deswegen in Deutschland dem Lohnsteuerabzug zu unterwerfen ist, muss auf die Regelungen eines anwendbaren DBA und auch auf die jeweilige Auslegung der dort verwendeten Begriffe abgestellt werden.[319]

Beispiel
Zwar führt ein ständiger Vertreter dem Grunde nach zu einer Lohnsteuerabzugsverpflichtung in Deutschland. Ob Deutschland dessen Arbeitslohn aber tatsächlich besteuern darf (und deswegen Lohnsteuer einzubehalten ist), hängt möglicherweise davon ab, ob der ständige Vertreter die **183-Tage-Grenze**[320] überschreitet.

---

316 Vgl. Rn 354 ff. und Kap Rn 898 ff.
317 Vgl. Rn 905.
318 Vgl. Rn 905.
319 Vgl. Rn 349 ff.
320 Vgl. Rn 387.

Praxisfälle abweichender Definition identischer Begriffe in der AO und im Abkommensrecht treten vor allem im Zusammenhang mit **Betriebsstätten** auf.[321] 630

Ohne Inlandsbezug ergibt sich – auch bei vorliegender Arbeitgebereigenschaft – nie eine Lohnsteuerabzugsverpflichtung in Deutschland. Sie wird erst begründet, wenn als dritte Tatbestandsvoraussetzung auch eine **Arbeitslohnzahlung** durch den Arbeitgeber erfolgt. 631

c) Arbeitslohnzahlung

Eine Lohnsteuerabzugsverpflichtung setzt nach § 38 Abs. 1 S. 1 Nr. 1 EStG voraus, dass Arbeitslohn von einem Arbeitgeber gezahlt wird. Einerseits bedingt eine Lohnsteuerabzugsverpflichtung also das Vorliegen von **Arbeitslohn.**[322] Zusätzlich muss dieser Arbeitslohn auch **vom Arbeitgeber gezahlt** werden. 632

Unter „Arbeitslohn zahlen" ist dabei nicht der rein technische Vorgang des Geldtransfers vom Arbeitgeber zum Arbeitnehmer zu verstehen. Wie die Grundsätze zu sog. unechten Lohnzahlungen Dritter[323] zeigen, wird auch ein Arbeitgeber, der einen Dritten mit der **Lohnzahlung beauftragt**, uneingeschränkt als ein den Arbeitslohn zahlender Arbeitgeber angesehen. 633

Praxistipp !

Wenn ein Arbeitnehmer seine Gehaltszahlungen von einer ausländischen Konzerngesellschaft erhält, die lediglich im Auftrag seines inländischen Arbeitgebers als Zahlstelle fungiert, bleibt die Lohnsteuerabzugsverpflichtung seines inländischen Arbeitgebers davon unberührt. Der inländische Arbeitgeber muss das Lohnsteuerabzugsverfahren dann so durchführen, als würde er den Arbeitslohn selbst auszahlen.

Von einer Arbeitslohnzahlung durch den Arbeitgeber ist im Ergebnis in allen Fällen auszugehen, in denen der Arbeitgeber den Arbeitslohn selbst an einen Arbeitnehmer auszahlt und in allen Fällen, in denen ein anderer den Arbeitslohn **stellvertretend** für den Arbeitgeber an einen Arbeitnehmer auszahlt. In dem besonderen Fall von **Leiharbeitsverhältnissen** kann eine Arbeitslohnzahlung durch den Entleiher allerdings ausnahmsweise ausschlaggebend für die Qualifikation eines Entleihers als steuerlicher Arbeitgeber sein.[324] 634

---

321 Vgl. Rn 900 ff.
322 Vgl. Rn 660 ff.
323 Vgl. Rn 665 ff.
324 Vgl. Rn 644.

2. Lohnsteuerlicher wirtschaftlicher Arbeitgeber

635 Eine bedeutende Rolle im Falle des Auslandseinsatzes von Mitarbeitern nimmt der sog. (lohnsteuerliche) **wirtschaftliche Arbeitgeber** im Falle von **Auslandsentsendungen** ein. Die einschlägigen Merkmale zur Prüfung einer steuerlichen Arbeitgebereigenschaft (Tätigwerden unter **Leitung** und **Weisungen**, **Arbeitskraft schulden**) werden diesen Fällen der Auslandsentsendung in ihren vielschichtigen Ausgestaltungen nicht gerecht. Denn aufgrund der (ggf. zeitweisen) **Aufsplittung von Arbeitgeberrechten und -pflichten** auf mehrere Arbeitgebereinheiten dürfte eine Prüfung der steuerlichen Arbeitgebereigenschaft anhand der einschlägigen Merkmale kaum zu einem eindeutigen Ergebnis führen.

636 Die Lohnsteuerabzugsverpflichtung bei Auslandsentsendungen ist u.a. wegen deren Besonderheiten spezialgesetzlich geregelt. Der § 38 Abs. 1 S. 2 Hs. 1 EStG stellt insoweit ein in Deutschland ansässiges **aufnehmendes Unternehmen**, das in den Fällen von **Arbeitnehmerentsendungen** den Arbeitslohn für die ihm geleistete Arbeit **wirtschaftlich trägt**, dem inländischen Arbeitgeber hinsichtlich der Lohnsteuerabzugsverpflichtung gleich. Diese Vorschrift ist die Rechtsgrundlage für eine Lohnsteuerabzugsverpflichtung in Fällen der Entsendung von Mitarbeitern vom Ausland nach Deutschland, in denen das aufnehmende Unternehmen als **lohnsteuerlicher wirtschaftlicher Arbeitgeber** anzusehen ist.

a) Grundsatz der Maßgeblichkeit des Abkommensrechtes

637 In Zusammenhang mit den DBA wird der Begriff des **wirtschaftlichen Arbeitgebers**[325] verwendet. Nach herrschender Meinung[326] ist das aufnehmende Unternehmen, das den Arbeitslohn i.S.d. § 38 Abs. 1 S. 2 Hs. 1 EStG wirtschaftlich trägt, d.h. der **lohnsteuerliche wirtschaftliche Arbeitgeber**, identisch mit dem **abkommensrechtlichen wirtschaftlichen Arbeitgeber**. Die Finanzverwaltung legt zur Bestimmung des lohnsteuerlichen wirtschaftlichen Arbeitgebers ebenfalls ihren abkommensrechtlichen wirtschaftlichen Arbeitgeberbegriff zugrunde.[327]

! **Praxistipp**

Grundsätzlich ist davon auszugehen, dass ein in Deutschland ansässiges aufnehmendes Unternehmen, das als wirtschaftlicher Arbeitgeber im Sinne der Vorschriften eines anwendbaren DBA anzusehen ist, stets auch als lohnsteuerlicher wirtschaftlicher Arbeitgeber i.S.d. § 38 Abs. 1 S. 2 Hs. 1 EStG anzusehen ist.

---

325 Vgl. Rn 402 ff.

326 Schmidt/*Krüger*, § 38 Rn 5.

327 H 38.3 LStH „Arbeitgeberbegriff" – 2. Spiegelstrich.

Bei **Identität** des lohnsteuerlichen wirtschaftlichen Arbeitgebers mit dem abkommensrechtlichen wirtschaftlichen Arbeitgeber würde es für die Annahme einer Eigenschaft als lohnsteuerlicher wirtschaftlicher Arbeitgeber ausreichen, dass ein aufnehmendes Unternehmen die Gehaltskosten nach dem **Fremdvergleichsgrundsatz**[328] tragen müsste (auch wenn es tatsächlich nicht mit den Gehaltskosten belastet wird). Allerdings ist nach dem Gesetzeswortlaut in § 38 Abs. 1 S. 2 Hs. 1 EStG Tatbestandsvoraussetzung für den lohnsteuerlichen wirtschaftlichen Arbeitgeber, dass dieser den Arbeitslohn *„wirtschaftlich trägt"*. Daraus könnte auch geschlossen werden, dass sich keine Lohnsteuerabzugsverpflichtung ergibt, wenn ein aufnehmendes Unternehmen den Arbeitslohn tatsächlich nicht trägt (obwohl es diesen nach dem Fremdvergleichsgrundsatz tragen müsste). 638

Praxistipp !

Immer dann, wenn bei Auslandseinsätzen bzw. Arbeitnehmerentsendungen tatsächlich **keine Weiterbelastung** von Kosten an eine aufnehmende Einheit erfolgt, sollte näher geprüft werden, worin die Gründe für eine fehlende Weiterbelastung liegen.
Ergebnis einer Prüfung könnte z.B. sein, dass bislang eine **ertragsteuerliche Fehlbeurteilung** vorgenommen wurde.
Eine Rechtsauffassung, nach der kein Lohnsteuerabzug wegen unterbliebener Kostenweiterbelastung an ein aufnehmendes Unternehmen erfolgt, steht der Auffassung der Finanzverwaltung entgegen.

Für eine Eigenschaft als inländischer wirtschaftlicher Arbeitgeber ist es nicht erforderlich, dass zwischen entsendetem Arbeitnehmer und aufnehmenden Unternehmen ein **zivilrechtlicher Arbeitsvertrag** geschlossen wird.[329] 639

Praxistipp !

Die **arbeitsvertragliche Gestaltung** in Fällen von Arbeitnehmerentsendungen tritt bei der Beurteilung einer Lohnsteuereinbehaltungsverpflichtung eines aufnehmenden Unternehmens in den Hintergrund.

Nach § 38 Abs. 1 S. 2 Hs. 2 EStG ist es für die Lohnsteuerabzugsverpflichtung des aufnehmenden Unternehmens ausdrücklich nicht erforderlich, dass es dem Arbeitnehmer den Arbeitslohn **im eigenen Namen** und **für eigene Rechnung** auszahlt. 640

b) Abgrenzung zu Dienst- oder Werkleistungsverträgen

Von Fällen der Arbeitnehmerentsendung zu einem inländischen wirtschaftlichen Arbeitgeber sind für lohnsteuerliche Zwecke auch die Fälle zu unterscheiden, in denen Arbeitnehmer zur Erfüllung einer **Dienst- oder Werkleistungsverpflich-** 641

---

328 Vgl. Rn 403.
329 Vgl. Rn 625.

tung ihres ausländischen Arbeitgebers bei einem inländischen Auftraggeber tätig werden.[330]

642 Bei Dienst- oder Werkleistungsverträgen trägt der Auftraggeber nämlich nicht den Arbeitslohn der zur Erfüllung der vertraglichen Verpflichtungen des Auftragnehmers eingesetzten Arbeitnehmer. Er leistet vielmehr ein (in der Regel mit Gewinnaufschlag berechnetes) vertraglich vereinbartes **Entgelt für eine Dienst- oder Werkleistung** (in das selbstverständlich stets auch Lohnkosten einkalkuliert sind).

! **Praxistipp**

Bei der Erfüllung von Dienst- oder Werkleistungsverträgen kann ein **ausländischer Arbeitgeber** seinerseits durch die Entfaltung von Aktivitäten im Inland einen **Inlandsbezug** begründen (z.B. Betriebsstätte oder ständiger Vertreter), der zur Qualifikation des Auftragnehmers als **inländischer Arbeitgeber** und damit zu einer Lohnsteuerabzugsverpflichtung führt.

---

3. Ausländischer Verleiher

643 Nach § 38 Abs. 1 S. 1 Nr. 2 EStG ist auch ein **ausländischer Verleiher** von Arbeitnehmern, der nicht inländischer Arbeitgeber ist, zum Lohnsteuereinbehalt verpflichtet. Ein ausländischer Verleiher ist dabei jemand, der einem Dritten (Entleiher) **Arbeitnehmer gewerbsmäßig** zur **Arbeitsleistung im Inland** überlässt. Nach herrschender Meinung[331] liegt ein Fall des Arbeitnehmerverleihes i.S.d. § 38 Abs. 1 S. 1 Nr. 2 EStG vor, wenn eine Arbeitnehmerüberlassung im Sinne des AÜG gegeben ist.

! **Praxistipp**

Bei Arbeitnehmerverleih ist als Arbeitgeber im lohnsteuerlichen Sinne immer der **Verleiher** anzusehen, wenn er den Leiharbeitnehmern den Arbeitslohn im eigenen Namen und für eigene Rechnung zahlt. Das gilt selbst dann, wenn der Entleiher arbeitsrechtlich als Arbeitgeber anzusehen ist.[332]

---

644 In bestimmten Fällen kann auch ein Entleiher von Arbeitnehmern für die Lohnsteuern haften, die der Verleiher einzubehalten und abzuführen hat (**Entleiherhaftung**).[333] Ein Entleiher kann ausnahmsweise sogar als **zum Lohnsteuereinbehalt verpflichteter Arbeitgeber** anzusehen sein, wenn er seinerseits den Arbeitslohn in eigenem Namen und für eigene Rechnung an Leiharbeitnehmer auszahlt.[334]

---

330 Schmidt/*Krüger*, § 38 Rn 5.

331 Schmidt/*Krüger*, § 38 Rn 6.

332 BFH, Urt. v. 24.3.1999 – I R 64/98 –.

333 Vgl. Rn 757 f.

334 BFH, Urt. v. 2.4.1982 – VI R 34/79 –.

II. Dem Lohnsteuerabzug unterworfene Personen

Nach § 38 Abs. 3 EStG ist die Lohnsteuer **für Rechnung des jeweiligen Arbeitnehmers** bei jeder Lohnzahlung vom Arbeitslohn einzubehalten. Dem Lohnsteuerabzug sind daher grundsätzlich die **Arbeitnehmer** eines zum Lohnsteuerabzug verpflichteten Arbeitgebers unterworfen. 645

Nicht jede beruflich tätige Person ist als ein Arbeitnehmer anzusehen. Neben Arbeitnehmern können Personen – z.B. als sog. **Freelancer** – auch selbstständig berufliche Tätigkeiten ausüben und im Rahmen eines Auftragsverhältnisses Dienstleistungen an einen Auftraggeber erbringen, ohne mit diesem ein Arbeitsverhältnis zu begründen. In diesen Fällen ergibt sich keine Lohnsteuerabzugsverpflichtung für einen Auftraggeber. In der Lohnsteuerpraxis gilt es stets, den **Status** beschäftigter Personen zutreffend festzustellen. Denn **Irrtümer** können für ein Unternehmen zu einer umfangreichen **Haftung für Lohnsteuern und Sozialversicherungsbeiträgen** führen, wenn sich im Nachgang herausstellt, dass ein vermeintliches Auftragsverhältnis steuerlich als ein Arbeitsverhältnis zu qualifizieren war. Ein hohes **Kostenrisiko** kann sich für Unternehmen insbesondere bei der Beschäftigung von Personen aus dem Ausland ergeben, wenn deren Steuerschulden nach Wegzug schwer oder gar nicht mehr geltend gemacht werden können. 646

Praxistipp !

Natürliche Personen aus dem Ausland können z.B. aufgrund eines **Management-Service-Agreements** als Geschäftsführer im Inland für ein inländisches Unternehmen tätig werden, ohne Arbeitnehmer des inländischen Unternehmens zu werden.

Dabei kann die natürliche Person z.B. **selbstständig** als Vertragspartner des inländischen Unternehmens tätig sein.

Die natürliche Person kann aber auch **nichtselbstständig** bei einem anderen Arbeitgeber, der Vertragspartner des inländischen Unternehmens aus dem Management-Service-Agreement ist, tätig sein.

In beiden Fällen ergeben sich **keine Lohnsteuerabzugsverpflichtung und keine Lohnsteuerhaftung** des inländischen Auftraggebers einer Management-Dienstleistung.

Einkommensteuerliche bzw. lohnsteuerliche Konsequenzen der Tätigkeit sind aber ggf. **auf Ebene des selbstständig Tätigen** bzw. **auf Ebene des Auftragnehmers als Arbeitgeber** zu ziehen.

Dieses Ergebnis gilt uneingeschränkt nur unter der Voraussetzung, dass zutreffend festgestellt wurde, dass zwischen Geschäftsführer und Auftraggeber kein Arbeitsverhältnis begründet wurde (und kein Fall der **Arbeitnehmerentsendung** oder **Arbeitnehmerüberlassung** gegeben ist).

Im Falle des Auslandseinsatzes von Mitarbeitern können Lohnsteuerabzugsverpflichtungen hingegen für Arbeitnehmer bestehen, die – z.B. aufgrund einer Entsendung nach Deutschland – **im Inland tätig** sind. Lohnsteuerabzugsverpflichtungen können aber auch für Arbeitnehmer bestehen, die teilweise oder ausschließlich **im Ausland tätig** sind. Der Umfang der Lohnsteuerabzugsverpflichtung richtet sich dabei stets danach, inwieweit der Arbeitslohn in Deutschland **steuerbar** und **steuerpflichtig** 647 ist.[335] Für einen Arbeitgeber bestehen bei einer Lohnsteuerabzugsverpflichtung dem Grunde nach umfangreiche **Aufzeichnungs- und Bescheinigungspflichten** für seine Arbeitnehmer, die auch dann zu berücksichtigen sind, wenn – z.B. aufgrund DBA-Freistellung – gar keine Lohnsteuer anfällt. Nachfolgend soll daher geklärt werden, welche Personen als **Arbeitnehmer** anzusehen sind, für die der Arbeitgeber entsprechende Verpflichtungen zu erfüllen hat.

1. Arbeitnehmerbegriff

648 Die Steuergesetze enthalten keine Definition des Arbeitnehmerbegriffs. Für steuerliche Zwecke wird der Arbeitnehmerbegriff in § 1 Abs. 2 LStDV in Übereinstimmung mit der ständigen Rechtsprechung[336] ausgelegt. Danach sind Arbeitnehmer Personen, die **im öffentlichen oder privaten Dienst beschäftigt** sind oder waren und die **aus diesem Dienstverhältnis** oder aus einem früheren Dienstverhältnis **Arbeitslohn** beziehen (§ 1 Abs. 1 S. 1 LStDV). Arbeitnehmer im steuerlichen Sinne sind daher abschließend von zwei Merkmalen gekennzeichnet: Sie haben ein **Dienstverhältnis** und beziehen **Arbeitslohn** aus einem Dienstverhältnis.

649 Ein Dienstverhältnis liegt nach § 1 Abs. 2 S. 1 LStDV vor, wenn der Angestellte (Beschäftigte) einem Arbeitgeber (öffentliche Körperschaft, Unternehmer, Haushaltsvorstand) seine **Arbeitskraft schuldet**. Einem Arbeitgeber wird gem. § 1 Abs. 2 S. 2 LStDV die Arbeitskraft geschuldet, wenn die tätige Person in der Beschäftigung ihres geschäftlichen Willens unter der **Leitung** des Arbeitgebers steht oder im geschäftlichen Organismus des Arbeitgebers dessen **Weisungen** zu folgen verpflichtet ist.

650 Mangels gesetzlicher Tatbestandsvoraussetzungen handelt es sich beim Arbeitnehmerbegriff um einen offenen Typusbegriff, der nur durch eine **größere und unbestimmte Zahl von Merkmalen** beschrieben werden kann.[337] Eine Vielzahl in Betracht kommender Merkmale ist dabei nach dem **Gesamtbild der Verhältnisse** zu beurteilen. Diese der Rechtsprechung entstammende Systematik liefert das geeignete Handwerkszeug zur Feststellung einer Arbeitnehmereigenschaft in der Lohnsteuerpraxis.

Prüfungssystematik Arbeitnehmer
1. Zusammenstellung der Merkmale (pro/contra)
2. Gewichtung der Merkmale im Einzelfall
3. Abwägung der Merkmale gegeneinander

335 Vgl. Rn 678 ff.
336 BFH, Urt. v. 20.11.2008 – VI R 4/06 – m.w.N.
337 BFH, Urt. v. 20.11.2008 – VI R 4/06 –.

Eine beispielhafte Aufzählung in Betracht kommender Merkmale für Zwecke der **Abgrenzung zur selbstständigen Tätigkeit** finden sich in der einschlägigen BFH-Rechtsprechung.[338] Beispielsweise können folgende Merkmale für eine Arbeitnehmereigenschaft sprechen: 651

Pro Arbeitnehmer
- Unselbstständigkeit in Durchführung und Organisation einer Tätigkeit,
- Urlaubsanspruch,
- einfache Tätigkeit,
- Schulden einer Arbeitsleistung (nicht eines Arbeitserfolges),
- feste Bezüge,
- Vereinbarung fester Arbeitszeiten.

Folgende Merkmale können gegen eine Arbeitnehmereigenschaft sprechen: 652

Contra Arbeitnehmer
- Selbstständigkeit in Durchführung und Organisation einer Tätigkeit,
- kein Urlaubsanspruch,
- gehobene Tätigkeit,
- Schulden eines Arbeitserfolges,
- Tragen eines Unternehmerrisikos,
- Freiheit in Zeiteinteilung.

Die relevanten Merkmale sind im nächsten Schritt sodann im konkreten Einzelfall zu **gewichten** und gegeneinander **abzuwägen**, um schlussendlich zu beurteilen, ob eine Person einem Arbeitgeber seine **Arbeitskraft schuldet**. 653

Praxistipp
Bei einem **Geschäftsführer** dürfte z.B. ein hohes Maß an Selbstständigkeit in Durchführung und Organisation seiner Tätigkeit ein weniger ins Gewicht fallendes Merkmal der Beurteilung der steuerlichen Arbeitnehmereigenschaft darstellen. Eine solche gehobene Tätigkeit bedingt nämlich stets ein sehr **hohes Maß an Gestaltungsfreiheit**, auch wenn sie regelmäßig unselbstständig ausgeübt wird.

Personen, die **keine Arbeitnehmer** sind (z.B. Selbstständige, Gewerbetreibende etc.) oder die zwar Arbeitnehmer sind, die jedoch **kein Dienstverhältnis** mit einem zum Lohnsteuerabzug verpflichteten Arbeitgeber haben (z.B. Arbeitnehmer eines ausländischen Arbeitgebers ohne Inlandsbezug[339]), unterliegen nicht dem Lohnsteuerabzug. 654

Ein zivilrechtliches Arbeitsverhältnis zieht im Regelfall eine entsprechende Arbeitnehmereigenschaft mit Lohnsteuerabzugsverpflichtung des Arbeitgebers nach 655

338 BFH, Urt. v. 14.6.1985 – VI R 155/82 –, – VI R 151/82 –, – VI R 152/82 –, – VI R 150-152/82 –.
339 Vgl. Rn 627.

sich. Wird dagegen zwischen einer Person und einem Auftragnehmer ein Dienst- oder Werkleistungsvertrag begründet, liegt zwischen diesen Personen kein Dienstverhältnis im steuerlichen Sinne vor.[340]

2. Rechtsfolgen der Arbeitnehmereigenschaft

656 Der Arbeitnehmer ist gem. § 38 Abs. 2 S. 1 EStG **Schuldner** der Lohnsteuer.[341] Er muss deswegen den Abzug der Lohnsteuer von seinem Arbeitslohn dulden.

! **Praxistipp**

Ein Arbeitnehmer bleibt auch im Falle von Nettolohnvereinbarungen, bei denen vereinbart ist, dass ein Arbeitgeber die Lohnsteuer im Innenverhältnis trägt, stets Schuldner der Lohnsteuer. Die zivilrechtliche Nettolohnvereinbarung ändert nichts an der öffentlich-rechtlichen Qualifikation eines Arbeitnehmers als Steuerschuldner.[342]

---

657 Die durch den Steuerabzug erhobene Lohnsteuer wird gem. § 36 Abs. 2 S. 1 Nr. 2 EStG auf die **Einkommensteuer** eines Arbeitnehmers **angerechnet**. Für beschränkt steuerpflichtige Arbeitnehmer gilt die Einkommensteuer auf den Arbeitslohn gem. § 50 Abs. 2 S. 1 EStG i.V.m. § 50 Abs. 2 S. 2 Nr. 4 Buchst. a) und b) EStG durch den Lohnsteuerabzug als **abgegolten**, wenn weder ein **Freibetrag als Lohnsteuerabzugsmerkmal**[343] gebildet worden ist, noch eine **Einkommensteuerveranlagung beantragt** wird.

658 Auch für einen Arbeitnehmer bestehen Pflichten im Rahmen des Lohnsteuerabzugsverfahrens. Dies sind z.B. **Anzeigepflichten** im Falle **echten Drittlohnes**[344] oder Pflichten zur Zurverfügungstellung von **Fehlbeträgen**, wenn der Arbeitslohn zur Deckung der Lohnsteuer nicht ausreicht.[345] Daneben hat ein Arbeitnehmer Anzeigepflichten gegenüber den Finanzbehörden hinsichtlich seiner **Lohnsteuerabzugsmerkmale**.[346]

3. Lohnsteuerabzug für Dritte und Nichtarbeitnehmer

659 In besonderen Fällen wird Lohnsteuer auch für (dritte) Personen entrichtet, die nicht Arbeitnehmer eines Steuerpflichtigen sind. Soweit ein Steuerpflichtiger z.B.

---

340 Schmidt/*Krüger*, § 19 Rn 4.

341 Dieser Grundsatz gilt nicht, soweit ein Arbeitgeber die Einkommensteuer pauschal erhebt und durch die Pauschalierung selbst zum Steuerschuldner wird (vgl. Rn 733).

342 BFH, Urt. v. 19.12.1960 – VI 92/60 U –.

343 Vgl. Rn 706.

344 Vgl. Rn 672.

345 Vgl. Rn 783.

346 Vgl. Rn 696 ff.

eine **Pauschalversteuerung von Sachzuwendungen** an Dritte gem. § 37b Abs. 1 EStG vornimmt, fällt Lohnsteuer auch für Personen an, die **nicht eigene Arbeitnehmer** sind.[347] Die Pauschalsteuer für Dritte gilt nämlich gem. § 37b Abs. 4 S. 1 EStG gesetzlich als Lohnsteuer. Da Dritte im Sinne dieser Vorschrift auch Personen oder Rechtssubjekte sein können, die gar keine Arbeitnehmer sind (z.B. Selbstständige, Gewerbetreibende), fällt insoweit sogar **Lohnsteuer für Nichtarbeitnehmer** an. Systematisch handelt es sich bei der Pauschalversteuerung nach § 37b Abs. 1 EStG allerdings nicht um einen Fall des Lohnsteuerabzuges. Der Steuerpflichtige, der eine Pauschalversteuerung vornimmt, wird insoweit nämlich selbst zum Steuerschuldner (§ 37b Abs. 3 S. 2 EStG i.V.m. § 40 Abs. 3 EStG). Entsprechend erfolgt hier grundsätzlich kein Abzug oder Einbehalt der Steuer von etwaigen Bezügen eines Empfängers von Sachzuwendungen.

III. Dem Lohnsteuerabzug unterliegender Arbeitslohn

Dem Lohnsteuerabzug unterliegt gem. § 38 Abs. 1 S. 1 EStG der **Arbeitslohn.** Wie 660
nachfolgend zu zeigen sein wird, qualifizieren sich nicht sämtliche Bezüge eines Arbeitnehmers als Arbeitslohn. Zudem unterliegt nicht jede Arbeitslohnzahlung dem Lohnsteuerabzug. Beim Auslandseinsatz von Mitarbeitern sind in diesem Zusammenhang insbesondere Regelungen von DBA zu beachten, die deutsche Besteuerungsrechte einschränken.

1. Definition des Arbeitslohnes

Nach § 2 Abs. 1 S. 1 LStDV gehören zum Arbeitslohn alle **Einnahmen**, die einem 661
Arbeitnehmer **aus einem Dienstverhältnis** zufließen. Die Bezeichnung und die Form der Einnahmen sind dabei unerheblich.[348]

a) Arbeitslohn aus dem Dienstverhältnis

Nach ständiger Rechtsprechung des BFH ist Arbeitslohn jedweder **Vorteil**, der durch 662
das Dienstverhältnis veranlasst ist. Eine **Veranlassung** durch das Dienstverhältnis wird angenommen, wenn ein Vorteil nur deshalb gewährt wird, weil der Empfänger Arbeitnehmer des Arbeitgebers ist, der Vorteil also **mit Rücksicht auf das Dienstverhältnis** eingeräumt wird und wenn sich die Leistung im weitesten Sinne als **Gegenleistung** für das Zurverfügungstellen der individuellen **Arbeitskraft** erweist.[349] Daher

347 Vgl. Rn 740.
348 § 2 Abs. 1 S. 2 LStDV.
349 BFH, Urt. v. 7.7.2004 – VI R 29/00 – m.w.N.

ist Arbeitslohn immer zwingend von drei Tatbestandsmerkmalen gekennzeichnet, die kumulativ vorliegen müssen.

Tatbestandsmerkmale Arbeitslohn
- Vorteile (auf Arbeitnehmerebene),
- Veranlassungszusammenhang (mit Dienstverhältnis),
- Entlohnungscharakter (Gegenleistung im weitesten Sinne).

---

b) Arbeitslohnzahlung Dritter

663 Nicht immer beziehen Arbeitnehmer den Arbeitslohn aus ihrem Dienstverhältnis direkt von demjenigen, der als deren zum Lohnsteuerabzug verpflichteter Arbeitgeber anzusehen ist. In Fällen, in denen Arbeitslohnzahlungen durch Dritte erfolgen, ist zu untersuchen, welche lohnsteuerlichen Konsequenzen sich daraus ergeben.

Praxistipp
Gerade im Falle von Auslandsentsendungen zwischen verbundenen Unternehmen treten Fälle auf, in denen **Arbeitslohnzahlungen durch verbundene Unternehmen** erfolgen, die als Dritte selbst nicht zum Lohnsteuerabzug in Deutschland verpflichtet sind.
In diesen Fällen ist zu untersuchen, welche Konsequenzen sich durch diese Drittlohnzahlung für das Unternehmen ergeben, das als der zum Lohnsteuerabzug verpflichtete Arbeitgeber anzusehen ist.

---

664 Die Rechtsprechung hat die Begriffe der sog. **unechten** und der **echten Arbeitslohnzahlungen durch Dritte** geprägt,[350] die teilweise **unterschiedliche lohnsteuerliche Konsequenzen** nach sich ziehen.

aa) Unechte Arbeitslohnzahlung Dritter

665 Bei einer unechten Lohnzahlung eines Dritten fungiert der Dritte lediglich als ein **Leistungsmittler des Arbeitgebers**, der **in die Lohnzahlung eingeschaltet** ist. Der den Dritten als Leistungsmittler einsetzende Arbeitgeber wird in diesen Fällen als der den Arbeitslohn zahlende Arbeitgeber angesehen. Die Lohnsteuerabzugsverpflichtung des Arbeitgebers ergibt sich bei unechten Lohnzahlungen Dritter schon aus der allgemeinen Lohnsteuerabzugsverpflichtung in § 38 Abs. 1 S. 1 und S. 2 EStG. Es liegt kein Sonderfall des gesetzlich geregelten (echten) Arbeitslohnes von dritter Seite gem. § 38 Abs. 1 S. 3 EStG vor.

666 Unechte Lohnzahlungen durch Dritte liegen z.B. dann vor,
- wenn der Dritte die **Stellung einer Kasse** des Arbeitgebers hat,[351]

---

350 BFH, Urt. v 30.5.2001 – VI R 123/00 –.
351 BFH, Urt. v. 28.3.1958 – VI 233/56 S –; Urt. v. 27.1.1961 – VI 249/60 U –.

- wenn der Arbeitgeber in irgendeiner Form **in die Zahlung des Arbeitslohnes eingeschaltet**[352] ist oder
- wenn ein Dritter **im Auftrag des Arbeitgebers**[353] leistet.

Die Lohnsteuerabzugsverpflichtung des Arbeitgebers besteht bei unechten Lohn- 667
zahlungen eines Dritten, ohne dass ein Arbeitnehmer seinen Arbeitgeber über diese Lohnzahlungen informieren müsste. Der **Arbeitgeber haftet** für die Lohnsteuer auf unechte Lohnzahlungen von dritter Seite grundsätzlich **uneingeschränkt nach den allgemeinen Regelungen.**

Praxistipp
Für die Lohnsteuerabzugsverpflichtung einschließlich sämtlicher Rechtsfolgen ist es grundsätzlich unerheblich, wer einen Zahlungsvorgang an einen Arbeitnehmer auslöst.

Beispiel
Fälle unechter Lohnzahlungen durch Dritte dürften in **Entsendungsfällen** regelmäßig dann vorliegen, wenn z.B. ein Arbeitnehmer im Auslandseinsatz auf der **Gehaltsabrechnung im Heimatland** verbleibt und er sein Gehalt für die Dauer seiner Entsendung nach Deutschland weiterhin vom entsendenden Unternehmen erhält.

Das **inländische aufnehmende Unternehmen** hat dann die Lohnsteuer genau so 668
zu ermitteln, **als hätte es den Arbeitslohn selbst ausgezahlt.** Für etwaige Fehler im Lohnsteuerabzugsverfahren haftet das inländische aufnehmende Unternehmen dann ggf. uneingeschränkt nach den allgemeinen Vorschriften.[354]

Praxistipp
Um den Lohnsteuerabzug in Deutschland zutreffend vornehmen zu können, muss in Fällen von Auslandseinsätzen von Mitarbeitern die Einheit, die eine Lohnsteuerabzugsverpflichtung in Deutschland hat, **Kenntnis von allen unechten Lohnzahlungen Dritter** haben.

---

bb) Echte Arbeitslohnzahlungen Dritter

Eine echte Lohnzahlung liegt nach der BFH-Rechtsprechung[355] eines Dritten vor, wenn 669
- ein Dritter
- im Rahmen des Dienstverhältnisses
- ohne Auftrag des Arbeitgebers und

352 BFH, Urt. v. 13.3.1974 – VI R 212/70 –.
353 BFH, Urt. v. 30.5.2001 – VI R 123/00 –.
354 Vgl. Rn 753 ff.
355 BFH, Urt. v. 30.5.2001 – VI R 123/00 –.

- ohne Einschaltung des Arbeitgebers
- Arbeitslohn gewährt.

670 Bei Vorliegen dieser Voraussetzungen fungiert der Dritte nicht lediglich als Leistungsmittler des Arbeitgebers und hat auch nicht nur die Stellung einer Kasse.

671 Laut § 38 Abs. 1 S. 3 EStG unterliegt auch der im Rahmen des Dienstverhältnisses von einem Dritten gewährte Arbeitslohn der Lohnsteuer, wenn der Arbeitgeber **weiß oder erkennen kann**, dass derartige **Vergütungen erbracht werden.** Dabei gilt eine **gesetzliche Kenntnisvermutung** des Arbeitgebers, wenn Arbeitgeber und Dritter **verbundene Unternehmen** i.S.d. § 15 AktG sind. Ohne Wissen und Erkennbarkeit besteht für den Arbeitgeber weder eine Lohnsteuerabzugsverpflichtung, noch ergibt sich eine Lohnsteuerhaftung aus § 42d Abs. 1 EStG.

! **Praxistipp**
Auch wenn ein Arbeitgeber bei Unwissen und Nichterkennbarkeit einer echten Arbeitslohnzahlung eines Dritten keine Lohnsteuerabzugsverpflichtung hat und nicht haftet, unterliegt der Drittlohn beim Arbeitnehmer dennoch stets der Einkommensteuer (die ggf. im Rahmen einer Einkommensteuerveranlagung zu erheben ist).

---

672 Nach § 38 Abs. 4 S. 3 Hs. 1 EStG muss ein **Arbeitnehmer** seinem Arbeitgeber die **von einem Dritten gewährten Bezüge** am Ende eines jeweiligen Lohnzahlungszeitraumes **angeben.** Hat ein Arbeitnehmer seinem Arbeitgeber pflichtgemäß eine derartige Angabe gemacht, dann weiß der Arbeitgeber, dass eine echte Lohnzahlung eines Dritten vorliegt. Er ist dann insoweit zum Lohnsteuerabzug verpflichtet und haftet für die Lohnsteuer nach den allgemeinen Regelungen.[356] Der Arbeitgeber hat dem Betriebsstättenfinanzamt gem. § 38 Abs. 1 S. 3 Hs. 2 EStG anzuzeigen, wenn der Arbeitnehmer **keine Angabe** oder eine **erkennbar unrichtige Angabe** macht. Diese Anzeige hat für einen Arbeitgeber gem. § 42d Abs. 2 EStG eine **haftungsbefreiende Wirkung.**

673 In Zusammenhang mit echten Lohnzahlungen Dritter verlangt die Finanzverwaltung, dass Arbeitgeber ihre Arbeitnehmer auf deren gesetzliche **Angabepflicht** bei echten Drittlohnzahlungen Dritter **hinweisen.**[357]

! **Praxistipp**
Arbeitgeber sollten ihre Arbeitnehmer (z.B. in Richtlinien oder Aushängen „am Schwarzen Brett") auf deren Angabepflicht bei echten Lohnzahlungen Dritter hinweisen, um zu vermeiden, dass es zu Steuerverkürzungen wegen unterlassener Angaben kommen kann.

---

356 Vgl. Rn 753 ff.

357 R 38.4 Abs. 2 S. 3 LStR.

Typische Anwendungsfälle des echten Drittlohnes sind solche, in denen Arbeitnehmern – ohne Einbindung des jeweiligen Arbeitgebers – Vorteile zugewendet werden (z.B. **Incentives**: Events, Teilnahme an Veranstaltungen mit sportlichem oder kulturellem Charakter etc.). Fälle können aber auch die Ausübung von Aktienoptionen sein.[358] 674

Praxistipp !

Sachzuwendungen an Arbeitnehmer könnten bereits von einem zuwendenden Steuerpflichtigen gem. § 37b Abs. 1 EStG **abgeltend pauschal besteuert** worden sein[359] (häufiger Anwendungsfall: Einladungen in VIP-Logen, Business-Seats etc.).
Zur Vermeidung einer doppelten Lohnversteuerung sollten ggf. **Nachweise** über eine erfolgte Pauschalversteuerung zum **Lohnkonto** genommen werden (z.B. Mitteilung eines Zuwendenden gem. § 37b Abs. 3 S. 3 EStG).

Der wesentliche **Praxisunterschied im Vergleich zu unechten Drittlohnzahlungen** besteht für einen Arbeitgeber darin, dass er in bestimmten Fällen des echten Drittlohnes (Unkenntnis und mangelnde Erkennbarkeit oder Anzeige) **keine Lohnsteuerabzugsverpflichtung** hat und folglich auch nicht haftet. 675

Praxistipp !

In Entsendungsfällen wird Drittlohn häufig von einem **verbundenen Unternehmen** i.S.d. § 15 AktG (z.B. von einer abgebenden Konzerngesellschaft oder Konzernmuttergesellschaft) gewährt. Aufgrund der **Kenntnisvermutung** in § 38 Abs. 1 S. 3 Hs. 2 EStG besteht stets eine Lohnsteuerabzugsverpflichtung (z.B. einer aufnehmenden Konzerngesellschaft).

Die Unterscheidung kann aber von hoher Bedeutung sein, soweit echter Drittlohn von einem **nicht verbundenen Unternehmen** gewährt wird und bei Vorliegen der weiteren Voraussetzungen ein Haftungsausschluss tatsächlich greift. 676

Praxistipp !

Interessen eines Arbeitgebers an einem Haftungsausschluss können z.B. darin liegen, dass ungewiss ist, ob und mit welchem Aufwand er seinerseits **Lohnsteuernachforderungen im Innenverhältnis** zu ausgeschiedenen Mitarbeitern tatsächlich noch erfolgreich geltend machen könnte.

---

2. Lohnsteuerliche Bemessungsgrundlage

Wenn auf Ebene eines Arbeitnehmers Arbeitslohn vorliegt, ist ein Lohnsteuerabzug nur vorzunehmen, soweit der Arbeitslohn auch steuerbar und steuerpflichtig ist und er nicht aufgrund besonderer Vorschriften unversteuert bleibt. 677

358 BFH, Urt. v. 4.4.2006 – VI R 11/03 –.
359 Vgl. Rn 740.

a) Steuerbarer Arbeitslohn

678 Voraussetzung für einen Lohnsteuerabzug ist, dass der Arbeitslohn in Deutschland steuerbar ist. Bei **unbeschränkt steuerpflichtigen** Arbeitnehmern gilt wegen des **Welteinkommensprinzips,**[360] dass deren Arbeitslohn immer in voller Höhe steuerbar in Deutschland ist und deswegen grundsätzlich auch dem Lohnsteuerabzug unterliegt. Im Falle **beschränkt Steuerpflichtiger** ist Arbeitslohn aber nur steuerbar in Deutschland, wenn bzw. soweit der Arbeitslohn auch in den **Katalog der inländischen Einkünfte** des § 49 EStG fällt.[361] Vom Arbeitslohn beschränkt steuerpflichtiger Arbeitnehmer ist daher kein Lohnsteuerabzug vorzunehmen, wenn bzw. soweit dieser nicht vom Katalog der inländischen Einkünfte erfasst ist (z.B. weil er auf **Auslandsarbeitstage** entfällt).

! **Praxistipp**

Bei **Geschäftsführern, Prokuristen** oder **Vorstandsmitgliedern** inländischer Gesellschaften ist zu beachten, dass grundsätzlich deren **gesamte Tätigkeitsvergütung** – unabhängig vom Tätigkeitsort – der beschränkten (Lohn-) Steuerpflicht in Deutschland unterliegt. Ein Lohnsteuerabzug darf nur unterbleiben, soweit deren Arbeitslohn (ggf. auf Antrag) nach **DBA steuerfrei** zu belassen ist.

---

b) Steuerbefreiung im Lohnsteuerabzugsverfahren

679 Soweit das EStG Steuerbefreiungen vorsieht, hat auch ein Lohnsteuerabzug zu unterbleiben.

aa) Lohnsteuerbefreiungstatbestände

680 Das EStG birgt eine Vielzahl von **Steuerbefreiungsvorschriften.**[362] Arbeitslohn, der danach steuerfrei zu belassen ist, ist vom Arbeitgeber auch nicht dem Lohnsteuerabzug zu unterwerfen.

681 Daneben ist auch der Arbeitslohn, der zwar in Deutschland steuerbar ist, auf den Deutschland aber nach einem **Abkommen zur Vermeidung der Doppelbesteuerung** kein Besteuerungsrecht hat,[363] oder der nach dem **Auslandstätigkeitserlass**[364] freizustellen ist, grundsätzlich nicht dem Lohnsteuerabzug zu unterwerfen. Bestimmte DBA sehen in diesem Zusammenhang aber eine **Steuerfreistellung auf Antrag** vor.[365] In diesen Fällen darf auch der Lohnsteuerabzug nur dann unterblei-

---

360 Vgl. Rn 72.
361 Vgl. Rn 112 und Rn 114.
362 Vgl. Rn 195 ff.
363 Vgl. Rn 529 ff.
364 Vgl. Rn 613 ff.
365 Vgl. Rn 533 ff.

ben, wenn ein entsprechender **Freistellungsantrag** beim Betriebsstättenfinanzamt formal gestellt wurde.[366]

Praxistipp
Auch in Fällen, in denen ein DBA eine **antragsunabhängige Freistellung** vorsieht, ist anzuraten, stets einen **Freistellungsantrag** zu stellen. Eine erteilte Freistellungsbescheinigung schützt den Arbeitgeber vor einer etwaigen **Fehlinterpretation** der Regelungen des jeweiligen DBA. Die Mitteilung eines Finanzamtes über eine DBA-Freistellung ist ein Lohnsteuerabzugsmerkmal.[367]

In Fällen der **Steuerfreistellung nach ATE** darf der Lohnsteuerabzug stets nur dann unterbleiben, wenn das Betriebsstättenfinanzamt eine **Freistellungsbescheinigung** erteilt hat. 682

Nicht steuerfrei ist der **Werbungskostenersatz** eines Arbeitgebers oder die Erstattung von steuerlich berücksichtigungsfähigen Sonderausgaben oder außergewöhnlichen Belastungen, wenn keine Steuerbefreiungsvorschrift greift. Zwar ist eine lohnsteuerfreie Erstattung oder Übernahme nicht möglich, eine Berücksichtigung derartiger Aufwendungen im Lohnsteuerabzugsverfahren kann aber mithilfe eines Antrages auf **Berücksichtigung eines Freibetrages** erfolgen.[368] 683

bb) Aufzeichnungs- und Bescheinigungspflichten

Steuerfreie Bezüge sind gem. § 4 Abs. 1 Nr. 4 EStG stets **im Lohnkonto** eines Arbeitnehmers **aufzuzeichnen**. Danach müssen sämtliche steuerfreien Leistungen an einen Arbeitnehmer aus dem Lohnkonto hervorgehen. Zu Nachweiszwecken müssen sich aus den Aufzeichnungen zum Lohnkonto daher ggf. auch die Voraussetzungen für eine Steuerfreiheit ergeben. 684

Beispiele
Die Anerkennung der Steuerfreiheit von **Reisekosten** erfordert, dass ordnungsgemäße Reisekostenabrechnungen vorliegen (notwendige Angaben: Datum, konkreter Anlass, Reiseort, tägliche Abwesenheitsdauer).[369]
Bei lohnsteuerfreien Vergütungen bei **doppelter Haushaltsführung** sollten Mietverträge und Meldebescheinigungen sowie Nachweise zum Lebensmittelpunkt am Ort des eigenen Hausstandes zum Lohnkonto genommen werden.
Im Falle einer **Lohnsteuerfreistellung nach DBA** sollte eine vom Betriebsstättenfinanzamt erteilte Freistellungsbescheinigung stets zum Lohnkonto genommen werden. Im Falle **antragsabhängiger Freistellung** muss sie zwingend zum Lohnkonto genommen werden.

---

366 BFH, Urt. v. 10.05.1989 – I R 50/85 –, vgl. auch Rn 381.
367 Vgl. Rn 694.
368 Vgl. Rn 706 ff.
369 BFH, Urt. v. 6.3.1980 – VI R 65/77 –; BFH, Beschl. v. 9.8.2005 – XI B 192/03 – n.v.; BMF-Schreiben v. 29.9.1998, BB 1998 S. 2461.

Im Falle einer **Lohnsteuerfreistellung nach ATE** muss der begünstigte Arbeitslohn im Lohnkonto und auf dem Lohnzettel **getrennt vom übrigen Arbeitslohn** angegeben und eine vom Betriebsstättenfinanzamt erteilte **Freistellungsbescheinigung** muss zum Lohnkonto genommen werden.[370]
Soweit Arbeitslohn bei Auslandsarbeitstagen vom Lohnsteuerabzug ausgenommen wird, müssen Nachweise über die **Arbeitstage** zum Lohnkonto genommen werden (z.B. schriftlicher Reisekalender).

---

685 Zudem sind in der **Lohnsteuerbescheinigung** gem. § 41b Abs. 1 S. 2 Nr. 3 und 10 EStG u.a. aufgrund der Eintragungen im Lohnkonto

- steuerfreie Verpflegungsmehraufwendungen bei beruflicher Auswärtstätigkeit,
- steuerfreie Vergütungen bei doppelter Haushaltsführung sowie
- nach DBA bzw. ATE steuerfreier Arbeitslohn (getrennt voneinander) anzugeben.

686 Die **Nichterfüllung** von Aufzeichnungs- und Bescheinigungspflichten im Lohnsteuerabzugsverfahren führt stets zu einer **erweiterten Arbeitgeberhaftung.**[371]

cc) Negativer Arbeitslohn

687 Wenn ein Arbeitnehmer versteuerten Arbeitslohn an seinen Arbeitgeber **zurückzahlt**, liegt negativer Arbeitslohn vor. Der negative Arbeitslohn ist stets im Monat des Abflusses **vom laufenden Bruttoarbeitslohn abzuziehen** und führt so zu einer Minderung der Bemessungsgrundlage für die Berechnung der Lohnsteuer.[372]

Beispiel
Ein Fall des negativen Arbeitslohnes kann bei Mitarbeitern im Auslandseinsatz z.B. vorliegen, wenn aufgrund von **Tax Equalization-Vereinbarungen**[373] Einkommensteuererstattungen an den Arbeitgeber abgetreten wurden bzw. ausgekehrt werden.
Die lohnsteuerliche Bemessungsgrundlage für den Monat, in dem die Einkommensteuererstattung an den Arbeitgeber ausgekehrt wird, ist zu ermitteln, indem der Bruttoarbeitslohn dieses Monates um die Einkommensteuererstattung vermindert wird.

---

dd) Bewertung des Arbeitslohnes

688 Bevor die Lohnsteuer ermittelt werden kann, muss entschieden werden, mit welchem Wert (Bemessungsgrundlage) der Arbeitslohn in die Berechnung der Lohnsteuer einfließen soll. Beim **Barlohn** ist die Bemessungsgrundlage stets der **Nominalwert.**

---

370 BMF-Schreiben v. 31.10.1983, BStBl I 1983 S. 470, Abschn. VI.
371 Vgl. Rn 763.
372 BFH, Urt. v. 30.7.2009 – VI R 29/06 –.
373 Vgl. Rn 49 ff.

Praxistipp

Arbeitslohnzahlungen in **ausländischer Währung** sind bei Zufluss anhand der von der Europäischen Zentralbank veröffentlichten monatlichen **Durchschnittsreferenzkurse** in € umzurechnen.[374]

Die Ermittlung der Bemessungsgrundlage für Arbeitslohnzahlungen, die **nicht in Geld** bestehen und deswegen umgangssprachlich auch als **Sachlohn** oder **geldwerte Vorteile** bezeichnet werden, bedingt stets noch eine **Wertfindung.**[375] 689

Im besonderen Fall der **Lohnsteuerpauschalierung** von Sachzuwendungen gem. § 37b EStG[376] gelten abweichend von § 8 Abs. 1 S. 1 EStG die **Aufwendungen** für die jeweilige Sachzuwendung als Bemessungsgrundlage. 690

IV. Lohnsteuerabzugsverfahren

1. Berechnung der Lohnsteuer

Um die Lohnsteuer in zutreffender Höhe an das Finanzamt abführen zu können, muss ein Arbeitgeber die Lohnsteuer korrekt berechnen. Neben einer Lohnsteuerberechnung anhand der **individuellen Besteuerungsmerkmale** bietet das EStG zahlreiche Möglichkeiten der **Lohnsteuerpauschalierung.**[377] 691

a) Individuelle Lohnsteuerberechnung

Abgesehen von Fällen besonderer Beschäftigungsformen[378] richtet sich die Höhe der Lohnsteuer nach Maßgabe des § 38a EStG grundsätzlich nach der Einkommensteuer, die unter Berücksichtigung der **Besteuerungsgrundlagen des Einzelfalles** auf die Einkünfte aus nichtselbstständiger Tätigkeit eines Arbeitnehmers entfallen würde. Diese Besteuerungsgrundlagen des Einzelfalles ergeben sich aus den individuellen Lohnsteuerabzugsmerkmalen eines Arbeitnehmers. 692

aa) Lohnsteuerabzugsmerkmale

Die **elektronischen Lohnsteuerabzugsmerkmale (ELStAM)** treten an die Stelle der vormals auf der Lohnsteuerkarte eingetragenen Lohnsteuerabzugsmerkmale. 693

374 BFH, Urt. v. 3.12.2009 – VI R 4/08 –; H 8.1 (1–4) LStH „Ausländische Währung".
375 Zu Einzelheiten der Bewertung in Sachlohnfällen siehe unter Rn 196 ff.
376 Vgl. Rn 740 ff.
377 Vgl. Rn 730 ff.
378 Sog. Mini-Jobs, geregelt in § 40a EStG.

Allerdings galten für den Zeitraum 2012 noch **Übergangsregelungen** der Finanzverwaltung,[379] weil sich die Einführung des ELStAM-Verfahrens verzögert hatte.

694 Lohnsteuerabzugsmerkmale sind gem. § 39 Abs. 4 Nr. 1 bis 5 EStG:
- Steuerklasse und Faktor,
- Kinderfreibeträge,
- **Freibeträge** und Hinzurechnungsbeträge,
- private Kranken- und Pflegeversicherungsbeiträge auf Antrag,
- Mitteilungen über **DBA-Freistellung** auf Antrag.

695 Die elektronischen Lohnsteuerabzugsmerkmale werden gem. § 39 Abs. 1 EStG **auf Veranlassung des Arbeitnehmers** gebildet. Grundsätzlich erfolgt gem. § 39e Abs. 1 Hs. 1 EStG eine **automatisierte Bildung** der **Steuerklasse** und der **Zahl der Kinderfreibeträge** als Lohnsteuerabzugsmerkmale **für jeden Arbeitnehmer** durch das **Bundeszentralamt für Steuern**. Darüber hinaus ist gem. § 39 Abs. 2 Hs. 1 EStG für unbeschränkt einkommensteuerpflichtige Arbeitnehmer grundsätzlich das **Wohnsitzfinanzamt** für die Bildung und Änderung der Lohnsteuerabzugsmerkmale zuständig. Daneben ist das **Betriebsstättenfinanzamt** gem. § 39 Abs. 2 Hs. 1 EStG für die Mitteilung über den nach **DBA steuerfrei** zu belassenden Arbeitslohn (§ 39 Abs. 4 Nr. 5 EStG) und gem. § 39 Abs. 2 S. 2 Hs. 2 EStG für die Lohnsteuerabzugsmerkmale von Arbeitnehmern zuständig, die **erweitert unbeschränkt einkommensteuerpflichtig**[380] sind, die **auf Antrag als unbeschränkt steuerpflichtig**[381] behandelt werden oder die **beschränkt einkommensteuerpflichtig**[382] sind.

696 Ein Arbeitnehmer ist gem. § 39 Abs. 5 EStG verpflichtet, dem Finanzamt **mitzuteilen**, wenn bei ihm die Voraussetzungen für eine **ungünstigere Steuerklasse** oder eine **geringere Zahl von Kinderfreibeträgen** eintreten. Er hat die Steuerklasse bzw. die Zahl der Kinderfreibeträge dann **unverzüglich** ändern zu lassen. Unterbleibt die Mitteilung eines Arbeitnehmers über die Änderungen bei den Voraussetzungen zur Steuerklasse bzw. zur Anzahl der Kinderfreibeträge, hat das Finanzamt gem. § 39 Abs. 5 S. 5 EStG zu wenig erhobene Lohnsteuer **vom Arbeitnehmer nachzufordern**, wenn sie 10 € übersteigt. Ändern sich die Voraussetzungen für eine **günstigere Steuerklasse** oder eine **höhere Anzahl von Kinderfreibeträgen**, hat ein Arbeitnehmer gem. § 39 Abs. 6 S. 1 EStG das Recht, eine entsprechende Änderung der Lohnsteuerabzugsmerkmale zu beantragen.

697 Es ist im Übrigen gem. § 39 Abs. 5 S. 3 EStG nicht erforderlich, dem Finanzamt Änderungen von Daten mitzuteilen, die gem. § 39e Abs. 2 S. 1 und 2 EStG dem Bundeszentralamt für Steuern von den **Meldebehörden** zu übermitteln sind (Zugehörigkeit

---

379 BMF-Schreiben v. 6.12.2011 – IV C 5 – S 2363/07/0002-03 –.

380 Vgl. Rn 83 ff.

381 Vgl. Rn 89 ff.

382 Vgl. Rn 111 ff.

zu einer **Religionsgemeinschaft**, über die **Heirat** oder **Scheidung** sowie die **Geburt** eines Kindes).

Wird ein unbeschränkt steuerpflichtiger Arbeitnehmer **beschränkt steuerpflichtig**, hat er dies gem. § 39 Abs. 7 EStG dem Finanzamt **unverzüglich mitzuteilen**. Das Finanzamt hat die Lohnsteuerabzugsmerkmale vom Zeitpunkt des Eintrittes der beschränkten Einkommensteuerpflicht an zu ändern (Steuerklasse I). Laut § 39 Abs. 7 S. 3 i.V.m. Abs. 1 S. 5 bis 8 EStG ist die Änderung der Lohnsteuerabzugsmerkmale dem jeweiligen Arbeitnehmer bekanntzugeben. Unterbleibt die Mitteilung eines Arbeitnehmers über diesen Wechsel seines Steuerstatus, hat das Finanzamt gem. § 39 Abs. 7 S. 4 EStG zu wenig erhobene Lohnsteuer vom Arbeitnehmer nachzufordern, wenn sie 10 € übersteigt. 698

Praxistipp !

Arbeitnehmer sollten bei geplanter **Beendigung einer unbeschränkten Steuerpflicht** in Deutschland (z.B. Aufgabe des Wohnsitzes) vom Arbeitgeber darüber informiert werden, dass sie ihrem Finanzamt einen Wegzug unverzüglich zu melden haben.

Auf Antrag erhalten Arbeitnehmer gem. § 39e Abs. 6 S. 4 EStG von ihrem Wohnsitzfinanzamt **Auskunft** über die für sie gespeicherten Lohnsteuerabzugsmerkmale. 699

Bei **Eintritt in ein Dienstverhältnis** muss ein Arbeitnehmer seinem Arbeitgeber gem. § 39e Abs. 4 S. 1 EStG folgende **Daten** mitteilen: 700

- Identifikationsnummer,
- Tag der Geburt,
- Information, ob es sich um ein **erstes oder weiteres Dienstverhältnis** handelt,
- ob und in welcher Höhe ein **Freibetrag** abgerufen werden soll (§ 39a Abs. 1 S. 1 Nr. 7 EStG).

Wenn ein Arbeitnehmer seinem Arbeitgeber diese Daten nicht mitteilt, ist der Lohnsteuerabzug grundsätzlich nach **Steuerklasse VI** vorzunehmen. 701

Ein Arbeitgeber ist verpflichtet, seine Arbeitnehmer für das Verfahren **anzumelden**, die ELStAM für die jeweils nächste Lohnabrechnung **monatlich anzufragen und abzurufen** (§ 39e Abs. 5 S. 3 EStG), bei Beginn des Dienstverhältnisses in das **Lohnkonto zu übernehmen** (§ 39e Abs. 4 S. 2 EStG), in der üblichen **Lohnabrechnung** anzugeben (§ 39e Abs. 5 S. 2 EStG) und im Rahmen ihrer **Gültigkeitsdauer** anzuwenden. Bei **Auflösung des Dienstverhältnisses** muss ein Arbeitgeber dem Bundeszentralamt für Steuern den Tag der Beendigung durch Datenfernübertragung **unverzüglich mitteilen** (§ 39e Abs. 4 S. 5 EStG). 702

Arbeitnehmern, die **erweitert unbeschränkt einkommensteuerpflichtig**[383] sind, die **auf Antrag als unbeschränkt steuerpflichtig** behandelt werden[384] oder 703

383 Vgl. Rn 83 ff.
384 Vgl. Rn 89 ff.

die **beschränkt einkommensteuerpflichtig**[385] sind, werden derzeit keine Identifikationsnummern zugeteilt. An die Stelle der Identifikationsnummer tritt hier das **lohnsteuerliche Ordnungsmerkmal** (§ 41b Abs. 2 S. 1 und 2 EStG). Auf **Antrag** erteilt das Betriebsstättenfinanzamt gem. § 39 Abs. 3 S. 1 EStG für diesen Personenkreis eine **Bescheinigung für den Lohnsteuerabzug**. Der Antrag ist gem. § 39 Abs. 3 S. 1 EStG grundsätzlich vom Arbeitnehmer zu stellen, kann aber auch gem. § 39 Abs. 3 S. 3 EStG vom Arbeitgeber **im Namen des Arbeitnehmers** gestellt werden. Der Arbeitgeber muss die erteilte Bescheinigung zum **Lohnkonto** nehmen und bis zum Ende des jeweiligen Dienstverhältnisses, längstens bis Ablauf des jeweiligen Kalenderjahres, als Beleg zum Lohnkonto aufbewahren (§ 39 Abs. 3 S. 4 EStG). Ist ein Antrag nicht gestellt, muss die Lohnsteuer nach **Steuerklasse VI** ermittelt werden. Legt ein Arbeitnehmer eine Lohnsteuerabzugsbescheinigung jedoch binnen sechs Wochen nach Dienstantritt (nachträglich) vor, muss ein Arbeitgeber den Lohnsteuerabzug ändern.

! **Praxistipp**

Beschränkt einkommensteuerpflichtige Arbeitnehmer sind gem. § 38b Abs. 1b EStG in die **Steuerklasse I** einzuordnen.

Um eine Lohnversteuerung mit Steuerklasse VI bzw. aufwendige Rückrechnungen zu vermeiden, sollte eine **Lohnsteuerabzugsbescheinigung** für einen beschränkt Steuerpflichtigen stets frühzeitig beantragt werden (z.B. schon dann, wenn bekannt wird, dass ein Arbeitnehmer der beschränkten Steuerpflicht unterliegenden Arbeitslohn beziehen wird).

---

704 Liegen die Lohnsteuerabzugsmerkmale wegen schuldhaften Verhaltens des Arbeitnehmers nicht vor, ist die Lohnsteuer stets nach Steuerklasse VI zu berechnen. Ein schuldhaftes Verhalten des Arbeitnehmers kann in der **Unterlassung der Mitteilung** von Identifikationsnummer und Geburtsdatum oder in der **Sperrung** der Lohnsteuerabzugsmerkmale durch den Arbeitnehmer (§ 39e Abs. 6 S. 6 Nr. 1 und 2 EStG) liegen. Sind die Lohnsteuerabzugsmerkmale hingegen wegen technischer **Störungen** nicht abrufbar oder hat ein Arbeitnehmer eine **fehlende Mitteilung** seiner Identifikationsnummer **nicht zu vertreten**, hat ein Arbeitgeber die Lohnsteuer nach den **voraussichtlichen Lohnsteuerabzugsmerkmalen** höchstens für die Dauer von drei Kalendermonaten vorzunehmen. Nach Ablauf der drei Monate ist eine Nachversteuerung anhand der **Steuerklasse VI** vorzunehmen, wenn die Bescheinigung noch nicht vorliegt. Wird die Bescheinigung wiederum vorgelegt, hat der Arbeitgeber den Lohnsteuerabzug erneut zu überprüfen und ggf. zu ändern.

705 Soweit ein Arbeitgeber den Lohnsteuerabzug entgegen § 39c Abs. 1 S. 1 EStG nicht nach Steuerklasse VI durchführt, **haftet** er für die zu wenig einbehaltene Lohnsteuer.

706 Lohnsteuerabzugsmerkmal ist gem. § 39 Abs. 4 Nr. 3 EStG auch ein **Freibetrag**. Nach § 39a Abs. 1 S. 1 EStG kann für bestimmte Aufwendungen eines Arbeitnehmers

---

385 Vgl. Rn 111 ff.

die Berücksichtigung eines Freibetrages als Lohnsteuerabzugsmerkmal beim Finanzamt beantragt werden. Im Falle von Mitarbeitern im Auslandseinsatz können insbesondere Freibeträge für **Werbungskosten**, die den Arbeitnehmerpauschbetrag in Höhe von 1.000 € übersteigen (§ 39a Abs. 1 S. 1 Nr. 1 EStG) oder für **Sonderausgaben**, die den Sonderausgabenpauschbetrag in Höhe von 36 € übersteigen (§ 39a Abs. 1 S. 1 Nr. 2 EStG) oder für **negative Einkünfte** (§ 39a Abs. 1 Nr. 5b EStG) eine Praxisrelevanz aufweisen.

Beispiel

Aufwendungen für **Fahrten zwischen Wohnung und regelmäßiger Arbeitsstätte** eines Arbeitnehmers können vom Arbeitgeber zwar nicht steuerfrei erstattet werden, ein Arbeitnehmer kann aber die Berücksichtigung eines Freibetrages für Werbungskosten beantragen.
Schulgeldzahlungen können vom Arbeitgeber nicht steuerfrei erstattet werden. Ein Arbeitnehmer kann aber für Schulgeldzahlungen (nach Maßgabe und in den Grenzen des § 10 Abs. 1 Nr. 9 EStG) einen Freibetrag für Sonderausgaben beantragen.
Für **Vermietungsverluste** kann ebenfalls ein Freibetrag beantragt werden.

Die **Frist zur Antragstellung** beginnt am 1.10. eines Vorjahres und endet am 30.11. 707
des Kalenderjahres, für das der Freibetrag beantragt wird (§ 39a Abs. 2 S. 2 und 3 EStG).

Nach Maßgabe des § 39a Abs. 4 EStG können auch **beschränkt steuerpflichtige** 708
Arbeitnehmer die Bildung eines Freibetrages beantragen. Allerdings hat die Bildung eines Freibetrages für einen beschränkt Steuerpflichtigen gem. § 50 Abs. 2 S. 2 Nr. 4a EStG stets zur Folge, dass dieser zur **Einkommensteuer veranlagt** wird.

Praxistipp

Bevor ein **beschränkt steuerpflichtiger** Arbeitnehmer einen Freibetrag als Lohnsteuerabzugsmerkmal beantragt, sollte er stets prüfen, ob sich eine **Einkommensteuerveranlagung** im Endergebnis möglicherweise **nachteilig** auswirkt. Nachteilige Effekte, die im Falle einer Veranlagung eines beschränkt Steuerpflichtigen vorteilhafte Effekte aus dem Freibetrag ganz oder teilweise kompensieren, können sich z.B. aus der Anwendung des **Progressionsvorbehaltes**[386] auf ausländische Einkünfte ergeben.

Wird zu wenig Lohnsteuer entrichtet, weil **unzutreffend ermittelte Freibeträge** als 709
Lohnsteuerabzugsmerkmal berücksichtigt wurden, ist die Lohnsteuer insoweit gem. § 39a Abs. 5 EStG **vom Arbeitnehmer nachzufordern**, wenn sie 10 € übersteigt.

bb) Lohnversteuerung des laufenden Arbeitslohnes

Die Lohnversteuerung von Mitarbeitern im Auslandseinsatz folgt den **allgemeinen** 710
Grundsätzen. Die rechtlichen Rahmenbedingungen sind dieselben wie für jeden

386 Vgl. Rn 529 ff.

anderen Arbeitnehmer auch. Besondere **Problemstellungen** oder **Gestaltungsmöglichkeiten** können sich bei Mitarbeitern im Auslandseinsatz aber aus dem jeweiligen Steuerstatus und ggf. aus eingeschränkten Besteuerungsrechten Deutschlands auf Arbeitslohnzahlungen ergeben.

711 Arbeitslohn wird für Zwecke der Lohnsteuerberechnung in **laufenden Arbeitslohn** und **sonstige Bezüge** unterschieden.[387] Das Verfahren der Lohnversteuerung des laufenden Arbeitslohnes richtet sich nach § 39b Abs. 2 EStG. Die gem. § 51 Abs. 4 Nr. 1a EStG veröffentlichten Programmablaufpläne der Finanzverwaltung liefern die erforderlichen Parameter für die maschinelle Lohnsteuerberechnung bzw. für die Erstellung der (privaten) **Lohnsteuertabellen,** nach denen die Lohnsteuer im Einzelfall zu berechnen ist. Aus den **Jahreslohnsteuertabellen** abgeleitet werden die

- Monatslohnsteuertabelle,
- Wochenlohnsteuertabelle und
- Tageslohnsteuertabelle.

712 Für den laufenden Arbeitslohn gilt, dass sich die anwendbare **Tabelle** nach dem **Lohnzahlungszeitraum**[388] richtet. Bei der Bestimmung der zur Anwendung kommenden Tabelle muss daher stets darauf abgestellt werden, welcher Zeitraum zwischen Arbeitnehmer und Arbeitgeber (z.B. im Arbeitsvertrag) als Lohnzahlungszeitraum vereinbart ist. Ist als Lohnzahlungszeitraum z.B. arbeitsvertraglich der Kalendermonat vereinbart, ist auf den laufenden Arbeitslohn stets die **Monatslohnsteuertabelle** anzuwenden. Besondere Regelungen gelten für **Nachzahlungen** und **Vorauszahlungen**[389] von Arbeitslohn sowie für **Abschlagszahlungen.**[390]

713 Auch in den Fällen, in denen nur ein **Teil des Arbeitslohnes**, der auf einen Lohnzahlungszeitraum entfällt, dem Lohnsteuerabzug unterliegt, richtet sich die anwendbare Tabelle allein nach dem vereinbarten **Lohnzahlungszeitraum**. Denn nach einer klarstellenden Regelung der Finanzverwaltung[391] sind, so lang das Dienstverhältnis fortbesteht, auch solche in den Lohnzahlungszeitraum fallende **Arbeitstage mitzuzählen,** für die der Arbeitnehmer **keinen steuerpflichtigen Arbeitslohn** bezogen hat. Daher ist es für die Frage nach der anwendbaren Tabelle unerheblich, inwieweit der Arbeitslohn eines Arbeitnehmers in einem Lohnzahlungszeitraum lohnsteuerpflichtig ist. Insbesondere kommt nicht etwa deswegen die Tagestabelle zur Anwendung, weil nur einzelne Tage eines Arbeitnehmers in Deutschland steuerpflichtig sind.

714 Wenn etwa der vereinbarte Monatslohn eines beschränkt oder unbeschränkt steuerpflichtigen Arbeitnehmers nur zu einem **geringen Bruchteil in Deutschland lohnsteuerpflichtig** ist (z.B. weil ein größerer Bruchteil nach DBA steuerfrei zu

387 Vgl. Rn 158.
388 Vgl. R 39b.5 Abs. 1 S. 1 LStR.
389 Vgl. R 39b.5 Abs. 4 LStR.
390 Vgl. R 39b.5 Abs. 5 LStR.
391 Vgl. R 39b.5 Abs. 2 S. 3 LStR.

belassen ist), kommt dennoch die Monatstabelle zur Anwendung. Dann unterliegt der lohnsteuerpflichtige Arbeitslohn in Anbetracht des Gesamteinkommens einer verhältnismäßig **geringen Lohnsteuerprogression.**

Praxistipp !

Lohnsteuerliche Progressionsvorteile werden im Rahmen einer **Einkommensteuerveranlagung** wieder kompensiert, soweit die Einbeziehung des steuerfreien Arbeitslohnes im Rahmen des **Progressionsvorbehaltes**[392] den Steuersatz auf den in Deutschland steuerpflichtigen Teil erhöht.

Soweit der Lohnsteuerabzug bei einem **beschränkt steuerpflichtigen** Arbeitnehmer **Abgeltungswirkung**[393] entfaltet, verbleiben etwaige lohnsteuerliche Progressionsvorteile aber final beim Arbeitnehmer.

Dem Lohnsteuerabzug unterliegt nur der in Deutschland **steuerbare** und **steuerpflichtige** Teil des Arbeitslohnes.[394] Im Falle einer **beschränkten Steuerpflicht** in Deutschland unterliegt daher nur der Teil des Arbeitslohnes der Lohnsteuer, der in den **Katalog der inländischen Einkünfte** fällt und der **nicht nach DBA steuerfrei** zu belassen ist. Im Falle einer **unbeschränkten Steuerpflicht** unterliegt der Arbeitslohn der Lohnsteuer, der **nicht nach DBA oder ATE steuerfrei** zu belassen ist. Die Ermittlung des in Deutschland lohnsteuerpflichtigen Arbeitslohnes erfolgt dabei grundsätzlich nach den allgemeinen Grundsätzen.[395] Soweit der in Deutschland steuerpflichtige Bruchteil des Arbeitslohnes dabei nach der **indirekten Zuordnungsmethode** von einem Verhältnis von Arbeitstagen abhängt, richtet sich danach auch die lohnsteuerliche Bemessungsgrundlage. 715

Praxistipp !

Ist der **Monatslohn** eines Arbeitnehmers **indirekt** nach den Arbeitstagen einer (in Deutschland steuerpflichtigen) **Inlandstätigkeit** und einer (in Deutschland nicht steuerpflichtigen) **Auslandstätigkeit** zuzuordnen, muss die Zuordnung bzw. die Ermittlung der lohnsteuerlichen Bemessungsgrundlage für diesen Monat anhand der **konkreten Arbeitstage in diesem Monat** vorgenommen werden.

Angesichts der **Frist für die Lohnsteueranmeldung**[396] müssen relevante Arbeitstag- 716
einformationen für einen Kalendermonat spätestens bis zum 10. des Folgemonates bei der für die Lohnversteuerung zuständigen Stelle vorliegen. Der Zeitrahmen ist entsprechend enger, wenn der **Abrechnungsschlusstermin** aufgrund organisatorischer Gegebenheiten bei einem Arbeitgeber noch vor dem Termin für die Lohnsteueranmeldung liegt. Liegt ein solcher Abrechnungsschlusstermin sogar im **Vormonat,** können relevante Arbeitstageinformationen für einen Kalendermonat u.U. zeitgerecht gar nicht

---

392 Vgl. Rn 529 ff.
393 Vgl. Rn 119.
394 Vgl. Rn 678 ff.
395 Vgl. Rn 430 ff.
396 Vgl. Rn 745.

vollständig vorgelegt werden. Wird eine von Arbeitstagen abhängige lohnsteuerliche Bemessungsgrundlage (ggf. nach vorhersehbaren Verhältnissen) abweichend von den tatsächlichen Verhältnissen ermitteltet, wird die Lohnsteuer für einen Anmeldungszeitraum in unzutreffender Höhe angemeldet. Dann liegt ein **Störfall im Lohnsteuerabzugsverfahren** vor, dem mit geeigneten Maßnahmen zu begegnen ist.[397]

717 Die relevanten **Arbeitstageinformationen** eines Arbeitnehmers müssen stets in geeigneter Weise im **Lohnkonto** dokumentiert werden.[398]

cc) Lohnversteuerung sonstiger Bezüge

718 Die Lohnsteuer auf einen sonstigen Bezug[399] wird gem. § 38a Abs. 3 S. 2 EStG als **Differenz** zwischen der **Jahreslohnsteuer** auf den **voraussichtlichen Jahresarbeitslohn** ohne den sonstigen Bezug und der Jahreslohnsteuer auf den voraussichtlichen Jahresarbeitslohn mit sonstigem Bezug ermittelt. In einem Kalenderjahr bereits gezahlte sonstige Bezüge sind dabei in den voraussichtlichen Jahresarbeitslohn einzubeziehen. Maßgeblich für die Berechnung der Lohnsteuer auf sonstige Bezüge ist stets die **Jahreslohnsteuertabelle.**

719 Auch für sonstige Bezüge gilt, dass nur der in Deutschland **steuerbare und steuerpflichtige Teil** der Lohnversteuerung zu unterwerfen ist. Soweit ein sonstiger Bezug keiner konkreten Tätigkeit im In- oder Ausland zugeordnet werden kann, muss für lohnsteuerliche Zwecke ein in Deutschland lohnsteuerpflichtiger Bruchteil ebenfalls nach der **indirekten Zuordnungsmethode**[400] anhand der Arbeitstage ermittelt werden. Die indirekte Zuordnung des **laufenden Arbeitslohnes** kann stets zutreffend anhand des **Arbeitstageverhältnisses im jeweiligen Lohnzahlungszeitraum** vorgenommen werden. Bei sonstigen Bezügen muss hingegen der für die Feststellung des Arbeitstageverhältnisses **maßgebliche Bezugszeitraum** bestimmt werden.

! **Praxistipp**
Wird ein Bonus (sonstiger Bezug) für die **Arbeitsleistungen im vorangegangenen Kalenderjahr** geleistet, ist zur Ermittlung des in Deutschland lohnsteuerpflichtigen Teiles auf die Arbeitstage des Vorjahres abzustellen.

---

720 Sonstige Bezüge können in der Praxis auch **vor Ablauf** ihres maßgeblichen Bezugszeitraumes geleistet werden. **Urlaubsgeld** kann z.B. **unterjährig** als sonstiger Bezug als Arbeitslohn für das gesamte Kalenderjahr gezahlt werden. In einem solchen Fall steht zu dem Zeitpunkt, in dem der sonstige Bezug (z.B. Urlaubsgeld) einer Lohnver-

397 Vgl. Rn 760.
398 Vgl. Rn 684.
399 Vgl. Rn 158.
400 Vgl. Rn 430 ff.

steuerung zu unterwerfen ist, noch nicht fest, auf wie viele in Deutschland geleistete (bzw. noch zu leistende) Arbeitstage der sonstige Bezug entfällt. Wird eine von Arbeitstagen abhängige lohnsteuerliche Bemessungsgrundlage für einen sonstigen Bezug (ggf. nach vorhersehbaren Verhältnissen) abweichend von den (im Nachgang festgestellten) tatsächlichen Verhältnissen ermittelt, wird die Lohnsteuer in unzutreffender Höhe angemeldet. Dann liegt ebenfalls ein **Störfall im Lohnsteuerabzugsverfahren** vor, dem mit geeigneten Maßnahmen zu begegnen ist.[401]

Die ermäßigte Besteuerung nach der sog. Fünftelungsregelung[402] für **Entschädigungen** und **Vergütungen für eine mehrjährige Tätigkeit** ist gem. § 39b Abs. 3 S. 9 EStG für unbeschränkt steuerpflichtige und gem. § 39d Abs. 3 S. 4 EStG i.V.m. § 39b Abs. 3 S. 9 EStG auch für beschränkt steuerpflichtige Arbeitnehmer auch im Lohnsteuerabzugsverfahren anzuwenden. Vergütungen für eine mehrjährige Tätigkeit sind z.B. **Arbeitslohnzahlungen**, die für einen Zeitraum geleistet werden, der sich über mindestens **zwei Veranlagungszeiträume** erstreckt und **zwölf Monate** übersteigt. 721

Mögliche Anwendungsbeispiele Fünftelungsregelung
- Abfindungen,
- Aktienoptionen,
- Completion Bonus.

Der Technik der Fünftelungsregelung entsprechend können sich bei relativ niedrigen Einkommen **erhebliche Steuerersparnisse** ergeben. **Gestaltungen** bei Entschädigungen und Vergütungen für eine mehrjährige Tätigkeit zielen regelmäßig darauf ab, den **Zuflusszeitpunkt** einer Vergütung in einen Veranlagungszeitraum zu verlagern, in dem ein Arbeitnehmer ein niedriges Einkommen erzielt (z.B. dem Jahr nach Wegzug), weil sich die Effekte der Fünftelungsregelung dann in besonders hohem Ausmaß günstig auswirken. 722

Bei unbeschränkt steuerpflichtigen Arbeitnehmern wird die Fünftelungsregelung im Rahmen der **Einkommensteuerveranlagung überprüft**. Im Rahmen der Veranlagung können sich dann steuererhöhende Effekte z.B. aufgrund des **Progressionsvorbehaltes**[403] auf den im Lohnsteuerabzugsverfahren nach der Fünftelungsregelung ermäßigt besteuerten Arbeitslohn ergeben. Diese Mechanismen können dazu führen, dass Arbeitslohn im Zu- oder Wegzugsjahr zunächst einem niedrigen Lohnsteuerabzug, final aber einer sehr viel höheren Einkommensteuer unterliegt und ein resultierender Einkommensteuerbescheid deswegen zu einer hohen Nachzahlung führt. 723

401 Vgl. Rn 760 ff.
402 Vgl. Rn 462.
403 Vgl. Rn 529 ff.

724 Soweit der Lohnsteuerabzug jedoch bei einem **beschränkt steuerpflichtigen** Arbeitnehmer **Abgeltungswirkung**[404] entfaltet, können sich keine steuererhöhenden Effekte durch eine Einkommensteuerveranlagung ergeben. Wenn in einem solchen Fall der Lohnsteuerabzug wegen Anwendung der Fünftelungsregelung niedrig ist, verbleiben diese Steuervorteile final beim Arbeitnehmer.

dd) Besonderheiten bei der Lohnsteuerfreistellung nach DBA oder ATE

725 Der nach DBA steuerfreie Arbeitslohn eines Arbeitnehmers ist grundsätzlich auch im Rahmen des Lohnsteuerabzugsverfahrens steuerfrei zu belassen.[405] Zu beachten ist aber, dass einige DBA eine **Steuerfreistellung auf Antrag** vorsehen.[406] In diesen Fällen darf eine Lohnsteuerfreistellung konsequenterweise nur dann erfolgen, wenn formal ein Freistellungsantrag beim Betriebsstättenfinanzamt gestellt wurde.[407] Das **Verfahren** zur Erteilung einer Freistellungsbescheinigung durch das Finanzamt hat die Finanzverwaltung in R 39b.10 LStR geregelt. Eine vom Finanzamt erteilte Freistellungsbescheinigung ist danach als Beleg zum **Lohnkonto** aufzubewahren.[408] Die **Mitteilung** eines Finanzamtes darüber, dass der Arbeitslohn nach einem DBA steuerfrei ist, gilt als **Lohnsteuerabzugsmerkmal**.[409]

! **Praxistipp**

Auch in Fällen, in denen DBA eine **antragsunabhängige Freistellung** vorsehen, sollte die Freistellung beim Betriebsstättenfinanzamt aus Gründen des **Rechtsschutzes** immer beantragt werden.
Eine erteilte **Freistellungsmitteilung** gilt als **Lohnsteuerabzugsmerkmal** (§ 39 Abs. 4 Nr. 5 EStG).[410]
So ist der Arbeitgeber vor etwaigen **fehlerhaften Interpretationen** der Vorschriften eines DBA geschützt und kann für deswegen zu wenig einbehaltene Lohnsteuer nicht mehr in Haftung genommen werden.

---

726 Unbeschränkt steuerpflichtige Arbeitnehmer brauchen für Zwecke der Lohnsteuerfreistellung keinen **Nachweis** über eine Versteuerung des Arbeitslohnes im Ausland erbringen.[411] Unabhängig davon muss die Versteuerung des Arbeitslohnes im Ausland nach Maßgabe des § 50d Abs. 8 EStG aber im Rahmen der **Einkommensteuerveranlagung** nachgewiesen werden. Anderenfalls erfolgt eine Nachversteuerung des vorher lohnsteuerfrei gestellten Arbeitslohnes.

---

404 Vgl. Rn 119.
405 Vgl. Rn 681.
406 Vgl. Rn 533 f.
407 BFH, Urt. v. 10.5.1989 – I R 50/85 –.
408 Vgl. Rn 684.
409 Vgl. Rn 694.
410 Vgl. Rn 694.
411 BMF-Schreiben v. 21.7.2005, BStBl I S. 821.

Für die Beantragung einer DBA-Freistellung gilt keine verbindliche **Frist.** Ein Antrag auf DBA-Freistellung kann daher z.B. auch für bereits **abgelaufene Lohnzahlungszeiträume** gestellt werden. 727

Praxistipp
Aus Gründen der **Rechtssicherheit** und um aufwendige **Korrekturen im Nachgang** zu vermeiden, sollte ein Freistellungsantrag frühzeitig gestellt werden, bevor eine Lohnsteueranmeldung für den ersten Lohnsteueranmeldungszeitraum, in dem nach DBA steuerfreier Arbeitslohn geleistet wird, abzugeben ist.

Auch für Arbeitslohn, der nach **ATE** von der Besteuerung ausgenommen wird, kann 728
eine **Lohnsteuerfreistellung** erfolgen. Das Verfahren im Lohnsteuerabzug ist im ATE geregelt.[412] Zum Zwecke der Lohnsteuerfreistellung muss der Arbeitnehmer oder Arbeitgeber eine **Freistellungsbescheinigung** beim Betriebsstättenfinanzamt beantragen. Für die Erteilung der Freistellungsbescheinigung muss die Erfüllung der Voraussetzungen glaubhaft gemacht werden und der Arbeitgeber muss sich verpflichten, die **Verfahrensvorschriften** einzuhalten, aus denen sich u.a. **Aufzeichnungs-** und **Dokumentationspflichten** ergeben. Eine Freistellungsbescheinigung wird von den Behörden nur erteilt, solang eine Änderung des Lohnsteuerabzuges[413] gem. § 41c EStG noch möglich ist.

ee) Besonderheiten bei Nettolohnvereinbarungen

Im Falle von Nettolohnvereinbarungen ist die Lohnsteuer **aus dem Bruttobetrag** 729
zu berechnen, der nach Abzug der Lohnsteuer den ausgezahlten Nettobetrag ergibt (R 39b.9 Abs. 1 S. 2 LStR). Soweit auch Solidaritätszuschlag, Kirchensteuer und Arbeitnehmeranteile zum Sozialversicherungsbeitrag vom Arbeitgeber übernommen werden, müssen sie in die Ermittlung des Bruttoarbeitslohnes einbezogen werden. Im Falle einer Nettolohnvereinbarung ist die Lohnsteuer daher durch **Hochrechnung** des Nettolohnes auf einen Bruttolohn zu ermitteln. Ein Arbeitnehmer bleibt auch im Falle einer Nettolohnvereinbarung **Steuerschuldner.**[414]

b) Pauschalierung der Lohnsteuer

Neben der sog. individuellen Lohnversteuerung, die nach den persönlichen Besteu- 730
erungsmerkmalen eines jeweiligen Arbeitnehmers erfolgt, bietet das EStG eine Vielzahl von Möglichkeiten, die **Lohnsteuer pauschal zu erheben.**

412 BMF-Schreiben v. 31.10.1983 – IV B 6 – S 2293 – 50/83 – BStBl I S. 470.
413 Vgl. Rn 771 ff.
414 BFH, Urt. v. 19.12.1960 – VI 92/60 U –.

Praxistipp
Motive zur Ausübung von Wahlrechten zugunsten von Lohnsteuerpauschalierungen können einerseits **niedrige Pauschalsteuersätze** und anderseits mit der Pauschalversteuerung einhergehende **Vereinfachungen** des Lohnsteuerabzugsverfahrens – z.B. Einsparung von Administrationsaufwand – sein.

731 Individuell zu versteuernder Arbeitslohn muss jedem einzelnen Arbeitnehmer zugeordnet werden, um die Lohnsteuer anschließend in der Gehaltsabrechnung zu verarbeiten. Pauschal zu versteuernder Arbeitslohn kann für lohnsteuerliche Zwecke grundsätzlich als Summe **ohne individuelle Zuordnung** erfasst werden. Die Lohnsteuer wird dann durch Anwendung des jeweiligen **pauschalen Steuersatzes** auf die Gesamtsumme der Arbeitslöhne ermittelt.

Praxistipp
Bei Arbeitnehmern im Auslandseinsatz können durchaus Gehaltsbestandteile vorliegen, bei denen die Voraussetzungen für eine pauschale Lohnversteuerung gegeben sind. Dann kann die Ausübung eines Wahlrechtes zugunsten einer Pauschalversteuerung dazu beitragen, Gehaltskosten und Administrationsaufwand zu senken.

aa) Pauschale Lohnversteuerung sonstiger Bezüge mit einem Durchschnittssteuersatz

732 Der § 40 Abs. 1 Nr. 1 EStG regelt die Pauschalversteuerung **sonstiger Bezüge** mit einem **Durchschnittssteuersatz** in einer **größeren Zahl von Fällen**. Der Steuersatz wird dabei als ein Durchschnittssteuersatz der Arbeitnehmer ermittelt, die den nach dieser Vorschrift pauschal zu versteuernden Arbeitslohn erhalten. Die Pauschalversteuerung erfordert einen **Antrag** des Arbeitgebers beim Betriebsstättenfinanzamt und einen **Pauschalierungsbescheid**, der von der Behörde bei Genehmigung des Antrages erteilt wird. Die Pauschalversteuerung nach dieser Vorschrift gilt **nur für sonstige Bezüge.**[415] Das bedeutet, laufender Arbeitslohn kann nicht nach dieser Vorschrift pauschal versteuert werden. Eine Pauschalversteuerung ist ferner nur möglich, soweit der **Pauschalierungshöchstbetrag in Höhe von 1.000 €** je Arbeitnehmer und je Kalenderjahr nicht überschritten wird. Sonstige Bezüge, die einem Arbeitnehmer zufließen und diesen Pauschalierungshöchstbetrag übersteigen, müssen nach anderweitigen Vorschriften pauschal (z.B. nach § 37b Abs. 2 EStG)[416] oder individuell lohnversteuert werden.

733 Durch die Pauschalierung wird der **Arbeitgeber** gem. § 40 Abs. 3 S. 1 EStG selbst zum **Schuldner** der Pauschalsteuer und hat diese zu übernehmen. Aufgrund der

415 Vgl. Rn 158.
416 Vgl. Rn 741 ff.

Steuerübernahme ist der pauschale Durchschnittssteuersatz als sog. **Nettosteuersatz** (oder **Übernahmesteuersatz**) zu ermitteln, bei dem berücksichtigt ist, dass die Steuer selbst Teil ihrer eigenen Bemessungsgrundlage ist. Zwar kann ein Arbeitgeber die Pauschalsteuer auf seinen Arbeitnehmer **abwälzen,** indem er einen entsprechenden Betrag vom Arbeitslohn einbehält. Eine Abwälzung der Pauschalsteuer führt aber weder zur Verminderung der Bemessungsgrundlage, noch ändert sie etwas an der Methode zur Ermittlung des pauschalen Durchschnittssteuersatzes als Nettosteuersatz.

Eine **größere Zahl von Fällen** wird von der Finanzverwaltung angenommen, 734
wenn gleichzeitig mindestens **20 Arbeitnehmer** in die Pauschalbesteuerung einbezogen werden (R 40.1 Abs. 1 LStR). Unter Berücksichtigung besonderer Verhältnisse beim Arbeitgeber kann aber auch eine größere Zahl von Fällen bei weniger als 20 Arbeitnehmern angenommen werden.

Mögliche Anwendungsbeispiele
- Urlaubsgeld,
- Weihnachtsgeld,
- Übernahme privater Steuerberatungskosten,[417]
- Sonderzahlungen und Prämien,
- Vorteile aus unüblichen Betriebsveranstaltungen,
- Vorteile aus Incentivemaßnahmen/-veranstaltungen (z.B. gemischt veranlasste Reisen, VIP-Logen, Business-Seats etc.)
- Warengutscheine.

Nach Auffassung der Finanzverwaltung (R 8.9 Abs. 3 LStR) bleiben nach § 40 EStG 735
pauschal versteuerte sonstige Bezüge bei der Prüfung der **Sachbezugsfreigrenze**[418] außer Ansatz. Durch eine Pauschalversteuerung von **Sachzuwendungen**, die als sonstige Bezüge gewährt werden, kann somit ein Überschreiten der Sachbezugsfreigrenze verhindert werden.

Praxistipp
Auch wenn ein Arbeitnehmer in einem Monat Sachbezüge im Wert von mehr als 44 € erhält, kann die Sachbezugsfreigrenze dennoch eingehalten sein,[419] wenn übersteigende Sachbezüge mit einem pauschalen Durchschnittssteuersatz gem. § 40 Abs. 1 Nr. 1 EStG versteuert werden.
Die Sachbezugsfreigrenze des § 8 Abs. 2 S. 9 EStG nimmt dann den Charakter eines **Sachbezugsfreibetrages** an.

---

417 Vgl. Rn 191 f.
418 Vgl. Rn 170.
419 Sachbezüge unterhalb der Freigrenze bleiben dann unversteuert.

bb) Pauschale Lohnversteuerung mit festen Steuersätzen

736 Daneben enthält das EStG weitere Regelungen zur Pauschalversteuerung bestimmter Zuwendungen eines Arbeitgebers mit festen Pauschalsteuersätzen.

Beispiele

- Sachprämien aus Kundenbindungsprogrammen, § 38a EStG: 2,25 %,
- Sachzuwendungen, § 37b EStG:[420] 30 %,
- arbeitstägliche Mahlzeiten, § 40 Abs. 2 S. 1 Nr. 1 EStG: 25 %,
- Betriebsveranstaltungen, § 40 Abs. 2 S. 1 Nr. 2 EStG: 25 %,
- Erholungsbeihilfen, § 40 Abs. 2 S. 1 Nr. 3 EStG: 25 %,
- Vergütungen für Verpflegungsmehraufwendungen, § 40 Abs. 2 S. 1 Nr. 4 EStG: 25 %,
- Übereignung von PC, Zubehör und Internetzugang, Zuschüsse für Internetnutzung, § 40 Abs. 2 S. 1 Nr. 5 EStG: 25 %,
- Fahrtkostenzuschüsse, § 40 Abs. 2 S. 2 EStG: 15 %,
- Gruppenunfallversicherungsbeiträge, § 40b Abs. 3 EStG: 20 %.

---

737 Für Mitarbeiter im Auslandseinsatz können Vergütungen für **Verpflegungsmehraufwendungen** eine **attraktive Form der zusätzlichen Entlohnung** sein. Nach § 40 Abs. 2 S. 1 Nr. 4 EStG kann ein Arbeitgeber zusätzliche Vergütungen von bis zu 100 % der gesetzlichen steuerfreien Pauschalen für Verpflegungsmehraufwendungen mit einem festen Pauschalsteuersatz von 25 % (zuzüglich KiSt und SolZ) versteuern. Voraussetzung ist, – wie für die gesetzlichen steuerfreien Pauschalen auch – dass der Arbeitnehmer vorübergehend von seiner Wohnung und dem Mittelpunkt seiner dauerhaft angelegten betrieblichen Tätigkeit entfernt betrieblich tätig wird (sog. **berufliche Auswärtstätigkeit**).

Beispiel

Einem Arbeitnehmer, der sich in einem Monat an 30 Tagen auf einer zusammenhängenden Dienstreise in London (Abwesenheit von 24h am Tag) befindet, können für diesen Monat Pauschalen für Verpflegungsmehraufwendungen in Höhe von 1.800 € (Pauschbetrag für 2012 für London gemäß BMF:[421] 60 € für 24h) **steuerfrei** gezahlt werden.

Daneben können an diesen Arbeitnehmer pauschal versteuerte Vergütungen für Verpflegungsmehraufwendungen in Höhe von 1.800 € (100 % der steuerfreien Pauschalen) geleistet werden.

Die vom Arbeitgeber geschuldete pauschale Lohnsteuer darauf beträgt 450 € (zuzüglich SolZ und KiSt).

Die pauschal versteuerten Vergütungen für Verpflegungsmehraufwendungen sind beitragsfrei in der Sozialversicherung.

---

738 Nach Ablauf einer **3-Monats-Frist** können Pauschalen für Verpflegungsmehraufwendungen gem. § 4 Abs. 5 S. 1 Nr. 5 EStG für dieselbe Auswärtstätigkeit nicht mehr steuerfrei geleistet werden. In der Fachliteratur wird die Auffassung vertreten, dass bei

420 Vgl. Rn 740 ff.

421 BMF-Schreiben v. 8.12.2011 – IV C 5 – S – 2353/08/10006 –.

Vergütungen für Verpflegungsmehraufwendungen i.S.d. § 40 Abs. 2 S. 1 Nr. 4 EStG eine **Pauschalversteuerung mit 25 % auch nach Ablauf der 3-Monats-Frist** erfolgen kann.[422]

Für sämtliche nach § 40 Abs. 2 EStG pauschal versteuerten Sachbezüge gilt **Beitragsfreiheit in der Sozialversicherung.**[423] 739

cc) Pauschale Lohnversteuerung von Sachzuwendungen

Nach § 37b Abs. 1 EStG kann ein Steuerpflichtiger an **Dritte** gewährte **Sachzuwendungen** pauschal versteuern. 740

Laut § 37b Abs. 2 EStG kann ein Arbeitgeber **betrieblich veranlasste Zuwendungen** an eigene Arbeitnehmer, die **zusätzlich zum ohnehin geschuldeten Arbeitslohn** erbracht werden und die **nicht in Geld** bestehen, mit einem festen Steuersatz von 30 % (zuzüglich SolZ und KiSt) pauschal versteuern. Bemessungsgrundlage für die Pauschalversteuerung sind die **Aufwendungen** des Steuerpflichtigen (einschließlich der Umsatzsteuer). Das Pauschalierungswahlrecht für Sachzuwendungen kann nur **einheitlich** ausgeübt werden. Wenn ein Arbeitgeber dieses Wahlrecht ausübt, muss er deswegen sämtliche Zuwendungen pauschalieren, die er an eigene Arbeitnehmer gewährt und die sich für die Anwendung dieser Vorschrift qualifizieren. Dieser Reflex wirkt sich nachteilig aus, soweit dadurch Zuwendungen an Arbeitnehmer einbezogen werden, die bei individueller Versteuerung einem niedrigeren Steuersatz als 30 % unterliegen würden. Umgekehrt wirkt er sich vorteilhaft aus, soweit dadurch Zuwendungen an Arbeitnehmer einbezogen werden, die bei individueller Versteuerung einem höheren Steuersatz als 30 % unterliegen würden. 741

Praxistipp !

Sollte ein Arbeitgeber erwägen, Gebrauch von einem Wahlrecht zugunsten des § 37b Abs. 2 EStG an eigene Arbeitnehmer zu machen, ist vorab sorgfältig zu prüfen, welche Vergütungsbestandteile, die der gesamten Belegschaft gewährt werden, ggf. unter die Pauschalierung fallen würden. Erst dann lässt sich abschätzen, ob sich die Anwendung des pauschalen Steuersatzes im Ergebnis günstig auswirkt. Sollten durch eine Pauschalversteuerung keine absoluten Steuervorteile realisiert werden können, kann sie dennoch günstig sein, wenn die Vorteile aus einer **einfachen Handhabung** im Lohnsteuerabzugsverfahren etwaige Nachteile, die sich aus dem Steuersatz ergeben können, überwiegen.

Zu beachten ist aber der **eingeschränkte Anwendungsbereich** der Vorschrift. In die Pauschalversteuerung sind z.B. Sachzuwendungen nicht einzubeziehen, für die schon **anderweitige Bewertungs- oder Pauschalierungsvorschriften** bestehen (Firmenwagen und Fälle amtlicher Sachbezugswerte nach § 8 Abs. 2 S. 2 bis 8 EStG, Personalrabatte nach § 8 Abs. 3 EStG, Vorteile aus Kundenbindungsprogrammen 742

422 *Ziesecke/Tüzel*, NWB 51/2011 S. 4322.
423 § 1 SvEV.

nach § 37a EStG, Fälle der Lohnsteuerpauschalierung nach § 40 EStG, Fälle der Überlassung von Vermögensbeteiligungen). Ferner fallen nur Zuwendungen, die **nicht in Geld** bestehen, d.h. **Sachzuwendungen**, in den Anwendungsbereich der Vorschrift. Jegliche Leistung von Arbeitslohn als Barlohn kann nicht nach dieser Vorschrift pauschal versteuert werden. Zudem können nur Zuwendungen, die **zusätzlich zum ohnehin geschuldeten Arbeitslohn** erbracht werden, pauschal versteuert werden. Das bedeutet, jeglicher Sachlohn, den ein Arbeitgeber seinem Arbeitnehmer z.B. aufgrund **arbeitsvertraglicher Vereinbarungen** schuldet, fällt nicht unter die Pauschalierung. Zudem sind von der Pauschalversteuerung sog. **Luxuszuwendungen** ausgeschlossen, deren Aufwendungen einen Betrag in Höhe von **10.000** € übersteigen. Ferner ist ein genereller **Pauschalierungshöchstbetrag** in Höhe von 10.000 € zu beachten. Soweit die Aufwendungen für Zuwendungen diesen Pauschalierungshöchstbetrag je Empfänger und Wirtschaftsjahr übersteigen, ist eine Lohnsteuerpauschalierung ausgeschlossen. Im Gegensatz zur Pauschalierungshöchstgrenze für Luxuszuwendungen darf eine Pauschalversteuerung für Zuwendungen unterhalb des Pauschalierungshöchstbetrages erfolgen.

743 Die Vorschrift des § 37b EStG wurde mit Wirkung zum 1.1.2007 eingeführt. Das BMF hat mit einem Anwendungsschreiben zu § 37b EStG einige Hilfestellungen zum Umgang mit der Vorschrift bereitgestellt. Dennoch sind zahlreiche **Zweifelsfragen** im Zusammenhang mit der Vorschrift noch nicht geklärt und derzeit teilweise Gegenstand finanzgerichtlicher Verfahren.[424]

744 Eine Pauschalierung der Lohnsteuer nach § 37b Abs. 2 EStG für eigene Arbeitnehmer führt nicht – wie andere Pauschalierungsvorschriften[425] – zu einer Beitragsfreiheit in der Sozialversicherung. Wenn auch das Lohnsteuerabzugsverfahren bei einer Lohnsteuerpauschalierung von Sachzuwendungen dahingehend vereinfacht ist, dass nach dieser Vorschrift pauschal versteuerte Sachzuwendungen für lohnsteuerliche Zwecke nicht einzelnen Arbeitnehmern zugeordnet zu werden brauchen, so ist es doch für Zwecke der Sozialversicherung grundsätzlich notwendig. Eine **echte Verfahrensvereinfachung** ergibt sich jedoch, wenn nach § 37b Abs. 2 EStG pauschal zu versteuernde Sachzuwendungen nur für Arbeitnehmer über der **Beitragsbemessungsgrenze** zu berücksichtigen sind. In diesem Fall kann die Pauschalierung nach § 37b Abs. 2 EStG zu erheblichen Verfahrensvereinfachungen und Steuerersparnissen führen.

424 BFH zur Steuerpflicht von Zuwendungen an Steuerausländer; BFH zur Einbeziehung von Geschenken unter 35 €.

425 Vgl. Rn 739.

Beispiel
Arbeitslohn aus der Übernahme **privater Steuerberatungskosten** für leitende Angestellte kann grundsätzlich nach § 37b Abs. 2 EStG pauschal versteuert werden.
Bei leitenden Angestellten dürften sich in der Regel steuerliche Vorteile aus dem im Vergleich zum individuellen **Steuersatz** niedrigen Pauschalsteuersatz von 30 % ergeben.
Eine **individuelle Zuordnung** von Vorteilen für beitragsrechtliche Zwecke ist bei leitenden Angestellten, die oberhalb der **Beitragsbemessungsgrenzen** liegen, nicht erforderlich. Insoweit ergeben sich echte Verfahrensvereinfachungen.
Allerdings kann eine individuelle Zuordnung für die Überprüfung des **Pauschalierungshöchstbetrages** von 10.000 € oder bei **Luxuszuwendungen** notwendig werden.
Zu prüfen ist aber, ob das **Zusätzlichkeitserfordernis** erfüllt ist. Wird die Übernahme von Steuerberatungskosten dem leitenden Angestellten – z.B. aufgrund **arbeitsrechtlich wirksamer Vereinbarungen** – als Arbeitslohn geschuldet, ist der Anwendungsbereich des § 37b Abs. 2 EStG nicht eröffnet.

2. Anmeldung und Abführung der Lohnsteuer

Nach § 41a Abs. 1 EStG hat ein Arbeitgeber spätestens am zehnten Tag nach Ablauf 745 eines Lohnsteueranmeldungszeitraumes die einzubehaltende und zu übernehmende Lohnsteuer beim **Betriebsstättenfinanzamt** anzumelden und die Lohnsteuer abzuführen. Bei verspäteter Lohnsteueranmeldung kann das Finanzamt gem. § 152 AO einen **Verspätungszuschlag** von bis zu 10 % der festgesetzten Steuer bis zu einem Höchstbetrag von 25.000 € festsetzen.[426] Bei verspäteter Zahlung der Lohnsteuer fallen nach § 240 AO **Säumniszuschläge** in Höhe von 1 % des rückständigen, auf volle 50 € abgerundeten Steuerbetrages an. Nach § 240 Abs. 3 gilt eine gesetzliche **Zahlungsschonfrist** von drei Tagen. Entstandene Säumniszuschläge können auf Antrag erlassen werden.[427]

Die Lohnsteueranmeldung steht einer **Steuerfestsetzung unter Vorbehalt der** 746 **Nachprüfung** gleich und kann grundsätzlich jederzeit geändert werden, bis der Vorbehalt der Nachprüfung aufgehoben ist. Der Vorbehalt der Nachprüfung wird nach **Abschluss einer Außenprüfung** oder mit Ablauf der **vierjährigen Festsetzungsfrist** aufgrund gesetzlicher Regelung in § 164 Abs. 4 AO aufgehoben. Darüber hinaus ist eine Änderung der Lohnsteueranmeldung nur im Rahmen der gesetzlichen **Änderungsvorschriften** der AO möglich (§§ 171 AO bis 178).

Änderungen von Lohnsteueranmeldungen zugunsten eines Arbeitgebers 747 oder eines Arbeitnehmers sind allerdings nur solange möglich, wie die **Lohnsteuerbescheinigung** des Arbeitnehmers noch nicht übermittelt ist.[428] Die Lohnsteuerbescheinigung ist spätestens bis zum **28.2.** des folgenden Kalenderjahres zu übermit-

426 BMF-Schreiben v. 14.2.2000, BStBl I S. 190.
427 BFH, Urt. v. 9.7.2003 – V R 57/02 –.
428 BFH, Urt. v. 17.6.2009 – VI R 46/07 –.

teln. Etwaige Lohnsteuererstattungsansprüche sollen Arbeitnehmer dann im Rahmen ihrer eigenen **Einkommensteuerveranlagung** geltend machen (H 41c LStH).

748 Bei fehlerhaften oder unvollständigen Lohnsteueranmeldungen muss ein Arbeitgeber gem. § 153 AO eine **berichtigte Lohnsteueranmeldung** einreichen.

! **Praxistipp**

Bei einer berichtigten Lohnsteueranmeldung soll der Berichtigungsgrund auf einem gesonderten Blatt angegeben werden.[429]

---

3. Lohnsteuerjahresausgleich

749 Bei der Durchführung des Lohnsteuerjahresausgleiches sind im Falle des Auslandseinsatzes von Mitarbeitern spezifische Besonderheiten zu beachten. Einen Lohnsteuerjahresausgleich gem. § 42b Abs. 1 S. 1 EStG dürfen Arbeitgeber nämlich nur für Arbeitnehmer durchführen, die während des gesamten Ausgleichsjahres **unbeschränkt steuerpflichtig** in Deutschland waren und während des gesamten Ausgleichsjahres in seinem **Dienstverhältnis** gestanden haben. Deswegen darf ein Arbeitgeber z.B. für in einem Kalenderjahr **zu- oder weggezogene Arbeitnehmer** oder **beschränkt steuerpflichtige** Arbeitnehmer keinen Lohnsteuerjahresausgleich durchführen. Ferner darf auch dann kein Lohnsteuerjahresausgleich erfolgen, wenn die Lohnsteuer für das Ausgleichsjahr ganz oder teilweise nach **Steuerklasse VI** zu ermitteln war, bei der Lohnsteuerberechnung ein **Freibetrag** zu berücksichtigen war oder der Arbeitnehmer im Ausgleichsjahr **nach DBA steuerfreien Arbeitslohn** i.S.d. § 34c Abs. 5 EStG bezogen hat. Daneben ist ein Lohnsteuerjahresausgleich für Arbeitnehmer ausgeschlossen, die Arbeitslohn bezogen haben, der **nach ATE lohnsteuerfrei** belassen wurde.[430]

! **Praxistipp**

Die gesetzlichen Tatbestandsvoraussetzungen, die an eine Verpflichtung oder Berechtigung zum Lohnsteuerjahresausgleich geknüpft sind, dürften im Falle von Arbeitnehmern im Auslandseinsatz eher im **Ausnahmefall** erfüllt sein.

---

750 Führt ein Arbeitgeber einen Lohnsteuerjahresausgleich **zu Unrecht** durch, haftet er für die an einen Arbeitnehmer erstatteten Lohnsteuern.[431]

429 BMF-Schreiben v. 29.8.1996, BStBl I S. 1152.

430 BMF-Schreiben v. 31.10.1983 – IV B 6 – S 2293 – 50/83 – BStBl I S. 470.

431 Vgl. Rn 728.

4. Abschluss des Lohnsteuerabzuges

Endet ein **Dienstverhältnis** oder das **Kalenderjahr,** muss ein Arbeitgeber das Lohnkonto eines jeweiligen Arbeitnehmers gem. § 41b Abs. 1 S. 1 EStG abschließen und auf Basis der **Eintragungen im Lohnkonto** gem. § 41b Abs. 1 S. 2 EStG die **elektronische Lohnsteuerbescheinigung** übermitteln. Die hierbei zu übermittelnden Daten sind gesetzlich in § 41b Abs. S. 2 EStG geregelt. Zu diesen Daten gehört die **Art und Höhe des gezahlten Arbeitslohnes.** Danach muss ein Arbeitgeber z.B. auch den nach **DBA** oder **ATE** steuerfrei gezahlten Arbeitslohn angeben. Zu den anzugebenden Daten gehören auch die gezahlten steuerfreien **Pauschalen für Verpflegungsmehraufwendungen** bei einer **beruflichen Auswärtstätigkeit** und Vergütungen bei **doppelter Haushaltsführung.** Die Vollständigkeit und Richtigkeit dieser Daten ist deswegen von herausragender Bedeutung, weil ein Arbeitgeber bei unvollständigen oder fehlerhaften Angaben für deswegen verkürzte Lohnsteuern **haftet.**[432] 751

Praxistipp !

Um die gesetzlichen Anforderungen zu erfüllen und eine Lohnsteuerhaftung zu vermeiden, müssen Arbeitgeber von Arbeitnehmern im Auslandseinsatz stets dafür Sorge tragen, dass die **Aufzeichnungen im Lohnkonto vollständig und zutreffend** sind. Typische fehleranfällige Bereiche sind hier die zutreffende Bescheinigung des steuerfreien Arbeitslohnes (nach DBA oder ATE), die steuerfreien Pauschalen für Verpflegungsmehraufwendungen und die Vergütungen bei doppelter Haushaltsführung.

Ausschlusstermin zur Übermittlung der Lohnsteuerbescheinigung ist gem. § 41b Abs. 1 S. 2 EStG jeweils der 28.2. eines Folgejahres (Abschluss des Lohnsteuerabzuges). 752

5. Lohnsteuerhaftung

a) Lohnsteuerhaftung des Arbeitgebers

Nach Maßgabe des § 42d Abs. 1 Nr. 1 bis 4 EStG haftet ein Arbeitgeber für die Lohnsteuer, die er **einzubehalten und abzuführen** hat, die er beim **Lohnsteuerjahresausgleich** zu Unrecht erstattet hat, die aufgrund **fehlerhafter Angaben** im Lohnkonto oder in der Bescheinigung verkürzt wird oder die ein **Dritter** in den Fällen des § 38 Abs. 3a EStG zu übernehmen hat. 753

Eine Lohnsteuerhaftung des Arbeitgebers kommt in der Praxis häufig deswegen zum Tragen, weil er lohnsteuerpflichtige Gehaltsbestandteile nicht dem Lohnsteuerabzug unterworfen oder er die Lohnsteuer nicht richtig berechnet hat. Ob die Steuer- bzw. Haftungsschuld letztlich beim Arbeitnehmer oder beim Arbeitgeber, die Gesamtschuldner der Lohnsteuer sind, geltend gemacht werden, entscheidet das 754

---

432 Vgl. Rn 753.

Betriebsstättenfinanzamt gem. § 42d Abs. 3 S. 2 EStG nach pflichtgemäßem **Ermessen.**

Praxistipp

Die Haftung eines Arbeitgebers setzt nicht voraus, dass die Finanzbehörden zuvor vergeblich versucht haben, die Steuer beim Arbeitnehmer nachzufordern.

Die Haftung eines Arbeitgebers ist **unabhängig vom Verschulden.**

Eine Haftungsinanspruchnahme eines Arbeitgebers kann aber bei mangelndem Verschulden ermessensfehlerhaft sein.[433]

---

755 Die Haftung des Arbeitgebers wegen **fehlerhafter Angaben** im Lohnkonto bzw. in der Lohnsteuerbescheinigung kommt zum Tragen, soweit durch fehlende oder unterlassene Angaben Steuern tatsächlich verkürzt werden.

Praxistipp

Versäumt ein Arbeitgeber, von ihm gezahlte steuerfreie Pauschalen für Verpflegungsmehraufwendungen (bei einer beruflichen Auswärtstätigkeit oder doppelten Haushaltsführung) in der Lohnsteuerbescheinigung anzugeben und wird die Einkommensteuer des Arbeitnehmers verkürzt, weil dieser in seiner Einkommensteuererklärung für dieselben Sachverhalte zusätzlich den Abzug der Pauschalen als Werbungskosten begehrt hat, haftet der Arbeitgeber für die dadurch verkürzten Steuern.

---

756 In bestimmten Fällen greift ein gesetzlicher **Haftungsausschluss** für den Arbeitgeber. Ein Arbeitgeber haftet gem. § 42d Abs. 2 Nr. 1 EStG nicht, wenn er deswegen zu wenig Lohnsteuer einbehält, weil der Arbeitnehmer seiner Verpflichtung, seine (elektronischen) **Lohnsteuerabzugsmerkmale** berichtigen zu lassen (§ 39 Abs. 5 EStG), nicht nachgekommen ist. Ferner haftet ein Arbeitgeber nicht in den Fällen, in denen er seinem Betriebsstättenfinanzamt über bestimmte Sachverhalte ordnungsgemäß eine **haftungsbefreiende Anzeige** erstattet hat.

Fälle der haftungsbefreienden Anzeige

Der Arbeitgeber hat einen unterbliebenen Lohnsteuerabzug erkannt und eine Nachholung erfolgt nicht (§ 41c Abs. 4 EStG).[434]

Der Barlohn reicht zur Deckung der Lohnsteuer nicht aus (§ 38 Abs. 4 S. 2 EStG).[435]

Ein Arbeitnehmer macht keine oder erkennbar unrichtige Angaben in Fällen echter Lohnzahlungen von dritter Seite (§ 38 Abs. 4 S. 3 Hs. 2 EStG).[436]

---

433 BFH, Beschl. v. 22.2.2007 – VI B 29/06 – n.v.

434 Vgl. Rn 777 ff.

435 Vgl. Rn 782 f.

436 Vgl. Rn 672.

b) Lohnsteuerhaftung bei Arbeitnehmerverleih

In Fällen der gewerblichen Arbeitnehmerüberlassung hat der Verleiher als Arbeitgeber des Leiharbeitnehmers die lohnsteuerlichen Arbeitgeberpflichten zu erfüllen. Das gilt gem. H 42d.2 LStH auch in Fällen der unerlaubten Arbeitnehmerüberlassung. 757

Beim gewerblichen Arbeitnehmerverleih haftet der Entleiher gem. § 42d Abs. 6 EStG grundsätzlich für die Lohnsteuer, die der Verleiher einzubehalten und abzuführen hat. Ein **Haftungsausschluss** greift § 42 Abs. 6 S. 2 EStG für den Entleiher im Falle der erlaubten Arbeitnehmerüberlassung, soweit ein Entleiher nachweist, dass er seinen **Mitwirkungspflichten** (§ 51 Abs. 1 Nr. 2 Buchst. d) EStG) nachgekommen ist. 758

Praxistipp !

Im Falle des Arbeitnehmerverleihes sollte sich ein Entleiher stets vergewissern, dass der **Verleiher über eine Arbeitnehmerüberlassungserlaubnis** verfügt.

Ein Verleiher muss im **schriftlichen Arbeitnehmerüberlassungsvertrag** erklären, dass er über eine solche Erlaubnis verfügt.

Ein Entleiher kann mittels Anfrage bei der **Regionaldirektion der Bundesagentur für Arbeit** überprüfen, ob ein Verleiher über eine Erlaubnis verfügt.

Sowohl im Falle erlaubter als auch unerlaubter Arbeitnehmerüberlassung greift gem. § 42 Abs. 6 S. 3 EStG ein Haftungsausschluss für einen Entleiher, wenn er **ohne Verschulden** über das Vorliegen einer Arbeitnehmerüberlassung **irrte** und er dem Finanzamt diesen Irrtum nachweisen kann (R 42.d Abs. 4 S. 5 LStR). Praxisfälle eines solchen Irrtumes können z.B. dann vorliegen, wenn der Entleiher annahm, dass es sich bei einer Fallkonstellation um einen Werkvertrag und nicht um eine Form der Arbeitnehmerüberlassung handelte. Der **Verleiher haftet** hingegen, wenn der Entleiher lohnsteuerlicher Arbeitgeber ist. 759

V. Störfälle im Lohnsteuerabzugsverfahren

Nicht immer gelingt es einem Arbeitgeber, die Lohnsteuer für einen Lohnzahlungszeitraum zutreffend den gesetzlichen Vorschriften entsprechend zu ermitteln. 760

1. Mögliche Ursachen für Störfälle beim Auslandseinsatz von Mitarbeitern

Auslandseinsätze von Mitarbeitern sind durch bestimmte Begleitumstände gekennzeichnet, die die Durchführung des Lohnsteuerabzugsverfahrens stören können. 761

a) Informationsproblem

Typisch für Auslandseinsätze ist, dass auf Arbeitgeberseite **mehrere Einheiten** mit dem Mitarbeiter befasst sind. Deswegen können sich auch lohnsteuerlich relevante 762

Vorgänge außerhalb einer Einheit vollziehen, die für einen Mitarbeiter Lohnsteuerabzugsverpflichtungen in Deutschland zu erfüllen hat. Diese Einheit bzw. der Arbeitgeber muss zur Erfüllung seiner Lohnsteuerabzugsverpflichtung aber über alle lohnsteuerlich relevanten Informationen
- vollständig
- umfassend und
- rechtzeitig

informiert sein.

Praxistipp

Führt ein entsendendes Unternehmen eine **betriebliche Altersvorsorge** für einen Mitarbeiter fort, liegt hierin ein lohnsteuerlich relevanter Vorgang, über den ein aufnehmendes Unternehmen als Arbeitgeber dem Grunde und der Höhe nach informiert sein muss.
Damit eine zutreffende lohnsteuerliche Qualifikation von Altersvorsorgebeiträgen erfolgen kann, muss in der Regel eine **umfassende Prüfung des Altersvorsorgemodells** vorgenommen werden (z.B. Prüfung Pensionsplan, Versicherungsverträge und öffentlich-rechtlicher sowie zivilrechtlicher Kontext einer Altersvorsorge).

---

763 Das Erfordernis **rechtzeitiger Information** bedeutet konkret, dass dem Arbeitgeber sämtliche Gehaltsinformationen eines Lohnanmeldungszeitraumes zu dem Zeitpunkt vorliegen müssen, zu dem er diese Gehaltsinformationen zu verarbeiten hat (spätestens zum **Termin für die Lohnsteueranmeldung** am 10. des Folgemonates[437]). Dazu zählen ggf. auch die relevanten Arbeitstageinformationen.[438]

b) Qualifikationsproblem

764 Sämtliche lohnsteuerlich relevanten Vorgänge muss ein Arbeitgeber auch lohnsteuerlich **zutreffend qualifizieren**. Der Arbeitgeber muss insbesondere prüfen, ob und inwieweit Vorgänge zum Zufluss von **Arbeitslohn** führen, ob Vorgänge zu **Dokumentations- und Aufzeichnungspflichten**[439] führen und ob Vorgänge **weitere Handlungen** nach sich ziehen (z.B. Freistellungsantrag nach DBA,[440] Antrag auf Lohnsteuerabzugsbescheinigung[441]). Bei diesen Prüfungen kann ein Arbeitgeber rechtlichen **Fehleinschätzungen** unterliegen.

---

437 Vgl. Rn 745.
438 Vgl. Rn 715 f.
439 Vgl. Rn 684 ff.
440 Vgl. Rn 725.
441 Vgl. Rn 703.

Beispiele
- Nachträgliche Feststellung einer wirtschaftlichen Arbeitgebereigenschaft oder einer inländischen Betriebsstätte,
- fehlerhafte DBA-Auslegung,
- Fehlbeurteilung der Steuerpflicht von Gehaltsbestandteilen und ggf. Haftungsfolgen.

2. Störfallprävention im Lohnsteuerabzugsverfahren

Die wichtige Erkenntnis, dass Informationsdefizite und Fehlbeurteilungen zu einem fehlerhaften Lohnsteuerabzug in Deutschland führen können, muss Anlass sein, diese Fehlerquellen nach Möglichkeit bereits vor Beginn eines Auslandseinsatzes auszuschließen. 765

a) Prozesse vs. Informationsproblem

Aus dem möglichen Informationsproblem leitet sich die Erkenntnis ab, dass bereits vor Beginn eines Auslandseinsatzes die erforderlichen **Schnittstellen** zu der im Inland für die Lohnversteuerung zuständige Stelle geschaffen werden müssen. Hierzu muss im ersten Schritt im Vorwege festgestellt werden, welche lohnsteuerlich relevanten Informationen an welchen Stellen vorliegen. Im Wesentlichen dürfte es sich bei den relevanten Informationen um Gehaltsinformationen und Arbeitstageinformationen handeln. 766

Mögliche Informationsquellen
- Arbeitslohn: Entsendevertrag, Assignment-Letter, Arbeitsverträge, Abrechnungsstelle im Heimatland/Gastland, Interview mit dem Arbeitnehmer
- Arbeitstage: Arbeitnehmer, Sekretariat

Im zweiten Schritt müssen **Verantwortlichkeiten** und **Prozesse** festgelegt werden, die gewährleisten, dass die lohnsteuerlich relevanten Informationen rechtzeitig zu der Stelle beim Arbeitgeber gelangen, bei der die Daten für die Lohnsteuer verarbeitet werden. 767

Beispiel
Verbleibt ein nach Deutschland entsandter Arbeitnehmer auf der **Gehaltsabrechnung im Heimatland**, sollte die Abrechnungsstelle im Heimatland angehalten werden, die Gehaltsdaten vor dem jeweiligen Abrechnungsschluss an die Abrechnungsstelle beim Arbeitgeber im Inland zu melden. Die Abrechnungsstelle beim Arbeitgeber im Inland muss dann die empfangenen Gehaltsdaten im Rahmen einer sog. **Schattenabrechnung** für deutsche lohnsteuerliche Zwecke verarbeiten.
Hängt die lohnsteuerliche Bemessungsgrundlage in Deutschland von einem **Verhältnis von Arbeitstagen** ab, sollte der Arbeitnehmer angehalten werden, die Arbeitstage zum jeweiligen Abrechnungsschluss an die Abrechnungsstelle beim Arbeitgeber im Inland zu melden.

b) Lohnsteueranrufungsauskunft vs. Qualifikationsproblem

768 Daneben müssen die lohnsteuerlichen Folgen einer Entsendung vor Beginn eingehend geprüft werden, um Qualifikationsfehler zu vermeiden.

! **Praxistipp**
Auch um etwaigen Vorwürfen des **Vorsatzes** oder der **Leichtfertigkeit** im Falle von Qualifikationsfehlern im Lohnsteuerabzugsverfahren vorzubeugen, sollte eine gründliche Prüfung lohnsteuerlicher Folgen in Entsendungsfällen stets in geeigneter Weise dokumentiert werden (z.B. Stellungnahme eines Steuerberaters o.ä.).

---

769 Im Falle von **Rechtsunsicherheiten** bei der Lohnsteuerabzugsverpflichtung dem Grunde nach oder bei Unsicherheiten bei der Behandlung bestimmter Gehaltsbestandteile in Deutschland besteht stets die Möglichkeit der Einholung einer für das Finanzamt verbindlichen **Lohnsteueranrufungsauskunft** gem. § 42e EStG. Sie stellt einen Verwaltungsakt dar, der ggf. mit Rechtsmitteln (Einspruch, Klage) angefochten werden kann.[442]

! **Praxistipp**
Im Gegensatz zu einer verbindlichen Auskunft ist die Lohnsteueranrufungsauskunft **nicht gebührenpflichtig**.
Eine Lohnsteueranrufungsauskunft kann auch für bereits **verwirklichte Sachverhalte** gestellt werden.

---

3. Störfallbeseitigung im Lohnsteuerabzugsverfahren

770 Das Lohnsteuerrecht ist komplex und deswegen fehleranfällig. Diesem Umstand trägt auch der Gesetzgeber Rechnung, indem er **spezialgesetzliche Instrumente** zur Behebung von Fehlern im Lohnsteuerabzugsverfahren installiert hat.

a) Änderung des Lohnsteuerabzuges

771 In bestimmten Fällen ist ein Arbeitgeber berechtigt oder verpflichtet, Lohnsteuer an seinen Arbeitnehmer zu **erstatten** oder Lohnsteuer **nachträglich** von seinem Arbeitnehmer **einzubehalten**. In anderen Fällen ist ein Arbeitgeber verpflichtet, seinem Betriebsstättenfinanzamt einen **unterbliebenen Lohnsteuerabzug anzuzeigen**. In diesem Zusammenhang regelt der § 41c EStG die Änderung des Lohnsteuerabzuges.

---

442 BMF-Schreiben v. 18.2.2011 – IV C 5 – S-2388/0 – 01 – BStBl I S. 213.

aa) Nachträgliche Lohnsteuererstattung oder -einbehaltung

Ein Arbeitgeber ist gem. § 41c Abs. 1 S. 1 Nr. 1 EStG **berechtigt**, bei der jeweils **nächstfolgenden Lohnzahlung** bisher erhobene Lohnsteuer zu **erstatten** oder noch nicht erhobene Lohnsteuer **nachträglich einzubehalten**, wenn ihm **elektronische Lohnsteuerabzugsmerkmale** zum Abruf zur Verfügung gestellt werden oder ein Arbeitnehmer eine **Lohnsteuerabzugsbescheinigung** mit Eintragungen vorlegt, die auf einen Zeitpunkt vor Abruf bzw. vor Vorlage zurückwirken. 772

Ein Arbeitgeber ist aber gem. § 41c Abs. 1 S. 1 Nr. 2 i.V.m. S. 2 EStG **verpflichtet**, bei der jeweils **nächstfolgenden Lohnzahlung** bisher erhobene Lohnsteuer zu **erstatten** oder noch nicht erhobene Lohnsteuer **nachträglich einzubehalten**, wenn er erkennt, dass er die Lohnsteuer bisher nicht vorschriftsmäßig einbehalten hat (auch bei rückwirkender Gesetzesänderung) und ihm die Änderung **wirtschaftlich zumutbar** ist. Ist eine Änderung wirtschaftlich nicht zumutbar, ist der Arbeitgeber zur Änderung berechtigt, aber nicht verpflichtet. 773

Praxistipp !

Arbeitgebern, deren **maschinelle Lohnabrechnungsprogramme** problemlose Rückrechnungen vorsehen, dürfte eine Änderung des Lohnsteuerabzuges regelmäßig wirtschaftlich zumutbar sein.
Diese Arbeitgeber müssen den Lohnsteuerabzug stets nachträglich ändern (solang dies gesetzlich möglich ist), wenn sie Fehler im Lohnsteuerabzugsverfahren erkennen.

In zeitlicher Hinsicht ist die Änderung des Lohnsteuerabzuges gem. § 41c Abs. 3 EStG nur möglich, solang die **Lohnsteuerbescheinigung** nach **Ablauf des Kalenderjahres** oder bei **Beendigung eines Dienstverhältnisses** vor Ablauf des Kalenderjahres noch **nicht ausgestellt bzw. übermittelt** ist. Letzter Ausschlusstermin für eine Änderung des Lohnsteuerabzuges ist damit der **28.2.** des Folgejahres, an dem die Lohnsteuerbescheinigung spätestens zu übermitteln ist. Zudem ist zu beachten, dass gem. § 41c Abs. 3 S. 3 EStG eine Erstattung von Lohnsteuer nach Ablauf eines Kalenderjahres nur im Wege des **Lohnsteuerjahresausgleiches**[443] zulässig ist. Damit entfällt das Recht oder die Verpflichtung zur Änderung des Lohnsteuerabzuges nach Ablauf eines Kalenderjahres für Arbeitnehmer, für die ein Lohnsteuerjahresausgleich nicht durchgeführt werden darf (z.B. beschränkt steuerpflichtige Arbeitnehmer). 774

War der Lohnsteuerabzug fehlerhaft und hat der Arbeitgeber von einem Recht zur Änderung des Lohnsteuerabzuges keinen Gebrauch gemacht bzw. ist eine Änderung gesetzlich nicht mehr möglich, muss stets geprüft werden, welche weiterführenden lohnsteuerlichen Verpflichtungen sich daraus ergeben. Im Falle zu viel entrichteter 775

443 Vgl. Rn 749.

Lohnsteuer können Erstattungsansprüche geltend gemacht werden.[444] Im Falle zu wenig entrichteter Lohnsteuer können sich Anzeigepflichten für einen Arbeitgeber ergeben.[445]

bb) Lohnsteuererstattung nach Abschluss des Lohnsteuerabzuges

776 Hat ein Arbeitgeber zu viel Lohnsteuern abgeführt, ist eine Lohnsteuererstattung vom Arbeitgeber an den Arbeitnehmer jedoch nicht mehr möglich, sofern eine Änderung des Lohnsteuerabzuges nicht mehr zulässig ist (z.B. weil die elektronische Lohnsteuerbescheinigung bereits übermittelt ist oder bei einem beschränkt steuerpflichtigen Arbeitnehmer ein Lohnsteuerjahresausgleich nicht mehr durchgeführt werden darf), hat der **Arbeitnehmer** grundsätzlich einen **Erstattungsanspruch gegenüber dem Betriebsstättenfinanzamt** des Arbeitgebers.[446] Einschränkend gilt aber nach Auffassung der Finanzverwaltung, dass derartige Erstattungsansprüche vorrangig im Wege der persönlichen **Einkommensteuerveranlagung** geltend zu machen sind.[447] Danach soll eine Erstattung mittels Antrag beim Betriebsstättenfinanzamt nur zulässig sein, wenn ein Arbeitnehmer keine Veranlagung zur Einkommensteuer beantragen kann (z.B. bei einem beschränkt steuerpflichtigen Nicht-EU/EWR-Bürger).

cc) Anzeige an das Betriebsstättenfinanzamt

777 Der § 41c Abs. 4 EStG sieht vor, dass ein Arbeitgeber die folgenden Fälle **unverzüglich** dem Betriebsstättenfinanzamt anzuzeigen hat, in denen er die Lohnsteuer **nicht nachträglich einbehält** oder **nicht einbehalten kann**, weil

- Eintragungen auf der Lohnsteuerkarte eines Arbeitnehmers, die nach dem Beginn des Dienstverhältnisses vorgenommen sind und auf einen Zeitpunkt **vor Beginn des Dienstverhältnisses** zurückwirken oder
- ein Arbeitnehmer vom Arbeitgeber **keinen Arbeitslohn** mehr bezieht oder
- ein Arbeitgeber nach Ablauf eines Kalenderjahres die **Lohnsteuerbescheinigung bereits ausgestellt** hat.

778 Die Anzeige nach dieser Vorschrift spielt in der Lohnsteuerpraxis eine **herausragende Rolle**. Sie ist in sämtlichen Fällen, in denen ein Arbeitgeber erkennt, dass er in der Vergangenheit zu wenig Lohnsteuern einbehalten hat und diesen Fehler nicht mehr im Rahmen des Lohnsteuerabzugsverfahrens beheben kann, zu beachten.

444 Vgl. Rn 776.

445 Vgl. Rn 777.

446 BFH, Urt. v. 21.10.2009 – I R 70/08 –.

447 H 41c.1 LStH „Erstattungsantrag“ – 1. u. 2. Spiegelstrich.

Mögliche Anlässe für ein nachträgliches Erkennen

- Anlässlich einer **verzögerten Kostenweiterbelastung** der Gesellschaft im Heimatland an die Gesellschaft im Gastland für Beiträge in einen Pensionsplan eines Arbeitnehmers wird festgestellt, dass diese Beiträge als Arbeitslohn für die Inlandstätigkeit des Arbeitnehmers als Arbeitslohn der Lohnsteuer hätten unterworfen werden müssen.
- Nachträglich wird festgestellt, dass ein ausländisches Unternehmen aufgrund von Inlandsaktivitäten einen Inlandsbezug hergestellt hat (z.B. **nachträgliche Feststellung einer Betriebsstätte**) und zum Lohnsteuerabzug in Deutschland verpflichtet war.
- Ein Arbeitgeber erlangt tatsächlich erst nachträglich Kenntnis über eine **echte Drittlohnzahlung** eines verbundenen Unternehmens (z.B. Ausübung von Aktienoptionen).

Das Finanzamt hat aufgrund der Anzeige die zu wenig erhobene Lohnsteuer **beim** 779
Arbeitnehmer nachzufordern, wenn der Nachforderungsbetrag 10 € übersteigt. Die Anzeige entfaltet für den Arbeitgeber eine **haftungsbefreiende Wirkung.**[448] In der Praxis hat sich für eine Anzeige nach § 41c Abs. 4 EStG daher der Begriff der „haftungsbefreienden Anzeige" eingebürgert. Diese Bezeichnung darf aber nicht darüber hinwegtäuschen, dass die gesetzliche Vorschrift weitaus mehr als den (möglichen) Haftungsausschluss für den Arbeitgeber beinhaltet. Aufgrund der Vorschrift ist der Arbeitgeber nämlich **gesetzlich zwingend** zur Anzeige verpflichtet.

Praxistipp

Das **Unterlassen** einer unverzüglichen Anzeige wäre – neben dem unterlassenen Lohnsteuerabzug – eine weitere lohnsteuerliche Verfehlung, die je nach Fall sogar **steuerstrafrechtliche Konsequenzen** nach sich ziehen kann.

Zu beachten ist, dass bestimmte **Anforderungen** an eine solche Anzeige gestellt sind. 780
Genügt eine Anzeige den einschlägigen Anforderungen nicht, besteht u.a. die Gefahr, dass eine Finanzbehörde die haftungsbefreiende Wirkung nicht anerkennt und den Arbeitgeber trotz Anzeige in Haftung nimmt. Die formalen und inhaltlichen Anforderungen an eine Anzeige ergeben sich aus den Lohnsteuerrichtlinien.[449]

Anforderungen an eine Anzeige

- Unverzüglichkeit,
- Schriftlichkeit,
- Angabe des Namens des Arbeitnehmers,
- Angabe der Anschrift des Arbeitnehmers,
- Mitteilung der Besteuerungsmerkmale (z.B. laut Lohnsteuerkarte),
- Anzeigegrund,
- alle relevanten Angaben über Art und Höhe des Arbeitslohnes (z.B. Auszug aus dem Lohnkonto).

448 Vgl. Rn 756.
449 R 41c.2 LStR.

Faustregel: Das Finanzamt muss aufgrund der Angaben in der Anzeige die nachzufordernde Lohnsteuer – **ohne weitere Ermittlungen** – in zutreffender Höhe berechnen und beim Arbeitnehmer nachfordern können!

781 Schon nach der gesetzlichen Regelung hat die Anzeige **unverzüglich** zu erfolgen. Die Finanzverwaltung fordert daher, dass eine solche Anzeige zu erstatten ist, sobald der Steuerpflichtige **erkennt,** dass der Lohnsteuerabzug in zu geringer Höhe einbehalten worden ist.[450] Eine Anzeige muss daher stets **ohne schuldhaftes Zögern** an das Betriebsstättenfinanzamt gerichtet werden.

b) Arbeitslohn reicht zur Deckung der Lohnsteuer nicht aus

782 Neben Fällen von Informations- und Qualifikationsproblemen können Situationen, in denen der Arbeitslohn eines Arbeitnehmers nicht für die Deckung der Lohnsteuer ausreicht, zu Störfällen im Lohnsteuerabzugsverfahren führen.

Praxistipp

Ein typisches Anwendungsbeispiel, in dem der Arbeitslohn zur Deckung der Lohnsteuer nicht ausreicht, ist der Fall des Zuflusses außerordentlich hoher **Sachbezüge** in einem Lohnzahlungszeitraum.
Der Arbeitslohn reicht zur Deckung der Lohnsteuer nicht aus, wenn die Lohnsteuer, die auf sämtliche (Bar- und Sach-)Bezüge in diesem Lohnzahlungszeitraum zu entrichten ist, den dafür zur Verfügung stehenden Barlohn übersteigt.
Dieser Fall kann z.B. dann eintreten, wenn ein vormals nach Deutschland entsandter Arbeitnehmer nach Beendigung seiner Entsendung geldwerte Vorteile aus der **Ausübung von Aktienoptionen** erzielt, die der (ehemaligen) Inlandstätigkeit zuzuordnen sind.

783 Der § 38 Abs. 4 S. 1 EStG sieht in diesen Fällen vor, dass der Arbeitnehmer dem Arbeitgeber den **Fehlbetrag zur Verfügung zu stellen** oder dass der Arbeitgeber einen entsprechenden Teil der anderen Bezüge des Arbeitnehmers **zurückzubehalten** hat. Soweit der Arbeitnehmer seiner Verpflichtung, den Fehlbetrag zur Verfügung zu stellen, nicht nachkommt und der Arbeitgeber den Fehlbetrag nicht durch Zurückbehaltung von anderen Bezügen des Arbeitnehmers aufbringen kann, ist der Arbeitgeber gem. § 38 Abs. 4 S. 2 EStG verpflichtet, dies dem **Betriebsstättenfinanzamt anzuzeigen** (§ 41a Abs. 1 S. 1 Nr. 1 EStG). Das Finanzamt hat dann gem. § 38 Abs. 4 S. 4 EStG die zu wenig erhobene Lohnsteuer beim Arbeitnehmer nachzufordern. Hat ein Arbeitgeber dem Betriebsstättenfinanzamt einen Fall nach § 38 Abs. 4 S. 2 EStG angezeigt, **haftet** er gem. § 42d Abs. 2 EStG insoweit nicht mehr für die zu wenig einbehaltene Lohnsteuer.

450 R 41.2 Abs. 1 S. 1 u. 2 LStR.

Praxistipp

!

Zwar sieht das EStG nicht vor, dass ein Arbeitgeber seinen Arbeitnehmer ggf. **aufzufordern** hat, einen Fehlbetrag zur Verfügung zu stellen. Dennoch sollten Arbeitgeber eine derartige Aufforderung leisten, damit Lohnsteuern nicht verkürzt werden und auch die haftungsbefreiende Wirkung der Anzeige nicht gefährdet wird.

F. Steuerliche Gestaltungsmöglichkeiten

I. Gründe für Optimierungsüberlegungen

Aufgrund der immer weiter fortschreitenden **Globalisierung** besteht für Unternehmen die Notwendigkeit – nicht nur national, sondern auch über die Grenzen hinweg – unternehmerisch zu agieren. Nur so kann ein Unternehmen **konkurrenz- und wettbewerbsfähig** bleiben. Dies gilt mittlerweile nicht nur für große Konzerne. Auch kleine und mittelständische Unternehmen dringen immer mehr in ausländische Märkte vor. 784

Um den Auslandseinsatz eines Mitarbeiters sowohl für das Unternehmen als auch den Mitarbeiter optimal zu gestalten, ist eine rechtzeitige Planung der Tätigkeit im Ausland unerlässlich. Dies gilt nicht nur für arbeits- und sozialversicherungsrechtliche, sondern auch für steuerliche und vergütungsrechtliche Aspekte. 785

Auf der einen Seite soll der Mitarbeiter eine Vergütung erhalten, die für ihn einen Anreiz schafft, ins Ausland zu gehen, unabhängig davon, ob es sich um ein Niedrig- oder Hochsteuerland handelt. Er erhält die Vergütung zum Ausgleich von Nachteilen und Risiken der Auslandstätigkeit sowie für erschwerte Einsatzbedingungen. Darüber hinaus werden die durch den Einsatz bedingten Mehrkosten abgedeckt und ein vergleichbarer Lebensstandard im Ausland gewährleistet. Auf der anderen Seite muss die Vergütung für das Unternehmen wirtschaftlich vertretbar und insbesondere das Grundgehalt in das Gehaltsgefüge des Auslandes integrierbar sein. Die Vermeidung einer hohen Steuerbelastung oder sogar einer Doppelbesteuerung im In- und Ausland steht im Interesse beider Parteien. 786

Durch die Beantwortung der folgenden Fragen vor dem Auslandseinsatz kann die Auslandstätigkeit steuerlich optimiert werden: 787
- Wohnsitz vs. Wohnsitzaufgabe?
- Einsatz im Nicht-DBA-Land oder DBA-Land?
- Auszahlungszeitpunkt der Vergütung?
- Ausländische Beurteilung von Vergütungsbestandteilen?
- Steuerliche Vergünstigungen von im Ausland tätigen Arbeitnehmern?
- Prozessgestaltung und Kontrolle?

II. Wohnsitzaufgabe vs. Wohnsitzbeibehalt

1. Outbound

788 Im Zusammenhang mit einer Auslandstätigkeit stellt sich häufig für den Mitarbeiter die Frage, ob der **Wohnsitz** im Heimatland (d.h. die bisher bewohnte Mietwohnung bzw. das Wohneigentum) beibehalten oder aufgegeben werden soll. Neben den praktischen Aspekten (z.B. Abwägung der Kosten für Miete einerseits bzw. Einlagerung oder Transport von Möbeln bzw. Verkauf andererseits) hat der Wohnsitz weitgehende steuerliche und außersteuerliche Auswirkungen, die für eine solche Entscheidung berücksichtigt werden müssen.

a) Unbeschränkte Steuerpflicht bei Wohnsitzbeibehalt

789 Bei einem kurzen Auslandseinsatz bzw. bei einem Mitarbeiter mit Wohneigentum in Deutschland wird in der Praxis oft der deutsche Wohnsitz während der Auslandstätigkeit beibehalten. Der Mitarbeiter bleibt aufgrund des deutschen Wohnsitzes weiterhin unbeschränkt einkommensteuerpflichtig in Deutschland mit seinem **Welteinkommen**. Soweit ein gültiges DBA besteht, wird dieses Besteuerungsrecht jedoch in der Regel beschnitten bzw. aufgehoben, da die von Deutschland geschlossenen DBA mit wenigen Einschränkungen die Freistellung der ausländischen Arbeitseinkünfte von der deutschen Besteuerung vorsehen.

790 Nichtsdestotrotz besteht weiterhin die Verpflichtung zur Abgabe einer deutschen Einkommensteuererklärung. In dieser sind auch die steuerfreien Einkünfte anzugeben.

791 Die unbeschränkte Einkommensteuerpflicht bietet zum einen viele Vorteile für den Mitarbeiter (beispielsweise **Zusammenveranlagung** für Ehegatten, umfangreichere Abzugsmöglichkeiten von Werbungskosten, Sonderausgaben etc.). Zum anderen unterliegen die steuerfreien Einkünfte bei Anwendung der **Freistellungsmethode** nach einem DBA dem sog. **Progressionsvorbehalt**. Folglich werden die in Deutschland steuerfreien aber dem Progressionsvorbehalt unterliegenden Einkünfte bei der Ermittlung des individuellen Steuersatzes für mögliche andere inländische Einkünfte berücksichtigt.

792 Es ist daher empfehlenswert, vor dem Auslandseinsatz Vorabberechnungen der zu erwartenden Steuerbelastung im In- und Ausland zu erstellen. Nur so kann beispielsweise eindeutig ermittelt werden, wie sich die positiven Effekte der deutschen unbeschränkten Steuerpflicht bei zu erwartenden inländischen Einkünften gegenüber dem negativen Effekt des Progressionsvorbehaltes verhalten.

Beispiel – Zusammenveranlagung und Progressionsvorbehalt
Mitarbeiter A geht in Jahr 1 ins DBA-Ausland. Seinen Wohnsitz gibt er nicht auf, die Ehefrau lebt weiter in Deutschland. In Jahr 2 erhält er nachlaufenden Arbeitslohn, z.B. einen Bonus in Höhe von 5.000 €, der in Deutschland steuerpflichtig ist. Sein laufendes im Ausland zu versteuerndes Gehalt beträgt

100.000 €. Die Ehefrau erzielt ein steuerpflichtiges Gehalt in Höhe von 50.000 €. Um die genannten Auswirkungen des Progressionsvorbehaltes zu vermeiden, kann eine **getrennte Veranlagung** (d.h. zwei Steuererklärungen für die beiden Ehegatten als würde die Ehe nicht bestehen) günstiger sein. Bei einem Vergleich der Veranlagungsformen zeigt sich folgendes Ergebnis:[451]

	Zusammenveranlagung	Getrennte Veranlagung		
		Ehemann	Ehefrau	Summe
Steuerpflichtiges Gehalt	55.000	5.000	50.000	
Abzgl. Arbeitnehmerpauschbetrag	2.000	1.000	1.000	
Summe der Einkünfte	53.000	4.000	49.000	
Ausländische Einkünfte	100.000	100.000		
Einkommensteuer	16.572	1.353	12.428	13.781
Solidaritätszuschlag	911	74	683	757
Gesamte Steuer	**17.483**	**1.427**	**13.111**	**14.538**

Die getrennte Veranlagung führt in diesem Beispiel zu einer um 2.945 € geringeren Steuerbelastung.

b) Wechsel von der unbeschränkten zur beschränkten Steuerpflicht durch Wohnsitzaufgabe

aa) Vermeidung bzw. Reduzierung der Steuerbelastung und des administrativen Aufwandes

Bei einem längeren Auslandseinsatz können durch die Wohnsitzaufgabe zum Jahresende steuerliche und administrative Nachteile im Folgejahr vermieden werden. Typischerweise wird diese Möglichkeit in der Praxis von sehr jungen, noch nicht längerfristig gebundenen Mitarbeitern am Anfang der Berufstätigkeit genutzt sowie generell, wenn kein Wohneigentum vorliegt. 793

Ab dem Zeitpunkt der Wohnsitzaufgabe ist der Mitarbeiter nur noch beschränkt einkommensteuerpflichtig mit ggf. inländischen Einkünften (beispielsweise in Deutschland steuerpflichtiger Bonus oder Abfindungszahlung nach Wohnsitzaufgabe oder Quelleneinkünfte aus Vermietung und Verpachtung). Eine Doppelbesteuerung der laufenden Arbeitnehmereinkünfte im In- und Ausland ist regelmäßig ausgeschlossen. Im Folgejahr profitiert der Mitarbeiter in Deutschland in Abhängigkeit von der Höhe der im Inland steuerpflichtigen Einkünfte ggf. von dem Grundfreibetrag bzw. dem niedrigeren Steuersatz durch die ausschließliche Versteuerung des Bonus.[452] 794

451 Aus Vereinfachungsgründen werden keine Vorsorgeaufwendungen und keine weiteren steuerlich berücksichtigungsfähigen Aufwendungen berücksichtigt.

452 Die ausländischen Einkünfte bleiben beim Lohnsteuereinbehalt unberücksichtigt.

795 Sofern durch den deutschen Arbeitgeber **nachlaufender Arbeitslohn** im Folgejahr gezahlt wird, ist dieser in Deutschland zu versteuern. Aufgrund der beschränkten Einkommensteuerpflicht hat die vom Arbeitgeber einzubehaltende Lohnsteuer **Abgeltungswirkung**.

796 Der Mitarbeiter ist dann nicht verpflichtet, eine deutsche Einkommensteuererklärung abzugeben. Eine solche ist nur erforderlich, wenn er weitere im Inland steuerpflichtige Einkünfte erzielt (z.B. aus einer in Deutschland belegenen Immobilie oder einem Gewerbebetrieb in Deutschland). In diesem Fall sind aber dann nur diese Einkünfte anzugeben, nicht jedoch die Einkünfte aus nichtselbstständiger Arbeit, für die grundsätzlich weiter eine Abgeltungswirkung besteht.

Beispiel – Wohnsitzbeibehalt bzw. Wohnsitzaufgabe

Mitarbeiter A geht in Jahr 1 ins DBA-Ausland. Seinen Wohnsitz gibt er nicht auf. In Jahr 2 erhält er nachlaufenden Arbeitslohn, z.B. einen Bonus in Höhe von 5.000 €, der in Deutschland steuerpflichtig ist. Sein laufendes im Ausland zu versteuerndes Gehalt beträgt 100.000 €.

In Jahr 2 ist A aufgrund des Wohnsitzbeibehaltes unbeschränkt einkommensteuerpflichtig in Deutschland. A ist gesetzlich verpflichtet, im Jahr 2 eine Einkommensteuererklärung abzugeben. Darin muss er den Bonus in Höhe von 5.000 € als steuerpflichtig und den Arbeitslohn von 100.000 € als steuerfrei erklären. Der steuerfreie Arbeitslohn wirkt sich negativ über den Progressionsvorbehalt auf die Höhe der Steuer auf die inländischen Einkünfte in Höhe von 5.000 € aus. Im Jahr 2011 hätten sich in diesem Fall eine Einkommensteuer von 1.353 € und ein Solidaritätszuschlag von 74 € ergeben. Im Fall einer Wohnsitzaufgabe würde sich dagegen nach der Jahrestabelle eine Lohnsteuer von 0 € ergeben, da das Gehalt unter dem Grundfreibetrag von derzeit 8.130 € (in 2013) liegt. Aufgrund der Abgeltungswirkung wäre keine Veranlagung erforderlich und die ausländischen Einkünfte hätten keine Auswirkung.

Praxistipp

Sofern sich nachträglich herausstellt, dass der Lohnsteuereinbehalt zu hoch ist (z.B. aufgrund der Versteuerung in einer unzutreffenden Steuerklasse oder unter Verwendung einer ungünstigeren Lohnsteuertabelle), bzw. sogar ganz ohne Verpflichtung vorgenommen wurde, kann eine Korrektur grundsätzlich über einen **Lohnsteuererstattungsantrag** erfolgen (§ 37 Abs. 2 AO). Eine Erstattung wird von den Finanzbehörden jedoch häufig dann verweigert, wenn ein solcher Antrag nach dem Ablauf des Kalenderjahres gestellt wird, in dem die Lohnzahlung erfolgt und die Möglichkeit der **Antragsveranlagung** (insbesondere nach § 50 Abs. 2 EStG[453] für EU-Bürger) besteht. Eine Antragsveranlagung führt allerdings häufig zu einer höheren Steuerbelastung und ist damit ungünstiger als ein zutreffender Steuereinbehalt. Steuerpflichtige, die nach dem Gesetzeswortlaut durch die Möglichkeit der Veranlagung bevorzugt werden, werden somit faktisch gegenüber Steuerpflichtigen benachteiligt, denen diese Möglichkeit nicht offensteht. Diese Ungleichbehandlung ist u.E. nicht durch den Gesetzgeber beabsichtigt und auch nicht zu rechtfertigen, in entsprechenden Fällen ist daher eine Klage in Erwägung zu ziehen.

---

453 Vgl. dazu die Ausführungen unter Rn 818 ff. Antragsveranlagung für EU/EWR-Bürger.

Beispiel
Mitarbeiter A wird ab dem 1.1.2011 entsendet. Im Februar 2011 erhält er einen Bonus von 5.000 € für das Jahr 2010. Dieser wird vom Arbeitgeber nach Steuerklasse I besteuert, die Versteuerung erfolgt aber nach der Monatstabelle. Es ergibt sich somit eine Lohnsteuer von 1.155,16 € und ein Solidaritätszuschlag von 63,53 €. Bei zutreffender Ermittlung nach der Jahrestabelle wäre dagegen eine Steuer von 0 € abgeführt worden. Im Jahr 2011 hat der Mitarbeiter außerdem ausländische Einkünfte in Höhe von 100.000 € erzielt.
Der Lohnsteuererstattungsantrag führt zu einer Erstattung der gesamten Steuer, d.h. von 1.218,69 €. Die Antragsveranlagung würde durch die in diesem Fall zur Ermittlung des Steuersatzes (sog. Progressionsvorbehalt) zu berücksichtigenden ausländischen Einkünfte zu einer festzusetzenden Steuer von 1.353 € (Lohnsteuer) sowie 74 € (SolZ) führen, d.h. zu einer Nachzahlung von insgesamt 208,31 €. Von einem solchen Antrag ist daher abzuraten, um zumindest die Nachzahlung zu vermeiden. Der Steuereinbehalt ist damit endgültig und kann nicht mehr korrigiert werden. Der gemäß dem Gesetzeswortlaut begünstigte Steuerpflichtige hat damit letztlich einen Nachteil in Höhe von 1.218,69 € gegenüber einem Mitarbeiter, für den eine Antragsveranlagung nicht möglich und daher ein Lohnsteuererstattungsantrag erfolgreich ist.[454]

Praxistipp
Aufgrund der geschilderten Auswirkung ist zur Vermeidung von Nachteilen dringend darauf zu achten, dass der Lohnsteuereinbehalt zutreffend erfolgt bzw. eine Korrektur – sofern nötig – vor der Übermittlung der Lohnsteuerbescheinigung vorgenommen wird.

Die Wohnsitzaufgabe kann auch immer dann sinnvoll sein, wenn in dem Einsatzland 797
keine der Einkommensteuer vergleichbare Steuer erhoben wird. Dies ist etwa in den **VAE** der Fall. Die Steuerlast kann durch die Wohnsitzaufgabe auf 0 € gesenkt werden.

bb) Auswirkungen auf weitere Einkunftsarten

Eine Meldung des Steuerpflichtigen als sog. **Steuerausländer** sollte bei Wohnsitz- 798
aufgabe bei den entsprechenden Kreditinstituten erfolgen, da die Wohnsitzaufgabe in Deutschland u.a. Einfluss auf die Einkünfte aus Kapitalvermögen und den damit verbundenen vorzunehmenden Steuereinbehalt hat.

454 Der geschilderte Effekt tritt in vollem Umfang ein, sofern der Bonus ohne Abzug von Sozialversicherungsbeiträgen gezahlt wird (insbesondere wenn das laufende Gehalt, wie in diesem Fall naheliegend, im Vorjahr über der Beitragsbemessungsgrenze Rentenversicherung lag und damit schon die Höchstbeiträge gezahlt wurden). Sofern hier Sozialversicherungsbeiträge berücksichtigt werden können, verbessert sich die Situation aus Sicht des Arbeitnehmers, ggf. ist die Antragsveranlagung in diesem Fall auch sinnvoll. Eine Steuererstattung in voller Höhe und damit eine vollständige Korrektur ist hierdurch jedoch nicht mehr möglich. Auf das Gehalt im Entsendungszeitraum entfallende Sozialversicherungsbeiträge können nicht berücksichtigt werden, da sie in unmittelbarem wirtschaftlichen Zusammenhang mit steuerfreien Einnahmen stehen.

799 So werden Zinsen in diesem Fall ohne Steuerabzug ausgezahlt. Hinsichtlich Dividenden von inländischen Kapitalgesellschaften besteht jedoch nach den meisten DBA für Deutschland ein **Quellensteuerrecht**; aus diesem Grund erfolgt hier weiterhin ein Abzug der **Abgeltungsteuer**. Dividenden ausländischer Gesellschaften werden dagegen in diesem Fall steuerfrei ausgezahlt. Das Besteuerungsrecht wird nach DBA grundsätzlich dem **Ansässigkeitsstaat** zugewiesen, bei den Dividenden wird dieses durch die Anrechnung der Quellensteuer eingeschränkt. Da nach nationalem Recht teilweise kein Besteuerungstatbestand vorliegt (eine der unbeschränkten Steuerpflicht vergleichbare Besteuerung erfolgt in verschiedenen Ländern erst nach einem mehrjährigen Aufenthalt im Land, z.B. China), wird dieses jedoch häufig nicht ausgeübt. Da aus deutscher Sicht bei beendigter unbeschränkter Einkommensteuerpflicht auch eine Besteuerung abweichend vom Wortlaut des DBA nach § 50d Abs. 9 EStG (sog. **Treaty Override**) nicht in Betracht kommt, bleiben diese Einkünfte endgültig unversteuert.

Beispiel

Mitarbeiter A (ledig, keine Kirchensteuerpflicht) wird ab dem 1.7.2011 von Deutschland nach China entsendet und gibt seinen Wohnsitz in Deutschland auf. Er erhält eine Dividende von 1.000 € (Zahlung am 1.4.2011) sowie Zinsen auf Tagesgeld von ebenfalls 1.000 € (Zufluss am 31.12.2011). Das Depot und das Tagesgeldkonto werden bei derselben Bank geführt, er hat einen Freistellungsauftrag in Höhe von 801 € erteilt.

Ohne Meldung als Steuerausländer geht die Bank von einem Beibehalt des Wohnsitzes aus. Nach Überschreiten des freigestellten Betrages werden 199 € der Dividende und die gesamten Zinsen versteuert. Die Kapitalertragsteuer (Abgeltungssteuer) beträgt 25 % von 1.199 €, d.h. 299,75 € (zuzüglich 16,49 € SolZ).

Bei Meldung als Steuerausländer wird die zuvor zugeflossene Dividende ebenfalls versteuert, die Zinsen bleiben aufgrund des Zuflusses nach der Wohnsitzaufgabe in Deutschland und wie oben geschildert in diesem Fall auch endgültig steuerfrei. Die Kapitalertragsteuer beträgt also 25 % von 199 €, d.h. 49,75 € (zuzüglich 2,74 € SolZ).

800 Eine Meldung als Steuerausländer bei den Kreditinstituten ist in den genannten Fällen wichtig, da eine Korrektur und Freistellung der entsprechenden Einkünfte im Rahmen der Einkommensteuerveranlagung häufig nicht möglich ist. Eine Erstattung der zu Unrecht einbehaltenen Steuer kann dann nur noch aufwendig über das Bundeszentralamt für Steuern erfolgen.

Praxistipp

Seit Einführung der Abgeltungssteuer sind Kapitalerträge grundsätzlich nicht mehr als Einkünfte im Sinne des EStG anzusehen, wenn dies nicht im Einzelfall anders geregelt ist (§ 2 Abs. 5b EStG). Es sprechen daher gute Gründe dafür, dass diese auch nicht unter Progressionsvorbehalt zu berücksichtigen sind. Insbesondere wenn eine Freistellung im Rahmen der Veranlagung beantragt wird, werden diese häufig trotzdem vom Finanzamt hier angesetzt. Dies sollte so nicht akzeptiert und die rechtlichen Möglichkeiten ausgeschöpft werden.

c) Auswirkungen nach dem AStG

Bei vermögenden Personen, die z.B. Anteile an Kapitalgesellschaften (Beteiligung zu mehr als 1 %) besitzen, können zusätzlich die Regelungen des AStG (erweiterte beschränkte Einkommensteuerpflicht bzw. Wegzugsbesteuerung) zu ungewünschten Folgen führen. Diese sollten vor der Wohnsitzaufgabe mit dem steuerlichen Berater besprochen werden, um unangenehme Überraschungen zu vermeiden. 801

d) Auswirkungen auf nicht-steuerliche Bereiche

Der Vollständigkeit halber wird darauf hingewiesen, dass die Wohnsitzaufgabe wohl überlegt sein sollte, da sie sich auch auf außersteuerliche Bereiche auswirkt, beispielsweise **Kindergeld**, Elterngeld, Riesterrente[455] und in Altfällen auf die Eigenheimzulage. 802

Beim Kindergeld ist nach Wohnsitzaufgabe zu prüfen, ob weiterhin ein Anspruch auf Kindergeld nach dem Bundeskindergeldgesetz besteht. Hierfür ist neben einem entsprechenden Antrag die Versicherungspflicht in der Arbeitslosenversicherung Voraussetzung. 803

Die oben genannten Leistungen können aber ggf. nach einer Rückkehr nach Deutschland erneut beantragt werden, sofern die Voraussetzungen vorliegen. Der Anspruch für die Zeit der Auslandstätigkeit geht in der Regel dagegen verloren. 804

e) Handlungsbedarf des Arbeitgebers

Zu beachten ist, dass die Lohnsteuerkarte bzw. Ersatzbescheinigung (und damit auch die hier eventuell eingetragene günstigere Steuerklasse) mit Beendigung der unbeschränkten Einkommensteuerpflicht nicht mehr verwendet werden darf. Es ist daher beim **Betriebsstättenfinanzamt** des Arbeitgebers eine Bescheinigung nach § 39d Abs. 1 S. 3 EStG[456] zu beantragen, welche die für den Lohnsteuerabzug relevanten Angaben enthält. Entsprechend dieser Bescheinigung muss der Lohnsteuereinbehalt unabhängig vom Familienstand immer nach Steuerklasse I erfolgen. Da bei beschränkter Steuerpflicht keine Kirchensteuerpflicht besteht, erübrigt sich ein Abzug. 805

Ohne eine solche Bescheinigung muss der Lohnsteuereinbehalt nach Klasse VI erfolgen. Die Bescheinigung entfällt, sobald die automatische Abfrage der Lohnsteuerabzugsmerkmale über die ELStAM-Datenbank erfolgt, die Verpflichtung des Arbeitnehmers zur Meldung beim Finanzamt besteht aber weiterhin. 806

455 *Klotzek/Lechowicz*, PIStB 2009, 86.

456 § 39d EStG ist mit Wirkung vom 1.1.2012 aufgehoben worden. Für den Veranlagungszeitraum 2012 besteht keine vergleichbare Regelung. Die Vorgehensweise sollte im Einzelfall mit dem jeweiligen Betriebsstättenfinanzamt abgestimmt werden, da derzeit keine einheitliche Handhabung erfolgt.

807 Der Arbeitgeber sollte sich daher die Wohnsitzaufgabe schriftlich vom Arbeitnehmer bestätigen lassen und diese Bestätigung mit dem Lohnkonto aufbewahren, da die Wohnsitzaufgabe wie dargestellt Auswirkungen auf den Lohnsteuereinbehalt in Deutschland hat. Der Arbeitnehmer ist zwar Schuldner der Lohnsteuer, die zutreffende Durchführung des Lohnsteuereinbehaltes ist allerdings Aufgabe des Arbeitgebers.

f) Handlungsbedarf des Arbeitnehmers

808 Der Arbeitnehmer sollte sich nicht nur polizeilich abmelden, sondern auch die Kündigung der Mietwohnung bzw. den Verkauf oder die Vermietung des Wohneigentums für das Finanzamt dokumentieren. Darüber hinaus ist es für den Mitarbeiter sinnvoll, die **Abmeldebestätigung** für Gas, Wasser, Strom, Rundfunkbeitrag, Telefon etc. aufzubewahren. Entscheidend für die Wohnsitzaufgabe sind die tatsächlichen Verhältnisse. Eine deutsche Briefkastenadresse ist steuerlich unbeachtlich. In diesem Falle ist die Dokumentation der Wohnsitzaufgabe allerdings besonders gründlich zu dokumentieren, um Streitigkeiten mit den Finanzbehörden zu vermeiden.

809 Obwohl der Arbeitnehmer gesetzlich nicht dazu verpflichtet ist, ist es empfehlenswert, die Wohnsitzaufgabe dem Finanzamt gegenüber zu erklären. So werden beispielsweise Mahnungen zur Abgabe der deutschen Einkommensteuererklärung in Folgejahren vermieden.

810 Gegenüber den Kreditinstituten des Arbeitnehmers sowie weiteren Behörden (z.B. der Kindergeldstelle) empfiehlt es sich ebenfalls, die Wohnsitzaufgabe anzuzeigen.

g) Fazit

811 Die Aufgabe des Wohnsitzes führt zur Beendigung der unbeschränkten Einkommensteuerpflicht mit Vor- und Nachteilen. Des Weiteren hat die Wohnsitzaufgabe häufig auch außersteuerliche Folgen. Die sich ergebenden Auswirkungen können nur bei Betrachtung des Einzelfalles gegeneinander abgewogen werden.

2. Inbounds

812 Ausländische Mitarbeiter, die in Deutschland tätig werden oder ihre in Deutschland ausgeübte Tätigkeit beenden, können in Deutschland entweder unbeschränkt oder beschränkt steuerpflichtig sein.

a) Begründung oder Beendigung der unbeschränkten Steuerpflicht

aa) Wohnsitz

Mitarbeiter, die in Deutschland einen Wohnsitz begründen oder bereits innehaben, unterliegen grundsätzlich mit ihrem **Welteinkommen** (inländischen und ausländischen Einkünften) der unbeschränkten Steuerpflicht. Sofern ein DBA zur Anwendung kommt, erfolgt die Zuweisung des Besteuerungsrechtes anhand der einschlägigen Regelungen des DBA. 813

Sofern der Inlandsaufenthalt längerfristig erfolgen soll, d.h. über sechs Monate andauert, werden dadurch regelmäßig die Folgen der unbeschränkten Steuerpflicht ausgelöst. 814

Ist hingegen nur ein kurzfristiger Inlandsaufenthalt geplant, sollte geprüft werden, ob die Vermeidung der unbeschränkten Steuerpflicht zu einem steuerlich günstigeren Ergebnis für den Mitarbeiter führt. Auch in diesem Zusammenhang sind die rechtzeitige Planung, Prognoseberechnungen und ggf. eine lückenlose Dokumentation mittels **Reisekalender** unverzichtbar. 815

bb) Gewöhnlicher Aufenthalt

Die unbeschränkte Einkommensteuerpflicht kann abgesehen vom im Regelfall vorliegenden Wohnsitz (§ 8 AO) auch durch einen sog. gewöhnlichen Aufenthalt (§ 9 AO) begründet werden. Ein solcher ist häufig bei nach Deutschland entsandten Arbeitnehmern gegeben, die im Hotel (ggf. auch in wechselnden Unterkünften) untergebracht sind und somit keinen Wohnsitz begründen. 816

Ein **gewöhnlicher Aufenthalt** liegt bei einem Aufenthalt von mehr als sechs Monaten vor. Kurzfristige Unterbrechungen von einigen Tagen bleiben dabei unberücksichtigt, jedoch kann ein gewöhnlicher Aufenthalt abweichend vom Wohnsitz nur in einem Land vorliegen. Dies ergibt sich aus AEAO zu § 9 Nr. 4, wonach ein Aufenthalt von mehr als sechs Monaten im Ausland zur Aufgabe des gewöhnlichen Aufenthaltes führt. Auch hier erfolgt die Steuerung nur über die Planung und Dokumentation der Anwesenheitstage im Tätigkeitsstaat. 817

cc) Antragsveranlagung für EU/EWR-Bürger

Eine Antragsveranlagung nach § 50 Abs. 2 EStG ist für Staatsbürger der EU bzw. des EWR möglich, die ihren Wohnsitz bzw. gewöhnlichen Aufenthalt innerhalb einem dieser Staaten haben und Einkünfte beziehen, die grundsätzlich einem abgeltenden Steuerabzug unterliegen. Für EU-Arbeitnehmer ist die Ausübung dieses Wahlrechtes insbesondere dann zu prüfen, wenn Werbungskosten vorliegen, die im Rahmen des Lohnsteuerabzuges nicht berücksichtigt werden konnten. Eine Berücksichtigung von Werbungskosten ist zwar bereits beim Lohnsteuerabzug möglich, jedoch führt dieser zu einer verpflichtenden Veranlagung (§ 50 Abs. 2 Nr. 4. Buchst. a) EStG) und ist somit nur bei entsprechend hohen, im Rahmen der Veranlagung berücksichtigungsfähigen 818

Aufwendungen und einem zu erwartenden günstigen Veranlagungsergebnis zu empfehlen. Sofern dies nicht absehbar ist (beispielsweise weil Aufwendungen vorliegen, bei denen unklar ist, ob ein Abzug gewährt wird und eine vorherige Klärung etwa über eine Anrufungsauskunft nicht als zielführend angesehen wird), ist von einem solchen Antrag abzuraten.

819 Die geschilderte Veranlagung ermöglicht den Abzug von Werbungskosten sowie Vorsorgeaufwendungen wie bei der unbeschränkten Einkommensteuerpflicht. Weitere Vergünstigungen wie die Berücksichtigung außergewöhnlicher Belastungen sowie haushaltsnaher Dienst- und Handwerkerleistungen sind jedoch nicht vorgesehen.

820 Des Weiteren müssen auch hier die Auswirkungen durch den Abzug von Aufwendungen der nachteiligen Auswirkung des Progressionsvorbehaltes gegenübergestellt werden.

Beispiel

Mitarbeiter A (ledig) wird von Polen nach Deutschland entsendet. Im Jahr 2011 arbeitet er ausschließlich in Deutschland und erhält ein Gehalt von 50.000 €. Da er täglich von Polen nach Deutschland fährt, begründet er keinen Wohnsitz oder gewöhnlichen Aufenthalt in Deutschland und wird somit nur beschränkt steuerpflichtig. Die einfache, mit dem privaten Pkw zurückgelegte Strecke beträgt 30 km, weitere Einkünfte erzielt A im Jahr 2011 nicht. Die abzugsfähigen (polnischen) Vorsorgeaufwendungen werden mit 3.000 € angenommen.

Nach der Jahreslohnsteuertabelle ergeben sich eine Lohnsteuer von 10.044 € und ein Solidaritätszuschlag von 552,42 €, diese Beträge haben grundsätzlich Abgeltungswirkung.

Um die hohen Werbungskosten durch die täglichen Fahrten geltend zu machen, kann eine Veranlagung beantragt werden. Bei 230 Arbeitstagen ergeben sich Fahrtkosten von 4.140 € (aufgrund der vorliegenden Auswärtstätigkeit Ansatz von 0,30 €/km, d.h. 230 × 2 × 30 × 0,30 €). Außerdem werden pauschal 110 € für Fachliteratur und 16 € für Kontoführungsgebühren angesetzt. Die festzusetzende Einkommensteuer beträgt in diesem Fall 9.998 €, der Solidaritätszuschlag 549 €, es ergibt sich also eine Erstattung von 49,42 €.

Praxistipp

Die Steuererstattung ist hier trotz hoher Werbungskosten relativ gering. Da beim Lohnsteuereinbehalt im Gegensatz zur Veranlagung auch weiterhin eine **Vorsorgepauschale** berücksichtigt wird, dies seit 2010 aber bei der Veranlagung nicht mehr möglich ist, kann eine Veranlagung auch bei hohen Werbungskosten nachteilig sein, wenn keine bzw. geringe **Vorsorgeaufwendungen** angefallen sind.

---

dd) Unbeschränkte Einkommensteuerpflicht auf Antrag

821 Weitergehende Möglichkeiten ergeben sich durch die unbeschränkte Steuerpflicht auf Antrag nach § 1 Abs. 3 EStG. Bei Erfüllung der entsprechenden Voraussetzungen (insbesondere deutsche Einkommensteuerpflicht für mindestens 90 % der Einkünfte des Steuerpflichtigen) kann dieser Antrag gestellt und alle im Rahmen der unbeschränkten Einkommensteuerpflicht abzugsfähigen Aufwendungen können geltend

gemacht werden. Hier ist bei Unterschreiten der Einkommensgrenze durch § 1a Abs. 1 Nr. 2 EStG selbst dann eine Zusammenveranlagung möglich, wenn der Ehegatte des in Deutschland tätigen Arbeitnehmers ebenfalls keinen Wohnsitz oder gewöhnlichen Aufenthalt in Deutschland hat. Dies sollte insbesondere bei Arbeitnehmern, die in Grenznähe tätig sind (sog. **Grenzpendler**), geprüft werden.

b) Beschränkte Steuerpflicht

Werden ausländische Mitarbeiter in Deutschland tätig und werden sie nicht wie 822
oben beschrieben unbeschränkt, sondern beschränkt einkommensteuerpflichtig in Deutschland, so sollte für sie entweder durch den Arbeitgeber oder sie selbst ein Antrag auf Steuerklasse I für beschränkt steuerpflichtige Arbeitnehmer beim zuständigen Betriebsstättenfinanzamt des Arbeitgebers gestellt werden. So wird die Anwendung der ungünstigen Steuerklasse VI vermieden und der Lohnsteuereinbehalt anhand von Lohnsteuerklasse I bzw. ggf. bei Vorliegen der Voraussetzungen für die unbeschränkte Steuerpflicht auf Antrag anhand von Lohnsteuerklasse III vorgenommen.

III. Einsatz im Nicht-DBA-Land oder DBA-Land?

Zunächst ist zu prüfen, ob der Mitarbeiter in einem Land, mit dem Deutschland ein 823
DBA abgeschlossen hat, tätig wird oder nicht, da dies nicht nur für die Besteuerung, sondern auch für die Kosten des Auslandsaufenthaltes entscheidend ist.

1. Einsatz im Nicht-DBA-Land

Grundsätzlich ist der Mitarbeiter dort steuerpflichtig, wo er tätig ist. Darüber hinaus 824
bleibt er bei Beibehaltung des inländischen Wohnsitzes und der daraus resultierenden unbeschränkten Steuerpflicht weiterhin im Heimatland mit seinem Welteinkommen steuerpflichtig. Ist er also in einem Land tätig, mit dem Deutschland kein DBA abgeschlossen hat, wird er in beiden Ländern steuerpflichtig. Es kommt prinzipiell zu einer Doppelbesteuerung.

Beispiel

Mitarbeiter A mit Wohnsitz im Inland ist Arbeitnehmer einer deutschen Aktiengesellschaft. Er wird für seinen Arbeitgeber für mehrere Monate für einen Projekteinsatz im Ausland tätig, z.B. in Brasilien, Chile, Libyen, Hongkong oder Jemen. Sowohl der Wohnsitzstaat als auch der Quellenstaat besteuern die Arbeitnehmereinkünfte.

---

825 Mangels DBA ist zu prüfen, ob und ggf. wie etwa durch die Wohnsitzaufgabe oder die Steueranrechnung nach innerdeutschem Steuerrecht diese Doppelbesteuerung vermieden werden kann.

a) Anzuwendende Rechtsvorschriften

826 Um einer **Doppelbesteuerung** entgegenzuwirken, ist zu prüfen, ob es sich um einen Einsatz in einem Nicht-DBA-Staat oder in einem DBA-Staat handelt. Ob Deutschland mit dem Einsatzland in dem betreffenden Jahr ein gültiges DBA abgeschlossen hat, lässt sich anhand des jährlich aktualisierten BMF-Schreibens „Stand der Doppelbesteuerungsabkommen“[457] prüfen. Das BMF-Schreiben enthält Angaben darüber, für welche Veranlagungszeiträume ein DBA gilt. Zu beachten ist, dass verschiedene Abkommen nach ihrem Inkrafttreten rückwirkend anzuwenden sind.[458]

Beispiele

Das DBA mit der **Türkei** ist am 21.7.2009 mit Wirkung ab 1.1.2011 gekündigt worden. Das neue, am 1.8.2012 in Kraft getretene DBA ist rückwirkend anzuwenden. Folglich herrschte in der Zwischenzeit ein abkommensloser Zustand. Um hieraus negative Konsequenzen für den Mitarbeiter zu vermeiden, bedurfte es einer rechtzeitigen Strategie zur Vermeidung der Doppelbesteuerung (z.B. die Beantragung der **Vorläufigkeit** im Einkommensteuerbescheid), da bereits bekannt war, dass das neue DBA mit der Türkei rückwirkend ab dem 1.1.2011 gelten soll.

Das DBA mit **China** gilt nicht für Hongkong, Macau und Taiwan.

---

b) Wohnsitzaufgabe

827 Durch die rechtzeitige und nachgewiesene Wohnsitzaufgabe lässt sich eine Doppelbesteuerung vermeiden. Zu den Einzelheiten der Wohnsitzaufgabe wird auf Rn 788 ff. verwiesen.

828 Sollte eine Wohnsitzaufgabe nicht realisierbar sein, kann eine Doppelbesteuerung auch nach nationalen Steuerregelungen gemildert oder vollständig vermieden werden.

c) Steueranrechnung bzw. Steuerabzug nach nationalem Recht

aa) Steueranrechnung

829 Sowohl das **Anrechnungsverfahren** als auch das **Abzugsverfahren** nach § 34c Abs. 1 und Abs. 2 EStG setzen eine ausländische Steuer auf ausländische Einkünfte i.S.d. § 34d EStG voraus.

---

457 BMF-Schreiben v. 2.1.2013 – IV B 2 – S 1301/07/10017-04 –.

458 BMF-Schreiben v. 2.1.2013 – IV B 2 – S 1301/07/10017-04 –.

Zu beachten ist, dass bei der Steueranrechnung die ausländische Steuer nur bis zu einem Steuerhöchstbetrag angerechnet werden kann. Das bedeutet, es kann nur die ausländische Steuer auf die Arbeitnehmertätigkeit angerechnet werden, die der Höhe nach der deutschen Einkommensteuer auf die ausländische Arbeitnehmertätigkeit entsprechen würde. 830

Da eine Anrechnung auf die Höhe der deutschen Steuer beschränkt ist, führt dies insgesamt mindestens zu einer Besteuerung auf deutschem Niveau. Eine Beibehaltung des deutschen Wohnsitzes führt also bei einer Tätigkeit in einem Land mit niedrigerer Besteuerung als in Deutschland zu einer zusätzlichen Besteuerung in Deutschland und zu einer insgesamt höheren Steuerbelastung. 831

Die Steueranrechnung läuft hingegen ins Leere, wenn die ausländischen Einkünfte aus dem Auslandseinsatz unter dem **Grundfreibetrag** liegen. Darüber hinaus geht die Steueranrechnung teilweise ins Leere, wenn der auf die Gesamteinkünfte bezogene durchschnittliche Steuersatz der deutschen Einkommensteuer geringer als der Satz der ausländischen anrechenbaren **Quellensteuer** ist. Es entsteht ein sog. **Anrechnungsüberhang.** Dieser ist nicht weiter berücksichtigungsfähig. 832

Die Steueranrechnung kann nur im Rahmen der Einkommensteuerveranlagung aufseiten des Arbeitnehmers vorgenommen werden. Sie kann nicht vom Arbeitgeber im Rahmen des Lohnsteuerabzugsverfahrens erfolgen. Aus Billigkeitsgründen kommt allerdings die Eintragung eines Freibetrages auf der Lohnsteuerkarte zur Vermeidung der unterjährigen Doppelbesteuerung in Betracht. 833

Beispiel

Mitarbeiter A ist nach Brasilien entsandt (kein DBA) und hat den Wohnsitz in Deutschland beibehalten. Er erzielt ein Gehalt von 50.000 € und keine weiteren Einkünfte. In Brasilien wird eine Steuer erhoben von

a) 10.000 €,
b) 20.000 €.

Das Gehalt von 50.000 € führt nach dem Tarif 2011 nach Abzug des Arbeitnehmerpauschbetrages (1.000 €) und des Sonderausgabenpauschbetrages (36 €) zu einem zu versteuernden Einkommen von 48.964 € und zu einer tariflichen Einkommensteuer von 12.428 €. Hierzu käme ohne Steueranrechnung ein Solidaritätszuschlag von 683,54 €, die Gesamtbelastung würde sich also auf 13.111,54 € belaufen.

a) Die Steuer von 10.000 € wirkt sich in voller Höhe auf die Einkommensteuer aus, die Einkommensteuer reduziert sich daher auf 2.428 €, dazu kommt ein Solidaritätszuschlag von 291,20 €. Die gesamte weltweite Steuerbelastung beträgt somit 12.719,20 €. Durch den Solidaritätszuschlag ergibt sich sogar eine geringfügig niedrigere Steuerbelastung als bei ausschließlicher Besteuerung in Deutschland.

b) Die ausländische Steuer ist höher als die deutsche Steuer. In diesem Fall führt die Anrechnung zu einer festzusetzenden Steuer von 0 € und die Gesamtbelastung entspricht der brasilianischen Steuer, d.h. 20.000 €.

---

bb) Steuerabzug

834 Der Steuerabzug sollte dann anstatt der Steueranrechnung in Betracht gezogen werden, wenn die ausländische Steuer höher ist als die auf die ausländischen Einkünfte entfallende deutsche Steuer oder die deutsche Einkommensteuer 0 € beträgt, da sich durch den Abzug der Steuer negative Einkünfte überhaupt ergeben bzw. auch erhöhen können, die u.U. vor- bzw. rückgetragen werden können. Dies ist insbesondere dann sinnvoll, wenn sich aufgrund unterschiedlicher Einkünfteermittlung nach ausländischem Recht ein Überschuss und daher eine Steuer, nach deutschem Recht aber ein Verlust ergibt. Für den Bereich der nichtselbstständigen Arbeit ist eine solche Konstellation unwahrscheinlich, bei Einkünften aus Vermietung und Verpachtung aber z.B. aufgrund unterschiedlicher Vorschriften zur Abschreibung durchaus möglich und somit auch für Arbeitnehmer bei der Entsendung aus einem Nicht-DBA-Staat nach Deutschland und der Vermietung des bisher selbstgenutzten Hauses im Heimatland von Interesse.

835 Sowohl Steueranrechnung als auch Steuerabzug erfolgen auf Ebene des Arbeitnehmers. Da sie sich aber letztendlich auf die Höhe der Vergütung auswirken, haben sie folglich auch Auswirkungen für den Arbeitgeber bei der Gehaltsverhandlung mit dem Mitarbeiter.

d) Auslandstätigkeitserlass

836 Sofern ein Mitarbeiter bei Wohnsitzbeibehalt in Deutschland in einem Nicht-DBA-Land tätig wird, sollte immer geprüft werden, ob für den Auslandseinsatz die Voraussetzungen des Auslandstätigkeitserlasses erfüllt sind. Sind die Voraussetzungen erfüllt, dann verzichtet Deutschland auf die Besteuerung der Auslandstätigkeit. Die auf das Ausland entfallenden Arbeitseinkünfte sind lediglich im Rahmen des Progressionsvorbehaltes zu berücksichtigen. Ein Nachweis nach § 50d Abs. 8 EStG muss nicht erbracht werden.

837 Der Arbeitgeber sollte rechtzeitig vor der Auslandstätigkeit seines Arbeitnehmers eine Freistellungsbescheinigung beim zuständigen **Betriebsstättenfinanzamt** beantragen. Liegt eine gültige Freistellungsbescheinigung vor, kann der Arbeitgeber von dem Lohnsteuereinbehalt absehen. Liegt dem Arbeitgeber hingegen keine Freistellungsbescheinigung vor, hat er den Lohnsteuerabzug nach den allgemeinen Regelungen vorzunehmen. Der Arbeitnehmer kann die Steuerbefreiung auch im Rahmen seiner Einkommensteuerveranlagung bei seinem Wohnsitzfinanzamt beantragen, die Freistellung im Rahmen des Lohnsteuereinbehaltes stellt aber einen unterjährigen Liquiditätsvorteil für den Arbeitnehmer dar.

838 Der Umstand, dass bei Vorliegen der Voraussetzungen des Auslandstätigkeitserlasses auf eine Besteuerung in Deutschland verzichtet wird, sollte vom Arbeitgeber bei der Ermittlung der Vergütung für den Auslandseinsatz des Mitarbeiters berücksichtigt werden.

2. Einsatz im DBA-Land

a) Anzuwendende DBA-Regelungen

Soll ein Mitarbeiter bei Wohnsitzbeibehalt in Deutschland in einem DBA-Staat tätig werden, ist es unbedingt nötig, die Prüfung der Steuerpflicht grundsätzlich anhand des einschlägigen DBA vorzunehmen. In der Praxis kommt es allzu häufig vor, dass die Prüfung anhand des **OECD-MA** erfolgt, was teilweise zu abweichenden Ergebnissen führt. Darüber hinaus werden die Abkommen häufig durch Protokolle und Zusatzabkommen ergänzt. Diese sind ebenfalls Bestandteil des Abkommens und in gleicher Weise verbindlich. In der Praxis werden sie jedoch häufig übersehen. 839

Die folgenden Beispiele sollen verdeutlichen, dass es unerlässlich ist, die zutreffenden Regelungen genau zu kennen, um nicht zu einer falschen steuerlichen Beurteilung zu kommen: 840

Beispiele

Die belgische **Grenzgänger-Regelung** wurde durch ein Zusatzabkommen ab dem Veranlagungszeitraum 2004 **aufgehoben**. Die Grenzgänger werden nun den allgemeinen Besteuerungsregeln unterworfen. Nach dem Zusatzabkommen können die belgischen Wohnsitzgemeinden von Grenzgängern, die in Deutschland steuerpflichtigen Arbeitslohn erzielen, zu einer Zusatzsteuer zur Einkommensteuer (**Gemeindesteuer**) herangezogen werden. Im Tätigkeitsstaat Deutschland wird im Gegenzug die Steuer auf diese Arbeitseinkünfte um 8 % gemindert. Dieser Abzug, der bereits im Lohnsteuerabzugsverfahren berücksichtigt werden kann, wird in der Praxis oft nicht berücksichtigt, da insbesondere die Formulare der Finanzbehörden von nicht grenznahen Regionen diesen Abzug nicht explizit berücksichtigen.

Nach dem neuen DBA ab 2009 mit den **VAE** wird die Vermeidung der Doppelbesteuerung zukünftig statt durch die Freistellungs- durch die Anrechnungsmethode bewirkt. Da in den VAE aber keine Einkommensteuer erhoben wird, läuft die Anrechnung ins Leere und es kommt zu einer Belastung mit deutscher Einkommensteuer.

Nach dem zukünftigen DBA mit **Zypern**[459] werden die in Zypern steuerpflichtigen Arbeitseinkünfte nicht von der deutschen Besteuerung freigestellt. Stattdessen wird die zypriotische Steuer auf die deutsche Steuer angerechnet (Art. 22 Abs. 1). Da das bis einschließlich 2011 anzuwendende Abkommen eine Freistellung vorsieht, ist bei bestehenden Entsendungen von Deutschland nach Zypern (im umgekehrten Fall erfolgte auch bisher schon eine Anrechnung) zu prüfen, ob diese zusätzliche Besteuerung durch entsprechende Maßnahmen (etwa Wohnsitzaufgabe) vermieden werden kann.

Neben dem DBA mit **Luxemburg** gibt es eine Verständigungsvereinbarung zum Thema Grenzpendler. Diese enthält für die Praxis wichtige Vereinfachungsregeln, beispielsweise Nichtaufgriffsgrenzen.

---

b) Berücksichtigung der inländischen und ausländischen nationalen Steuergesetzgebung

Bei der steuerlichen Beurteilung der Vergütung aus nichtselbstständiger Arbeit sollten immer sowohl die nationalen als auch die internationalen Bestimmungen 841

459 DBA Zypern 2011, anzuwenden ab dem Veranlagungszeitraum 2012.

berücksichtigt werden. Eine Abstimmung mit dem Ausland über die steuerliche Beurteilung von Sachverhalten ist unerlässlich.

Anwendungsbeispiele des DBA
Nach dem DBA mit den VAE gilt ein Mitarbeiter nur als in den VAE ansässig im Sinne des DBA, wenn er einen Wohnsitz in den VAE hat und deren Staatsangehöriger ist.
Das DBA mit **Irland**[460] enthält keine Regelung zur Ermittlung der vorrangigen Ansässigkeit für den Fall eines Doppelwohnsitzes. Folglich ist aus deutscher Sicht keine Freistellung, sondern nur ggf. eine Anrechnung der irischen Steuer (Art. XXII Abs. 2 Buchst. b) möglich.

---

c) Sonderregelungen im DBA

aa) Grenzgänger

842 Derzeit enthalten 3 deutsche DBA Sonderregelungen zu **Grenzgängern.** Diese sind: **Frankreich, Österreich** und die **Schweiz.** Abweichend vom Tätigkeitsstaatenprinzip unterliegen Grenzgänger mit ihren Arbeitseinkünften der Besteuerung im Wohnsitzstaat/Ansässigkeitsstaat.

843 Sollen die Folgen der Grenzgängerregelung nicht eintreten, dann sind folgende Schritte zu beachten:

- vertraut machen mit den Voraussetzungen der Grenzgängerregelung (örtlicher und zeitlicher Geltungsbereich),
- Planung der Nicht-Rückkehrtage (gewünschtes Überschreiten),
- Dokumentation der Nicht-Rückkehrtage:
  - Ansässigkeitsbescheinigung,
  - Reisekalender beispielsweise zur Aufzeichnung von Dienstreisen in Drittländer,
  - Fahrtenbuch,
  - Übersicht über Arbeitszeiten bei Schichtdienst,
  - Übernahme und Nachweis von Wohn- und Übernachtungskosten durch den Arbeitgeber,
  - Entfernung zwischen Wohnung und Arbeitsstätte bzw. Zweitwohnung,
  - Kosten und Verbrauch für die Unterhaltung einer Zweitwohnung (Miete, Gas, Strom, Wasser etc.).

---

460 DBA Irland 1962/2010. Nach dem neu verhandelten DBA 2011 besteht eine entsprechende Regelung. Das neue Abkommen ist am 28.11.2012 in Kraft getreten, sodass es erstmalig für den Veranlagungszeitraum 2013 anzuwenden ist. Die o.g. Regelung gilt folglich letztmalig für 2012.

bb) Leitende Angestellte

(1) Qualifizierung der Vergütung

Grundsätzlich sollte nach ausländischem Recht geprüft werden, zu welcher Einkunftsart die Vergütung im jeweiligen Staat führt. Hier kann es zu einem **Qualifikationskonflikt** kommen. 844

Darüber hinaus enthalten einige DBA Sonderregelungen für **leitende Angestellte**, u.a. die DBA mit Belgien, Japan, Österreich, Polen und der Schweiz. Nach dieser Regelung erhält der **Ansässigkeitsstaat der Gesellschaft** das volle Besteuerungsrecht für diese Einkünfte. Somit unterliegen z.B. Geschäftsführer dort der Besteuerung. 845

Beispiel Polen

Geschäftsführer sowie Vorstandsmitglieder polnischer Gesellschaften,[461] die ihren Lebensmittelpunkt nicht nach Polen verlegt haben, unterliegen nur einer beschränkten Steuerpflicht in Polen. Die von ihnen erzielten Einnahmen aus der Tätigkeit als Geschäftsführer bzw. Vorstandsmitglied (die als selbstständige Arbeit nach polnischem Steuerrecht zu qualifizieren ist) werden mit einer Bruttopauschalsteuer in Höhe von 20 % versteuert. Das DBA zwischen Deutschland und Polen enthält besondere Regelungen für die Zuweisung des Besteuerungsrechtes für bestimmte Personen (Leiharbeitnehmer, Manager, Geschäftsführer sowie Vorstandsmitglieder). Dabei kommt es insbesondere zu **Auslegungs- und Anwendungsschwierigkeiten bei Geschäftsführern und Vorstandsmitgliedern**, weil die deutsche und die polnische Textfassung des DBA voneinander abweichen. Es ist daher genau zu prüfen, welche Einkünfte (selbstständige oder nichtselbstständige Arbeit) erzielt werden und welche Regelung des DBA Anwendung findet. Davon ist die Methode der Vermeidung der Doppelbesteuerung abhängig: entweder Freistellung unter Progressionsvorbehalt bei den Einkünften aus nichtselbstständiger Arbeit oder Steueranrechnung bei den Einkünften aus selbstständiger Arbeit.

---

(2) Split contracts

Bei leitenden Angestellten erfolgt in der Praxis oft eine **Gehaltsaufteilung** auf mindestens zwei Arbeitsverträge (sog. **split contracts**), sofern der Mitarbeiter in mehreren DBA-Ländern für unterschiedliche Arbeitgeber tätig ist. Dies macht beispielsweise Sinn, wenn eine Wohnsitzaufgabe in Deutschland nicht möglich ist. Der Mitarbeiter erhält separate Arbeitsverträge entsprechend seiner Tätigkeiten in mindestens zwei verschiedenen Ländern. Somit hat er zwei oder mehr Arbeitgeber. Über die Steuerung der Höhe der Vergütung – diese sollte dann auch nachweislich immer angemessen für die arbeitsrechtlich vereinbarte Tätigkeit sein – kann die Vergütung gezielt auf die Steuerhoheit von mehreren Ländern verteilt werden. Somit kann der Mitarbeiter von dem (ggf. niedrigeren) Steuerniveau des jeweiligen Landes profitieren. Darüber hinaus profitiert er von der mehrmaligen Ausnutzung von Grundfreibeträgen und Progressionsvorteilen. 846

---

461 *Klotzek/Lechowicz*, PIStB 2009, 221.

847 Zu beachten ist, dass der Auszahlungsort für die Besteuerung grundsätzlich nicht entscheidend ist. Ausschlaggebend ist dagegen im Regelfall die wirtschaftlich zutreffende Zuordnung. So muss das jeweilige Gehalt durch die Gesellschaft getragen werden, die von der Arbeitsleistung des Arbeitnehmers profitiert. Eine Aufteilung muss den unter fremden Dritten üblichen Maßstäben entsprechen („**dealing at arm's length**"). Es ist also keine beliebige, insbesondere auch keine rein an steuerlichen Gesichtspunkten ausgerichtete Aufteilung möglich. Eine nur hierdurch begründete **Weiterbelastung** würde von der deutschen Finanzverwaltung als Missbrauch steuerlicher Gestaltungsmöglichkeiten (§ 42 AO) eingestuft werden. In diesem Fall würde neben der erfolgten ausländischen Besteuerung zusätzlich eine Besteuerung in Deutschland erfolgen. Für eine Anrechnung der ausländischen Steuer bestünde in diesem Fall kein Raum, es müsste dagegen eine Korrektur im Ausland stattfinden, welche jedoch selbstverständlich an die ggf. bestehenden Regelungen des jeweiligen Landes gebunden ist (zu beachten sind insbesondere bestehende Verjährungsfristen). Es verbleibt somit die Gefahr der Doppelbesteuerung.

Fallbeispiel Gehaltssplitting

Mitarbeiter A ist in Deutschland, den USA und Spanien tätig, ledig und aufgrund seines Wohnsitzes unbeschränkt einkommensteuerpflichtig in Deutschland.

Annahme:

- Steuersatz Arbeitseinkünfte in Deutschland 44 %,
- Steuersatz USA 35 %,
- Steuersatz Spanien 24 % (Special Tax Regime).

Tätigkeit in	Anteiliges Gehalt	Steuer bei Versteuerung in Deutschland	Steuer bei Versteuerung im jeweiligen Einsatzland	Steuervorteil
Deutschland	100.000	44.000	44.000	0
Spanien	100.000	44.000	35.000	9.000
USA	100.000	44.000	24.000	20.000
Summe	**300.000**	**132.000**	**103.000**	**29.000**

d) 183-Tage-Regelung

848 Für die Bestimmung des Besteuerungsrechtes von Arbeitnehmervergütungen spielen auch die Einsatzdauer im Ausland, die Frage nach dem wirtschaftlichen Arbeitgeber sowie die Fragen nach der Tätigkeit für eine Betriebsstätte im Ausland eine entscheidende Rolle.

aa) Einsatzdauer

Die Einsatzdauer im Ausland kann auf die Höhe des Steuersatzes im Ausland einen gravierenden Einfluss haben und sollte daher vorab genauestens geprüft werden. 849

Beispiel Russland

In welcher Höhe eine natürliche Person in **Russland**[462] steuerpflichtig wird, ist völlig unabhängig vom Wohnsitz oder der Staatsangehörigkeit. Sie bestimmt sich ausschließlich auf Grundlage der Aufenthaltstage in Russland im Kalenderjahr.

Steuerinländer unterliegen mit ihren Arbeitseinkünften in Russland einem pauschalen Steuersatz von 13 %. Die Arbeitseinkünfte von beschränkt steuerpflichtigen Steuerausländern werden mit einem einheitlichen Steuersatz von 30 % besteuert.

Reist der Arbeitnehmer noch vor dem Anfang seiner eigentlichen Auslandstätigkeit in Russland ein, zählen diese Tage bereits zu dem 183-Tage-Zeitraum dazu. Bei der Bestimmung dieses Zeitraumes werden ausschließlich die Eintragungen im Pass des Steuerpflichtigen zugrunde gelegt. Da die Aufenthaltsdauer das Ausmaß der Steuerpflicht derart signifikant beeinflusst, ist zu empfehlen, die An- und Abreise genau zu planen.

---

bb) Wirtschaftlicher Arbeitgeber

Einige Länder wenden nach nationalem Steuerrecht das Prinzip des wirtschaftlichen 850
Arbeitgebers nicht an, z.B. **Finnland**, **Irland**, **Schweden** und **Vietnam**. Eine Freistellung des auf das Ausland entfallenden Arbeitslohnes aufgrund des aus deutscher Sicht vorliegenden wirtschaftlichen Arbeitgebers im Ausland birgt daher, soweit im Ausland keine Besteuerung erfolgt, immer das Risiko, dass der Arbeitslohn nachträglich in Deutschland der Besteuerung unterworfen wird. Denkbar ist auch eine doppelte Nichtbesteuerung, abhängig von dem tatsächlichen Sachverhalt und dem Vorgehen der deutschen Finanzbehörde.

cc) Betriebsstätte

Für die Beurteilung der Frage, ob es zur Begründung einer Betriebsstätte im Ausland 851
kommt oder nicht, sind nicht nur Kenntnisse des deutschen Steuerrechtes und des DBA-Rechtes notwendig, sondern auch des ausländischen Steuerrechtes, da diese nicht zwingend identisch sein müssen.

Entscheidend für eine kostengünstige Abwicklung eines Auslandseinsatzes ist 852
daher die rechtzeitige steuerrechtliche Beurteilung nach in- und ausländischem Steuerrecht. Sofern im Nachhinein festgestellt wird, dass im Ausland doch eine Betriebsstätte begründet wurde, muss im Ausland nicht nur eine Betriebsstättenerklärung für das Unternehmen abgegeben, sondern auch beachtet werden, dass dies auf die Besteuerung und Veranlagung des Arbeitnehmers Auswirkungen hat.

---

462 *Klotzek/Lechowicz/Vater*, PIStB 2012, 21.

Beispiel China

In **China**[463] wurden die Regelungen hinsichtlich der Behandlung der Expatriates und Business Traveller sowie der Betriebsstättengründung durch Weiterbelastung der Kosten im Hinblick auf die Einkommensteuer verschärft. So begründet sich eine sog. **Dienstleistungsbetriebsstätte** i.S.d. Art. 5 III b) DBA China durch das Erbringen von Dienstleistungen für ein Projekt, wenn diese Tätigkeiten in China länger als insgesamt sechs Monate in einem 12-Monats-Zeitraum andauern, obwohl das deutsche Steuerrecht den Begriff einer Dienstleistungsbetriebsstätte nicht kennt. Dies wirft insbesondere bei Auslandstätigkeiten von Ingenieuren aus Deutschland in China Probleme auf. Die Qualifizierung einer Betriebsstätte nach chinesischem Recht hat folglich sowohl für das Unternehmen als auch für den in China tätigen Arbeitnehmer steuerliche Konsequenzen.

e) Administrativer Aufwand

aa) § 50d Abs. 8 EStG

853 Soweit ein DBA besteht, ist zu beachten, dass die Steuerfreistellung bei bestehender unbeschränkter Einkommensteuerpflicht in Deutschland von einem Nachweis der Besteuerung im Ausland oder von einem Verzichtsnachweis aus dem Ausland abhängig ist.[464]

854 Hierbei entsteht häufig Klärungsbedarf, da die Besteuerungsnachweise je nach Land sehr unterschiedlich sind. Beispielsweise besteht in vielen Ländern ein Selbstveranlagungsverfahren und ein Steuerbescheid ergeht nicht. Hinzu kommen sprachliche Schwierigkeiten, Zuordnungsprobleme etwa aufgrund abweichender Steuerjahre, unterschiedliche Erklärungspflichten des Arbeitgebers bzw. Arbeitnehmers im Ausland oder Unklarheiten hinsichtlich der Ermittlung des Einkommens. Letzteres resultiert u.a. daraus, dass im ausländischen Staat die Vergütungsbestandteile steuerlich anders gewürdigt werden oder weil im Steuerbescheid nur das gesamte zu versteuernde Einkommen ausgewiesen ist und nicht die Aufgliederung der einzelnen Einkunftsarten erfolgt. Auch führen Umrechnungsdifferenzen immer wieder zu Streitigkeiten mit dem Finanzamt.

Beispiel Indien

In **Indien** gibt es für Sachbezüge, die an Arbeitnehmer gezahlt werden, eine gesonderte Arbeitgebersteuererklärung („fringe benefit tax return"). Folglich sind die Sachbezüge nicht in der indischen Einkommensteuererklärung des Arbeitnehmers enthalten.

463 *Hasbargen/Preising*, iStR 2012, 143.

464 Mit Beschl. v. 10.1.2012 – I R 66/09 – hat der BFH dem BVerfG die Frage vorgelegt, ob die Regelung des § 50d Abs. 8 EStG gegen Verfassungsrecht verstößt. Derzeit ist zu empfehlen, die Besteuerungsnachweise vorzulegen, sofern dies möglich ist. Wenn dies nicht der Fall ist, sollte gegen entsprechende Bescheide Einspruch eingelegt und das Ruhen des Verfahrens bis zu einer höchstrichterlichen Entscheidung beantragt werden. Nach bisherigem Stand erfolgt diesbezüglich keine vorläufige Steuerfestsetzung.

Um hier eine (unberechtigte) Versteuerung der Differenz in Deutschland zu vermeiden, müssen die Werte in diesen Fällen gegenüber den Finanzbehörden erklärt werden. Es empfiehlt sich, in der Einkommensteuererklärung in einer gesonderten Anlage auf die länderspezifischen Besonderheiten detailliert hinzuweisen, beispielsweise ein **abweichendes Steuerjahr,**[465] Wechselkurse und die steuerliche Beurteilung der Gehaltsbestandteile. 855

bb) Verpflichtung zur Abgabe einer Steuererklärung

(1) Transferjahre

In Jahren, in denen der Arbeitnehmer eine Tätigkeit im Ausland aufnimmt oder aus dem Ausland zurückkehrt (sog. Transferjahre), ist der Mitarbeiter gesetzlich verpflichtet, eine deutsche Einkommensteuererklärung abzugeben. In der deutschen Einkommensteuererklärung werden immer die Einkünfte für das gesamte Kalenderjahr erklärt. Dies erfolgt unabhängig davon, ob der Mitarbeiter seinen Wohnsitz unterjährig aufgegeben oder beibehalten hat. 856

(2) Zwischenjahre

Behält der Mitarbeiter seinen inländischen Wohnsitz bei, dann ist er weiterhin mit seinem Welteinkommen unbeschränkt einkommensteuerpflichtig. Dann besteht ggf. weiterhin die Verpflichtung, eine deutsche Einkommensteuererklärung abzugeben. 857

IV. Auszahlungszeitpunkt der Vergütung

1. Wahl des Auszahlungszeitpunktes

Der Zahlungszeitpunkt für Boni und Abfindungen kann zwischen Arbeitgeber und Arbeitnehmer frei vereinbart werden. Insofern ist gerade bei diesen Vergütungsbestandteilen eine Optimierung möglich. Diese wird aber auch genau aus diesem Grund kritisch vom Finanzamt hinterfragt. 858

Der Zahlungszeitpunkt sollte so gewählt werden, dass der Mitarbeiter von einem möglichen Grundfreibetrag, einem ggf. niedrigeren Steuersatz, Progressionsvorteilen oder Steuervergünstigungen, z.B. einer ermäßigten Besteuerung, Gebrauch machen kann. Insofern wird auf das Kapitel Abfindungen verwiesen.[466] 859

---

465 Nach BMF-Schreiben v. 14.9.2006 – IV B 6 – S 1300 – 367/06 – bestehen vom Kalenderjahr abweichende Steuerjahre in folgenden Ländern: Australien 1.7.–30.6., Bangladesch 1.7.–30.6., Großbritannien 6.4.–5.4., Indien 1.4.–31.3., Iran 21.3.–20.3., Mauritius 1.7.–30.6., Namibia 1.3.–28./29.2., Neuseeland 1.4.–31.3., Pakistan 1.7.–30.6., Sri Lanka 1.4.–31.3., Südafrika 1.3.–28./29.2.

466 Vgl. auch Rn 447 ff.

860 Die **Wohnsitzaufgabe** kann beispielsweise zum Jahresende und die Auszahlung der Sonderzahlung im Folgejahr erfolgen. Die Dokumentation der Wohnsitzaufgabe ist unerlässlich. Zu beachten ist hierbei, dass ein steuerlicher Wohnsitz grundsätzlich unabhängig von einer An- bzw. Abmeldung in Deutschland bestehen kann. Trotzdem wird von den deutschen Finanzbehörden teilweise auf die melderechtlichen Daten zurückgegriffen und es ist festzuhalten, dass eine Meldung in Deutschland als Indiz für einen steuerlichen Wohnsitz gewertet wird. Es ist daher zu einer Abmeldung zu raten, wenn kein (steuerlicher) Wohnsitz mehr in Deutschland besteht.

861 Erfolgt die Wohnsitzaufgabe erst im Folgejahr nach Aufnahme der Auslandstätigkeit, dann muss der Mitarbeiter auch für das Folgejahr eine Einkommensteuererklärung abgeben, sofern er noch inländische Einkünfte hat, die in Deutschland steuerpflichtig sind. In diesem Fall wirkt sich der Progressionsvorbehalt negativ für ihn aus, wenn er noch weitere im Inland steuerpflichtige Einkünfte hat, beispielsweise einen Bonus oder eine Abfindung bzw. andere Einkünfte, etwa aus der Vermietung und Verpachtung aus einer in Deutschland belegenen Immobilie.

Beispiel – Wohnsitzaufgabe

Mitarbeiter A geht in Jahr 1 ins Ausland. Seinen Wohnsitz gibt er erst im Laufe des Jahres 2 auf. Im Jahr 2 erhält er nachlaufenden Arbeitslohn, beispielsweise einen Bonus in Höhe von 8.000 €, der in Deutschland steuerpflichtig ist und entsprechend dem Lohnsteuerabzug unterworfen wird. Sein Gehalt, das auf das Ausland im Jahr 2 entfällt und dort steuerpflichtig ist, beträgt 100.000 €.

In Jahr 2 ist A teilweise unbeschränkt einkommensteuerpflichtig in Deutschland. Er bezieht inländische Einkünfte in Höhe von 8.000 €, die in Deutschland steuerpflichtig sind. Aufgrund des Grundfreibetrages sollten keine Steuern auf seinen Bonus anfallen. Die ausländischen Einkünfte wirken sich jedoch auf die Höhe des Steuersatzes aus und bewirken, dass sich trotz einer Bonuszahlung unterhalb des Grundfreibetrages dennoch eine Steuerzahlung ergibt.

---

2. Steuererstattung im Gastland bei Nettolohnvereinbarung von Inbounds

862 Bei bestehender Nettolohnvereinbarung führt eine Steuererstattung, die an den Arbeitgeber ausgezahlt wird bzw. durch den Arbeitnehmer an den Arbeitgeber weitergeleitet wird, zu negativem Arbeitslohn in dem entsprechenden Jahr. Da die Erstattung häufig erst nach Ende der Entsendung und somit in einem Jahr erfolgt, in dem der Mitarbeiter in dem jeweiligen Land keine positiven Einkünfte erzielt, kann die Erstattung nicht verrechnet werden und es verbleibt ein Verlust in dem entsprechenden Jahr. Ob und in welcher Form dieser Verlust genutzt werden kann, hängt von den jeweiligen nationalen Regelungen ab.

863 In Deutschland ist ein Rücktrag des Verlustes nach § 10d EStG nur für ein Jahr möglich, daher sollte für das Abreisejahr des Inbounds eine schnelle Erstellung der Einkommensteuererklärung erfolgen. Ziel ist es, den Einkommensteuerbescheid noch im Folgejahr nach Beendigung der Inlandstätigkeit zu erwirken, damit der **Verlustrücktrag** in der Veranlagung des Wegzugsjahres berücksichtigt werden kann. Eine Ände-

rung dieses Bescheides und somit eine nachträgliche Steuererstattung erfolgt grundsätzlich von Amts wegen, d.h. ohne einen Antrag bzw. andere Formalitäten.

Eine Veranlagung im zweiten Jahr nach Wegzug würde dagegen dazu führen, dass ein Verlust ermittelt und festgestellt wird, jedoch nur ein Vortrag möglich ist. Dieser Vortrag ist zwar zeitlich unbegrenzt, jedoch an die Person des Steuerpflichtigen gebunden. Er wirkt sich also nur dann steuermindernd aus, wenn der Steuerpflichtige zu einem späteren Zeitpunkt erneut in Deutschland steuerpflichtige Einkünfte erzielt. Da diese Fälle zahlenmäßig beschränkt sind, erscheint eine diesbezügliche Überwachung seitens des Arbeitgebers, um eventuell ihm zustehende Erstattungen zu ermitteln, unverhältnismäßig. 864

Beispiel
Mitarbeiter A wird vom 1.1.2011 bis zum 31.12.2011 in Deutschland tätig und kehrt anschließend in sein Heimatland zurück. Der Arbeitgeber übernimmt zusätzlich zum vereinbarten Nettolohn die Lohnsteuer, die somit steuerpflichtigen Arbeitslohn darstellt.
Der Steuerbescheid ergeht im Jahr 2012. Die Steuererstattung steht dem Arbeitgeber zu und stellt negativen Arbeitslohn dar, welcher im Rahmen der Veranlagung 2012 (beschränkte Einkommensteuerpflicht) zu erklären ist. Es erfolgt ein Verlustrücktrag nach 2011 und eine weitere (ggf. ebenfalls rücktragsfähige) Steuererstattung.
Der Steuerbescheid ergeht im Jahr 2013. Die Steuererstattung stellt auch in diesem Fall negativen Arbeitslohn dar, kann aber nur noch vorgetragen werden. Das bedeutet, es wird ein **Verlustvortrag** zum 31.12.2013 festgestellt. Da dieser in aller Regel keine Auswirkung haben wird, kann auf die Feststellung verzichtet werden, es sei denn, es ist bereits absehbar, dass der Arbeitnehmer erneut in Deutschland tätig sein wird.

V. Ausländische Beurteilung von Vergütungsbestandteilen

1. Sachbezüge

Arbeitnehmervergütungen können steuerlich optimiert werden, wenn der Mitarbeiter anstatt von Bargeld Sachbezüge erhält. 865

Somit ist zuerst zu prüfen, welche entsendungsbedingten Zulagen dem Mitarbeiter gewährt werden sollen. In einem zweiten Schritt erfolgt die Prüfung, wie diese Zulagen im Ausland steuerlich behandelt werden und welche Alternativen bestehen. 866

In den folgenden Ländern werden z.B. die unten aufgeführten Vergütungsbestandteile steuerfrei behandelt: 867

- **Russland:**[467]
  - Dienstreisekosten (die vom russischen Arbeitgeber getragen werden, beispielsweise Fahrkarten, Visumgebühr, Unterkunft etc. sowie das Tagesgeld

---

467 *Klotzek/Lechowicz/Vater*, PIStB 2012, 21.

innerhalb der folgenden Grenzen: 700 RUB/Tag in Russland, 2.500 RUB/Tag im Ausland),
  - Zuzahlungen für ärztliche Behandlung (von einem russischen Unternehmen für die Behandlungsmaßnahmen in einer in Russland lizenzierten medizinischen Einrichtung gezahlt, wenn eine entsprechende Dokumentation vorhanden ist),
  - Zuzahlungen zur privaten Krankenversicherung,
  - Ausbildungszuschüsse (für allgemeinbildende und professionelle Bildungsprogramme in russischen lizenzierten Institutionen bzw. entsprechenden ausländischen Institutionen).
- **Indien:**[468]
  - bestimmte Reisekostenzuschüsse: Zuschüsse für Übernachtung, Reise und Umzug,
  - Kostenerstattungen für medizinische Aufwendungen innerhalb Indiens: tatsächlich angefallene Krankheitskosten beim Steuerpflichtigen oder bei dessen Familie bis zu 15.000 INR pro Steuerjahr, Krankenhauskosten vollständig
  - Kostenerstattungen für medizinische Aufwendungen außerhalb Indiens: Krankheitskosten des Arbeitnehmers oder eines Familienmitgliedes während eines Auslandsaufenthaltes bis zu von der indischen Zentralbank (Reserve Bank) bestimmten Grenzen,
  - Zuschüsse für Familienheimfahrten und -urlaube: Urlaubszuschuss für zwei Reisen des Steuerpflichtigen und seiner Familie in Indien während eines Blockes von vier Kalenderjahren,
  - Zuschuss zur Miete: Mietzahlungen oder -zuschüsse,
  - vom Arbeitgeber getragene Steuer auf Sachbezüge: solange diese nicht Betriebsausgabe beim Arbeitgeber ist,
  - Ausgaben für Telefonate: vom Arbeitgeber gezahlt oder erstattet (einschließlich Mobiltelefon).
- **Brasilien:**[469]
  - Umzugskosten,
  - Transport von Haushaltsgütern,
  - Dienstreisekosten,
  - Firmenwagen,
  - Sprachkurs,
  - Zuzahlungen für ärztliche Behandlung.

---

468 *Klotzek/Lechowicz/Vater*, PIStB 2011, 189.
469 *Klotzek/Lechowicz/Vater*, PIStB 2011, 247.

2. Aktienoptionen

Vergütungen aus Optionen,[470] die auf die Zahlung eines Geldbetrages in Abhängigkeit von einer Kursentwicklung gerichtet sind, stellen für den Mitarbeiter einen geldwerten steuerpflichtigen Vorteil dar. 868

Soweit der vom Mitarbeiter bezogene Arbeitslohn wegen eines Auslandseinsatzes nach DBA in Deutschland steuerfrei ist, ist auch der zugeflossene geldwerte Vorteil aus Aktienoptionen entsprechend steuerfrei. 869

Da international geldwerte Vorteile aus Aktienoptionen steuerlich nicht einheitlich behandelt werden, sollten vor der Gewährung und Ausübung von Aktienoptionen die folgenden Fragen geklärt werden: 870

- Welchem Staat steht das Besteuerungsrecht zu?
- Zu welchem Zeitpunkt erfolgt die Besteuerung? Bei der erstmaligen Gewährung der Optionen, der möglichen Ausübung der Optionen oder bei der tatsächlichen Ausübung der Optionen?
- Wie wird der geldwerte Vorteil berechnet? Ist der Preis bei Gewährung der Option oder die Differenz zwischen dem Preis zwischen tatsächlicher Ausübung und erstmaliger Gewährung der Option die Bemessungsgrundlage für den geldwerten Vorteil?

Eine Doppelbesteuerung oder eine doppelte Nichtbesteuerung können die Folge sein, sofern die betroffenen Länder unterschiedliche Auffassungen vertreten. 871

Darüber hinaus werden in vielen Ländern, z.B. **Malaysia** oder **Singapur**, geldwerte Vorteile aus Aktienoptionen nur dann versteuert, wenn sich der Mitarbeiter bei Zufluss noch im Land aufhält, d.h., die Besteuerung knüpft an eine physische Anwesenheit im Land an. 872

Anders beispielsweise in **Vietnam**, wo der geldwerte Vorteil aus **Aktienoptionen** bei Zufluss immer zu 100 % versteuert wird, unabhängig davon, ob der geldwerte Vorteil tatsächlich zu 100 % auf die Tätigkeit in dem jeweiligen Land entfällt. Deutschland wiederum würde eine Aufteilung des geldwerten Vorteiles vornehmen, wenn sich der Mitarbeiter zwischen der Gewährung der Option und dem Zeitpunkt der erstmalig möglichen Ausübung in mehr als einem Staat aufgehalten hat. Da Vietnam dieser Aufteilung nicht folgt, kann eine Doppelbesteuerung nur durch die Einleitung eines Verständigungsverfahrens vermieden werden. 873

VI. Sonderregelungen für im Ausland tätige Arbeitnehmer

In verschiedenen Ländern bestehen steuerliche Vergünstigungen, um die Tätigkeit ausländischer, bisher nicht in dem jeweiligen Land lebender Fachkräfte attraktiver zu machen. Dabei werden diese regelmäßig gegenüber einheimischen Steuerpflichti- 874

470 *Klotzek/Lechowicz*, PIStB 2009, 312.

gen bessergestellt, indem Teile des Einkommens von der Besteuerung ausgenommen werden oder grundsätzlich ein niedrigerer Steuersatz zur Anwendung kommt. Im Folgenden werden einige dieser besonderen Regelungen vorgestellt.

1. Belgien

875 Die belgische Steuerbelastung ist im internationalen Vergleich sehr hoch. Da dies das Anwerben ausländischer Fachkräfte prinzipiell erschwert, bestehen zahlreiche Vergünstigungen für ausländische leitende Angestellte und Forscher. Diese sind an eine befristete Tätigkeit in **Belgien** gebunden, wobei keine absolute zeitliche Begrenzung besteht und daher praktisch auch dauerhafte Tätigkeiten begünstigt sind. Da die Regelungen teilweise denen der DBA widersprechen und die Anwendung durch die u.U. bestehende Doppelbesteuerung von Teilen des Einkommens ungünstiger als die reguläre Besteuerung sein kann, besteht ein Wahlrecht zwischen dem sog. **Special Tax Regime** und der regulären Besteuerung, welches nur zu Beginn der Auslandstätigkeit für die gesamte Dauer der Tätigkeit in Belgien ausgeübt werden kann. Das Special Tax Regime kommt nur zur Anwendung, wenn nach Tätigkeitsbeginn ein Antrag beim

Adjunct-Directeur Buitenland
Jan Jacobsplein 10
B 1000 Brussel
Tel.: + 32 2 548 5799

Directeur Adjoint Extranéité
Place Jan Jacobs 10
B 1000 Bruxelles
Tel.: + 32 2 548 5799

gestellt wird (innerhalb von sechs Monaten nach Beginn der Tätigkeit).

876 Begünstigt sind Personen mit ausländischer Staatsbürgerschaft, die von einem ausländischen Konzernunternehmen nach Belgien entsandt wurden. Es muss eine Bindung zum Ausland bestehen, dies kann z.B. hinsichtlich der Familie oder bezüglich des Unternehmens sein. Das bedeutet, auch der Kauf eines Hauses verbunden mit dem Umzug der Familie und der Wohnsitzaufgabe im Heimatland sind unschädlich, wenn die Bindung zum entsendenden Unternehmen bestehen bleibt.[471]

877 Bei Anwendung des Special Tax Regimes können beispielsweise folgende Zahlungen steuerfrei erfolgen:

- Umzugskosten,
- Kosten der Unterkunft in Belgien (auch wenn kein Wohnsitz im Heimatland besteht),
- Schulgebühren (bei Besuch einer privaten oder internationalen Schule),
- 1 jährliche Heimfahrt bzw. Heimflug für die ganze Familie,

471 Wassermeyer/*Straka*, DBA Belgien, Art. 15, Exkurs: Kommentierung aus belgischer Sicht, Rn 60.

- 2 jährliche Besuche bei den Eltern für Kinder, die Schulen im Ausland besuchen,
- Ausgleichszahlungen für die höhere Steuerbelastung in Belgien im Vergleich zum Heimatland.

Abweichend von den Regelungen des DBA wird Arbeitslohn für Arbeitstage in Belgien grundsätzlich als steuerpflichtig, Arbeitslohn für Arbeitstage außerhalb Belgiens dagegen grundsätzlich als steuerfrei behandelt. Dies kann, sofern keine Besteuerung in anderen Ländern erfolgt, beträchtliche Steuerersparnisse für die ausländischen (nicht belgischen) Arbeitstage zur Folge haben. Steht dagegen das Besteuerungsrecht für Arbeitstage in Belgien einem anderen Land zu und wird das Gehalt trotzdem aufgrund des Special Tax Regime in Belgien besteuert, kommt es zu einer erheblichen Mehrbelastung aufgrund der Doppelbesteuerung. 878

2. Russland

Die sog. **Highly Qualified Specialists** (HQS) werden seit dem 1.7.2010 mit einem privilegierten Steuersatz von 13 % besteuert, unabhängig davon, wie lange sie sich im Land aufhalten. Es handelt sich in diesem Fall um ausländische Arbeitnehmer, die über bestimmte Arbeitserfahrungen und Fähigkeiten auf einem speziellen Gebiet verfügen, in **Russland**[472] arbeiten und mindestens 2 Mio. Rubel in maximal einem Jahr verdienen. Es wird jeweils einzelfallbezogen entschieden, ob der Arbeitnehmer als „HQS" zu qualifizieren ist. Der niedrige Steuersatz wird aber nur auf die von dem russischen Unternehmen bezogenen Einkünfte angewandt. 879

Die Voraussetzungen sind hierbei, dass die Gehaltsauszahlung zumindest anteilig über die russische Gesellschaft erfolgen muss und die Bedingungen für ein „HQS" erfüllt sind. Eventuell ist eine Neugestaltung der bereits vor dem 30.6.2010 bestehenden Verträge erforderlich. Es wurden zudem seitens Russlands einige Vereinfachungen für die „HQS" geschaffen. Dies betrifft vor allem die Nachweise der Qualifikation, den Verzicht auf medizinische Untersuchungen, keine Nachweise an die „Russian Employment Center" sowie die Beantragung einer Arbeitserlaubnis für mehrere Jahre und Regionen. Ein Nachteil ist allerdings die Verpflichtung, dass die Gehaltsmeldungen quartalsweise erfolgen müssen. 880

Bei Verbleib der Ansässigkeit des Arbeitnehmers in Deutschland sollte Folgendes hinsichtlich der deutschen Arbeitstage während der Entsendung beachtet werden: Bei deutschen Arbeitstagen bzw. einer Tätigkeit in Drittstaaten nach Entsendebeginn in Russland wird der auf diese Arbeitstage entfallende Lohn in Deutschland steuerpflichtig. Es ist ratsam, diese Arbeitstage außerhalb Russlands bereits bei der Gehaltsabrechnung zu berücksichtigen. Das russische Finanzamt akzeptiert in der Regel eine nachträgliche Freistellung im Rahmen der Veranlagung nicht. 881

472 *Klotzek/Lechowicz/Vater*, PIStB 2012, 21.

3. Dänemark

882 In **Dänemark** besteht die Möglichkeit, für bis zu 60 Monate das Einkommen zu einem ermäßigten Steuersatz von 26 % zu versteuern. Voraussetzungen sind u.a.:
- unbeschränkte oder beschränkte Steuerpflicht in Dänemark – vorrangige Ansässigkeit nach DBA nicht erforderlich,
- keine dänische Steuerpflicht in den letzten zehn Jahren,
- Vertrag mit dänischem Arbeitgeber oder dänischer Betriebsstätte,
- hauptsächliche Arbeitsausübung in Dänemark (Dienstreisen erlaubt),
- keine Tätigkeit für den dänischen Arbeitgeber vor Entsendungsbeginn.

883 Ein Abzug von Werbungskosten ist bei Anwendung der Regelung ausgeschlossen. Eine Verpflichtung zur Abgabe einer Einkommensteuererklärung besteht nur, wenn zusätzlich weitere Leistungen durch den Arbeitgeber erbracht werden, die nicht dem pauschalen Steuersatz unterliegen (z.B. Bereitstellung der Unterkunft).

4. Frankreich

884 Es besteht eine Vergünstigung für alle nach **Frankreich** entsandten Arbeitnehmer, die in den fünf Kalenderjahren vor dem Entsendungsbeginn nicht unbeschränkt einkommensteuerpflichtig waren.[473] In diesen Fällen können entsendungsbedingte Zulagen (soweit im Entsendungsvertrag zugesagt) grundsätzlich steuerfrei gezahlt werden. Dabei ist zu beachten, dass das verbleibende steuerpflichtige Gehalt nicht niedriger sein darf, als bei vergleichbaren Arbeitnehmern im selben bzw. vergleichbaren französischen Unternehmen. Es können also nur über das französische Vergleichsgehalt hinausgehende Gehaltsbestandteile steuerfrei gezahlt werden. Die Steuerbefreiung gilt für das Jahr, in dem die Entsendung begonnen hat und maximal fünf darauffolgende Kalenderjahre.

885 Eine weitere Vergünstigung besteht für die unter die zuvor beschriebene Regelung fallenden Arbeitnehmer, deren Entsendung zwischen dem 1.1.2005 und dem 31.12.2007 begonnen hat. Für diese kann das auf Dienstreisen im Ausland entfallende Gehalt, jedoch maximal 20 % des nach obiger Regelung steuerpflichtigen Gehaltes, auf Antrag steuerfrei gezahlt werden.

886 Mit Wirkung ab dem 1.1.2008 besteht eine neue Regelung, die neben entsendeten Arbeitnehmern auch für Arbeitnehmer gilt, die durch den französischen Arbeitgeber eingestellt wurden.[474] Auch nach dieser Regelung können entsendungs- bzw. tätigkeitsbedingte Zulagen innerhalb des genannten Zeitraumes steuerfrei ausgezahlt werden. Sofern keine solchen Zulagen gewährt werden, können alternativ 30 % des Gehaltes steuerfrei bleiben. Es muss jedoch mindestens ein steuerpflichtiges Gehalt wie bei vergleichbaren französischen Arbeitnehmern verbleiben. Es ist auch in diesem

473 Art. 81B Code général des impôts (französisches Steuergesetz).

474 Art. 155B Abs. II Code général des impôts (französisches Steuergesetz).

Fall eine Freistellung des auf ausländische Arbeitstage entfallenden Gehaltes möglich. Zu beachten ist diesbezüglich, dass die Steuerbefreiung (Zulagen und ausländische Arbeitstage) insgesamt maximal 50 % der gesamten Vergütung betragen darf.

Nach französischem Steuerrecht besteht außerdem eine Vergünstigung für im **887**
Ausland tätige Arbeitnehmer.[475] Hiernach erfolgt grundsätzlich eine Freistellung, wenn im Ausland eine Steuer in Höhe von mindestens 2/3 der französischen Steuer gezahlt werden muss. Bei bestimmten Tätigkeiten im Ausland und einem Aufenthalt von mehr als 120 bzw. 183 Tagen in einem 12-Monats-Zeitraum erfolgt sogar eine Freistellung unabhängig von einer Versteuerung im Ausland. Außerdem können für Tätigkeiten im Ausland (Aufenthalt mindestens 24 Stunden) gezahlte Zulagen steuerfrei gewährt werden, soweit sie 40 % des Gehaltes nicht übersteigen und vor Beginn der Tätigkeit vereinbart wurden.

5. Niederlande

In den **Niederlanden** besteht bei Entsendungen die Möglichkeit des sog. **30 %** **888**
ruling. Begünstigt sind Spezialisten, deren Kenntnisse am niederländischen Arbeitsmarkt nicht vorhanden sind und die mindestens 2/3 der letzten 24 Monate mindestens 150 km außerhalb der niederländischen Grenzen gelebt haben. Diese müssen ein Gehalt von mindestens 50.000 € (inklusive steuerfreier Zulage) bzw. im Fall von Mastern unter 26 Jahren 38.007 € erhalten. Die Begünstigung wird für maximal 8 Jahre gewährt. In diesem Fall kann eine entsendungsbedingte Zulage von 30:70 des Grundgehaltes steuerfrei gezahlt werden, sodass 30 % des gesamten Gehaltes steuerfrei bleiben. Zusätzlich besteht die Möglichkeit, dass Schulgebühren für eine **internationale Schule** steuerfrei vom Arbeitgeber übernommen werden können.

6. Spanien

Bei unbeschränkter Einkommensteuerpflicht gilt in **Spanien** ein progressiver Steu- **889**
ertarif mit einem Spitzensteuersatz von 45 % (Impuesto sobre la Renta de Personas Físicas). Der beschränkten Steuerpflicht (Impuesto sobre la Renta de No Residentes) unterliegende Einkünfte werden dagegen mit einem pauschalen Steuersatz von 24 % (Kapitalerträge 19 %) besteuert. Unter bestimmten Bedingungen ist eine Besteuerung des Gehaltes eines entsendeten Arbeitnehmers mit dem Pauschalsteuersatz ebenfalls möglich, wenn ein entsprechender Antrag unter folgenden Bedingungen gestellt wird:

- keine unbeschränkte Einkommensteuerpflicht in den vorhergehenden zehn Jahren,

---

475 Art. 81A Code général des impôts (französisches Steuergesetz).

- Tätigkeit aufgrund eines lokalen Arbeitsvertrages oder eines Entsendungsvertrages mit einem verbundenen Unternehmen,
- überwiegende Ausübung der Tätigkeit in Spanien,[476]
- keine Steuerbefreiung nach dem Einkommensteuerrecht für beschränkt Steuerpflichtige möglich,
- Steuerpflicht nur mit diesen Einkünften und Kapitalerträgen,
- bei Entsendungsbeginn nach dem 1.1.2010 Jahresgehalt von höchstens 600.000 €.

890 Die Vergünstigungen gelten für das Jahr des Entsendungsbeginnes und maximal fünf folgende Kalenderjahre.

VII. Prozessgestaltung und Kontrolle

891 Mit steigender Anzahl an Mitarbeitern, die im Ausland tätig werden bzw. an Mitarbeitern, die aus dem Ausland nach Deutschland kommen und hier tätig werden, ist neben der Einzelabwicklung auch die Analyse, Implementierung und Kontrolle entsprechender Prozesse für eine standardmäßige Abwicklung desselben Sachverhaltes innerhalb eines Unternehmens notwendig.

892 Daher sind die einzelnen Prozessschritte zu analysieren und zu planen, entsprechende Maßnahmen im Unternehmen zu implementieren und diese fortlaufend zu überwachen. Nur so können Prozesse strukturiert und optimiert, Schnittstellen erkannt und eingerichtet, Verantwortlichkeiten festgelegt, Abläufe nach den Unternehmenszielen gesteuert und ggf. Abweichungen ermittelt, sanktioniert und beseitigt werden.

893 In der Praxis ist regelmäßig nicht die Einzelabwicklung problematisch, sondern die standardisierte Bearbeitung eines identischen Sachverhaltes. Die Frage ist nicht, ob und in welcher Höhe Steuern zu zahlen sind, sondern wie dies prozesstechnisch umgesetzt wird.

894 Es sollte beispielsweise vor der Aufnahme einer Tätigkeit im Ausland geklärt sein, wer als wirtschaftlicher Arbeitgeber anzusehen ist bzw. ob im Ausland eine Betriebsstätte vorliegt oder nicht. Finanzielle Mehrbelastungen entstehen für Unternehmen immer dann, wenn erst während oder sogar nach der Auslandstätigkeit grundlegende Besteuerungsfragen geklärt werden, wie es in der Praxis allzu oft vorkommt. Häufig sind dann Rückabwicklungen in der Gehaltsabrechnung der Mitarbeiter oder Änderungen von Steuererklärungen für das Unternehmen und der Arbeitnehmer notwendig.

895 Teuer sind auch die fehlende Überwachung vordefinierter Prozesse sowie die fehlende Sanktionierung bei Verstößen, beispielsweise dann, wenn ein Mitarbeiter angibt, während seiner Auslandstätigkeit seinen deutschen Wohnsitz beibehalten zu haben, um entsprechende Entsendungszulagen zu erhalten, tatsächlich aber seinen

476 Das auf die Tätigkeit im Ausland entfallende Gehalt darf maximal 15 % des Gesamtgehaltes ausmachen, bei Tätigkeit für ausländische Konzerngesellschaften erhöht sich die Grenze auf 30 %.

deutschen Wohnsitz aufgegeben hat, um die Nachteile einer Doppelbesteuerung zu vermeiden.

VIII. Fazit

Bei der Tätigkeit von Arbeitnehmern im Ausland bzw. von ausländischen Arbeitneh- 896
mern im Inland gibt es zahlreiche Gestaltungsmöglichkeiten. Entscheidend ist etwa, ob der inländische Wohnsitz während der Auslandstätigkeit beibehalten wird oder nicht, an welchem Ort der Einsatz stattfindet und wann und wie die entsprechende Bezahlung erfolgt. Auch günstigere ausländische Besteuerungsregelungen im Vergleich zu Deutschland oder Sonderregelungen für bestimmte Arbeitnehmergruppen bieten Optimierungspotenzial. Dieses kann typischerweise nur bei einer rechtzeitigen Planung der Auslandstätigkeit genutzt werden. Wichtig ist, die Möglichkeiten und deren Voraussetzungen zu kennen und sie durch einen steuerlichen Berater und die Finanzverwaltung sowohl im In- als auch im Ausland absichern zu lassen.

G. Ertragsteuerliche Besonderheiten bei Entsendungen

Die Entsendung von Mitarbeitern sollte nicht isoliert als ein Teilbereich der Perso- 897
nalabteilung bzw. der Lohnbuchhaltung betrachtet werden. Die Auswirkungen der Auslandstätigkeit sind vielfältig und von teils signifikanter Bedeutung auch für die ertragsteuerliche Situation eines Unternehmens. Im Folgenden sollen die wesentlichen Berührungspunkte dargestellt und Problemfelder aufgezeigt werden.

I. Betriebsstätten

In Bezug auf die originären Entsendethemen bestimmt das Vorliegen von Betriebs- 898
stätten zum einen die Aufteilung des Besteuerungsrechtes des Arbeitslohnes des entsendeten Mitarbeiters[477] und zum anderen, ob ggf. eine Lohnsteuereinbehaltungspflicht des Unternehmens in Deutschland besteht.[478] Darüber hinaus ist die Begründung einer Betriebsstätte aber auch ausschlaggebend für die Zuweisung des **Besteuerungsrechtes des Unternehmensgewinnes.** Es ist deshalb detailliert zu prüfen, ob der Auslandseinsatz eines oder mehrerer Mitarbeiter zur Begründung einer Betriebsstätte für Ertragsteuerzwecke führt.[479]

477 Vgl. Rn 401.
478 Vgl. Rn 627.
479 Grundsätzlich zum Thema: BMF-Schreiben v. 24.12.1999 – IV B 4 – S 1300 – 111/99 –.

Beispiel 1
Mehrere Mitarbeiter einer Beratungsfirma arbeiten über einen Zeitraum von insgesamt 2 Jahren für einen ausländischen Mandanten. Sie arbeiten bei dem Kunden vor Ort. Die Mitarbeiter werden direkt von dem deutschen Unternehmen zum Kundeneinsatz abgeordnet. Das deutsche Unternehmen hat keine (weitere) Niederlassung in dem betroffenen Land.[480]

Beispiel 2
Ein Bauunternehmen nahe dem Dreiländereck Deutschland/Frankreich/Schweiz wird regelmäßig auch von Kunden der Nachbarländer beauftragt, Bauausführungen vorzunehmen. Diese werden jeweils mit deutschen Arbeitskräften erfüllt. Die Dauer der einzelnen Aufträge variiert dabei zwischen 7 und 18 Monaten.[481]

1. Allgemeines

899 Wann eine Betriebsstätte vorliegt, ist sowohl nach nationalem Recht (§ 12 AO) als auch in internationalem Kontext (Art. 5 OECD-MA) definiert. Die Definition der Betriebsstätte nach dem OECD-MA entspricht dabei nicht vollständig der Definition nach der AO. Grundsätzlich ist der **Betriebsstättenbegriff** nach nationalem Recht weiter gefasst, sodass eine Betriebsstätte nach § 12 AO auch vorliegen kann, wenn nach Prüfung des jeweilig einschlägigen DBA die Voraussetzungen für eine Betriebsstätte nicht vorliegen.

900 Grundsätzlich gilt, dass das Begründen einer Betriebsstätte eine gewisse **örtliche Fixierung** einer Betriebseinrichtung sowie eine gewisse Dauer ihres Bestehens im Tätigkeitsstaat voraussetzt. Eine Betriebsstätte wird in § 12 AO als jede feste **Geschäftseinrichtung** oder Anlage, die der Tätigkeit eines Unternehmens dient, beschrieben. Dies umfasst insbesondere **Zweigniederlassungen**, **Fabrikations- oder Werkstätten**, **Warenlager oder Montagestätten**, die für mehr als sechs Monate bestehen.[482] Nach Art. 5 OECD-MA wird eine Betriebsstätte ebenfalls als jede feste Geschäftseinrichtung, durch die die Geschäftstätigkeit eines Unternehmens ganz oder teilweise ausgeübt wird, definiert.[483] Die Aufzählung der Betriebseinrichtungen in Art. 5 Abs. 2 OECD-MA, die als Betriebsstätte zu qualifizieren sind, ist weitgehend deckungsgleich mit § 12 AO. Abweichend wird etwa eine Montagestätte nach Art. 5 Abs. 3 OECD-MA jedoch erst dann zur Betriebsstätte, wenn sie für mehr als zwölf Monate besteht.[484]

480 Fortführung und Lösungshinweise Beispiel 1 im Folgenden unter Rn 901.

481 Fortführung und Lösungshinweise Beispiel 2 im Folgenden unter Rn 900.

482 Abschließende Aufzählung in § 12 AO.

483 Vgl. Rn 418, auch zur Negativabgrenzung des Art. 5 Abs. 4 OECD-MA.

484 Zu beachten ist, dass die in den jeweiligen DBA getroffenen Regelungen nach § 2 AO Vorrang vor der Anwendung der nationalen Regelungen haben.

Praxishinweis
Es ist zwingend zu prüfen, ob für die jeweilig vorliegende Länderkombination ein DBA vorliegt und falls ja, ob das Abkommen dem OECD-MA folgt oder ob abweichende Regelungen getroffen worden sind. Anlage II der Betriebsstätten-Verwaltungsgrundsätze gibt etwa einen Überblick über die Regelungen für Bauausführungen und Montagen in den verschiedenen mit Deutschland bestehenden DBA.[485]

Beispiel 2 – Fortführung
Nach deutschem Steuerrecht ist jede der Baustellen des deutschen Unternehmens als eine Betriebsstätte zu qualifizieren, da die einzelnen Bauausführungen jeweils die Dauer von sechs Monaten überschreiten. Die DBA mit Frankreich und der Schweiz folgen hingegen dem OECD-MA und definieren eine Bauausführung/Montage nur dann als Betriebsstätte, wenn sie eine Dauer von zwölf Monaten überschreitet.[486] Entsprechend bleibt das Besteuerungsrecht für Gewinne der Baustellen mit einer Dauer von nicht mehr als zwölf Monaten bei Deutschland. Das Besteuerungsrecht geht erst dann auf Frankreich bzw. die Schweiz über, wenn die einzelne Baustelle für mehr als zwölf Monate besteht.[487]

2. Geschäftseinrichtung

Die notwendige **örtliche und zeitliche Fixierung** einer Betriebsstätte liegt immer dann vor, wenn eine feste Geschäftseinrichtung besteht. Eine Geschäfts- bzw. Betriebseinrichtung besteht, wenn gewisse Räumlichkeiten, Einrichtungen, maschinelle Anlagen oder Ausrüstungen zur Verfügung stehen. **Verfügungsmacht** ist dabei bereits gegeben, wenn eine Berechtigung bzw. eine rein tatsächliche Nutzungsmöglichkeit an der Geschäftseinrichtung besteht. Diese muss nicht im Eigentum des Unternehmens stehen. 901

Praxishinweis
Ob Verfügungsmacht besteht, ist insbesondere schwierig zu beurteilen, wenn Mitarbeiter Tätigkeiten in den Räumlichkeiten eines Kunden erbringen. Die Umstände der Tätigkeit müssen dann genau analysiert werden.

485 BMF-Schreiben v. 24.12.1999 – IV B 4 – S 1300 – 111/99 – Anlage II, Anlage III bezüglich ständiger Vertreter.

486 Art. 5 Abs. 2 g) DBA Schweiz; Art. 2 Abs. 1 Nr. 7 (gg) DBA Frankreich.

487 Die Dauer einzelner Bauausführungen ist nur bei Vorliegen eines wirtschaftlichen Zusammenhanges zu addieren, etwa wenn mehrere Baustellen hintereinander bei dem gleichen Kunden betreut werden.

Beispiel 1 – Fortführung

Die Mitarbeiter des deutschen Unternehmens teilen mit, dass sie

a) ein Büro mit den Mitarbeitern des Kunden gemeinsam benutzen und ihnen kurzfristig ein jeweils freier Platz zugewiesen wird,

b) eigene Büros zur Verfügung gestellt bekommen haben, die sie über die gesamte Dauer des Projektes nutzen werden.

In Konstellation a) kann davon ausgegangen werden, dass keine Geschäftseinrichtung besteht, da das Recht zur Nutzung des jeweiligen Arbeitsplatzes jederzeit widerrufen werden kann und damit keine andauernde Verfügungsmacht besteht. In Fall b) ist hingegen davon auszugehen, dass eine Betriebseinrichtung besteht. Das wäre auch der Fall, wenn während der Projekttätigkeit ein Wechsel der Räumlichkeiten stattfinden würde, da den Mitarbeitern grundsätzlich zugestanden wird, über die zugewiesenen Bereiche frei zu verfügen.

902 Notwendig ist weiterhin, dass die Geschäftseinrichtung „fest" ist. Grundsätzlich muss sich die Einrichtung deshalb an einem **bestimmten Ort** befinden. Die Nutzung verschiedener Büros an einer Zweigniederlassung eines Kunden kann dabei z.B. als feste Geschäftseinrichtung definiert werden, während die Nutzung verschiedener Büros an verschiedenen Zweigniederlassungen in der Regel nicht als örtlich feste Geschäftseinrichtung gilt. Eine ebenfalls notwendige zeitliche Fixierung liegt vor, wenn die Betriebseinrichtung für eine **gewisse Dauer** besteht bzw. nicht nur vorübergehend eingerichtet wurde. Dies ist in der Regel der Fall, wenn die Einrichtung für mehr als sechs Monate besteht.[488] Dabei sind wiederkehrende Tätigkeiten der gleichen Art zeitlich zusammenzufassen.

903 Damit eine Betriebsstätte vorliegt, muss außerdem die **Unternehmenstätigkeit** durch die feste Geschäftseinrichtung ausgeübt werden. Sind Mitarbeiter zu einer Betriebsstätte entsendet bzw. begründet die Entsendung eines Mitarbeiters eine Betriebsstätte, wird in der Regel die Unternehmenstätigkeit (zumindest teilweise) von der Betriebseinrichtung ausgeführt.

Beispiel 1 – Fortführung

Die Beratungstätigkeit – ein originäres Geschäftsfeld des deutschen Unternehmens – wird durch die Mitarbeiter vor Ort ausgeführt.

Beispiel 2 – Fortführung

Die Bauausführungen – ein originäres Geschäftsfeld des deutschen Unternehmens – wird durch die Mitarbeiter vor Ort ausgeführt.

488 BFH, Urt. v. 19.5.1993 – I R 80/92 – BStBl. II S. 655.

Praxishinweis

!

Art. 5 Abs. 4 OECD-MA nimmt eine sog. Negativ-Abgrenzung vor.[489] Hier wird ausgeführt, was explizit nicht als Betriebsstätte zu behandeln ist. Es ist deshalb vorab zu prüfen, ob die Betriebseinrichtung im Ausland sich auf das Folgende beschränkt:

- Einrichtungen, die nur zur Lagerung/Ausstellung/Auslieferung genutzt werden,
- Bestände, die nur zum Zweck der Bearbeitung/Verarbeitung durch ein anderes Unternehmen unterhalten werden,
- feste Geschäftseinrichtungen mit dem ausschließlichen Zweck, Güter/Waren einzukaufen oder Informationen zu beschaffen,
- feste Geschäftseinrichtungen mit dem ausschließlichen Zweck, für das Unternehmen Tätigkeiten auszuüben, die vorbereitender Art sind oder Hilfstätigkeiten darstellen (z.B. Erstellung von Marktanalysen).

3. Ständiger Vertreter

Liegt insbesondere mangels Vorliegen einer festen Geschäftseinrichtung keine Betriebsstätte vor, kann ein ins Ausland oder ein nach Deutschland entsendeter Mitarbeiter auch als **ständiger Vertreter** des Unternehmens im Land der Tätigkeit zu qualifizieren sein. Die ertragsteuerlichen Folgen entsprechen denen bei Vorliegen einer Betriebsstätte. 904

Nach § 13 AO ist ein ständiger Vertreter eine Person, die **nachhaltig** die Geschäfte eines Unternehmens besorgt und dabei dessen **Sachweisungen** unterliegt; insbesondere wer für ein Unternehmen nachhaltig Verträge abschließt oder vermittelt oder Aufträge einholt oder einen Bestand von Gütern oder Waren unterhält und davon Auslieferungen vornimmt. Nach Art. 5 Abs. 5 OECD-MA wird als Betriebsstätte auch eine Person definiert, die als **abhängiger Vertreter** für ein Unternehmen tätig ist und die Vollmacht besitzt, in einem Vertragsstaat im Namen des Unternehmens **Verträge abzuschließen,**[490] und die Vollmacht dort gewöhnlich ausübt. Wichtig ist, dass die Bevollmächtigung zum Abschluss von Verträgen nach deutschem Recht **keine** Voraussetzung für das Vorliegen eines ständigen Vertreters ist. Die deutsche Definition des ständigen Vertreters ist somit wesentlich weiter als die Definition der Vertreter-Betriebsstätte in Art. 5 OECD-MA. 905

Beispiel 3

Ein US-Pharmakonzern stellt einen deutschen Pharmavertreter an, um die Marktsituation in Europa zu analysieren und die Produkte des Unternehmens auf dem deutschen Markt einzuführen. Der Mitarbeiter soll die Produkte dabei in verschiedenen überregionalen Fach- und Universitätskliniken vorstellen.

---

489 Vgl. auch BMF-Schreiben v. 24.12.1999 – IV B 4 – S 1300 – 111/99 – Anlage IV bezüglich Übersicht Negativ-Abgrenzung.

490 Ausreichend ist auch, dass Verträge nur wirtschaftlich unterschriftsreif verhandelt werden und dann von dem Stammhaus nur noch routinemäßig gebilligt werden, Musterkommentar zum OECD-MA, Rn 32.1.

Haben die Kliniken Interesse an den Produkten, kann der Mitarbeiter im Namen der US-Gesellschaft auch direkt Verkaufsverhandlungen führen. Ein Büro wird dem Mitarbeiter nicht zur Verfügung gestellt. Um die Gründung einer Betriebsstätte außerdem zu vermeiden, werden die Kaufverträge selbst (ohne detaillierte Prüfung oder Nachverhandlung) nur durch die Bereichsleiter des US-Unternehmens unterschrieben. In diesem Fall liegt tatsächlich mangels einer festen Betriebseinrichtung (kein Büro oder Ähnliches) keine Betriebsstätte nach § 12 AO vor. Allerdings verhandelt der Mitarbeiter die Verträge unterschriftsreif (eine Prüfung durch das Stammhaus findet nicht mehr statt) und ist deshalb als ständiger Vertreter der Gesellschaft nach § 13 AO, Art. 5 Abs. 5 OECD-MA anzusehen.

4. Sonderfälle/Dienstleistungsbetriebsstätten

906 Als Besonderheit zu den oben gemachten Ausführungen gibt es in einigen DBA Regelungen bezüglich sog. **Dienstleistungsbetriebsstätten.** Die Begründung einer solchen Betriebsstätte ist unabhängig von dem Vorliegen einer festen Geschäftseinrichtung oder eines ständigen Vertreters: Allein das **Tätigwerden** über einen gewissen Mindestzeitraum führt zur Begründung einer Betriebsstätte in dem jeweiligen Staat.

Praxishinweis

Auch hier gilt: Das einschlägige DBA (soweit vorhanden) ist vor Projektbeginn zu prüfen, um unerwünschte ertragsteuerliche Folgen zu vermeiden bzw. notwendige Anforderungen des Gastlandes rechtzeitig zu erfüllen.

Unter anderem beinhaltet z.B. das DBA mit China in Art. 5 Abs. 3 b) eine entsprechende Regelung für Beraterbetriebsstätten, wenn die Tätigkeit für ein bestimmtes oder für ein mit dem ursprünglich zusammenhängenden Projekt eine Dauer von sechs Monaten innerhalb eines beliebigen 12-Monats-Zeitraumes überschreitet.

907 Unabhängig davon wird der Begriff der „festen Geschäftseinrichtung" in neueren Abkommen und in der neueren Kommentierung der OECD wesentlich weiter gefasst als in den ursprünglichen Regelungen.[491] Damit kann es im Verhältnis zwischen bestimmten Ländern zu einer **„unechten" Dienstleistungsbetriebsstätte** kommen, weil der Begriff der Betriebsstätte nicht mehr eine örtliche feste Geschäftseinrichtung voraussetzt.[492] Deutschland bejaht das Vorliegen einer Betriebseinrichtung allerdings nur bei einer örtlichen Fixierung. Entsprechend kann es zu einem **Qualifikationskonflikt** und damit zu einer potenziellen Doppelbesteuerung des der Betriebsstätte zuzurechnenden Gewinnes in den betroffenen Ländern kommen.

491 Vgl. Musterkommentar zum OECD-MA, Ziff. 4: *„Eine feste Geschäftseinrichtung kann auch vorliegen, wenn für die Ausübung der Tätigkeit des Unternehmens keine Räumlichkeiten zur Verfügung stehen oder erforderlich sind, aber das Unternehmen doch über einen gewissen Platz verfügt."*

492 Vgl. Musterkommentar zum OECD-MA, Ziff. 4.5. sog. Anstreicherfall.

Beispiel 4
Ein Außendienstmitarbeiter eines deutschen IT-Unternehmens wird über einen Zeitraum von 18 Monaten tageweise bei einem osteuropäischen Kunden tätig. Er verfügt über keinen festen Arbeitsplatz. Vielmehr ist er für die Installation von IT-Anlagen und Programmen in den einzelnen Büroräumen/bei den einzelnen Mitarbeitern zuständig. Aus deutscher Sicht liegt mangels einer festen Geschäftseinrichtung (dem Mitarbeiter steht kein eigener Bereich zur Verfügung) keine Betriebsstätte vor. Entsprechend wird der auf die Tätigkeit des Mitarbeiters entfallende Unternehmensgewinn vollständig bei dem deutschen Unternehmen steuerlich berücksichtigt. Der Ansässigkeitsstaat des Kunden folgt hingegen der neuen OECD-Auslegung: Da der Außendienstmitarbeiter eine wichtige Funktion des deutschen Unternehmens über eine wesentliche Zeitspanne bei dem Kunden vor Ort ausführt und ihm dafür ein gewisser „Platz" zur Verfügung steht, begründet er eine Betriebsstätte. Entsprechend wird das osteuropäische Land den auf die Betriebsstätte entfallenden Unternehmensgewinn besteuern.

5. Gründung einer Betriebsstätte – Wesentliche Folgen

Aus rechtlicher Sicht ist es grundsätzlich erforderlich, die Betriebsstätte bei den deut- 908
schen bzw. ausländischen Behörden zu **registrieren**. Eine Registrierung ist ggf. für die Bereiche Ertragsteuer, Umsatzsteuer, Lohnsteuer und Sozialversicherung notwendig und hat möglichst zeitnah (innerhalb 1 Monats) nach der **Aufnahme der Tätigkeit** durch die Betriebsstätte zu erfolgen.[493] Die Betriebsstätte gilt dabei als **unselbstständiger Teil** des Gesamtunternehmens.[494] Im Verhältnis zu den Mitarbeitern ist insbesondere von Bedeutung, dass sie grundsätzlich nicht als Arbeitgeber qualifiziert werden kann. Das Arbeitsverhältnis besteht entsprechend nur zwischen dem Stammhaus und dem Mitarbeiter.

Praxishinweis
Ob eine Betriebsstätte bewusst oder aufgrund der Tätigkeit vor Ort ungewollt gegründet wird, ist für die steuerliche Beurteilung und ihre Folgen irrelevant.
Eine enge Zusammenarbeit mit dem steuerlichen Berater/der Steuerabteilung ist daher notwendig, sobald das Risiko besteht, dass Mitarbeiter im Ausland eine Betriebsstätte gründen.

Aus ertragsteuerlicher Sicht ist wichtig, dass eine **sachgerechte Allokation** von 909
Aufwand und Erträgen sowie von Vermögen und Schulden an die Betriebsstätte erfolgt. Dabei ist der Gewinn der Betriebsstätte grundsätzlich nach deutschen Vorschriften zu ermitteln.[495] Die Zuordnung der im Tätigkeitsstaat zu versteuernden und

493 Die Meldepflicht für ausländische Betriebsstätten in Deutschland ist in § 138 Abs. 2 AO geregelt.
494 Abweichend davon gibt es derzeit Bestrebungen, dass Betriebsstätten im internationalen Kontext für steuerliche Zwecke als eigene Rechtspersönlichkeit („Legal Entity") angesehen werden sollten.
495 BMF-Schreiben v. 24.12.1999 – IV B 4 – S 1300 – 111/99 – Rn 2.1. Bezüglich der Buchführung (etwaige Buchführungs-/Aufzeichnungspflichten können sich nach den §§ 238 ff. HGB, §§ 140, 143 f. AO und § 22 UStG ergeben) sind die Geschäftsvorfälle der Betriebsstätte als unselbständiger Teil eines Unternehmens grundsätzlich in den Jahresabschluss des Stammhauses zu integrieren. Allerdings sind die Geschäftsvorfälle jeder Betriebsstätte gesondert zuzuweisen und ggf. als ausländischer gewerblicher Gewinn auszuweisen.

im Wohnsitzstaat des Stammhauses freizustellenden Einkünfte bzw. anzurechnenden Steuern wird in dem jeweilig einschlägigen DBA geregelt. Wichtig ist, dass zwischen der Betriebsstätte und dem Stammhaus bei sämtlichen Geschäftsvorfällen der **Fremdvergleichsmaßstab**[496] angewendet wird: Die Betriebsstätte muss behandelt werden, als würde sie als rechtlich unabhängiges Unternehmen Geschäfte mit einem fremden Dritten abschließen.

! **Zusammenfassung**

Bei ausländischen Mitarbeitern, die in Deutschland tätig werden, kann das Begründen einer deutschen Betriebsstätte zur beschränkten Steuerpflicht des ausländischen Unternehmens in Deutschland nach § 49 Abs. 1 Nr. 2 a) EStG führen.

Werden Mitarbeiter einer deutschen Gesellschaft im Ausland tätig und wird/wurde dort eine Betriebsstätte begründet, entstehen u.U. ausländische gewerbliche Einkünfte nach § 34d Nr. 2 a) EStG, die dieser Betriebsstätte zuzurechnen sind.

In beiden Fällen beeinflusst die Begründung einer Betriebsstätte somit den in Deutschland steuerpflichtigen Unternehmensgewinn.

II. Verrechnungspreise

910 Bei der Entsendung von Mitarbeitern zwischen verbundenen Unternehmen geht es nicht nur um die Aufteilung des Besteuerungsrechtes zwischen den betroffenen Staaten auf Ebene der Mitarbeiter, sondern auch um die sachverhalts-gerechte Aufteilung des **Betriebsausgabenabzuges** auf Ebene der involvierten Gesellschaften. Durch die Verrechnungspreisgrundsätze soll insbesondere verhindert werden, dass Unternehmen Gewinne in Länder mit niedrigerer Steuerbelastung oder steuerlich günstigeren Positionen verlagern können. Die Finanzverwaltung hat sich in ihren **Verwaltungsgrundsätzen-Arbeitnehmerentsendung**[497] ausführlich mit dem Thema Mitarbeiterentsendung zwischen verbundenen Unternehmen auseinandergesetzt und die Kontrolle der Umsetzung der entsprechenden Hinweise damit als festen Bestandteil der Betriebsprüfung etabliert. Verbunden mit den teils drastischen Strafen bei Nicht-Erfüllung notwendiger Dokumentationsanforderungen ist dies Grund genug, bei jeder Entsendung gesondertes Augenmerk auf die Verrechnungspreise zu legen.

Beispiel

Eine Mitarbeiterin wird vom 1.3.2012 bis zum 31.12.2012 nach Irland entsendet. Sie wird dort für die irische Schwestergesellschaft tätig. Die Kosten der Entsendung werden weiter von der deutschen Gesellschaft getragen, *„so dass der Abzug für Lohnaufwendungen konzernintern optimal genutzt werden kann.“*[498]

---

496 Vgl. Rn 913.

497 BMF-Schreiben v. 9.11.2001 – IV B 4 – S 1341 – 20/01 –.

498 Fortführung und Lösungshinweise für das Beispiel im Folgenden unter Rn 915 f., 918.

1. Allgemeines

Als **Verrechnungspreise** werden grundsätzlich die zwischen verbundenen Unternehmen und nahestehenden Personen festgelegten Preise, z.B. für die Erbringung von Dienstleistungen, bezeichnet. Hierbei müssen die verbundenen Unternehmen so handeln, als würden sie Geschäfte zwischen fremden Dritten abschließen (**Fremdvergleichsgrundsatz**).[499] Dadurch wird die ungerechtfertigte Verlagerung von Unternehmensgewinnen verhindert. 911

Eine Entsendung liegt dabei aus Verrechnungspreissicht immer dann vor, wenn mit dem aufnehmenden Unternehmen eine **arbeitsvertragliche Vereinbarung** geschlossen wird oder wenn das aufnehmende Unternehmen als **wirtschaftlicher Arbeitgeber**[500] des Mitarbeiters anzusehen ist. Wird der Mitarbeiter nur zur Erfüllung einer Dienst- oder Werkleistungsverpflichtung tätig, die angemessen vergütet wird und bei der keine Weisungsgebundenheit gegenüber dem Auftraggeber vorliegt, ist eine Entsendung aus Verrechnungspreissicht hingegen zu verneinen. 912

2. Fremdvergleichsgrundsatz

Bei der Überlassung von Arbeitskräften zwischen verbundenen Unternehmen ist aus verrechnungspreistechnischer Sicht zu prüfen, ob der übernommene Aufwand für entsendete Arbeitnehmer einem **Fremdvergleich** standhält. 913

Fremdvergleichsmaßstab !

Als Maßstab sind nach § 1 Abs. 1 S. 1 AStG Vereinbarungen heranzuziehen, die voneinander unabhängige Dritte unter gleichen oder vergleichbaren Verhältnissen vereinbart hätten. Hierbei ist davon auszugehen, dass die voneinander unabhängigen Dritten alle wesentlichen Umstände und Geschäftsbeziehungen kennen und nach den Grundsätzen ordentlicher und gewissenhafter Geschäftsleiter handeln.

Die Prüfung des jeweiligen Sachverhaltes hat dabei in zwei Stufen zu erfolgen: 914

a) Prüfung dem Grunde nach

In einem ersten Schritt wird geprüft, wer **Interesse an der Entsendung** des Mitarbeiters hat. Es ist hier nachzuweisen, ob das ausschließliche Interesse der Entsendung bei der aufnehmenden Gesellschaft liegt oder ob die Entsendung ganz oder teilweise von der entsendenden Gesellschaft verursacht ist. 915

---

499 BMF-Schreiben v. 9.11.2001 – IV B 4 – S 1341 – 20/01 – Rn 3.1. ff., auch im Folgenden unter Rn 913.
500 Es gelten die allgemeinen Grundsätze zum wirtschaftlichen Arbeitgeberbegriff, vgl. oben unter Rn 408.

Beispiel – Fortführung
Bei der Entsendung muss erläutert werden, in wessen Interesse die Entsendung liegt. Soll sich die Mitarbeiterin beispielsweise zusätzliches Know-how aneignen, kann die Entsendung durchaus im Interesse des deutschen Unternehmens liegen und ein Betriebsausgabenabzug käme zumindest teilweise in Betracht. Wird der entsandte Arbeitnehmer hingegen überwiegend bzw. ausschließlich für die irische Gesellschaft tätig, hat der Betriebsausgabenabzug grundsätzlich in Irland zu erfolgen.

b) Prüfung der Höhe nach

916 Abschließend wird geprüft, ob ein **ordentlicher und gewissenhafter Geschäftsleiter** eines unabhängigen Unternehmens für einen vergleichbaren Arbeitnehmer Aufwendungen in gleicher Höhe getragen hätte.

Beispiel – Fortführung
Es ist zu prüfen, wie viel ein fremdes Unternehmen am Markt für einen vergleichbaren Mitarbeiter unter den entsprechenden Umständen aufwenden würde.

3. Prüfung dem Grunde nach – Schritt 1

917 Grundsätzlich gilt, dass die Gesellschaft, in deren Interesse entsendet wird, sämtliche direkten und indirekten Aufwendungen ohne Gewinnzuschlag zu tragen hat. Die Zuweisung des Interesses an der Entsendung ist deshalb von grundlegender Bedeutung.

a) Interessenlage

aa) Fallkonstellationen

918 Die Finanzverwaltung geht unter Anwendung einer **widerlegbaren Anscheinsvermutung** davon aus, dass eine Entsendung grundsätzlich im **Interesse der aufnehmenden Gesellschaft** erfolgt.[501] Indizien dafür können die einmalige Implementierung von Prozessen, Programmen oder Produktionsanlagen durch den entsendeten Mitarbeiter oder ein Mangel an Fachkräften auf dem lokalen Arbeitsmarkt sein.

Beispiel – Alternative 1
Die irische Schwestergesellschaft bittet um befristete Entsendung eines Arbeitnehmers, da auf dem irischen Arbeitsmarkt momentan ein Mangel an entsprechenden Fachkräften herrscht. Die Tätigkeit des Arbeitnehmers liegt im originären betrieblichen Interesse der irischen Gesellschaft. Alle mit der Entsendung in Verbindung stehenden Kosten sind an die Schwestergesellschaft weiterzugeben. Ein entsprechender Betriebsausgabenabzug ist nur in Irland zulässig.

501 BMF-Schreiben v. 9.11.2001 – IV B 4 – S 1341 – 20/01 – Rn 3.1.1. i.V.m. BFH, Urt. v. 3.2.1993 I – R 80 – 81/91 – BStBl. II S. 462.

In Abgrenzung zu dem oben beschriebenen Standardfall gibt es eine Reihe von Sonderfällen, die Szenarien beschreiben, in denen sowohl die aufnehmende als auch die abgebende Gesellschaft ein Interesse an der Entsendung des Mitarbeiters haben.[502] Dies ist etwa bei **Trainee-Programmen** und **Rotationsverfahren** der Fall oder wenn der Mitarbeiter während der Entsendung (auch) **Planungs-, Koordinierungs- oder Kontrollfunktionen** für das entsendende Unternehmen übernehmen. Liegt eine solche Teilung der Interessen vor, übernimmt das aufnehmende Unternehmen in der Regel nur die Kosten, die dem lokalen Lohnniveau des Arbeitnehmers im Gastland entsprechen. Sämtlicher mit der Entsendung in Zusammenhang stehender Mehraufwand wird im Gegenzug von der Heimatgesellschaft getragen. 919

Beispiel – Alternative 2
Eine Arbeitnehmerin nimmt an einem internen europäischen Programm für zukünftige Führungskräfte teil, welches die neunmonatige Tätigkeit für eine fremde Konzerngesellschaft beinhaltet. Ihre Vergütung inklusive entsendebedingter Zulagen beträgt für diese 9 Monate 126.000 € (monatlich 14.000 €). Die an demselben Programm teilnehmenden irischen Kollegen erhalten während der Tätigkeit im Heimatunternehmen eine Jahresvergütung in Höhe von insgesamt 120.000 € (monatlich 10.000 €). Die irische Schwestergesellschaft trägt nur den „regulären" Arbeitslohn der Arbeitnehmerin (10.000 € x 9 Monate), der übersteigende Aufwand in Höhe von 36.000 € wird von der deutschen Gesellschaft getragen und kann in Deutschland als Betriebsausgabe berücksichtigt werden.

In Ausnahmefällen kann eine Entsendung auch nur im **Interesse der entsendenden Gesellschaft** liegen. Dies kann etwa bei Durchführung von internen Kontrollen und Revisionen, die der Konzernspitze dienen oder bei Maßnahmen zur Durchsetzung konzernweit vorgegebener **Führungsmaßnahmen** sowie bei **Vorstandsaktivitäten** der Fall sein. Die Kosten werden in diesen Konstellationen ausschließlich durch das entsendende Unternehmen getragen. 920

Beispiel – Alternative 3
Eine Arbeitnehmerin arbeitet in der Buchhaltungsabteilung des deutschen Unternehmens. Zur Sicherstellung der Einhaltung der konzerninternen Bilanzierungsrichtlinien wird die Arbeitnehmerin für drei Monate an die irische Tochtergesellschaft entsendet. Sie wird dort als Vorstufe zur Erstellung eines konsolidierten Konzernabschlusses die Buchführung überprüfen. Die Entsendung liegt entsprechend ausschließlich im Interesse des deutschen Unternehmens. Es können keine Kosten nach Irland weiterbelastet werden. Im Gegenzug steht der deutschen Gesellschaft der gesamte Betriebsausgabenabzug zu.

---

bb) Indizien/Nachweise für die Interessenlage

Wie oben bereits ausgeführt, bestimmt sich die Aufteilung des Betriebsausgabenabzuges zwischen aufnehmenden und abgebenden Unternehmen danach, wie das 921

502 BMF-Schreiben v. 9.11.2001 – IV B 4 – S 1341 – 20/01 – Rn 3.4.

Interesse an der Entsendung zwischen den beiden Gesellschaften aufzuteilen ist. Die **Interessenlage** ist dabei **einzelfallbezogen** zu prüfen. Maßgebend sind insbesondere die Tätigkeit des Mitarbeiters sowie die Höhe der Gesamtaufwendungen. Die Checkliste[503] gibt einen Überblick über einige relevante Fragestellungen:

Checkliste – Interessenlage

Ausgeübte Funktion	– wenn konzerninterne Überwachungs- oder Kontrollfunktion: Interesse der abgebenden Gesellschaft – wenn „Geschäftsfunktion" im aufnehmenden Unternehmen (z.B. Leitung Marketing, Mitarbeit im Verkaufsteam): Interesse der aufnehmenden Gesellschaft
Benötigte (Spezial-) Kenntnisse des Mitarbeiters	– wenn Mangel an entsprechendem Fachpersonal auf dem lokalen ausländischen Arbeitsmarkt: Interesse der aufnehmenden Gesellschaft – wenn Einsatz von Experten z.B. zur konzerninternen Revision: Interesse der abgebenden Gesellschaft
Verfügbarkeit gleichqualifizierter Mitarbeiter im Arbeitsmarkt des aufnehmenden Unternehmens	– wenn Verfügbarkeit gegeben: Indiz für gemischte Interessenlage/alleinige Interessenlage der abgebenden Gesellschaft – wenn keine Verfügbarkeit: Indiz für alleinige Interessenlage der aufnehmenden Gesellschaft
Übliche Aufwendungen im Arbeitsmarkt des aufnehmenden Unternehmens für einen vergleichbaren Mitarbeiter	– wenn vergleichbar mit Kosten für den entsendeten Mitarbeiter: Indiz für alleiniges Interesse der aufnehmenden Gesellschaft – wenn Kosten niedriger als für den entsendeten Mitarbeiter: Indiz für geteilte Interessenlage (Aufteilung Kosten notwendig)
Zusammenhang zwischen Aufwendungen für den entsendeten Mitarbeiter und seinem Beitrag zum wirtschaftlichen Erfolg des aufnehmenden Unternehmens (Kosten-/Nutzenanalyse)	– wenn positive Kosten-/Nutzenanalyse: Indiz, dass Interesse alleinig bei der aufnehmenden Gesellschaft liegt, auch wenn die Kosten auf dem lokalen Arbeitsmarkt für einen vergleichbaren Arbeitnehmer geringer sind
Tätigkeitsort	– wenn ausschließlich im Ausland: Indiz für alleinige Interessenlage bei der aufnehmenden Gesellschaft – wenn regelmäßige Tätigkeit im Heimatland: Indiz für geteilte Interessenlage
Einzelprojektbezogene Tätigkeit	– wenn einzelprojektbezogene Tätigkeit: ggf. Vorliegen einer Dienstleistung, sonst Ermittlung, für welche Gesellschaft das Projekt erbracht worden ist = Gesellschaft, in deren Interesse die Entsendung erfolgt

503 Vgl. BMF IV B 4 S.1341 – 20/01 Rn 3.3. (in Auszügen).

Initiative der Entsendung	– wenn aufnehmende Gesellschaft: Indiz alleinige Interessenlage aufnehmende Gesellschaft, ggf. gemischte Interessenlage – wenn abgebende Gesellschaft: wahrscheinlich gemischte Interessenlage, ggf. alleiniges Interesse abgebende Gesellschaft
Ausüben von Koordinierungs- und/oder Kontrolltätigkeiten	– wenn konzerninterne Überwachungs- oder Kontrollfunktion: Interesse der abgebenden Gesellschaft
Ausüben von Routinefunktionen oder Tätigkeiten, die spezielle Kenntnisse über den Tätigkeitsstaat erfordern	– Routinefunktionen: Indiz für gemischte Interessenlage (z.B. Monteur, der zur polnischen Tochtergesellschaft entsendet wird) bzw. für alleinige Interessenlage der aufnehmenden Gesellschaft (z.B. Entsendung von Laborhilfskräften, da Mangel auf lokalem Arbeitsmarkt) – Tätigkeiten mit Spezialkenntnissen: Indiz für alleiniges Interesse der aufnehmenden Gesellschaft (z.B. Marketingexperte für den angloamerikanischen Raum, der bei der Muttergesellschaft in Europa beschäftigt und nach New York entsendet wird)
Entsendung im Rahmen eines Rotationssystems	– gemischte Interessenlage, da Tätigkeit für aufnehmende Gesellschaft, aber Fortbildungsvorteil für die abgebende Gesellschaft
Besondere Sprachkenntnisse erforderlich	– wenn ja: Indiz für alleiniges Interesse der aufnehmenden Gesellschaft
Prozentualer Anteil der entsendeten Mitarbeiter an der Gesamtbelegschaft des aufnehmenden Unternehmens	– wenn Anteil hoch bzw. sehr hoch: Indiz für alleinige Interessenlage der aufnehmenden Gesellschaft – wenn nur einzelne ausländische Mitarbeiter in Managementpositionen: Indiz für gemischte Interessenlage

Die „intern“ ermittelte Interessenlage zwischen den involvierten Unternehmen ist von den Gesellschaften detailliert darzulegen und durch geeignete **Nachweise** zu belegen. Als Nachweis kommen u.a. die folgenden Unterlagen in Betracht:[504] der Entsendevertrag, Schriftverkehr zur Begründung der Entsendung, Beschreibung des aufnehmenden Unternehmens sowie seiner Produkte und Dienstleistungen, Tätigkeitsbeschreibung des entsendeten Mitarbeiters, Stellenanzeigen, konkrete Tätigkeitsnachweise (z.B. Berichtshefte oder Protokolle, die der Mitarbeiter für das aufnehmende Unternehmen erstellt hat), Untersuchungen zu Vergleichsgehältern im lokalen Arbeitsmarkt, Kosten/Nutzenanalysen, Nachweise über die Höhe der Lohnaufwendungen vor und während der Entsendung, Zeitnachweise für Art und Umfang der Tätigkeit, Reisekostenabrechnungen und ähnliche Unterlagen. 922

504 Vgl. BMF-Schreiben v. 9.11.2001 – IV B 4 – S 1341 – 20/01 – Rn 5.

! **Praxishinweis**
Dokumentation ist das Zauberwort bei der Verrechnungspreisproblematik. Hier gilt: Lieber einen Nachweis zu viel, als im Rahmen einer Betriebsprüfung mit leeren Händen da zu stehen! Eine entsprechende Checkliste ist in dem folgenden Teilabschnitt 5 beigefügt.

b) Kostenermittlung und Kostenzuordnung

923 Im Zuge der Feststellung der Interessenlage müssen auch die grundsätzlich mit der Entsendung in Zusammenhang stehenden tatsächlichen Kosten ermittelt und den verbundenen Unternehmen zugeordnet werden.

aa) Bemessungsgrundlage der Kosten

924 Zu den Aufwendungen im Rahmen einer Mitarbeiterentsendung gehören neben dem regulären **steuerpflichtigen Arbeitslohn** auch **entsendebedingte Sonderzulagen** sowie **Sozialversicherungsbeiträge.**[505]

! **Praxishinweis**
Bereits vor Beginn der Entsendung des Mitarbeiters sollte eine Liste mit den verschiedenen regulären und entsendebedingten Gehaltsbestandteilen erstellt werden, um sich einen Überblick über die Gesamtkosten zu verschaffen. Ggf. an die ausländische Gesellschaft zu belastenden Kosten umfassen u.a. das Grundgehalt, Bonus-/Abfindungszahlungen, Prämien, Urlaubs- und Weihnachtsgeld, übernommene Steuern, Auslandszulagen, Sozialversicherungsbeiträge im In- und Ausland, sonstige Sachbezüge (z.B. Firmenwagen oder Aktienoptionen), Ausgleichszahlungen für höhere Lebenshaltungskosten, Umzugs- und Reisekosten, Übernahme von Kosten im Rahmen der doppelten Haushaltsführung und Schulkosten.

bb) Aufteilung der Kosten

925 Wie bereits einleitend erläutert, sind sämtliche direkt und indirekt mit der Entsendung in Zusammenhang stehende Aufwendungen von der Gesellschaft zu tragen, in deren Interesse die Entsendung erfolgt. Eine Aufteilung der Kosten hat folglich dann nicht zu erfolgen, wenn der Mitarbeiter während der Auslandstätigkeit ausschließlich für eines der involvierten Unternehmen tätig wird.

926 Aus der Erfahrung der Finanzbehörden heraus entstand allerdings eine Einschränkung zu diesen Grundsätzen für Fälle, in denen das ausländische Lohnniveau der Mitarbeiter deutlich über dem deutschen Niveau liegt. Ist dies der Fall, darf in Deutschland ein Betriebsausgabenabzug nur bis maximal zum **inländischen Lohnniveau** vorgenommen werden. Ein Interesse der abgebenden Gesellschaft wird

505 Vgl. BMF-Schreiben v. 9.11.2001 – IV B 4 – S 1341 – 20/01 – Rn 2.3.

dadurch indiziert.[506] Lediglich für **Experten**, die nachweislich nicht auf dem deutschen Arbeitsmarkt zur Verfügung stehen, kommt ein Betriebsausgabenabzug in voller Höhe in Betracht.[507]

Praxishinweis **!**
Überprüft werden muss: Verdient ein temporär nach Deutschland entsendeter ausländischer Mitarbeiter (auch ohne Berücksichtigung von Entsendungszulagen) wesentlich mehr, als sein deutsches Gegenstück? Dies kann u.U. bei bestimmten Berufsgruppen und/oder im Verhältnis mit bestimmten Ländern der Fall sein. Falls ja, ist ein Betriebsausgabenabzug ggf. nur bis zur Höhe des Gehaltes des deutschen Vergleichsmitarbeiters zulässig!

Bei Vorliegen einer (echten) **gemischten Interessenlage** werden die Kosten in 927
der Regel einzelfallbezogen aufgeteilt. Allerdings ist es möglich, im Rahmen einer Betriebsprüfung einen **einheitlichen Aufteilungsmaßstab**[508] für die Kosten festzulegen, der zukünftig für alle gleichgelagerten Entsendungen des Unternehmens Anwendung finden kann (soweit keine wesentliche Veränderung der Verhältnisse eintritt).

Praxishinweis **!**
Die Einigung über einen einheitlichen Kostenaufteilungsmaßstab für den laufenden Prüfungszeitraum und für die Zukunft erleichtert dem Arbeitgeber und dem Finanzbeamten die Überprüfung der Entsendefälle. Üblich ist etwa eine 80:20-Aufteilung zwischen aufnehmenden und entsendenden Unternehmen.

---

4. Prüfung der Höhe nach – Schritt 2

Während im ersten Schritt die grundsätzliche Zuordnung der identifizierten Kosten 928
entsprechend der Interessenlage zwischen den verbundenen Unternehmen vorgenommen wurde, muss nun geprüft werden, ob ein **ordentlicher und gewissenhafter Geschäftsleiter** eines unabhängigen Unternehmens für einen vergleichbaren Arbeitnehmer Aufwendungen in gleicher Höhe getragen hätte.

---

506 Vgl. BMF-Schreiben v. 9.11.2001 – IV B 4 – S 1341 – 20/01 – Rn 3.1.1. Abs. 2 S.1.

507 Bei einer Entsendung ins Ausland könnte dies im Umkehrschluss bedeuten, dass die aufnehmende Gesellschaft nur bis zur Höhe des ausländischen Lohnniveaus belastet werden kann und entsprechend ein Anteil des Betriebsausgabenabzugsvolumens in Deutschland verbleibt. Dieser Fall wurde allerdings in den vorliegenden Verwaltungsanweisungen nicht aufgegriffen und entbehrt momentan deshalb einer entsprechenden Rechtsgrundlage.

508 Vgl. BMF-Schreiben v. 9.11.2001 – IV B 4 – S 1341 – 20/01 – Rn 3.4.

a) Verrechnungspreismethoden

929 Der Betriebsausgabenabzug ist seiner Höhe nach nur zulässig, wenn die Ausgaben für die Entsendung des Mitarbeiters einem **Fremdvergleich** standhalten. Ein Fremdvergleich kann grundsätzlich durch verschiedene Methoden vorgenommen werden. Bei Entsendungen liefert jedoch nur die **Preisvergleichsmethode** zuverlässige Ergebnisse und ist deshalb vorrangig anzuwenden.[509]

! **Preisvergleichsmethode**
Tatsächlicher Vergleich nach Preisen, die ein fremder Unternehmer bzw. ein verbundenes Unternehmen einem fremden Arbeitnehmer für die Zurverfügungstellung der Arbeitskraft gezahlt hätte.

---

930 Die Prüfung, ob die Ausgaben einem Fremdvergleich standhalten, erfolgt nach dieser Methode in drei Stufen:

b) Betriebsinterner Vergleich auf Ebene der aufnehmenden Gesellschaft

931 Bei dem **betriebsinternen Vergleich** wird geprüft, welchen Aufwand das aufnehmende Unternehmen für einen vergleichbaren, nicht entsendeten Mitarbeiter trägt.

! **Praxishinweis**
Die Personalabteilung der aufnehmenden Gesellschaft kann Informationen zum Gehaltsniveau lokaler Mitarbeiter mit vergleichbarer Qualifikation und Erfahrung bereitstellen.

---

c) Betriebsexterner Vergleich auf Ebene der aufnehmenden Gesellschaft

932 Bei dem **betriebsexternen Vergleich** werden unabhängige Unternehmen, die unter gleichen Bedingungen in demselben Staat wie das aufnehmende Unternehmen tätig sind, herangezogen und verglichen, welchen Aufwand diese für einen vergleichbaren Mitarbeiter tragen.

! **Praxishinweis**
Informationen zum allgemeinen Gehaltsniveau im Gastland sollten angefordert oder eine entsprechende Studie durchgeführt werden. Die Untersuchungen müssen branchenspezifisch erfolgen und die Qualifikation des betroffenen Mitarbeiters berücksichtigen.

---

509 Vgl. BMF-Schreiben v. 9.11.2001 – IV B 4 – S 1341 – 20/01 – Rn 3.2. auch zur Prüfung, ob die Ausgaben einem Fremdvergleich standhalten.

d) Hypothetischer Vergleich

Stehen für die mit der Entsendung verbundenen Aufwendungen keine betriebsinternen oder externen Vergleichsdaten zur Verfügung, wird in dieser letzten Stufe überprüft, ob ein **„ordentlicher Geschäftsleiter“** die höheren Aufwendungen getragen hätte, weil etwa ein erhöhter wirtschaftlicher Nutzen mit der Beschäftigung des Mitarbeiters in Verbindung steht,[510] ein entsprechender Mitarbeiter momentan nicht frei auf dem lokalen Markt verfügbar ist oder der Mitarbeiter über besondere Fähigkeiten und Kenntnisse verfügt, die über die der „Vergleichsmitarbeiter“ hinausgehen. Die Kosten dürfen dennoch nicht die Kosten einer **Direktanwerbung** des Mitarbeiters aus dem Entsendestaat heraus übersteigen. 933

Praxishinweis

Die Anforderungen hinsichtlich der Dokumentation eines durchgeführten hypothetischen Vergleiches sind sehr hoch. Es ist darauf zu achten, dass etwa bei den zuständigen Bereichsleitern eine detaillierte Begründung eingeholt wird, warum genau dieser Mitarbeiter im Ausland gebraucht wird und warum es gerechtfertigt ist, ihn über dem lokalen Gehaltsniveau zu entlohnen.

5. Nachweispflicht in der Praxis

Verrechnungspreise sind ein rein „unternehmensinternes“ Thema. Die Finanzbehörden sind deshalb bei der Überprüfung des zwischen den involvierten Unternehmen gewählten Aufteilungsmaßstabes abhängig von den durch die betroffenen Gesellschaften zur Verfügung gestellten Nachweisen. Es ist deshalb ein besonders hohes Maß an **Dokumentation** erforderlich, um steuerliche Risiken zu vermeiden bzw. zu reduzieren. Die angefügte Checkliste gibt einen Überblick über die Unterlagen, die unbedingt vorhanden sein sollten: 934

Checkliste – Dokumentation

- In welches Land und zu welcher Gesellschaft soll der Mitarbeiter entsendet werden?
- Welche Tätigkeiten, Funktionen, Leistungen sollen von dem Mitarbeiter erbracht werden (ggf. Stellenausschreibung)?
- Liegt ein Dienstleistungs- oder ein Personalgestellungsvertrag vor?
- In welchen Betrieb soll der Mitarbeiter integriert sein?
- Gegenüber wem (Person und Firma) ist der Mitarbeiter fachlich und disziplinarisch weisungsgebunden?
- Hat der Mitarbeiter selbst Weisungsbefugnis? Wenn ja, gegenüber wem?
- In wessen Interesse erfolgt die Entsendung?
- Welche Gesellschaft führt das Projekt durch?
- Welche Gesellschaft profitiert von der Leistung des Mitarbeiters?
- Für welchen Zeitraum wird der Mitarbeiter entsendet?

510 Ein erhöhter wirtschaftlicher Nutzen soll dabei über einen Zeitraum von 3 Jahren realisiert werden, BMF-Schreiben v. 9.11.2001 – IV B 4 – S 1341 – 20/01 – Rn 3.2.3.

- Welche Gesellschaft trägt das Risiko der Entsendung?
- Wo hat der Mitarbeiter während der Entsendung seinen Wohnsitz/Lebensmittelpunkt?
- An wie vielen Tagen während der Entsendung soll der Mitarbeiter für die entsendende Gesellschaft im Inland tätig werden?
- Für welchen Zweck wird entsendet: Ausbildung, Teilnahme am Rotationsverfahren, Expertenbedarf?

6. Betriebsprüfung und Folgen fehlerhafter Verrechnungspreise

935 Während einer **Betriebsprüfung** wird in der Regel untersucht, inwieweit die Zuordnung der Entsendekosten dem Grunde und der Höhe nach und der daraus resultierende Betriebskostenabzug der anfallenden Personalkosten in Deutschland bei Entsendungsfällen nach Deutschland gerechtfertigt ist. Übliche **Betriebsprüfungshandlungen** umfassen dabei die Analyse der Reisekostenabrechnungen, Suche nach Konten/Kostenstellen mit der Bezeichnung wie beispielsweise „Kosten Ausland" / „Kosten Aufbau ausländische Niederlassung", Auswertung der Lohnbuchhaltung (z.B. Steuerfreistellungen), Analyse der Geschäftsführung (Inländer im Ausland eingetragen? Ausländer im Inland eingetragen?) sowie die Analyse der Bereiche Vertrieb und technische Beratung.

936 Wurden mit einer Entsendung in Zusammenhang stehende Aufwendungen nicht veranlassungsgerecht und/oder nicht nach Fremdvergleichsgrundsätzen zwischen den involvierten verbundenen Unternehmen zugeordnet, ist grundsätzlich eine **Korrektur des Unternehmenserfolges** zu veranlassen.[511]

! **Praxishinweis**

Eine Korrektur kann nach den Grundsätzen zur verdeckten Gewinnausschüttung (die ausländische Tochtergesellschaft übernimmt gegenüber dem deutschen Stammhaus einen überproportionalen Anteil der Entsendungskosten) oder nach den Grundsätzen zur verdeckten Einlage (das deutsche Stammhaus übernimmt gegenüber der ausländischen Tochtergesellschaft einen überproportionalen Anteil der Entsendungskosten) erfolgen.

937 Technisch erfolgt durch die Behörden eine Schätzung zusätzlich zu versteuernder Einnahmen zulasten des Unternehmens. Dazu können nach § 162 Abs. 4 AO **Strafzuschläge** zwischen 5 und 10 % des Mehrbetrages der Einkünfte erlassen werden, soweit Aufzeichnungen nicht vorgelegt werden oder die vorhandenen Aufzeichnungen nicht verwertbar sind. Strafzuschläge von bis zu 1 Mio. € können bei der verspäteten Vorlage verwertbarer Aufzeichnungen festgesetzt werden.

511 Vgl. BMF-Schreiben v. 9.11.2001 – IV B 4 – S 1341 – 20/01 – Rn 4.1.

III. Funktionsverlagerung

Klassischerweise werden bei einer **Funktionsverlagerung** durch ein deutsches Unternehmen lohnkostenintensive betriebliche Funktionen (z.B. der Bereiche Produktion oder Verwaltung) auf ausländische Konzerngesellschaften übertragen. Hierbei kann es dazu kommen, dass deutsche Mitarbeiter der betroffenen Abteilungen für einen gewissen Zeitraum ebenfalls im Ausland tätig werden. In diesem Zusammenhang gilt, dass die Grundsätze zur Arbeitnehmerentsendung immer dann nicht anwendbar sind, wenn die Entsendung der Mitarbeiter im **wirtschaftlichen Zusammenhang** mit einer Funktionsverlagerung steht. Stattdessen sind dann die im Folgenden dargestellten Regelungen zu beachten. 938

Beispiel
Der Vorstand eines Pharmakonzerns beschließt, die Forschungs- und Entwicklungsabteilung für ein neues Herzmedikament nach Osteuropa zu verlagern, da dort steuerliche Vergünstigungen von erheblichem Ausmaß gewährt werden und außerdem qualifiziertes Hilfspersonal kostengünstig zur Verfügung steht. Sämtliche leitenden Wissenschaftler der Abteilung sowie der Projektverantwortliche werden für drei Jahre an eine osteuropäische Schwestergesellschaft entsendet, um die Marktzulassung für das Medikament zügig voranzutreiben. Dieses soll anschließend in Osteuropa produziert und von dort vertrieben werden.[512]

---

1. Allgemeines

Die Grundsätze zur Funktionsverlagerung beschreiben die Besteuerung eines Unternehmens, das bestimmte **betriebliche Funktionen** an eine Konzerngesellschaft im Ausland verlagert. Um einen Zugriff auf das ins Ausland verlagerte Steuersubstrat, insbesondere die stillen Reserven und potenzielle zukünftige Gewinne, zu erhalten, behandelt der deutsche Fiskus das Unternehmen, als ob der betroffene Bereich an einen fremden Dritten veräußert worden ist. Man spricht auch von einer **betrieblichen Wegzugsbesteuerung.**[513] 939

Regelungsziel der Grundsätze zur Funktionsverlagerung ist es, Vorgänge nicht einzeln zu betrachten, sondern im Rahmen des Gesamtkontextes, eines sog. **Transferpaketes.** Ermittlungsgrundlage für den zu versteuernden Gewinn ist damit nicht der Gewinn, der mit dem Verkauf von z.B. zehn Maschinen erzielt wird, sondern der Gewinn für den Verkauf der gesamten Produktion (inklusive Gewinnaufschlag). Es wird insbesondere untersucht, welcher Preis für das Transferpaket unter Anwendung des geltenden **Fremdvergleichsgrundsatzes** festzusetzen ist.[514] 940

---

512 Fortführung und Lösungshinweise Beispiel im Folgenden unter Rn 944.
513 Vgl. BMF-Schreiben v. 13.10.2010 – IV B 5 – S 1341/08/10003 –.
514 Zum Fremdvergleichsgrundsatz vgl. Rn 913.

941 Zunächst ist dabei zu untersuchen, ob tatsächlich eine „**Funktion**“ übertragen wird/wurde. Die zu verlagernde Funktion muss dabei eine **gewisse Eigenständigkeit** innerhalb des Unternehmens aufweisen. Eigene Funktionen sind etwa der Vertrieb, das Marketing, die Produktion oder die Forschungsabteilung eines Unternehmens. Eine Funktions**verlagerung** liegt dann vor, wenn das deutsche Unternehmen die Funktion (inklusive der damit verbundenen Geschäftschancen und -risiken) einem verbundenen ausländischen Unternehmen überträgt oder zur Nutzung überlässt und es dadurch zu einer Einschränkung der Ausübung der Funktion in Deutschland kommt.[515]

! **Praxishinweis**
Sobald eine signifikante Anzahl an Entsendungen aus der gleichen Abteilung zur gleichen Zeit stattfindet, ist Vorsicht geboten. Es sollte unbedingt der Abteilungsleiter kontaktiert werden, um sicherzustellen, dass der Bereich nicht vollständig in Deutschland aufgelöst und ins Ausland verlagert wird.

---

942 Liegt eine Funktionsverlagerung vor, wird in einem zweiten Schritt die **Bewertung des Transferpaketes** auf Basis eines durchzuführenden **hypothetischen Fremdvergleiches** vorgenommen: Welches Entgelt würde ein fremder Dritter für die gesamte übergehende Einheit entrichten? Insbesondere sind hier das zukünftige Gewinnpotenzial der Funktion sowie die überlassenen stillen Reserven zu berücksichtigen.

! **Praxishinweis**
Wie bei dem Problemkreis Verrechnungspreise sind die Anforderungen an die Dokumentation der Funktionsverlagerung und an die Ermittlung der Kosten des Transferpaketes sehr hoch und bilden einen zentralen Aspekt der Grundsätze zur Funktionsverlagerung. Strafzuschläge von bis zu 10 % der zu korrigierenden Gewinne bzw. bis zu 1 Mio. € bei verspäteter Vorlage der notwendigen Dokumentation können auch hier erlassen werden. Es ist deshalb unbedingt sicherzustellen, dass alle notwendigen Informationen zum Einsatz der Mitarbeiter im Ausland den zuständigen Abteilungen schriftlich zur Verfügung gestellt werden.

---

2. Personalentsendung und Funktionsverlagerung

943 Grundsätzlich ist die Personalentsendung im Konzern nicht als Funktionsverlagerung zu werten.[516] Insbesondere stellt der normale Übergang von Organisationswissen im Rahmen der Entsendung keine eigene Funktion dar und ist deshalb grundsätzlich nicht gesondert zu vergüten.

944 Sollte eine Personalentsendung allerdings im Rahmen einer bestehenden Funktionsverlagerung stattfinden, ist diese steuerrechtlich als Teil des „Transferpaketes“ zu behandeln und es sind ausschließlich die Grundsätze zur Funktionsverlagerung

---

515 BMF-Schreiben v. 13.10.2010 – IV B 5 – S 1341/08/10003 – Rn 19, 22.
516 BMF-Schreiben v. 13.10.2010 – IV B 5 – S 1341/08/10003 – Rn 54.

anzuwenden. Eine Entsendung kann dann Teil des Transferpaketes sein, wenn der Mitarbeiter seinen bisherigen Zuständigkeitsbereich ins Ausland mitnimmt und bei dem aufnehmenden Unternehmen die gleiche Tätigkeit ausübt.[517] Vorrangiger steuerlicher Unterschied ist, dass nicht nur tatsächliche Kosten der Entsendung berücksichtigt werden müssen, sondern dass auch ein **künftiges Gewinnpotenzial**, das durch die Verlagerung der Abteilung/des Know-hows des einzelnen Mitarbeiters ins Ausland entsteht, in die Kalkulation mit einbezogen werden muss. Dabei gilt grundsätzlich, dass das „Allgemeinwissen" der entsendeten Mitarbeiter nicht entgeltpflichtig ist. Nur **nicht allgemein zugängliches Spezialwissen**, das auf die ausländische Gesellschaft übergeht, ist gesondert zu vergüten.

Beispiel – Fortführung
Sowohl die nach Osteuropa entsendeten leitenden Wissenschaftler als auch der entsendete Projektverantwortliche üben bei dem aufnehmenden ausländischen Unternehmen die gleiche Tätigkeit aus. Außerdem nehmen sie ihren Bereich ins Ausland mit – die entsprechenden Stellen werden in Deutschland nicht neu besetzt und das durch sie übergehende Know-how ist darüber hinaus nicht als allgemein zugängliches Wissen zu definieren. Somit werden der ausländischen Konzerngesellschaft die Mitarbeiter zumindest vorübergehend „zur Nutzung" überlassen. Die Entsendung der Mitarbeiter darf entsprechend nur als Teil des Transferpaketes „Verlagerung der Funktion Forschung Herzmedikament" betrachtet werden. Zusätzlich zu den reinen Personalkosten sind deshalb auch noch Kosten für den Übergang des Know-hows der Mitarbeiter einzubeziehen und an die ausländische Schwestergesellschaft zu belasten.

„Normale Entsendungen" oder im Rahmen eines Dienstleistungsvertrages erbrachte 945
Leistungen der Mitarbeiter im Ausland sind hingegen nicht als Teil der Funktionsverlagerung zu werten.

Beispiel – Fortführung
Das „Anheuern" des qualifizierten Hilfspersonals in Osteuropa erfolgt nur zögerlich. Der Projektverantwortliche bittet deshalb darum, drei Mitarbeiter anderer deutscher Forschungsabteilungen vorübergehend an das ausländische Unternehmen zu entsenden, bis entsprechendes Personal angestellt und eingearbeitet werden konnte. Da durch die vorübergehende Auslandstätigkeit der Mitarbeiter keine eigenständige Abteilung des deutschen Unternehmens ins Ausland übertragen wird, sondern eine reguläre Entsendung von Arbeitskräften zwischen verbundenen Unternehmen stattfindet, sind die Kosten der drei Entsendungen nicht im Rahmen des Transferpaketes zu berücksichtigen.[518]

---

517 BMF-Schreiben v. 13.10.2010 – IV B 5 – S 1341/08/10003 – Rn 56.
518 Ähnlich auch BMF-Schreiben v. 13.10.2010 – IV B 5 – S 1341/08/10003 – Rn 56, 2. Beispiel.

IV. Rückstellungen für Kosten des Auslandseinsatzes

946 Rückstellungen müssen nach allen in Deutschland geltenden Bilanzierungsgrundsätzen vor dem Hintergrund eines periodengerechten Ausweises des Unternehmenserfolges immer dann gebildet werden, wenn es zu einer **Verzögerung der Kostenzuordnung** kommt. Dies kann in Bezug auf die Auswärtstätigkeit von Mitarbeitern in verschiedenen Konstellationen der Fall sein.

Beispiel 1
Eine Mitarbeiterin wird vom 1.3.2012 bis zum 31.12.2012 ins Ausland entsendet. Sie soll ein „Rundum-Sorglos-Paket" bekommen. Der Arbeitgeber übernimmt deshalb u.a. die folgenden Kosten: Umzugs-/Rückumzugskosten, monatliche Familienheimflüge, Spesen, Mietkosten im Ausland, Steuerberatungs- und Repatriierungskosten.
Außerdem wurde der Mitarbeiterin zugesichert, dass sie während ihrer Entsendung steuerlich so behandelt wird, als wäre sie in Deutschland geblieben (Tax Equalization).[519]

Beispiel 2
Ein Mitarbeiter der Schweizer Schwestergesellschaft eines deutschen Unternehmens wurde in den letzten Jahren gelegentlich in Deutschland im Rahmen von Dienstreisen tätig, insgesamt nie mehr als 90 Tage pro Jahr. Im Jahr 2012 verbrachte er ebenfalls Arbeitstage in Deutschland. Vor Weihnachten stellt die Personalabteilung des deutschen Unternehmens fest, dass der Mitarbeiter diesmal auf einem Projekt für die deutsche Gesellschaft tätig war und die Gehaltskosten nach Deutschland belastet wurden. Lohnsteuer wurde bisher nicht abgeführt.[520]

1. Allgemeines

947 Durch die Bildung einer **Rückstellung** können Ausgaben einer späteren Periode bereits als Aufwendungen im abgelaufenen Geschäftsjahr berücksichtigt werden. Dies ist für solche Aufwendungen notwendig, die im abgelaufenen Geschäftsjahr wirtschaftlich verursacht sind, die aber nach Höhe und/oder Fälligkeit unbestimmt sind. In diesen Fällen kommt es zu der oben bereits beschriebenen Verzögerung der Kostenzuordnung. Ohne die Bildung entsprechender Rückstellungen könnte kein **periodengerechter Ausweis** des Unternehmensgewinnes erfolgen.

2. Voraussetzungen für die Bildung einer Rückstellung

948 Bei der Beurteilung, ob für in Zukunft anfallende Kosten eine Rückstellung gebildet werden muss, ist entscheidend, dass eine Verpflichtung gegenüber einem Dritten

519 Fortführung und Lösungshinweise Beispiel 1 im Folgenden unter Rn 949 ff.
520 Fortführung und Lösungshinweise Beispiel 2 im Folgenden unter Rn 949 ff.

besteht (Rechtsgrund), dass die wirtschaftliche Verursachung der Kosten in der Zeit vor dem Bilanzstichtag liegt und dass mit einer Inanspruchnahme des Unternehmens ernsthaft zu rechnen ist.[521]

a) Rechtsgrund

Der Rechtsgrund einer ungewissen Verbindlichkeit muss grundsätzlich gegenüber 949 einem Dritten bestehen, d.h., es muss sich um eine **Außenverpflichtung** handeln. Bei Mitarbeiterentsendungen bzw. Auswärtstätigkeit von Mitarbeitern könnte die ungewisse Verbindlichkeit z.B. aufgrund eines Arbeits- oder Entsendungsvertrages mit dem Mitarbeiter bestehen. Verpflichtungen können aber auch gegenüber den Steuer- oder Sozialversicherungsbehörden vorliegen.

Beispiel 1 – Fortführung
Der Mitarbeiterin wird im Februar 2012 vertraglich die Übernahme der Rückumzugskosten zugesichert. Gleichzeitig wird der Steuerberater des Unternehmens autorisiert, die Steuererklärung 2012 der Mitarbeiterin zu erstellen (Verpflichtung gegenüber der Mitarbeiterin und dem Steuerberater).

Beispiel 2 – Fortführung
Das deutsche Unternehmen ist aufgrund der Grundsätze zum wirtschaftlichen Arbeitgeberbegriff als Arbeitgeber des Mitarbeiters für die Dauer seiner Projekttätigkeit anzusehen. Nach § 38 Abs. 1 S. 2 EStG muss entsprechend Lohnsteuer einbehalten werden (Verpflichtung gegenüber den Finanzbehörden).

---

b) Wirtschaftliche Verursachung

Allgemein ist bereits die **rechtliche Entstehung** einer Verpflichtung ausreichend 950 für die Bildung von Rückstellungen. Das bedeutet, dass bereits bei Vertragsschluss mit dem Mitarbeiter bzw. bei Autorisierung einer Steuerberatungsgesellschaft für bestimmte Leistungen eine wirtschaftliche Verursachung vorliegt. Wirtschaftlich verursacht sind die gesamten Aufwendungen der Auswärtstätigkeit des Mitarbeiters dabei grundsätzlich im Zeitraum der Aktivität im Ausland. Allerdings werden bestimmte Kosten erst nach Rückkehr des Mitarbeiters **fällig** (z.B. Rückumzugskosten, Steuerberatungskosten) oder die **tatsächliche Höhe** der anfallenden Kosten ist erst in dem nachlaufenden Geschäftsjahr bekannt (Übernahme der steuerlichen Mehrkosten).

---

521 Vgl. dazu und im Folgenden auch R 5.7 Abs. 1 bis 6 EStR.

Beispiel 1 – Fortführung
Sowohl die Verpflichtung zur Übernahme der Rückumzugskosten als auch der Steuerberatungskosten 2012 entsteht im Februar 2012 und ist damit im Jahr 2012 wirtschaftlich verursacht.

Beispiel 2 – Fortführung
Die Lohnsteuereinbehaltungspflicht betrifft grundsätzlich den Zeitraum der Aktivitäten in Deutschland für das deutsche Unternehmen und ist damit im Jahr 2012 wirtschaftlich verursacht.

c) Wahrscheinlichkeit der Inanspruchnahme

951 Damit eine Rückstellung gebildet werden darf, muss das Unternehmen ernsthaft mit einer Inanspruchnahme durch den Dritten rechnen. Es gilt dabei die sog. **51 %-Grenze.**[522]

51 %-Grenze
Es müssen mehr Gründe für als gegen das Entstehen der in Rede stehenden Verbindlichkeit und die künftige Inanspruchnahme des Unternehmens sprechen.

952 Erfahrungsgemäß liegt die Wahrscheinlichkeit der Inanspruchnahme bei Mitarbeiterentsendungen/Auswärtstätigkeit der Mitarbeiter eines Unternehmens bei deutlich über 50 %, da im Regelfall ein zugrundeliegender Vertrag die Ansprüche des Mitarbeiters bereits klar bestimmt hat und nicht davon auszugehen ist, dass der Mitarbeiter auf die ihm vertraglich zugesicherten Ansprüche verzichtet. Bei allen **vertraglich zugesicherten** Leistungen ist die Inanspruchnahme des Unternehmens (sehr) wahrscheinlich.

Beispiel 1 – Fortführung
Der Mitarbeiterin wird im Februar 2012 vertraglich die Übernahme der Rückumzugskosten zugesichert. Es ist sehr wahrscheinlich, dass die Mitarbeiterin im Januar 2013 Belege zur Begleichung der Umzugskosten einreichen wird.

Beispiel 2 – Fortführung
Die Wahrscheinlichkeit der Inanspruchnahme durch die deutschen Finanzbehörden im Rahmen etwa einer Lohnsteueraußenprüfung ist wahrscheinlich, da eine Kostenweiterbelastung stattgefunden hat und der Vorgang entsprechend bereits „in den Büchern" ist.

522 Vgl. u.a. BFH, Urt. v. 19.10.2005 – XI R 64/04 –.

3. Bewertung und Höhe der Verbindlichkeit

Nach der Beurteilung, ob eine Rückstellung für eine bestimmte Verpflichtung gebildet werden darf, muss die entsprechende Verpflichtung der Höhe nach festgelegt und entsprechend den anzuwendenden Bilanzierungsgrundsätzen bewertet werden. 953

a) Höhe der Verbindlichkeit

Die **Höhe** der mit der Auswärtstätigkeit/Entsendung des Mitarbeiters in Verbindung stehenden Verpflichtungen sollte grundsätzlich vorab im Rahmen einer Einsatzplanung geschätzt werden. Auf Basis dieser Schätzung kann auch die Höhe der zukünftigen Verbindlichkeiten bestimmt werden. Die Schätzung der Kosten ist je nach Erfahrungsgrad der Unternehmen unterschiedlich umfangreich. Liegen z.B. bereits feste Gebührenrahmen mit Umzugsunternehmen/Relocation Providern oder Steuerberatungsgesellschaften vor, kann auf diese Werte zurückgegriffen werden. Insbesondere für die Ermittlung einer ggf. zu übernehmenden erhöhten Steuerlast (etwa bei Tax Equalization oder Tax Protection Policies) oder der anfallenden Lohnsteuer ist allerdings eine **einzelfallbezogene Beurteilung** notwendig. 954

b) Bewertung der Verbindlichkeit

Die **Bewertung** einer der Rückstellung zugrundeliegenden Verpflichtung kann nach den in Deutschland geltenden Bilanzierungsgrundsätzen unterschiedlich erfolgen. Im Rahmen der Auswärtstätigkeit von Mitarbeitern bzw. der Entsendung von Mitarbeitern liegen aber im Regelfall sog. **Geldverbindlichkeiten** vor. Diese sind grundsätzlich mit dem Nennwert zu bewerten und nicht abzuzinsen, soweit die Restlaufzeit der Verbindlichkeit unter zwölf Monaten liegt. 955

Praxistipp !

Die Buchhaltungsabteilung sollte eine möglichst genaue Beschreibung der Verbindlichkeit erhalten. Insbesondere ist es wichtig, dass Angaben zur Wertermittlung miteinbezogen und Angaben zur Laufzeit der Verbindlichkeit gemacht werden. Das bedeutet, es sollte angegeben werden, wann genau mit einer Inanspruchnahme gerechnet wird (etwa Januar 2013 für Rückumzugskosten, September 2013 für die Steuerberatungskosten). So kann eine akkurate Berücksichtigung in der Bilanz sichergestellt werden.

---

4. Rückstellungsbildung in der Praxis

Unter Berücksichtigung der oben dargestellten Grundsätze bezüglich der Bildung und Bewertung von Rückstellungen ist jeder einzelne Posten im Rahmen der Auswärtstätigkeit gesondert zu betrachten (**einzelfallbezogene Ermittlung**). 956

Beispiel 1 – Gesamtbetrachtung

Für die Entsendung der Mitarbeiterin sind die einzelnen Aufwendungen wie folgt zu berücksichtigen:

Rückstellungsfähige Kosten	
JA	= Kosten, die im Jahr 2012 veranlasst worden sind, aber erst im Jahr 2013 fällig/der Höhe nach bekannt werden
	= Rückumzugskosten, Steuerberatungskosten, Repatriierungskosten, Steuerkosten (Tax Equalization)
NEIN	= Kosten, die im Jahr 2012 veranlasst und fällig geworden sind (keine Verzögerung der Kostenzuordnung!)
	= Umzugskosten, monatliche Familienheimflüge, Mietkosten, Spesen, Kosten für ein steuerliches Beratungsgespräch
Höhe der Rückstellungsbildung	
Rückumzugskosten	= gemäß Angebot/analog Umzugskosten
Steuerberatungskosten	= Kosten für deutsche und ausländische Steuererklärung und Beratungsgespräche, zzgl. 50–100 % für Finanzamtsanfragen und Einspruchsverfahren (optional)
Repatriierungskosten	= gemäß Erfahrungswerten des Unternehmens (z.B. Coachingmaßnahmen, Reintegrationsaufwand)
Steuerkosten	= Ermittlung fiktive deutsche Steuerlast unter Nicht-Entsendebedingungen (ohne entsendebedingte Zulagen) vs. tatsächliche Steuerlast im Ausland

Beispiel 2 – Gesamtbetrachtung

Für den Mitarbeiter ist das Folgende zu berücksichtigen:

Rückstellungsfähige Kosten	
JA	= (Lohn-) Steuerkosten, die im Jahr 2012 veranlasst worden sind, aber erst in der Zukunft fällig werden (Nacherhebung der Lohnsteuer)/erst in der Zukunft der Höhe nach bekannt werden (dies betrifft insbesondere Verspätungs- und Strafzuschläge)
Höhe der Rückstellungsbildung	
(Lohn-) Steuerkosten	= Berechnung der Lohnsteuer unter Anwendung der Lohnsteuerklasse VI zzgl. geschätzter Verspätungs-/Strafzuschläge

Kapitel 9
Case Study

A. Einleitung

In diesem Kapitel wird anhand von praktischen Beispielen dargestellt, wie sich internationale Personaleinsätze auf die Bereiche Steuern, Sozialversicherung und Arbeitsrecht sowie auf personalpolitische Aspekte auswirken. Bei den Fällen handelt es sich um Sachverhalte, wie sie die Autoren in der Praxis regelmäßig vorfinden. 1

B. Fall 1 – Geschäftsreise

I. Sachverhalt

Beim mexikanischen Tochterunternehmen der deutschen A GmbH kommt es vermehrt zu technischen Schwierigkeiten und Ausfällen in der Produktion. Man entschließt sich daher, einen Spezialisten (S) für acht Wochen nach Mexiko zu schicken, um die Vorfälle zu analysieren und für einen reibungslosen Ablauf der Produktion in der Zukunft zu sorgen. 2

Eine Einschaltung der Personalabteilung erfolgt nicht, da der Sachverhalt von der bestehenden Dienstreiserichtlinie erfasst wird. Eine Änderung in der deutschen Gehaltsabrechnung wird nicht veranlasst. 3

S ist deutscher Staatsangehöriger mit Wohnsitz und Familie in Deutschland. 4

II. Hinweise

1. Steuerrecht

Es besteht durchgehend eine **unbeschränkte Steuerplicht** in Deutschland. Das Gehalt bleibt weiterhin steuerpflichtig in Deutschland. 5

Durch die Ausübung der Tätigkeit in Mexiko wird das Gehalt für die in Mexiko ausgeübten Arbeitstage grundsätzlich dort ebenfalls steuerpflichtig. Der drohende **Doppelbesteuerungskonflikt** ist durch das DBA Deutschland – Mexiko zu lösen. 6

S ist **ansässig nach DBA** in Deutschland, da er unbeschränkt steuerpflichtig ist in Deutschland und hier über eine ständige Wohnstätte verfügt. 7

Grundsätzlich hat Mexiko als Quellenstaat das Besteuerungsrecht für Gehälter, soweit die Tätigkeit in Mexiko ausgeübt wird.[1] Das Besteuerungsrecht fällt aber an 8

1 Für Gehälter, denen keine direkten Arbeitsleistungen gegenüberstehen, z.B. bei Freistellung von

Deutschland zurück, sofern die Bedingungen der **183-Tage-Regelung**[2] gleichzeitig erfüllt sind.

9 Das Besteuerungsrecht fällt an Deutschland als Ansässigkeitsstaat zurück, weil der Arbeitnehmer nur acht Wochen und damit weniger als 183 Tage in Mexiko tätig war. Der Mitarbeiter ist auch nicht für eine Betriebstätte des Arbeitgebers tätig geworden, da es sich bei dem mexikanischen Unternehmen um eine selbstständige juristische Person handelt. Auch wird das mexikanische Tochterunternehmen nicht zum wirtschaftlichen Arbeitgeber, da die Entsendung einen Zeitraum von drei Monaten unterschritten hat und eine Kostenweiterbelastung für die Entsendung an das entsendende Unternehmen nicht erfolgte. Lohnsteuer ist durchgehend einzubehalten.

10 S hält sich während seines Einsatzes in Mexiko vorübergehend außerhalb seiner **regelmäßigen Arbeitsstätte** auf. Somit handelt es sich steuerlich um eine Auswärtstätigkeit. Es können daher Reisekosten und Unterbringungskosten steuerfrei erstattet werden. Bei den Reisekosten sind die **Verpflegungspauschalen** für das Ausland zu beachten.

2. Sozialversicherungsrecht

11 Es gilt das **Territorialitätsprinzip**. Danach unterliegt ein Arbeitnehmer nur dann der Sozialversicherung in Deutschland, wenn er seine Tätigkeit in Deutschland ausübt. Ausnahmsweise wird das deutsche Sozialversicherungsrecht weiter angewendet, wenn es sich um eine **Ausstrahlung** handelt.

12 Mit **Mexiko** wurde kein Sozialversicherungsabkommen abgeschlossen. Die Fortgeltung der deutschen Sozialversicherung kann sich daher nur aus nationalem Recht ergeben.

13 Eine Entsendung im Sinne der **Ausstrahlung** liegt vor, wenn sich ein Arbeitnehmer auf Weisung seines Arbeitgebers vom Inland ins Ausland begibt, um dort eine Beschäftigung für diesen Arbeitgeber auszuüben. Dabei ist das typische Merkmal für eine Entsendung die fortbestehende Inlandsintegration auch während der vorübergehenden Auslandsbeschäftigung. Ein Beschäftigungsverhältnis im sozialversicherungsrechtlichen Sinne[3] im Inland besteht dann fort, wenn der im Ausland Beschäftigte organisatorisch in den Betrieb in Deutschland eingegliedert bleibt. Außerdem muss er dem **Weisungsrecht** seines bisherigen Arbeitgebers in Bezug auf Zeit, Dauer, Ort und Art der Ausführung der Arbeit – u.U. in gelockerter Form während der Dauer des Auslandseinsatzes – unterstehen. Schließlich muss sich der **Arbeitsentgeltanspruch** des Arbeitnehmers ausschließlich gegen den bisherigen Arbeitgeber richten.

---

der Arbeitsleistung oder bei Abfindung, gelten abweichende Regelungen. Dies wird in diesem Fall vernachlässigt.

2 Art. 15 Abs. 2 DBA Mexiko.

3 Rechtsgrundlage ist § 7 SGB IV.

Dafür spricht es, wenn der Arbeitgeber das Arbeitsentgelt des im Ausland Beschäftigten – weiterhin – in der Entgeltabrechnung wie für seine Beschäftigten im Inland ausweist. Darüber hinaus ist bei Konzernunternehmen maßgebend, ob das Arbeitsentgelt bei der Gewinnermittlung im Inland als **Betriebsausgabe** steuerrechtlich geltend gemacht wird.

Der GKV-Spitzenverband, die Deutsche Rentenversicherung Bund und die Bun- 14
desagentur für Arbeit haben hier eine wesentliche Änderung in der versicherungsrechtlichen Beurteilung **kurzzeitiger Auslandseinsätze** in Konzernunternehmen im Rahmen einer Entsendung beschlossen.

Ergebnis ist, dass es in Fällen kurzzeitiger Entsendungen im Sinne der Ausstrah- 15
lung[4] nicht mehr wesentlich ist, wenn das Arbeitsentgelt als Betriebsausgabe durch die aufnehmende Konzerngesellschaft steuerlich geltend gemacht wird. Voraussetzung dafür ist, dass

- die Dauer des Einsatzes bei der ausländischen Konzerngesellschaft einen Zeitraum von zwei Monaten nicht überschreitet,
- der Arbeitnehmer keinen anderen Arbeitnehmer ablöst, der vorher dort eingesetzt war und
- sich der Arbeitsentgeltanspruch des Arbeitnehmers ausschließlich gegen den entsendenden Arbeitgeber richtet.

Wird derselbe Arbeitnehmer erneut zu einem kurzzeitigen Einsatz in denselben Staat 16
entsandt, handelte es sich nur dann um eine Ausstrahlung, wenn zwischen der vorherigen Beschäftigung und neuen Beschäftigung ein Zeitraum von mindestens zwei Monaten vergangen ist.

Im vorliegenden Fall sind die Voraussetzungen einer **Ausstrahlung** nach SGB IV 17
erfüllt. Das deutsche Sozialversicherungsrecht ist daher so anzuwenden, als würde die Tätigkeit in Deutschland ausgeübt. Auf Antrag bestätigt die zuständige Einzugsstelle, dass eine Ausstrahlung vorliegt.

Zu beachten ist, dass der gesetzlich versicherte Arbeitnehmer **Krankheitskosten**, die während der Beschäftigung im Ausland entstanden sind, durch seinen Arbeitgeber erstatten lassen kann. Der Arbeitgeber hat dann einen Erstattungsanspruch gegenüber der zuständigen gesetzlichen Krankenkasse in Höhe der Kassensätze. Zur Vermeidung des Risikos eventueller Differenzkosten für den Arbeitgeber sollte eine private **Auslandskrankenversicherung** abgeschlossen werden.

3. Arbeitsrecht

Der Arbeitnehmer unterliegt weiterhin den geregelten Bedingungen des deutschen 18
Arbeitsvertrages. Der achtwöchige Auslandsaufenthalt hat keinen Einfluss auf die Rechte und Pflichten aus seinem Arbeitsverhältnis.

4 § 4 SGB IV.

19 Das arbeitsrechtliche Weisungs- bzw. **Direktionsrecht** wird vom deutschen Arbeitgeber ausgeübt. Da eine entsprechende Dienstreiserichtlinie existiert, kann der Arbeitgeber den Einsatz des Arbeitnehmers im Ausland ohne weitere Vereinbarungen mit diesem anordnen.

20 Der beim mexikanischen Tochterunternehmen eingesetzte Arbeitnehmer hat sich jedoch an die **Betriebsorganisation** im Ausland anzupassen, weil das dortige Unternehmen das **Hausrecht** über den Betrieb ausübt und über die Zugangsmöglichkeiten sowie über die Nutzung der Betriebsmittel (wie z.B. Computer, Telefon, Büroräume etc.) bestimmen kann.

21 Da der Auslandsaufenthalt zeitlich befristet ist, kann auch das **Betriebsverfassungsrecht** grundsätzlich Anwendung finden, sofern eine Anbindung des Arbeitnehmers an den deutschen Betrieb besteht. Wird der Arbeitnehmer aber in der täglichen Praxis in die ausländische Betriebsstruktur eingebunden, ist eine Gesamtwürdigung aller Umstände anhand von Indizien entscheidend.

4. Personalpolitische Aspekte

22 Der Verweis auf die Anwendbarkeit der **Dienstreiserichtlinie** lässt den Schluss zu, dass im vorliegenden Fall eine klare Abgrenzung von Regelungen im Rahmen von Auslandsentsendungen stattgefunden hat. Dies sollte auch dem Mitarbeiter entsprechend verdeutlicht werden, um Missverständnisse hinsichtlich der vom Arbeitgeber übernommenen Leistungen zu vermeiden. Je nach Art und Umfang der Richtlinien im Unternehmen können Dienstreiserichtlinien auch spezifische Hinweise für Reisen ins Ausland bzw. bestimmte Länder oder Regionen enthalten. Diese können z.B. neben Informationen zu bevorzugten Transportmitteln, Reise- und Hotelklassen auch vom Mitarbeiter anzustoßende Maßnahmen im Rahmen des **Genehmigungsprozesses**, zur **Visabeschaffung** oder zur eigenständigen Information über mögliche Reiserisiken (z.B. über die Internetseite des Auswärtigen Amtes) und den damit verbundenen Maßnahmen (z.B. Impfungen) enthalten. Enthält die Dienstreiserichtlinie im vorliegenden Fall keine entsprechenden Hinweise, sollten sie dem Mitarbeiter anderweitig zugänglich gemacht werden.

C. Fall 2 – Verlängerte Dienstreise

I. Sachverhalt

23 Die deutsche A GmbH unterstützt ihre polnische Tochtergesellschaft bei diversen IT-Projekten im Bereich Softwareeinführung und Mitarbeiterschulung. Ein Experte (E) der A GmbH unterstützt dabei vor Ort.

24 Die Leistungen des E werden als Dienstleistung zwischen den Gesellschaften verrechnet. E untersteht dabei ausschließlich den Weisungen der A GmbH.

Zunächst wird die Einsatzdauer von E auf drei Monate festgelegt. Er beginnt seinen Einsatz am 1.9.2012. Da die Projekte teilweise nicht planmäßig abgeschlossen werden können und sich Anschlussprojekte ergeben, wird der Einsatz zunächst bis zum 31.1.2013 und dann bis zum 31.3.2013 verlängert. 25

Der Einsatz des E wird nur durch einen Familienurlaub in Deutschland unterbrochen. Dazu reist er am 23.12.2012 nach Deutschland. Am 3.1.2013 kehrt er nach Polen zurück. Wochenenden und weitere Kurzurlaube verbringt er in Polen, um Land und Leute kennenzulernen. 26

Da die einzelnen Abschnitte des Einsatzes jeweils drei Monate nicht übersteigen, geht man jeweils von einer Dienstreise aus. Die Personalabteilung wird nicht eingeschaltet. Eine Notwendigkeit kann sich aus Sicht des Vorgesetzten nicht ergeben, da der Einsatz in Polen sowohl in 2012 als auch in 2013 die 183-Tage-Grenze nicht überschreitet. 27

In Deutschland unterhält E einen Wohnsitz. Nach Auskunft eines polnischen Beraters liegt nach polnischem Steuerrecht keine unbeschränkte Steuerpflicht vor. 28

Der Mitarbeiter spielt mit dem Gedanken, seinen Wohnsitz in Deutschland aufzugeben, um Kosten zu sparen. In Deutschland ist E Mitglied einer gesetzlichen Krankenkasse. 29

II. Hinweise

1. Steuerrecht

Die unbeschränkte Steuerpflicht in Deutschland besteht aufgrund des **Wohnsitzes** weiterhin. Somit wird das Gehalt für die in Polen ausgeübte Tätigkeit von der deutschen Steuerpflicht erfasst. 30

Gleichzeitig besteht in **Polen** nach Auskunft keine unbeschränkte Steuerpflicht. Das Gehalt wird aber von der beschränkten polnischen Steuerpflicht erfasst, da die Tätigkeit in Polen ausgeübt wird. Die doppelte Besteuerung muss daher durch das DBA mit Polen gelöst werden. 31

Die **Ansässigkeit** nach dem DBA Polen liegt in Deutschland, da nur hier eine unbeschränkte Steuerpflicht besteht. Da die Tätigkeit in Polen ausgeübt wird, hat zunächst Polen das Besteuerungsrecht. Das Besteuerungsrecht würde an Deutschland zurückfallen, wenn die Voraussetzungen der **183-Tage-Regelung** gleichzeitig erfüllt sind. 32

E verfügt weder über einen **Arbeitgeber** in Polen, noch ist er für eine polnische **Betriebsstätte** seines deutschen Arbeitgebers in Polen tätig. Für den Rückfall des Besteuerungsrechtes an Deutschland kommt es daher entscheidend darauf an, ob E sich an mehr als 183 Tagen in Polen aufhält. 33

Die Aufenthaltstage in Polen berechnen sich wie folgt: 34
- 1.9.2012 bis 23.12.2012 = 113 Tage,
- 3.1.2013 bis 31.3.2013 = 87 Tage.

35 Entscheidend ist nach dem DBA Polen der Aufenthalt innerhalb eines **beliebigen 12-Monats-Zeitraumes**, der im betreffenden Steuerjahr beginnt oder endet. Im vorliegenden Fall hat E in der Zeit vom 1.9.2012 bis 31.8.2013 200 Tage in Polen verbracht. Damit findet die 183-Tage-Regelung keine Anwendung und die in Polen verbrachten Arbeitstage unterliegen der Besteuerung in Polen.

! **Praxistipp**

Die praktische Durchführung der Besteuerung in Polen ist zu klären. Dabei sind insbesondere folgende Fragen relevant:

- Wie wird die Besteuerung in Polen durchgeführt (z.B. monatliche oder jährliche Steuererklärung)?
- Kann die Lohnsteuer in Deutschland korrigiert werden?
- Liegen die notwendigen Nachweise für die Freistellung von der deutschen Besteuerung vor?

---

2. Sozialversicherungsrecht

36 Polen gehört zur EU. Es ist daher nach den Regelungen der **VO (EG) 883/2004** zu prüfen, welche sozialversicherungsrechtlichen Vorschriften über die soziale Sicherung gelten.

37 Grundsätzlich gilt auch hier das **Territorialitätsprinzip**. Somit gilt grundsätzlich polnisches Sozialversicherungsrecht, da der Tätigkeitsort während des Einsatzes bei der Tochtergesellschaft in Polen liegt. Im vorliegenden Fall wird E allerdings durch seinen deutschen Arbeitgeber im Rahmen seines deutschen Beschäftigungsverhältnisses für einen im Voraus befristeten Zeitraum nach Polen entsandt. Da auch die sonstigen Voraussetzungen einer **Entsendung** im Sinne der VO (EG) 883/2004 vorliegen, ist während des Einsatzes in Polen ausschließlich deutsches Sozialversicherungsrecht anzuwenden.

38 Über die weitere Anwendung der deutschen Sozialversicherung stellt die zuständige gesetzliche Krankenkasse, bei der E Mitglied ist, eine **Bescheinigung A1** aus.

3. Arbeitsrecht

39 Das Arbeitsverhältnis von E richtet sich nach den Bestimmungen des deutschen Arbeitsvertrages und des **deutschen Arbeitsrechtes**.

40 Da eine gesonderte Vereinbarung über den Auslandseinsatz nicht getroffen wurde, ist die A GmbH weiterhin und ausschließlich gegenüber dem E weisungsbefugt und hat das Recht, bei Vorliegen entsprechender Voraussetzungen **disziplinarische Maßnahmen** zu ergreifen.

41 Da der Auslandsaufenthalt zeitlich befristet ist, kann auch das **Betriebsverfassungsrecht** grundsätzlich Anwendung finden. Wird der Arbeitnehmer aber in der täglichen Praxis in die ausländische Betriebsstruktur eingebunden, ist eine Gesamtwürdigung aller Umstände anhand von Indizien entscheidend.

In der Praxis ist der Auslandsaufenthalt aufgrund der Kürze der Zeit als Dienstreise angelegt. Bei diesen Einsätzen wird der **Arbeitsvertrag** in der Regel nicht abgeändert. Der Einsatz wird auf der Basis einer Dienstreiserichtlinie abgewickelt. In der Dienstreiserichtlinie ist oft auch eine Begrenzung des Auslandsaufenthaltes für einen Zeitraum von drei bis sechs Monaten enthalten. Hier ist darauf zu achten, dass nach dem von der Dienstreiserichtlinie vorgesehenen Ende des Auslandsaufenthaltes eine vertragliche **Zusatzvereinbarung** über die Verlängerung des Einsatzes im Ausland getroffen wird. Anderenfalls kann aus arbeitsvertraglicher Sicht eine Regelungslücke entstehen, wenn der Arbeitsvertrag nicht grundsätzlich auch **Arbeits- bzw. Projekteinsätze** im Ausland umfasst. Innerhalb der EU sind keine Besonderheiten im Aufenthaltsrecht zu beachten. 42

4. Personalpolitische Aspekte

Konstellationen wie im vorliegenden Fall kommen in der Praxis häufig vor und stellen nicht nur aus rechtlicher Sicht eine Herausforderung dar: Während der Einsatz des Mitarbeiters in Polen zunächst nur für kurze Zeit vorgesehen war und dementsprechend vom Arbeitgeber Leistungen entsprechend der Dienstreiserichtlinie gewährt wären, gestaltet sich der Fall im Nachhinein als **befristeter Auslandseinsatz**, für den das Unternehmen ggf. abweichende Leistungen gewährt. Dies kann z.B. die Handhabung von Unterkunft, Tagegelder und Heimreisen betreffen. 43

Der hier vorliegende Fall zeigt auch die Notwendigkeit, Dienstreisen von Anfang an richtig und rechtzeitig zu erfassen, um sie eindeutig von der Entsendung abgrenzen bzw. entsprechende Schritte veranlassen zu können, wenn das Gegenteil zutrifft. Dabei ist aus Sicht des Mitarbeiters, aber auch für die Kostenbetrachtung wichtig zu definieren, ab wann eine **Entsenderichtlinie** Anwendung findet. Im vorliegenden Fall ist es grundsätzlich empfehlenswert, eine rückwirkende Inanspruchnahme auszuschließen und alle Entsendekonditionen erst ab dem Überschreiten einer **Mindestaufenthaltsdauer** im Ausland zu gewähren. 44

D. Fall 3 – Grenzpendler

I. Sachverhalt

Aufgrund der Grenznähe zu den Niederlanden beschäftigt die A GmbH & Co. KG mit Sitz in Düsseldorf auch einen Mitarbeiter (D), der in den Niederlanden lebt. Der Mitarbeiter verfügt nicht über einen Wohnsitz in Deutschland. Er kehrt arbeitstäglich an seinen Wohnsitz in den Niederlanden zurück. 45

D unternimmt in regelmäßigen Abständen kurze Dienstreisen außerhalb von Deutschland. Zusätzlich fragt D bei seinem Arbeitgeber nach, ob er seine Tätigkeit 46 zukünftig auch an ein bis zwei Tagen pro Woche im Home Office in den Niederlanden ausüben kann.

47 Das Gehalt wird über die deutsche Gehaltsbuchhaltung ausgezahlt und laufend der Lohnsteuer und Sozialversicherung in Deutschland unterworfen. Der Vorgesetzte von D ist bereit, der Home Office-Regelung zuzustimmen, da auch deutsche Kollegen ähnliche Regelungen in Anspruch nehmen und das keine Auswirkungen auf die Gehaltsabrechnung hat.

II. Hinweise

1. Steuerrecht

48 D verfügt nicht über einen Wohnsitz in Deutschland. Personen, die arbeitstäglich an ihren ausländischen Wohnsitz zurückkehren, begründen in Deutschland keinen **gewöhnlichen Aufenthalt**. Damit unterliegt D nicht der unbeschränkten Steuerpflicht in Deutschland.

49 Die Ausübung einer Tätigkeit als Arbeitnehmer in Deutschland führt zu **inländischen Einkünften** und damit zu einer beschränkten Steuerpflicht in Deutschland. Die beschränkte Steuerpflicht erfasst das Gehalt allerdings nur, soweit die Tätigkeit in Deutschland ausgeübt wird. Das Gehalt für im Ausland ausgeübte Arbeitstage wird nicht vom deutschen Steuerrecht erfasst.[5]

50 Da der Mitarbeiter in den Niederlanden ansässig ist, ist der Rückfall des Besteuerungsrechtes an die Niederlande aufgrund der 183-Tage-Regelung des DBA Deutschland – Niederlande zu prüfen. Die Voraussetzungen der 183-Tage-Regelung sind allerdings nicht erfüllt, da der Mitarbeiter für einen Arbeitgeber tätig ist, der in Deutschland seinen Sitz hat. Das Gehalt bleibt somit in Deutschland steuerpflichtig, soweit die Tätigkeit in Deutschland ausgeübt wird.

51 Das Gehalt ist somit in einen steuerpflichtigen und steuerfreien Teil aufzuteilen. Grundlage dafür sollte ein Kalender des Mitarbeiters sein. Das Gehalt ist ins Verhältnis zu den **vereinbarten Arbeitstagen** zu setzen. Auf dieser Basis wird das in Deutschland steuerpflichtige Gehalt ermittelt. Nur auf diesen Teil ist Lohnsteuer in Deutschland einzubehalten.

52 Bei der vorzunehmenden Aufteilung macht es keinen Unterschied, ob der Mitarbeiter sich auf einer Dienstreise im Ausland befindet oder ob er Arbeiten in einem Home Office in der Niederlande ausübt.

53 Da für beschränkt steuerpflichtige Arbeitnehmer das Verfahren über die elektronischen Lohnsteuermerkmale (ELSTAM) nicht greift, stellt das Finanzamt auf Antrag

5 Ausnahmen gelten für Vergütungen aus inländischen öffentlichen Kassen, Vergütungen für Geschäftsführer, Prokuristen oder Vorstandsmitglieder einer Gesellschaft mit Geschäftsleitung im Inland und Personal im internationalen Luftverkehr.

eine **Bescheinigung für den Lohnsteuerabzug** aus. Für beschränkt Steuerpflichtige ist grundsätzlich die Steuerklasse I anzuwenden. Eventuell kann es für den Mitarbeiter möglich und vorteilhaft sein, die Steuerklasse III zu beantragen. Dies hängt von der persönlichen Situation ab und sollte auf Ebene des Mitarbeiters geprüft werden.

2. Sozialversicherungsrecht

Die Niederlande gehören zur EU. Es ist daher nach den Regelungen der **VO (EG) 883/2004** zu prüfen, welche sozialversicherungsrechtlichen Vorschriften über die soziale Sicherung gelten. 54

Grundsätzlich gilt auch hier das **Territorialitätsprinzip**. Gleichzeitig legt die VO (EG) 883/2004 aber fest, dass nur die Rechtsvorschriften eines EU-Staates gelten. Zu diesem Zweck enthält die Verordnung Anwendungsvorschriften für **Tätigkeiten, die gewöhnlich in zwei oder mehr Staaten ausgeübt werden**. Vom Umfang her unbedeutende Tätigkeiten werden dabei nicht berücksichtigt. 55

Im vorliegenden Fall wird die Tätigkeit für einen Arbeitgeber in verschiedenen Staaten ausgeübt. Wird in diesem Fall ein **wesentlicher Teil** der Tätigkeit im Wohnstaat (hier Niederlande) ausgeübt, so gelten die Rechtsvorschriften der Niederlande. Falls das nicht der Fall ist, greifen die Rechtsvorschriften des Staates, in dem der Arbeitgeber seinen Sitz hat (hier Deutschland). 56

D übt einen wesentlichen Teil seiner Tätigkeit in der Niederlande aus, wenn er 25 % und mehr seiner Arbeitszeit in den Niederlanden verbringt. Bei einer 5-Tage-Woche entspricht ein Arbeitstag 20 %. Somit kommt es für die Anwendung der sozialversicherungsrechtlichen Vorschriften entscheidend darauf an, an wie vielen Tagen die Tätigkeit im Home Office ausgeübt werden wird. 57

Die Beurteilung des Sachverhaltes wird durch die zuständige Behörde im Wohnstaat vorgenommen. Die Beantragung der **Bescheinigung A1** hat daher in den Niederlanden zu erfolgen. 58

Sofern die niederländischen Vorschriften über soziale Sicherheit zur Anwendung kommen, hat die A GmbH & Co. KG die **Arbeitgeberpflichten** nach niederländischem Recht (Berechnung, Meldung und Abführung der Beiträge) zu erfüllen. 59

3. Arbeitsrecht

Der Arbeitnehmer unterliegt den Bestimmungen des deutschen Arbeitsrechtes. Der Wohnsitz in den **Niederlanden**, die Home Office-Vereinbarung sowie die kurzen Dienstreisen außerhalb Deutschlands haben keinen Einfluss auf die Rechte und Pflichten aus seinem Arbeitsverhältnis, solange der **Schwerpunkt der Tätigkeit** in Deutschland liegt. 60

Das arbeitsrechtliche Weisungs- bzw. **Direktionsrecht** wird vom deutschen Arbeitgeber ausgeübt, insbesondere kann dieser auch während der Home Office-Tätigkeit des Arbeitnehmers über die Arbeitszeiten und den Umgang mit eventuell 61 zur Verfügung gestellten Betriebsmitteln (z.B. Laptop, Drucker, Faxgerät, Mobiltelefon) bestimmen.

62 Da das deutsche **Betriebsverfassungsrecht** auch auf ausländische Arbeitnehmer in deutschen Betrieben Anwendung findet, sind entsprechende Vorschriften zu beachten. Innerhalb der EU sind keine Besonderheiten im Aufenthaltsrecht zu beachten.

4. Personalpolitische Aspekte

63 Grenzpendler fallen üblicherweise unter keine besondere **Entsenderichtlinie**, da sie aus personalpolitischer Sicht, abgesehen von den bereits erwähnten Besonderheiten vor allem in steuerlicher Hinsicht, wie **lokale Mitarbeiter** behandelt werden.

E. Fall 4 – Kurzzeitentsendung I (Betriebsstätte)

I. Sachverhalt

64 In den USA wird durch die deutsche A AG ein Bürogebäude errichtet. Die Bauzeit des Gebäudes wird 18 Monate betragen.

65 Auf der Baustelle werden auch deutsche Mitarbeiter eingesetzt werden. Die Einsatzzeit der Mitarbeiter wird variieren. Allerdings wird kein Mitarbeiter mehr als drei Monate auf der Baustelle eingesetzt werden. In dieser Zeit werden die Mitarbeiter in wechselnden Hotels untergebracht. Alle verfügen ausschließlich über einen Wohnsitz in Deutschland und haben sich neben den beruflichen Aufenthalten nicht zusätzlich in den USA aufgehalten.

66 Die Einsätze werden aufgrund ihrer Kürze über die Dienstreiserichtlinie abgewickelt. Lohnsteuer und Sozialversicherung werden weiterhin in Deutschland abgeführt.

II. Hinweise

1. Steuerrecht

67 Alle Mitarbeiter sind durchgängig unbeschränkt steuerpflichtig, da die Wohnsitze in Deutschland beibehalten werden. In den USA entsteht aufgrund der kurzen Einsätze keine unbeschränkte Steuerpflicht. Aus diesem Grund sind die Mitarbeiter aus Sicht des DBA USA in **Deutschland ansässig**.

68 Unstreitig halten sich die Mitarbeiter an nicht mehr als 183 Tagen im Kalenderjahr in den USA auf. Darüber hinaus besteht kein Arbeitsverhältnis mit einem Arbeitgeber vor Ort. Zu Überprüfung der 183-Tage-Regelung ist daher zu klären, ob die Mitarbeiter für eine **Betriebsstätte** ihres Arbeitgebers in den USA tätig geworden sind.

Was unter einer Betriebsstätte in diesem Zusammenhang zu verstehen ist, definiert das DBA in Art. 5. Neben anderen Sachverhalten begründet eine **Bauausführung** eine Betriebsstätte, wenn die Dauer der Bauausführung zwölf Monate überschreitet.[6] Die Errichtung des Bürogebäudes führt daher zur Begründung einer Betriebsstätte in den USA. Auf die Dauer der Tätigkeit der einzelnen Mitarbeiter vor Ort kommt es für die Beurteilung der Betriebsstätte nicht an. 69

Die Mitarbeiter sind somit für eine Betriebsstätte tätig, die ihr Arbeitgeber in den USA begründet hat. Damit sind die Voraussetzungen der 183-Tage-Regelung nach dem DBA USA nicht erfüllt.[7] Folglich ist das Gehalt, soweit es auf die in den USA für die Betriebsstätte ausgeführte Tätigkeiten entfällt, in Deutschland von der Besteuerung freizustellen. Die **Freistellung** vom Lohnsteuerabzug setzt voraus, dass das Betriebsstättenfinanzamt auf Antrag eine **Freistellungsbescheinigung** ausgestellt hat.[8] 70

Ob die A AG in den **USA** lohnsteuerliche Pflichten zu erfüllen hat und ob die Mitarbeiter verpflichtet sind, Einkommensteuererklärungen in den USA abzugeben, ist in den USA zu prüfen. Die Aufteilung des Gehaltes auf die Besteuerung in den USA und in Deutschland hat aufgrund eines **Arbeitstagekalenders** zu erfolgen. 71

2. Sozialversicherungsrecht

Das **Sozialversicherungsabkommen** zwischen Deutschland und den USA regelt nur die Vorschriften über die Rentenversicherung. Für die restlichen Zweige ist jeweils nach nationalem Recht zu prüfen, ob die sozialversicherungsrechtlichen Vorschriften gelten. 72

Sowohl nach dem Abkommen mit den USA als auch nach dem SGB gilt das **Territorialitätsprinzip**. Somit finden die deutschen Rechtsvorschriften über die Sozialversicherung nur Anwendung, wenn die Tätigkeit in Deutschland ausgeübt wird. Von diesem Grundsatz gibt es eine Ausnahme, wenn eine **Entsendung** bzw. eine **Ausstrahlung** vorliegt.[9] 73

Im vorliegenden Fall sind sowohl die Voraussetzungen einer Ausstrahlung als auch einer Entsendung im Sinne des Abkommens gegeben. Es besteht weiterhin ein **Beschäftigungsverhältnis** in Deutschland und die Tätigkeit wird im Voraus befristet im Ausland ausgeübt. Es ist daher in allen Zweigen der Sozialversicherung weiterhin deutsches Recht anzuwenden. 74

6 Nach nationalem Recht oder nach anderen DBA können andere Fristen gelten. Es ist jeweils eine individuelle Prüfung des Sachverhaltes erforderlich.

7 Die Voraussetzung des Art. 15 Abs. 2 c) DBA USA ist nicht erfüllt.

8 Nach Art. 29 DBA USA ist die Freistellungsbescheinigung im Gegensatz zu anderen Abkommen notwendig für die Freistellung vom Lohnsteuerabzug.

9 Art. 6 Abs. 2 Sozialversicherungsabkommen USA/Deutschland, § 4 SGB IV.

75 Nach dem Sozialversicherungsabkommen mit den USA stellt die zuständige Krankenkasse auf Antrag eine **Bescheinigung D/USA 101** aus. Diese bestätigt die Fortführung der Rentenversicherung in Deutschland. Zusätzlich wird der Arbeitnehmer aufgrund der Bescheinigung von der amerikanischen Krankenversicherung freigestellt. Sofern man Gewissheit über die Behandlung der restlichen Zweige der Sozialversicherung haben möchte, kann man bei der **Einzugsstelle**[10] eine Bestätigung über das Vorliegen einer Ausstrahlung anfordern.

3. Arbeitsrecht

76 Der Arbeitnehmer unterliegt weiterhin den geregelten Bedingungen des deutschen **Arbeitsvertrages.** Der dreimonatige Auslandsaufenthalt hat keinen Einfluss auf die Rechte und Pflichten aus seinem Arbeitsverhältnis.

77 Das arbeitsrechtliche Weisungs- bzw. **Direktionsrecht** wird vom deutschen Arbeitgeber ausgeübt. Aufgrund der Existenz einer entsprechenden **Dienstreiserichtlinie** kann der Arbeitgeber den Einsatz des Arbeitnehmers im Ausland ohne weitere Vereinbarungen mit diesem anordnen.

78 Da der Auslandsaufenthalt zeitlich befristet ist, kann auch das **Betriebsverfassungsrecht** grundsätzlich Anwendung finden. Eine abschließende Bewertung ist aber grundsätzlich unter Gesamtwürdigung aller Umstände anhand von Indizien vorzunehmen. Vor Beginn der Tätigkeit ist darauf zu achten, dass die notwendigen arbeits- und aufenthaltsrechtlichen Fragen geklärt sind.

4. Personalpolitische Aspekte

79 Im Hinblick auf die Dauer der hier geschilderten Auslandstätigkeit ist prinzipiell die Anwendung einer **Dienstreiserichtlinie** nicht zu beanstanden. Es ist allerdings zu beachten, dass einige Aspekte der Auslandstätigkeit möglicherweise nicht im Rahmen der klassischen Dienstreiseordnung abgedeckt sind und als solche im Rahmen einer separaten Vereinbarung klar definiert werden sollten. Die Besonderheiten können aus den Lebensumständen am Einsatzort resultieren und betreffen oft Fragen der **lokalen Alltagsgestaltung.** Bei der geschilderten Bautätigkeit ist beispielsweise u.U. zu klären, welche Transportmittel den betroffenen Mitarbeitern vor Ort zur Verfügung gestellt werden, damit sie sich zwischen der Baustelle und dem Wohnort problemlos fortbewegen können. Eine denkbare Lösung kann z.B. in der Praxis der Einsatz von einem Pool-Fahrzeug darstellen. Soll es sich um eine regelmäßig vorkommende Konstellation handeln, ist eine allgemeingültige schriftliche Regelung zu empfehlen.

---

10 Einzugsstelle ist die gesetzliche Krankenkasse, an die die Sozialversicherungsbeiträge abgeführt werden.

F. Fall 5 – Kurzzeitentsendung II (wirtschaftlicher Arbeitgeber)

I. Sachverhalt

Bei der österreichischen Tochtergesellschaft der deutschen A KG ist für ein Jahr der Posten des Abteilungsleiters Controlling zu besetzen. Der deutsche Mitarbeiter verfügt über die notwendigen Qualifikationen und ist bereit, den Posten für diese Zeit zu übernehmen. 80

Er wird vom 1.7.2012 bis 30.6.2013 durch den Arbeitgeber entsandt. Zum bestehenden Arbeitsvertrag wird eine Zusatzvereinbarung für die Entsendedauer geschlossen. Aufgrund der Dauer der Entsendung soll M nicht durch seine Familie begleitet werden. M möchte auch nicht seine Kinder für ein Jahr mit einem Schulwechsel belasten. Über eine Entsenderichtlinie verfügt die A KG nicht. M verhandelt daher mit seinem Arbeitgeber über die Anzahl der durch die Firma zu erstattenden Heimflüge. Die Kosten der Unterbringung in Österreich werden von der A KG getragen, mit der M sich auch über Größe und Ausstattung verständigt, um Platz für gelegentliche Familienbesuche zu haben. 81

M wird während der Entsendung direkt an den Geschäftsführer in Österreich berichten. Er wird den Mitarbeitern der Abteilung in Österreich weisungsbefugt sein. Die Gehaltskosten werden durch die deutsche Gesellschaft weiterbelastet. Die beiden Gesellschaften vereinbaren eine Personalgestellung. 82

II. Hinweise

1. Steuerrecht

Es besteht in Deutschland weiterhin eine unbeschränkte Steuerpflicht. Somit unterliegt das Gehalt, auch während der Tätigkeitsausübung in **Österreich**, grundsätzlich der Besteuerung in Deutschland. Aufgrund der Ausübung der Tätigkeit in Österreich erhebt auch Österreich ein Besteuerungsrecht auf das Gehalt, zumindest soweit die Tätigkeit in Österreich ausgeübt wird. 83

Der Familienwohnsitz von M bleibt unverändert in Deutschland. Somit liegt die **Ansässigkeit** nach DBA von M in Deutschland. Dies gilt selbst dann, wenn M in Österreich ebenfalls eine unbeschränkte Steuerpflicht begründen würde. 84

Nach dem **Tätigkeitsortprinzip** des DBA hat zunächst Österreich das Besteuerungsrecht für Gehalt, soweit es auf in Österreich ausgeübte Arbeitstage entfällt. Fraglich ist, ob das Besteuerungsrecht aufgrund der 183-Tage-Regelung an Deutschland zurückfallen kann. 85

Die bekannten Voraussetzungen der 183-Tage-Regelung müssen kumulativ erfüllt sein, damit das Besteuerungsrecht an Deutschland zurückfallen kann. Entscheidende Bedeutung hat im vorliegenden Fall die Frage, ob ein **Arbeitgeber** im Tätigkeitsstaat vorliegt. Sofern das Gehalt durch oder für einen Arbeitgeber gezahlt wird, 86 der in Österreich ansässig ist, kann die 183-Tage-Regelung nicht angewandt werden. Das Besteuerungsrecht würde somit in Österreich verbleiben.

87 M ist in die Organisation der österreichischen Gesellschaft eingegliedert, seine Arbeitsleistung kommt dieser Gesellschaft unmittelbar zugute. Darüber hinaus trägt die Gesellschaft in Österreich die Gehaltskosten, da diese direkt weiterbelastet werden. Es besteht zwar kein rechtliches Arbeitsverhältnis mit der Gesellschaft in Österreich, es liegen aber außer dem Arbeitsvertrag und der Auszahlung des Gehaltes alle Merkmale eines Arbeitsverhältnisses vor. Somit ist die Gesellschaft in Österreich als **wirtschaftlicher Arbeitgeber** zu betrachten. Die 183-Tage-Regelung findet somit keine Anwendung, da der Begriff des Arbeitgebers für Zwecke des DBA wirtschaftlich auszulegen ist.

88 Auf Antrag stellt das Betriebsstättenfinanzamt eine Bescheinigung aus, dass in Deutschland keine Lohnsteuer einzubehalten ist. Der Mitarbeiter muss im Rahmen seiner persönlichen Einkommensteuererklärung nachweisen, dass er Steuern in Österreich gezahlt hat, damit das Gehalt insoweit unter **Progressionsvorbehalt** freigestellt wird.

89 Im vorliegenden Fall werden aus deutscher Sicht die Voraussetzungen der sog. doppelten Haushaltsführung erfüllt. Voraussetzung dabei ist, dass der Lebensmittelpunkt am bisherigen Familienwohnsitz beibehalten wird und die Kosten für den zweiten Wohnsitz beruflich veranlasst sind. Als beruflich veranlasst werden dabei bis zu 60 m^2 Wohnfläche akzeptiert. Da diese Werbungskosten in unmittelbarem wirtschaftlichem Zusammenhang mit den Gehaltseinkünften stehen, die unter Progressionsvorbehalt freigestellt werden, sind sie lediglich für die Ermittlung des Progressionsvorbehaltes abzuziehen. Inwieweit eine steuerfreie Erstattung in Österreich möglich ist, ist nach österreichischem Steuerrecht zu prüfen.

! **Praxistipp**
In Österreich sollte geklärt werden, ob auch ein wirtschaftlicher Arbeitgeber verpflichtet ist, Lohnsteuer einzubehalten.

---

2. Sozialversicherungsrecht

90 Im Verhältnis zu **Österreich** findet die **VO (EG) 883/2004** Anwendung. Grundsätzlich gilt auch danach das **Territorialitätsprinzip**. Somit würde M den österreichischen Rechtsvorschriften über die Sozialversicherung unterliegen.

91 Zu diesem Grundsatz enthält die VO (EG) 883/2004 verschiedene Sonderregelungen. Eine davon betrifft Personen, die von ihrem Arbeitgeber für einen befristeten Zeitraum in einen anderen EU/EWR-Staat oder in die Schweiz entsandt werden.[11] In

11 Art. 12 Abs. 1 VO (EG) 883/2004.

diesem Fall unterliegt der Arbeitnehmer weiterhin den Rechtsvorschriften des Herkunftslandes.

Voraussetzung für eine **Entsendung** in diesem Sinne ist, dass 92
- der Arbeitgeber im Herkunftsland gewöhnlich tätig ist,
- der Arbeitnehmer durch den Arbeitgeber entsandt wird, um dort eine Arbeit für dessen Rechnung auszuführen,
- die voraussichtliche Dauer dieser Arbeit 24 Monate nicht überschreitet und
- der Arbeitnehmer keine andere Person ablöst.

Im vorliegenden Fall stellt sich die Frage, welches Unternehmen als **Arbeitgeber** in 93 diesem Sinne gilt. Mit dieser Frage befasst sich u.a. der **Beschluss A2** des Europäischen Parlamentes und des Rates.[12] Danach bedeutet die Arbeit für Rechnung eines Arbeitgebers auszuführen, dass die Arbeit für diesen Arbeitgeber ausgeführt wird und dass eine arbeitsrechtliche Bindung zwischen dem Arbeitnehmer und dem Arbeitgeber, der ihn entsandt hat, fortbesteht. Ob eine arbeitsrechtliche Bindung besteht, wird anhand eines Bündels von Merkmalen festgestellt: Entscheidend sind dabei insbesondere die Verantwortung für Anwerbung, Arbeitsvertrag, Entlohnung, Entlassung sowie die Entscheidungsgewalt über die Art der Arbeit. Ausdrücklich spielt die Vereinbarung über eine Kostenbelastung zwischen den Unternehmen keine Rolle. Somit kommt es im Anwendungsbereich der VO (EG) 883/2004 im Wesentlichen auf den rechtlichen und nicht den wirtschaftlichen Arbeitgeber an.

Der Fall von M erfüllt damit alle Voraussetzungen einer Entsendung im Sinne 94 der VO (EG) 883/2004. Somit gelten die deutschen Rechtsvorschriften über die Sozialversicherung auch während des Einsatzes in Österreich weiter. Als Nachweis hierüber stellt die gesetzliche Krankenkasse, bei der der Arbeitnehmer versichert ist, eine **Bescheinigung A1** aus.[13] Die Bescheinigung A1 sollte sowohl in Deutschland als auch in Österreich zu den Personalunterlagen genommen werden.

3. Arbeitsrecht

Auf das Arbeitsverhältnis finden die im **Entsendevertrag** geregelten Bestimmungen 95 Anwendung. Diese können neben die Bedingungen des deutschen Arbeitsvertrages treten oder diesen für die Zeit des Auslandseinsatzes ersetzen. Für jede der beiden Möglichkeiten ist der konkret vereinbarte Inhalt der Zusatzvereinbarung maßgebend.

12 Beschl. Nr. A2 vom 12.6.2009 zur Auslegung des Art. 12 der VO (EG) 883/2004 des Europäischen Parlamentes und des Rates hinsichtlich der auf entsandte Arbeitnehmer sowie auf Selbstständige, die vorübergehend eine Tätigkeit in einem anderen als dem zuständigen Mitgliedstaat ausüben, anzuwendenden Rechtsvorschriften.

13 Ist der Arbeitnehmer nicht gesetzlich krankenversichert, so ist die Deutsche Rentenversicherung für die Ausstellung zuständig. Bei Mitgliedern einer berufsständigen Versorgungseinrichtung, die nicht gesetzlich krankenversichert sind, ist die Arbeitsgemeinschaft Berufsständischer Versorgungseinrichtungen e.V. zuständig.

96 Das arbeitgeberseitige Direktionsrecht wird von der österreichischen Tochtergesellschaft ausgeübt. M berichtet an den dortigen Geschäftsführer und ist diesem gegenüber erklärungspflichtig. Als **disziplinarischer Vorgesetzter** kann der Geschäftsführer Personalmaßnahmen (z.B. Abmahnungen) gegenüber M vornehmen. Es empfiehlt sich, diese Änderung des **Direktionsrechtes** ausdrücklich in die Ergänzungsvereinbarung mit aufzunehmen.

97 Der deutsche Arbeitnehmer ist gegenüber Mitarbeitern der Abteilung in Österreich weisungsbefugt. Er ist somit in die ausländische Betriebsstruktur eingebunden und übt dort in gewissen Grenzen eine Vorgesetztenfunktion aus; vor diesem Hintergrund ist die Anwendbarkeit des deutschen **Betriebsverfassungsrechtes** praxisfern. Wurde die Geltung eines anderen Rechtsstatutes für die Dauer der Entsendung vereinbart, so gilt das deutsche Arbeitsrecht weiter, sofern es günstiger als das vereinbarte Rechtsstatut ist. Probleme ergeben sich jedoch insbesondere dann, wenn hinsichtlich des geltenden Rechtes für die Dauer der Entsendung keine Vereinbarung getroffen worden ist.

98 Wurde in der **Zusatzvereinbarung zum Entsendevertrag** keine anderslautende Vereinbarung getroffen, gelten bisherige Regelungen zur betrieblichen Altersversorgung fort.

99 Vor dem Hintergrund der zwischen der österreichischen Tochtergesellschaft und der deutschen A KG vereinbarten Personalgestellung ist ferner zu überprüfen, ob bei dem Einsatz des M auch die Vorschriften des **AÜG** zu berücksichtigen sind. Entscheidend ist dafür, neben der Ausgestaltung der Vereinbarung zwischen der österreichischen Tochtergesellschaft und der deutschen A KG über die Personalgestellung, u.a. auch, ob M zum Zweck der Überlassung eingestellt und beschäftigt wird. Innerhalb der EU sind keine Besonderheiten im Aufenthaltsrecht zu beachten.

4. Personalpolitische Aspekte

100 Existieren wie im vorliegenden Fall in einem Unternehmen (noch) keine **Entsenderichtlinien**, bietet es sich an, eine pragmatische einzelfallbezogene Lösung zu verhandeln. Spätestens wenn vergleichbare Fälle in einem Unternehmen häufiger vorkommen, kann jedoch eine entsprechende Richtlinie die **Gleichbehandlung** der Mitarbeiter sicherstellen und erspart den Beteiligten zeitintensive Verhandlungen. Für individuelle Besonderheiten bleibt in der Regel auch im Rahmen eines solchen Regelwerkes noch ausreichend Raum.

101 Dazu gehört u.a. auch das in dem vorliegenden Fall angesprochene Thema der Heimreisen. Abgesehen von einer in Abhängigkeit von Entsendedauer und Distanz definierten **Häufigkeit der Heimreisen** können in die Entsenderichtlinie Vereinbarungen aufgenommen werden, die eine Vorgehensweise bei Entsendungen sowohl mit als auch ohne Familienbegleitung eindeutig regeln. Bleibt, wie in dem vorliegenden Fall, die Familie zu Hause, kann die Häufigkeit der Heimreisen entsprechend erhöht werden und sogar Optionen für den Besuch der Familie im Ausland vorsehen.

Da das Unternehmen in diesem Fall Kosten für eine größere Wohnung und ggf. Schulkosten spart, besteht hierfür auch aus finanzieller Sicht Spielraum.

G. Fall 6 – Kurzzeitentsendung III (Inbound)

I. Sachverhalt

Die A GmbH ist die Vertriebsgesellschaft einer japanischen Muttergesellschaft (J). Im **102** kommenden Geschäftsjahr ist die deutsche Markteinführung eines neuen Produktes der japanischen Gesellschaft in Deutschland geplant. Zur Vorbereitung der Markteinführung wird ein Mitarbeiter (M) der Muttergesellschaft nach Deutschland entsandt.

M wird für die Dauer vom 1.3.2012 bis 31.10.2012 in die Marketingabteilung integ- **103** riert. Er arbeitet unter der direkten Weisung des deutschen Abteilungsleiters. In Japan ist M nach Auskunft der japanischen Muttergesellschaft weiter unbeschränkt steuerpflichtig.

Informationen über das Gehalt liegen der A nicht vor, da der Mitarbeiter sein **104** Gehalt weiter durch J erhält. Wie in Japan üblich, wurde kein schriftlicher Vertrag über den Einsatz in Deutschland geschlossen.

Der Leiter der Entgeltabrechnung erfährt im Dezember 2012 in einem Gespräch, **105** dass eine Rechnung der japanischen Muttergesellschaft vorliegt, die die Gehaltskosten von M enthält. Nach weiteren Recherchen stellt er fest, dass durch die Buchhaltung Mietkosten für ein Apartment getragen wurden, in dem M gewohnt hat. Daneben wurde dem M auch ein Firmenwagen zur privaten Nutzung zur Verfügung gestellt. Da M kein Mitarbeiter der A GmbH ist, geht man davon aus, dass keine weiteren Schritte zu veranlassen sind.

II. Hinweise

1. Steuerrecht

Aus dem Sachverhalt ergibt sich, dass M für acht Monate ein Apartment in Deutsch- **106** land zur Verfügung steht. M ist damit unbeschränkt steuerpflichtig in Deutschland. In **Japan** besteht ebenfalls eine unbeschränkte Steuerpflicht.

Aufgrund der unbeschränkten Steuerpflicht in Deutschland unterliegt das Gehalt **107** grundsätzlich der Besteuerung in Deutschland. Das Besteuerungsrecht könnte aufgrund der **183-Tage-Regelung** des DBA Deutschland – Japan an Japan zurückfallen, wenn die Ansässigkeit nach DBA in Japan läge und die Voraussetzungen der 183-Tage-Regelung erfüllt wären.

Durch den Aufenthalt von acht Monaten in Deutschland wird M sich an mehr **108** als 183 Tagen in Deutschland aufhalten. Darüber hinaus ist M in die Organisation des deutschen Unternehmens eingegliedert und die Gehaltskosten werden durch die deutsche Gesellschaft getragen. Die A GmbH ist damit **wirtschaftlicher Arbeitgeber** von M. Somit kann die 183-Tage-Regelung nicht erfüllt werden und das Besteuerungsrecht verbleibt in Deutschland.

109 Ein inländischer Arbeitgeber ist zur Einhaltung von deutscher **Lohnsteuer** verpflichtet. In Fällen der Arbeitnehmerentsendung gilt auch das in Deutschland ansässige **aufnehmende Unternehmen**, das den Arbeitslohn für die ihm geleistete Arbeit wirtschaftlich trägt, als Arbeitgeber.[14] Somit ist die A GmbH verpflichtet, Lohnsteuer in Deutschland abzuführen. Hierfür ist eine Gehaltsabrechnung nach den üblichen Vorgaben einzurichten. Dabei ist auch der geldwerte Vorteil für den Firmenwagen und die Wohnungsgestellung zu beachten. Ob die Voraussetzung einer doppelten Haushaltsführung vorliegt, ist separat zu prüfen.

110 Damit der steuerpflichtige Arbeitslohn monatlich fristgerecht erfasst werden kann, ist ein regelmäßiger **Datenaustausch** zwischen J und der A GmbH einzurichten.

111 Da der Mitarbeiter für einen im Voraus befristeten Zeitraum zu einer anderen betrieblichen Einrichtung seines Arbeitgebers abgeordnet wurde, liegen die Voraussetzungen einer Auswärtstätigkeit vor. Die Kosten für das Apartment können daher als Unterbringungskosten bei der Auswärtstätigkeit steuerfrei erstattet werden.

112 Die private Nutzung des Firmenwagens stellt einen steuerpflichtigen geldwerten Vorteil dar. Allerdings beschränkt sich der geldwerte Vorteil auf 1 % des Bruttolistenpreises pro Monat. Mangels regelmäßiger Arbeitsstätte in Deutschland entfällt der geldwerte Vorteil in Höhe von 0,03 % des Bruttolistenpreises für die Entfernung zwischen Wohnung und regelmäßiger Arbeitsstätte.

113 Sofern der Sachverhalt nachträglich aufgedeckt wird, ist darauf zu achten, dass die lohnsteuerlichen Pflichten auch rückwirkend erfüllt werden. Die A GmbH haftet für die korrekte Abführung der Lohnsteuer. Eine Anzeige sollte ggf. über die nicht einbehaltene Lohnsteuer an das Betriebsstättenfinanzamt in Betracht gezogen werden. Zusätzlich ist darauf zu achten, dass M die Lohnsteuer zu tragen hat. Wird M der Betrag nicht in Rechnung gestellt, ist eine Hochrechnung vorzunehmen, da eine für den Mitarbeiter übernommene Steuer wiederum einen steuerpflichtigen Vorteil darstellt.

2. Sozialversicherungsrecht

114 Da die Tätigkeit von M in Deutschland ausgeübt wird, unterliegt sie den deutschen Vorschriften über die Sozialversicherung. Die Voraussetzungen einer **Einstrahlung** nach SGB IV sind nicht erfüllt, da die Gehaltskosten von M von der deutschen Gesellschaft getragen werden und der Schwerpunkt des Beschäftigungsverhältnisses bei der deutschen Gesellschaft liegt.

---

14 § 38 Abs. 1 S. 2 EStG.

Eine Befreiung von der deutschen Sozialversicherung kann sich daher nur nach dem **Sozialversicherungsabkommen** zwischen Deutschland und **Japan** ergeben. Der sachliche Anwendungsbereich des Sozialversicherungsabkommens erstreckt sich lediglich auf die Renten- und Arbeitslosenversicherung. Das bedeutet, die Kranken-, Pflege- und Unfallversicherung richtet sich nach deutschem Recht. Da bereits festgestellt wurde, dass eine Einstrahlung nicht vorliegt, unterliegt M in den zuletzt genannten Bereichen der deutschen Sozialversicherung wie jeder andere in Deutschland Beschäftigte. 115

Unter der Annahme, dass M die Fortführung seiner japanischen Sozialversicherung wünscht, ist aus japanischer Sicht zu prüfen, ob eine **Bescheinigung D/J 101** beantragt werden kann. Diese Bescheinigung führt zu einer Freistellung in der deutschen Renten- und Arbeitslosenversicherung. Die Bescheinigung ist immer in dem Staat zu beantragen, dessen Rechtsvorschriften gelten sollen, d.h. hier in Japan. 116

Das Abkommen sieht grundsätzlich vor, dass Arbeitnehmer in dem Staat der Sozialversicherung unterliegen, in dem sie ihre Tätigkeit ausüben. Eine Fortführung der Sozialversicherung im Heimatland ist nach dem Sozialversicherungsabkommen möglich, wenn eine **Entsendung** vorliegt oder wenn die Voraussetzungen für eine **Ausnahmegenehmigung** gegeben sind. Was genau unter einer Entsendung in diesem Sinne zu verstehen ist, definiert jeder Abkommensstaat aus seiner Sicht, sofern das Abkommen selbst keine Voraussetzungen festlegt. Es ist daher aus japanischer Sicht zu klären, nach welcher Vorschrift die Bescheinigung D/J 101 beantragt werden kann. Sofern M die Bescheinigung vorliegt, müssen Beiträge zur deutschen Renten- und Arbeitslosenversicherung nicht seitens der A GmbH abgeführt werden. 117

3. Arbeitsrecht

Auch wenn M keinen Arbeitsvertrag hat, so wird er dennoch vor Ort in Deutschland in die Organisation der A GmbH integriert. 118

Das arbeitgeberseitige **Direktionsrecht** wird durch das deutsche Unternehmen ausgeübt. M ist für die Dauer seines Einsatzes in die Marketingabteilung integriert. Der deutsche Abteilungsleiter ist berechtigt, ihm Anweisungen bezüglich der Dienstzeiten und Arbeitsinhalte zu geben und disziplinarische Maßnahmen zu ergreifen. 119

Da seitens der japanischen Muttergesellschaft kein schriftlicher Vertrag über die Entsendung des M geschlossen wurde, fehlt es auch an Vereinbarungen, dass deutsches Arbeitsrecht auf das Arbeitsverhältnis Anwendung findet. M kann sich daher, selbst bei Vorliegen sonstiger Voraussetzungen, grundsätzlich nicht auf die Anwendbarkeit des deutschen Rechtes berufen. Zu berücksichtigen ist jedoch, dass auch ohne schriftliche Vereinbarung zwingendes deutsches Recht stets zu berücksichtigen ist. Zu diesem gehören beispielsweise das **Arbeitszeitgesetz** und **Regelungen zum Arbeitsschutz.** 120

Da die Vorschriften des deutschen **Betriebsverfassungsrechtes** gemäß dem Territorialprinzip für deutsche Betriebe im Inland gelten, ist auch M als ausländischer 121

Arbeitnehmer, der in die deutsche Betriebsstruktur integriert wurde, vom Anwendungsbereich des Gesetzes umfasst. Vor Beginn der Tätigkeit ist darauf zu achten, dass die notwendigen arbeits- und aufenthaltsrechtlichen Fragen geklärt sind.

4. Personalpolitische Aspekte

122 **Interkulturelle Kompetenzen** sind eine zwingende Voraussetzung für einen erfolgreichen Auslandseinsatz. Auch bei einem wie hier eher kurzfristig angelegten Einsatz sollte idealerweise eine entsprechende Vorbereitung des Mitarbeiters erfolgen. Üblicherweise wird diese Leistung, ggf. differenziert nach Länderkombinationen, im Rahmen der **Entsenderichtlinie** definiert.

123 Daneben weist der vorliegende Fall darauf hin, dass im Rahmen der Vorbereitung auch Formalitäten zu klären sind, die den künftigen Alltag von M in Deutschland regeln. Da M ein Firmenwagen gewährt werden soll, stellt sich die Frage nach der gültigen **Fahrerlaubnis**. Darf ein Mitarbeiter mit dem japanischen Führerschein in Deutschland Auto fahren? Ist eine Umschreibung möglich und wenn ja, innerhalb welcher Fristen? Diese und andere Fragen, die mit dem Leben vor Ort direkt zu tun haben, sollen am besten in direkter Zusammenarbeit mit der HR-Abteilung in Deutschland geklärt werden. Üblicherweise gibt bereits die Entsenderichtlinie Hinweise zu den Zuständigkeiten, damit M weiß, mit wessen Unterstützung im Rahmen einer Entsendungsvorbereitung welche Dinge zu erledigen sind.

124 Der Fall macht darüber hinaus deutlich, welche administrativen Herausforderungen sich aus den Besonderheiten bestimmter Länder ergeben können: Es gibt keinen **Entsendevertrag**, der relevanten Beteiligten (wie z.B. M selbst, die HR-Abteilung in Deutschland, der Steuerberater von M) den notwendigen Überblick zu den gewährten Vergütungskomponenten verschafft. Der zuständigen HR-Mitarbeiter muss dies im Einzelfall wissen und im Rahmen der Administration bezogen auf das Sammeln und Koordinieren von Daten berücksichtigen. Idealerweise definieren Unternehmen für ihre Auslandseinsätze, welche Leistungen weltweit gewährt werden können, deren Datenquellen und durch wen und in welcher Form diese Informationen zusammengetragen werden.

H. Fall 7 – Langzeitentsendung I

I. Sachverhalt

125 Um das amerikanische Tochterunternehmen der deutschen A AG enger an das deutsche Mutterhaus zu binden und um einen stärkeren Kulturaustausch zu gewährleisten, wird ein Mitarbeiter (M) für voraussichtlich fünf Jahre zur US-Gesellschaft entsandt. Er wird dort die Leitung der Entwicklungsabteilung übernehmen. Die Entsendung beginnt am 1.10.2012.

Der Arbeitsvertrag mit der A AG wird während des Auslandseinsatzes ruhen und durch einen Entsendevertrag ersetzt werden. M wird durch seine Familie begleitet werden. Neben der Übernahme der Gehaltskosten des M übernimmt das amerikanische Tochterunternehmen die Miete für ein Haus. Darüber hinaus werden die Kosten der internationalen Schule in den USA übernommen. 126

M vermietet seinen Wohnsitz in Deutschland. Dazu beauftragt er einen Makler, der die Vermietung übernimmt und alle damit verbundenen Formalitäten koordiniert. M erwartet, dass die ihm in dem Zusammenhang anfallenden Kosten von der A AG in voller Höhe erstattet werden. Er geht außerdem davon aus, dass die Mietkosten in den USA zu 100 % übernommen werden. 127

Im Dezember 2012 kehrt M zusammen mit seiner Familie für ein Woche nach Deutschland zurück. In dieser Woche finden diverse Besprechungen bei der A AG statt, um bisherige Projekte abzuschließen bzw. an Nachfolger zu übergeben. Die Kinder, die sich aufgrund sprachlicher Probleme in der Schule noch nicht integrieren konnten, wollen in Deutschland bleiben. Auch die Ehefrau von M ist von der Rückreise in die USA, wo sie bis jetzt keine sozialen Kontakte aufbauen konnte, nicht begeistert. M fragt daher bei der Personalabteilung nach, ob ein Umzug seiner Familie zurück nach Deutschland übernommen werden kann. M einigt sich mit seinem Arbeitgeber auf einen Rückumzug der Familie zum Beginn des neuen Schuljahres im Sommer 2013. 128

Im April 2013 zahlt die A AG noch den Bonus für das Kalenderjahr 2012 aus. Das laufende Gehalt wird bereits seit Oktober 2012 durch die US-Gesellschaft ausgezahlt. 129

II. Hinweise

1. Steuerrecht

M beendet seine unbeschränkte Steuerpflicht in Deutschland mit Aufgabe des Wohnsitzes in Deutschland. Er unterliegt damit ab diesem Zeitpunkt der beschränkten Steuerpflicht in Deutschland, sofern er über Einkünfte aus **deutschen Quellen** verfügt. 130

In den USA entsteht eine unbeschränkte Steuerpflicht, wenn M sich an mehr als 183 Tagen pro Jahr im Land aufhält.[15] Da dies im Jahr 2012 nicht zutrifft, besteht keine unbeschränkte Steuerpflicht in 2012 in den USA. 131

Das DBA zwischen Deutschland und den **USA** ist anwendbar für Personen, die mindestens in einem der beiden Staaten unbeschränkt steuerpflichtig sind. Somit kann in der Zeit vom 1.10.2012 bis 31.12.2012 das DBA Deutschland – USA nicht angewandt werden, da M weder nach dem nationalen Recht der USA noch nach dem 132

15 Berücksichtigt werden die gewogenen durchschnittlichen Aufenthaltstage der letzten 3 Jahre. Darüber hinaus werden Personen in den USA als unbeschränkt steuerpflichtig behandelt, die über die US-Staatsbürgerschaft verfügen oder Inhaber einer Greencard sind.

deutschen nationalen Recht unbeschränkt steuerpflichtig ist. Ab dem Jahr 2013 ist M dann unbeschränkt steuerpflichtig in den USA. Zusätzlich begründet seine Familie ab Sommer 2013 wieder einen Wohnsitz in Deutschland und unterliegt dort der unbeschränkten Steuerpflicht. Somit kann ab dem Jahr 2013 das DBA wieder angewandt werden.

133 Für die im Dezember 2012 in Deutschland ausgeübten Arbeitstage ist ausschließlich **nationales Steuerrecht** zu prüfen, da das DBA keine Anwendung findet. Arbeitnehmer sind in Deutschland beschränkt steuerpflichtig, wenn sie ihre Tätigkeit in Deutschland physisch ausüben.[16] Die im Dezember in Deutschland ausgeübten Arbeitstage unterliegen somit der beschränkten Steuerpflicht in Deutschland. Das Arbeitsentgelt, das auf diese Arbeitstage entfällt, hat M in seiner deutschen Einkommensteuererklärung 2012 zu erklären und die darauf entfallende Steuer zu entrichten. Zusätzlich ist zu beachten, dass M verpflichtet ist, den Wechsel von der unbeschränkten zur beschränkten Steuerpflicht beim Finanzamt anzuzeigen.[17]

134 Der im April bezogene **Bonus** bezieht sich teilweise auf einen Zeitraum, zu dem M in Deutschland steuerpflichtig war. Der Bonus ist daher anteilig in Deutschland steuerpflichtig.[18] Die A AG hat den auf Deutschland entfallenden Teil der Bonuszahlung der **Lohnsteuer** im Rahmen der beschränkten Steuerpflicht zu unterwerfen. Sofern keine Lohnsteuerabzugsmerkmale vorliegen, werden diese auf Antrag vom Finanzamt gebildet. Bei ganzjähriger beschränkter Steuerpflicht hat die Lohnsteuer **Abgeltungswirkung** in Deutschland.

135 In den USA ist der Bonus bei der Besteuerung ebenfalls zu berücksichtigen.

2. Sozialversicherungsrecht

136 Die Tätigkeit wird von M ab Oktober 2012 in den USA ausgeübt. Damit wird die Tätigkeit grundsätzlich nicht mehr vom deutschen Sozialversicherungsrecht erfasst. Eine **Ausstrahlung** nach § 4 SGB IV liegt nicht vor, da das Beschäftigungsverhältnis mit der A AG ruht.

137 Es besteht ein Sozialversicherungsabkommen mit den USA. Dieses Abkommen regelt grundsätzlich nur die **Rentenversicherung**.[19] Alle anderen Zweige der Sozial-

---

16 Darüber hinaus sind Arbeitnehmer nach § 49 Abs. 1 Nr. 4 EStG in Deutschland beschränkt steuerpflichtig, wenn ihre Tätigkeit im Inland verwertet wird, sie aus inländischen öffentlichen Kassen bezahlt werden, sie als Geschäftsführer, Vorstand oder Prokurist von einer Gesellschaft mit Geschäftsleitung im Inland vergütet werden, eine Abfindung für eine zuvor in Deutschland steuerpflichtige Tätigkeit erhalten oder sie an Bord eines im internationalen Luftverkehr eingesetzten Luftfahrzeuges arbeiten, das von einem Unternehmen mit Geschäftsleitung in Deutschland betrieben wird.

17 § 39 Abs. 7 EStG.

18 9/12 des Bonus entfallen auf die in Deutschland ausgeübte Tätigkeit. Zusätzlich sind 5 Arbeitstage für die im Dezember in Deutschland ausgeübte Arbeitswoche zu berücksichtigen.

19 Nach dem Schlussprotokoll des Sozialversicherungsabkommens wird eine Person, die den Rechts-

versicherung werden vom Abkommen nicht erfasst. Das Sozialversicherungsabkommen legt grundsätzlich fest, dass für Arbeitnehmer das Sozialversicherungsrecht des Tätigkeitsstaates Anwendung findet. Ausnahmsweise gelten die Rechtsvorschriften über die Rentenversicherung des Heimatlandes weiter, wenn eine Entsendung vorliegt oder eine Ausnahmegenehmigung erteilt wird.

Aus deutscher Sicht sind an die Entsendung im Sinne des Sozialversicherungsab- 138
kommens die gleichen Anforderungen zu stellen wie an eine Ausstrahlung nach § 4 SGB IV. Somit liegt auch keine **Entsendung** im Sinne des Abkommens vor.

Eine **Ausnahmegenehmigung** wird auf Antrag nach dem Sozialversicherungs- 139
abkommen erteilt, wenn die deutschen und US-Sozialversicherungsbehörden zustimmen. Voraussetzung für die Ausnahmegenehmigung ist das begründete Interesse des Arbeitnehmers daran, dass für ihn weiterhin die deutschen Rechtsvorschriften in der Rentenversicherung gelten sollen. Die Ausnahmevereinbarung ist eine Ermessensentscheidung der zuständigen Stellen. Sie wird erteilt, wenn eine arbeitsrechtliche Anbindung an einen in Deutschland ansässigen Arbeitgeber bestehen bleibt. Dies ist stets gegeben, wenn das bisherige Arbeitsverhältnis bestehen bleibt. Auch ein ruhendes Arbeitsverhältnis erfüllt diese Voraussetzung. Zusätzlich wird eine konkrete zeitliche Befristung des Einsatzes in den USA gefordert. Diese Voraussetzungen sind erfüllt. M kann daher gemeinsam mit der A AG einen Antrag auf Ausnahmegenehmigung stellen.[20] Aufgrund dieses Antrages wird eine **Bescheinigung D/USA 101** erteilt.

In der deutschen **Arbeitslosenversicherung** besteht für M die Möglichkeit, ein 140
Versicherungspflichtverhältnis zu beantragen, da die Tätigkeit außerhalb der EU/EWR und der Schweiz ausgeübt wird. Im vorliegenden Fall wird davon ausgegangen, dass die notwendige Vorversicherungszeit erfüllt ist. Der Antrag ist innerhalb von drei Monaten nach Beginn der Tätigkeit im Ausland durch M bei der zuständigen Agentur für Arbeit zu beantragen. Dabei ist wichtig zu beachten, dass es sich hier um eine **Ausschlussfrist** handelt. Verspätet eingegangene Anträge werden nicht bewilligt.

In der Pflegeversicherung ist darauf zu achten, dass der Leistungsanspruch 141
voraussetzt, dass der Versicherte in den letzten zehn Jahren vor Beantragung einer Leistung mindestens zwei Jahre versichert gewesen sein muss. Eine Lücke im Versicherungsschutz kann daher Einfluss auf den Leistungsanspruch in der Pflegeversicherung nach Rückkehr haben. Diese Lücke in der Vorversicherungszeit kann durch eine Weiterversicherung geschlossen werden.[21]

---

vorschriften ihres Heimatlandes unterstellt bleibt, von der Krankenversicherung des Tätigkeitsstaates freigestellt. Das bedeutet aber nicht, dass dadurch die Krankenversicherung im Heimatland fortgeführt werden kann.

20 Der Antrag ist bei der Deutschen Verbindungsstelle Krankenversicherung Ausland (DVKA) zu stellen.

21 Nach § 26 Abs. 2 SGB XI können sich Personen, die ihren Wohnsitz ins Ausland verlegen und dadurch aus der Versicherungspflicht ausscheiden, auf Antrag weiterversichern.

142 Zusätzlich sollte für M und seine eventuellen Familienangehörigen ein ausreichender Krankenversicherungsschutz sichergestellt werden. Darüber hinaus sollte auch die Situation bei Rückkehr betrachtet werden. Es ist u.a. zu klären, ob ein uneingeschränktes Rückkehrrecht in die bisherige Krankenversicherung besteht und welche Konditionen dann gelten würden. Hierbei kann eine **Ruhendstellung** der bisherigen Versicherung sinnvoll sein.

3. Arbeitsrecht

143 Für die Zeit der Entsendung ruht das deutsche Arbeitsverhältnis. Die arbeitsvertraglichen Rechte und Pflichten des M bestimmen sich nach dem im **Entsendevertrag** vereinbarten Bestimmungen.

144 Es sollte vertraglich geregelt werden, wer das Weisungs- und **Direktionsrecht** während des Zeitraumes der Entsendung ausübt und welche Funktion M im Ausland hat. Aufgrund der Dauer des Auslandseinsatzes und der Einbindung in die ausländische Betriebsstruktur ist die Annahme der Ausstrahlung deutschen Arbeitsrechtes auf die Tätigkeit des M in Amerika praxisfern. Deutsches **Betriebsverfassungsrecht** findet daher keine Anwendung.

145 In welcher Weise mit bisher möglicherweise geleisteten Beiträgen zu einer betrieblichen Altersversorgung verfahren wird, hängt vom Inhalt der Vereinbarung des Entsendevertrages ab.

146 Im Rahmen der Entsendungsvereinbarung sollte eine Regelung hinsichtlich der Fortsetzung des Arbeitsverhältnisses des M und dessen Ausgestaltung (z.B. **Position nach Rückkehr**, welche mindestens gleichwertig zu der Position vor der Entsendung sein muss) nach seiner Rückkehr enthalten sein. Vor Beginn der Tätigkeit ist darauf zu achten, dass die notwendigen arbeits- und aufenthaltsrechtlichen Fragen geklärt sind.

4. Personalpolitische Aspekte

147 Der Fall zeigt eine nicht unübliche Entwicklung im Zuge einer Langzeitentsendung und macht deutlich, warum der richtigen und rechtzeitigen **Vorbereitung eines Auslandseinsatzes** besondere Aufmerksamkeit zu widmen ist. Reist wie im vorliegenden Fall die Familie des Mitarbeiters mit, sollte sie von Anfang an in die **Vorgespräche** zu der potenziellen Entsendung einbezogen und über die Lebensumstände im Ausland informiert werden. Auch kurze **Orientierungsreisen** ins künftige Einsatzland, die für alle Begleitpersonen angeboten werden sollten, können dabei hilfreich sein. Gerade bei schulpflichtigen Kindern können bei dieser Gelegenheit die notwendigen Schulanforderungen und relevante Zulassungsvoraussetzungen im Vorfeld geklärt werden. Auch der Ehepartner gewinnt dadurch einen besseren Überblick über die Umstände vor Ort und kann sich dadurch schneller an die neue Lebenssituation im Ausland gewöhnen. M und seine Familie hätten so vielleicht frühzeitiger erkannt, dass die

Kinder gezielt sprachlich auf den Schulbesuch im Gastland vorzubereiten sind. Die Übernahme von **Umzugskosten** zurück ins Heimatland vor Ablauf der Entsendung ist regelmäßig nicht Teil der Entsendekonditionen. Im vorliegenden Fall wird sicher individuell geklärt, in welcher Form die A AG den M dabei unterstützen kann, den Auslandsaufenthalt und die familiäre Situation in Einklang zu bringen.

Ob die für M anfallenden **Maklerkosten** bei der Vermietung in Deutschland tatsächlich vom Arbeitgeber übernommen werden, hängt üblicherweise vom Umfang der Kostenübernahme für den Wohnraum im Gastland ab. Werden wie hier die Mietkosten für das Haus in den USA in voller Höhe von der A AG übernommen, ist M – zumindest aus finanzieller Sicht – nicht dazu gezwungen, seine Wohnung in Deutschland aufzugeben. Er muss daher damit rechnen, alle mit der Vermietung der Wohnung anfallenden Kosten selbst zu tragen. Zur Klarstellung empfiehlt sich ein diesbezüglicher Hinweis in der Entsenderichtlinie. 148

I. Fall 8 – Langzeitentsendung II

I. Sachverhalt

Bei der belgischen Tochtergesellschaft (B) der deutschen A AG ist der Posten des Abteilungsleiters Controllings vakant. Diese Stelle wird mit einem Mitarbeiter (M) der A AG besetzt. M soll für zwei Jahre zur B entsandt werden. Man einigt sich außerdem auf eine Verlängerungsoption für die Entsendung von zwei weiteren Jahren. 149

M zieht mit der Familie nach Belgien und gibt seinen Wohnsitz in Deutschland auf. Zur Steueroptimierung wird das Expat-Regime in Belgien beantragt, wonach M auf Antrag als nicht unbeschränkt steuerpflichtig in Belgien gilt. 150

Die Ehefrau von A ist Fachärztin für Orthopädie. Um ihren Ehemann ins Ausland zu begleiten, wird sie ihre aktuelle Stelle beim städtischen Krankenhaus aufgeben. Aufgrund ihres Studiums in Frankreich kann sie sehr gute Französischkenntnisse vorweisen und möchte in Belgien ihre Berufserfahrung weiter vertiefen und am besten einer mit ihrer jetzigen Anstellung vergleichbaren Beschäftigung nachgehen. 151

Der Arbeitsvertrag mit der A AG wird um eine Entsendevereinbarung ergänzt. Das Gehalt wird weiter über die deutsche Gehaltsabrechnung abgewickelt. 152

M nimmt weiter am Aktienoptionsprogramm teil. Im Rahmen dieses Programmes wurden am 1.5.2010 Aktienoptionen zugesagt, die im Zeitraum vom 1.5.2013 bis 30.4.2018 ausgeübt werden können. 153

Im Rahmen seiner Tätigkeit übt M regelmäßig Dienstreisen aus, die ihn an 2–3 Tagen im Monat auch nach Deutschland führen. Bei dieser Gelegenheit sucht er auch das Gespräch mit der Personalabteilung, da sich aus seiner Sicht die Lebenshaltungskosten in Belgien zwischenzeitlich deutlich verteuert haben und dies zu einer Anpassung seiner Auslandsbezüge führen müsste. 154

II. Hinweise

1. Steuerrecht

155 Durch die Aufgabe des Wohnsitzes ist M nicht mehr unbeschränkt steuerpflichtig in Deutschland. Die Bewilligung des **Expat-Regimes** in Belgien führt dazu, dass dort ebenfalls keine unbeschränkte Steuerpflicht vorliegt. Damit kann das DBA Deutschland – Belgien nicht angewandt werden, da das **DBA** nur für Personen gilt, die in mindestens einem der beiden Staaten unbeschränkt steuerpflichtig sind. Somit werden in beiden Staaten die Regelungen für beschränkt Steuerpflichtige angewandt, sofern inländische Einkünfte vorliegen.

156 Aus deutscher Sicht stellen Gehaltseinkünfte **inländische Einkünfte** dar, wenn die Tätigkeit im Inland ausgeübt wird.[22] M unterliegt daher während des Auslandseinsatzes weiterhin der Steuerpflicht in Deutschland, da er an 2–3 Tagen im Monat seine Tätigkeit in Deutschland ausübt. Die A AG als rechtlicher Arbeitgeber ist verpflichtet, diesen Anteil des Gehaltes der **Lohnsteuer** in Deutschland zu unterwerfen. Damit der in Deutschland steuerpflichtige Teil des Gehaltes korrekt ermittelt werden kann, sollte M einen **Kalender** führen und diesen der Gehaltsabrechnung der A AG regelmäßig zur Verfügung stellen. Sofern für das gesamte Jahr lediglich beschränkte Steuerpflicht in Deutschland besteht, hat die Lohnsteuer Abgeltungswirkung. Eine Steuererklärung muss dann nicht abgegeben werden. Allerdings hat M die Möglichkeit, einen Antrag auf Veranlagung zu stellen, da er sich in einem EU-Staat aufhält.[23] Ein solcher Antrag sollte im Vorfeld sorgfältig geprüft werden, da in diesem Fall die nicht deutschen Einkünfte den Steuersatz erhöhen (Progressionsvorbehalt). Darüber hinaus ist darauf zu achten, dass M den Wechsel von der unbeschränkten zur beschränkten Steuerpflicht dem Finanzamt melden muss.[24]

157 Sollte M die **Aktienoptionen** ausüben, entsteht hierdurch steuerpflichtiger Arbeitslohn in Höhe der Differenz zwischen dem Marktwert der Aktien und dem Ausübungspreis. Aus Sicht der Finanzverwaltung stellt eine solche Vergütung Arbeitslohn für den Zeitraum zwischen Einräumung und erstmaliger Ausübbarkeit der Aktienoptionen dar.[25] Der Vorteil aus den Aktienoptionen wird somit bei Ausübung anteilig der Steuerpflicht in Deutschland unterliegen, soweit M in dem vorgenann-

---

22 Darüber hinaus sind Arbeitnehmer nach § 49 Abs. 1 Nr. 4 EStG in Deutschland beschränkt steuerpflichtig, wenn ihre Tätigkeit im Inland verwertet wird, sie aus inländischen öffentlichen Kassen bezahlt werden, sie als Geschäftsführer, Vorstand oder Prokurist von einer Gesellschaft mit Geschäftsleitung im Inland vergütet werden, eine Abfindung für eine zuvor in Deutschland steuerpflichtige Tätigkeit erhalten oder sie an Bord eines im internationalen Luftverkehr eingesetzten Luftfahrzeugs arbeiten, das von einem Unternehmen mit Geschäftsleitung in Deutschland betrieben wird.

23 Weitere Voraussetzung ist, dass er Staatsangehöriger eines EU/EWR-Staates ist. Vgl. § 50 Abs. 2 S. 1 Nr. 4b EStG i.V.m. § 50 Abs. 2 S. 7 EStG.

24 § 39 Abs. 7 EStG.

25 BFM-Schreiben v. 14.9.2006 – IV B 6 – S 1300 – 367/06 – Rn 129 ff.

ten Zeitraum mit seinem Gehalt in Deutschland steuerpflichtig war. Die A AG hat auf diesen Anteil Lohnsteuer in Deutschland abzuführen. Zusätzlich sollte der Umfang der Steuerpflicht in Belgien geprüft werden.

2. Sozialversicherungsrecht

Im Verhältnis zu **Belgien** findet die **VO (EG) 883/2004** Anwendung. Grundsätzlich gilt auch danach das **Territorialitätsprinzip**. Somit würde M den belgischen Rechtsvorschriften über die Sozialversicherung unterliegen. 158

Zu diesem Grundsatz enthält die VO (EG) 883/2004 verschiedene Sonderregelungen. Eine davon betrifft Personen, die von ihrem Arbeitgeber für einen befristeten Zeitraum in einen anderen EU/EWR-Staat oder in die Schweiz entsandt werden.[26] In diesem Fall unterliegt der Arbeitnehmer weiterhin den Rechtsvorschriften des Herkunftslandes. 159

Voraussetzung für eine Entsendung in diesem Sinne ist, dass 160
- der Arbeitgeber im Herkunftsland gewöhnlich tätig ist,
- der Arbeitnehmer durch den Arbeitgeber entsandt wird, um dort eine Arbeit für dessen Rechnung auszuführen,
- die voraussichtliche Dauer dieser Arbeit 24 Monate nicht überschreitet und
- der Arbeitnehmer keine andere Person ablöst.

Der Fall von M erfüllt die Voraussetzungen einer **Entsendung** im Sinne der VO (EG) 883/2004. Somit gelten die deutschen Rechtsvorschriften über die Sozialversicherung auch während des Einsatzes in Belgien weiter. Als Nachweis hierüber stellt die gesetzliche Krankenkasse, bei der der Arbeitnehmer versichert ist, eine Bescheinigung A1 aus.[27] Die **Bescheinigung A1** sollte sowohl in Deutschland als auch in Belgien zu den Personalunterlagen genommen werden. 161

Sollte nach Ablauf der Entsendezeit die Option zur Verlängerung der Entsendung ausgeübt werden, so liegt für den Verlängerungszeitraum keine Entsendung im Sinne der VO (EG) 883/2004 vor, da der maximale Zeitraum überschritten wurde. Eine Verlängerung dieses Zeitraumes sieht die Verordnung nicht vor. Für den Verlängerungszeitraum ist dann zur prüfen, ob die Voraussetzung für die Gewährung einer **Ausnahmevereinbarung** gegeben sind. 162

---

26 Art. 12 Abs. 1 VO (EG) 883/2004.

27 Ist der Arbeitnehmer nicht gesetzlich krankenversichert, so ist die Deutsche Rentenversicherung für die Ausstellung zuständig. Bei Mitgliedern einer berufsständigen Versorgungseinrichtung, die nicht gesetzlich krankenversichert sind, ist die Arbeitsgemeinschaft Berufsständischer Versorgungseinrichtungen e.V. zuständig.

3. Arbeitsrecht

163 Da der deutsche Arbeitsvertrag um eine **Entsendevereinbarung** ergänzt und nicht ruhend gestellt wurde, finden grundsätzlich beide Vertragsvereinbarungen auf das Arbeitsverhältnis von M Anwendung.

164 Die Ausübung des Weisungs- und **Direktionsrechtes** richtet sich nach der im Entsendevertrag getroffenen Abrede. Gleiches gilt für die Behandlung von Leistungen zur betrieblichen Altersversorgung sowie hinsichtlich des auszuzahlenden Gehaltes. Ist im Rahmen der Entsendungsvereinbarung keine Regelung hinsichtlich des Gehaltes enthalten, so gilt diesbezüglich weiterhin der deutsche Anstellungsvertrag.

165 Da M in die Arbeits- und **Betriebsorganisation** der B eingebunden wird und über einen längeren Zeitraum im Ausland verweilt bzw. diesen Aufenthalt auch noch verlängern kann, erscheint die Anwendbarkeit deutschen Betriebsverfassungsrechtes, trotz Teilnahme des M am Aktienoptionenprogramm des deutschen Arbeitgebers, praxisfern. Von einer Ausstrahlung deutschen Arbeitsrechtes, insbesondere deutscher Arbeitsrechtsschutzvorschriften, kann vor dem Hintergrund der dauerhaften Betriebsferne zur A AG nicht ausgegangen werden. Innerhalb der EU sind keine Besonderheiten im Aufenthaltsrecht zu beachten.

4. Personalpolitische Aspekte

166 Der vorliegende Fall zeigt den in der Praxis zunehmend häufiger werdenden Fall auf, in dem sich der Arbeitgeber mit Möglichkeiten zur Unterstützung von **mitreisenden Lebenspartnern** auseinanderzusetzen hat. Abgesehen von Sprachkursen und interkulturellen Trainings, die auch für nichtberufstätige Partner angeboten werden, gibt es in der Praxis Lösungsansätze in Form von Pauschalzahlungen, mithilfe derer notwendige Fortbildungsmaßnahmen oder auch andere Dienstleistungen vor Ort in Anspruch genommen werden können. Denkbar ist natürlich auch direkte Unterstützung durch einen Personalberater, der bei der lokalen Arbeitssuche behilflich ist. Wenn nicht bereits in der Entsenderichtlinie vordefiniert, sollen diese Leistungen zumindest in der Entsendevereinbarung festgelegt und dokumentiert werden, damit der materielle und zeitliche Umfang der Unterstützung klar definiert wird.

167 M hat im Laufe seiner Entsendung festgestellt, dass sich die **Lebenshaltungskosten** in Belgien verändert haben. Häufig werden solche Veränderungen von den Mitarbeitern sehr subjektiv empfunden – steigen die Benzinpreise deutlich, wird dies als signifikante Verteuerung empfunden, auch wenn die Treibstoffkosten nur einen begrenzten Teil der Konsumausgaben darstellen. Steigen darüber hinaus die Benzinpreise auch im Heimatland in gleicher Höhe, führt dies zwar zweifellos zu einer Verteuerung der Lebenshaltungskosten, nicht aber zu **Mehrkosten**, die dem Auslandsaufenthalt geschuldet sind und damit vom Arbeitgeber übernommen werden. Die A AG ist daher gut beraten, den Lebenshaltungskostenausgleich regelmäßig, d.h. in der Regel jährlich, zu überprüfen und M in diesem Zuge zu veranschaulichen, ob und zu welchem Anpassungsbedarf dieser Vergleich führt.

J. Fall 9 – Lokalisierung im Ausland

I. Sachverhalt

In der Personalabteilung der deutschen A GmbH wird ein neuer Transfer-Manager eingestellt. Aufgabe ist es, sich um die Betreuung der ins Ausland entsandten Mitarbeiter zu kümmern. Nachdem er sich einen Überblick über die bestehenden Entsendungen verschafft hat, stößt er auf folgenden Fall: 168

Seit dem 1.5.1995 ist ein Mitarbeiter (M) als Geschäftsführer der kolumbianischen Tochtergesellschaft eingesetzt. Er verfügt über einen Arbeitsvertag mit der A GmbH, der um eine Entsendevereinbarung ergänzt wurde. Die Entsendevereinbarung wurde zuletzt bis zum 31.12.2012 verlängert. Nach dieser Vereinbarung wird die Richtlinie für Langzeitentsendungen angewandt. Dadurch erhält M u.a. die Kosten für das Haus in Kolumbien ersetzt und einen Lebenshaltungskostenzuschuss. 169

Das Gehalt von M wird über die deutsche Gehaltsabrechnung abgewickelt und es werden deutsche Sozialversicherungsbeiträge abgeführt. Aus der Akte ergibt sich, dass M in der Vergangenheit immer wieder auf den Status des Entsandten gedrängt hat. Er ist mit einer Kolumbianerin verheiratet und seine Kinder sind in Kolumbien geboren. Es ist fraglich, ob er nach Deutschland zurückkehren wird. 170

Das Gehalt von M soll in der kolumbianischen Organisation nicht bekannt werden. Man verzichtet daher schon seit Jahren auf eine Weiterbelastung der Gehaltskosten. Aus der Akte geht auch hervor, dass durch die fehlende Weiterbelastung außerdem ein Verbleib in der deutschen Sozialversicherung sichergestellt sei. Dies ist anscheinend ebenfalls ein Punkt, der M sehr wichtig ist. 171

Ein deutscher Wohnsitz besteht für M seit Jahren nicht mehr. Er hat auch in den letzten Jahren keine Arbeitstage in Deutschland verbracht. 172

II. Hinweise

1. Steuerrecht

M unterliegt **nicht der unbeschränkten Steuerpflicht** in Deutschland, da er weder über einen Wohnsitz noch einen gewöhnlichen Aufenthalt in Deutschland verfügt. Eine beschränkte Steuerpflicht würde vorliegen, wenn das Gehalt inländisches Einkommen darstellen würde. Dies könnte der Fall sein, wenn M z.B. gelegentlich Arbeitstage in Deutschland verbringen würde oder er Prokurist der deutschen Gesellschaft wäre. Da dies nicht zutrifft, stellt das Gehalt keine inländischen Einkünfte dar. 173

Im vorliegenden Fall werden die **Gehaltskosten** durch die A GmbH getragen und anscheinend als Betriebsausgaben geltend gemacht. Nach Fremdvergleichsgrundsätzen hat allerdings das Unternehmen die Gehaltskosten zu tragen, das dem Grunde und der Höhe nach ein Interesse an der Tätigkeit des M hat. Hierzu hat die Finanz- 174 verwaltung Verwaltungsgrundsätze erlassen, wie die **Personalkosten** bei internationalen Arbeitnehmerentsendungen zwischen den Unternehmen abzugrenzen sind.[28]

175 Da M Geschäftsführer der Gesellschaft in **Kolumbien** ist, muss davon ausgegangen werden, dass M überwiegend im Interesse der kolumbianischen Gesellschaft tätig wird. Ob auch ein Interesse der deutschen Gesellschaft besteht, kann aufgrund der vorliegenden Informationen nicht abschließend geprüft werden. Allerdings kann wohl ausgeschlossen werden, dass ein alleiniges Interesse der deutschen Gesellschaft vorliegt. Die Frage des **Betriebsausgabenabzuges** sollte daher aus Verrechnungspreissicht dringend hinterfragt werden.

2. Sozialversicherungsrecht

176 Es gilt das **Territorialitätsprinzip.** Danach unterliegt ein Arbeitnehmer nur dann der Sozialversicherung in Deutschland, wenn er seine Tätigkeit in Deutschland ausübt. Ausnahmsweise wird das deutsche Sozialversicherungsrecht weiter angewendet, wenn es sich um eine **Ausstrahlung** handelt.

177 Mit Kolumbien wurde **kein Sozialversicherungsabkommen** abgeschlossen. Die Fortgeltung der deutschen Sozialversicherung kann sich daher nur aus nationalem Recht ergeben.

178 Eine Entsendung im Sinne der Ausstrahlung liegt vor, wenn sich ein Arbeitnehmer auf Weisung seines Arbeitgebers vom Inland ins Ausland begibt, um dort eine Beschäftigung für diesen Arbeitgeber auszuüben. Dabei ist das typische Merkmal für eine Entsendung die fortbestehende **Inlandsintegration** auch während der vorübergehenden Auslandsbeschäftigung. Ein Beschäftigungsverhältnis im sozialversicherungsrechtlichen Sinne[29] im Inland besteht dann fort, wenn der im Ausland Beschäftigte organisatorisch in den Betrieb in Deutschland eingegliedert bleibt. Außerdem muss er dem **Weisungsrecht** seines bisherigen Arbeitgebers in Bezug auf Zeit, Dauer, Ort und Art der Ausführung der Arbeit – u.U. in gelockerter Form während der Dauer des Auslandseinsatzes – unterstehen. Schließlich muss sich der Arbeitsentgeltanspruch des Arbeitnehmers ausschließlich gegen den bisherigen Arbeitgeber richten. Dafür spricht, wenn der Arbeitgeber das Arbeitsentgelt des im Ausland Beschäftigten – weiterhin – in der Entgeltabrechnung wie für seine Beschäftigten im Inland ausweist. Darüber hinaus ist bei Konzernunternehmen maßgebend, ob das Arbeitsentgelt bei der Gewinnermittlung im Inland als **Betriebsausgabe** steuerrechtlich geltend gemacht wird.

179 Im vorliegenden Fall wird das Gehalt als Betriebsausgabe im Inland geltend gemacht. Dies ist aber fragwürdig. Hinzu kommt, dass von einer Inlandsintegration nicht ausgegangen werden kann. Außerdem kann bei Würdigung aller Einzelheiten

---

28 BFM-Schreiben v. 9.11.2001 – IV B 4 – S 1341 – 20/01 –.

29 Rechtsgrundlage ist § 7 SGB IV.

nicht von einem befristeten Einsatz im Ausland ausgegangen werden. Eine Ausstrahlung liegt somit nicht vor. Die Sozialversicherungsbeiträge sind somit zu Unrecht in Deutschland gezahlt worden.

Aufgrund von **zu Unrecht gezahlten Sozialversicherungsbeiträgen** entsteht grundsätzlich kein Leistungsanspruch. Vielmehr werden Beiträge innerhalb der Verjährungsfrist erstattet, wenn sie ohne Rechtsgrund gezahlt wurden. Im vorliegenden Fall ist zu prüfen, ob aufgrund von Vertrauensschutzregelungen die Beiträge eventuell doch zu Leistungsansprüchen führen können.[30] 180

3. Arbeitsrecht

Auf das Arbeitsverhältnis von M finden sowohl die Bestimmungen des ursprünglich geschlossenen als auch die in der ergänzenden Entsendevereinbarung getroffenen Abreden mit der A GmbH Anwendung. Ob sich M während der Dauer seines Auslandsaufenthaltes im Streitfall auf Schutzvorschriften des deutschen Arbeitsrechtes berufen kann, hängt vom Inhalt der getroffenen Vereinbarung des **Entsendevertrages** ab. Wurden keine anderslautenden Abreden getroffen, unterfällt M trotz der langanhaltenden Dauer seines Auslandsaufenthaltes weiterhin den deutschen Bestimmungen. 181

Die Ausübung des Weisungs- und **Direktionsrechtes** richtet sich nach der im Entsendevertrag getroffenen Abrede. Gleiches gilt für die Behandlung von Leistungen zur **betrieblichen Altersversorgung**. 182

Die Dauer des Auslandsaufenthaltes und die Position als Geschäftsführer der kolumbianischen Tochtergesellschaft mit der hierfür erforderlichen entsprechenden An- und Einbindung zum ausländischen Unternehmen sprechen gegen eine Ausstrahlung und Anwendung deutschen **Betriebsverfassungsrechtes** auf das Arbeitsverhältnis. 183

Festzuhalten ist, dass M neben seiner Funktion in Kolumbien weiterhin über einen **deutschen Arbeitsvertrag** verfügt, der nach deutschen arbeitsrechtlichen Grundsätzen abzuwickeln wäre. Es kann mit M über eine Umstellung auf einen lokalen Arbeitsvertrag bzw. ein Anstellungsverhältnis mit der kolumbianischen Gesellschaft verhandelt werden. Die Anerkennung der Betriebszugehörigkeit bzw. das „Abkaufen" von Besitzständen kann beispielsweise durch das Inaussichtstellen bestimmter Abfindungen erfolgen. 184

30 Rentenversicherungsbeiträge, die nicht spätestens bei der nächsten Betriebsprüfung beim Arbeitgeber beanstandet worden sind, gelten als zurecht gezahlt (§ 26 Abs. 1 SGB IV). Darüber hinaus ist § 45 SGB X zu beachten.

4. Personalpolitische Aspekte

185 In der Praxis finden sich sehr häufig Fälle wie dieser, in denen aus verschiedenen Gründen eine Entsendung über einen sehr langen Zeitraum immer wieder verlängert wurde und eine Rückkehr ins Heimatland weder vom Mitarbeiter noch vom Arbeitgeber beabsichtigt wird. Trotzdem werden wie hier kostenintensive **Entsendeleistungen** noch immer gewährt. Es liegt auf der Hand, dass das Arbeitsverhältnis auch hinsichtlich der Konditionen „lokalisiert" werden sollte. Ist dies nicht in der Entsenderichtlinie geregelt, wird es schwerfallen, M von einer Reduzierung seines Vergütungspaketes zu überzeugen. Da M als Geschäftsführer für die kolumbianische Gesellschaft eine wichtige Position im Unternehmen bekleidet, wird die A GmbH daran interessiert sein, eine einvernehmliche Lösung zu erzielen. Sollte es in diesem Zusammenhang zu einer Reduzierung der entsendebezogenen Leistungen kommen, wird die A GmbH eine stufenweise Reduzierung wählen (zu den verschiedenen **Lokalisierungsansätzen** siehe auch Kap. 2 Rn 26). Im Fokus werden dann sinnvollerweise Leistungen stehen, die aufgrund seiner aktuellen Lebensbedingungen für M nicht mehr von großer Bedeutung sind. Hierzu könnten z.B. Heimflüge zählen. Da M und seine einheimische Familie in die lokalen Verhältnisse integriert sind, wäre objektiv auch kein **Lebenshaltungskostenzuschuss** mehr erforderlich und auch die Zahlung einer internationalen Schule könnte entfallen, da die Kinder in Kolumbien aufgewachsen sind und ohne Probleme eine lokale Schule besuchen können.

Stichwortverzeichnis

Die Zahlen und Buchstaben in Fettdruck beziehen sich auf die Kapitel des Werkes, die Ziffern beziehen sich auf die Randnummern innerhalb der Kapitel.

M

N

www.ingramcontent.com/pod-product-compliance
Lightning Source LLC
LaVergne TN
LVHW080851300926
849162LV00003B/393
9783110266085